# FOR

## 两板式伺服

先进的射胶、锁模、控制功能，集机械、液压、控制等一体的优化组合设

节能 · 高效

总部地址：香港新界葵涌华星街1-7号美华工业大厦8字楼A室 电话：(85

广告

**传承基业扬帆出海，守成发展何惧挑战**

2017年，集团创始人刘相尚先生之子刘卓铭正式出任力劲集团行政总裁一职。

刘卓铭毕业于美国历史悠久大学之一的俄勒冈州立大学计算机科学专业，与获得诺贝尔经济学奖的肯尼斯·阿罗、米尔顿·费里德曼、乔治·斯泰勒三位经济学家是校友。由于从小受到父亲的熏陶，他为人谦和、善于思考，对事物见解独到。在大学期间刘卓铭便积极参与集团的经营管理事务，对公司的海外发展和内部优化起到重要影响。他坚持“创新永远是一家企业长期发展的生命力和原动力”，在他的带领下，集团海外业务销售额年均增长30%以上。

作为香港塑胶机械协会的新一任会长，刘卓铭先生积极推广先进注塑技术在内地、粤港澳大湾区及国外市场的应用，加强协会成员和行业间的技术交流，共同促进中国塑料机械行业的发展。同时，担任ISO／TC306中国代表团副团长、WG1召集人，参与国际标准的制定工作，让世界听到中国铸造强音。

**四十载匠心绘就新蓝图，厉兵秣马共塑力劲未来**

从1979到2019，力劲集团走过了轰轰烈烈的40年，中国实业经历了蓬勃发展的40年。40年峥嵘岁月，在力劲发展的年轮上铭刻着刘相尚先生奋斗的艰辛，时代的脚步印证着力劲成长的痕迹。40年是沉淀是磨砺，40年是积累是蜕变。40年，不变的是匠心。

40年风雨兼程，40年的不忘初心，今天的力劲，是一种标志，一种使命，一种担当。创业与发展，传承与挑战，让我们共同期待下一个40年。

**传承智慧源流，创新驱动未来，匠心不变，成就国际品牌**

1979年，香港。一间小小的机械车间里，昏黄的灯光下，有几个人正围绕着即将开发的新型压铸机设计方案展开激烈的讨论；而其中一位年轻人异常安静，他目光如炬，沉稳果断，时而托腮沉思，时而奋笔疾书，细心地记录着大家的每一个意见。他，就是力劲集团的创始人刘相尚。这一年，香港力劲机械厂有限公司成立，此时的刘相尚年仅28岁，却已经拥有多年的机械维修经验，他朴素的实干精神和坚韧不拔的毅力，为力劲日后的发展奠定了坚实的基础。

集团乘改革开放的春风，在深圳、中山、上海、宁波、昆山、重庆、阜新、台中及海外的意大利建立了九大现代化装备研发和生产基地。受益于改革开放释放的强大红利，尤其是在产业政策的支持引导下，力劲及时把握住中国塑料工业蓬勃发展的契机，凭借丰富的装备制造经验，投身注塑机研发与制造领域。力劲注塑机先后获得“广东省名牌产品”“国家节能型注塑机”等称号；与香港理工大学合作研发的上射式微型注塑机荣获“日内瓦发明金奖”；在集团始终秉持的环保理念下，其大吨位注塑机入选国家相关部门“能效之星”。

在刘相尚先生的带领下，经过40年的发展，集团已经跻身中国五大注塑机制造商、全球知名的压铸机制造商和提供完整解决方案的CNC加工中心制造商。1997年，刘相尚先生荣获“香港青年工业家”奖。此后，他先后担任香港工业专业评审局荣誉院士、安徽省政协委员、广东外商投资企业协会副会长、香港中华厂商联合会会董、香港经贸商会会董、香港铸造业总会会长等。

2006年，力劲集团在香港联交所成功上市，稳步发展为资本密集型企业集团。

广告

节能注塑机

计，优质可靠的伺服泵组，节能效果显著，相比传统注塑机可节能50%以上。

· 精密 · 安全

www.lk.world

微信公众号

2)3412 5500　电邮：sales@lkmachinery.com.hk　网址：www.lk.world

广告

金纬人的使命：坚持拼搏创新、注重客户体验
打造一个智能化的全球挤出装备生态链
JWELL Mission: Work hard, Keep innovative and customer centered,
To build a high intelligent global extrusion eco-chain

上海金纬机械制造有限公司创建于1997年，是中国塑料机械工业协会副会长单位。现有上海、苏州、常州、广东、舟山5个产业基地及22家专业公司。总占地面积超千亩。公司总部位于上海嘉定，公司拥有职工3000余人，其中有一大批有理想、有作为、有专业分工的管理人才和事业合伙人，至今已连续八年在中国塑料挤出行业排名前列。每年生产3000多台（套）高档的塑料挤出生产线和其他成套设备。

+86-21-69591097 69591818 69591111 69593311
+86-512-53111818 53377171 53377158 53730369
+86-519-87836658 87169158 87108958 87100388
+86-757-29966399 29966391

sales@jwell.cn
www.jwell.cn

广告

# 助您成功

东华公司提供的专业、创新技术能为您带来前沿

我们一直关注您的利益与愿望，并让您受益。

我们为您提供量身定做的一体化解决方案，使您

汽配

家电

电子

包装

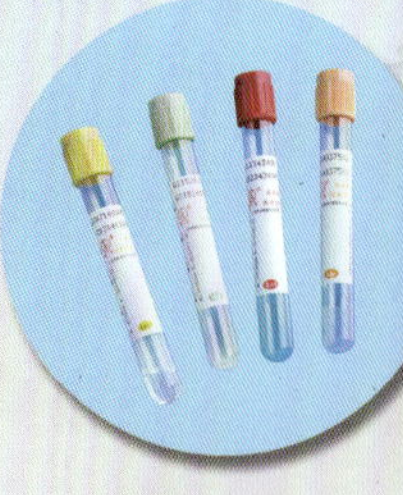

医疗

东华机械
WELLTEC
的解决方案；
更加卓越。
建材
日用

YIZUMI伊之密

D1系列两板式注塑机

www.yizumi.com
股票代码：300415

展会时间：2019年10月16日-23日
展会地点：德国 杜塞尔多夫
伊之密展位：13号馆D80

C 让生活更出彩

C系列高端多物料成型注塑机

www.yizumi.com
股票代码：300415

2019
展会时间：2019年10月16日-23日
展会地点：德国 杜塞尔多夫
伊之密展位：13号馆D80

深交所代码：300281

诚秉精工匠心
共筑卓越未来

金明 • 全系列薄膜装备领航者

金明精机（股票代码：300281）成立于 1987 年，是一家集研发、设计、生产和销售于一体的全球知名的薄膜装备供应商，也是业内少数具备实力提供全系列薄膜装备及方案的领导品牌。

我们致力于引领薄膜装备行业的发展，在设备研发、技术工艺等方面拥有多项核心技术，在多层共挤技术领域更处于国内领先水平，被评为国家高新技术企业。经过 30 多年的发展，凭借领先技术和丰富经验，金明的设备在食品包装、日用品包装、农业薄膜、医疗包装、汽车薄膜、光学薄膜、建筑等各大领域拥有广泛的应用。

中国塑料机械工业协会　副会长单位
中国塑料加工工业协会　副理事长单位

战略合作伙伴：埃克森美孚、陶氏化学、西门子、巴斯夫、博禄

广告

# 全系列 薄膜装备解决方案

金明精机，秉持工匠赤诚之心，立足于产品创新
30多年来，潜心探索，精益求精，从未止步
为您提供领先全球的薄膜装备解决方案

● 薄膜吹塑上吹风冷机组

● 薄膜吹塑下吹水冷机组

● CPE/CPP薄膜流延机组

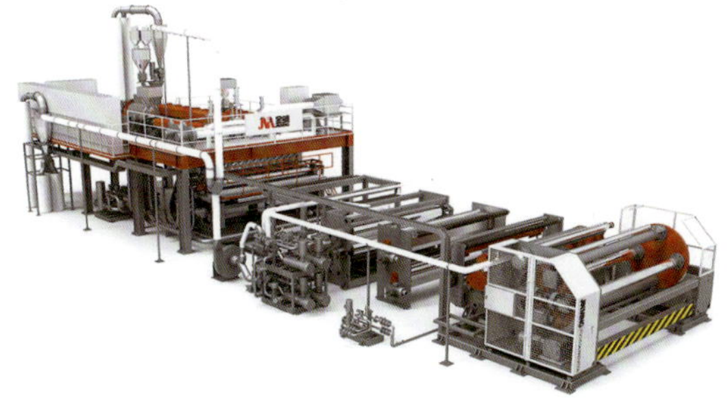

● BOPP/BOPET薄膜拉伸机组

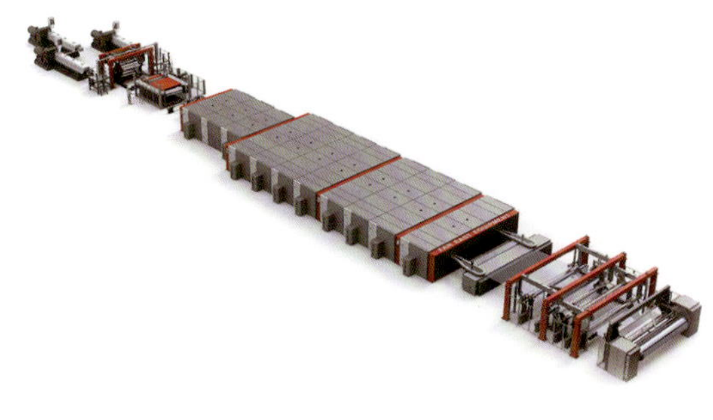

● 高精密涂布复合机组

● 高速淋膜复合机组

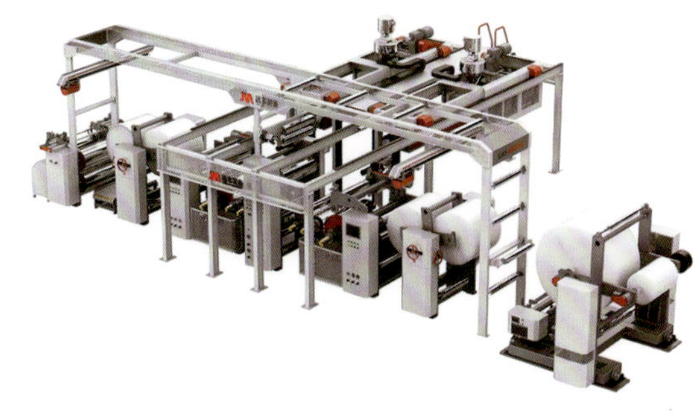

广东金明精机股份有限公司
JINMING MACHINERY(GUANGDONG) CO.,LTD.

地址：广东省汕头市濠江区河浦大道（深汕高速路河浦出口）
电话：0754－8820 7788　　传真：0754－8820 6886
网址：www.jmjj.com　　Email：sales@jmjj.com

广告

中国的华美达，世界的工匠心

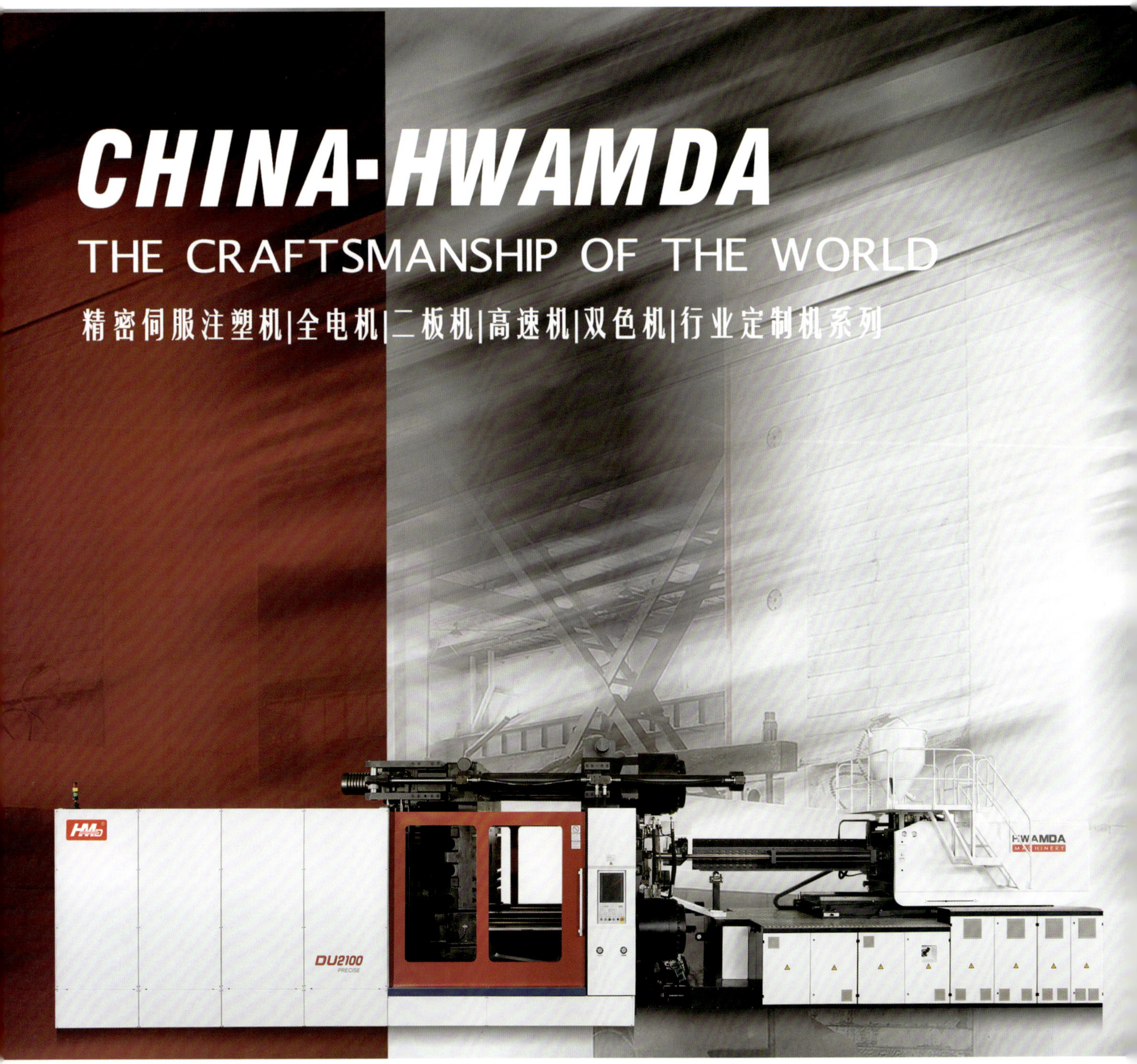

CHINA-HWAMDA
THE CRAFTSMANSHIP OF THE WORLD
精密伺服注塑机|全电机|二板机|高速机|双色机|行业定制机系列

ISO9001 CE 高速精密注塑机标准制定者
宁波华美达机械制造有限公司
NINGBO HWAMDA MACHINERY MANUFACTURING CO., LTD.

AGENT WANTED
诚招代理

地址：浙江省宁波市小港经济技术开发区东海路新唐家弄336号
Add: Xintangjianong No.336,Donghai Rd, Xiaogang development zone, Ningbo, Zhejiang Province, China 邮编（P.C.）: 315803
http://www.hwamda.com

国内销售
电话：0574-86175111
传真：0574-86176890
邮箱：info@hwamda.com

International
Tel: +86-574-86176630
Fax: +86-574-86228918
E-mail: sales@hwamda.com

# 对话震雄新产品研发团队，看SPARK-星火系列创新突破之路

## 当初是如何想到开发全电机的?

卢德雄：震雄集团是国内率先推出全电机的企业，早在2000年就曾研发推出了CAN总线的全电机，在当时是非常先进的技术，只是因为当时全电机的零配件价格较高，令机器性价比竞争优势较弱，使得震雄优先做了其他项目的战略调整。2011年震雄集团正式和日本三菱签订技术合作后，导入了新的研发体系，推出了新款大型二板机，市场口碑和销量逐年攀升；自2014年开始，震雄集团开始研发MK6系列的中小机型，因为采用了新的设计理念和技术流程，所以产品在2016年推出后大获成功，并成为爆款机型。这样一来，在震雄集团的产品体系中，传统机型序列已经逐步完成新的布局，那么下一个研发重点自然就是开发新一代全电机了，于是震雄集团在2016年正式启动这个项目，在整个项目研发过程中充满了挑战与乐趣。

## 参与研发SPARK-星火系列过程中自己有哪些心得体会?

陈经理：在SPARK-星火系列的研发前期我们技术团队提出了多种方案，历经长达三年多的充分调研、反复论证、多次修改，最终采用了现在SPARK-星火系列的方案。在这三年中，我们团队一直在全方位思考“新一代全电机架构如何做出突破？”“如何解决当前全电机行业的痛点？”“如何给客户创造最高价值？”等问题，反向推导下，努力攻关，最终通过团队之间的互相帮助和鼓励，集体完成了个人力量完全无法完成的团队项目。SPARK-星火系列的研发过程难度极高，十分考验技术团队成员的技术和耐心，在攻克了重重困难后，不仅开发了最新的优秀技术，并且令成员的能力也提升到一个新的高度。

广告

# SPARK-星火系列

## 重新定义全电机标准的超级旗舰注塑机

超级节能　超级耐用　超级精密　超级高效　适用性广　智能控制

### ABC-agile boost control
### 高敏动态操控

专用定制的超灵敏动态响应伺服系统，匹配最高端、运算最快的智能电脑控制器，电机从静止到 2000r/min的响应时间低于30ms，比传统全电机（300ms）快了10倍以上。

### ASRS-auto stress release system
### 智能应力释放系统

ASRS是突破性的技术，通过高速电脑智能运算，在射胶的过程中极速监察螺杆的运动状态（<1ms），并配合高速压力传感器数据，采用专利排气泄压机构设计，使高速运动中所产生内应力得以释放，保证了产品超高合格率。

### AxP-AxP with floating point toggle
### 智能联动保护技术

AxP是一套基于精密电子回路，加上先进电脑算法，对高速相向移动的模具进行防撞保护的安全系统。通过高速电脑控制系统对滚珠螺杆进行动态调整，使锁模动作如双手合十般恰当好处，不仅保护模具，更节省电力。Floating Point Toggle设计在全电机上添加所需要的缓冲调节，避免对滚珠螺杆构成机械冲击，因冲击减少也能避免极速开合模时产生的震动，减小噪声、缩短周期时间，这让AxP模具保护功能如虎添翼。

### AA-all adapt
### 全面适用

ALL-Adapt技术使全电机有着广泛的应用场景。使用高端控制算法，随时应产品需要对伺服系统做出调整，并自动设定为最适合的模式，兼顾超薄壁制品的超高速注射和超厚制品的高压保持要求，适用于薄壁高速包装物、厚壁光学透镜等高难度产品应用。

震雄 CHEN HSONG

# SPARK-星火系列

重新定义全电机标准的超级旗舰注塑机

超级节能　超级耐用　超级精密　超级高效　适用性广　智能控制

对话震雄产品研发团队
看SPARK全电注塑机
创新突破之路

扫一扫
观看全电机视频

楼先生：因为SPARK-星火系列拥有目前全新的电脑控制器和配套IO板，而我是负责SPARK-星火系列电控方面的研发工作，包括物联、原理图、电脑优化等一系列工作，所以在试配过程中我需要反复调整测试，在这个过程中是很考验耐心的，我也不停地告诉自己一定要高度集中精神，全力以赴协助团队将SPARK-星火系列研发项目做到最好。

逄先生："测试是控制的灵魂"——这是在工程设备人员中流传的一句话。准确、智能的运动控制在全电机上显得尤为重要。我们在SPARK-星火系列机型的性能测试验证环节投入了大量的心血和精力。震雄有着六十多年的专业积累，率先在国内推出全电机，近年与宇部三菱开展深度技术合作。在项目伊始我们就对SPARK-星火系列机型制定了详细完备的项目性能验收指标及测试验证方案，并且专门为SPARK-星火系列量身打造了多款测试平台，借助现代化的仪器仪表设备，为我们的产品"号诊把脉""固体强身"。当然这过程也并非一帆风顺，其中有一项重要的性能参数，通过验证虽然与设计指标接近，只有毫秒级的差距，但我们团队最后还是推翻了原来的设计方案，重新修订以达到我们的设计要求。

楼先生：震雄全电机拥有新一代超高速智能电脑控制器，具备超高速运算速度，灵敏程度完胜其他普通的全电机控制器。

逄先生：我们很有信心地告诉大家，SPARK-星火系列全电机震雄六十多年来又一匠心产品，可以为客户创造更高价值。

## 与同类竞争品相比，SPARK-星火系列全电机的产品优势在哪里？

陈经理：这款产品的性能比较稳定，并且适用性更加广泛，从薄壁产品到厚壁产品都可以一机满足生产要求。

武先生：我认为SPARK-星火系列的性能优越，锁模和射胶全部采用标配线性导轨，重复精度为0.01mm，确保了产品高精度。

## 未来，你们将取得什么样的成绩？你们团队，将以什么样的精神去迎接挑战？

卢德雄：震雄集团60年来坚持专注于技术创新，致力成为注塑机行业的领导者。我们作为震雄集团的技术研发团队，会始终如一地注重科技的研发和创新，正如我们公司愿景：以完美品质和先进科技为全球客户创造最高价值，不断创新，永远走在注塑业的最前方。震雄源源不断研发推出的新产品充分证明震雄集团一直走在大中华地区行业前列，彰显震雄科技领先的地位和雄厚的综合实力。

广告

Leshan 乐善
并非“吹”能做到

# “Samp 全电机型吹瓶机”

智·汇全电 芯·随我动

1. 全电动单摆锁模架,1秒快速开合模。
2. 二次冷却，20L制品周期30~40秒。
3. 独创电动锁模结构, 无限级锁模力。
4. 电动开合盖,电动除溢装置。
5. 机械手测漏功能。
6. 视频监控&远程数据分析。

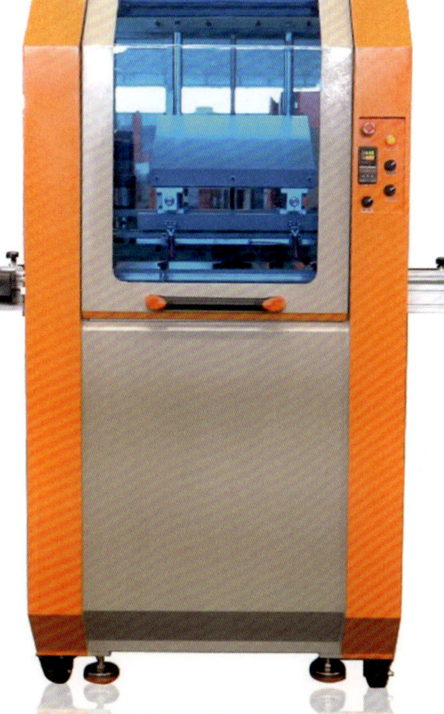

# 直线式锣口机

* 可满足不同制品的大小要求,通用性强。
* 特别适用PP料或食用品的制品。使用加热式锣口机，制品瓶口更平滑。

**气囊导向杆**
实现制品与水口的分离。

**直线导向装置**
调节瓶口大小，可根据不同制品的瓶口大小调节。

**带轮转盘**
国标三角V带,使用寿命长,更换成本低。

**双导向升降装置**
通过螺杆升降适应不同制品高度。

**张紧装置**
可减小输送阻力，可方便地调整张紧力的大小。

**热电偶装置**
通过热电偶装置可对加温装置测量控制大小,方便调试,效率高。

# 您信赖的全球合作伙伴！

# 传承卓越·引领创新

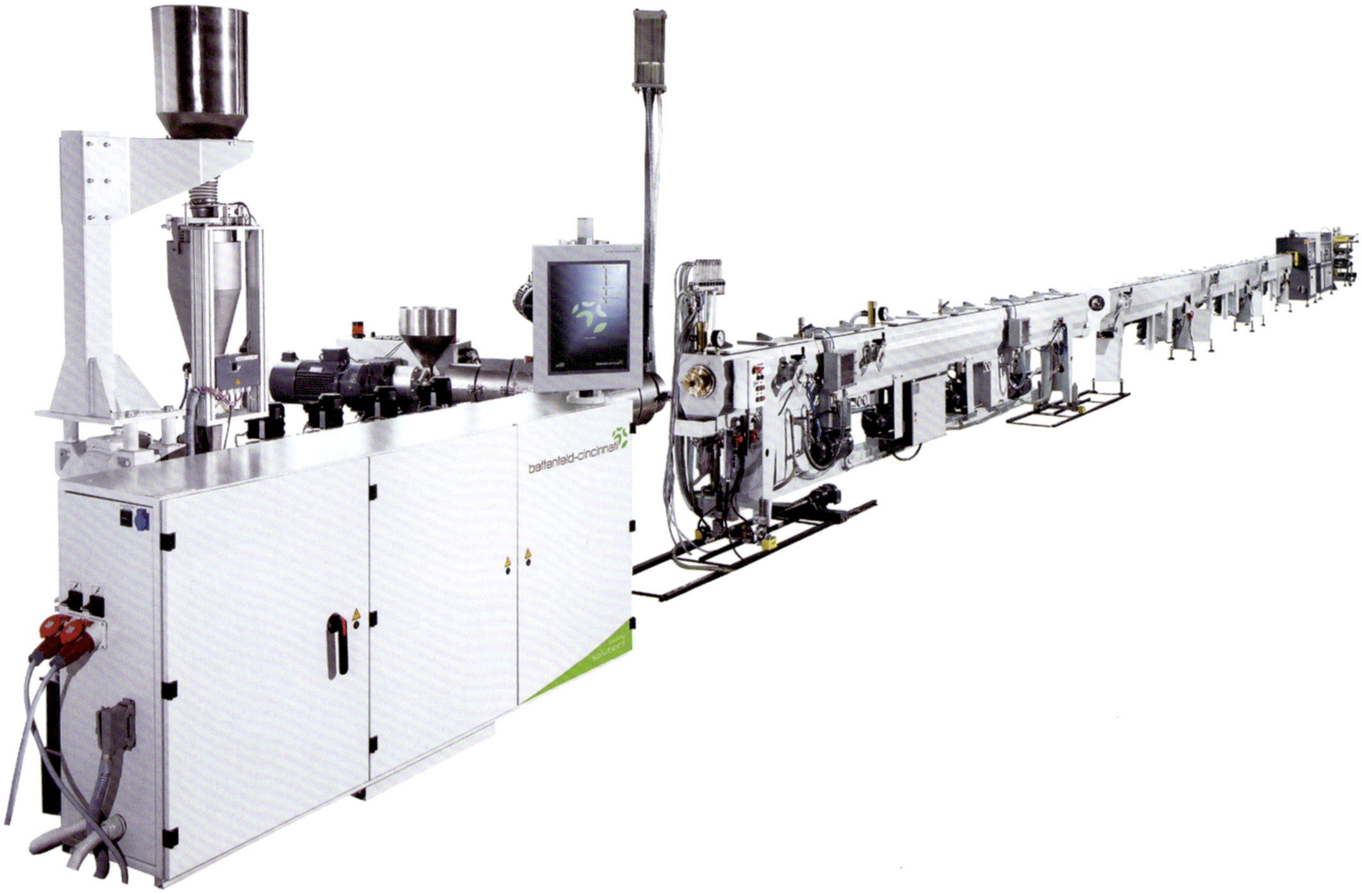

battenfeld-cincinnati

高效节能的管材、型材、片材挤出设备！

一站式交钥匙的解决方案！

广告

leading solutions!
领先的解决方案！
来自实践的经验，富有创新精神和全球性思维
绿色·创新
高效·节能

-我们传承欧洲先进技术和生产理念
-在中国制造和组装高性价比设备
-从售前到售后提供全方位优质服务
-为客户提供独特与领先的解决方案
-带给客户决定性的竞争优势与收益

更多资讯，欢迎浏览网站：
www.battenfeld-cincinnati.com/china

TONGDA
同大机械
同心合力/一起壮大
GROWING WITH PARTNERS
ISO9001 CE

☆全系列挤出吹塑中空成型机组 ☆塑料注塑、吹塑模具 ☆全系列吹塑托盘

苏州同大机械有限公司致力于挤出吹塑中空成型机的研究与开发，年销量达550台，其中45%销往包括美国、英国、澳大利亚在内的世界各地，55%内销各省地区。2L-2000L全系列机型造就了当今同大机械连续九年被中国塑料机械工业协会评为行业“前三强”，是中国塑料机械工业协会副会长单位。

20年来，同大机械为日用化工包装、医药瓶包装、饮料瓶包装、润滑油包装行业、汽车吹塑件、五金工具包装箱、化工用塑料桶及各类民用、农用、游乐设施等大型吹塑制品的生产厂家提供了4500多台（套）各种规格的全自动吹瓶机、吹塑中空成型机组，为2800多家优质客户忠诚服务。2017年已推出全电动系列、油电混合动力系列机型，更节能更高效机型面市，真正为客户提供无人化自动生产线！我们已有的优质客户每年为该行业创下350多亿元的销售业绩。

真诚感谢奔驰、宝马、大众、丰田、本田、比亚迪等汽车一级供应商的支持，同时感谢美孚、宝洁、纳爱斯、中石油、中石化、伊利、蒙牛等一大批优质供应商的支持和关照，铸就了现在的同大。同心合力，一起壮大。同大人会尽心竭力服务好全球每一家优质客户。

Suzhou Tongda Machinery Co., Ltd. is dedicated to the research & development of extrusion blow molding machines, with an annual production of 550 sets. 45% amounts has been sold to overseas including the United States, the United Kingdom and Australia, etc., and rest 55% has been sold in domestic market. 2L-2000L series of machinery bring to the company many awards, such as top 3 enterprises in the industrial field and the vice president of the association by China Plastics Machinery Industry Association for the past nine consecutive years.

In the past 20 years, Tongda Machinery has provided more than 4500 sets of automatic blow molding machines of various specifications and served loyally for more than 2800 VIP clients, covering daily chemical packaging, pharmaceutical bottle packaging, beverage bottle packaging, lubricant packaging industry, automobile blow molding parts, hardware tool boxes, chemical plastic barrels, and various civil, agricultural, and amusement facilities. In the year of 2017, we provided the unmanned automatic production line with high energy-saving and high efficiency, including the model of full-electric series and hybrid electric power series models. Our existing VIP clients bring to us more than 35 billion yuan sales performance per year for blow molding industry.

We are sincerely appreciated to the support the tier one suppliers of automobile field, e.g. Mercedes-Benz, BMW, Volkswagen, Toyota, Honda and BYD...We also express our most sincere thanks to the support and concern from our top quality suppliers such as Mobil, P&G, Nice, CNPC, Sinopec, Yili, Mengniu, etc. “Make Concerted Efforts to Strengthen Together” is the tenet of TONGDA Co. All stuff will try the best to give best service to each VIP clients in all over the world.

广告

引领中国吹塑机行业发展

LEADING THE DEVELOPMENT OF CHINA EXTRUSION BLOW MOULDING MACHINE FIELD

五千多台

同大机械为全球客户敬业服务

More than 5000 units Tongda Machinery are dedicated to serving for global customers

越来越好同大机械

5-30L电动运行系列
油电混合运行系列
日产25L桶1400～1600个

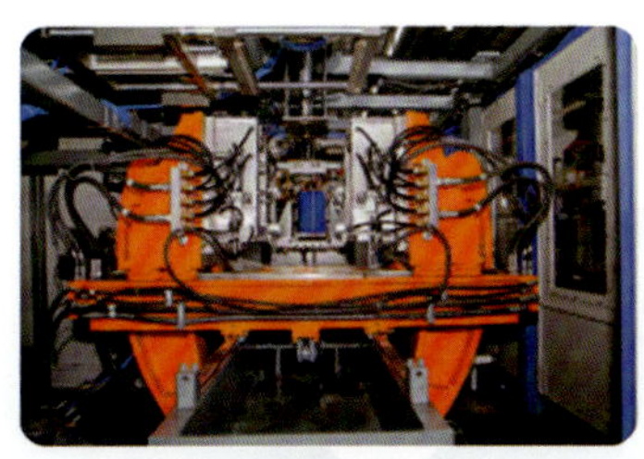

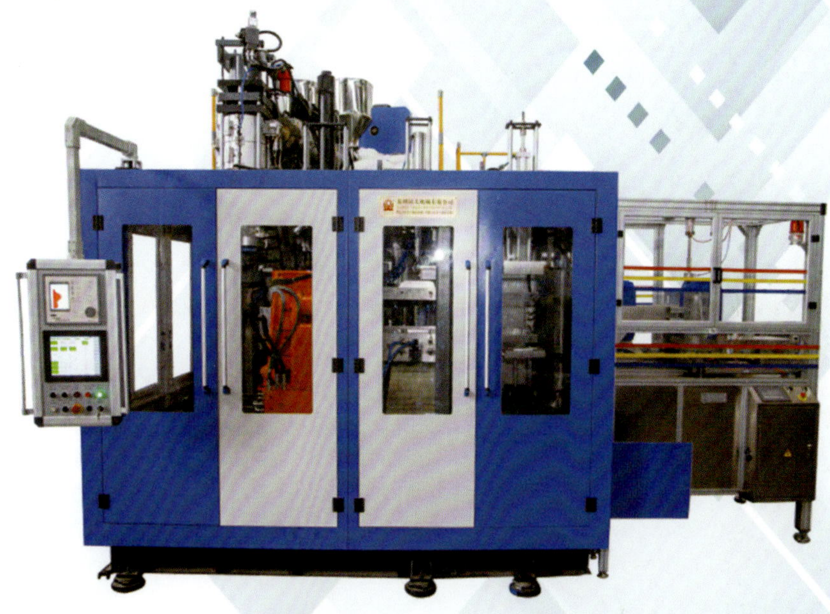

双层200L新机型，
日产桶680个

苏州同大机械有限公司

地址：江苏张家港市凤凰镇韩国工业园凤凰大道8号　邮编：215614　电话：86-512-58433698 58433998
传真：86-512-58433198　电子信箱：tongda@pack.net.cn　网址：www.tongdamachine.com

TAYU 大禹機械

广告

源自德国的先进技术

Derived from Germany advanced technology

让客户充满信心

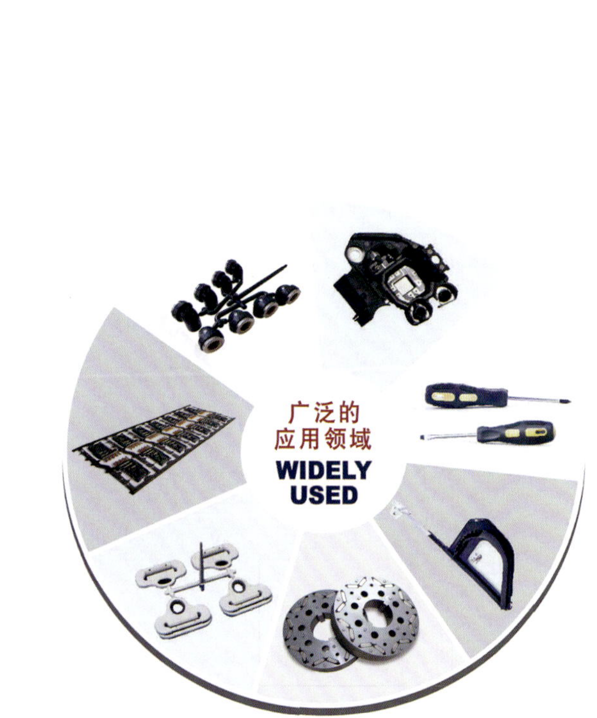

杭州大禹机械有限公司

HANGZHOU TAYU MACHINERY CO.,LTD.

地址：中国浙江杭州市余杭区闲林工业区

ADD:XIAN LIN INDUSTRIAL ZONE ,YUHANG, HANGZHOU, ZHEJIANG,CHINA

电话(TEL)：+86-571-88687296 88687198

传真(FAX)：+86-571-88686887 邮编(POST)：311122

E-mail:tayu@tayu.cn Http://www.tayu.cn

东莞大禹机械有限公司

DONGGUAN TAYU MACHINERY CO.,LTD.

地址：中国广东东莞市东城区温塘工业区砖窑四路59号

ADD: NO.59 , ZHUAN YAO FOUR ROAD ,WENTANG INDUSTRIA ZONE DONGCHENG DISTRICT , DONGGUAN, GUANGDONG, CHINA.

电话(TEL)：+86-769-88188296 88189567

传真(FAX)：+86-769-88188285 邮编(POST)：523121

E-mail:dgtayu@163.com Http://www.tayu.cn

CE ISO

广告

微信公众号

## 浙江申达机器制造股份有限公司

浙江申达机器制造股份有限公司成立于1956年，隶属于大型国有企业浙江二轻集团，是我国较早成立的注塑机制造企业之一，国家高新技术企业，中国塑料机械工业协会副会长单位，全国橡胶塑料机械标准化技术委员会，拥有国家博士后科研工作站、省级企业研究院、省级技术中心。

公司生产锁模力900～40000kN的塑料注射成型机，包括UN新一代精密节能系列、FE全电系列、HE二板系列、SE伺服节能系列、FJ（N）挤注系列、MT混色系列以及专用机系列。

为提升高端精密注塑装备制造能力，投资6.8亿元打造德清高端智能注塑装备制造基地，配备SKODA、新泻及三坐标仪等高端精密加工、检测设备。

浙江杭州转塘村口208号
0571-87090277/87098270
www.injectionmachine.com

ISO9001质量管理体系认证

CE 认 证 企 业

国家高新技术企业

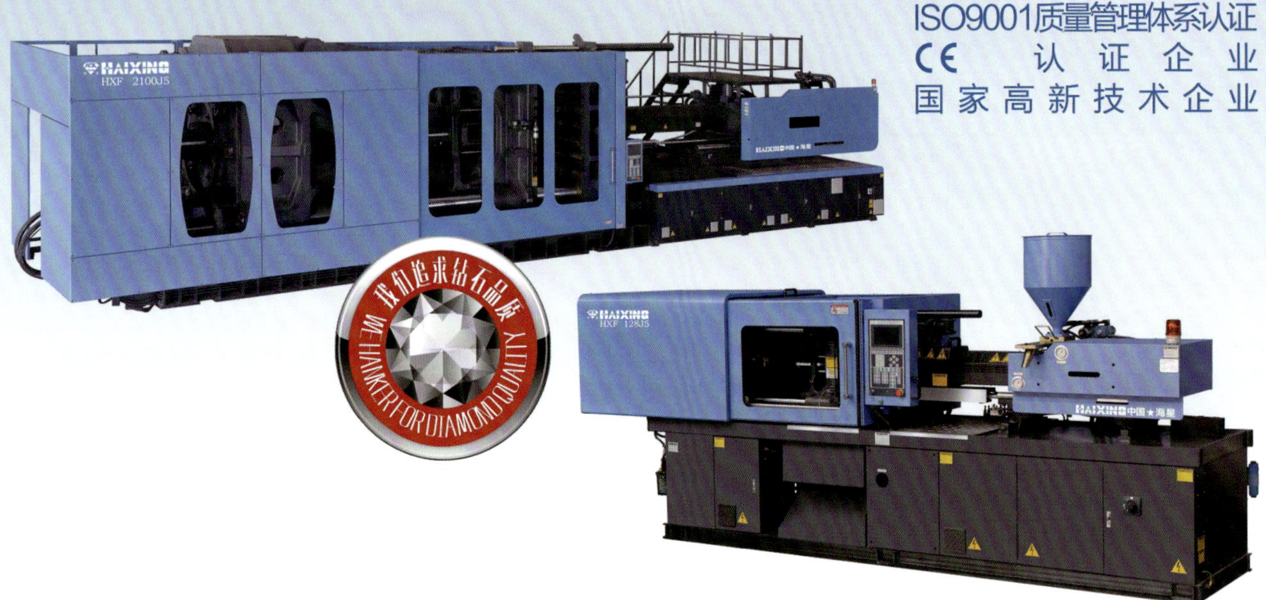


# 580~33000kN 塑料注射成型机

宁波海星机械制造有限公司是一家专业生产精密、节能注塑机的国家高新技术企业。公司是宁波市塑料机械行业协会副会长单位、中国塑料机械工业协会常务理事单位。

公司通过了ISO9001质量管理体系认证和CE产品安全认证，确保为客户提供适应不同产品及要求的个性化机器。现已形成十大系列、几百种规格的注塑机产品，HXF标准机、HXF-J变频节能机、HXF-V比例变量泵节能机、HXF-G电木专用机、HXF-D混双色机、HXF-S闭环精密机、HXF-H高速精密机、HXF-J5伺服节能机及HXD二板机等已达到国内领先水平。

海星凭借强大的自主研发设计能力，不断为广大客户提供能满足其自身需求的优良设备。优秀的品质，专业的服务，优良的技术方案是海星给予每位客户的保证，海星与世界各地客户携手共创美好未来。

近6万平方米的生产基地

装配车间

**宁波海星机械制造有限公司**

海星公司总部地址: 宁波高新区梅景路17号

海星公司霞浦厂区地址: 宁波市北仑区霞浦万泉河路98号

Http://www.china-haixing.com

总机: 0574-8836 8836　8836 9335

传真: 0574-8836 8616　8836 9286

广告

公司总部基地

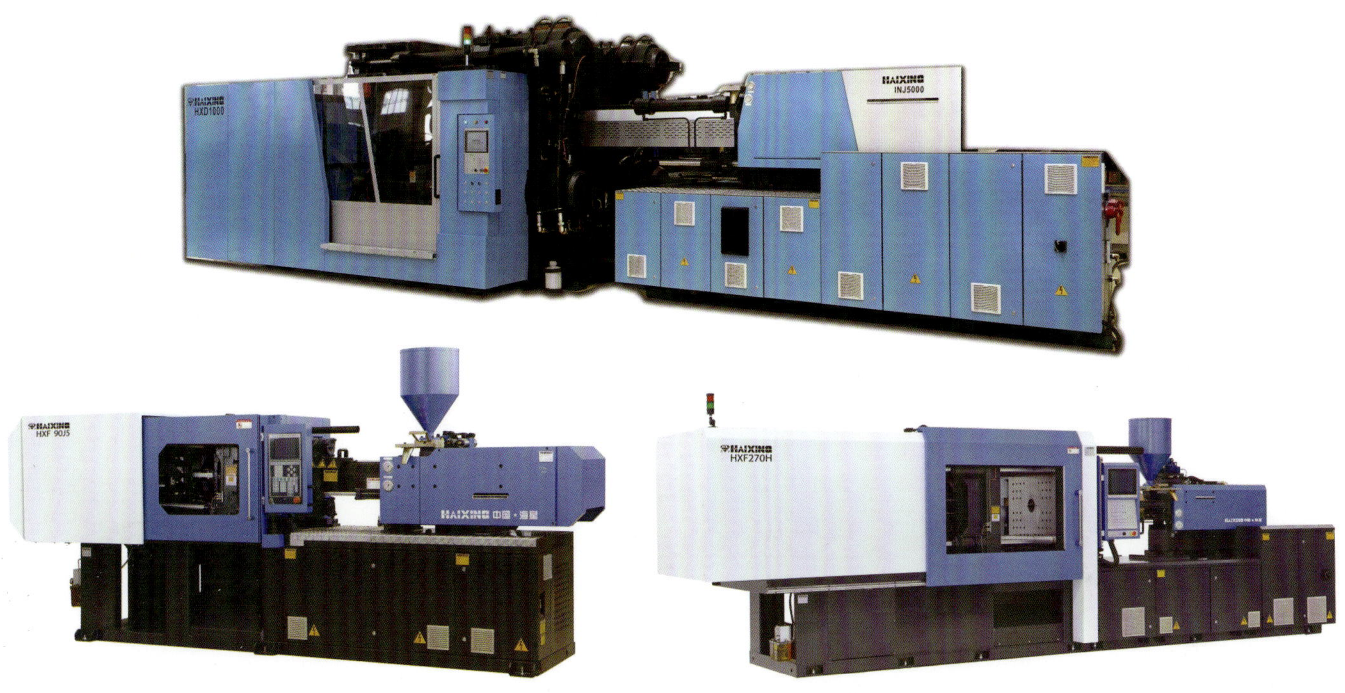

质量检测中心

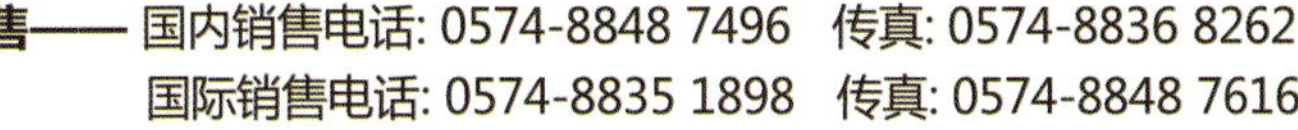

TEDERiC
泰瑞机器

股 票 代 码
603289.SH

泰瑞机器股份有限公司
TEDERIC MACHINERY CO., LTD.
中国 · 杭州 www.tederic-cn.com
Tel：0571-86733377
E-mail:tederic@tederic-cn.com

注塑机行业
上交所A股主板
上市企业
TEDERIC
泰瑞重工

# coperion

confidence through partnership

科倍隆集团 (www.coperion.com) 是配混挤出系统、喂料技术、物料输送系统与服务的全球市场与技术领导者。科倍隆设计、研发、制造和维护用于塑料、化工、医药、食品和矿产的系统、设备和零部件。在配混设备、物料输送 / 挤出系统、科倍隆楷创 / 食品加工以及服务这四大领域，科倍隆在全球拥有 2 500 名员工和 30 家销售和服务公司。科倍隆楷创为科倍隆设备 & 系统事业部成员。

## 科倍隆的产品

作为双螺杆挤出机行业的掌舵者，科倍隆拥有先进的技术和丰富的经验。从 20 世纪 50 年代起，科倍隆就不断为用于配混技术的加工机械和设备建立了许多全新的标准，为塑料、化工和食品行业设计和加工设备，并可根据客户的具体要求进行量身定制。科倍隆已经安装了 10 000 多台挤出设备。

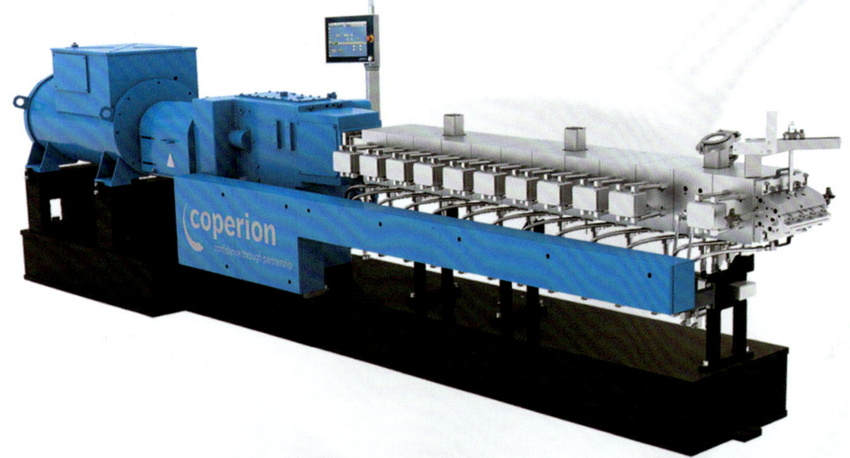


**由科倍隆南京组装的 ZSK58Mc[18] 双螺杆挤出机**
**——专为中国塑料加工者量身打造**

## ZSK 系列双螺杆挤出机

（1）ZSK MEGAcompounder 机型。由科倍隆 Werner & Pfleiderer 公司开发的第七代 ZSK 系列，是提高生产效率的又一里程碑。积木式结构，高转速，高能量传输，运行平稳，使用寿命长，优化的机械设计，较高的安全系数，方便灵活的控制。用于聚烯烃、工程塑料和其他需要高能量输入的连续配混过程，效果理想。

（2）ZSK MEGAvolume 机型。是满足高质量要求的理想配混机。采用模块式设计，优化平衡螺槽容积、扭矩和螺杆转速，实现优良工艺设计，性价比高，生产效率高。

（3）ZSK Kombiplast 机型。双阶结构和 ZSK 加工段的模块化原理使 Kombiplast 适用于多数领域的应用。在产品质量和成本上的优势保证了热敏感性和剪切敏感性聚合物在市场上的成功。

（4）ZSK Mc[18] 机型是当前生产性能卓越的 ZSK 机型，工艺技术水平发展到了一个新的里程碑。拥有 18 N · m/cm$^3$ 比扭矩，意味着产量显著增加的同时产品质量也得到提高，在市场上具有广泛的应用领域，可为您提供独特的技术优势。

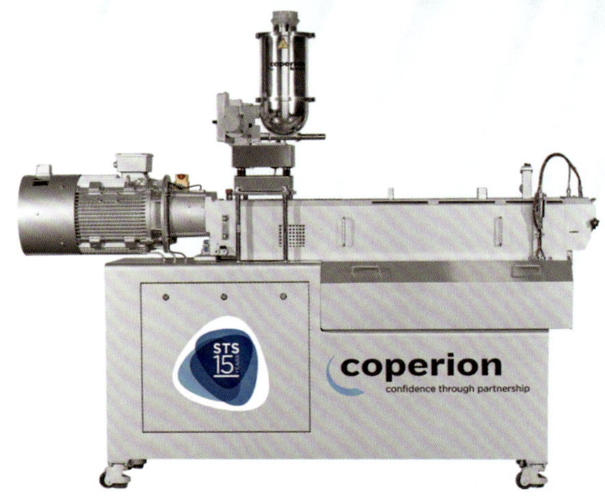


**STS 25 Mc[11] 双螺杆挤出机——实验用机型，**
**专为研发任务设计**

## STS 挤出机面世 15 周年

全新 STS 25 Mc[11] 挤出机，螺杆直径 25mm。它具备 STS Mc[11] 系列所有的优点，设计简洁，操作友好，易于清洁。喂料筒体开口上配有插入式嵌件，容易清洁。此外，快开式机头设计保证操作简单，产品切换快捷。设备底座采用封闭设计且表面易于清洁并带有脚轮，方便移动与安装。真空和水冷单元可整合到设备的底座，此为可选项。

新的 STS 25 Mc[11] 挤出机的筒体采用加热棒式加热器，加热效率高且节能，每节筒体都可实现独立温控。STS 统一的外内径比（$Do/Di$=1.55）和比扭矩（$T$=11.3）等级设计，工艺可精准放大到 STS 系列的其他尺寸机型。它是配方研发和基础科研的理想配混设备。

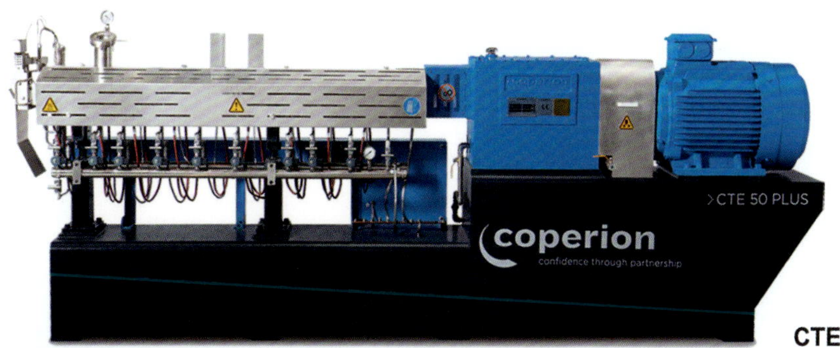

CTE 50 PLUS 双螺杆挤出机

## CTE PLUS 系列双螺杆挤出机——全新德国工程设计传动箱驱动 德国质量体系和中国创新的完美结合

CTE PLUS 双螺杆挤出机搭载科倍隆德国工程设计的全新传动箱。新的接线盒设计符合更高安全标准，集成安装在设备底座上。CTE PLUS 系列具有非常吸引人的性价比。高精度的加工制造工艺确保产品的高质量。同时，在满足不同加工应用要求的前提下，为客户提供了更经济有效的解决方案。

CTE PLUS 系列新传动箱——为了进一步提高 CTE PLUS 系列挤出机运行稳定性和延长使用寿命，科倍隆德国为 CTE PLUS 设计了新的传动箱，其比扭矩为 7.2 N·m/cm³，可以和老款 CTE 传动箱互换。科倍隆德国重新设计了传动箱的旋转部件和轴承，加大了齿轮的宽度，优化了齿形齿相，增加了齿轮的啮合面。同时对冷却和润滑设计以及箱体的几何结构进行了优化，使箱体更加稳固。所有传动箱箱体由科倍隆南京加工制造，每一台传动箱箱体都经由德国蔡司三维坐标测量仪进行检测，其测量尺寸精度可达 1.4um。每一件 CTE 传动箱的箱体检测项目近 40 项。

## SP treasure 拉条切粒机

“SP treasure”拉条切粒机是由科倍隆切粒技术有限公司、德国奥芬巴赫和科倍隆南京共同合作开发的产品。科倍隆切粒技术有限公司负责设计和提供切粒室的核心部件，如切刀和胶辊，其他部件由科倍隆南京本地完成并组装。这是一款高品质、物超所值的切粒机。

“SP treasure”拉条切粒机十分适合用于高磨蚀性的矿物增强物料的切粒。它基于快拆理念设计，易于快速维护和清洁。为保证其符合科倍隆在市场上建立的 SP 切粒机的高标准，确保高产品品质的重要切粒室部件，如切刀、胶辊等，均由科倍隆德国原装提供。此外，我们为“SP treasure”配备了带隔音的切粒机出料口，使得清洁更加方便和快捷。同时，“SP treasure”系列可以根据客户的需求选配 PLC 控制和触摸屏。

SP treasure 拉条切粒机

## 科倍隆的服务

科倍隆除工程设计技术优势外，还一直恪守这样的信条：我们倾听客户的声音。就像科倍隆人常说的那样：confidence through partnership（信心源于合作）。科倍隆的员工拥有丰富的经验和专业知识，可以为客户提供全方位的服务，科倍隆会派出优秀的工程师帮客户排除故障。科倍隆特有的服务体系：定期对客户的设备进行保养和检修，拥有大量的紧急备件库存，为客户提供解决问题的方案，长期对客户的设备进行检测与分析。定期对客户的操作员进行培训，对设备进行升级，以提高客户的生产效率。这种服务结构与科倍隆个性化的服务合同相匹配，可以为客户提供从基础检测到全方位维护和不同层次的服务。

科倍隆提供的不仅是服务，科倍隆之所以能创造这种新式的、个性化的服务，是因为科倍隆已经在科倍隆实验室对将来可能出现的各种风险进行了论证，这种研究经验的积累能立即应用于新产品的研发和制造，为客户提供技术竞争优势，长期保障客户的正常生产。

coperion

**科倍隆(南京)机械有限公司**

地址：江苏省南京市江宁区吉印大道 1296 号　邮编：211106
销售热线：025-52783922
客服热线：025-52783933
http://www.coperion.com
E-mail:Info.cmc@coperion.com

科倍隆官方微信

## 科倍隆南京工厂

科倍隆(南京)机械有限公司工厂面积超过15 000m²。工厂采用科倍隆德国先进的机械生产和工程设计技术；加工中心区域配备多台德国进口的数控加工中心和高端加工设备。全新的实验中心配备有STS35和STS50的配混挤出机，以及1台科倍隆德国原装的ZSK Mc¹⁸系列高端挤出机，将扩充全套上下游设备(包括物料输送设备)，为客户提供工艺实验。

富强鑫多组分成型技术35周年
Multi-Component IMM — Since 1984

稳定
Stable

多样
Diverse

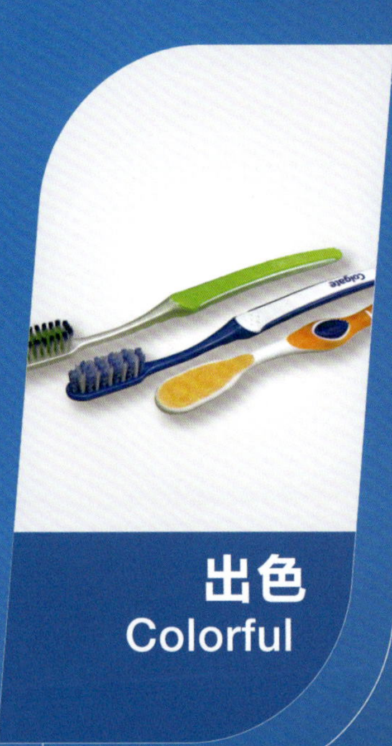

出色
Colorful

实现您多色、多材质的产品构想
We realize your multi-colored & multi-component products.

为梦想增色
COLOR YOUR DREAMS

多组分注塑机
Multi-Component
Injection Molding Machine

Booth
12 B11

广告

FCS

高效率
High Efficiency

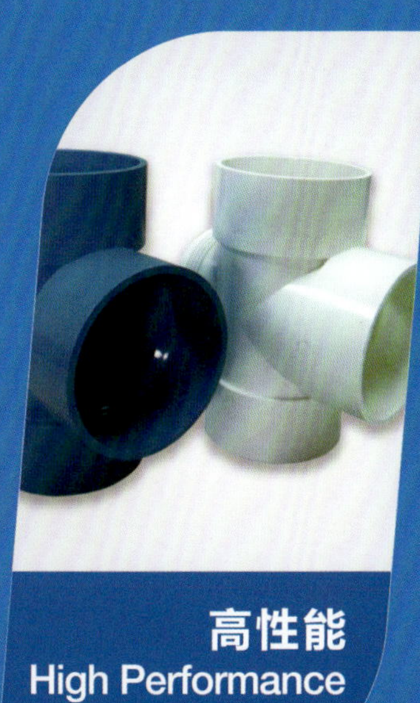

高性能
High Performance

省能源
Energy Saving

全新规格·演绎优化
Surpass
yourself

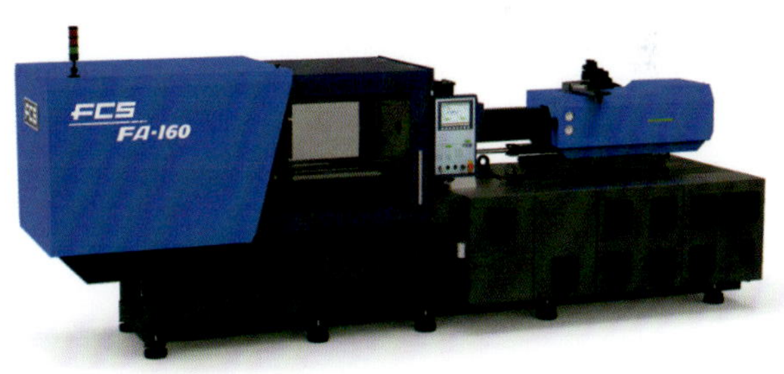

新一代高效节能注塑机
Advanced Servo Hydraulic
Injection Molding Machine

富强鑫集团 FCS Group

台湾富强鑫
+886 6 5950688
fcsco@fcs.com.tw

东莞富强鑫
+86 769 83313753
cdg@fcs.com.tw

宁波富强鑫
+86 574 56138688
cnb@fcs.com.tw

www.fcs.com.tw

宁波甬华塑料机械制造有限公司

NINGBO YONGHUA PLASTIC MACHINERY MANUFACTURING CO.,LTD.

地址: 浙江省宁波市海曙区石碶街道横涨村朱韩工业区1号

Add: NO.1 Zhuhan industrial zone Hengzhang village Shiqi street haishu district Ningbo p.c.:315155

广告

# YE全电动注塑机

Electric Injection Molding Machine

YE150W

全闭环控制

响应时间大幅缩短

速度快

注射速度可达350毫米/秒

Tel: 0574-88217538 88209885

Fax: 0574-88217658 88214801

E-mail: tongyong@tongyongsuji.com

www.yonghuasuji.com

关注甬华服务号

# 专用注塑机领跑者

# The Leader in Special Injection Molding Machine

宝捷精机——注塑、吹瓶等专用塑机的高新技术企业！

佛山市宝捷精密机械有限公司成立于2000年，总部坐落于广东省佛山市三水高新技术工业园，拥有现代化厂房十多万平方米，是一家集研发、制造、销售、售后服务于一体的注塑、吹瓶等专用塑料机械的高新技术企业。设有伺服驱动注塑成型工程技术研究中心，拥有80多项实用新型专利及发明专利，以及20多项软件著作权。

宝捷公司一直专注于以品质塑造企业品牌，至今已发展成创新专用注塑机行业的领跑者！专业的团队成就了宝捷塑机"节能、高效、高速、精密"的几大优势，主导产品V6/S6系列节能注塑机节电量可达25%~60%，成本效益明显。公司更关注客户的个性化需求，凭借雄厚的技术开发和产品创新转化实力，开发出针对PET瓶坯、薄壁包装容器、多物料、中空成型、硅胶、电木、PVC/PPR管件等制品的专用型注塑机，并为客户提供高性价比的定制型整体解决方案。目前，宝捷在国内的薄壁餐饮市场、PET包装市场已经达到了行业领先水平，同时还有众多专用项目在推进，如PVC管件专用市场、LED灯罩专用市场等等。

面对下一个十年日益提升的客户需求，我们以前所未有的力度推进公司产品的升级换代，将"中小型机器油电和全电化、中大型机器两板化"作为公司的中长期产品发展策略，并兼顾产品

欢迎关注宝捷微信
了解最新资讯

广告

占地面积
Covering an area of
100000+
(平方米)
m²

员工数量
Number of employees
500+
(人)
people

专利技术
Patented technologies
80+
(项)
numbers

营销网络
Marketing network
60+
(国家/地区)
countries

的智能、环保、信息化方向，为公司的未来发展奠定坚实基础。宝捷标准型节能注塑机产品从500~35 000kN，加上吹瓶机生产线，涉及50多个系列、上万个规格，为中国乃至全球的高端客户市场应用提供更有竞争力的解决方案。

随着公司的综合实力不断增强，产能和服务也同步得到延伸和完善。以立足国内、布局全球的方针构建营销网络和服务体系，真正把“以客户为中心”的经营理念和树立长期品牌战略结合起来，全心全意为中国和海外客户提供周到的服务。目前，在国内华南、华东、华中和西南、东北等设立20多个办事处、经销点，在海外泰国、马来西亚、印尼、越南、乌兹别克斯坦、美国、墨西哥、巴西、巴基斯坦等设立经销点，产品远销60多个国家和地区，成功进入更多行业，实现了品牌、销量的双提升。

佛山市宝捷精密机械有限公司
POWERJET PLASTIC MACHINERY CO., LTD.

厂址: 中国·广东省佛山市三水区乐平镇创新大道西5号　邮编：528137
Service line: 86-400 830 0005 | TEL:86-757-86697588 | FAX:86-757-86697861 | E-mail: powerjet@126.com
www.powerjet.cn

广告

宝捷精机
Powerjet

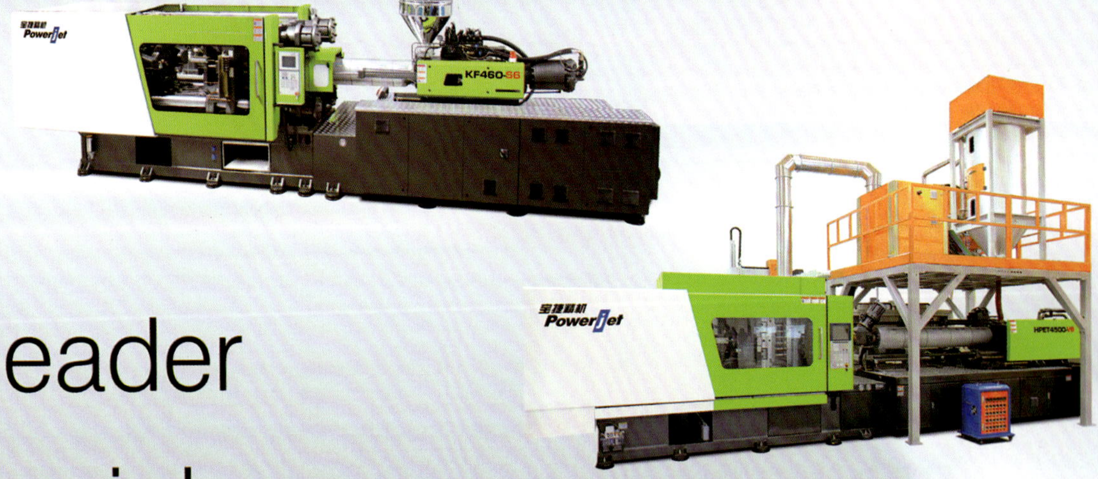

The leader
in special
injection molding machinery

专用注塑机行业领跑者

www.powerjet.cn

佛山市宝捷精密机械有限公司
POWERJET PLASTIC MACHINERY CO., LTD.

中国机械工业年鉴系列

# 中国塑料机械工业年鉴

# 2019

中国机械工业年鉴编辑委员会<br>中国塑料机械工业协会 编

《中国塑料机械工业年鉴2019》设置了综述、专文、行业与地区发展概况、市场专题、企业概况、产品项目与技术、标准与专利、附录8个栏目，系统介绍了我国塑料机械工业在2018年至2019年上半年面临的局面、总体发展情况及发展趋势，展示了行业改革开放40年来的成就，分析了塑料机械工业行业及地区发展状况，展现了行业骨干企业的新面貌，记录了行业发生的大事及产品的发展方向，直观反映了行业经济发展的新变化和新成就。

《中国塑料机械工业年鉴2019》的主要发行对象为政府决策机构、塑料机械行业和塑料制品行业相关企业的决策者，从事市场规划、企业规划的中高层管理人员。

**图书在版编目（CIP）数据**

中国塑料机械工业年鉴.2019/中国机械工业年鉴编辑委员会，中国塑料机械工业协会编.—北京：机械工业出版社，2019.12
（中国机械工业年鉴系列）
ISBN 978-7-111-64373-9

Ⅰ.①中… Ⅱ.①中… ②中… Ⅲ.①塑料—化工机械—中国—2019—年鉴 Ⅳ.①F426.45-54

中国版本图书馆CIP数据核字（2019）第285112号

机械工业出版社（北京市西城区百万庄大街22号　邮政编码 100037）
责任编辑：董　蕾
责任校对：李　伟
责任印制：徐志敏
北京宝昌彩色印刷有限公司印制
2019年12月第1版第1次印刷
210mm×285mm・15.75印张・64插页・41.6千字
定价：260.00元

购书热线电话（010）68326643、68997962
封底无机械工业出版社专用防伪标均为盗版

中国机械工业年鉴系列

作为『工业发展报告』 记录企业成长的每一阶段

# 中国机械工业年鉴

## 编辑委员会


**名誉主任** 于　珍　何光远

**主　　任** 王瑞祥　第十一届全国政协提案委员会副主任、中国机械工业联合会会长

**副 主 任** 薛一平　中国机械工业联合会执行副会长

陈　斌　中国机械工业联合会执行副会长

于清笈　中国机械工业联合会执行副会长

杨学桐　中国机械工业联合会执行副会长

赵　驰　中国机械工业联合会执行副会长兼秘书长

宋晓刚　中国机械工业联合会执行副会长

张克林　中国机械工业联合会执行副会长

李　奇　机械工业信息研究院院长、机械工业出版社社长

**委　　员**（按姓氏笔画排列）

石　勇　机械工业信息研究院副院长

李　冶　国家能源局监管总监

张卫华　国家统计局工业统计司副司长

张京旭　中国机械工业联合会副秘书长

林　新　国家科学技术奖励工作办公室主任

周卫东　中国国际贸易促进委员会机械行业分会副会长

姚　平　中国航空工业集团有限公司党建文宣部航史办主任

郭　锐　机械工业信息研究院党委书记、机械工业出版社总编辑

郭文杰　中国船舶工业集团有限公司政策法规部政策研究处处长

粟东平　中国塑料机械工业协会常务副会长

路明辉　中国航天科技集团有限公司办公厅副主任

蔡惟慈　中国机械工业联合会专家委员会副主任

中国塑料机械工业年鉴

记录历史

塑造品牌

# 中国塑料机械工业年鉴
# 执行编辑委员会


**主　任**　张剑鸣　中国塑料机械工业协会会长、海天塑机集团有限公司总裁

**副主任**　瞿金平　中国工程院院士、中国塑料机械行业专家委员会主任委员、华南理工大学聚合物新型成型装备国家工程研究中心主任

朱康建　中国塑料机械工业协会监事长、博创智能装备股份有限公司董事长

粟东平　中国塑料机械工业协会常务副会长

陈敬财　中国塑料机械工业协会副会长、广东伊之密精密机械股份有限公司董事长

张建群　中国塑料机械工业协会副会长、山东通佳机械有限公司董事长

蒋忠定　中国塑料机械工业协会副会长、宁波市海达塑料机械有限公司总经理

蒋丽苑　中国塑料机械工业协会副会长、震雄集团主席

杜　江　中国塑料机械工业协会副会长、东华机械有限公司总经理

何海潮　中国塑料机械工业协会副会长、上海金纬机械制造有限公司董事长

何德方　中国塑料机械工业协会副会长、江苏贝尔机械有限公司董事长

徐文良　中国塑料机械工业协会副会长、苏州同大机械有限公司董事长

俞建模　中国塑料机械工业协会副会长、大连三垒科技有限公司执行董事

俞田龙　中国塑料机械工业协会副会长、宁波弘讯科技股份有限公司总经理

郑建国　中国塑料机械工业协会副会长、泰瑞机器股份有限公司董事长兼总经理

马佳圳　中国塑料机械工业协会副会长、广东金明精机股份有限公司董事长兼总经理

林　波　中国塑料机械工业协会副会长、浙江申达机器制造股份有限公司总经理

王元江　中国塑料机械工业协会副会长、大连橡胶塑料机械有限公司总经理

钱耀恩　中国塑料机械工业协会特别顾问

**委　员**　吴大鸣　中国塑料机械行业专家委员会常务副主任委员、北京化工大学教授、塑料机械及塑料工程研究所所长、高分子材料加工装备教育部工程研究中心主任

杨卫民　中国塑料机械行业专家委员会副主任委员、北京化工大学教授、教育部“新长江学者奖励计划”首批特聘教授

何亚东　中国塑料机械行业专家委员会副主任委员兼秘书长、北京化工大学教授

何和智　中国塑料机械行业专家委员会副主任委员、华南理工大学教授

傅南红　中国塑料机械行业专家委员会副主任委员、海天塑机集团有限公司技术总监

王　静　中国塑料机械工业协会秘书长

中国塑料机械工业年鉴

记录历史

塑造品牌

# 中国塑料机械工业年鉴
# 执行编辑委员会


陈　栋　宁波市塑料机械行业协会秘书长

顾惠聪　张家港市塑料饮料机械协会秘书长

胡　莹　胶州市塑料机械行业协会秘书长

吴东莹　大连市橡胶塑料机械协会秘书长

蔡恒志　中国塑料机械行业专家委员会委员、广东省塑料工业协会注塑专业委员会秘书长

郭一萍　中国塑料机械行业专家委员会委员、国家塑料机械产品质量监督检验中心常务副主任


# 中国塑料机械工业年鉴
# 编辑出版工作人员


**总　编　辑**　石　勇

**主　　　编**　李卫玲

**副　主　编**　刘世博

**编辑总监**　任智惠

**市场总监**　赵　敏

**责任编辑**　董　蕾

**编　　　辑**　曹春苗



**地　　　址**　北京市西城区百万庄大街22号（邮编100037）

编 辑 部　电话（010）68997962　　传真（010）68997966

市 场 部　电话（010）88379812　　传真（010）68320642

发 行 部　电话（010）68326643　　传真（010）88379825

E-mail:cmiy_cmp@163.com

http://www.cmiy.com

# 前　　言

自 2018 年起，美国对我国输美货物加征关税，此后，关税金额逐步增加。在中美贸易摩擦持续一年多的时间里，整个国际社会充满了不确定性。对出口美国的中国塑料机械产品加征 25% 关税，使得我国塑料机械行业面临的市场环境更加复杂。2018 年中国塑料机械行业完成主营业务收入 644.32 亿元，同比下降 4%；实现利润总额 66.35 亿元，同比下降 4%；完成出口交货值 94.35 亿元，同比下降 14%。

面对这一严峻形势，全行业在“务实、创新、和谐、共进”发展理念的引导下，发扬工匠精神，依靠技术进步实现创新发展，努力制造高质量的中国塑料机械产品，拓展国内外市场，体现出行业发展的韧性。在加快转型升级的过程中，塑料机械行业有 7 家企业的 10 个系列产品入选《国家工业节能技术装备推荐目录》，还有多家企业荣获中国机械工业科学技术奖。2018 年是中国改革开放 40 周年，塑料机械行业有 14 项新产品、新技术被评为“改革开放 40 周年——机械工业杰出产品”，占入选产品的 7.22%。

在加快科技进步、实现高质量发展的进程中，中国塑料机械行业也在倡导合规管理，扎实推进各项标准工作。2018 年中国塑料机械工业协会团体标准委员会组织制定了《全电动塑料注射成型机》《多组分塑料注射成型机》标准，《高速精密塑料注射成型机》《立式塑料注射成型机》等标准正在讨论修改中。在加快团体标准的建设中，倡导合规精神深入每一家塑料机械企业，工作恪守职业规范，产品符合标准要求，共同努力提升中国塑料机械的整体形象。

面对当前形势，我们要有充分的心理预期，并继续以实际行动“把自己的事情做好”。全行业要加快转型升级，努力制造高质量的中国塑料机械产品；积极参与国内外塑料机械信息、技术交流，努力拓展国内外市场；加快推进协会标准工作建设和宣贯，参与国际标准相关工作，倡导中国塑料机械标准与日本、德国等塑料机械强国标准对接，进一步提升我国塑料机械的国际竞争力，以优异的成绩向伟大祖国的 70 周年华诞献礼！着眼现实，更要做好规划。全行业还要重视并协力做好《中国塑料机械行业“十四五”发展规划》的编制，科学把握未来行业的发展趋势。

2019 年是《中国塑料机械工业年鉴》出版的 10 周年。在此对十年来一直支持年鉴事业发展的地方协会、企业、各院校，以及支持行业信息工作的同仁与各位作者表示感谢，也希望年鉴全体编撰出版人员继续拼搏奋进，与行业发展同步，全面、客观地选取实材，为行业发展提供可借鉴的内容，在行业发展、企业前行的过程中当好记录者、同行者、沟通者。

中国塑料机械工业协会会长

2019 年 10 月

中国塑料机械工业年鉴

记录历史 塑造品牌

# 中国塑料机械工业年鉴特约顾问单位特约顾问与特约编辑

（排名不分先后）

| 特约顾问单位 | 特约顾问 | 特约编辑 |
|---|---|---|
| 震雄集团 | 蒋志坚 | 昝勤先 |
| 海天国际控股有限公司 | 张静章 | 高世权 |
| 宁波市海达塑料机械有限公司 | 蒋忠定 | 刘　维 |
| 博创智能装备股份有限公司 | 朱康建 | 饶启琛 |
| 力劲集团 | 王新良 | 薛　艳 |
| 上海发那科智能机械有限公司 | 俞星丹 | 范家奎 |
| 上海金纬机械制造有限公司 | 何海潮 | 刘惠明 |
| 东华机械有限公司 | 杜　江 | 陈玉城 |
| 广东伊之密精密机械股份有限公司 | 廖昌清 | 张　涛 |
| 广东金明精机股份有限公司 | 马佳圳 | 张　前 |
| 宁波华美达机械制造有限公司 | 刘娟儿 | 刘娟儿 |
| 广东乐善机械有限公司 | 郭锡南 | 李真梅 |
| 佛山巴顿菲尔辛辛那提塑料设备有限公司 | ToniBernards | 谭玉娟 |
| 苏州同大机械有限公司 | 徐文良 | 朱建新 |
| 杭州大禹机械有限公司 | 杨茂荣 | 范君芳 |
| 浙江申达机器制造股份有限公司 | 林　波 | 周巨栋 |
| 宁波海星机械制造有限公司 | 陈兴良 | 孙　坚 |
| 泰瑞机器股份有限公司 | 郑建国 | 周　玲 |
| 科倍隆（南京）机械有限公司 | 沈　君 | 付　晓 |
| 富强鑫（宁波）机器制造有限公司 | 王俊杰 | 陈晓周 |
| 宁波甬华塑料机械制造有限公司 | 张允升 | 吴　群 |
| 佛山市宝捷精密机械有限公司 | 杨伟杰 | 庾小军 |
| 宁波弘讯科技股份有限公司 | 俞田龙 | 郑　琴 |
| 苏州伟创电气科技股份有限公司 | 胡智勇 | 孙潇雄 |
| 信易集团 | 吴峻睿 | 陈彦良 |
| 广东拓斯达科技股份有限公司 | 黄代波 | 许　鹏 |
| 安川电机（中国）有限公司 | 刘海军 | 王祖元 |
| 山东通佳机械有限公司 | 张建群 | 李　勇 |
| 四川金石东方新材料设备股份有限公司 | 陈绍江 | 钟　毅 |
| 广东达诚技术股份有限公司 | 罗庆青 | 董骏铭 |
| 广东正茂精机有限公司 | 李建军 | 李建军 |
| 仁兴机械（深圳）有限公司 | 梁伟祥 | 梁志健 |
| 广东佳明机器有限公司 | 陈镇洪 | 方　来 |
| 宁波海太工贸有限公司 | 俞　冲 | 俞　冲 |
| 宁波海雄塑料机械有限公司 | 郑　强 | 张卫东 |
| 爱科机械（杭州）有限公司 | 徐红亮 | 徐红亮 |
| 江苏贝尔机械有限公司 | 何德方 | 仲清锋 |
| 浙江金鹰塑料机械有限公司 | 潘明忠 | 冯海波 |
| 江苏联冠科技发展有限公司 | 黄学祥 | 刘卫祥 |
| 浙江精诚模具机械有限公司 | 梁　斌 | 梁　斌 |
| 青岛福润德塑料挤出技术有限公司 | 赵炳仁 | 韩　强 |
| 舟山市金久机械制造有限公司 | 顾建军 | 陶家阳 |
| 江苏维达机械有限公司 | 高学飞 | 高　松 |

索引

记录历史

塑造品牌

# 广 告 索 引


| 序号 | 公司名称 | 页码 |
|---|---|---|
| 1 | 震雄集团 | 封套封面 |
| 2 | 海天国际控股有限公司 | 封面 |
| 3 | 博创智能装备股份有限公司 | 封底 |
| 4 | 震雄集团 | 封套封底 |
| 5 | 宁波市海达塑料机械有限公司 | 封二 |
| 6 | 力劲集团 | 扉页拉折页 |
| 7 | 上海金纬机械制造有限公司 | 扉页 |
| 8 | 东华机械有限公司 | 前特联版 |
| 9 | 广东伊之密精密机械股份有限公司 | 前特联版 |
| 10 | 广东金明精机股份有限公司 | 前特联版 |
| 11 | 宁波华美达机械制造有限公司 | 前特页 |
| 12 | 震雄集团 | 前特拉折页 |
| 13 | 广东乐善智能装备股份有限公司 | 前特页 |
| 14 | 佛山巴顿菲尔辛辛那提塑料设备有限公司 | 前特联版 |
| 15 | 苏州同大机械有限公司 | 前特联版 |
| 16 | 杭州大禹机械有限公司 | 前特页 |
| 17 | 上海发那科智能机械有限公司 | 内封前拉折 |
| 18 | 浙江申达机器制造股份有限公司 | 前特页 |
| 19 | 宁波海星机械制造有限公司 | 前特联版 |
| 20 | 泰瑞机器股份有限公司 | 前特联版 |
| 21 | 科倍隆（南京）机械有限公司 | 前特联版 |
| 22 | 富强鑫（宁波）机器制造有限公司 | 前特联版 |
| 23 | 宁波甬华塑料机械制造有限公司 | 前特联版 |
| 24 | 佛山市宝捷精密机械有限公司 | 前特联版 |
| 25 | 安川电机（中国）有限公司 | 封三联版 |

索

引

记录历史

塑造品牌

# 广告索引


| 序号 | 公司名称 | 页码 |
|---|---|---|
| | “中国塑机高端自主数控（智能）装备”专栏 | |
| 26 | 宁波弘讯科技股份有限公司 | A2 ～ A5 |
| 27 | 苏州伟创电气科技股份有限公司 | A6 ～ A9 |
| 28 | 信易集团 | A10 ～ A13 |
| 29 | 广东拓斯达科技股份有限公司 | A14 ～ A17 |
| 30 | 海天国际控股有限公司 | B2 ～ B9 |
| 31 | 宁波市海达塑料机械有限公司 | B10 ～ B13 |
| 32 | 博创智能装备股份有限公司 | B14 ～ B15 |
| 33 | 中国塑料机械工业协会 | B16 ～ B22 |
| 34 | 广东省塑料工业协会注塑专业委员会 | B23 |
| 35 | 张家港市塑料饮料机械协会 | B24 ～ B25 |
| 36 | 宁波市塑料机械行业协会 | B26 |


# 专题索引


| | 年鉴十年　讲述中国塑机故事 | |
|---|---|---|
| 1 | 力劲集团 | C2 ～ C5 |
| 2 | 震雄集团 | C6 ～ C9 |
| 3 | 宁波弘讯科技股份有限公司 | C10 ～ C13 |
| 4 | 信易集团 | C14 ～ C17 |
| 5 | 苏州伟创电气科技股份有限公司 | C18 ～ C21 |
| 6 | 杭州大禹机械有限公司 | C22 ～ C23 |
| 7 | 泰瑞机器股份有限公司 | C24 ～ C25 |
| 8 | 佛山巴顿菲尔辛辛那提塑料设备有限公司 | C26 ～ C27 |
| 9 | 博创智能装备股份有限公司 | C28 |

# 一机一手一系统

## 下一代的基础_ID4.0 SANDAL II方案

**系统介绍**

全新的SANDALII方案全方位整合机械手与辅机设备的标准通信,在SA Communication System通信标准基础上，配合 tmEdgeServer（弘塑边缘服务器）和tmPlasCloud（弘塑云）平台，完美整合一机一手一系统架构，也为未来工业4.0的智能制造打好基础。

**优势**

伺服系统与弘讯控制器产品的完美结合，可以实现多轴联动、同动等不同控制方案，更好地实现塑胶机械不同的变化需求，提升机械设备的运行效率，降低能耗，提高机械操作的精度和稳定度，更有利于根据用户需求对机械设备性能调整和维护，在市场应用上有更佳的优势。

tmPlas Cloud(弘塑云)

Lo

未来工业4.0
智能制造下一代的基础

广告
TECHMATION
网关模块
辅机
电机
HMI模块
机械手
驱动器模块
控制器模块
丝杆模块
控制器模块
运动控制模块
电机
HMI模块
注塑机
润滑系统
传动模块
驱动器模块
宁波弘讯科技股份有限公司
Ningbo Techmation Co.,Ltd.
T / +86-574-86987281 86987282
F / +86-574-86829287
E / Sales@techmation.com.cn
地址 / 中国 浙江省宁波市北仑区大港五路 88 号
No.88 Dagang Fifth Road,Beilun,Ningbo,Zhejiang,China
www.techmation.com.cn

**产品特色**

**智能、自由、无限可能** 将成为新一代自动化解决方案系统特色，顺应下一代需求，弘讯科技将推出新一代电控系统，从核心技术 SA Studio (Smart Automation Studio) 软件平台出发，并推出自主研发的PLC Studio/HMI Studio软件工具，符合IEC 61131-3标准，同时支持PLCopen标准的控制模块，配合全新开发具备智能接口的人机界面模块、控制器模块、驱动器模块、运动控制模块、功能模块、I/O模块，与SA Communication System通信标准，架构出由标准化通信为主，软件平台为底，硬件模块为辅的工业4.0的基础。

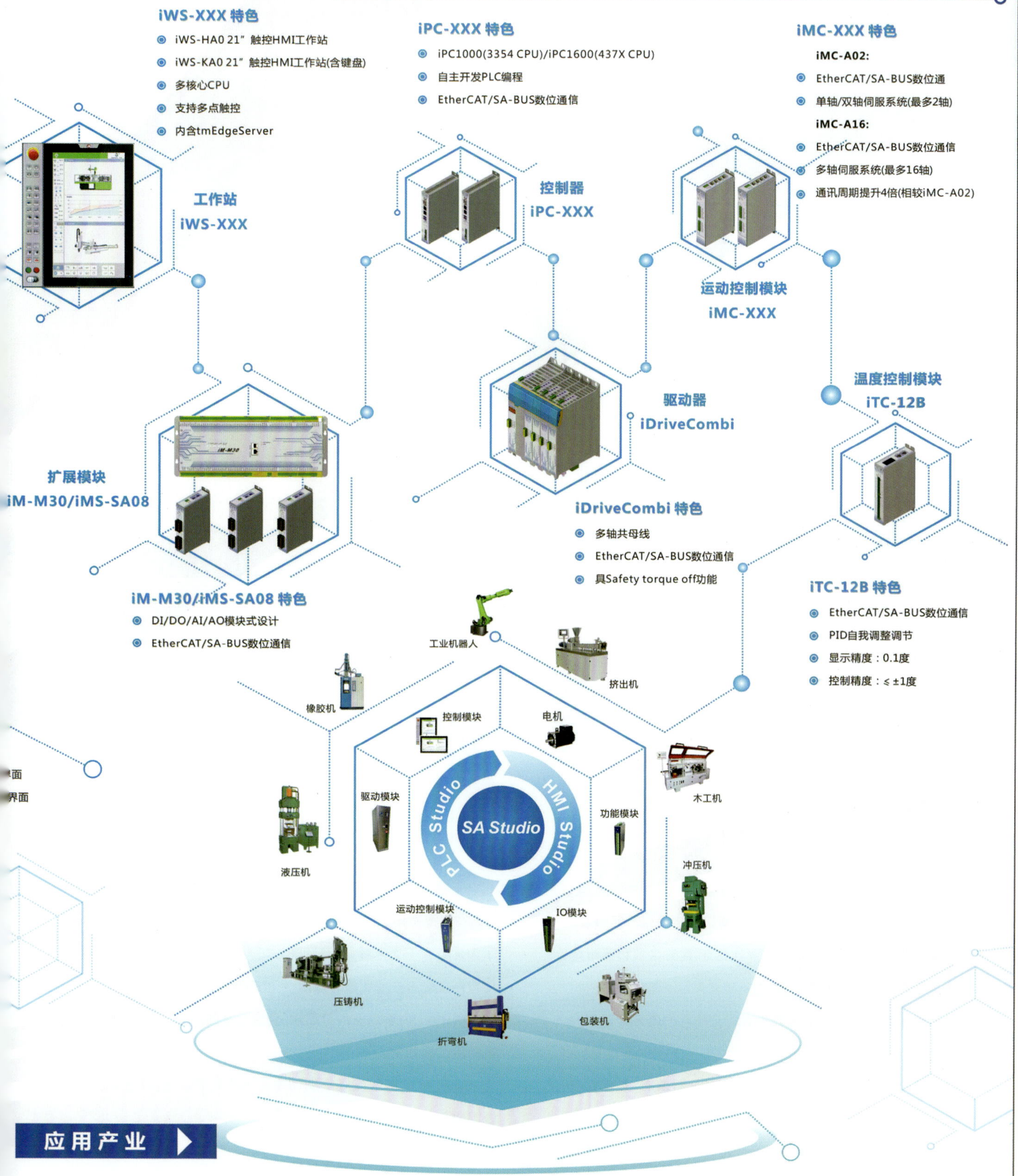

广告

**iWS-XXX 特色**

- iWS-HA0 21" 触控HMI工作站
- iWS-KA0 21" 触控HMI工作站(含键盘)
- 多核心CPU
- 支持多点触控
- 内含tmEdgeServer

工作站 iWS-XXX

**iPC-XXX 特色**

- iPC1000(3354 CPU)/iPC1600(437X CPU)
- 自主开发PLC编程
- EtherCAT/SA-BUS数位通信

控制器 iPC-XXX

**iMC-XXX 特色**

iMC-A02:

- EtherCAT/SA-BUS数位通
- 单轴/双轴伺服系统(最多2轴)

iMC-A16:

- EtherCAT/SA-BUS数位通信
- 多轴伺服系统(最多16轴)
- 通讯周期提升4倍(相较iMC-A02)

运动控制模块 iMC-XXX

驱动器 iDriveCombi

温度控制模块 iTC-12B

扩展模块 iM-M30/iMS-SA08

**iDriveCombi 特色**

- 多轴共母线
- EtherCAT/SA-BUS数位通信
- 具Safety torque off功能

**iM-M30/iMS-SA08 特色**

- DI/DO/AI/AO模块式设计
- EtherCAT/SA-BUS数位通信

**iTC-12B 特色**

- EtherCAT/SA-BUS数位通信
- PID自我调整调节
- 显示精度：0.1度
- 控制精度：≤ ±1度

工业机器人 挤出机 橡胶机 控制模块 电机 木工机 驱动模块 功能模块 液压机 冲压机 运动控制模块 IO模块 压铸机 包装机 折弯机

SA Studio　PLC Studio　HMI Studio

**应用产业**

- 产业机械（工业机器人、挤出机、木工机、冲压机、包装机、折弯机、压铸机、液压机、橡胶机）使用者
- 系统整合商、企业管理人员

地址:中国浙江省宁波市北仑区大港五路88号　传真:0574-86987286　客服电话:0574-86987285　网址:www.techmation.com.cn
宁波弘讯科技股份有限公司
Ningbo Techmation Co.,Ltd.

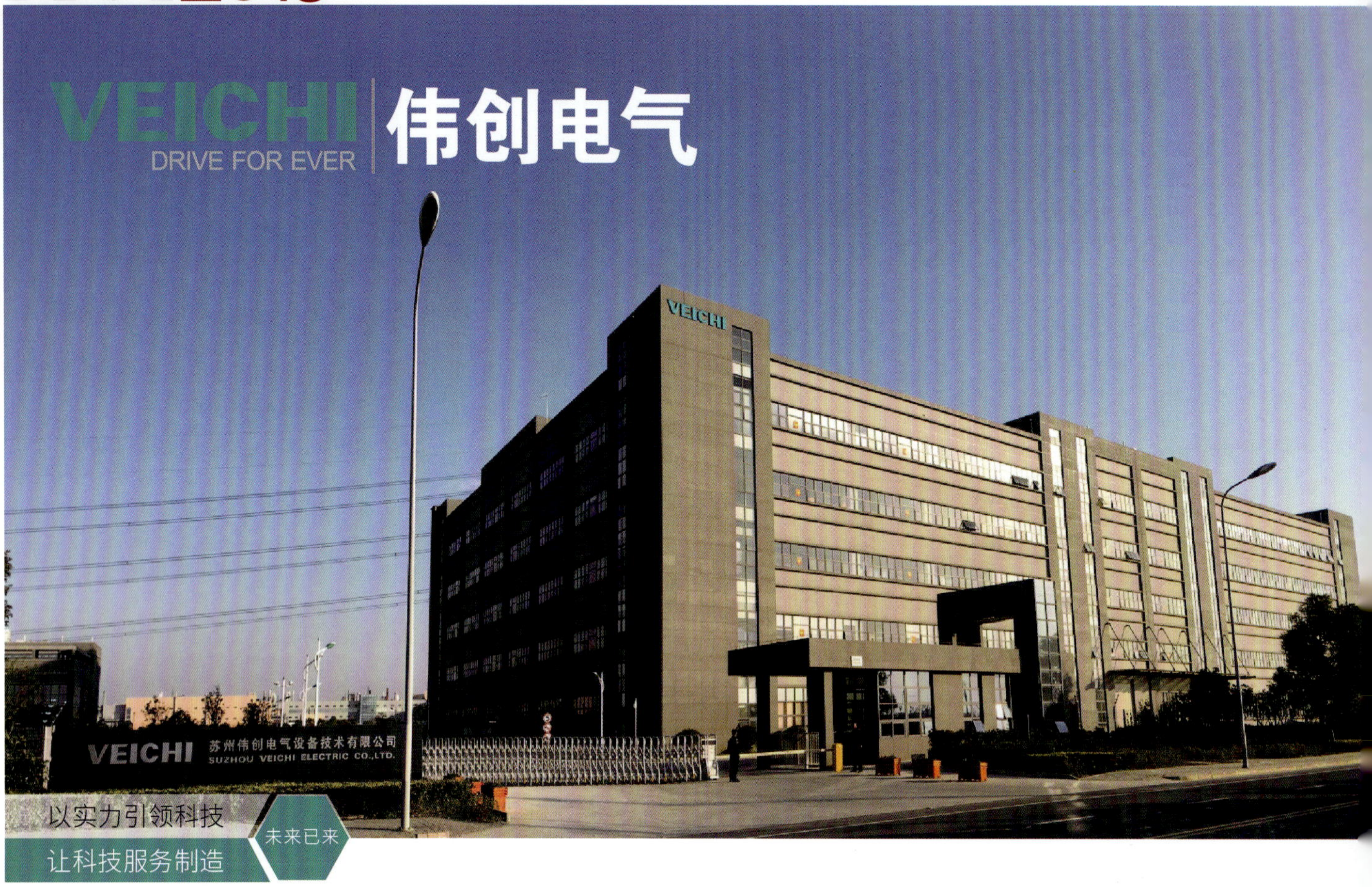

VEICHI 伟创电气
DRIVE FOR EVER

以实力引领科技
让科技服务制造
未来已来

# EHS100电液伺服一体机

# EHS 100 Integrated Hydraulic Servo

伟创电气成立于2005年，是一家从事工业自动化产品研发、生产、销售的国家高新技术企业和双软企业，拥有深圳和苏州两个自主知识产权的研发和生产基地，多年来凭借不断增强的创新能力、突出的灵活定制能力、日趋完善的交付能力赢得全球客户的信任与合作。

公司产品涵盖变频调速器、伺服与运动控制系统、集成专机及物联网等，并为印刷包装、机床与压缩机、液压伺服、起重、纺织等行业，提供先进的行业集成产品开发设计、全面的产品研发测试以及自动化信息化的作业生产，为客户提供有价值的工业自动化系统解决方案。

在赢得市场的同时，公司拥有本行业产品研发领域的核心领军人才与骨干人才梯队，满足未来研发规划对人才的需求。公司拥有自主知识产权和核心技术，在产品研发上投入不少于年销售收入的8% ，为客户提供可靠性、稳定性高的产品，来应对市场带来的挑战和竞争。

未来，伟创电气将坚持驱动无止境的品牌理念，与您共创美好的明天。

广告



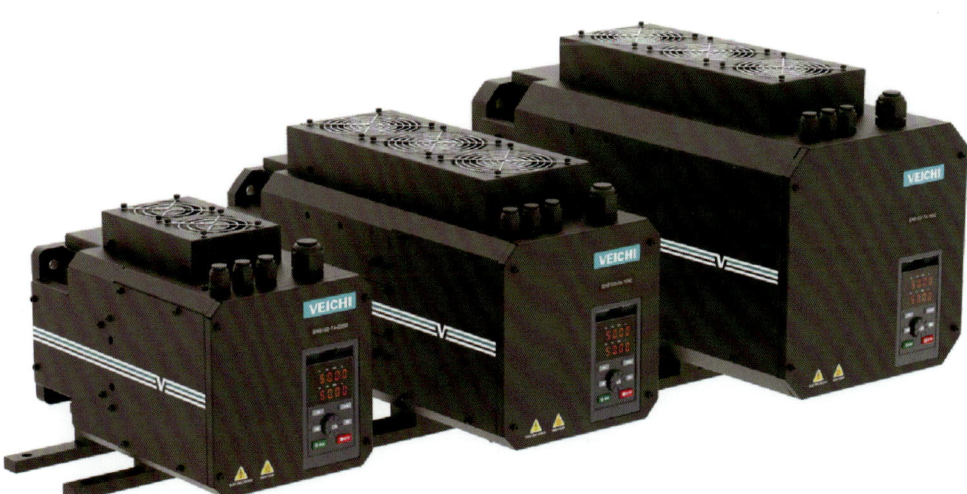

集成控制、动力、刹车功能为一体

免调试，无需自学习，上电即用

针对机械高频振动设计

高防护，双独立风道，IP56风扇

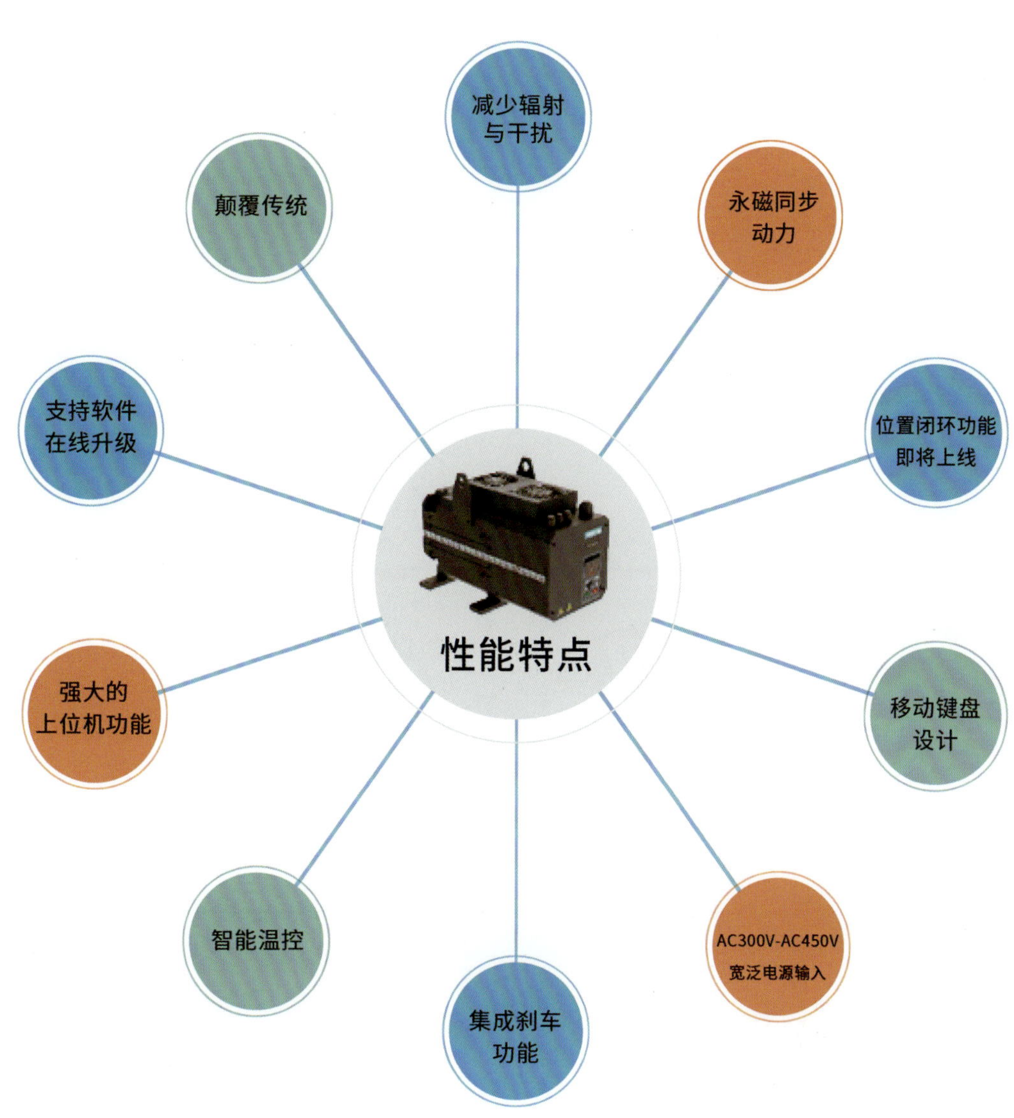

# Multiple joint control
# 多台联控

可同步、跟随、叠加、智能追踪等多种联控模式,支持合流、分流来回切换控制。

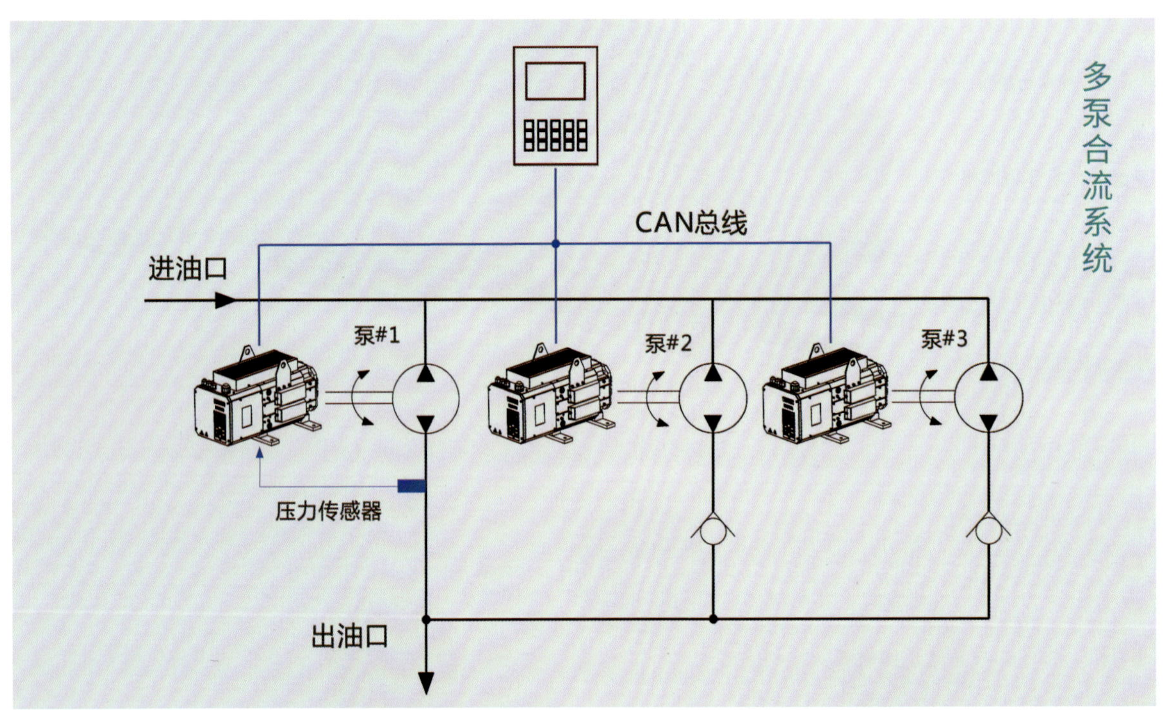


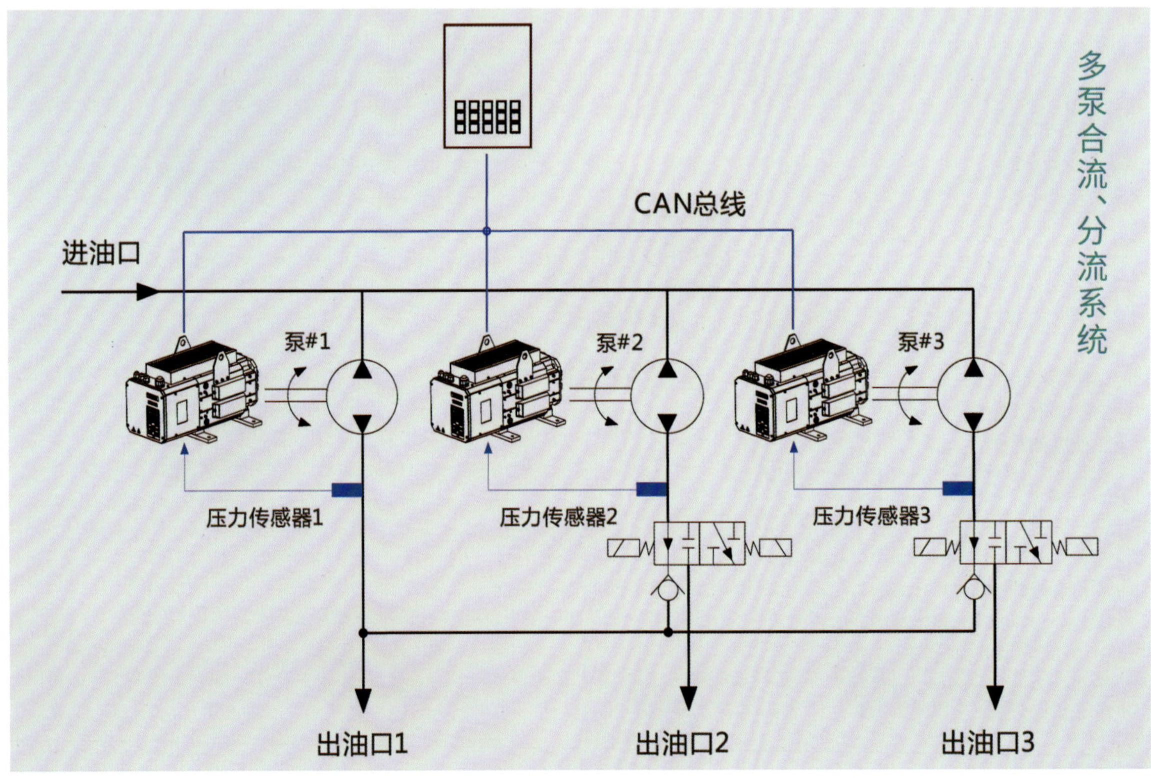

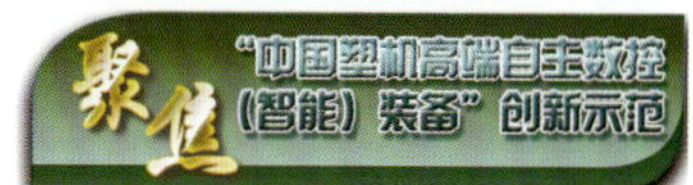






# Quality assurance 品质保证

研发环节

20年行业经验的高素质研发队伍,180多人的研发团队。

110余项专利技术;每年高于销售额8%的研发投入。

校企深度的技术合作,共建实验室,为研发团队储备人员。

政企合作,是深圳市高新技术产业协会会员单位,多项科研成果享受政府专项资金补贴。

试验检测

下设1个通用实验室,多个专业实验室,如

EMC实验室,电机性测试实验室,可靠性实验室,现场应用实验室。

生产环节

全自动SMT贴片生产线、全自动包装线等,拥有快速、大批量、高品质交付能力。

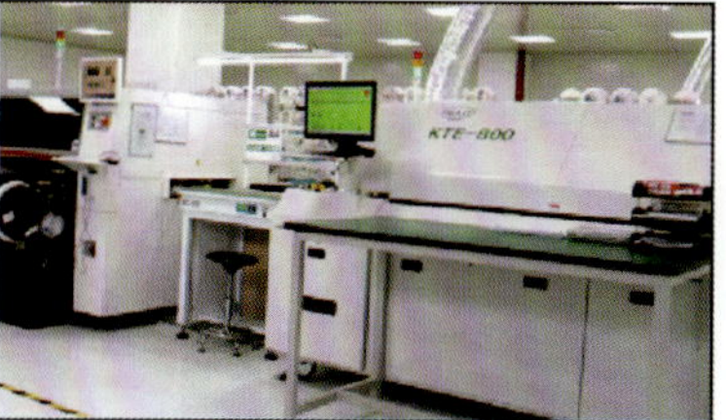

品质环节

坚持品质第一的质量方针和理念。

源头监管,制程管控,从设计、采购、来料检验、生产制造等环节严格按照ISO9001质量管理体系标准执行。

信息化管理,产品追溯系统,从原材料到成品实现产品全过程追溯。

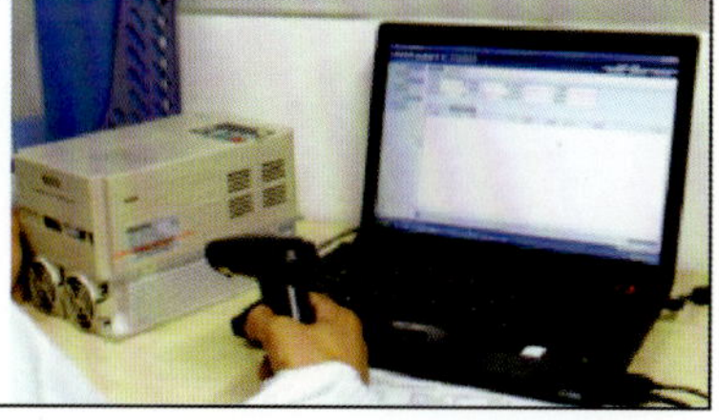

**VEICHI**

**深圳市伟创电气有限公司**

深圳市宝安区石岩塘头社区塘头一号路领亚工业园春生楼3楼

Tel:+ 86-755-36861688

Fax:+ 86-755-29685680

Service hotline :400-600-0303

**苏州伟创电气科技股份有限公司**

苏州市吴中经济技术开发区郭巷街道淞葭路1000号

Tel:+ 86-512-6617 1988

Fax:+ 86-512-6617 3610

Http://www.veichi.com

SHINI

50 YEARS

研发 创造 管理 文化 制造 品质

广告

生產車間
異地工廠
交換機
倉庫
生產車間
大型除濕乾燥設備
中央供料系統
協同設備
交換機
顯示看板
主數據中心
4G/3G
移動設備
辦公室&ERP端

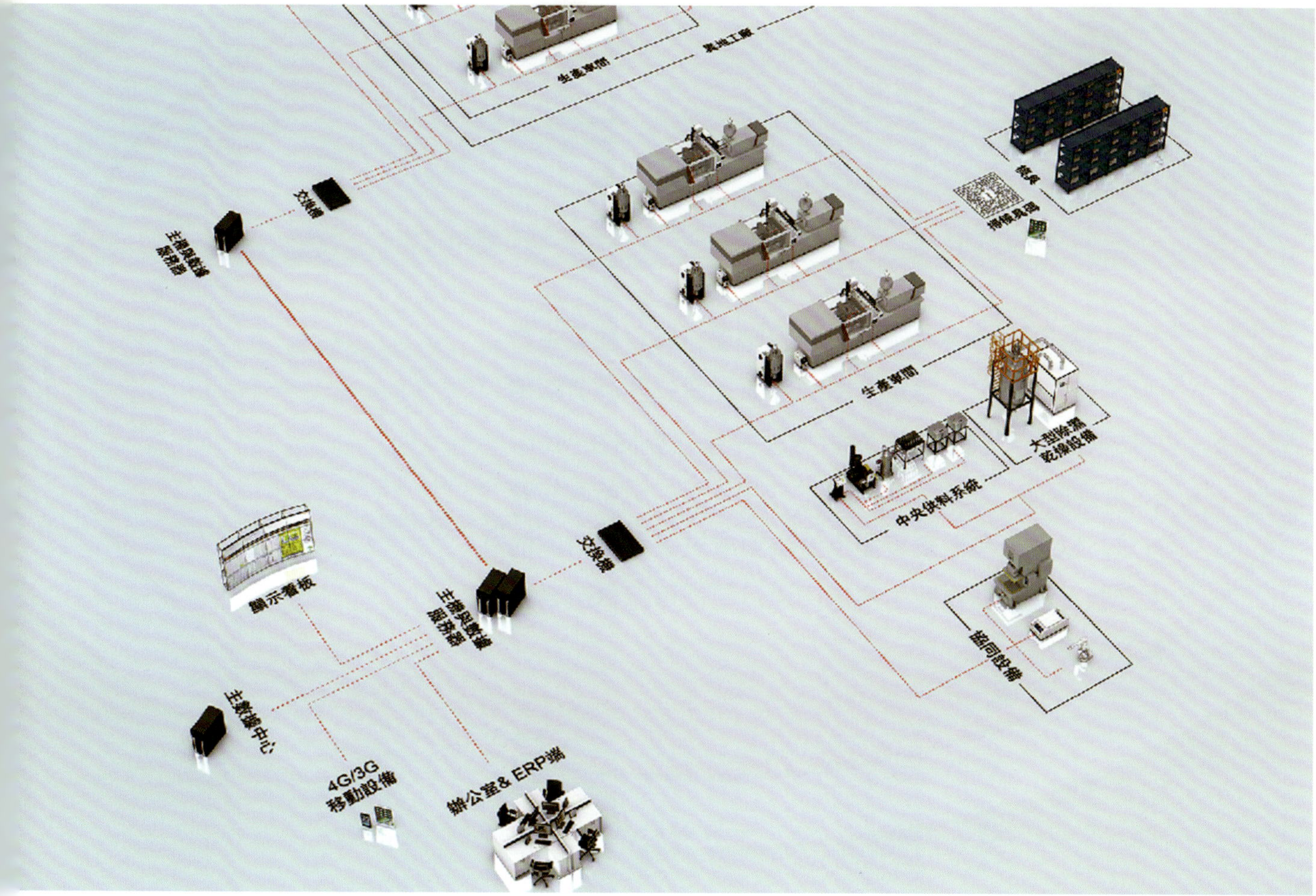

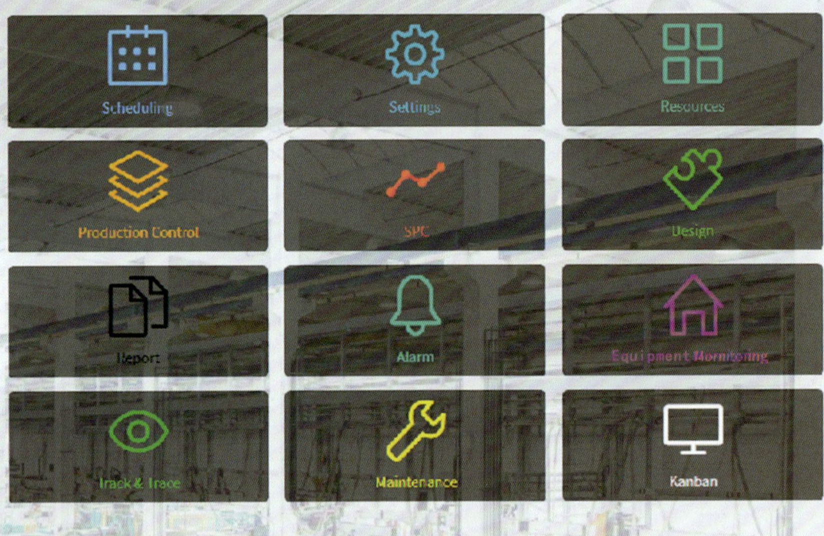


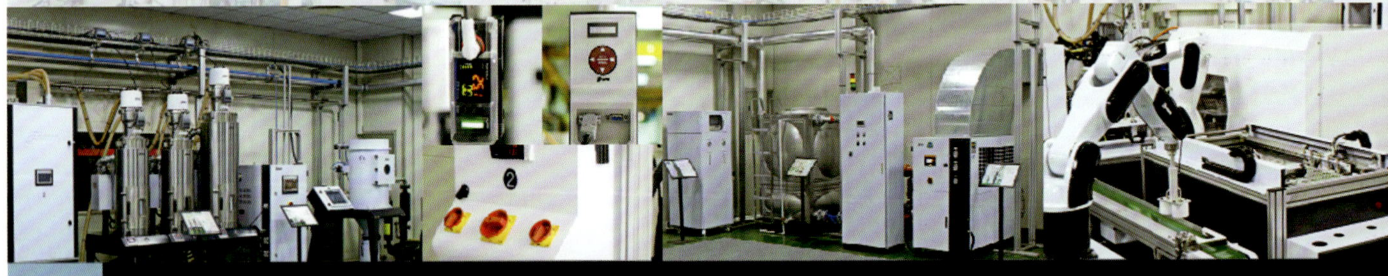

# sData注塑工厂数据采集监控系统

该系统是对注塑工厂的生产过程数据进行实时采集、存储，并对这些详细制造数据和过程进行报表化和图表化的软硬件解决方案。

本系统基于linux平台开发，容易部署，可以根据生产现场的实际情况，自定义图表界面，通过多种灵活的方法获取生产现场的实时数据，并将其存储在Mongodb数据库，结合系统自带的专用计算、分析和统计方法，以报告和图表直观反映当前或过去某段时间的生产状况，帮助企业生产部门通过回馈信息做出合理有效的决策。

**信易集團**

+86 800 999 3222　shini@shini.com　www.shini.com

广告

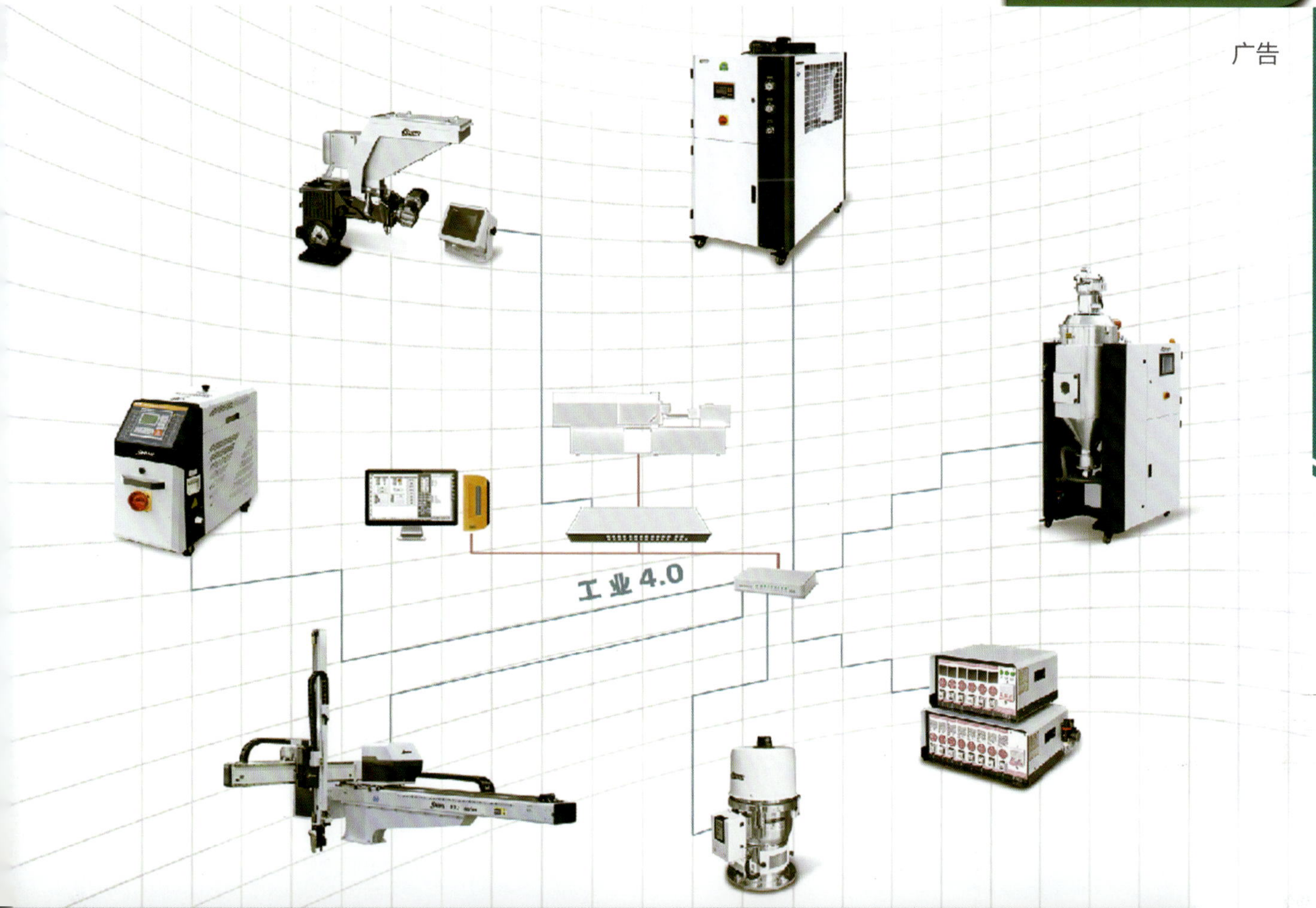

工业4.0

**以用户友好为原则，技术创新为手段，实现成型辅助设备与上位机的网络通信。**

信易始终坚持技术创新。

如何让先进的注塑成型技术满足客户需求，一直是注塑成型者的追求。不仅放在“产品本身”，更是放在“客户需求”。信易从产品的标准、精致、实用、人性化上着手，使得客户更容易操作。sLink基于Modbus TCP/RTU通信协议，友好的人机接口能带给客户更直观的感受，与上位机通信，实现集中监控，提升客户使用价值，确保结果符合客户期望。

Simple Solution

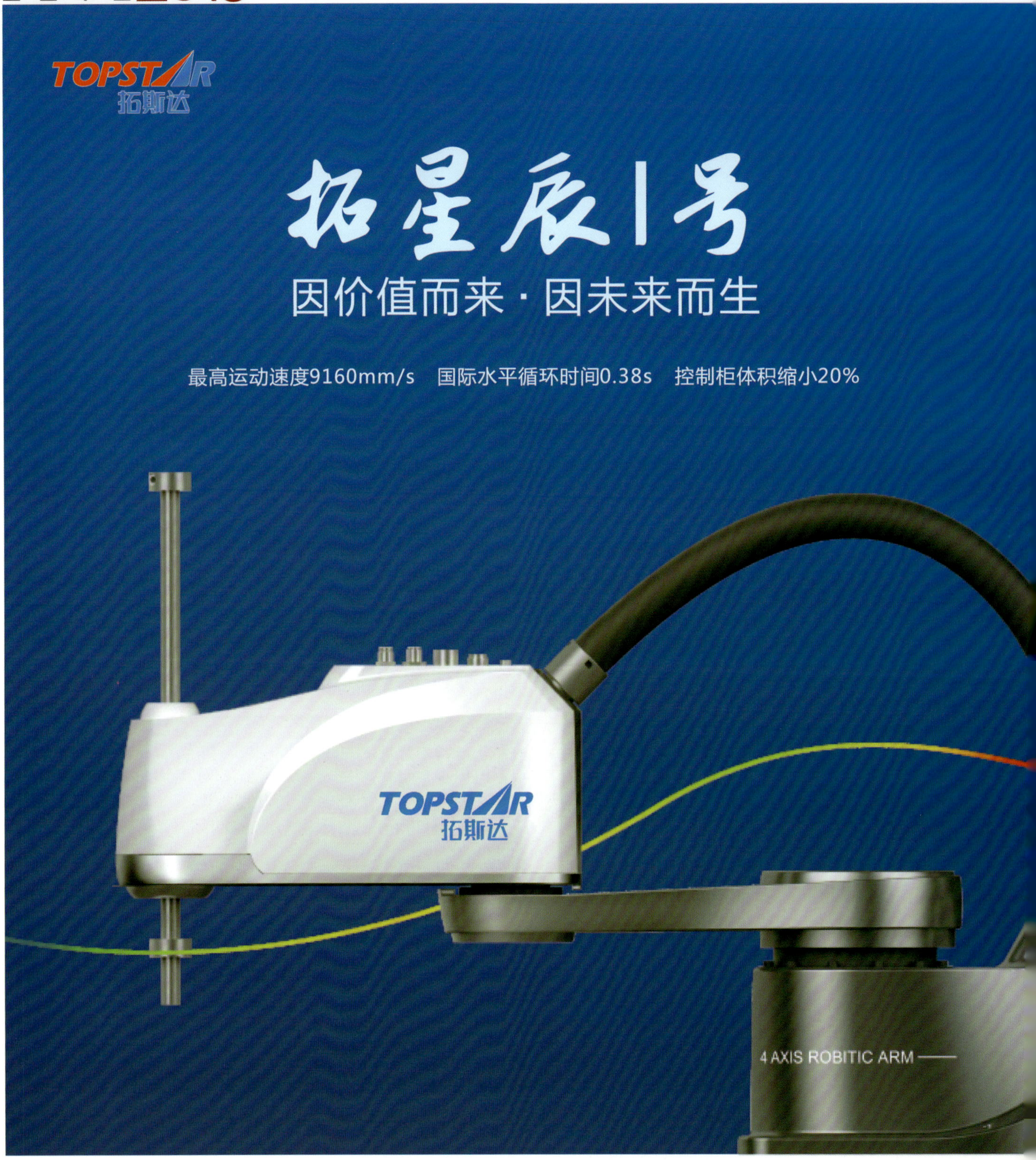

TOPSTAR 拓斯达

拓星辰1号

因价值而来 · 因未来而生

最高运动速度9160mm/s　国际水平循环时间0.38s　控制柜体积缩小20%

TOPSTAR 拓斯达

4 AXIS ROBITIC ARM

广东拓斯达科技股份有限公司
www.topstarltd.com
E-mail:sales@topstarltd.com
客户服务热线：400-096-8005
地址: 广东省东莞市大岭山镇大塘朗村长塘路3号

扫描关注

广告

TOPSTAR
拓斯达

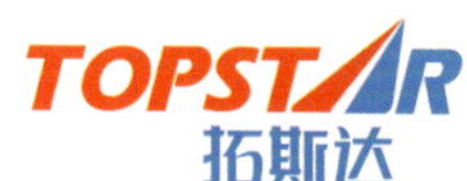

基于IOT的智能整厂可视化规划仿真系统

拓星云1号

整厂智造规划

设备布局运行仿真

大数据优化工艺

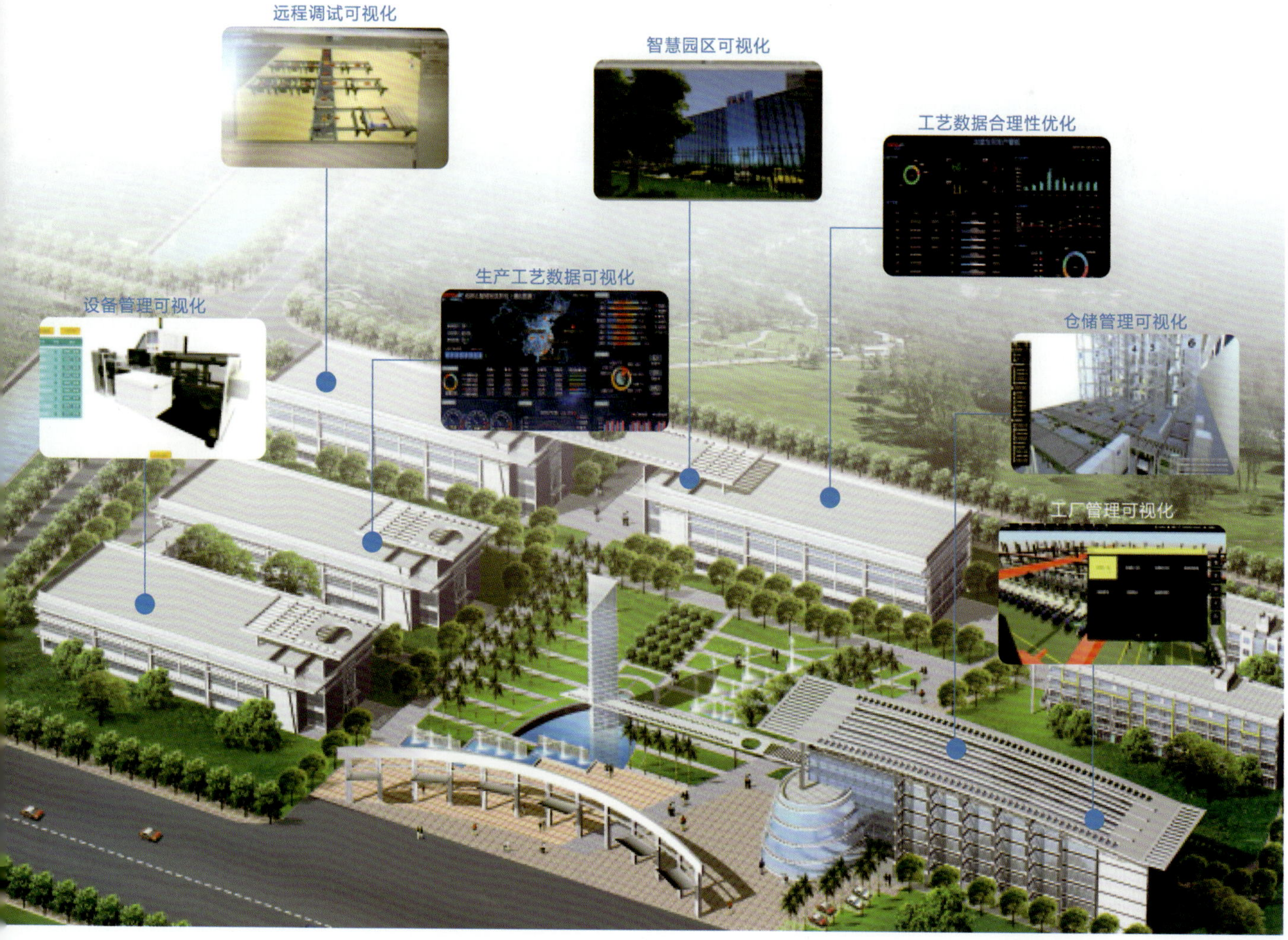
远程调试可视化
智慧园区可视化
工艺数据合理性优化
生产工艺数据可视化
设备管理可视化
仓储管理可视化
工厂管理可视化

TOPSTAR 拓斯达

# 仰望星空

## 拓斯达全球客户开放日新品发布会摘记

广东拓斯达科技股份有限公司(简称：拓斯达，股票代码：300607)是一家登陆创业板的广东省机器人骨干企业，专注于以工业机器人为代表的智能装备的研发、制造、销售，致力于成为系统集成+本体制造+软件开发+工业互联网四位一体的智能制造综合服务商。

## 拓星辰Ⅰ号——因价值而生、因未来而生

这是拓斯达成立12年来第一次专门为它开发布会的产品，这是我们认为里程碑式的一款产品，这也是可以引领行业标准的一款产品。对于企业来说，对待产品，就像对待自己的孩子一样，如果我们要生小孩儿的话，第一件事是做什么呢？是的，要取一个动听的名字。以前的拓斯达在这一点上做得很失败，我们12年以来创造出许多厉害的产品，但是我们没有给产品取过一个名字，首先要跟很多的老客户道歉，一直以来用的拓斯达的产品都是无名英雄，而这一次我们在思考，我们要给我们的孩子取一个什么样的名字？几番讨论后决定叫做“拓星辰Ⅰ号”。我们觉得每一个人都对应天上的一颗星星，如果说TOPSTAR的产品都是一颗星星的话，这款SCRAR就是庞大的拓斯达产品家族当中最璀璨的一颗，如果用十个字来形容它的话，那就是“因价值而来，因未来而生”。未来我们还会有星河、星空、星际，拓斯达的机器人家族将不断发展壮大。

拓星辰Ⅰ号的外观来自国内著名工业设计团队洛可可，灵感来自于迪拜的帆船酒店：蓝白相间的配色如同蓝天大海之间的海洋气息，搭配高强度的铝合金质感机身，正如制造人筑梦之帆。拓星辰Ⅰ号拥有着想让人发朋友圈的产品外观。而这么好看的外观之下，它的控制柜体积缩小了20%，高度325mm、宽度233mm、厚度125mm，真正的一块芯片驱控一体。

外形如此好看，我们也希望它有能打的硬实力，拓星辰Ⅰ号国际水平循环时间0.38s，人类眨眼的时间大概是0.2~0.4s之间，也就是说快到不能眨眼睛。它的控制系统：采用加速度自适应调整算法，曲率受控的过渡路径规划算法；伺服驱动：动力学指定前馈算法，自适应参数识别算法；本体结构：整机动力仿真学，机械本体动静态量化分析。拓星辰Ⅰ号的最高运动速度9160mm/s，可以说是机器人界的短跑之王；拓星辰Ⅰ号的重复定位精度±0.01mm，比全世界最小的靶心还要小50倍，这样的精度由高可靠性误差辨识补偿算法实现控制设计，采用微光及激光跟踪仪标定精度检测。

目前来说，SCRAR是一款通用的机器人，与拓斯达家族其他产品一样配备有标准通信接口，支持各种系统的数据采集和管理。它为机器与机器间的互联互通提供了底层支撑，应用场景非常广泛，如3C、汽配、食品、电子等行业中的共性工艺点胶、锁螺钉、搬运、组装、分拣等。同时为了保证出品的可靠性，拓斯达严格按照IPD的开发流程：

TR1:产品需求·概念·规格;

TR2:总体·概要设计;

TR3:详细设计·单元测试;

TR4及TR5:SDV测试（需求、规格、功能验证，初始产品，准备启动生产试制。SIT测试：产品系统、可靠性测试）

TR6:SVT测试、BETA测试、制造系统验证、认证和标杆测试结果。

经过六个阶段之后才能到产品发布阶段再到产品的全生命周期管控才算完成一套完整的IPD开发流程。

拓斯达12年来坚持两个逻辑：一是坚持市场需求导向，能够解决客户痛点、满足客户需求的产品才是好产品。所以在研发之前，我们会做充分的市场调研，洞察出客户的需求。二是坚持底层技术核心布局，总结出三个方面的重点：

(1)控制系统：相当于人类的大脑。所有的指令和思想都是由大脑发出来的，思想是决定一切的，所有的底层代码和框架都是自主研发出来的，而最终扩展到所有设备的控制。

(2)伺服驱动：相当于人的中枢神经。我们所有的行为和行动通过“大脑”发出指令之后，由伺服驱动来完成的，所以这也是拓斯达进行的非常重要的一环布局。

(3)视觉算法：相当于人类的眼睛，人类70%的对外感知都来自于眼睛，视觉算法就是让设备真正地在各种场景当中实现智能化。

广告

## 拓星辰Ⅱ号 —— 因需而生

为实现华为5G产线线性模组设备改造，开发团队依托SCARA系统技术，在4个月内，迅速开发出颠覆线性专机的拓星辰Ⅱ号，实现了高负载条件下高速度高精度的突破。基于星辰系列的控制系统，创造出一款适用于更加复杂的加工面，如球面、不规则表面的机器人。由于底层控制器是自主研发的，所以也便于二次升级，降低成本。同时拥有高达30kg的负载，高刚性设计，优化手臂网格结构；结构变形量控制在0.005mm内，重复定位精度±0.025mm。拓星辰Ⅱ号负载高、精度高且通过结构优化综合成本降低了10%~35%，相对线性模组，可升级、可复制、通用性、开放式。丰富的拓展接口，可提供3套外挂伺服接口，根据需求灵活配置，适用于点胶、锁螺钉、搬运场景。

从控制系统到伺服驱动再到视觉算法，我们在做底层的技术布局，在此基础上根据客户的场景衍生出了不同的产品、不同设备。我们为什么如此强调控制系统？在未来，它将成为所有生产数据的入口，将所有入口链接起来，就是IOT的雏形。

## 拓星云Ⅰ号

### —— 基于IOT的智能整厂可视化规划仿真系统

无所不在的"物联网(IOT)"通信时代即将来临，世界上所有的物体从轮胎到牙刷、从房屋到纸巾都可以通过物联网主动进行交换。

这是一款基于智能整厂可视化规划的软件系统，它可以实现从工厂管理可视化、智慧园区可视化、仓储管理可视化，到设备管理可视化、远程调试可视化再到生产工艺数据可视化、工艺数据合理性优化，将所有数据采集进行可视化再找到问题点，真正实现看得见、算得清。

拓星云Ⅰ号推出前其实经过了半年的测试，在上半年的十余场推介和星耀会上，得到了企业的广泛关注，有2000+触达，300+需求报名，预约企业近60家，我们将为这60家企业免费提供基于POT的可视化智能整厂规划，将共为这些企业节省智能方案规划费用近1亿元。通过拓星云Ⅰ号可仿真包括设备管理、生产监控、培训教学、设备和人员定位、数据等实景内容。

目前，拓星云Ⅰ号主要以注塑企业规划为主，在未来的升级版中，我们也将针对更多领域实现可视化的智能规划。通过精准地规划实施，帮助中小制造企业迅速决策，落地实施，将大幅降低智能改造的难度，推动智能化加速进展。

作为智能制造综合服务企业，除了在产品技术上助力企业实现智能制造，如何满足企业在采购周期、采购价格、采购渠道、资金等方面的需求也是拓斯达致力于解决的问题。因此，我们除了遍布全国的400+客户经理、40+渠道经理、80+大客户经理建立的直销网络，同时开放官网、微信公众号、电话咨询，用更开放的姿态与类似驼驮科技这种致力于解决企业设备需求的垂直平台合作，真正实现企业智能升级供应链的全面服务。

很多的朋友与拓斯达一路成长，见证、帮助我们从创业求生存到初具雏形，树立了积极的使命感，明确了企业愿景，心怀梦想。十二年成长，我们将始终把企业的需求放在首位，脚踏实地，仰望智造星空，与大家一路，共享人类工业进步中的制造之美。

我们的远景

# 多维化构筑领导力

# LEADERSHIP HAS MANY DIMENSIONS

海天董事长：张静章先生

海天国际创始于1966年，为香港上市公司（HK01882），员工数6390余名， 总占地面积约130万 m²，总资产和年销售产值均超过100亿元人民币，年出口创汇4.75亿美元，产品及客户遍及全球120多个国家和地区。

近年来公司获得国家、省、市级多项荣誉，连续十多年入围中国民营企业500强、中国机械制造企业10强，也是中国塑料机械工业协会会长单位，被评为中国优秀民营企业、全国创新型企业、国家重点高新技术企业、全国创新和谐劳动关系模范企业。2019年，海天塑机集团以品牌强度847、品牌价值104.76亿元位列机械制造榜第四名，两次海天品牌亮相纽约时代广场。

公司主业为精密高效、节能环保的注塑机产品，首台注塑机于1974年问世，如今拥有产销量名列世界前茅、技术国内领先的注塑机生产基地。公司目前在德国、巴西、土耳其、越南、印度、俄罗斯、泰国、墨西哥等国家设立了海外工厂或子公司。海天以技术强企，拥有国家认定的企业技术中心和博士后工作站，致力于注塑机的研发、生产及销售，拥有“海天”“长飞亚”两大品牌，清晰地表明了其市场战略：“海天”品牌继续在销售额与标准机产业上引领市场，“长飞亚”作为一个适用于高科技产业的全电动注塑机高端品牌，积极地向世界各地的客户提供全面的服务与支持。荣获“重点培育和发展的中国出口品牌”称号及“国家科技进步奖”。

**海天国际控股有限公司**
**Haitian International Holdings Limited**

广告

HAITIAN INTERNATIONAL

- 中国优秀民营企业
- 全国创新型企业
- 世界名牌产品
- 国家高新技术企业
- 国家技术研发中心
- 国家标准主要起草单位
- 全国创建和谐劳动关系模范企业
- 重点培育和发展的中国出口名牌
- 中国塑料机械工业协会会长单位
- 中国轻工机械协会副理事长单位
- 中国机械工业百强企业
- 中国民营企业 500 强
- 信用中国七星奖
- 国家科学技术进步奖二等奖

www.haitianinter.com

# THE PERFECT BALANCE BETWEEN
*PRODUCTIVITY AND FLEXIBILITY AT BEST COSTS*
# 海天智造｜灵活变通、解决切实所需

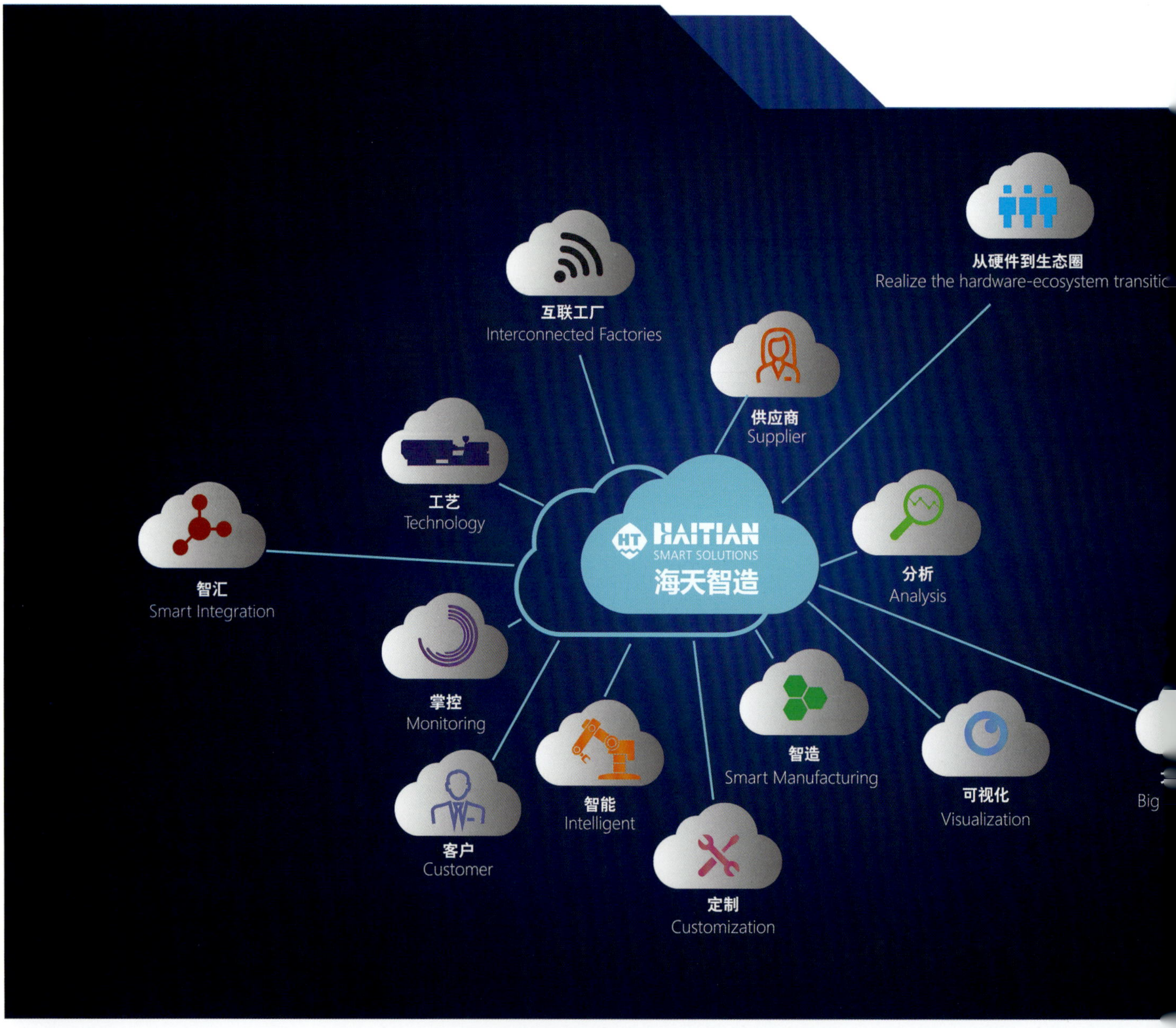

互联工厂
Interconnected Factories
从硬件到生态圈
Realize the hardware-ecosystem transitic
供应商
Supplier
工艺
Technology
智汇
Smart Integration
HAITIAN
SMART SOLUTIONS
海天智造
分析
Analysis
掌控
Monitoring
智造
Smart Manufacturing
可视化
Visualization
Big
智能
Intelligent
客户
Customer
定制
Customization

海天国际控股有限公司
Haitian International Holdings Limited
www.haitianinter.com

广告

着眼于客户产品和生产过程的大系统集成
信息技术与制造业的完美结合
量身打造的智慧工厂理念

台
atform

更精密 MORE PRECISE
想客户之所想 FOR OUR CUSTOMERS

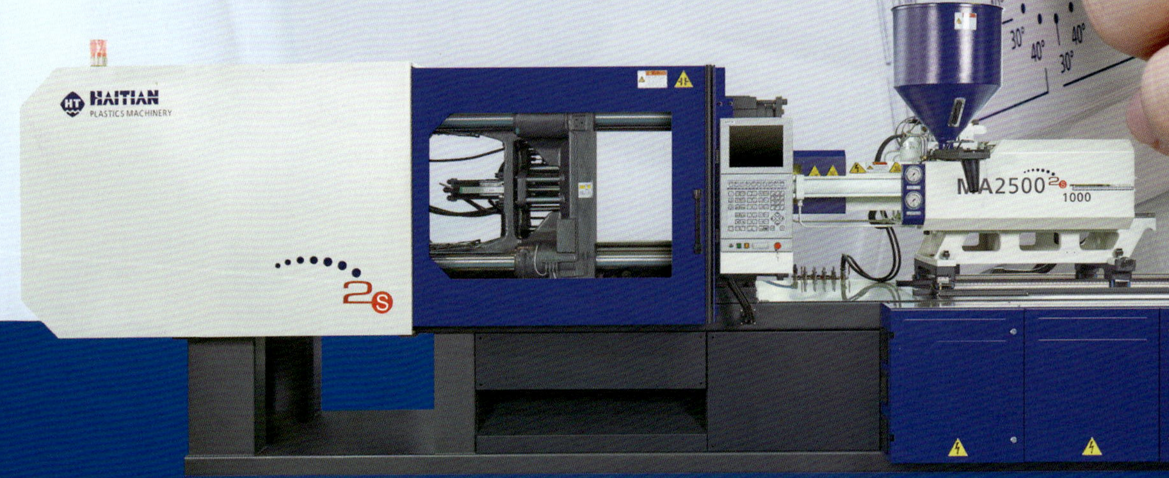


海天 天隆 2S 升级版伺服节能
Haitian Mars II S Series

www.haitianpm.com

广告

HAITIAN
PLASTICS MACHINERY

洗衣机　Washing machine

- 单一机型销量逾 230,000 台
- 高效节能，海天专利“伺服节能技术”
- 设计构造全面提升
- 节能环保

沟通

创新

高效

## 海天 JU III 天虹二板机系列

# 技术恰到好处

海天天虹 JU III系列汇聚了海天 20 多年二板机研发智慧与经验，集海天最新伺服液压技术之大成，是海天二板式注塑机的升级换代产品。

第三代技术平台的 JU 系列二板机凭借其灵活、丰富的组合形式以及紧凑的外部尺寸，可最大程度提高客户的厂房利用效率。无论是汽车行业的高精度零配件、家电行业的高表面质量要求零件，还是物流和民品行业的周转箱、垃圾分类桶等大型零件，JU III二板机都可提供理想的解决方案。

www.haitianpm.com

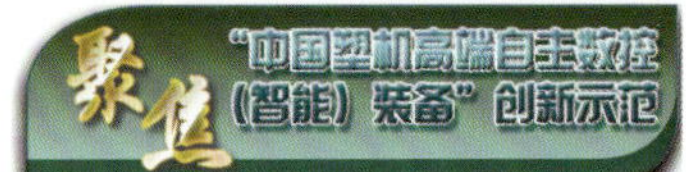




广告

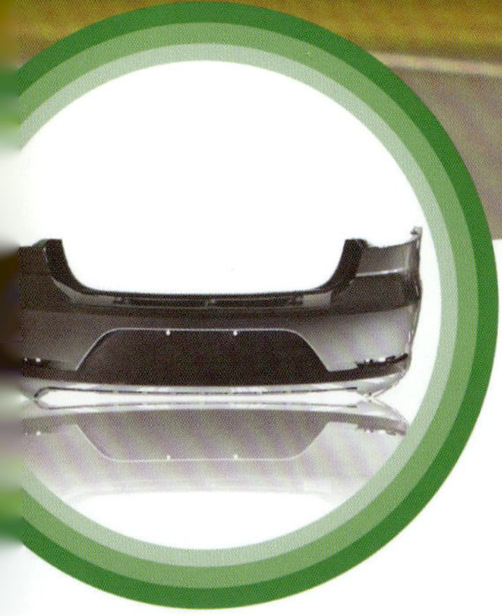

更精密 MORE PRECISE
想客户之所想 FOR OUR CUSTOMERS

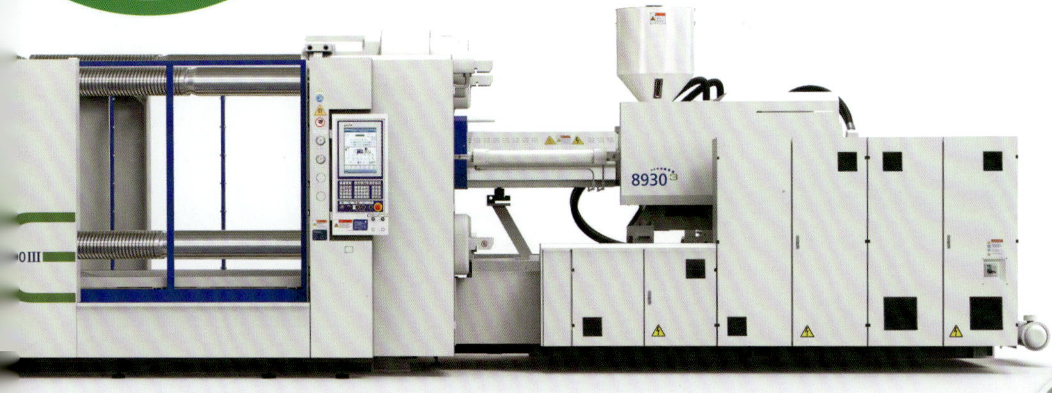

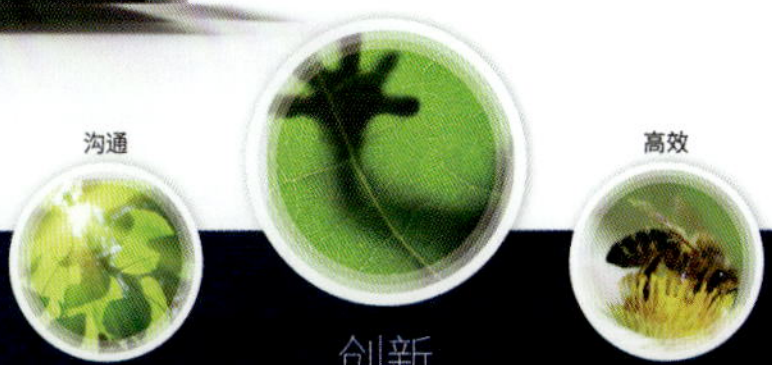

沟通
创新
高效

自强不息 务实创新
稳健经营 追求永续

总经理 蒋忠定

## 宁波市海达塑料机械有限公司
NINGBO HAIDA PLASTIC MACHINERY CO., LTD.

宁波市海达塑料机械有限公司是专业制造海达系列全自动塑料注射成型机的生产厂家，系中国塑料机械工业协会副会长单位、宁波塑料机械协会副会长单位，公司在行业内已享有较高的知名度。近年来，公司已陆续获得国家高新技术企业、浙江省知名商号、浙江省安全生产标准化达标企业等荣誉。公司于2000年获批自营进出口权，目前已在世界上十几个国家和地区办理商标注册。在管理上，公司自2001年以来已通过ISO9001质量认证、ISO14001认证、OHSAS18001认证和CE认证，已获得宁波市绿色环保模范工厂、区劳动关系和谐企业、区文明企业和区政府质量奖。公司已推行5S管理和ERP企业信息化管理，并取得了不错的成效。

公司创建于1992年，目前占地面积20余万 $m^2$，总资产5亿元，员工450人，其中具有中高级职称的技术骨干占30%以上，并常年聘请行业知名专家和教授担任技术顾问和管理顾问，并与国内著名学府联合创办了研究中心。自成立以来，公司一直本着自强不息、务实创新、稳健经营、追求永续的企业宗旨，不断为客户提供品质卓越、制造精良的塑机产品，通过与客户长期紧密合作共赢，谋求更高的发展和更好的进步。我们不断进行技改投入、增强企业可持续发展能力。

**01**

更加强化的锁模机构满足高效和快速的生产需求。

**02**

优越的开合模特性采用进一步优化的连杆排布机构，运行更快更平稳。

**03**

专业模板优化设计，模板经有限元分析软件优化设计，高刚性，高强度。

**04**

专业的塑化单元适合多种原料生产，显著地提高塑化性能。

**05**

卓越的注射性能，采用双缸注射方式，性能可靠稳定。

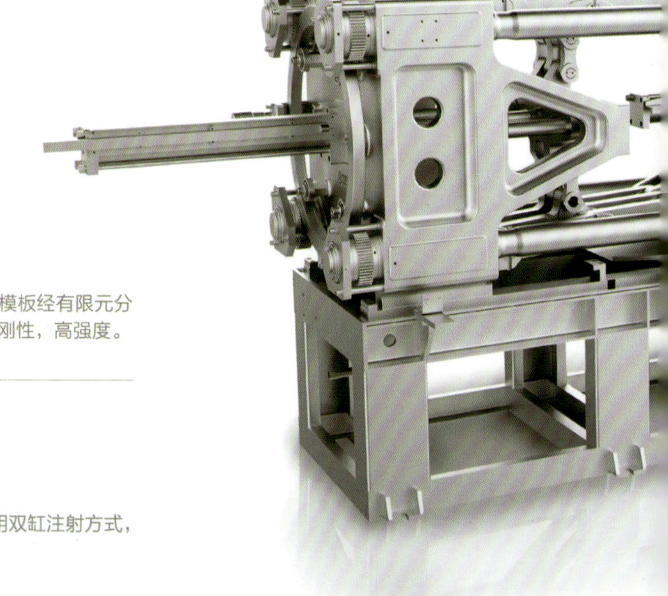

广告

自强不息 以人为本
务实创新 大胜在德
稳健经营 诚勤创业
追求永续 惠家报国

HDJ 海达
海达塑机

· 中国塑料机械工业协会副会长单位
· 宁波塑料机械协会副会长单位

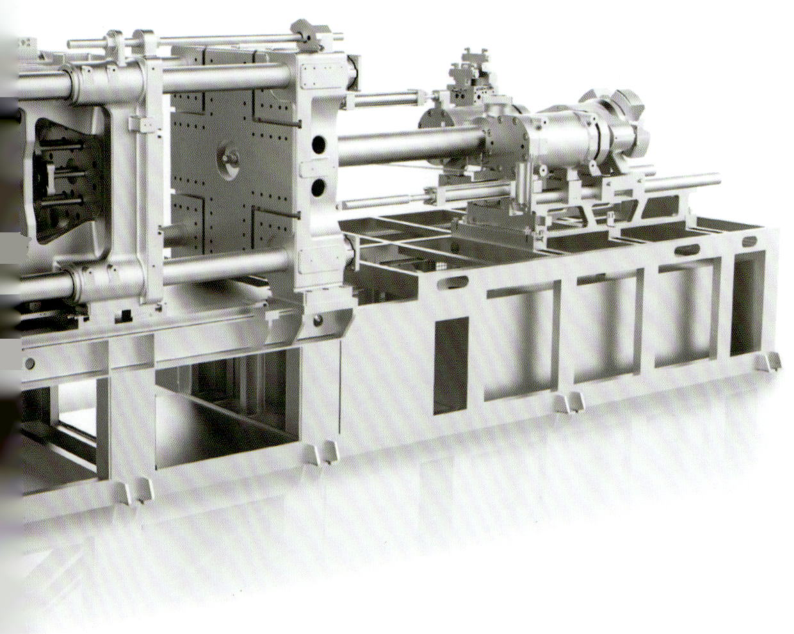

**06**

集中润滑系统，可靠保护。配置定量分配集中润滑，提供更专业、更优良的润滑保护，延长机械寿命。

**07**

全新框架式结构，外观简洁大方，机身受力更加合理，刚性高。

**08**

高端注塑机专用控制器，双 CPU 控制，控制与显示相对独立，运行稳定可靠，全新的人机界面操作方便，运算速度快，可靠性强，扩展性好。

# 全电动注塑

## 高精度节能电动注塑机

**海达在总结多年伺服节能注塑机的设计开发基础上，充分汲取欧洲、日本等地的全电动注射技术精粹，为用户全新研发设计了性能更加优越，精密、稳定、节能、高效为一体的JE全电动系列注塑机。**

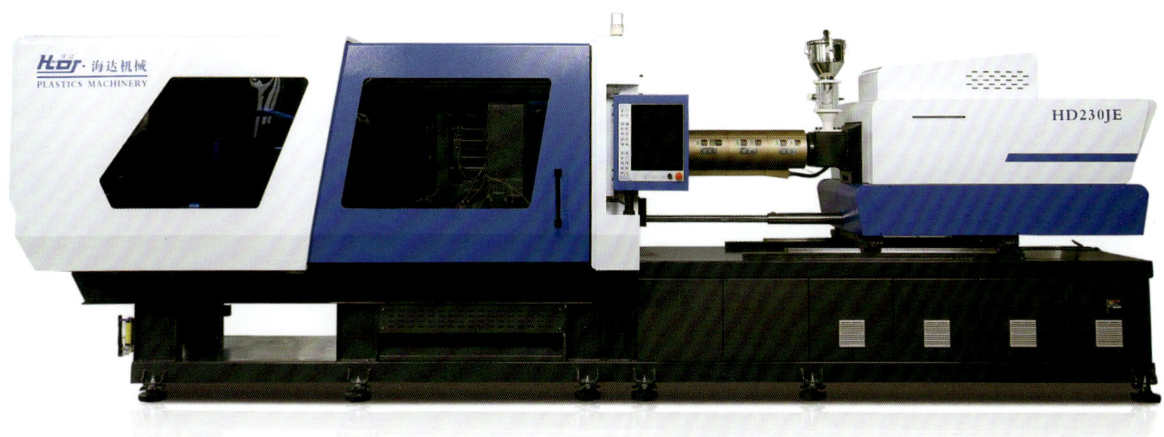

### 精密

注射采用高刚性整体式结构，高速重载注射专用丝杠、射出线性滑轨导向，可实现注射高精度定位。

### 稳定

机架加强整体结构、焊接后回火时效处理，大幅降低机架变形。

### 节能

可实现高加速射出；注射部件模块化设计实现注射压力、速度等多种组合。

### 高效

采用稳定可靠的射出机构、专业螺杆机筒塑化装置、高精度温度场闭环控制，高刚性锁模机构，伺服电动机与伺服驱动匹配合理优化，确保塑料制品重复精度、生产效率明显提升。

### ■ 应用领域

海达JE全电动系列注塑机，适用于精密注塑成型，广泛应用于食品包装、医疗器械、汽车配件、通信、电子电器、仪器仪表等领域。

# K系列

## 高性能快速薄壁注塑机

海达K系列高性能快速薄壁注塑机　针对目前市场高速薄壁制品，多腔类制品及有关民用制品而精心研发的机器。该机型是根据目前国际最新的设计理念结合海达几十年设计制造经验精心打造而成。

### 快

针对注塑生产的特点，将注塑、合模、液压、控制等集于一体的优化组合设计，大大缩短生产周期时间。

### 强

框架式机架设计，在有限元分析的基础上提高刚度和强度，大幅提升了机架精度，降低了机架的变形，使整机运行更平稳顺畅。

### 稳

符合国家强制安全标准，确保人员操作安全。

### 省

多动作复合运动设计，高速低压注塑提高薄壁制品生产效率；高质量材料的使用，高寿命设计的机构结构，大大降低了维护成本。

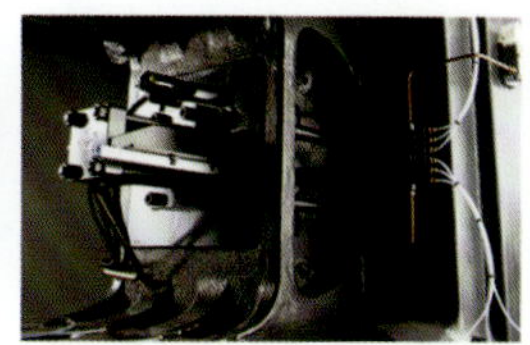

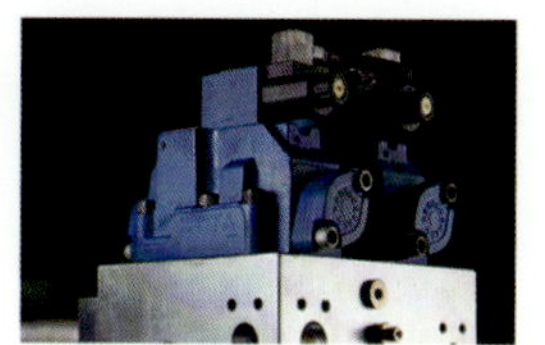

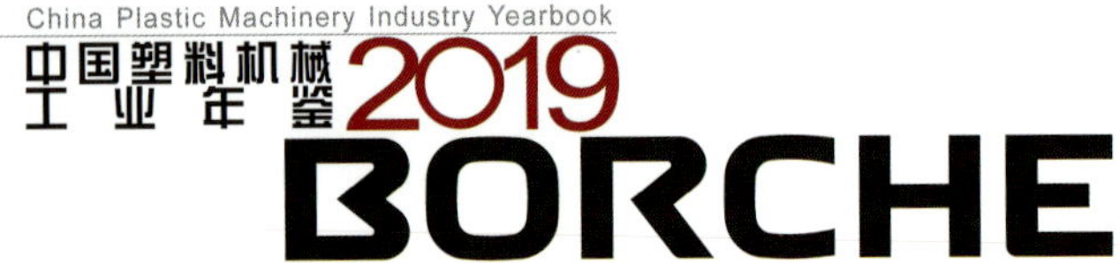

BORCHE

二板智能注塑机专家

注塑机技术发展趋势

小机电动化 大机二板化

博创智能装备股份有限公司
BORCH MACHINERY CO., LTD.
www.borche.cn 400-655-9488

官方网站

官方微信

广告



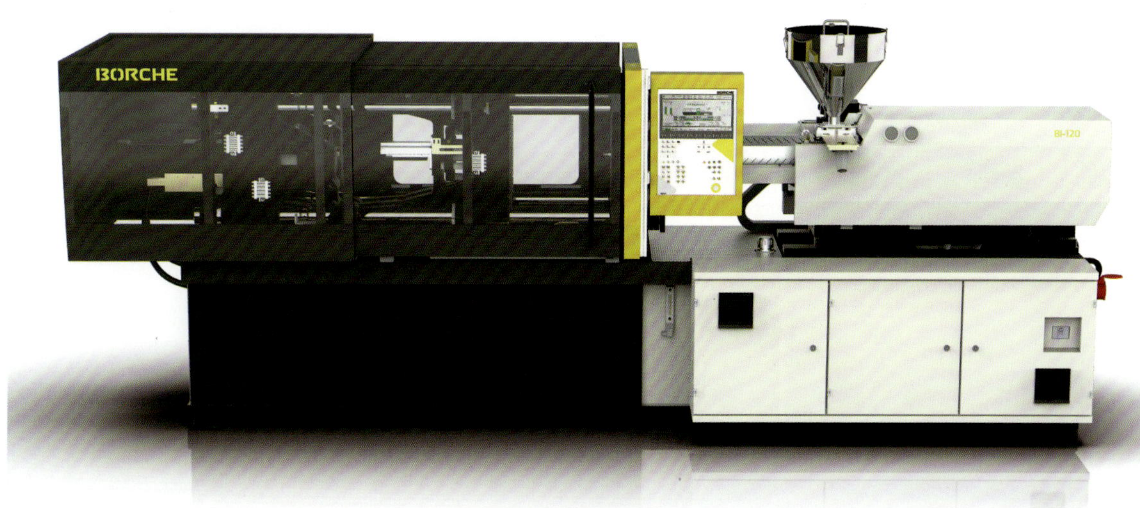


# 博创全新一代BI互联网注塑机

**互联互通**

标配互联互通模块
增加注塑机感知能力

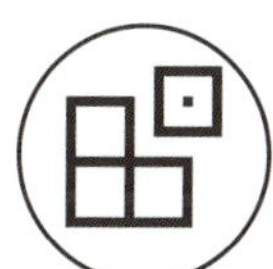

**模块化设计**

模块化设计，适用性更广
注塑机交期更短

**稳定性更强**

优化锁模结构
机架整体更稳定

博创智能装备股份有限公司
BORCH MACHINERY CO., LTD.
www.borche.cn 400-655-9488

官方网站

官方微信

# 中国塑料机械工业协会

## 行业会议

2018第六届中国国际塑料机械产业论坛

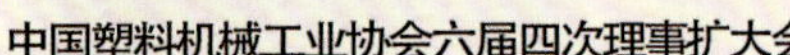

中国塑料机械工业协会六届四次理事扩大会

2019中国塑料机械工业协会负责人会议

团体标准委员会会议

第三届中国塑料机械行业专家委员会年会

高速精密、立式和多组分注塑机团体标准起草会

2018第四届中国(重庆)国际塑料工业展览会

全电动注塑机团体标准审查会

# ——2018—2019年活动掠影

拜访王义丰老会长

拜访张静章老会长

巴西海天

积康螺杆

锦珂塑胶

宁波德马格

宁波双盛

浙江华业

浙江金鹰

大连三垒

大橡塑

安美科技

# 中国塑料机械工业协会

巴顿菲尔辛辛那提

大明国际控股

东莞市今通机械

东华机械

佛山宝捷

佛山贝克威尔

广东聚诚信

广东联升

广东拓斯达

广东正茂

海天无锡工厂

赫斯基上海工厂

# ——2018——2019年活动掠影

江苏贝尔

考特斯

宁波海雄

宁波弘讯

深圳领威

深圳市寻材问料

苏州格莱富

苏州同大

信易集团

光明塑机

埃克森美孚上海实验室

震雄集团

# 中国塑料机械工业协会

## 交流合作

与德国VDMA交流

参加2018CIPAD南非年会

参加2018CIPAD南非年会

与美国塑料工业协会交流

与巴西机械制造商协会交流

与墨西哥塑料行业组织交流

与意大利塑料橡胶机械和模具制造者协会交流

与塑料新闻媒体交流

拜会捷克驻华使馆

拜会越南驻华大使馆

第四届中印塑料工业产能合作企业家对接会

2019中印塑料工业供需对接会

# ——2018—2019年活动掠影

Chinaplas2019 国际橡塑展

第19届中国塑料交易会推介活动

参加2018两岸机械产业交流

蒋震工业慈善基金高峰论坛

美孚长效液压油系列产品发布会

行业交流座谈

参观聚合物新型成型装备国家工程研究中心

参观泰瑞

参观重庆敏特

参观重庆长安福特

参与《中国工业史》编纂工作

杜塞尔多夫展览（上海）有限公司

# 中国塑料机械工业协会
## ——2018—2019年活动掠影

### 企业来访

东华机械

恩格尔

广东伊之密

山东通佳

西麦克展览

重庆国博

# 广东省塑料工业协会注塑专业委员会
## ——活动集锦

参加粤港澳产业创新发展活动

参加广东雅式橡塑展活动

参加在南沙霍英东研究院举行的广东省团体标准工作讨论会议

广东省塑料工业协会会长符岸（左二）和力劲集团中山力劲机械有限公司总经理谢小斯（左三）在雅式展会现场上

接受湖北电视台专访谈塑料行业发展

在香港科技大学给学员上课

与河南省塑料协会会长段同生会晤

向企业赠送注塑培训教材

向广东轻工职业技术学院赠送教材

力劲集团创始人刘相尚向香港科技大学高福荣教授赠送教材

广东省塑料工业协会注塑专业委员会

地址：广东省深圳市宝安区龙华镇机荷高速公路南侧力劲工业园
邮编：518109
E-mail:zgzs2008@126.com
电话：0755-29834366 28123321-342

# 张家港市塑料饮料机械协会

2018年3月21日，“百城千业万企对标达标提升专项行动”动员座谈会召开

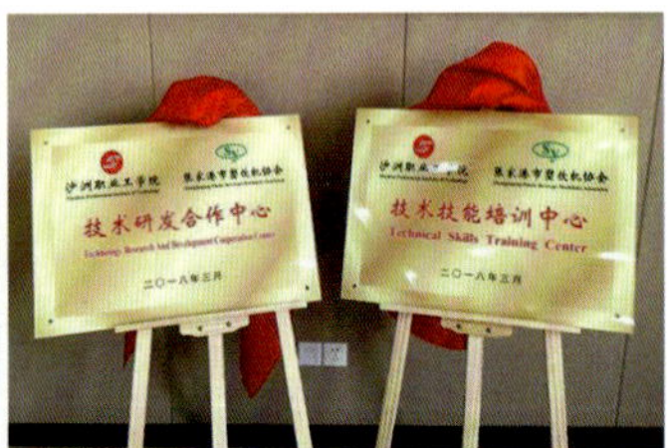


2018年3月30日，张家港市塑料饮料机械协会四届二次理事会暨校企合作签字仪式举行

2018年4月16日，冶金工业园（锦丰镇）塑料饮料机械行业工会召开第一次代表大会

2018年4月24日，张家港市塑料饮料机械协会会员企业赴上海参加2018 CHINAPLAS

2018年4月24日，张家港市塑料饮料机械协会会员企业赴上海参加2018 CHINAPLAS

2018年5月5日，在张家港市客运站东广场举行专项招聘会

# 活动掠影

2018年5月22日，张家港市塑料饮料机械外贸企业“一带一路”市场拓展新模式暨网展贸塑饮机品牌营销分享论坛举办

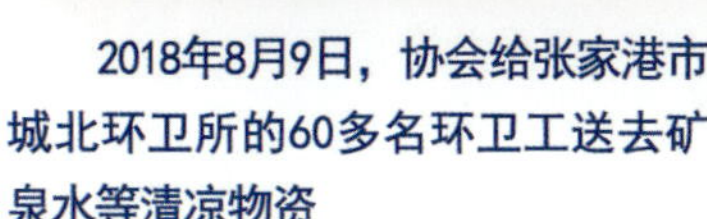

2018年8月9日，协会给张家港市城北环卫所的60多名环卫工送去矿泉水等清凉物资

2018年9月12日，协会参加张家港市“质量月”活动启动仪式，协会内的标杆企业就提升塑饮机行业企业质量做了质量承诺宣誓

2018年9月14日，张家港市塑料饮料机械协会在会长陈鹤忠的带领下前往日本企业学习参观考察

2018年10月12日，张家港市塑饮机行业高质量发展论坛举行

2019年1月16日，张家港市塑料饮料机械协会2018年年会召开

广告

# 宁波市塑料机械行业协会——工作掠影

2018年7月，宁波市塑料机械行业协会牵头开展了《高速精密塑料注射成型机》团体标准制定工作

2018年11月21—23日，由宁波市塑料机械行业协会承办的“2018中国塑机产业发展创新峰会”在宁波北仑举行。峰会以创新为主题，交流国内外最新理念与技术，共商塑机产业发展

2019年6月25日，宁波市塑料机械行业协会五届四次理事会在苏州知音温德姆酒店召开。参会人员参观了无锡格兰机械集团有限公司、无锡海天机械有限公司、大明国际控股有限公司的生产现场并进行了座谈交流

2018年起，宁波市塑料机械行业协会举办浙江省塑料机械高级工程师资格评审申报培训班

宁波市塑料机械行业协会积极组织校企对接会

地址：浙江省宁波市鄞州区桑田路722弄16号604　　电话：0574-87806452

# 综合索引

记录历史

塑造品牌


**综述**

以宏观视角，分析2018年至2019年上半年我国塑料机械工业的经济运行情况，记录2018年对塑料机械工业产生重要影响的事件

P3～34

**专文**

展现改革开放40年中我国塑料机械在产品、质量及技术方面的发展情况，记录行业在人才培养及社会公益方面开展的工作

P37～64

**行业与地区发展概况**

分析行业和主要产业集聚地的发展情况

P67～90

**市场专题**

记录2018年至2019年上半年塑料机械行业在市场各层面较为重要的事件，以及行业在汽车轻量化、智慧工厂、环保领域的进展

P93～116

**企业概况**

行业内优势企业名单及运行分析，分析2018年塑料机械行业上市公司情况，访谈企业管理人士

P119～164

**产品项目与技术**

展示获得国家及机械工业奖项的产品项目、2018年塑料机械行业进入国家各类目录的产品，以及新产品

P167～199

**标准与专利**

总结2018—2019年塑料机械行业标准化工作，列举塑料机械行业现行标准，展示塑料机械行业相关专利名单及获奖情况

P203～238

**附录**

介绍中国塑料机械工业协会的基本情况、业务范围等

P241～246


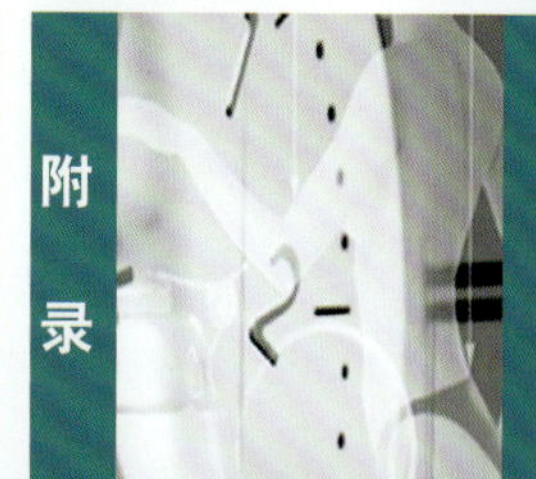

中国机械工业年鉴系列

《中国机械工业年鉴》

《中国电器工业年鉴》

《中国工程机械工业年鉴》

《中国机床工具工业年鉴》

《中国通用机械工业年鉴》

《中国机械通用零部件工业年鉴》

《中国模具工业年鉴》

《中国液压气动密封工业年鉴》

《中国重型机械工业年鉴》

《中国农业机械工业年鉴》

《中国石油石化设备工业年鉴》

《中国塑料机械工业年鉴》

《中国齿轮工业年鉴》

《中国磨料磨具工业年鉴》

《中国热处理行业年鉴》

《中国机电产品市场年鉴》

《中国机械工业集团年鉴》

中国工业年鉴出版基地

# 编辑说明

一、《中国机械工业年鉴》是由中国机械工业联合会主管、机械工业信息研究院主办、机械工业出版社出版的大型资料性、工具性年刊，创刊于 1984 年。

二、根据行业需要，1998 年中国机械工业年鉴编辑委员会开始出版分行业年鉴，逐步形成了中国机械工业年鉴系列。该系列现已出版了《中国电器工业年鉴》《中国工程机械工业年鉴》《中国机床工具工业年鉴》《中国通用机械工业年鉴》《中国机械通用零部件工业年鉴》《中国模具工业年鉴》《中国液压气动密封工业年鉴》《中国重型机械工业年鉴》《中国农业机械工业年鉴》《中国石油石化设备工业年鉴》《中国塑料机械工业年鉴》《中国齿轮工业年鉴》《中国磨料磨具工业年鉴》《中国机电产品市场年鉴》《中国热处理行业年鉴》和《中国机械工业集团年鉴》。

三、《中国塑料机械工业年鉴》由中国机械工业年鉴编辑委员会和中国塑料机械工业协会共同编撰，于 2009 年首次出版。《中国塑料机械工业年鉴 2019》由综述、专文、行业与地区发展概况、市场专题、企业概况、产品项目与技术、标准与专利、附录 8 个栏目构成，集中反映了塑料机械行业 2018 年至 2019 年上半年的发展情况及发展趋势，记录了行业发生的大事及产品发展方向，直观反映了行业经济发展的新变化和新成就。

四、《中国塑料机械工业年鉴 2019》主要发行对象为政府决策机构、塑料机械行业和塑料制品相关企业的决策者、从事市场规划与企业规划的中高层管理人员。

五、本书在编撰过程中得到了中国塑料机械工业协会及行业内众多专家、学者、工程技术人员和企业的大力支持和帮助，在此表示衷心感谢。

六、未经中国机械工业年鉴编辑部的书面许可，本书内容不允许以任何形式转载。

七、由于水平有限，难免出现错误和疏漏，敬请批评指正。

中国机械工业年鉴编辑部

2019 年 10 月

# 目　录

## 综　述

2018—2019 年中国塑料机械工业经济运行报告 …… 3
2018 年中国塑料加工业发展报告 …… 14
2018 年至 2019 年上半年塑料机械进出口价格指数 …… 27
中国塑料机械工业大事记（2018 年） …… 32

## 专文

改革开放 40 周年 …… 37
改革开放 40 周年——机械工业杰出产品（塑料机械） …… 37
广东省塑料机械产品质量状况分析（2015—2018 年） …… 37
中国塑料加工业 30 年发展报告 …… 43
多组分注射成型技术在我国的发展与应用之路——富强鑫多组分成型技术 35 周年 …… 55
中国塑机创新人才培养基地 …… 62
社会公益——塑机之光燃亮藏村校园 …… 64

## 行业与地区发展概况

行业概况 …… 67
塑料注射成型机概况 …… 67
中空塑料吹塑成型机发展概况 …… 71
2019 年我国再生塑料行业发展现状 …… 74
塑料挤出发泡成型设备行业发展概况 …… 77
地区概况 …… 80
张家港地区塑料饮料机械行业 2018 年发展情况 …… 80
宁波市塑料机械工业 2018 年经济运行概况 …… 83
广东省塑料及塑料机械行业发展概述 …… 86

## 市场专题

2018—2019 年我国塑料机械工业要事 …… 93
新发展趋势 …… 103
在线混炼注塑及在线注射热压成型工艺应用于汽车轻量化 …… 103
管工厂云平台的应用 …… 110
金纬机械助力绿色海洋牧场建设 …… 114

## 企业概况

2019 中国塑料机械制造业综合实力 30 强企业（按主营业务收入排序） …… 119
2019 中国塑料机械制造业综合实力 30 强企业（按净利润排序） …… 120
2019 中国塑料注射成型机行业 15 强企业（按主营业务收入排序） …… 121
2019 中国塑料注射成型机行业 15 强企业（按净利润排序） …… 121
2019 中国塑料挤出成型机行业 10 强企业（按主营业务收入排序） …… 122
2019 中国塑料挤出成型机行业 10 强企业（按净利润排序） …… 122
2019 中国塑料中空成型机行业 3 强企业 …… 123
2019 中国塑料机械辅机及配套件行业 5 强企业 …… 123
2019 中国塑料机械行业优势企业经济运行分析 …… 124
我国塑料机械行业企业运营概况 …… 127
企业访谈 …… 159
2019 年，技术创新 + 效率升级——广东伊之密精密机械股份有限公司董事、副总经理，注塑机事业部总经理张涛 …… 159

做有尊严的企业，造有“尊严”的设备
——江苏贝尔机械有限公司
董事长何德方……160
效率革新，诠释时间的价值
——苏州格莱富机械科技有限公司
总经理管高峰……161
与客户共同成长，做好创新，走差异化道路
——宁波伊士通技术股份有限公司
总经理夏攀华……163

## 产品项目与技术

2018 年度获国家技术发明奖的塑料机械相关项目……167
2018 年度中国机械工业科学技术奖奖励项目（塑料机械）……167
产业发展与转移指导目录（2018 年本）（摘录）……171
“能效之星”产品目录（2018）（摘录）……177
国家工业节能技术装备推荐目录（2018）（摘录）……178
Chinaplas 2019 企业展品……179
2019 德国 K 展企业展品……192

## 标准与专利

2018—2019 年塑料机械行业标准化工作情况……203
塑料机械行业标准目录……206
2018—2019 年中国塑料机械行业团体标准工作概述……209
2018 年塑料机械相关的授权发明专利名单……214
第二十届中国专利优秀奖（塑料机械）……236

## 附　录

中国塑料机械工业协会……241

# Contents

## Summary

Economic Performance Report of China Plastics Machinery Industry (2018–2019) · · · 3
Development Report of China Plastics Processing Industry in 2018 · · · 14
Price Index of Export & Import of Plastics Machines (2018 till June, 2019) · · · 27
Chronicle of Events of China Plastics Machinery Industry (2018) · · · 32

## Features

The 40th Anniversary of the Reform and Opening–up · · · 37
The 40th Anniversary of the Reform and Opening–up: Outstanding Products of Machinery Industry (Plastic Machinery) · · · 37
Product Quality Analysis of Plastics Machines in GuangdongProvince (2015–2018) · · · 37
30 Years' Development Report of China Plastic Processing Industry · · · 43
The Development and Application of Multi–component Injection Molding Technology in China · · · 55
Innovative Talents Training Base of China Plastics Machinery Industry · · · 62
Public Welfare – Love of Plastics Machinery Industry Lights up Tibetan Village School · · · 64

## Industrial & Regional Development Overview

Industry Overview · · · 67
Overview of Plastic Injection Molding Machines · · · 67
Overview of Plastic Hollow Molding Machines · · · 71
Development Status of China Recycled Plastic Industry in 2019 · · · 74
General Situation of Plastic Extrusion Foaming Molding Machinery Industry · · · 77
Region Overview · · · 80
Development Situation of Zhangjiagang Plastic Machinery & Beverage Filling Machinery in 2018 · · · 80
Economic Performance Overview of Ningbo Plastics Machinery Industry in 2018 · · · 83
Development Overview of Plastic and Plastic Machinery Industry in Guangdong Province · · · 86

## Market Segment

Major Events of China Plastics Machinery Industry (2018–2019) · · · 93
New Development Trends · · · 103
Application of Online Injection & Hot Press Molding(OIHM) Technology in Lightweight of Automobile · · · 103
Application of Go–factory Cloud Platform · · · 110
Jwell Facilitates the Construction of Green Marine Ranching · · · 114

## Enterprises Overview

Top 30 Comprehensive Strength Enterprises of China Plastics Machinery Manufacturing Industry in 2019 (Main Business Income) · · · 119

Top 30 Comprehensive Strength Enterprises of China Plastics Machinery Manufacturing Industry in 2019 (Net Profit) ······ 120
Top 15 Enterprises of China Plastics Injection Molding Machinery Industry in 2019 (Main Business Income) ······ 121
Top 15 Enterprises of China Plastics Injection Molding Machinery Industry in 2019 (Net Profit) ······ 121
Top 10 Enterprises of China Plastics Extrusion Molding Machinery Industry in 2019 (Main Business Income) ······ 122
Top 10 Enterprises of China Plastics Extrusion Molding Machinery Industry in 2019 (Net Profit) ······ 122
Top 3 Enterprises of China Plastics Hollow Molding Machinery Industry in 2019 ······ 123
Top 5 Enterprises of China Plastics Auxiliary Equipment and Accessories Industry in 2019 ······ 123
Economic Operation Analysis of Competitive Enterprises in 2019 ······ 124
Operation Overview of China Plastics Machinery Manufacturers ······ 127
Enterprises Interview ······ 159
Year 2019: Technology Innovation + Efficiency Upgrade – Interview of Mr. Zhang Tao, Board Director and Vice General Manager of Guangdong Yizumi Precision Machinery Co.,Ltd. ······ 159
To be a Dignified Enterprise, to Manufacture with Dignity —— Interview with Mr. He Defang, Chairman of Jiangsu Beier Machinery Co.,Ltd. ······ 160
Efficiency Revolution to Manifest the Value of Time ——Interview of Mr. Guan Gaofeng, General Manager of Suzhou Greefu M&E Technology Co.,Ltd. ······ 161
Embarking on Differentiation Path with Better Innovation to Grow together with Customers —— Interview with Mr. Xia Qinghua, General Manager of Ningbo EST Technology Co., Ltd. ······ 163

## Products and Technology

Plastics Machinery–related Projects Winning National Award for Technological Invention in 2018 ······ 167
Rewards Program of China Machinery Industry Scienceand Technology Award in 2018(Plastics Machinery) ······ 167
Industrial Development and Transfer Guidance Catalog (2018; Excerpt) ······ 171
"Stars of Energy Efficiency" Product Directory (2018; Excerpt) ······ 177
Recommended Directory of National Industrial Energy–saving Technical Equipment (2018; Excerpt) ······ 178
Exhibits for Chinaplas2019 ······ 179
Exhibits for K2019 ······ 192

## Standards and Patents

Progress of Plastics Machinery Industrial Standardization (2018–2019) ······ 203
Plastics Machinery Industrial Standards Catalog ······ 206
Summary of China Plastics Machinery Industry Group Standards (2018–2019) ······ 209
Patent for Invention List related to Plastics Machinery in 2018 ······ 214
The 20th National Outstanding Innovation Award (Plastics Machinery Industry) ······ 236

## Appendix

China Plastics Machinery Industry Association ······ 241

# 综述

以宏观视角，分析2018年至2019年上半年我国塑料机械工业的经济运行情况，记录2018年对塑料机械工业产生重要影响的事件

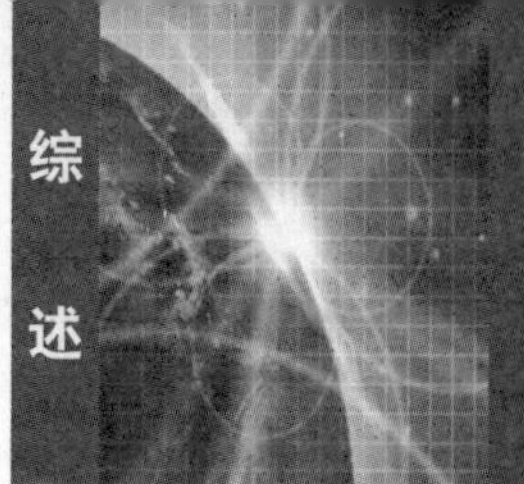

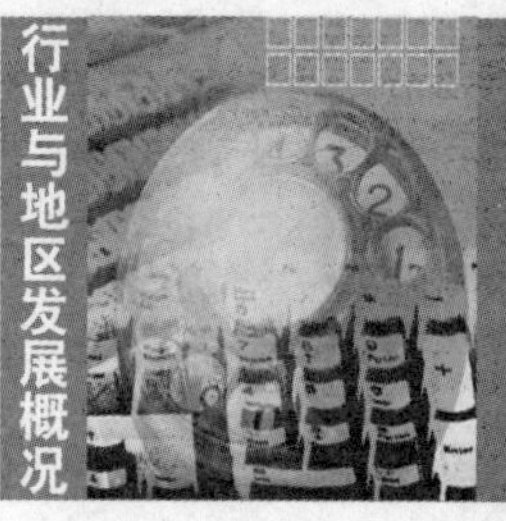

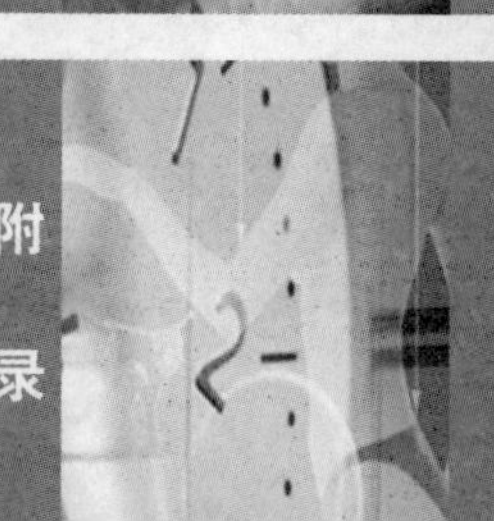

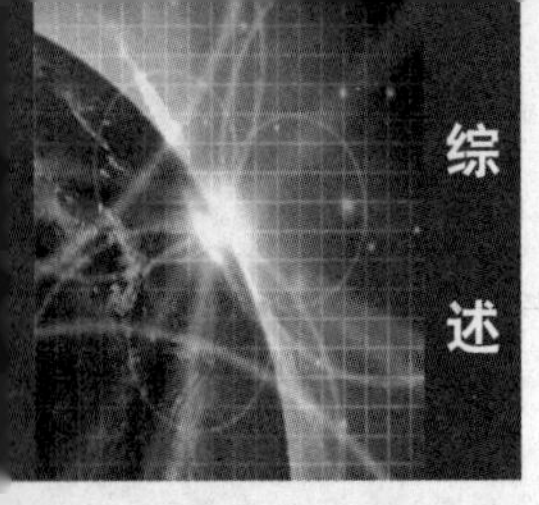

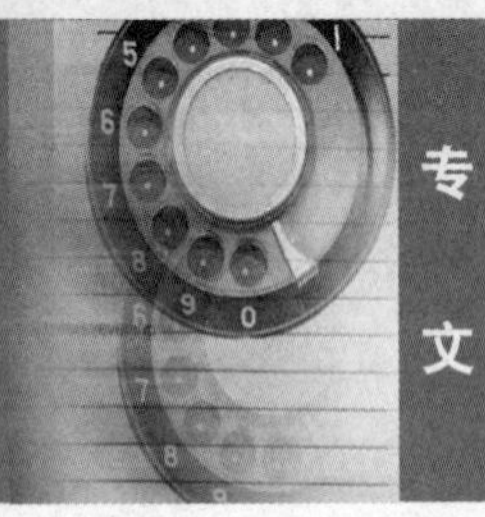

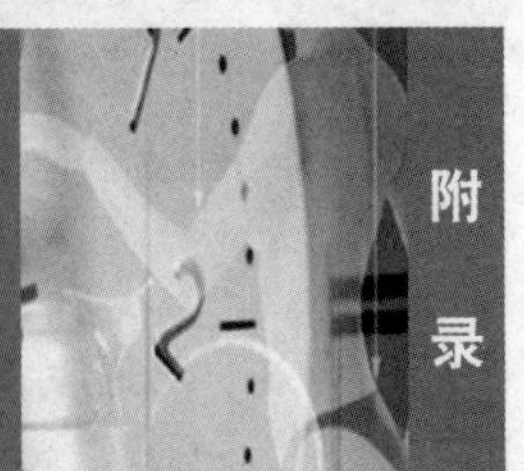




# 综述

2018—2019 年中国塑料机械工业经济运行报告
2018 年中国塑料加工业发展报告
2018 年至 2019 年上半年塑料机械进出口价格指数
中国塑料机械工业大事记（2018 年）

# 2018—2019年中国塑料机械工业经济运行报告

进入2018年以来，我国经济发展面临的国内外形势出现了较大变化。总体来看，当前世界经济呈现动能趋缓、分化明显、规则调整加快的特点，2019年面临的不确定、不稳定因素增多。随着中美贸易摩擦的加剧，在形势复杂严峻、经济下行压力增大的背景下，我国塑料机械行业发展面临着风险增加、运行稳中有变的新局面。

## 一、国内经济稳定是塑料机械行业增长的重要根基

作为向国民经济各领域提供重要技术装备的工作母机，塑料机械与包装、建材、汽车及交通、电子电器、光电通信、生物医疗、农业、轻工业、航空航天、国防、石化及新能源等产业的发展息息相关。

面对严峻的国际形势和国内艰巨的改革发展任务，国家按照高质量发展的总要求，以深化供给侧结构性改革为主线，打好三大攻坚战，统筹推进稳增长、促改革、调结构、惠民生、防风险各项工作。经济运行保持在合理区间，2018年国内生产总值增长6.6%，总量突破90万亿元。经济结构不断优化，消费拉动经济增长作用进一步增强；服务业对经济增长的贡献率接近60%，高技术产业、装备制造业增速明显快于一般工业，农业再获丰收。单位国内生产总值能耗下降3.1%，质量和效益继续提升。发展新动能快速成长，正在深刻改变生产生活方式，塑造中国发展新优势。改革开放取得新突破，对外开放全方位扩大，共建“一带一路”取得重要进展。防范化解重大风险，宏观杠杆率趋于稳定，金融运行总体平稳，生态文明建设成效显著。人民生活持续改善，居民人均可支配收入实际增长6.5%。这些均为塑料机械行业持续健康发展提供了重要基础和坚实的保障。

## 二、我国塑料机械行业发展现状

### （一）2018年行业运行概况

2018年上半年我国塑料机械制造业规模以上企业增至410家，同比增长2.76%；规模以上企业主营业务收入、利润总额和出口交货值波动频率较过去的10年增大。其中，主营业务收入3月同比下降5%，5月和6月同比下滑均超过10%；利润总额分别在1—2月、4月和6月实现18%、31%和21%大幅增长，但在3月、5月分别同比下降19%、6%；出口交货值自3月起持续下跌。上半年产量波动也十分明显：3月同比下降10%，4月同比增长40%、环比增长45%，5月同比下降7%、环比下降31%，6月同比下降7%、环比增长4%。综合来看，2018年二季度行业各项主要经济指标绝对值优于一季度，主营业务收入、利润总额和出口交货值分别较一季度环比增长16%、15%和37%。

2018年下半年尤其是进入三季度后，下行压力明显增大。根据国家统计局数据分析，2018年我国塑料机械制造业规模以上企业增至423家，产量达320 798台，除1—2月与2017年基本持平、4月同比增长40%外，其他各月持续走低。

全年规模以上塑料机械企业完成主营业务收入644.32亿元，同比下降4%。其中，一季度完成154.12亿元，同比增长7%；二季度完成178.3亿元，同比下降4%、环比增长16%；三季度完成176亿元，同比增长25%、环比下降1%；四季度完成135.9亿元，同比下降32%、环比下降23%。

全年实现利润总额66.35亿元，同比下降4%。其中，一季度完成14.15亿元，与2017年基本持平；二季度完成21.42亿元，同比增长15%、环

比增长 51%；三季度完成 20.38 亿元，同比增长 16%、环比下降 5%；四季度完成 10.4 亿元，同比下降 44%、环比下降 49%。

全年实现出口交货值 94.35 亿元，同比下降 14%。其中，一季度完成 20.86 亿元，同比下降 10%；二季度完成 22.83 亿元，同比下降 16%、环比增长 9%；三季度完成 25.86 亿元，同比下降 14%、环比增长 13%；四季度完成 24.8 亿元，同比下降 14%、环比下降 4%。

2018 年我国塑料机械规模以上企业各月产量增长情况见图 1。2018 年我国塑料机械规模以上企业各月主要经济指标走势见图 2。

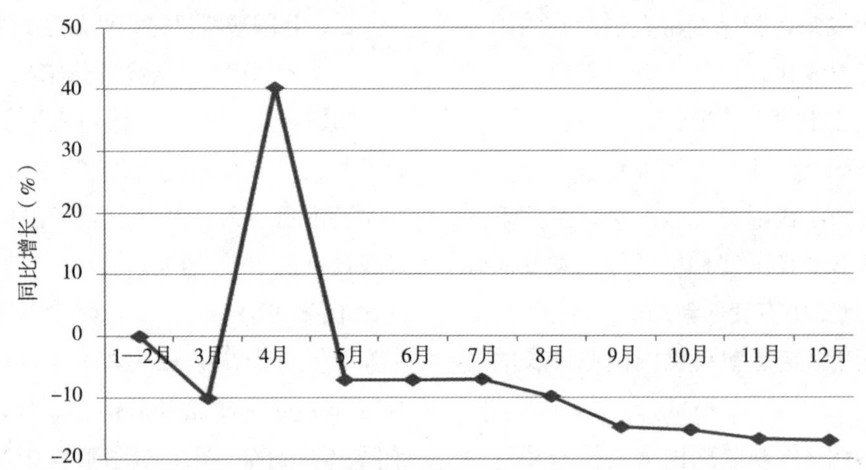


**图 1　2018 年我国塑料机械规模以上企业各月产量增长情况**

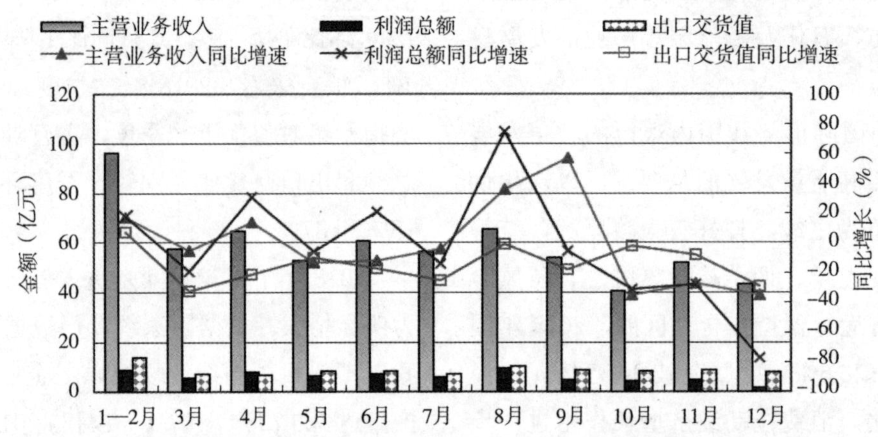


**图 2　2018 年我国塑料机械规模以上企业各月主要经济指标走势**

注：数据来源于国家统计局。

（二）2019 年上半年行业运行情况

我国塑料机械工业历经 2018 年的严峻形势，2019 年一季度有所回暖，但二季度后又不容乐观，具体表现在四个方面。

1. 规模企业数量增加，亏损面扩大

2019 年上半年我国塑料机械工业规模以上企业（简称规上企业）增加至 450 家，其中亏损企业数为 112 家，亏损企业数比上年同期多 29 家，亏损面近 1/4，而上年同期亏损面不到 1/5。

2. 营业收入、营业成本双降

2019 年上半年 450 家规上企业完成营业收入 316.9 亿元，同比下降近 5%；营业成本 248.21 亿元，同比下降 3%，营业收入下降幅度超过营业成本降幅。

3. 利润降幅波动较大

2019 年上半年塑料机械规上企业完成利润总额 28.29 亿元，同比下降 20%。其中，1—2 月同比下降 40%；3 月有所缓解，同比增长 38%；但 4

月和 5 月又分别同比大幅下降 58% 和 26%；6 月环比增长 62%。

4. 主要经济效益指标优于机械工业平均水平

2019 年上半年塑料机械规上企业营业收入利润率为 8.93%，高于同期全国机械工业 5.89% 的平均利润率水平；成本费用利润率（未包含研发费用）为 9.93%，高于机械工业 6.36% 的平均水平；营业收入成本费用率 89.87%，低于机械工业 92.12% 的平均水平。

但塑料机械行业在流动资产周转、存货周转、应收票据及应收账款周转等营运能力方面尚有所不足。2019 年上半年，塑料机械规上企业流动资产周转率为 1.26 次，低于机械工业 1.46 次的平均水平；存货周转率 1.67 次，低于机械工业 2.96 次的平均水平；应收票据及应收账款周转率为 1.97 次，与机械工业 1.98 次的平均水平基本相当，资产流动性、资金使用效率和短期偿债能力等方面均有待提高。2019 年上半年我国塑料机械规上企业主要经济指标走势见图 3。

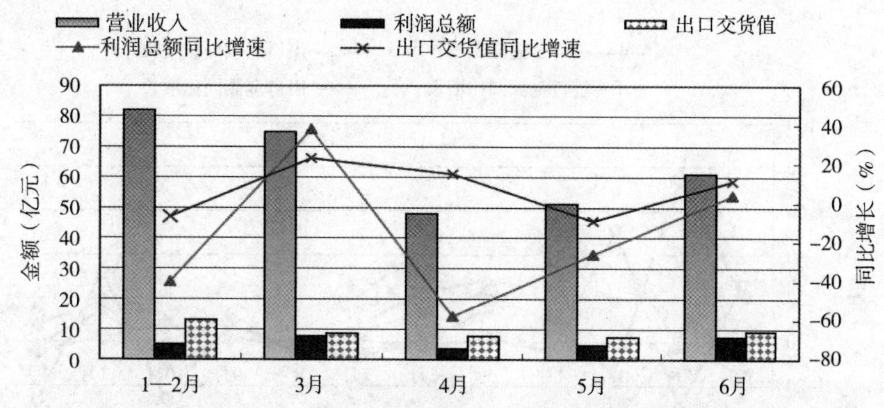


**图 3　2019 年上半年我国塑料机械规上企业主要经济指标走势**

注：数据由中国塑料机械工业协会根据国家统计局数据整理。

（三）进出口情况

1. 2018 年进出口情况

2018 年，塑料机械 12 个税号产品进口 21261 台，与 2017 年基本持平；完成进口额 20.08 亿美元，同比增长 15%。出口 1 266 644 台（其中 3D 打印机 1 006 797 台），同比增长 48%；完成出口额 24.47 亿美元，同比增长 9%。贸易顺差达到 4.39 亿美元。

注塑机、挤出机、吹塑机、塑料中空成型机和塑料压延成型机合计进口 9 738 台，实现进口额 15.77 亿美元，平均单价 16.19 万美元；合计出口 157 676 台，实现出口额 20.64 亿美元，平均单价 1.31 万美元。

（1）注塑机进口数量基本和上年持平，进口额同比增长 4%，出口数量同比增长 106%，贸易顺差达 3.78 亿美元，但出口额同比下降 2%。

（2）塑料造粒机呈现进出口双升、出口增幅大于进口增幅的态势，进口数量和金额同比分别增长 37%、60%，出口数量和金额同比分别增长 114%、102%。

（3）吹塑机进口数量同比增长仅 1%，而进口金额同比增长 34%，出口数量虽然同比下降 18%，但出口金额同比增长 5%。

（4）塑料中空成型机呈现进出口双升的局面，但进口增幅大于出口增幅，进口数量和金额同比分别增长 663%、20%，出口数量和金额同比分别增长 128%、10%。

（5）塑料压延成型机进出口双降，进口降幅大于出口降幅，进口数量和金额同比分别下降 44%、41%，出口数量和金额同比分别下降 31%、9%。

2018 年塑料机械 12 个税号产品进出口数量增速走势见图 4。2018 年塑料机械 12 个税号产品进出口金额增速走势见图 5。2018 年塑料机械 12 个税号产品贸易顺差走势见图 6。

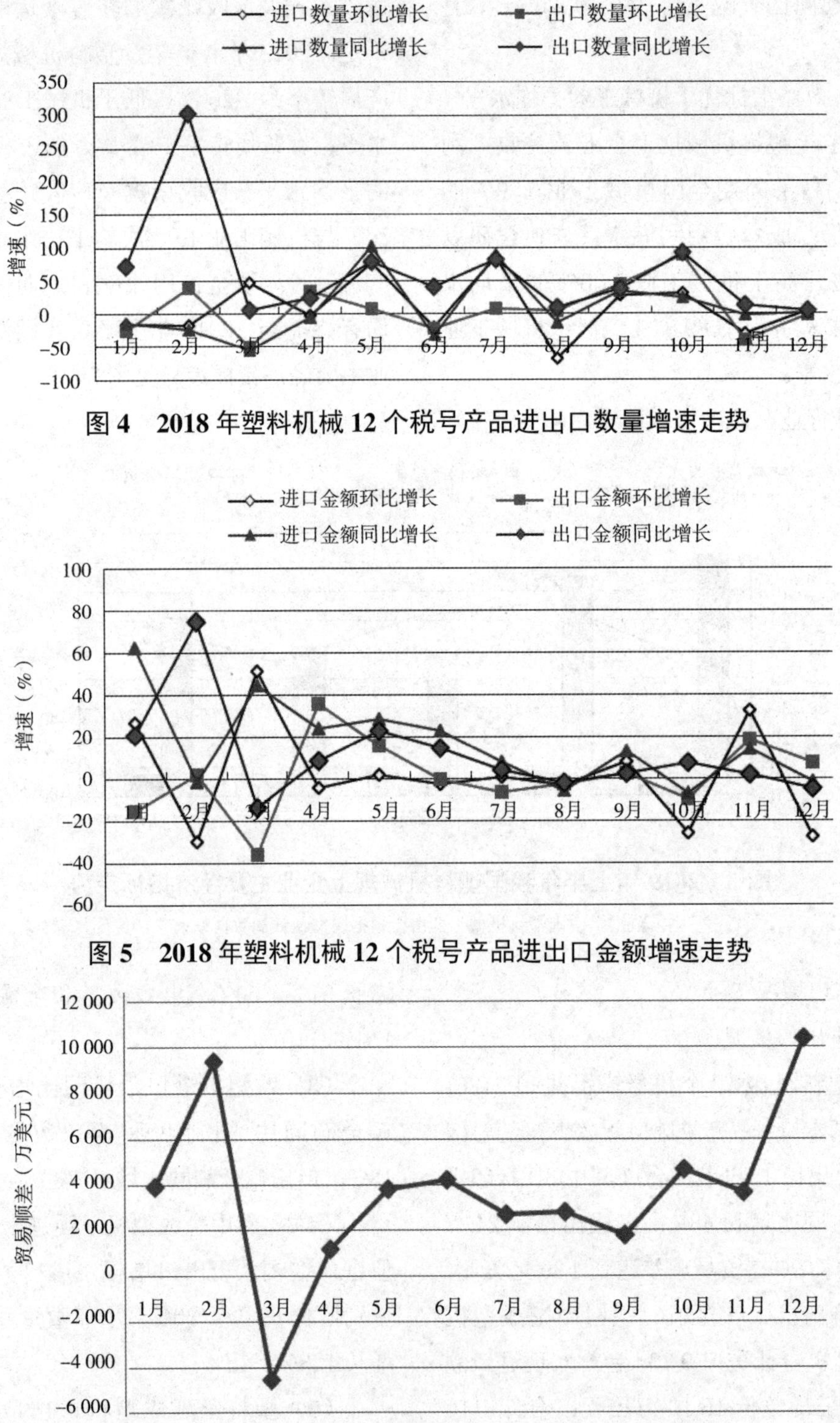


图4　2018年塑料机械12个税号产品进出口数量增速走势



图5　2018年塑料机械12个税号产品进出口金额增速走势



图6　2018年塑料机械12个税号产品贸易顺差走势

2. 2019年上半年进出口情况

2019年上半年，塑料机械12个税号产品进口10 561台，同比增长7%；完成进口额9.89亿美元，同比下降2%。出口629 880台（其中3D打印机为545 210台），同比增长20%；完成出口额12.4亿美元，同比增长4%；实现贸易顺差2.51亿美元。

注塑机、挤出机、吹塑机、塑料中空成型机

和塑料压延成型机合计进口 4 085 台，同比下降 22%；完成进口额 7.45 亿美元，同比下降 9%；平均单价 18.24 万美元，上年同期为 15.59 万美元。合计出口 50 247 台，同比下降 53%；完成出口额 9.99 亿美元，同比下降 2%；平均单价 1.99 万美元，上年同期仅为 0.95 万美元。

（1）注塑机呈现进出口双降的局面，进口数量和金额同比分别下降 13%、16%，出口数量和金额同比分别下降 53%、5%。

（2）塑料造粒机虽然进口数量下降 47%，但进口金额同比增长 56%，出口数量和金额则分别同比下降 74%、16%。

（3）吹塑机进口数量和金额同比分别增长 11%、2%，出口数量同比下降 73%，但出口金额同比增长 6%。

（4）塑料中空成型机继续双降的态势，进口数量和金额同比分别下降 93%、5%，出口数量和金额同比分别下降 54%、2%。

（5）塑料压延成型机进口数量和金额同比分别下降 31%、24%，出口数量和金额则同比分别增长 106%、22%。

2019 年上半年塑料机械 12 个税号产品进出口数量增速走势见图 7。2019 年上半年塑料机械 12 个税号产品进出口金额增速走势见图 8。2019 年上半年塑料机械 12 个税号产品贸易顺差走势见图 9。

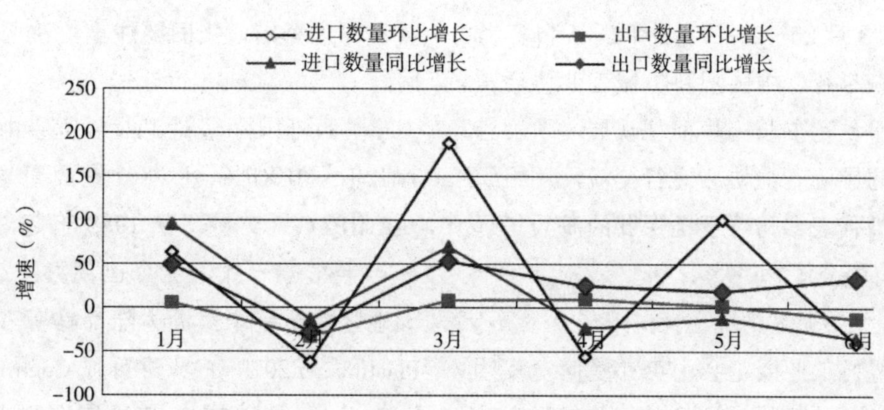


**图 7　2019 年上半年塑料机械 12 个税号产品进出口数量增速走势**

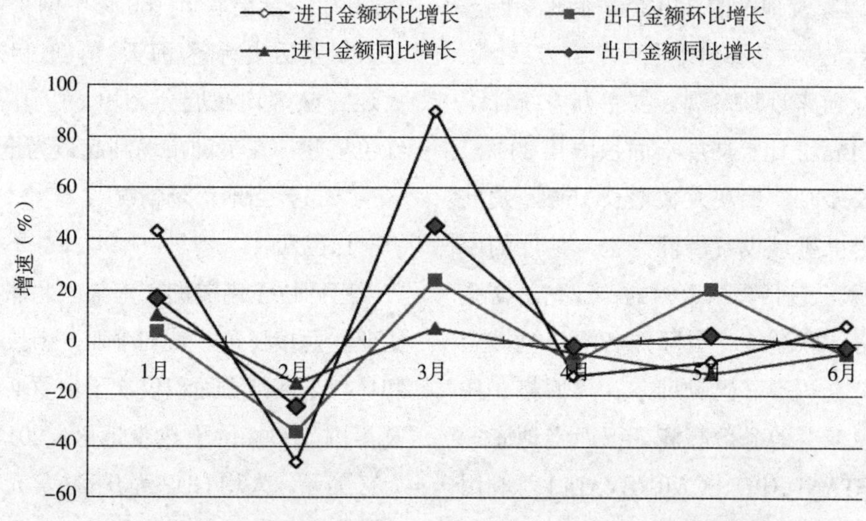


**图 8　2019 年上半年塑料机械 12 个税号产品进出口金额增速走势**

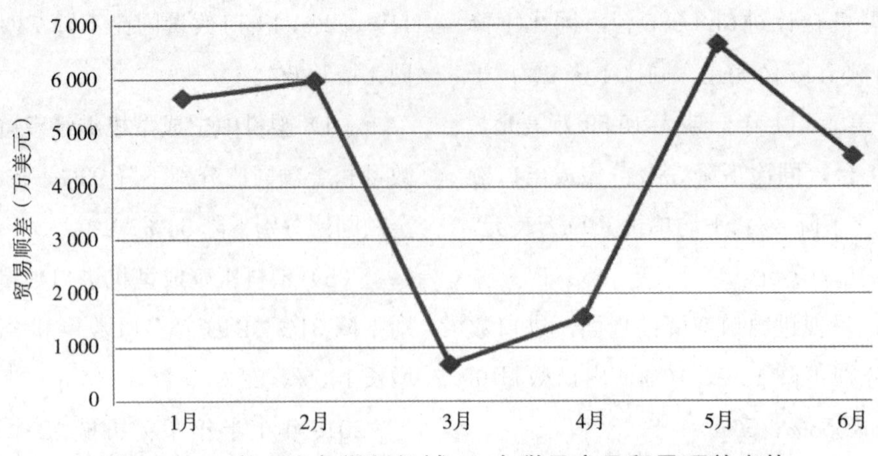


**图9　2019年上半年塑料机械12个税号产品贸易顺差走势**

## 三、重点市场情况

2019年巴西国际塑料工业展览会（Plastico Brasil）、墨西哥国际塑料工业展览会（Plastimagen）分别于2019年3月25—29日、4月2—5日在圣保罗和墨西哥城举行。中国塑料机械工业协会常务副会长粟东平、秘书长王静前往观展，了解当地市场情况并与国际行业协会进行交流，还组织了部分中国展商代表参访位于圣保罗的海天华远南美机械贸易有限公司。

（一）巴墨两展基本情况

巴西国际塑料工业展览会由英弗曼博览集团主办、巴西机械制造商协会支持，每两年举办一届，2019年为第二届。展会总面积逾4万$m^2$，吸引了超过40个国家及地区的340余家企业参展，包括中国、德国、意大利和奥地利4个官方展区；有45 000名观众前来现场参观。据主办方统计，2019届Plastico Brasil比上届展会面积增长20%，参展商数量增长48%，参观人数增长15%，发展势头良好。展会以机械设备厂商为主，参展的中国企业有20余家，包括贝尔、力劲、三垒、富强鑫、信易、朗格、联塑等。国际知名塑料机械企业恩格尔、克劳斯玛菲、巴顿菲尔、阿博格、住友德马格、莱恩豪芬等悉数亮相。巴西当地企业ROMI、RULLI STANDARD、CARNEVALLI等利用本土优势，携带高质量机器大面积参展，展示的设备形象与质量远超预期。展商整体反馈效果不错，对南美洲的市场前景非常看好。但由于巴西官方语言为葡萄牙语，英语普及率不高，很多在当地没有代理的中国企业来此开拓市场存在一定的语言沟通障碍，对交流洽谈有所影响。从长远贸易往来考虑，依旧要注重解决语言和文化差异问题。

墨西哥国际塑料工业展览会由E. J. KRAUSE TARSUS MEXICO.主办、墨西哥塑料工业协会（ANIPAC）支持。从1988年起，Plastimagen每一年半举办一次，至今已举办了22届，在中美洲地区乃至整个美洲大陆都具有广泛的影响力。Plastimagen2019在墨西哥城Centro Banamex展览中心举办，共有来自27个国家和地区的870家企业参展，展出面积超过4.5万$m^2$，展示品牌超过1 600个。展会有近160家中国企业参加，参展企业数量创历史新高，海天、博创、伊之密、上海金纬、大连三垒等均在展会亮相。中国展团整齐划一的红色搭建，在美洲市场刮起最为抢眼的中国风。

（二）当地市场情况

1. 巴西

巴西位于南美洲东南部。北邻委内瑞拉和哥伦比亚，西接秘鲁、玻利维亚，南接巴拉圭、阿根廷和乌拉圭，国土面积仅次于俄罗斯、加拿大、中国及美国，80%位于热带地区。2017年GDP为2.06万亿美元，人均GDP为9 821美元，人口和国内生产总值均居拉美首位，同时是世界第七大经济体。其产值列前五的产业为：纺织、机械设备、汽车工业、纸张及纤维业。2017年，巴西生产约270万辆乘用车，主要汽车厂家为通用、菲亚特、大众、本田、丰田和中国的奇瑞、力帆、江淮，比亚迪则在当地电动公交车领域占有一定的市场份额。

从中国和巴西两国的整体贸易情况来看，中国是巴西第一大出口国、第二大进口来源国和最大贸易顺差来源地。从塑料机械行业来看，巴西曾经是中国塑料机械的第一大出口国，在 2010 年、2011 年高速增长，于 2011 年达到出口峰值 11 465 万美元。但随后受巴西泛民主政治及去工业化影响，市场下滑十分明显。从 2012 年起开始下降，2016 年跌至谷底，出口额仅为 2 711 万美元，2017 年有所恢复至 4 568 万美元，但还没达到 2009 年 4 665 万美元的出口水平。

出口至巴西的中国塑料机械以注塑机为主，除了 2015 年和 2016 年的低谷外，2009—2017 年注塑机占同期出口巴西市场的塑料机械的比例基本保持在 75% 以上。

与海天华远南美机械贸易有限公司（简称海天巴西）许飞一总经理交流得知，巴西的去工业化给巴西经济发展造成了很大的创伤，产业结构存在缺陷，加之受前几年政治因素的影响，2014—2016 年经济增长尤为困难，2017 年有所恢复，2018 年略有增长。巴西进口增值税分为联邦、州（各州税率不同，可进行抵扣）和市级三级，注塑机的进口关税 14%，进口企业根据当地市场需求可申请减免关税，由巴西机械制造商协会（ABIMAQ）负责审批。

海天巴西是海天国际于 2004 年在圣保罗设立的海外子公司，负责巴西区域的销售与服务工作，团队人员本土化率很高，2019 年是海天巴西成立 15 周年。巴西本土最大的注塑机企业 ROMI 年产量有限，不能满足当地需求，留给国外塑料机械品牌很大的生存空间。目前，“海天”“天剑”和“长飞亚”品牌注塑机在巴西的市场份额约占 35%，主要应用领域为包装、日用品、汽车和家电等。2018 年，海天巴西的总销售量比上年增长 55.5%，尤其是电动注塑机的销售实现了翻倍增长，吸引了越来越多的高端用户。近年来，伊之密、朗格塑机等中国企业也在巴西开拓了市场。

巴西新总统执政后，将打击腐败和犯罪、推行私有化和社保改革、重视农业矿业等作为主要施政目标，巴西或将迎来新的增长期。巴西有着很大的潜在市场空间，中国企业在看好这片市场的同时也要重点注意以下事项：

①注重当地安全标准要求和对设备进口的相关认证规定；

②巴西赊销情况严重，回收账款周期较长，融资成本较高，需要提前做好出口信用保险；

③巴西法律属欧美系统，注重安全意识；

④近来巴西货币雷亚尔兑美元汇率变动较大，注意防范汇率波动风险。

2009—2017 年我国塑料机械出口巴西情况见表 1。

**表 1　2009—2017 年我国塑料机械出口巴西情况**

| 项目 | 单位 | 注塑机 | 其他注射机 | 塑料造粒机 | 其他挤出机 | 吹塑机 | 塑料中空成型机 | 塑料压延成型机 | 其他真空模塑机及其他热成型机器 | 其他模塑或成型机器 | 合计 |
|---|---|---|---|---|---|---|---|---|---|---|---|
| **2009 年** | | | | | | | | | | | |
| 出口数量 | 台 | 1 173 | 8 | 65 | 53 | 81 | 2 | 1 | 36 | 78 | 1 497 |
| 数量占比 | % | 3.68 | 0.03 | 0.20 | 0.17 | 0.25 | 0.01 | 0.003 | 0.11 | 0.24 | 4.70 |
| 出口金额 | 万美元 | 3 567 | 16 | 195 | 513 | 205 | 6 | 0.23 | 32 | 131 | 4 665 |
| 金额占比 | % | 4.70 | 0.02 | 0.26 | 0.68 | 0.27 | 0.01 | 0.000 3 | 0.04 | 0.17 | 6.15 |
| **2010 年** | | | | | | | | | | | |
| 出口数量 | 台 | 2 443 | 4 | 60 | 95 | 149 | 35 | 2 | 32 | 73 | 2 893 |

（续）

| 项目 | 单位 | 注塑机 | 其他注射机 | 塑料造粒机 | 其他挤出机 | 吹塑机 | 塑料中空成型机 | 塑料压延成型机 | 其他真空模塑机及其他热成型机器 | 其他模塑或成型机器 | 合计 |
|---|---|---|---|---|---|---|---|---|---|---|---|
| 数量占比 | % | 5.49 | 0.01 | 0.13 | 0.21 | 0.33 | 0.08 | 0.004 | 0.07 | 0.16 | 6.50 |
| 出口金额 | 万美元 | 7 927 | 28 | 194 | 374 | 753 | 106 | 0.13 | 56 | 524 | 9 962 |
| 金额占比 | % | 6.95 | 0.02 | 0.17 | 0.33 | 0.66 | 0.09 | 0.000 1 | 0.05 | 0.46 | 8.74 |
| **2011 年** | | | | | | | | | | | |
| 出口数量 | 台 | 2 352 | 54 | 61 | 131 | 158 | 29 | 5 | 39 | 102 | 2 931 |
| 数量占比 | % | 4.55 | 0.10 | 0.12 | 0.25 | 0.31 | 0.06 | 0.01 | 0.08 | 0.20 | 5.67 |
| 出口金额 | 万美元 | 8 816 | 156 | 202 | 696 | 421 | 74 | 30 | 165 | 905 | 11 465 |
| 金额占比 | % | 6.02 | 0.11 | 0.14 | 0.48 | 0.29 | 0.05 | 0.02 | 0.11 | 0.62 | 7.83 |
| **2012 年** | | | | | | | | | | | |
| 出口数量 | 台 | 1 520 | 13 | 97 | 251 | 83 | 26 | 18 | 257 | 35 | 2 300 |
| 数量占比 | % | 2.18 | 0.02 | 0.14 | 0.36 | 0.12 | 0.04 | 0.03 | 0.37 | 0.05 | 3.30 |
| 出口金额 | 万美元 | 6 545 | 38 | 214 | 953 | 314 | 88 | 32 | 107 | 359 | 8 650 |
| 金额占比 | % | 4.04 | 0.02 | 0.13 | 0.59 | 0.19 | 0.05 | 0.02 | 0.07 | 0.22 | 5.34 |
| **2013 年** | | | | | | | | | | | |
| 出口数量 | 台 | 1 397 | 22 | 59 | 195 | 84 | 200 | 7 | 99 | 46 | 2 109 |
| 数量占比 | % | 1.03 | 0.02 | 0.04 | 0.14 | 0.06 | 0.15 | 0.01 | 0.07 | 0.03 | 1.56 |
| 出口金额 | 万美元 | 6 365 | 89 | 135 | 890 | 323 | 178 | 41 | 247 | 83 | 8 351 |
| 金额占比 | % | 3.69 | 0.05 | 0.08 | 0.52 | 0.19 | 0.10 | 0.02 | 0.14 | 0.05 | 4.84 |
| **2014 年** | | | | | | | | | | | |
| 出口数量 | 台 | 1 113 | 23 | 34 | 135 | 59 | 19 | 9 | 82 | 226 | 1 700 |
| 数量占比 | % | 0.48 | 0.01 | 0.01 | 0.06 | 0.03 | 0.01 | 0.004 | 0.04 | 0.10 | 0.74 |
| 出口金额 | 万美元 | 5 285 | 30 | 123 | 809 | 212 | 71 | 61 | 71 | 302 | 6 964 |
| 金额占比 | % | 2.87 | 0.02 | 0.07 | 0.44 | 0.12 | 0.04 | 0.03 | 0.04 | 0.16 | 3.78 |
| **2015 年** | | | | | | | | | | | |
| 出口数量 | 台 | 667 | 6 | 28 | 111 | 45 | 51 | 7 | 155 | 265 | 1 335 |
| 数量占比 | % | 0.14 | 0.001 | 0.01 | 0.02 | 0.01 | 0.01 | 0.001 | 0.03 | 0.06 | 0.28 |
| 出口金额 | 万美元 | 3 556 | 29 | 169 | 667 | 149 | 98 | 45 | 72 | 139 | 4 924 |
| 金额占比 | % | 1.88 | 0.02 | 0.09 | 0.35 | 0.08 | 0.05 | 0.02 | 0.04 | 0.07 | 2.60 |
| **2016 年** | | | | | | | | | | | |
| 出口数量 | 台 | 374 | 1 | 21 | 51 | 20 | 1 | 0 | 15 | 193 | 676 |
| 数量占比 | % | 0.06 | 0.000 2 | 0.003 | 0.01 | 0.003 | 0.000 2 | 0.00 | 0.002 | 0.03 | 0.11 |
| 出口金额 | 万美元 | 1 493 | 7 | 70 | 269 | 34 | 5 | 0 | 73 | 760 | 2711 |

（续）

| 项目 | 单位 | 注塑机 | 其他注射机 | 塑料造粒机 | 其他挤出机 | 吹塑机 | 塑料中空成型机 | 塑料压延成型机 | 其他真空模塑机及其他热成型机器 | 其他模塑或成型机器 | 合计 |
|---|---|---|---|---|---|---|---|---|---|---|---|
| 金额占比 | % | 0.75 | 0.003 | 0.03 | 0.13 | 0.02 | 0.002 | 0.00 | 0.04 | 0.38 | 1.35 |
| **2017 年** | | | | | | | | | | | |
| 出口数量 | 台 | 818 | 12 | 18 | 83 | 40 | 14 | 2 | 174 | 485 | 1 646 |
| 数量占比 | % | 0.10 | 0.001 | 0.002 | 0.01 | 0.005 | 0.002 | 0.000 2 | 0.02 | 0.06 | 0.19 |
| 出口金额 | 万美元 | 3 440 | 55 | 80 | 429 | 124 | 46 | 7 | 155 | 232 | 4 568 |
| 金额占比 | % | 1.54 | 0.02 | 0.04 | 0.19 | 0.06 | 0.02 | 0.003 | 0.07 | 0.10 | 2.04 |

注：数据由中国塑料机械工业协会根据海关数据整理。

2. 墨西哥

墨西哥地处北美最南端，是自由市场经济体，经济实力排名美洲第 4 位、世界第 13 位。1994 年北美自由贸易区正式建立后，墨西哥与美国的贸易和投资往来增加很快，极大地促进了经济发展，提高了国民收入。在主要以塑料包装生产为主的北美，塑料包装产品销售额达到了 430 亿美元左右，其中墨西哥市场年平均增长率接近 10%。墨西哥目前约有 4 400 家塑料公司（其中 84% 属于小型或微型公司），每年可加工 500 万 t 塑料产品，其中超过 40% 为包装用品，其他则大量用于建筑、农业、家居及玩具。另外，美国的塑料产量多年来一直为各国之首，塑料制品也名列前茅。受墨西哥的低成本优势吸引，美国很多塑料加工企业迁入了墨西哥，极大地促进了当地塑料工业的增长。与此同时，墨西哥的塑料制品结构也相应发生了很大变化，高附加值产品不断增多，对设备的需求也发生了变化，以小型设备居多，注塑机以全电动产品占优，智能化、自动化、高速机型较受欢迎，用于医疗、消费品和硅材料的专用设备非常畅销。

因地理位置毗邻美国，近年来受美国制造业回归的影响，墨西哥对中国塑料机械的需求增长迅速。

（1）绝对量全面增长。从出口金额绝对值来看，2009—2017 年我国塑料机械各类产品出口至墨西哥均实现快速增长，从 2009 年的 843 万美元增长到 2017 年的 10 531 万美元，年均增长 37.11%。

其中，注塑机出口从 2009 年的 374 万美元，增长到 2017 年的 8 123 万美元，年均增长 46.93%；挤出机出口从 2009 年的 198 万美元，增长到 2017 年的 1 030 万美元，年均增长 22.97%；吹塑机出口从 2009 年的 138 万美元，增长到 2017 年的 404 万美元，年均增长 14.37%；塑料中空成型机从 2009 年的 67 万美元，增长到 2017 年的 115 万美元，年均增长 6.99%。

（2）相对量注塑机一枝独秀。从我国塑料机械出口墨西哥的占比来看，注塑机出口占比上升较快，其他产品出口占比有不同程度的下滑。

注塑机占同期出口墨西哥市场塑料机械产品的比例稳步上升，从 2009 年的 44.37% 提升至 2016 年的 77.50%、2017 年的 77.13%；挤出机占同期出口墨西哥市场的塑料机械的比例从 2009 年的 23.49% 下降至 2016 年的 8.80%、2017 年的 9.78%；吹塑机在同期出口墨西哥市场的塑料机械占比从 2009 年的 16.37% 下降至 2017 年的 3.84%；塑料中空成型机占比则从 2009 年的 7.95% 下降至 2017 年的 1.09%。

2009—2017 年我国塑料机械出口墨西哥情况见表 2。

**表2　2009—2017年我国塑料机械出口墨西哥情况**

| 项目 | 单位 | 注塑机 | 其他注射机 | 塑料造粒机 | 其他挤出机 | 吹塑机 | 塑料中空成型机 | 塑料压延成型机 | 其他真空模塑机及其他热成型机器 | 其他模塑或成型机器 | 合计 |
|---|---|---|---|---|---|---|---|---|---|---|---|
| **2009年** | | | | | | | | | | | |
| 出口数量 | 台 | 146 | 1 | 62 | 23 | 79 | 11 | 1 | 15 | 12 | 350 |
| 数量占比 | % | 0.46 | 0.00 3 | 0.19 | 0.07 | 0.25 | 0.03 | 0.003 | 0.05 | 0.04 | 1.10 |
| 出口金额 | 万美元 | 374 | 3 | 100 | 98 | 138 | 67 | 1 | 13 | 49 | 843 |
| 金额占比 | % | 0.49 | 0.00 4 | 0.13 | 0.13 | 0.18 | 0.09 | 0.001 | 0.02 | 0.06 | 1.11 |
| **2010年** | | | | | | | | | | | |
| 出口数量 | 台 | 274 | 2 | 36 | 34 | 101 | 15 | 15 | 31 | 22 | 530 |
| 数量占比 | % | 0.62 | 0.00 4 | 0.08 | 0.08 | 0.23 | 0.03 | 0.03 | 0.07 | 0.05 | 1.19 |
| 出口金额 | 万美元 | 901 | 0.2 | 135 | 134 | 234 | 64 | 1 | 27 | 89 | 1 585 |
| 金额占比 | % | 0.79 | 0.000 2 | 0.12 | 0.12 | 0.21 | 0.06 | 0.001 | 0.02 | 0.08 | 1.39 |
| **2011年** | | | | | | | | | | | |
| 出口数量 | 台 | 406 | 1 | 68 | 38 | 68 | 14 | 11 | 119 | 18 | 743 |
| 数量占比 | % | 0.79 | 0.002 | 0.13 | 0.07 | 0.13 | 0.03 | 0.02 | 0.23 | 0.03 | 1.44 |
| 出口金额 | 万美元 | 1 816 | 15 | 206 | 198 | 199 | 125 | 3 | 116 | 66 | 2 744 |
| 金额占比 | % | 1.24 | 0.01 | 0.14 | 0.14 | 0.14 | 0.09 | 0.002 | 0.08 | 0.05 | 1.87 |
| **2012年** | | | | | | | | | | | |
| 出口数量 | 台 | 524 | 9 | 133 | 52 | 87 | 28 | 6 | 268 | 28 | 1 135 |
| 数量占比 | % | 0.75 | 0.01 | 0.19 | 0.07 | 0.12 | 0.04 | 0.01 | 0.38 | 0.04 | 1.63 |
| 出口金额 | 万美元 | 3 000 | 46 | 197 | 421 | 193 | 148 | 35 | 148 | 76 | 4 264 |
| 金额占比 | % | 1.85 | 0.03 | 0.12 | 0.26 | 0.12 | 0.09 | 0.02 | 0.09 | 0.05 | 2.63 |
| **2013年** | | | | | | | | | | | |
| 出口数量 | 台 | 584 | 22 | 63 | 77 | 113 | 17 | 8 | 45 | 90 | 1 019 |
| 数量占比 | % | 0.43 | 0.02 | 0.05 | 0.06 | 0.08 | 0.01 | 0.01 | 0.03 | 0.07 | 0.75 |
| 出口金额 | 万美元 | 2 841 | 144 | 211 | 402 | 312 | 84 | 5 | 96 | 129 | 4 224 |
| 金额占比 | % | 1.65 | 0.08 | 0.12 | 0.23 | 0.18 | 0.05 | 0.003 | 0.06 | 0.07 | 2.45 |
| **2014年** | | | | | | | | | | | |
| 出口数量 | 台 | 596 | 20 | 85 | 58 | 143 | 8 | 12 | 93 | 59 | 1 074 |
| 数量占比 | % | 0.26 | 0.01 | 0.04 | 0.03 | 0.06 | 0.003 | 0.01 | 0.04 | 0.03 | 0.47 |
| 出口金额 | 万美元 | 3 183 | 167 | 239 | 403 | 320 | 43 | 8 | 170 | 77 | 4 610 |
| 金额占比 | % | 1.73 | 0.09 | 0.13 | 0.22 | 0.17 | 0.02 | 0.004 | 0.09 | 0.04 | 2.50 |
| **2015年** | | | | | | | | | | | |
| 出口数量 | 台 | 682 | 50 | 74 | 118 | 131 | 13 | 12 | 74 | 180 | 1 334 |
| 数量占比 | % | 0.14 | 0.01 | 0.02 | 0.02 | 0.03 | 0.003 | 0.002 | 0.02 | 0.04 | 0.28 |
| 出口金额 | 万美元 | 4 281 | 363 | 300 | 475 | 366 | 150 | 19 | 201 | 256 | 6 411 |
| 金额占比 | % | 2.26 | 0.19 | 0.16 | 0.25 | 0.19 | 0.08 | 0.01 | 0.11 | 0.14 | 3.39 |
| **2016年** | | | | | | | | | | | |
| 出口数量 | 台 | 878 | 54 | 96 | 94 | 193 | 20 | 5 | 50 | 559 | 1 949 |
| 数量占比 | % | 0.14 | 0.01 | 0.02 | 0.01 | 0.03 | 0.003 | 0.001 | 0.01 | 0.09 | 0.31 |
| 出口金额 | 万美元 | 7 193 | 305 | 325 | 492 | 466 | 158 | 10 | 195 | 137 | 9 281 |
| 金额占比 | % | 3.59 | 0.15 | 0.16 | 0.25 | 0.23 | 0.08 | 0.005 | 0.10 | 0.07 | 4.64 |
| **2017年** | | | | | | | | | | | |
| 出口数量 | 台 | 919 | 21 | 103 | 131 | 160 | 27 | 15 | 673 | 6943 | 8 992 |

（续）

| 项目 | 单位 | 注塑机 | 其他注射机 | 塑料造粒机 | 其他挤出机 | 吹塑机 | 塑料中空成型机 | 塑料压延成型机 | 其他真空模塑机及其他热成型机器 | 其他模塑或成型机器 | 合计 |
|---|---|---|---|---|---|---|---|---|---|---|---|
| 数量占比 | % | 0.11 | 0.002 | 0.01 | 0.02 | 0.02 | 0.003 | 0.002 | 0.08 | 0.81 | 1.05 |
| 出口金额 | 万美元 | 8 123 | 119 | 416 | 614 | 404 | 115 | 44 | 498 | 198 | 10 531 |
| 金额占比 | % | 3.63 | 0.05 | 0.19 | 0.27 | 0.18 | 0.05 | 0.02 | 0.22 | 0.09 | 4.70 |

注：数据由中国塑料机械工业协会根据海关数据整理。

## 四、“新塑料经济”引发新机遇

塑料对环境有着不可忽视的影响，对抗环境污染、建立“新塑料经济”已经成为社会共识。2018年10月，在巴厘岛举行的“我们的海洋会议”期间，在艾伦·麦克阿瑟基金会的倡议下，包括威立雅在内的250家生产商、零售商、包装回收商、政府与非政府组织签署了《从源头消除塑料污染的全球承诺》，意味着众多行业领军企业纷纷参与到新塑料经济的潮流中。这项倡议旨在从源头消除塑料污染，主要追求三个目标：

①消除有问题或不必要的塑料包装，从一次性使用转向可重复使用的包装模式；

②通过创新来确保到2025年100%的塑料包装可以方便、安全地重复使用、回收或堆肥；

③循环使用所生产的塑料，显著增加塑料的重复使用或回收数量，并制成新的包装或产品。

艾伦·麦克阿瑟基金会发布的《新塑料经济全球承诺书2019春季报告》中，明确宣布了2025年使用500万t再生塑料的目标，而且有35家全球主要塑料包装品消费企业和零售企业首次公布了它们的塑料包装使用量情况。截至2019年3月已经有超过350家企业签署全球承诺书，覆盖了与塑料生产、加工、消费有关的150个业务领域，其中不乏各个领域的领头企业。这些参与企业的总收入超过2万亿美元，占整个塑料包装市场的20%。

不仅如此，还有26家投资机构参与到新塑料经济全球承诺中来。他们管理着4 200亿美元资产，其中6家投资者承诺投入2.75亿美元用于建立新业务模式、材料、科技以及其他能够帮助实现全球承诺愿景的领域。

在所有利益相关方中，原材料制造商的参与程度相对较低。如果这些企业能够参与进来，成为塑料循环经济的一部分，减少使用直接开采的原材料，大幅增加再生材料使用，就能够为行业创造非常大的利润空间。据麦肯锡公司的研究数据，塑料循环经济将会为化工行业带来550亿美元的商机。

机制更加透明是这项全球倡议的一大亮点。通过披露各个企业的具体数据，在倡议期间定期进行阶段性比较，从而监督各个企业的目标落实情况，真正地让新塑料经济运转起来。

在2019年3月公布的阶段性报告中，150家企业史无前例地使用了共同的承诺框架与定义方式，宣布了其对新塑料经济的明确目标。家乐福、达能、雀巢、可口可乐等35家全球主要塑料包装品消费企业和零售企业披露了其塑料包装的使用量情况（年消耗量、供应量及回收处理量），总共有107家快消品公司、零售商及包装制造商承诺至2025年制造100%可回收、可再生或可降解的塑料包装。

到2025年，包括快消品企业、零售商和包装制造商在内的参与企业承诺使用的再生塑料总量加起来将达到500万t（这是截至当前关于塑料包装使用再生塑料的最大承诺）。实现这些回收再生目标，将会大幅度降低初生塑料的制造，每年将减少700万t的二氧化碳排放，这相当于将150万辆车从公路上永久移走。

作为新塑料经济的积极推动者，威立雅在春季报告中也明确宣布了集团2025年对新塑料经济的明确目标：塑料回收处理业务的规模将扩大至5倍。具体的措施有：

（1）建设塑料分类和回收基础设施，威立雅将同时增加塑料再生处理的数量和质量。该目标主要通过增加欧洲与亚洲的塑料回收网络来实现。

（2）保持势头。2018 年，威立雅塑料处理业务的营业额约为 2.5 亿～ 3 亿欧元，只要继续保持发展状态就能实现目标。

（3）开发创新性、激励性、成本优化的塑料回收方案。威立雅正在与法国、印度尼西亚和印度的公司合作，寻找和实践富有创新的方案。

（4）研究与开发。威立雅正在开发技术方案，探索不同树脂成分的回收方案，从而提高混合塑料垃圾的回收能力。

（5）建立行业合作。与不同行业的领头企业建立合作（例如达能、联合利华等），以共同开发循环经济方案。

（6）建立塑料产业链合作。与塑料产业链上的企业建立合作（例如建立联盟），将有效的方案规模化。

塑料装备制造者也要积极顺应全球发展趋势。2019 年中央经济工作会议提出了“巩固、增强、提升、畅通”的八字方针，塑料机械行业的全体同仁要按照中央的要求和部署，全面分析内外部环境的深刻变化，科学把握重要战略机遇新内涵，沉着应对各种风险与挑战，加快我国塑料机械行业高质量发展步伐，努力为新时代中国特色社会主义建设做出更大贡献！

〔供稿单位：中国塑料机械工业协会〕

# 2018 年中国塑料加工业发展报告

2018 年，我国塑料加工业在新发展理念引领下，坚持以供给侧结构性改革为主线，以科技创新为动力，着力推动高质量发展，总体保持稳中有进的发展态势。

## 一、塑料加工业经济运行情况

### （一）产量平稳增长

2018 年，全国塑料制品行业汇总统计企业累计完成产量 6 042.15 万 t，同比增长 1.10%。

1. 从塑料制品分类看

产量最高的是塑料薄膜，为 1 180.36 万 t，占总产量的 19.54%。增长率最高的是泡沫塑料，产量为 242.43 万 t，同比增长 9.99%；其次是人造革、合成革，产量为 299.5 万 t，同比增长 3.06%。增长率最低的是农用薄膜，产量为 119.95 万 t，同比下降 4.84%；其次是日用塑料制品，产量为 559.21 万 t，同比下降 3.7%。2018 年塑料制品行业产量与增长率对比见表 1。2018 年全国塑料制品分品种产量比重见图 1。2018 年塑料制品分品种产量增长情况见图 2。

**表 1 2018 年塑料制品行业产量与增长率对比**

| 类别 | 产量（万 t） | 占比（%） | 同比增长（%） | 增速比上年增加 |
|---|---|---|---|---|
| 塑料制品 | 6 042.15 | 100.00 | 1.10 | -2.34 个百分点 |
| 塑料薄膜 | 1 180.36 | 19.54 | 0.89 | -2.45 个百分点 |
| 其中：农用薄膜 | 119.95 | 1.98 | -4.84 | -8.25 个百分点 |
| 泡沫塑料 | 242.43 | 4.01 | 9.99 | 2.15 个百分点 |
| 人造革、合成革 | 299.50 | 4.96 | 3.06 | 1.72 个百分点 |
| 日用塑料制品 | 559.21 | 9.26 | -3.70 | -9.50 个百分点 |
| 其他塑料 | 3 760.64 | 62.23 | 1.24 | -1.82 个百分点 |

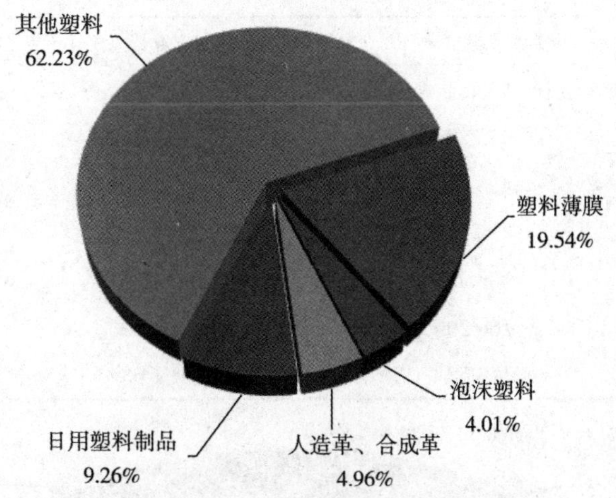


**图 1　2018 年全国塑料制品分品种产量比重**

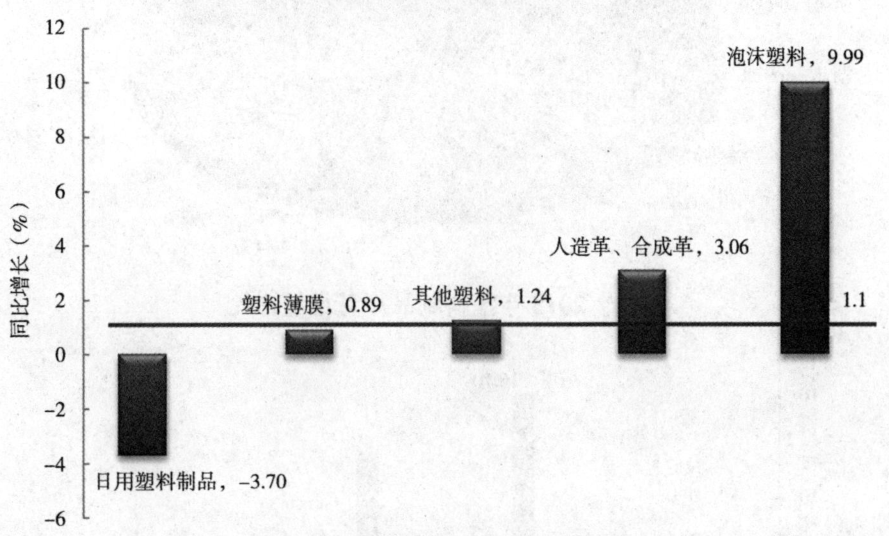


**图 2　2018 年塑料制品分品种产量增长情况**

2. 分地区看

塑料制品生产主要集中在广东、浙江、江苏、福建、湖北、安徽、四川、河南、山东、河北等地区。其中，广东产量最高，为 1 002.13 万 t，占总产量的 16.59%；其次是浙江，为 803.47 万 t，占总产量的 13.3%。增长率最高的是福建，产量为 449.54 万 t，同比增长 16.1%；其次是安徽，产量为 405.01 万 t，同比增长 12.76%。同比增长率最低的是河南，产量为 266.93 万 t，同比下降 11.79%；其次是河北，产量为 176.52 万 t，同比下降 7.63%。2018 年塑料制品累计产量主要地区增速及占比见表 2。2018 年塑料制品产量地区占比见图 3。2018 年主要地区塑料制品产量同比增长情况见图 4。

**表 2　2018 年塑料制品累计产量主要地区增速及占比**

| 地区 | 累计产量（万 t） | 同比增长（%） | 占比（%） |
|---|---|---|---|
| 广东 | 1 002.13 | −5.17 | 16.59 |
| 浙江 | 803.47 | 1.14 | 13.30 |
| 江苏 | 469.34 | 1.38 | 7.77 |

（续）

| 地区 | 累计产量（万t） | 同比增长（%） | 占比（%） |
|---|---|---|---|
| 福建 | 449.54 | 16.10 | 7.44 |
| 湖北 | 415.20 | 6.14 | 6.87 |
| 安徽 | 405.01 | 12.76 | 6.70 |
| 四川 | 398.80 | -3.04 | 6.60 |
| 河南 | 266.93 | -11.79 | 4.42 |
| 山东 | 266.29 | 4.39 | 4.41 |
| 河北 | 176.52 | -7.63 | 2.92 |

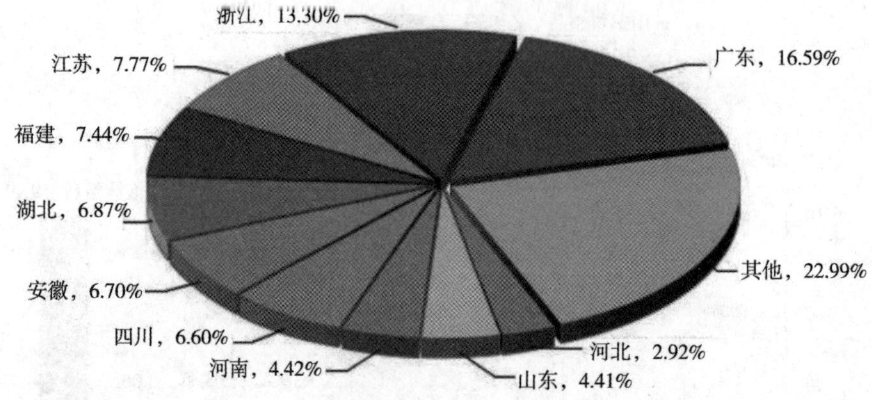


**图3　2018年塑料制品产量地区占比**

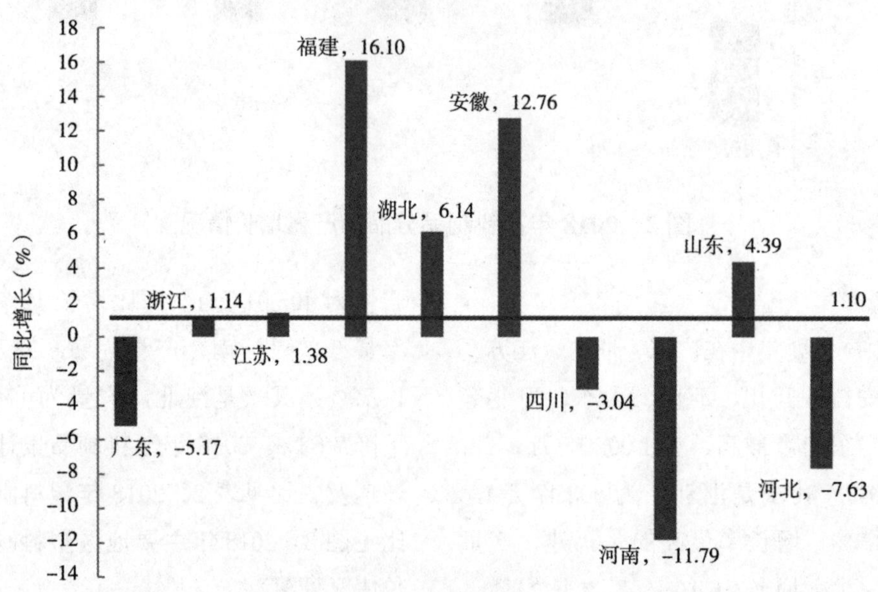


**图4　2018年主要地区塑料制品产量同比增长情况**

3.从产品分布看

我国塑料薄膜主要产区在东部省份，东部6省占总量的67.05%，浙江、广东是最大生产省份。山东、河南是我国农用薄膜的主要产区，云南、四川、陕西产量有较大增长，甘肃、新疆、吉林产量大幅降低。广东是我国泡沫塑料产量最大的省份，湖北增长较快，占比排名第二。人造革、合成革较为集中，主要生产省份在东部，福建、浙江是最大生产省份，安徽、湖南增长较快。日用塑料最大生产省份是广东、浙江，中部省份湖北、安徽增长迅速。广东、浙江是其他塑料生产的最大省份，安徽、四川、广西等中西部省份增长较快。2018 年塑料薄膜十大生产省区市见表 3。2018 年农用薄膜十大生产省区市见表 4。2018 年泡沫塑料十大生产省区市见表 5。2018 年人造革、合成革十大生产省区市见表 6。2018 年日用塑料制品十大生产省区市见表 7。2018 年其他塑料十大生产省区市见表 8。

**表 3 2018 年塑料薄膜十大生产省区市**

| 地区 | 2018 年产量（t） | 2018 年同比增长（%） | 2018 年占比（%） | 2017 年占比（%） |
|---|---|---|---|---|
| 浙江 | 2 606 700.38 | 6.27 | 22.08 | 26.05 |
| 广东 | 2 009 788.96 | -3.07 | 17.03 | 15.14 |
| 福建 | 1 416 174.41 | 24.94 | 12.00 | 7.80 |
| 江苏 | 1 308 534.45 | -3.72 | 11.09 | 8.95 |
| 河南 | 642 009.33 | -32.84 | 5.44 | 9.91 |
| 山东 | 616 053.91 | 6.72 | 5.22 | 6.54 |
| 四川 | 541 810.95 | -1.48 | 4.59 | 4.61 |
| 上海 | 405 494.62 | 7.78 | 3.44 | 2.57 |
| 安徽 | 382 499.96 | 9.28 | 3.24 | 3.09 |
| 重庆 | 324 402.86 | 26.06 | 2.75 | 2.69 |

**表 4 2018 年农用薄膜十大生产省区市**

| 地区 | 2018 年产量（t） | 2018 年同比增长（%） | 2018 年占比（%） | 2017 年占比（%） |
|---|---|---|---|---|
| 山东 | 238 941.70 | 13.59 | 19.92 | 19.46 |
| 河南 | 237 545.50 | -7.84 | 19.80 | 22.95 |
| 云南 | 115 366.04 | 9.76 | 9.62 | 5.26 |
| 浙江 | 90 799.22 | -0.29 | 7.57 | 10.32 |
| 四川 | 76 437.07 | 8.76 | 6.37 | 3.56 |
| 甘肃 | 65 093.67 | -27.59 | 5.43 | 4.98 |
| 陕西 | 61 917.30 | 19.90 | 5.16 | 3.46 |
| 新疆 | 59 350.91 | -32.77 | 4.95 | 4.98 |
| 吉林 | 44 224.78 | -18.12 | 3.69 | 9.69 |
| 广东 | 36 276.00 | 24.82 | 3.02 | 2.13 |

**表 5 2018 年泡沫塑料十大生产省区市**

| 地区 | 2018 年产量（t） | 2018 年同比增长（%） | 2018 年占比（%） | 2017 年占比（%） |
|---|---|---|---|---|
| 广东 | 577 765.90 | 3.48 | 23.83 | 16.42 |
| 湖北 | 422 289.11 | 29.55 | 17.42 | 11.70 |
| 浙江 | 221 512.88 | 3.29 | 9.14 | 9.05 |

（续）

| 地区 | 2018年产量<br>（t） | 2018年同比增长<br>（%） | 2018年占比<br>（%） | 2017年占比<br>（%） |
|---|---|---|---|---|
| 江苏 | 169 746.64 | 17.37 | 7.00 | 5.65 |
| 山东 | 144 105.98 | 772.36 | 5.94 | 2.55 |
| 河北 | 139 904.02 | -9.19 | 5.77 | 2.33 |
| 河南 | 124 566.42 | -34.4 | 5.14 | 23.49 |
| 陕西 | 109 562.79 | 44.59 | 4.52 | 5.30 |
| 四川 | 99 913.84 | 21.91 | 4.12 | 6.59 |
| 福建 | 55 925.30 | -1.75 | 2.31 | 1.89 |

**表6　2018年人造革、合成革十大生产省区市**

| 地区 | 2018年产量<br>（t） | 2018年同比增长<br>（%） | 2018年占比<br>（%） | 2017年占比<br>（%） |
|---|---|---|---|---|
| 福建 | 868 862.82 | 13.22 | 29.01 | 26.05 |
| 浙江 | 668 408.28 | -11.10 | 22.32 | 22.68 |
| 安徽 | 481 174.55 | 28.19 | 16.07 | 10.78 |
| 江苏 | 311 416.04 | 0.65 | 10.40 | 10.83 |
| 广东 | 291 218.94 | 3.11 | 9.72 | 8.49 |
| 河北 | 139 693.18 | -13.16 | 4.66 | 4.67 |
| 湖南 | 67 448.00 | 24.61 | 2.25 | 1.55 |
| 上海 | 55 487.92 | 7.33 | 1.85 | 1.48 |
| 河南 | 29 656.80 | -49.54 | 0.99 | 10.30 |
| 江西 | 19 557.00 | 22.23 | 0.65 | 0.69 |

**表7　2018年日用塑料制品十大生产省区市**

| 地区 | 2018年产量<br>（t） | 2018年同比增长<br>（%） | 2018年占比<br>（%） | 2017年占比<br>（%） |
|---|---|---|---|---|
| 广东 | 1 731 148.06 | -8.45 | 30.96 | 22.83 |
| 浙江 | 857 819.26 | 5.75 | 15.34 | 17.61 |
| 湖北 | 707 435.81 | 25.55 | 12.65 | 8.52 |
| 四川 | 492 862.01 | -40.15 | 8.81 | 11.64 |
| 福建 | 301 943.21 | 12.34 | 5.40 | 3.34 |
| 江苏 | 270 479.30 | 6.11 | 4.84 | 6.62 |
| 山东 | 261 443.10 | -2.87 | 4.68 | 4.25 |
| 安徽 | 230 990.65 | 61.03 | 4.13 | 2.35 |
| 重庆 | 100 901.57 | 14.51 | 1.80 | 1.50 |
| 河南 | 93 054.47 | -8.48 | 1.66 | 5.88 |

**表 8　2018 年其他塑料十大生产省区市**

| 地区 | 2018 年产量（t） | 2018 年同比增长（%） | 2018 年占比（%） | 2017 年占比（%） |
|---|---|---|---|---|
| 广东 | 5 411 364.84 | −6.10 | 14.39 | 11.91 |
| 浙江 | 3 680 301.37 | −0.90 | 9.79 | 9.13 |
| 安徽 | 2 904 383.75 | 8.65 | 7.72 | 5.91 |
| 四川 | 2 850 313.45 | 8.12 | 7.58 | 6.86 |
| 湖北 | 2 834 661.38 | −1.89 | 7.54 | 6.87 |
| 江苏 | 2 633 211.02 | 2.81 | 7.00 | 7.84 |
| 福建 | 1 852 526.37 | 12.60 | 4.93 | 4.17 |
| 河南 | 1 780 015.06 | 3.50 | 4.73 | 9.15 |
| 山东 | 1 625 964.65 | −2.83 | 4.32 | 6.59 |
| 广西 | 1 600 428.14 | 38.19 | 4.26 | 4.22 |

（二）效益持续增长

2018 年，塑料制品行业 15 571 家规模以上企业完成主营业务收入 18 061.75 亿元，同比增长 5.04%；实现利润 950.40 亿元，同比增长 3.28%；主营业务利润率为 5.26%，同比减少 0.68 个百分点；工业增加值增速 3.7%，同比减少 2.4 个百分点。2018 年塑料制品行业各子行业主营业务收入、利润总额、利润率见表 9。

**表 9　2018 年塑料制品行业各子行业主营业务收入、利润总额、利润率**

| 行业类型 | 企业数（家） | 主营业务收入 | | 利润总额 | | 主营业务利润率（%） |
|---|---|---|---|---|---|---|
| | | 累计（万元） | 同比增长（%） | 累计（万元） | 同比增长（%） | |
| 塑料制品业 | 15 571 | 180 617 515.7 | 5.04 | 9 503 997.6 | 3.28 | 5.26 |
| 塑料薄膜制造 | 1 815 | 24 275 722.2 | 6.90 | 1 085 420.3 | −1.50 | 4.47 |
| 塑料板、管、型材的制造 | 2 901 | 37 283 559.8 | 5.99 | 2 299 496.8 | 5.26 | 6.17 |
| 塑料丝、绳及编织品的制造 | 1 738 | 17 574 421.0 | −0.72 | 962 977.0 | 5.01 | 5.48 |
| 泡沫塑料制造 | 843 | 7 374 261.9 | 3.64 | 351 623.6 | 4.49 | 4.77 |
| 塑料人造革、合成革制造 | 446 | 9 073 874.3 | 5.26 | 326 439.8 | 1.25 | 3.60 |
| 塑料包装箱及容器制造 | 1 601 | 15 713 532.8 | 8.09 | 894 632.9 | 2.25 | 5.69 |
| 日用塑料制品制造 | 1 734 | 16 929 592.6 | 5.94 | 843 553.6 | 9.09 | 4.98 |
| 人造草坪制造 | 132 | 1 877 914.6 | −3.31 | 108 005.5 | −4.14 | 5.75 |
| 塑料零件及其他塑料制品制造 | 4 361 | 50 514 636.5 | 4.88 | 2 631 848.1 | 2.07 | 5.21 |

1. 资产负债率处于适宜水平

塑料制品行业 15 571 家规模以上企业的资产负债率平均为 50.03%。最高的子行业是日用塑料制品制造，为 54.93%；最低的是塑料丝、绳及编织品的制造，为 43.51%。各子行业资产负债率相对 2017 年均有提高，但仍处于适宜水平。2018 年塑料制品行业规模以上企业资产负债情况见表 10。

**表10　2018年塑料制品行业规模以上企业资产负债情况**

| 行业类别 | 企业数（家） | 资产总计 | | 负债合计 | | 资产负债率（%） | |
|---|---|---|---|---|---|---|---|
| | | 累计（万元） | 同比增长（%） | 累计（万元） | 同比增长（%） | 2018年 | 2017年 |
| 塑料制品业 | 15 571 | 146 277 767.2 | 3.99 | 73 182 389.5 | 4.4 | 50.03 | 47.10 |
| 塑料薄膜制造 | 1 815 | 23 673 814.2 | 4.13 | 12 315 912.0 | 4.51 | 52.02 | 48.49 |
| 塑料板、管、型材的制造 | 2 901 | 35 157 610.2 | 4.44 | 16 491 774.0 | 7.10 | 46.91 | 44.04 |
| 塑料丝、绳及编织品的制造 | 1 738 | 10 889 179.3 | -2.5 | 4 738 279.5 | -1.72 | 43.51 | 39.90 |
| 泡沫塑料制造 | 843 | 4 910 901.0 | 5.88 | 2 400 818.0 | 2.02 | 48.89 | 43.97 |
| 塑料人造革、合成革制造 | 446 | 6 339 844.0 | 4.51 | 3 334 959.3 | 2.89 | 52.60 | 52.09 |
| 塑料包装箱及容器制造 | 1 601 | 12 252 942.6 | 0.22 | 6 115 605.8 | -3.48 | 49.91 | 48.30 |
| 日用塑料制品制造 | 1 734 | 11 586 306.9 | 2.92 | 6 364 637.8 | 1.86 | 54.93 | 52.82 |
| 人造草坪制造 | 132 | 1 145 885.9 | 4.44 | 559 449.1 | -0.39 | 48.82 | - |
| 塑料零件及其他塑料制品制造 | 4 361 | 40 321 283.1 | 6.66 | 20 860 954.0 | 7.78 | 51.74 | - |

2. 主营业务收入占轻工行业的比例近10%

2018年，塑料制品行业规模以上企业完成主营业务收入18 061.75亿元，同比增长5.04%，增长率比上年同期减少了1.7个百分点，占轻工行业主营业务收入的9.23%。

其中，主营业务收入最高的是塑料零件及其他塑料制品制造，为5 051.46亿元，占塑料制品业主营业务收入的27.97%；其次是塑料板、管、型材的制造，主营业务收入为3 728.36亿元，占塑料制品业主营业务收入的20.64%。增长率最高的是塑料包装箱及容器制造，主营业务收入1 571.35亿元，同比增长8.09%；其次是塑料薄膜制造，主营业务收入为2 427.57亿元，同比增长6.9%；同比增长率最低的是人造草坪制造，主营业务收入为187.79亿元，同比下降3.31%；其次是塑料丝、绳及编织品的制造，主营业务收入1 757.44亿元。2018年塑料制品行业主营业务收入增长及占比情况见表11。2018年塑料制品行业子行业主营业务收入占比情况见图5。2018年塑料制品行业子行业主营业务收入同比增长情况见图6。

**表11　2018年塑料制品行业主营业务收入增长及占比情况**

| 行业类别 | 主营业务收入（亿元） | 同比增长（%） | 占比（%） | 增长率比上年同期增加 |
|---|---|---|---|---|
| 塑料制品业 | 18 061.75 | 5.04 | 100.00 | -1.70个百分点 |
| 塑料零件及其他塑料制品制造 | 5 051.46 | 4.88 | 27.97 | |
| 塑料板、管、型材的制造 | 3 728.36 | 5.99 | 20.64 | 2.24个百分点 |
| 塑料薄膜制造 | 2 427.57 | 6.90 | 13.44 | -3.06个百分点 |
| 塑料丝、绳及编织品的制造 | 1 757.44 | -0.72 | 9.73 | -5.97个百分点 |
| 日用塑料制品制造 | 1 692.96 | 5.94 | 9.37 | -3.9个百分点 |
| 塑料包装箱及容器制造 | 1 571.35 | 8.09 | 8.70 | 1.25个百分点 |
| 塑料人造革、合成革制造 | 907.39 | 5.26 | 5.02 | 9.37个百分点 |
| 泡沫塑料制造 | 737.43 | 3.64 | 4.08 | -1.76个百分点 |
| 人造草坪制造 | 187.79 | -3.31 | 1.04 | |

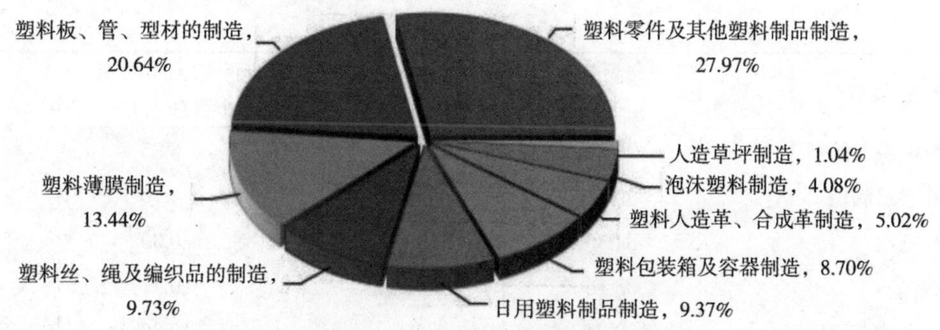


**图 5　2018 年塑料制品行业子行业主营业务收入占比情况**

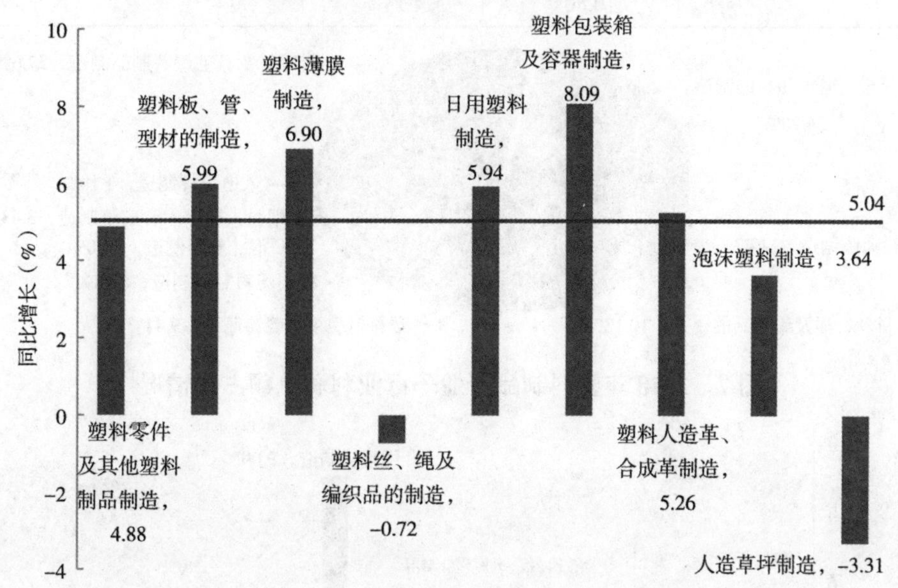


**图 6　2018 年塑料制品行业子行业主营业务收入同比增长情况**

3. 利润总额先抑后扬

2018 年，塑料制品行业规模以上企业实现利润 950.40 亿元，同比增长 3.28%，增长率比上年同期减少 1.53 个百分点，占轻工行业利润总额的 7.41%。

其中，利润总额最高的是塑料零件及其他塑料制品制造，利润总额为 263.18 亿元，占塑料制品业利润总额的 27.69%；其次是塑料板、管、型材的制造，利润总额为 229.95 亿元，占塑料制品业利润总额的 24.2%。增长率最高的是日用塑料制品制造，利润总额为 84.36 亿元，同比增长 9.09%；增长率最低的是人造草坪制造，利润总额 10.8 亿元，同比下降 4.14%；其次是塑料薄膜制造，利润总额 108.54 亿元，同比下降 1.5%。2018 年塑料制品行业利润总额增长及占比情况见表 12。2018 年塑料制品行业子行业利润总额占比情况见图 7。2018 年塑料制品行业子行业利润总额同比增长情况见图 8。

**表 12　2018 年塑料制品行业利润总额增长及占比情况**

| 行业类别 | 利润总额（亿元） | 同比增长（%） | 增长率比上年同期（个百分点） | 占比（%） |
| --- | --- | --- | --- | --- |
| 塑料制品业 | 950.40 | 3.28 | -1.53 | 100.00 |
| 塑料零件及其他塑料制品制造 | 263.18 | 2.07 | - | 27.69 |
| 塑料板、管、型材的制造 | 229.95 | 5.26 | 3.76 | 24.20 |
| 塑料薄膜制造 | 108.54 | -1.50 | -14.21 | 11.42 |

（续）

| 行业类别 | 利润总额（亿元） | 同比增长（%） | 增长率比上年同期（个百分点） | 占比（%） |
|---|---|---|---|---|
| 塑料丝、绳及编织品的制造 | 96.30 | 5.01 | 3.85 | 10.13 |
| 塑料包装箱及容器制造 | 89.46 | 2.25 | -4.76 | 9.41 |
| 日用塑料制品制造 | 84.36 | 9.09 | 0.30 | 8.88 |
| 泡沫塑料制造 | 35.16 | 4.49 | 10.41 | 3.70 |
| 塑料人造革、合成革制造 | 32.64 | 1.25 | 19.38 | 3.43 |
| 人造草坪制造 | 10.80 | -4.14 | - | 1.14 |

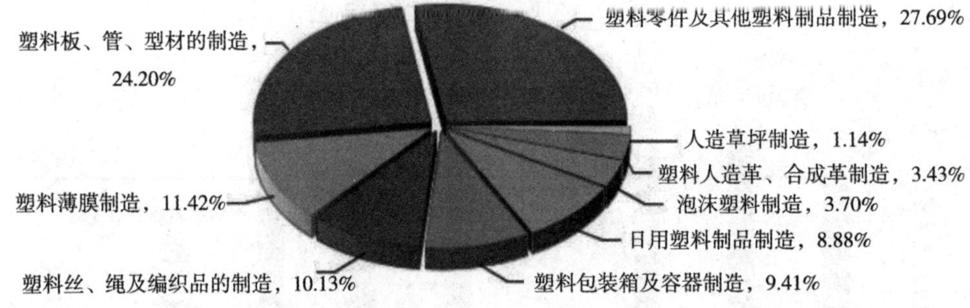


**图 7　2018 年塑料制品行业子行业利润总额占比情况**

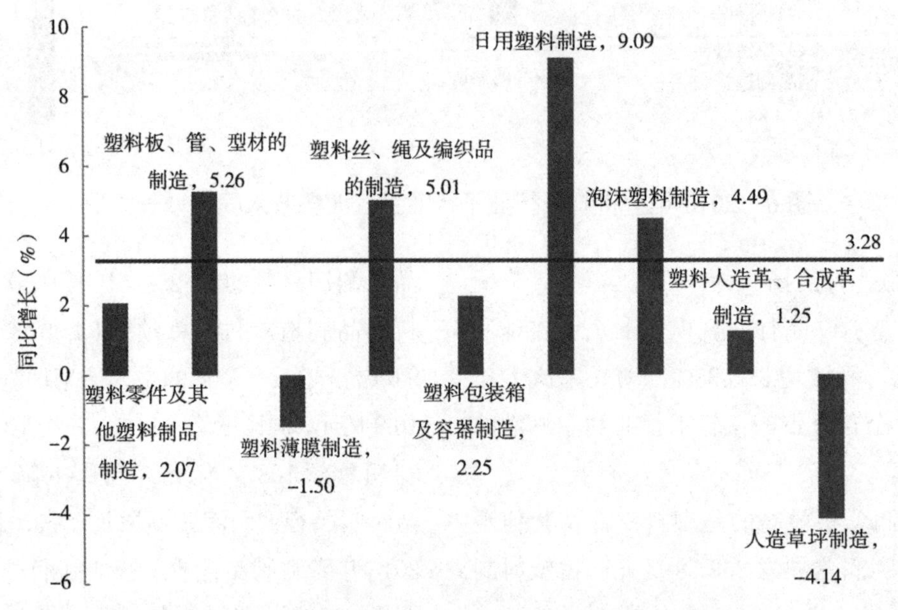


**图 8　2018 年塑料制品行业子行业利润总额同比增长情况**

受禁废令、环保整治、中美贸易摩擦等不利因素的影响，2018 年上半年塑料制品行业利润总额增长率低，截至 6 月底，同比下降 2.95%。在调结构转方式等积极措施作用下，下半年负面因素造成的不利影响开始消化，行业增长情况明显好于上半年，利润逐月回升，特别是 12 月份同比增长率为 25.67%，全年利润同比增长率升至 3.28%。

4. 主营业务利润率偏低

2018 年，塑料制品行业主营业务利润率为 5.26%，比上年同期减少 0.68 个百分点，低于全国工业 6.49% 的平均水平，也低于轻工业 6.56% 的平均水平，在轻工业各子行业中，排名仅高于自行车、助动车及非公路休闲车制造，农副食品加工业，木、竹、藤、棕、草制品业三个行业。

其中主营业务利润率最高的是塑料板、管、型材的制造，为6.17%；其次是人造草坪制造，为5.75%。最低的是塑料人造革、合成革制造，其主营业务利润率为3.6%；其次是塑料薄膜制造，主营业务利润率为4.47%。2018年塑料制品行业主营业务利润率增长及占比情况见表13。2018年塑料制品行业子行业主营业务利润率对比见图9。

**表13　2018年塑料制品行业主营业务利润率增长及占比情况**

| 行业类别 | 主营业务利润率（%） | 比上年同期增加 |
|---|---|---|
| 塑料制品业 | 5.26 | -0.68个百分点 |
| 塑料零件及其他塑料制品制造 | 5.21 | |
| 塑料板、管、型材的制造 | 6.17 | -0.24个百分点 |
| 塑料薄膜制造 | 4.47 | -0.93个百分点 |
| 塑料丝、绳及编织品的制造 | 5.48 | -0.31个百分点 |
| 塑料包装箱及容器制造 | 5.69 | -0.82个百分点 |
| 日用塑料制品制造 | 4.98 | -0.74个百分点 |
| 泡沫塑料制造 | 4.77 | -0.97个百分点 |
| 塑料人造革、合成革制造 | 3.60 | -0.90个百分点 |
| 人造草坪制造 | 5.75 | |

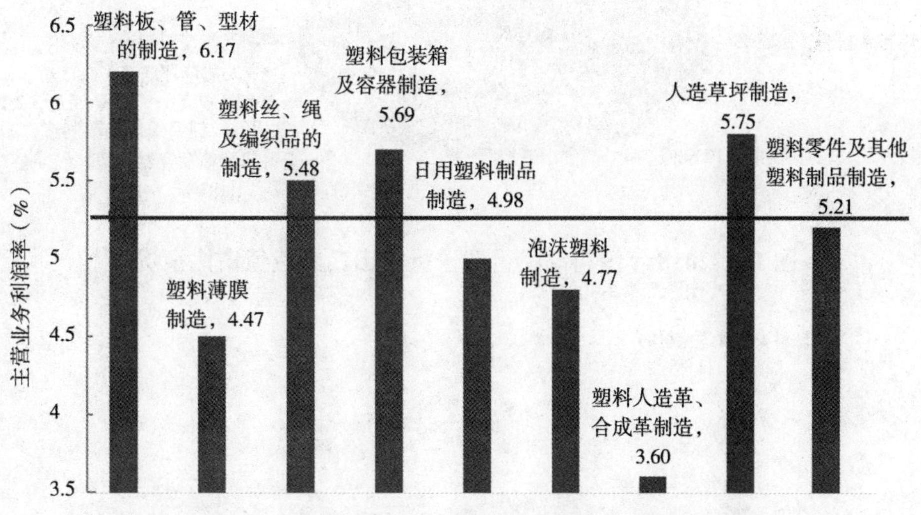


**图9　2018年塑料制品行业子行业主营业务利润率对比**

（三）出口稳中向好

根据国家统计局数据，2018年全国塑料制品行业规模以上企业累计完成出口交货值2 309.35亿元，同比增长7.21%，略高于2018年全国货物出口增长率7.1%，各子行业的同比增长率均为正数，进出口稳中向好的目标较好地实现。

其中，出口交货值最高的是塑料零件及其他塑料制品制造，出口交货值为934.01亿元，占塑料制品业出口交货值的40.44%；其次是日用塑料制品制造，出口交货值为477.83亿元，占塑料制品业出口交货值的20.69%。增长率最高的是塑料板、管、型材的制造，出口交货值292.89亿元，同比增长22.89%；其他子行业出口交货值同比增长率均低于平均值。同比增长率最低的是塑料人造革、合成革制造，出口交货值51.87亿元，同比增长0.35%。2018年塑料制品行业各子行业出口交货值见表14。2018年塑料制品行业子行业出口交货值占比情况见图10。2018年1—12月塑料制品行业出口交货值子行业同比增长情况见图11。

**表 14 2018 年塑料制品行业各子行业出口交货值**

| 行业类别 | 出口交货值（亿元） | 同比增长 (%) | 占比（%） |
|---|---|---|---|
| 塑料制品业 | 2 309.35 | 7.21 | 100.00 |
| 塑料薄膜制造 | 250.13 | 6.32 | 10.83 |
| 塑料板、管、型材的制造 | 292.89 | 22.89 | 12.68 |
| 塑料丝、绳及编织品的制造 | 88.60 | 3.19 | 3.84 |
| 泡沫塑料制造 | 33.23 | 5.29 | 1.44 |
| 塑料人造革、合成革制造 | 51.87 | 0.35 | 2.25 |
| 塑料包装箱及容器制造 | 145.20 | 5.97 | 6.28 |
| 日用塑料制品制造 | 477.83 | 5.43 | 20.69 |
| 人造草坪制造 | 35.76 | 4.09 | 1.55 |
| 塑料零件及其他塑料制品制造 | 934.01 | 5.31 | 40.44 |

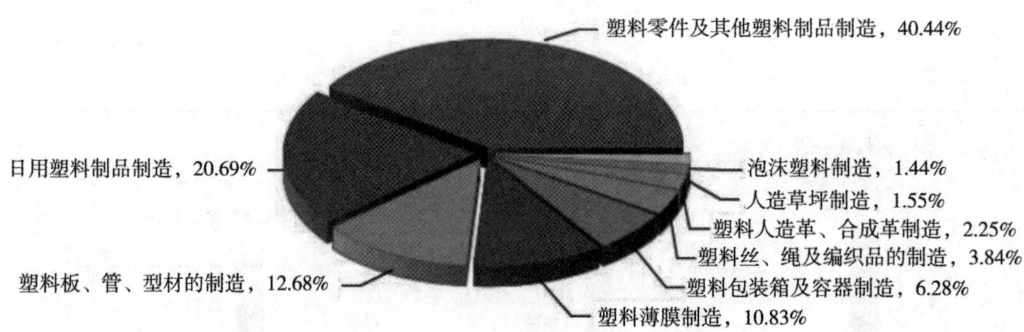


**图 10 2018 年塑料制品行业子行业出口交货值占比情况**

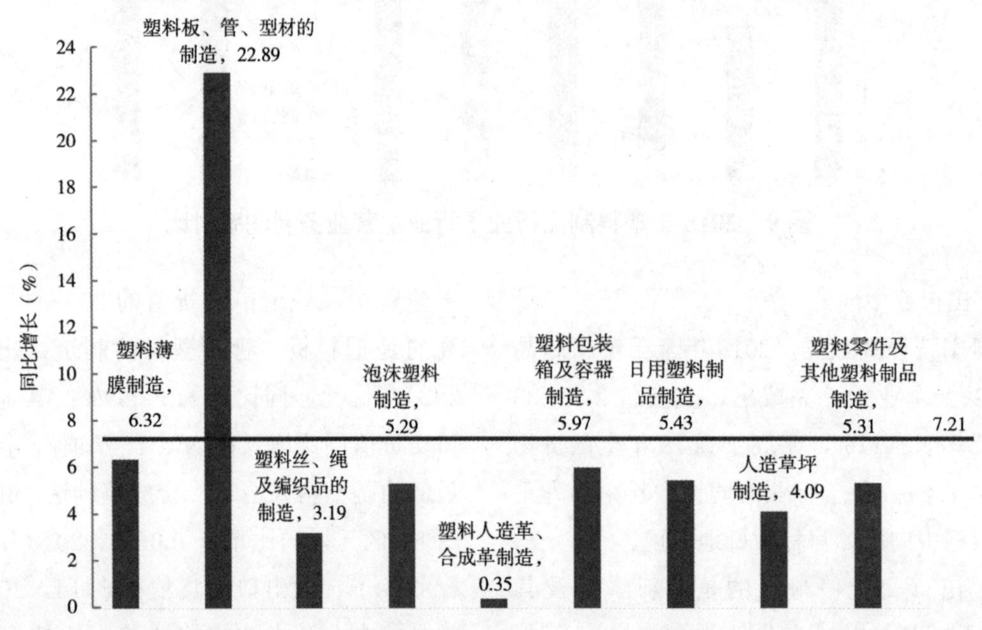


**图 11 2018 年 1—12 月塑料制品行业子行业出口交货值同比增长情况**

## 二、总体评价

1. 主要经济指标持续增长

2018 年全国塑料制品行业汇总统计企业累计完成产量 6 042.15 万 t，同比增长 1.10%；15 571 家规模以上企业完成主营业务收入 18 061.75 亿元，同比增长 5.04%；实现利润 950.40 亿元，同比增长 3.28%；主营业务利润率为 5.26%，同比减少 0.68 个百分点；工业增加值增速 3.7%。主要经济指标基本实现增长，继续保持稳中有进的基本面。

2. 出口稳中向好

2018 年，在国际贸易形势复杂多变和中美贸易摩擦的情况下，全国塑料制品行业累计完成出口交货值同比仍实现较大增长。全年累计完成出口交货值 2 309.35 亿元，同比增长 7.21%，增长率比上年同期提高 1.57 个百分点，且高于 2018 年全国货物出口 7.1% 的增长率。同时，塑料制品行业各子行业出口交货值同比均实现增长，特别是塑料板、管、型材的制造，同比增长率达 22.89%，进出口稳中向好的目标较好地实现。

3. 实施“三品”战略取得新成效

调结构、转方式在行业和企业中深入实施。企业针对不同客户需求，开发功能多、效用高的新产品，逐渐由单一品种、单一功能、低端化向多品种、多工艺、多功能、多用途、高端化方向发展，拓展新的应用领域。产业结构进一步优化，产品质量水平逐步提升。如聚酯薄膜行业，在产品同质化的情况下，企业从产品创新和品牌管理两方面下手，拓宽应用领域，立足于竞争激烈的国内外市场；异型材门窗行业低端品种逐渐被淘汰，ASA、覆膜等满足客户多样化需求的品种逐步增多，整体处于产品品种调整阶段；在传统外墙保温领域萎缩现象没有得到改善的背景下，泡沫塑料 EPS 行业的 EPP、EPO 等轻质发泡材料增长速度较快，拓宽了原有发泡类产品的适用范围。

4. 生态化发展得到各方关注并取得实质性进步

近年来，随着外卖、快递、电商等新业态的快速发展，塑料制品的应用量大面广。在方便人们生活促进经济发展的同时，后处理问题凸显。2018 年 12 月 30 号，海南省生态环境厅关于公开征求《海南省全面禁止生产、销售和使用一次性不可降解塑料制品实施方案（征求意见稿）》意见的公告，将给一次性不可降解塑料制品市场带来很大制约性的影响，倒逼废弃塑料的回收再利用产业发展，也将促进生物可降解塑料的市场应用。这些政策的实施，将引发塑料产业的新变化与生态化进程。

## 三、存在的问题

1. 效益仍需提高

经过全行业的努力，塑料制品行业规模以上企业主营业务收入和利润总额同比实现增长，但主营业务收入同比增长率、利润总额同比增长率、主营业务利润率均略低于轻工业规模以上企业和全国工业规模以上企业的平均水平。2018 年塑料制品行业、轻工业和全国工业规模以上企业效益情况比较见表 15。

**表 15　2018 年塑料制品行业、轻工业和全国工业规模以上企业效益情况比较**

| 项目名称 | 主营业务收入 | | 利润总额 | | 主营业务利润率（%） |
|---|---|---|---|---|---|
| | 数值（亿元） | 同比增长（%） | 数值（亿元） | 同比增长（%） | |
| 塑料制品业 | 18 061.75 | 5.04 | 950.40 | 3.28 | 5.26 |
| 轻工业 | 195 700.59 | 5.97 | 12 830.65 | 5.91 | 6.56 |
| 全国工业 | 102.2 万 | 8.50 | 66 351.4 | 10.3 | 6.49 |

2. 亏损企业亏损额扩大，产成品存货增长率高于产量增长率

在汇总统计的 15 571 家规模以上企业中，有 2 238 家企业亏损，同比增长 12.46%，增长率比上年同期减少 2.64 个百分点；亏损企业亏损额 107.58 亿元，同比增长 32.81%，增长率比上年同期提高 16.95 个百分点。产成品存货为 832.61 亿元，同比增长 4.71%，比 2017 年 7.96% 的增长率减少 3.25 个百分点，但比 2018 年 1.1% 的产量增长率提高 3.61 个百分点。

3. 原料价格持续上涨

2018 年 1—9 月，工业生产者出厂价格中原材料价格在 2017 年上涨 11.5% 的基础上，又同比增长 7.1%，而塑料制品的出厂价格保持不变或涨幅有限和滞后，严重挤压了利润空间。

4. 中美贸易摩擦对行业形成持续影响

2018 年 6 月 15 日，美国政府发布了对中国 500 亿美元输美商品加征 25% 关税的商品清单。美国政府于 9 月 24 日起，对原产于中国的 2 000 亿美元商品加征 10% 的进口关税。其中，塑料制品行业 36 个涉税商品 2017 年对美出口额达 90.88 亿美元，占塑料制品对美出口总额的 60.45%，对产品出口依赖美国市场的企业影响较大。

5. 产品低端化、同质化问题仍然存在

核心竞争力不强，企业技术研发能力弱，科技创新能力不足。低端产品过剩，高端原料和产品仍依赖进口。智能化、数字化生产技术仍处于示范阶段，高端装备仍需进口。

**四、发展建议**

1. 更广泛领域科技创新

当前，新一轮科技革命和产业变革正在孕育，信息技术在工业领域广泛渗透引发发展理念、技术体系、制造模式和价值链的重大变革，协同、智能、绿色、服务等正逐渐成为制造业的核心价值体现，工业互联网、大数据、3D 打印等将重构制造业技术体系，产品个性化、高端化、小批量、定制生产将是未来制造业新趋势。塑料加工业要继续推进“两化”深度融合，大力落实“中国制造 2025”，推动智能制造，引进数字化、智能化技术，实现塑料加工智能化转型，建设产业生态系统，加速塑料行业智慧发展。

2. 打造更多核心品牌

坚持把结构调整作为永恒主题，加快推动行业转向以科技创新为动力的高质量发展轨道，贯彻实施国家“三品”行动计划，通过提品质、增品种、创品牌，以消费需求为导向提高产品质量水平，做好品牌创建和产品质量提升工作，提高民族品牌的竞争力。行业要寻找新的增长方式和新的增长点，弘扬工匠精神，树立精细制造理念，推动产品品质提升，培育品牌，特别是发展自主品牌，维护品牌形象，提升品牌附加值。

3. 坚持绿色发展

环境治理政策和执行措施越来越严格，对当前行业运营产生深远影响。禁止固体废料进口，促进废塑料加工业调整，部分应用领域、产品、企业运营效益等受影响。企业要更加注重生产和应用过程的环境保护和节能减排，实现清洁生产和生态化，加强新型环保材料研发，从源头降低产品消费后的废弃率。政府要鼓励、支持塑料循环利用产业发展，以提高废弃塑料回收再加工利用率，减少塑料废弃物对环境的污染；加大生物降解塑料的研发与应用，要通过完善创新体系、调整产业结构，提高装备自主化水平，为塑料加工业节能降耗开创新的格局，推动塑料加工业的转型和升级。

4. 积极开拓新市场

塑料行业积极走出去，参与“一带一路”建设，根据“一带一路”沿线国家需求规划相关发展路线，利用两个市场、两种资源谋求共同发展，开辟更大的塑料行业海外市场。

〔供稿单位：中国塑料加工工业协会〕

# 2018 年至 2019 年上半年塑料机械进出口价格指数

## 2018 年 1—12 月单个税号塑料机械进口价格指数（以 2014 年 1 月为基期）

| 月份 | 项目 | 注塑机 | 其他注射机 | 塑料造粒机 | 其他挤出机 | 挤出吹塑机 | 注射吹塑机 | 其他吹塑机 | 塑料中空成型机 | 塑料压延成型机 | 其他真空模塑机器及其他热成型机器 | 3D打印机 | 其他模塑或成型机器 |
|---|---|---|---|---|---|---|---|---|---|---|---|---|---|
| | 平均进口单价(万美元) | 11 | 5 | 15 | 43 | 235 | 24 | 104 | 1 | 39 | 33 | 1.6 | 13 |
| 1 | 定基价格指数 | 73 | 15 | 7 | 59 | 216 | 52 | 141 | 4 | 130 | 220 | 133 | 52 |
| | 环比价格指数 | 110 | 19 | 68 | 195 | 276 | 83 | 106 | 4 | 279 | 150 | 160 | 118 |
| | 平均进口单价(万美元) | 11 | 10 | 54 | 44 | 113 | 22 | 140 | 1 | 20 | 13 | 1.1 | 3 |
| 2 | 定基价格指数 | 73 | 30 | 25 | 60 | 104 | 48 | 189 | 4 | 67 | 87 | 92 | 12 |
| | 环比价格指数 | 100 | 200 | 360 | 102 | 48 | 92 | 135 | 100 | 51 | 39 | 69 | 23 |
| | 平均进口单价(万美元) | 13 | 16 | 22 | 28 | 197 | 31 | 36 | 16 | 56 | 26 | 1 | 3 |
| 3 | 定基价格指数 | 87 | 48 | 10 | 38 | 181 | 67 | 49 | 64 | 187 | 173 | 83 | 12 |
| | 环比价格指数 | 118 | 160 | 41 | 64 | 174 | 141 | 26 | 1 600 | 280 | 200 | 91 | 100 |
| | 平均进口单价(万美元) | 11 | 16 | 65 | 29 | 104 | 31 | 142 | 61 | 24 | 32 | 1 | 7 |
| 4 | 定基价格指数 | 73 | 48 | 30 | 40 | 95 | 67 | 192 | 244 | 80 | 213 | 83 | 28 |
| | 环比价格指数 | 85 | 100 | 295 | 104 | 53 | 100 | 394 | 381 | 43 | 123 | 100 | 233 |
| | 平均进口单价(万美元) | 11 | 13 | 31 | 47 | 84 | 46 | 31 | 17 | 24 | 25 | 1.1 | 1 |
| 5 | 定基价格指数 | 73 | 39 | 14 | 64 | 77 | 100 | 42 | 68 | 80 | 167 | 92 | 4 |
| | 环比价格指数 | 100 | 81 | 48 | 162 | 81 | 148 | 22 | 28 | 100 | 78 | 110 | 14 |
| | 平均进口单价(万美元) | 11 | 27 | 86 | 31 | 89 | 39 | 68 | 0.06 | 282 | 27 | 1.3 | 13 |
| 6 | 定基价格指数 | 73 | 82 | 39 | 42 | 82 | 85 | 92 | 0.24 | 940 | 180 | 108 | 52 |
| | 环比价格指数 | 100 | 208 | 277 | 66 | 106 | 85 | 219 | 0.35 | 1 175 | 108 | 118 | 1 300 |
| | 平均进口单价(万美元) | 10 | 22 | 48 | 43 | 59 | 21 | 56 | 12 | 10 | 32 | 1.9 | 0.28 |
| 7 | 定基价格指数 | 67 | 67 | 22 | 59 | 54 | 46 | 76 | 48 | 33 | 213 | 158 | 1 |
| | 环比价格指数 | 91 | 81 | 56 | 139 | 66 | 54 | 82 | 20 000 | 4 | 119 | 146 | 2 |

（续）

| 月份 | 项目 | 注塑机 | 其他注射机 | 塑料造粒机 | 其他挤出机 | 挤出吹塑机 | 注射吹塑机 | 其他吹塑机 | 塑料中空成型机 | 塑料压延成型机 | 其他真空模塑机器及其他热成型机器 | 3D打印机 | 其他模塑或成型机器 |
|---|---|---|---|---|---|---|---|---|---|---|---|---|---|
| 8 | 平均进口单价（万美元） | 11 | 21 | 32 | 48 | 88 | 59 | 72 | 6 | 10 | 35 | 1 | 19 |
| | 定基价格指数 | 73 | 64 | 15 | 66 | 81 | 128 | 97 | 24 | 33 | 233 | 83 | 76 |
| | 环比价格指数 | 110 | 95 | 67 | 112 | 149 | 281 | 129 | 50 | 100 | 109 | 53 | 6 786 |
| 9 | 平均进口单价（万美元） | 9 | 37 | 37 | 57 | 214 | 23 | 66 | 73 | 18 | 26 | 2 | 4.1 |
| | 定基价格指数 | 60 | 112 | 17 | 78 | 196 | 50 | 89 | 292 | 60 | 173 | 167 | 16 |
| | 环比价格指数 | 82 | 176 | 116 | 119 | 243 | 39 | 92 | 1 217 | 180 | 74 | 200 | 22 |
| 10 | 平均进口单价（万美元） | 10 | 18 | 103 | 58 | 56 | 32 | 66 | 57 | 18 | 25 | 2 | 0.67 |
| | 定基价格指数 | 67 | 55 | 47 | 79 | 51 | 70 | 89 | 228 | 60 | 167 | 167 | 3 |
| | 环比价格指数 | 111 | 49 | 278 | 102 | 26 | 139 | 100 | 78 | 100 | 96 | 100 | 16 |
| 11 | 平均进口单价（万美元） | 9 | 14 | 59 | 60 | 99 | 23 | 58 | 15 | 4 | 41 | 1 | 35 |
| | 定基价格指数 | 60 | 42 | 27 | 82 | 91 | 50 | 78 | 60 | 13 | 273 | 83 | 140 |
| | 环比价格指数 | 90 | 78 | 57 | 103 | 177 | 72 | 88 | 26 | 22 | 164 | 50 | 5 224 |
| 12 | 平均进口单价（万美元） | 10 | 27 | 27 | 28 | 99 | 31 | 107 | 6 | 74 | 23 | 1 | 7 |
| | 定基价格指数 | 67 | 82 | 12 | 38 | 91 | 67 | 145 | 24 | 247 | 153 | 83 | 28 |
| | 环比价格指数 | 111 | 193 | 46 | 47 | 100 | 135 | 184 | 40 | 1850 | 56 | 100 | 20 |

# 2018 年 1—12 月单个税号塑料机械出口价格指数（以 2014 年 1 月为基期）

| 月份 | 项目 | 注塑机 | 其他注射机 | 塑料造粒机 | 其他挤出机 | 挤出吹塑机 | 注射吹塑机 | 其他吹塑机 | 塑料中空成型机 | 塑料压延成型机 | 其他真空模塑机器及其他热成型机器 | 3D打印机 | 其他模塑或成型机器 |
|---|---|---|---|---|---|---|---|---|---|---|---|---|---|
| 1 | 平均出口单价（万美元） | 2 | 4 | 1.91 | 4 | 1.95 | 4 | 2 | 3 | 8 | 3 | 0.02 | 0.33 |
| | 定基价格指数 | 50 | 200 | 64 | 133 | 65 | 133 | 200 | 60 | 2 000 | 300 | 10 | 330 |
| | 环比价格指数 | 200 | 101 | 96 | 100 | 98 | 133 | 200 | 75 | 800 | 300 | 100 | 97 |
| 2 | 平均出口单价（万美元） | 0.31 | 4 | 2 | 1 | 2 | 3 | 1 | 5 | 3 | 1 | 0.02 | 0.73 |
| | 定基价格指数 | 8 | 200 | 67 | 33 | 67 | 100 | 100 | 100 | 750 | 100 | 10 | 730 |
| | 环比价格指数 | 16 | 100 | 105 | 25 | 103 | 75 | 50 | 167 | 38 | 33 | 100 | 221 |

（续）

| 月份 | 项目 | 注塑机 | 其他注射机 | 塑料造粒机 | 其他挤出机 | 挤出吹塑机 | 注射吹塑机 | 其他吹塑机 | 塑料中空成型机 | 塑料压延成型机 | 其他真空模塑机器及其他热成型机器 | 3D打印机 | 其他模塑或成型机器 |
|---|---|---|---|---|---|---|---|---|---|---|---|---|---|
| 3 | 平均出口单价（万美元） | 4 | 4 | 2 | 2 | 0.04 | 2 | 2 | 4 | 2 | 3 | 0.02 | 0.51 |
| | 定基价格指数 | 100 | 200 | 67 | 67 | 1 | 67 | 200 | 80 | 500 | 300 | 10 | 510 |
| | 环比价格指数 | 1 290 | 100 | 100 | 200 | 2 | 67 | 200 | 80 | 67 | 300 | 100 | 70 |
| 4 | 平均出口单价（万美元） | 4 | 2 | 0.08 | 4 | 5 | 3 | 1 | 4 | 9 | 2 | 0.02 | 0.06 |
| | 定基价格指数 | 100 | 100 | 3 | 125 | 167 | 100 | 100 | 80 | 2 250 | 200 | 10 | 60 |
| | 环比价格指数 | 100 | 50 | 4 | 187 | 12 500 | 150 | 50 | 100 | 450 | 67 | 100 | 12 |
| 5 | 平均出口单价（万美元） | 4 | 3 | 2 | 4 | 3 | 3 | 1 | 1 | 1 | 0.87 | 0.02 | 0.05 |
| | 定基价格指数 | 100 | 150 | 67 | 133 | 100 | 100 | 100 | 20 | 250 | 87 | 10 | 50 |
| | 环比价格指数 | 100 | 150 | 2 500 | 107 | 60 | 100 | 100 | 25 | 11 | 44 | 100 | 83 |
| 6 | 平均出口单价（万美元） | 2 | 2 | 2 | 2 | 1 | 2 | 1 | 1 | 2 | 0.43 | 0.03 | 0.15 |
| | 定基价格指数 | 50 | 100 | 67 | 67 | 33 | 67 | 105 | 20 | 400 | 43 | 15 | 150 |
| | 环比价格指数 | 50 | 67 | 100 | 50 | 33 | 67 | 105 | 100 | 160 | 49 | 150 | 300 |
| 7 | 平均出口单价（万美元） | 3 | 2 | 2 | 3 | 4 | 2 | 1 | 1 | 2 | 1 | 0.03 | 0.09 |
| | 定基价格指数 | 75 | 100 | 67 | 100 | 133 | 67 | 100 | 20 | 500 | 100 | 15 | 90 |
| | 环比价格指数 | 150 | 100 | 100 | 150 | 400 | 100 | 95 | 100 | 125 | 233 | 100 | 60 |
| 8 | 平均出口单价（万美元） | 3 | 4 | 2 | 4 | 3 | 3 | 1 | 5 | 2 | 1 | 0.02 | 0.17 |
| | 定基价格指数 | 75 | 200 | 67 | 133 | 100 | 100 | 100 | 100 | 500 | 100 | 10 | 170 |
| | 环比价格指数 | 100 | 200 | 100 | 133 | 75 | 150 | 100 | 500 | 100 | 100 | 67 | 189 |
| 9 | 平均出口单价（万美元） | 3 | 2 | 0.26 | 3 | 3 | 5 | 1 | 5 | 1 | 1 | 0.02 | 0.07 |
| | 定基价格指数 | 75 | 100 | 9 | 100 | 100 | 167 | 100 | 100 | 250 | 100 | 10 | 70 |
| | 环比价格指数 | 100 | 50 | 13 | 75 | 100 | 167 | 100 | 100 | 50 | 100 | 100 | 41 |
| 10 | 平均出口单价（万美元） | 3 | 4 | 1 | 3 | 5 | 3 | 1 | 3 | 4 | 1 | 0.01 | 0.02 |
| | 定基价格指数 | 75 | 200 | 33 | 100 | 167 | 100 | 100 | 60 | 1 000 | 100 | 5 | 20 |
| | 环比价格指数 | 100 | 200 | 385 | 100 | 167 | 60 | 100 | 60 | 400 | 100 | 50 | 29 |
| 11 | 平均出口单价（万美元） | 3 | 1 | 1 | 4 | 5 | 4 | 2 | 4 | 1 | 1 | 0.02 | 0.14 |
| | 定基价格指数 | 75 | 50 | 33 | 133 | 167 | 133 | 200 | 80 | 250 | 100 | 10 | 140 |
| | 环比价格指数 | 100 | 25 | 100 | 133 | 100 | 133 | 200 | 133 | 25 | 100 | 200 | 700 |
| 12 | 平均出口单价（万美元） | 1 | 1 | 2 | 4 | 3 | 5 | 2 | 2 | 5 | 1 | 0.02 | 0.75 |
| | 定基价格指数 | 25 | 70 | 67 | 133 | 100 | 167 | 200 | 40 | 1 250 | 100 | 10 | 750 |
| | 环比价格指数 | 33 | 140 | 200 | 100 | 60 | 125 | 100 | 50 | 500 | 100 | 100 | 536 |

# 2018年1—12月塑料机械进出口综合价格指数
## （以2014年1月为基期）

| 月份 | 进口 | | 出口 | |
|---|---|---|---|---|
| | Paasche价格指数 | Laspeyres价格指数 | Paasche价格指数 | Laspeyres价格指数 |
| 1 | 61 | 74 | 50 | 126 |
| 2 | 51 | 63 | 12 | 85 |
| 3 | 38 | 65 | 21 | 135 |
| 4 | 64 | 68 | 19 | 129 |
| 5 | 32 | 62 | 59 | 91 |
| 6 | 49 | 79 | 45 | 65 |
| 7 | 21 | 63 | 51 | 81 |
| 8 | 65 | 73 | 60 | 95 |
| 9 | 60 | 75 | 35 | 76 |
| 10 | 32 | 70 | 34 | 86 |
| 11 | 73 | 79 | 51 | 97 |
| 12 | 51 | 61 | 36 | 126 |

# 2019年1—6月单个税号塑料机械进口价格指数
## （以2014年1月为基期）

| 月份 | 项目 | 注塑机 | 其他注射机 | 塑料造粒机 | 其他挤出机 | 挤出吹塑机 | 注射吹塑机 | 其他吹塑机 | 塑料中空成型机 | 塑料压延成型机 | 其他真空模塑机器及其他热成型机器 | 3D打印机 | 其他模塑或成型机器 |
|---|---|---|---|---|---|---|---|---|---|---|---|---|---|
| 1 | 平均进口单价(万美元) | 10 | 14 | 74 | 62 | 95 | 56 | 84 | 41 | 1 | 44 | 1 | 26 |
| | 定基价格指数 | 67 | 42 | 34 | 85 | 87 | 122 | 114 | 164 | 3 | 293 | 83 | 104 |
| | 环比价格指数 | 100 | 52 | 274 | 221 | 96 | 181 | 79 | 683 | 1 | 191 | 100 | 371 |
| 2 | 平均进口单价(万美元) | 11 | 19 | 61 | 24 | 257 | 53 | 95 | 9 | 108 | 16 | 2 | 18 |
| | 定基价格指数 | 73 | 58 | 28 | 33 | 236 | 115 | 128 | 36 | 360 | 107 | 167 | 72 |
| | 环比价格指数 | 110 | 136 | 82 | 39 | 271 | 95 | 113 | 22 | 10 800 | 36 | 200 | 69 |
| 3 | 平均进口单价(万美元) | 12 | 28 | 105 | 35 | 101 | 30 | 112 | 16 | 47 | 55 | 2 | 0.23 |
| | 定基价格指数 | 80 | 85 | 48 | 48 | 93 | 65 | 151 | 64 | 157 | 367 | 167 | 1 |
| | 环比价格指数 | 109 | 147 | 172 | 146 | 39 | 57 | 118 | 178 | 44 | 344 | 100 | 1 |

（续）

| 月份 | 项目 | 注塑机 | 其他注射机 | 塑料造粒机 | 其他挤出机 | 挤出吹塑机 | 注射吹塑机 | 其他吹塑机 | 塑料中空成型机 | 塑料压延成型机 | 其他真空模塑机器及其他热成型机器 | 3D打印机 | 其他模塑或成型机器 |
|---|---|---|---|---|---|---|---|---|---|---|---|---|---|
| 4 | 平均进口单价（万美元） | 12 | 5 | 98 | 52 | 177 | 22 | 76 | 24 | 54 | 49 | 3 | 13 |
| | 定基价格指数 | 80 | 15 | 45 | 71 | 162 | 48 | 103 | 96 | 180 | 327 | 250 | 52 |
| | 环比价格指数 | 100 | 18 | 93 | 149 | 175 | 73 | 68 | 150 | 115 | 89 | 150 | 5 652 |
| 5 | 平均进口单价（万美元） | 11 | 18 | 135 | 32 | 89 | 26 | 57 | 20 | 22 | 44 | 2 | 1 |
| | 定基价格指数 | 73 | 55 | 62 | 44 | 82 | 57 | 77 | 80 | 73 | 293 | 167 | 4 |
| | 环比价格指数 | 92 | 360 | 138 | 62 | 50 | 118 | 75 | 83 | 41 | 90 | 67 | 8 |
| 6 | 平均进口单价（万美元） | 9 | 22 | 132 | 29 | 142 | 21 | 94 | 36 | 1 | 47 | 2 | 2 |
| | 定基价格指数 | 60 | 67 | 61 | 40 | 130 | 46 | 127 | 144 | 3 | 313 | 167 | 8 |
| | 环比价格指数 | 82 | 122 | 98 | 91 | 160 | 81 | 165 | 180 | 5 | 107 | 100 | 200 |

# 2019年1—6月单个税号塑料机械出口价格指数（以2014年1月为基期）

| 月份 | 项目 | 注塑机 | 其他注射机 | 塑料造粒机 | 其他挤出机 | 挤出吹塑机 | 注射吹塑机 | 其他吹塑机 | 塑料中空成型机 | 塑料压延成型机 | 其他真空模塑机器及其他热成型机器 | 3D打印机 | 其他模塑或成型机器 |
|---|---|---|---|---|---|---|---|---|---|---|---|---|---|
| 1 | 平均出口单价（万美元） | 2 | 2 | 0.79 | 1 | 3 | 3 | 1 | 3 | 4 | 3 | 0.02 | 0.23 |
| | 定基价格指数 | 50 | 100 | 26 | 33 | 100 | 100 | 100 | 60 | 1 000 | 300 | 10 | 230 |
| | 环比价格指数 | 200 | 143 | 40 | 25 | 100 | 60 | 50 | 150 | 80 | 300 | 100 | 31 |
| 2 | 平均出口单价（万美元） | 4 | 2 | 3 | 3 | 5 | 3 | 2 | 2 | 4 | 1 | 0.02 | 0.6 |
| | 定基价格指数 | 100 | 100 | 100 | 100 | 167 | 100 | 200 | 40 | 1000 | 100 | 10 | 600 |
| | 环比价格指数 | 200 | 100 | 380 | 300 | 167 | 100 | 200 | 67 | 100 | 33 | 100 | 261 |
| 3 | 平均出口单价（万美元） | 4 | 0.46 | 2 | 5 | 3 | 2 | 1 | 6 | 1 | 2 | 0.02 | 0.57 |
| | 定基价格指数 | 100 | 23 | 67 | 167 | 100 | 67 | 100 | 120 | 250 | 200 | 10 | 570 |
| | 环比价格指数 | 100 | 23 | 67 | 167 | 60 | 67 | 50 | 300 | 25 | 200 | 100 | 95 |
| 4 | 平均出口单价（万美元） | 4 | 0.14 | 1 | 2 | 3 | 5 | 2 | 2 | 2 | 2 | 0.02 | 0.06 |
| | 定基价格指数 | 100 | 7 | 33 | 67 | 100 | 167 | 200 | 40 | 500 | 200 | 10 | 60 |
| | 环比价格指数 | 100 | 30 | 50 | 40 | 100 | 250 | 200 | 33 | 200 | 100 | 100 | 11 |
| 5 | 平均出口单价（万美元） | 2 | 2 | 2 | 2 | 3 | 3 | 1 | 4 | 1 | 2 | 0.02 | 0.15 |
| | 定基价格指数 | 50 | 100 | 67 | 67 | 100 | 100 | 100 | 80 | 250 | 200 | 10 | 150 |
| | 环比价格指数 | 50 | 1 429 | 200 | 100 | 100 | 60 | 50 | 200 | 50 | 100 | 100 | 250 |
| 6 | 平均出口单价（万美元） | 1 | 4 | 2 | 3 | 3 | 4 | 2 | 4 | 3 | 1 | 0.03 | 0.25 |
| | 定基价格指数 | 25 | 200 | 67 | 100 | 100 | 133 | 200 | 80 | 750 | 100 | 15 | 250 |
| | 环比价格指数 | 50 | 200 | 100 | 150 | 100 | 133 | 200 | 100 | 300 | 50 | 150 | 167 |

# 2019 年 1—6 月塑料机械进出口综合价格指数
## （以 2014 年 1 月为基期）

| 月份 | 进口 | | 出口 | |
|---|---|---|---|---|
| | Paasche 价格指数 | Laspeyres 价格指数 | Paasche 价格指数 | Laspeyres 价格指数 |
| 1 | 75 | 84 | 43 | 96 |
| 2 | 60 | 72 | 55 | 146 |
| 3 | 32 | 81 | 55 | 131 |
| 4 | 74 | 88 | 41 | 91 |
| 5 | 34 | 72 | 44 | 73 |
| 6 | 55 | 71 | 40 | 87 |

# 中国塑料机械工业大事记
## （2018 年）

### 1 月

**8 日** 香港塑料机械协会二十五周年晚宴暨第十三届理事会就职典礼在香港举行，中国塑料机械工业协会常务副会长粟东平受邀出席。

**12 日** 中国塑料机械工业协会副会长单位山东通佳机械有限公司研制生产的 2018 款新型高速全自动塑料双向拉伸土工格栅生产线一次性顺利通过验收试机，产品生产线速度可达 16m/min。

**26 日** 工业和信息化部印发《首台（套）重大技术装备推广应用指导目录（2017 年版）》，塑料机械行业 25 个项目列入本版目录。

### 2 月

**26—27 日** 中国塑料机械工业协会常务副会长粟东平、秘书长王静一行走访上海锦珂塑胶科技有限公司、积康螺杆制造（上海）股份有限公司和上海光塑机械制造有限公司，并受邀出席 2018 亚洲 3D 打印、增材制造展览会。

### 4 月

**24—27 日** 第三十二届中国国际塑料橡胶工业展览会在上海虹桥国家会展中心举行。展会面积达 34 万 $m^2$，有 3 964 家参展商，观众数量突破 18 万人。

**26 日** 中国塑料机械工业协会六届四次理事（扩大）会在上海召开。会议号召塑料机械行业全体同仁全面认识行业所面临的国际国内形势，客观分析发展过程中所呈现的新机遇与新挑战，深入推进行业转型升级，加大力度培育战略新型装备，充分发掘中小企业与产业集群特色，注重国内国外两大市场均衡发展。

★ 第四届中印塑料工业产需对接会在上海召开。在中国塑料机械工业协会与全印塑料制造工业协会、西麦克国际展览有限责任公司的共同组织下，该届对接会的匹配度进一步提高。

## 5月

**6—17日**　中国塑料机械工业协会代表团前往美国国际塑料工业展览会（NPE）参观交流，并访问埃克森美孚、NASA、波音、惠普等世界著名企业。

**30日**　机械工业重点行业推进智能制造研讨会在南京召开。会议强调应进一步发挥专业协会作用，推进机械工业向智能制造的转型升级。

## 7月

**31日**　中国塑料机械工业协会常务副会长粟东平、秘书长王静一行在大连拜会协会第一届理事会会长王义丰先生。王会长对于25年来协会发挥的作用给予了高度认可，认为协会工作在引领行业发展、对企业的导向等各方面非常具有实效。希望企业同行把握大好机遇、再接再厉，发挥出整个行业优势和企业优势，把中国塑料机械工业做得有声有色，再攀新的高峰。

## 8月

**1日**　中国塑料机械工业协会常务副会长粟东平和秘书长王静一行到访协会副会长单位大连橡胶塑料机械有限公司和大连三垒科技有限公司，并与大连华大塑胶有限公司、大连诚信橡塑机械有限公司、大连塑料机械厂和宁波市塑料机械行业协会进行了座谈交流，介绍行业最新发展情况，了解企业发展近况与诉求。

**2日**　中国塑料机械工业协会常务副会长粟东平和秘书长王静在北京拜访德国机械设备制造业联合会（VDMA）北京代表处首席代表Claudia Barkowsky和副总经理温斌。双方表示将继续加强沟通交流，为中德会员搭建桥梁纽带，力促合作共赢。

**8日**　中国塑料机械工业协会常务副会长粟东平和秘书长王静在宁波拜会协会第三届、第四届理事会会长张静章。张会长号召业界同仁再接再厉，加强基础研究，加大技术投入，增强创新意识，发扬工匠精神，共同应对贸易摩擦，积极拓展国内外市场。

## 9月

**3—8日**　人工智能促产业转型升级高级研修班在长沙举办，中国塑料机械工业协会组织会员参加。

**12日**　由中国塑料机械工业协会和北京化工大学联合发起的“中国塑机创新人才培养基地”揭幕仪式在北京化工大学隆重举行。在基地一期建设中，共有19家塑料机械行业代表企业参与并捐赠了价值逾850万元的高端装备。中国塑料机械工业协会副会长单位泰瑞机械股份有限公司捐资1 000万元用于中国塑料机械教育事业的发展。

**12—26日**　中国塑料机械工业协会召开六届五次理事（通讯）会，审议通过会费标准由五级调整为四级。

**19—21日**　由中国塑料机械工业协会和重庆国际博览中心有限公司共同主办的第四届中国（重庆）国际塑料工业展览会在重庆国际博览中心举办。展会展出面积2.3万$m^2$，现场观众达到23 846人，同比增长33%。

**19日**　《中国塑料机械工业年鉴2018》首发式在重庆举行。

**20日**　第三届中国塑料机械行业专家委员会（简称“专委会”）年会在重庆举行，会议审核通过了第三届专委会成员名单。中国工程院院士、华南理工大学聚合物新型成型装备国家工程研究中心主任、教授、博导瞿金平连任专委会主任委员；北京化工大学教授、博导、塑料机械及塑料工程研究所所长吴大鸣连任常务副主任委员；教育部“长江学者”特聘教授、北京化工大学机电工程学院院长、博导杨卫民，华南理工大学机械与汽车工程学院教授、博导何和智，海天塑机集团有限公司技术总监傅南红任副主任委员；北京化工大学机电工程学院教授、博导何亚东任副主任委员兼秘书长；清华大学教授于建，中北大学塑料研究所所长、教授贾润礼，国家塑料机械产品质量监督检验中心常务副主任、教授级高工郭一萍等 69 人任第三届专委会委员。

**20—21 日** 第六届中国国际塑料机械产业论坛在重庆召开，近 300 名协会会员单位代表、行业专家以及上下游协会代表、国内外嘉宾出席。

## 10 月

**17—18 日** 中国塑料机械工业协会团体标准工作委员会在江西婺源召开首届年会暨全电动、多组分塑料注射成型机两项标准起草工作会。

## 11 月

**7—11 日** 中国塑料机械工业协会常务副会长粟东平和秘书长王静参加在南非开普敦举办的 2018 CIPAD 国际塑料行业组织负责人年会，与美国塑料工业协会、英国塑料联合会、意大利塑料橡胶机械和模具制造者协会、埃及塑料行业协会、加拿大塑料行业协会和南非塑料行业协会等国际组织的代表就协会工作和行业发展进行了交流。与会代表对近年来中国塑料机械企业的发展予以了高度认可。

**19 日** 中国机械工业联合会、中国机械工程学会联合印发《关于表彰 2018 年度中国机械工业科学技术奖奖励项目的通知》。中国塑料机械工业协会监事长单位博创智能装备股份有限公司的“高精密高性能塑料注射成形技术及装备”获技术发明奖一等奖；副会长单位大连橡胶塑料机械有限公司的“TJT-（F）1320/JJT-（F）1275 碳纤维涂浸胶机组”获科技进步奖二等奖；副会长单位浙江申达机器制造股份有限公司的“塑料微结构零件注射成型系统及配套设备的研发”、震德塑料机械有限公司的“智能数控伺服省电注塑机产业化升级换代”和广东金明精机股份有限公司的“数字化控制九层共挤薄膜吹塑机组”分获科技进步奖三等奖。

## 12 月

**20 日** 国家知识产权局发布第 20 届中国专利奖获奖名单。中国塑料机械工业协会副会长单位震德塑料机械有限公司的“基于伺服电机控制的多泵组合控制液压动力系统”和理事单位桂林电器科学研究院有限公司的“塑料膜拉伸生产线的厚膜链铗”分获优秀奖。

★ 中国机械工业联合会发布“改革开放 40 周年—机械工业杰出产品名单”。中国塑料机械行业共有 13 家企业的 14 项产品获此殊荣，占总入选 194 项产品的 7.22%。

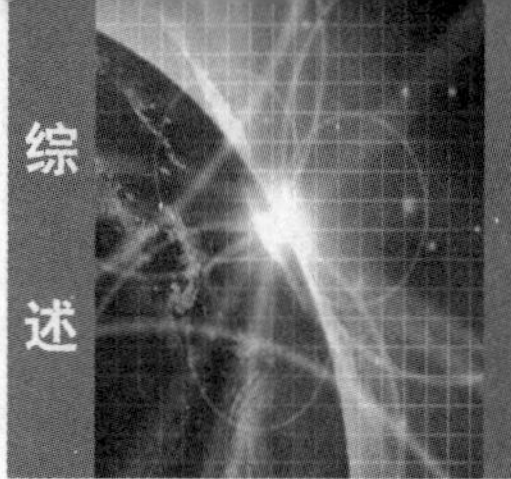

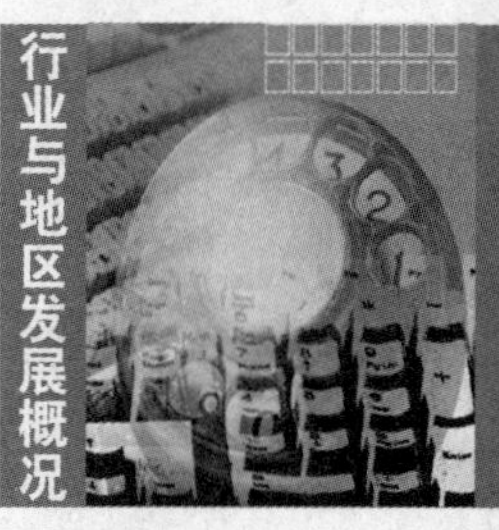

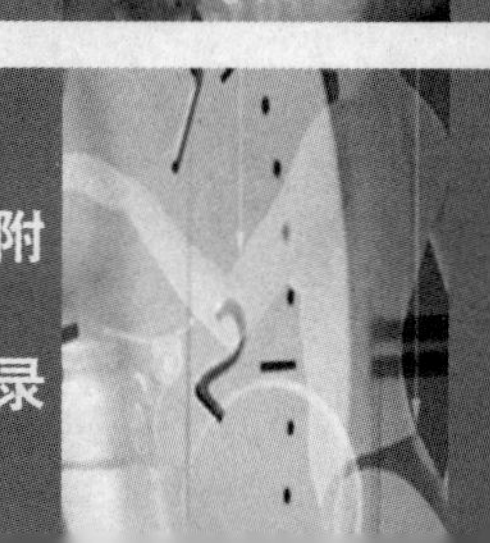

# 专文

展现改革开放40年中我国塑料机械在产品、质量及技术方面的发展情况，记录行业在人才培养及社会公益方面开展的工作

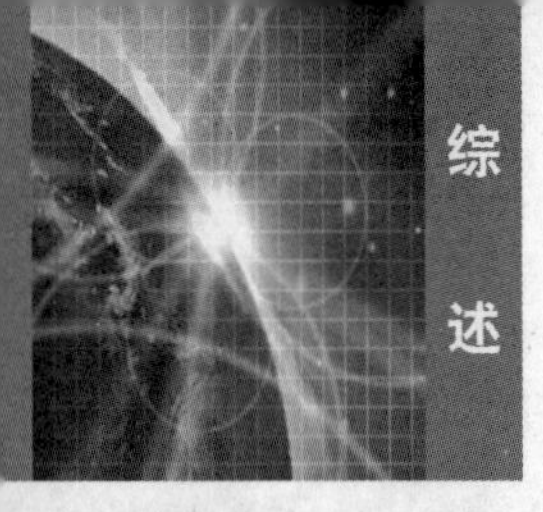

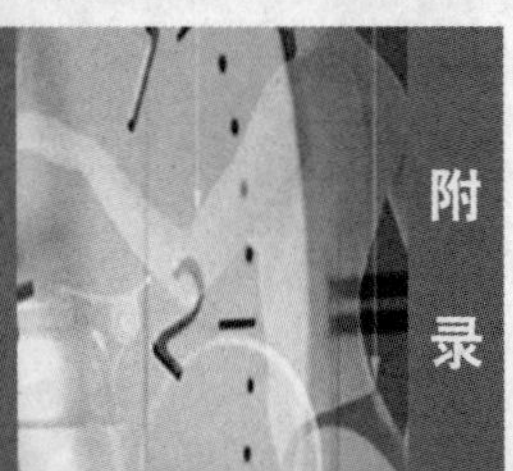




# 专文

**改革开放40周年**

改革开放40周年——机械工业杰出产品（塑料机械）

广东省塑料机械产品质量状况分析（2015—2018年）

中国塑料加工业30年发展报告

多组分注射成型技术在我国的发展与应用之路——富强鑫多组分成型技术35周年

**中国塑机创新人才培养基地**

**社会公益——塑机之光燃亮藏村校园**

# 改革开放40周年

## 改革开放40周年——机械工业杰出产品

（塑料机械）

2018年12月20日，中国机械工业联合会在庆祝机械工业改革开放40周年座谈会上，发布了“改革开放40周年——机械工业杰出产品”选树名单，共有194项产品入选。中国塑料机械行业13家企业的14项产品入选，占总入选194项产品的7.22%。

| 序号 | 企业名称 | 产品名称 |
|---|---|---|
| 1 | 海天塑机集团有限公司 | MA系列伺服节能塑料注射成型装备 |
| 2 | 博创智能装备股份有限公司 | 大型塑料箱体高速智能无人化生产线 |
| 3 | 大连橡胶塑料机械有限公司 | 20万t/a聚丙烯大型同向双螺杆挤压造粒机组 |
| 4 | 大连橡胶塑料机械有限公司 | XY-4S1730C/XY-F4S1730C橡胶四辊压延生产线 |
| 5 | 富强鑫（宁波）机器制造有限公司 | FB-600LV型直角式三色注塑机 |
| 6 | 广东金明精机股份有限公司 | 风电、航空专用宽幅多层膜吹塑成套装备 |
| 7 | 浙江申达机器制造股份有限公司 | 大容量挤出注射成型千吨级注塑装备 |
| 8 | 东莞信易电热机械有限公司 | 欧化除湿干燥送料组合SCD |
| 9 | 艾克森（江苏）节能电热科技有限公司 | 纳米远红外电热圈 |
| 10 | 苏州锦珂塑胶科技有限公司 | “锦珂”牌石英超导双效节能加热器 |
| 11 | 佛山市顺德区震德塑料机械有限公司 | SVP/3系列伺服驱动注塑机 |
| 12 | 泰瑞机器股份有限公司 | Dream-J梦想系列大注射量挤注式塑料注射成型机 |
| 13 | 苏州同大机械有限公司 | 高效节能中空成型自动化成套装备 |
| 14 | 震雄机械（深圳）有限公司 | 超大型双射台SM6500-TP注射成型机 |

## 广东省塑料机械产品质量状况分析（2015—2018年）

### 一、产品基本情况

（一）产品概述

塑料机械是塑料加工工业中所用的各类机械和装置的总称。某些流体和固体输送、分离、破碎、磨碎以及干燥等通用性机械和设备在塑料加工工业中也占有重要地位，所以常列为塑料机械。现代塑料机械的设计和制造，除有赖于机械工程和材料科学的发展外，特别与塑料工程理论研究的进展密切相关。

按塑料制品生产过程，塑料机械可分为塑料配混机械、塑料成型机械、塑料二次加工机械和塑料加工辅助机械或装置等四大类。塑料配混机械用于各种形式的塑料配混料的制造，包括捏合机、炼塑机（开炼机和密炼机）、切粒机、筛选机、破碎机和研磨机等。塑料成型机械又称塑料一次加工机械，用于塑料半制品或制品的成型，包括压塑机、注塑机、挤塑机、吹塑机、压延机、滚塑机、发泡机等。塑料二次加工机械用于塑料半制品或制品的再加工和后处理，包括热成型机、焊接机、热合机、烫印机、真空蒸镀机、植绒机、印刷机等。塑料加工辅助机械或装置用以实现塑料加工过程的合理化，包括自动计量供料装置、边角料自动回收装置、注塑制品自动取出装置、注塑模具快速更换装置、注塑模具冷却机、自动测厚装置以及原材料输送和贮存设备等，这类辅助机械或装置已成为现代化塑料加工过程自动化不可缺少的部分。

塑料机械的完善程度直接影响塑料半制品或制品的质量、产量和成本，因而必须能适应塑料配混和加工过程的温度和应力的变化，以及由此而引起的熔融物料性能变化，并适应化学腐蚀和机械磨损等特殊条件。塑料品级的专用化，工程塑料的发展，复合材料的出现，塑料产品结构大型化、轻量化和薄壁化等技术的发展要求塑料机械满足以下需求：针对制品生产目的而成套化；高速、省力、自动化，以提高制品生产效率；保证产品规格和质量误差最小的精密程度；能耗低，占地少，操作维护简便而安全。

（二）产品标准及核心指标情况

1. 产品标准情况

广东省塑料机械产品抽查中，所抽产品以塑料注射成型机、塑料挤出机以及塑料挤出吹塑中空成型机为主，均有相应的标准要求。其他类型的塑料机械及塑料辅机则统一采用现行强制性国家标准 GB 5226.1—2008。在近几年的各项监督抽查中，塑料机械涉及的国家及行业标准主要包括：

（1）现行强制性国家标准 GB 22530—2008《橡胶塑料注射成型机安全要求》，2008 年 11 月 20 日发布，2009 年 11 月 1 日实施。

（2）现行强制性国家标准 GB 5226.1—2008《机械电气安全　机械电气设备　第 1 部分：通用技术条件》，2008 年 12 月 30 日发布，2010 年 2 月 1 日实施。

（3）现行推荐性国家标准 GB/T 25156—2010《橡胶塑料注射成型机通用技术条件》，2010 年 9 月 26 日发布，2011 年 3 月 1 日实施。

（4）现行强制性国家标准 GB 25431.1—2010《橡胶塑料挤出机和挤出生产线　第 1 部分：挤出机的安全要求》，2010 年 11 月 10 日发布，2012 年 1 月 1 日实施。

（5）现行推荐性行业标准 JB/T 8539—2013《塑料挤出吹塑中空成型机》，2013 年 12 月 31 日发布，2014 年 7 月 1 日实施。

2. 产品核心指标情况

塑料机械产品监督抽查所依据的相关国家安全标准中涉及人身安全的主要检验项目有电气安全、机械安全、热安全、噪声等，这些项目也是监督抽查中发现的主要不合格项。

（1）电气安全。电气安全主要包括直接接触的防护、间接接触的防护、过电流保护、电动机的过热保护、失压保护及保护连接电路的连续性等。GB 5226.1—2008 涉及电气危险项目，GB 22530—2008、GB 25431.1—2010 和 JB/T 8539—2013 中的电气危险相关项目都是依据 GB 5226.1—2008 而设定的。电气安全不符合标准要求，主要体现在：①电箱没有带锁或没有设置开门断电装置；②没有设置过电流保护装置；③没有设置过热保护装置；④保护连接电路不符合要求，表现在电机、变压器未连接到保护联结电路上，用紧固螺钉作接地联结点使用，黄 / 绿组合线做他用等。造成电气安全不合格的原因是企业不重视电击防护安全和不了解电气安全标准。电气安全不符合标准要求，容易导致人员触电，或者机械在过电流过载情况下不能及时停机而造成损坏等。

(2)机械安全。塑料机械的工作危险区以及在工作、维修期间可能会对人体产生伤害的运动部件存在机械危险，在不满足安全距离的情况下，应加以适当的机械安全防护。机械安全不符合标准要求，主要体现在：①塑料机械的工作危险区(如塑料注射成型机的模具区域、喷嘴区域，塑料挤出机的喂料区域、驱动和传动区域，塑料挤出吹塑中空成型机的模具区域等)没有设置防护门或防护装置；②塑料机械的防护门或防护装置安全等级未达到标准要求，如塑料注射成型机操作侧没有采用GB 22530—2008中要求的Ⅲ型保护装置。机械安全不符合标准要求，会使塑料机械存在人与危险运动部件接触的风险，从而造成人身伤亡事故。

(3)热安全。塑料机械如果存在高温工作的区域(如塑料注射成型机的塑化区域、喷嘴区域、模具区域，塑料挤出机的塑化区域、剪切区域，塑料挤出吹塑中空成型机的塑化区域、模具区域等)，则应对这些区域加以防护，并在高温处粘贴警告标志。热安全不符合标准要求，主要体现在：高温区域没有加以防护或者防护不足(如塑料注射成型机的喷嘴或机筒没有加以防护)，导致表面温度超过人体可接触温度的限值。热安全不符合要求，使塑料机械存在人体与高温物料或高温部件接触造成灼伤或烫伤的风险。

(4)噪声。塑料机械应保证工作时无异常响声，噪声声压级应低于标准要求的数值。塑料机械运转噪声不符合标准要求，会对人体健康造成损害。

## 二、产品质量监督抽查情况分析

### (一)基本情况

2015—2018年，广东省内涉及塑料机械产品的监督抽查包括：2017年、2018年广东省通用机械设备及其零部件产品质量专项监督抽查(以下称省抽)，2015年、2016年、2017年、2018年东莞市通用机械产品质量定期监督抽查(以下称东莞市抽)，2016年、2017年、2018年佛山市机械产品质量监督抽查(以下称佛山市抽)，2015年、2016年、2017年、2018年顺德区机械产品质量监督抽查(以下称顺德区抽)，2016年南海区机械产品质量监督抽查(以下称南海区抽)，2016年大良街道机械产品质量专项监督抽查(以下称大良抽查)。2015—2018年广东省塑料机械产品抽查结果见表1。抽查结果显示：2015年至2018年，塑料机械产品监督抽查不合格产品发现率分别为10.6%、12.1%、16.1%和1.5%。2018年与前三年不合格产品发现率差异较大，是因为前三年抽查的塑料机械产品有相当一部分是初次接受监督抽查，对产品的标准要求不甚了解，经过政府和质量部门的监管和培训，不合格企业加强了质量意识，提升了产品质量水平，从而使2018年各级政府监督抽查的不合格发现率大幅下降。2015—2018年广东省塑料机械产品不合格产品发现率见图1。

**表1 2015—2018年广东省塑料机械产品抽查结果**

| 抽查年度 | 类别 | 检验产品数(批次) | | 不合格产品数(批次) | | 不合格产品发现率(%) | |
|---|---|---|---|---|---|---|---|
| 2015年 | 东莞市抽 | 14 | 47 | 4 | 5 | 28.6 | 10.6 |
| | 顺德区抽 | 33 | | 1 | | 3.0 | |
| 2016年 | 东莞市抽 | 30 | 66 | 7 | 8 | 23.3 | 12.1 |
| | 佛山市抽 | 4 | | 1 | | 25.0 | |
| | 顺德区抽 | 21 | | 0 | | 0 | |
| | 南海区抽 | 2 | | 0 | | 0 | |
| | 大良抽查 | 9 | | 0 | | 0 | |

（续）

<table>
<tr><th>抽查年度</th><th>类别</th><th colspan="2">检验产品数（批次）</th><th colspan="2">不合格产品数（批次）</th><th colspan="2">不合格产品发现率（%）</th></tr>
<tr><td rowspan="4">2017 年</td><td>省抽</td><td>20</td><td rowspan="4">56</td><td>1</td><td rowspan="4">9</td><td>5.0</td><td rowspan="4">16.1</td></tr>
<tr><td>东莞市抽</td><td>19</td><td>7</td><td>36.8</td></tr>
<tr><td>佛山市抽</td><td>6</td><td>0</td><td>0</td></tr>
<tr><td>顺德区抽</td><td>11</td><td>1</td><td>9.1</td></tr>
<tr><td rowspan="4">2018 年</td><td>省抽</td><td>22</td><td rowspan="4">67</td><td>1</td><td rowspan="4">1</td><td>4.5</td><td rowspan="4">1.5</td></tr>
<tr><td>东莞市抽</td><td>20</td><td>0</td><td>0</td></tr>
<tr><td>佛山市抽</td><td>7</td><td>0</td><td>0</td></tr>
<tr><td>顺德区抽</td><td>18</td><td>0</td><td>0</td></tr>
</table>

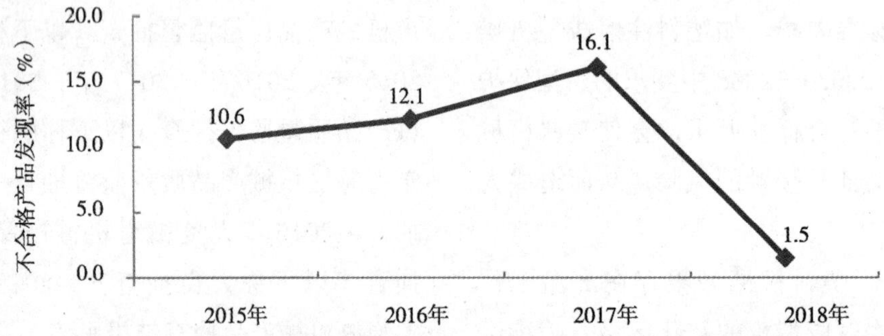


**图 1　2015—2018 年广东省塑料机械产品不合格产品发现率**

（二）抽查结果分析

1. 按广东省抽查地区分析

2015—2018 年广东省塑料机械产品抽查地区结果对比见表 2。2015—2018 年广东省塑料机械产品抽查主要抽查区域抽查结果趋势图见图 2。

**表 2　2015—2018 年广东省塑料机械产品抽查地区结果对比**

<table>
<tr><th rowspan="2">序号</th><th rowspan="2">地区</th><th rowspan="2">检验类别</th><th colspan="6">2015 年</th><th colspan="6">2016 年</th><th colspan="6">2017 年</th><th colspan="6">2018 年</th></tr>
<tr><th colspan="2">检验产品数（批次）</th><th colspan="2">不合格产品数（批次）</th><th colspan="2">不合格产品发现率（%）</th><th colspan="2">检验产品数（批次）</th><th colspan="2">不合格产品数（批次）</th><th colspan="2">不合格产品发现率（%）</th><th colspan="2">检验产品数（批次）</th><th colspan="2">不合格产品数（批次）</th><th colspan="2">不合格产品发现率（%）</th><th colspan="2">检验产品数（批次）</th><th colspan="2">不合格产品数（批次）</th><th colspan="2">不合格产品发现率（%）</th></tr>
<tr><td>1</td><td>广州市</td><td>省抽</td><td colspan="2">—</td><td colspan="2">—</td><td colspan="2">—</td><td colspan="2">—</td><td colspan="2">—</td><td colspan="2">—</td><td colspan="2">5</td><td colspan="2">0</td><td colspan="2">0</td><td colspan="2">7</td><td colspan="2">0</td><td colspan="2">0</td></tr>
<tr><td rowspan="2">2</td><td rowspan="2">东莞市</td><td>省抽</td><td>—</td><td rowspan="2">14</td><td>—</td><td rowspan="2">4</td><td>—</td><td rowspan="2">28.6</td><td>—</td><td rowspan="2">30</td><td>—</td><td rowspan="2">7</td><td>—</td><td rowspan="2">23.3</td><td>7</td><td rowspan="2">26</td><td>1</td><td rowspan="2">8</td><td>14.3</td><td rowspan="2">30.8</td><td>1</td><td rowspan="2">21</td><td>0</td><td rowspan="2">0</td><td>0</td><td rowspan="2">0</td></tr>
<tr><td>东莞市抽</td><td>14</td><td>4</td><td>—</td><td>30</td><td>7</td><td>23.3</td><td>19</td><td>7</td><td>36.8</td><td>20</td><td>0</td><td>0</td></tr>
<tr><td rowspan="5">3</td><td rowspan="5">佛山市</td><td>省抽</td><td>—</td><td rowspan="5">33</td><td>—</td><td rowspan="5">1</td><td>—</td><td rowspan="5">3.0</td><td>—</td><td rowspan="5">36</td><td>—</td><td rowspan="5">1</td><td>—</td><td rowspan="5">2.8</td><td>2</td><td rowspan="5">19</td><td>0</td><td rowspan="5">1</td><td>0</td><td rowspan="5">5.3</td><td>4</td><td rowspan="5">29</td><td>0</td><td rowspan="5">0</td><td>0</td><td rowspan="5">0</td></tr>
<tr><td>佛山市抽</td><td>—</td><td>—</td><td>—</td><td>4</td><td>1</td><td>25.0</td><td>6</td><td>0</td><td>0</td><td>7</td><td>0</td><td>0</td></tr>
<tr><td>南海区抽</td><td>—</td><td>—</td><td>—</td><td>2</td><td>0</td><td>0</td><td>—</td><td>—</td><td>—</td><td>—</td><td>—</td><td>—</td></tr>
<tr><td>顺德区抽</td><td>33</td><td>1</td><td>3.0</td><td>21</td><td>0</td><td>0</td><td>11</td><td>1</td><td>9.1</td><td>18</td><td>0</td><td>0</td></tr>
<tr><td>大良抽查</td><td>—</td><td>—</td><td>—</td><td>9</td><td>0</td><td>0</td><td>—</td><td>—</td><td>—</td><td>—</td><td>—</td><td>—</td></tr>
<tr><td>4</td><td>深圳市</td><td>省抽</td><td colspan="2">—</td><td colspan="2">—</td><td colspan="2">—</td><td colspan="2">—</td><td colspan="2">—</td><td colspan="2">—</td><td colspan="2">—</td><td colspan="2">—</td><td colspan="2">—</td><td colspan="2">2</td><td colspan="2">0</td><td colspan="2">0</td></tr>
<tr><td>5</td><td>中山市</td><td>省抽</td><td colspan="2">—</td><td colspan="2">—</td><td colspan="2">—</td><td colspan="2">—</td><td colspan="2">—</td><td colspan="2">—</td><td colspan="2">5</td><td colspan="2">0</td><td colspan="2">0</td><td colspan="2">5</td><td colspan="2">1</td><td colspan="2">20.0</td></tr>
<tr><td>6</td><td>江门市</td><td>省抽</td><td colspan="2">—</td><td colspan="2">—</td><td colspan="2">—</td><td colspan="2">—</td><td colspan="2">—</td><td colspan="2">—</td><td colspan="2">1</td><td colspan="2">0</td><td colspan="2">0</td><td colspan="2">3</td><td colspan="2">0</td><td colspan="2">0</td></tr>
<tr><td colspan="3">全省</td><td colspan="2">47</td><td colspan="2">5</td><td colspan="2">10.6</td><td colspan="2">66</td><td colspan="2">8</td><td colspan="2">12.1</td><td colspan="2">56</td><td colspan="2">9</td><td colspan="2">16.1</td><td colspan="2">67</td><td colspan="2">1</td><td colspan="2">1.5</td></tr>
</table>

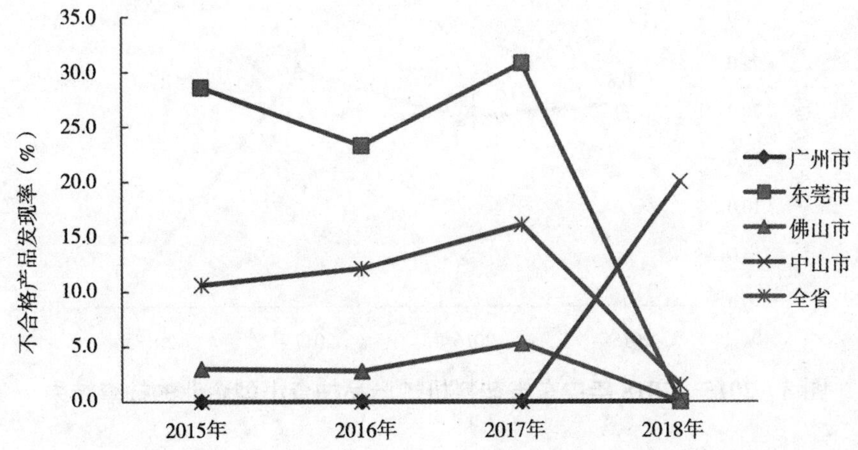


**图 2　2015—2018 年广东省塑料机械产品抽查主要抽查区域抽查结果趋势图**

从表 2 统计数据来看，东莞市、佛山市、广州市、中山市等地区抽查批次较多，符合塑料机械在广东省珠三角地区的大致分布，这四个地区也基本代表了广东省塑料机械产品质量的整体水平。图 2 反映了上述四地区 2015—2018 年的监督抽查趋势。对于未在该地区抽查，或者抽查没有发现不合格产品的，不合格产品发现率均以 0 代替。四年间，广州市、佛山市的不合格产品发现率要低于全省平均水平且比较稳定，质量相对较好；中山市不合格产品发现率在 2018 年突然上升，这是由于抽查基数不多，且在 2018 年发现一个不合格产品导致的；东莞市不合格产品发现率在前 3 年要高于全省平均水平，但逐年下降，且在 2018 年没有发现不合格。整体来讲，全省不合格产品发现率呈先升后降趋势，在 2018 年达到较低水平。

2．按抽查企业规模分析

2015—2018 年广东省塑料机械产品不同规模企业的抽查结果见表 3。表中发现，大、中型企业在这四年没有不合格产品，质量状况良好且十分稳定，出现不合格产品的都是小型企业。其原因是：大、中型企业对于自身产品质量把控较严，对产品标准理解透彻，且质量体系比较稳定，不会由于人事变动导致质量水平的波动。小型企业规模小，质量体系不健全，对产品质量重视程度不高，人员流动频繁，导致产品容易出现不合格的情况。2015—2018 年广东省塑料机械产品抽查小型企业的抽查结果见图 3。

**表 3　2015—2018 年广东省塑料机械产品不同规模企业的抽查结果**

| 抽查年度 | 企业规模 | 抽查企业数（家） | 不合格企业数（家） | 不合格企业发现率（%） |
| --- | --- | --- | --- | --- |
| 2015 年 | 大型 | 12 | 0 | 0 |
| | 中型 | 11 | 0 | 0 |
| | 小型 | 24 | 5 | 20.8 |
| 2016 年 | 大型 | 13 | 0 | 0 |
| | 中型 | 12 | 0 | 0 |
| | 小型 | 41 | 8 | 19.5 |
| 2017 年 | 大型 | 10 | 0 | 0 |
| | 中型 | 9 | 0 | 0 |
| | 小型 | 37 | 9 | 24.3 |
| 2018 年 | 大型 | 29 | 0 | 0 |
| | 中型 | 5 | 0 | 0 |
| | 小型 | 33 | 1 | 3.0 |

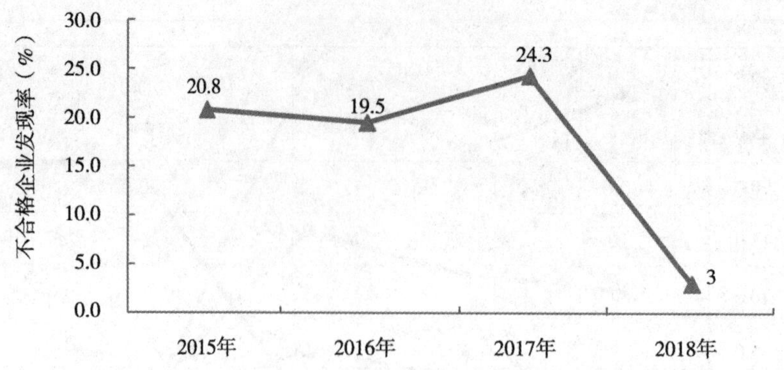


**图 3　2015—2018 年广东省塑料机械产品抽查小型企业的抽查结果**

3. 按产品检验项目分析

2015—2018 年广东省塑料机械产品各检验项目抽查结果见表 4 和图 4。

**表 4　2015—2018 年广东省塑料机械产品各检验项目抽查结果**

| 序号 | 检验项目名称 | 2015 年 | | | 2016 年 | | | 2017 年 | | | 2018 年 | | |
|---|---|---|---|---|---|---|---|---|---|---|---|---|---|
| | | 检验批次 | 不合格批次 | 不合格项目发现率(%) | 检验批次 | 不合格批次 | 不合格项目发现率(%) | 检验批次 | 不合格批次 | 不合格项目发现率(%) | 检验批次 | 不合格批次 | 不合格项目发现率(%) |
| 1 | 电气安全 | 47 | 5 | 10.6 | 66 | 8 | 12.1 | 56 | 9 | 16.1 | 67 | 1 | 1.5 |
| 2 | 机械安全 | 31 | 2 | 6.5 | 38 | 2 | 5.3 | 26 | 1 | 3.8 | 40 | 0 | 0 |
| 3 | 热安全 | 26 | 1 | 3.8 | 31 | 1 | 3.2 | 25 | 1 | 4.0 | 37 | 0 | 0 |
| 4 | 噪声 | 31 | 0 | 0 | 38 | 0 | 0 | 26 | 0 | 0 | 40 | 0 | 0 |

从上表来看，发现的不合格产品都存在电气危险项目不合格的情况，说明电气危险是不合格厂商最容易忽视的安全项目。另外，历年抽查均没有发现噪声危险不合格，这是因为噪声是最直观的一个项目，生产企业不可避免地要解决这个问题。

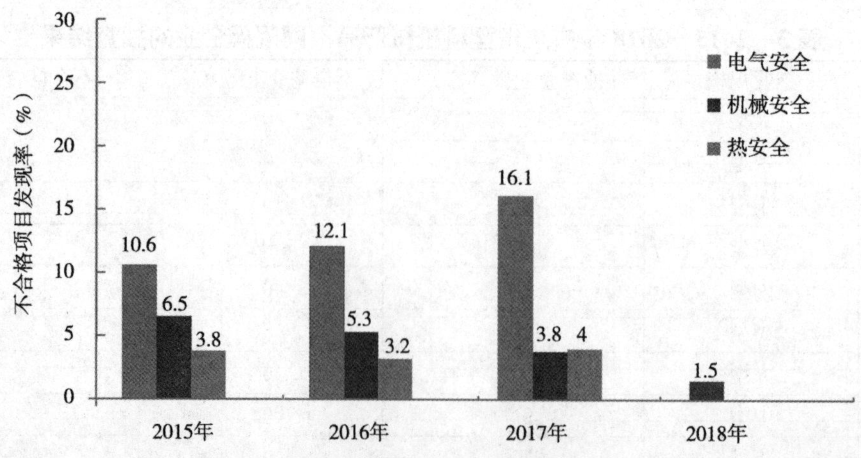


**图 4　2015—2018 年广东省塑料机械产品抽查按检验项目不合格情况**

### 三、质量现状分析

（一）总体分析

2015—2018 年，广东省内涉及塑料机械产品的监督抽查共 15 次，包括 2 次省抽及 13 次地方抽查。从抽查结果来看，2015—2017 年的抽查不合格发现率呈较高的状态，特别是东莞市，远高于省平均水平，其不合格数量占全省不合格数量的绝大部分。主要原因是：不合格企业绝大部分属于初次接受抽查，质量意识较差，在生产产品的时候仅考虑功能，忽视安全要求。经过政府的监管，2018 年产品抽查不合格发现率突降，达到 1.5% 的良好水平，充分说明政府监管在企业产品质量提升中起到了重要的作用。

（二）质量问题原因分析

1．市场环境因素

设备生产企业按标准生产的产品与使用企业需求的产品存在差异。塑料机械安装了安全防护及保护装置后，反而并不受部分使用客户的欢迎。其原因是：①部分从事塑料件生产加工的经营者是私人企业或家庭作坊的业主，安装了安全防护及保护装置后，对于他们而言使用不便利，严重影响生产效率；②部分种类符合标准要求的塑料机械造价更高，为了提高生产效率同时也为了节约购机成本，客户就优先选购缺少安全防护及保护装置的低价塑料机械进行生产。在市场竞争和客户要求的压力下，部分企业为了提高产品销售量，生产不符合标准的低价产品，忽视了质量的重要性。若要从根本上改变这一现状，需要改变塑料机械生产方和使用方的价值观，通过加强对安全生产的宣传培训，加深企业防范工伤事故发生的风险意识；加大对由于设备原因造成工伤事故的曝光力度，使他们同时注重安全和效率；重视质量，发现不合格产品积极举报。久而久之，在这种全民监督的情况下市场会受到潜移默化的影响，生产方会自觉生产符合标准要求的塑料机械，从而提高塑料机械行业质量水平。

2. 企业自身因素

经过近几年的抽查，绝大部分企业对产品质量都有了比较清晰的认识，按国家相关标准组织生产，提高产品的质量水平。抽查出现不合格的企业，大部分为首次接受抽查的小型规模企业，其原因是：①企业对产品标准并不了解，不知道如何生产合格的产品；②企业知道产品标准要求，但为了节约成本而偷工减料或是为了迎合客户不合理的要求，生产不合格的产品；③企业从业人数少，没有配备专门的质量管理人员；④企业人员变动频繁，导致企业对质量的把控不稳定。要提高这类企业的质量水平，可采用“监管 + 培训”的方式，定期开展监督抽查和质量标准宣贯培训的活动，提高企业的质量意识；同时，企业老板或主要管理者也应参与学习，并建立一套质量管理体系和奖惩制度，提高员工对质量追求的积极性。

〔撰稿人：广东产品质量监督检验研究院（国家机械产品安全质量监督检验中心）罗广恒〕

# 中国塑料加工业 30 年发展报告

### 前言

20 世纪初叶，我国上海开始有了塑料制品的生产。当时，德商礼和洋行将赛璐珞片及其制品输入我国，一些手工业作坊将赛璐珞片制成装饰品出售，我国塑料制品工业开始起步。新中国成立以前，我国的塑料制品生产大多集中于上海、广州、重庆、珠三角流域等沿海和沿江城市，绝大部分是手工业作坊式生产，主要原料依赖进口，产品品种较少，应用范围有限。主要产品为电器零件、纽扣、文具、皂盒、发梳、表带、裤带、赛璐珞眼镜架及电木制品等。1949 年全国总产量仅 200 余 t。

新中国成立后，1956 年塑料工业被纳入国家计划，塑料制品产量逐年上升。1957 年为 1.4 万 t，1965 年突破 10 万 t（达到 13 万 t），1970 年为 32.8 万 t，1976 年为 64.2 万 t，1979 年达到 94.8 万 t。产品由热固性酚醛制品为主发展到以聚氯乙烯、聚乙烯、聚丙烯和聚苯乙烯四大烯的热塑性塑料为主。日用塑料制品主要是塑料鞋、印花薄膜、雨衣、床单、票夹、吹气玩具、人造革等。农用塑料制品主要发展农用薄膜生产，1979 年引进日本地膜覆盖栽培技术。工业用塑料制品主要有酚醛电料制品、酚醛层压板、酚醛刹车片、酚醛耐酸材料等，塑料包装材料得到了大力发展，工业用塑料管、板材也有较大生产规模。自 1963 年开始出口以来，塑料制品出口逐渐增加，出口换汇额到 1979 年增加到 7 900 多万美元，出口量最大的品种是塑料拖鞋。

改革开放至 1989 年，中国塑料加工业获得了进一步的发展，这不仅反映在产品产量增长上，也反映在产品品种的增长和质量的提高上，出口创汇能力的增长尤为明显。“六五”期间我国引进了一批设备与技术，加速了制品工业的发展，改进和调整了产品结构。1978 年的产量为 92.2 万 t，1985 年达到 248 万 t，1988 年猛增至 354.2 万 t，跃居世界第 6 位，年平均增长速度达到两位数。塑料包装材料生产发展很快，包装制品占全国塑料总产量比例上升，接近世界发达水平。建筑塑料制品业占塑料总产量的比例上升，结构趋向合理。同时，新产品开发工作也取得了可喜进展，不仅促进了农业、食品工业、包装、家电工业及建筑业等的发展，提高了产品档次，而且扩大了塑料制品的应用范围，提高了经济效益，提升了塑料工业在国民经济中的地位。出口创汇能力大大增强，1989 年我国塑料制品出口量达到 30 万 t，创汇额达到 5.91 亿美元。

经过 40 年的发展，到 1989 年，我国塑料原料生产已小有规模，形成了合成树脂产量名列世界第 13 位、塑料制品产量位居世界第 6 位的塑料工业体系，塑料制品品种齐全，数千家塑料制品加工厂遍布全国，产品应用范围广泛，可初步满足人民生活基本需求，工业化进程在加快，服务经济、社会的作用逐步显现。

## 一、中国塑料加工业三十年发展历程

自 1989 年中国塑料加工工业协会（以下简称中国塑协）成立至 2019 年的 30 年间，我国塑料工业的发展大体上经历了下列三个阶段。

（一）1989—2000 年：高速发展阶段

通过引进、消化、吸收、再创新，塑料加工业进入高速发展时期，工业增加值、销售产值、出口交货值、产品销售收入、利润总额均居轻工行业前列。

1. 制品总量高速增长

从 1989 年的 352.5 万 t 到 1997 年的 1534 万 t，年均增长率为 20.18%；比改革开放初期（1980 年的 114.4 万 t 到 1989 年的 352.5 万 t）的年均增长率 13.32% 高出 6.86 个百分点。从 1998 年的 846.84 万 t 到 2000 年的 1 035.76 万 t，年均增长率达 10.59%。1989—2000 年我国塑料制品产量及增长情况见表 1。

**表 1　1989—2000 年我国塑料制品产量及增长情况**

| 年份 | 产量（万 t） | 同比增长（%） |
|---|---|---|
| 1989 | 352.50 | |
| 1990 | 366.80 | 4.06 |
| 1991 | 443.50 | 20.91 |
| 1992 | 536.80 | 21.04 |
| 1993 | 669.00 | 24.63 |
| 1994 | 842.70 | 26.01 |
| 1995 | 994.40 | 18.00 |
| 1996 | 1 574.20 | 58.31 |
| 1997 | 1 534.00 | -2.55 |
| 1998 | 846.84 | |
| 1999 | 937.59 | 10.72 |
| 2000 | 1 035.76 | 12.98 |

注：1998 年开始，我国塑料制品统计口径发生变化，统计对象调整为全部国有和年产品销售收入 500 万元以上的非国有工业企业。

1996年，我国塑料制品产量达到1 574.2万t，仅次于美国，跃居世界第二，成为全球塑料制品生产大国。塑料等高分子材料已经与钢铁、木材、水泥一起构成现代社会的四大基础材料。20世纪90年代世界主要国家和地区塑料制品产量见表2。

**表2　20世纪90年代世界主要国家和地区塑料制品产量**　　（单位：万t）

| 国家 | 1990年 | 1991年 | 1992年 | 1993年 | 1994年 | 1995年 | 1996年 |
|---|---|---|---|---|---|---|---|
| 美国 | 2 611.4 | 2 552.1 | 2 769.1 | 2 918.0 | 3 253.0 | 3 391.6 | 3 796.2 |
| 中国 | 366.8 | 443.5 | 536.8 | 669.0 | 842.7 | 994.4 | 1 574.2 |
| 日本 | 1 143.5 | 1 163.0 | 1 079.7 | 1 048.3 | 1 084.0 | 1 130.8 | 1 182.4 |
| 德国 | 860.5 | 850.9 | 945.7 | 904.2 | 1 000.0 | 906.0 | 923.0 |

注：美国、日本和德国为合成树脂国内消费量，近似看成制品生产量。

2. 产业规模高速扩张

1988年塑料制品行业工业总产值148.80亿元，居轻工行业第三位；2000年达到1 866.36亿元，居轻工行业第二位，仅次于食品加工业，是1988年的12.54倍，年均增长23.46%。1988年塑料制品行业实现利税20亿元，2000年达到129.03亿元，占轻工行业的8.83%，是1988年的6.45倍，年均增长为16.81%，为国民经济发展做出巨大贡献。经过十年的发展，到2000年，塑料工业企业数为6 030家，占轻工行业（52 535家）的11.48%，资产合计为2 052.16亿元；工业增加值、工业销售产值、出口交货值、产品销售收入、利润总额均居轻工行业前列。改革开放以来20年，我国国民经济年均增长9.8%，塑料工业的年均增长率超过国民经济的增长速度。

塑料制品行业加速对外出口步伐，出口量和出口额均快速增长。1989年塑料制品出口量为30万t，出口额为5.91亿美元。到2000年，塑料制品出口量510.55万t，出口额52.37亿美元，年均增长率达到21.94%；进出口贸易总值91.23亿美元，贸易顺差13.51亿美元。这一时期，一些企业开始走出国门拓展市场，到境外投资设厂，从产品出口转为与当地合作生产，同时出口成套设备。1989—2000年我国塑料制品出口情况见表3。

**表3　1989—2000年我国塑料制品出口情况**

| 项目 | 单位 | 1989年 | 1995年 | 1996年 | 1997年 | 1998年 | 1999年 | 2000年 |
|---|---|---|---|---|---|---|---|---|
| 出口量 | 万t | 30.00 | 156.90 | 186.10 | 233.10 | 263.90 | 441.43 | 510.55 |
| 同比增长 | % | | 19.00 | 18.60 | 25.20 | 13.20 | 5.10 | 15.70 |
| 出口额 | 亿美元 | 5.91 | 24.75 | 26.87 | 34.90 | 38.23 | 43.90 | 52.37 |
| 同比增长 | % | | 29.20 | 8.50 | 29.80 | 9.50 | -1.90 | 19.30 |

一批大型企业集团诞生。一些地区的塑料加工企业通过加大投入力度，以增量投入带动存量调整，提高生产集中度，扩大市场占有率，实施资源优化组合等措施，形成一批企业集团。企业集团在生产规模、生产装备、技术创新、经济效益和发展前景等方面均显现出较大优势，成为带动与支撑塑料工业发展的中坚骨干力量。

3. 产品结构适应市场需求

在发展农业生产的过程中，农用塑料薄膜（大棚膜、地膜等）得到广泛的推广使用。农业部提供的资料表明，1998—1999年地膜覆盖面积超过1.8亿亩（1亩=666.67m$^2$），地膜年用量44万t；棚膜覆盖面积超过2 000万亩，棚膜年耗用量达65万t；全国农地膜实际消费量合计为110万t，居世界首位。塑料节水器材也得到发展。水利部提供的资料表明，截至1998年年底，我国节水灌溉工程面积为2.23亿亩，其中防渗渠道控制灌溉面积1.3亿亩，输水管道灌溉6 800万亩，喷灌 2 260 万亩，微灌 171 万亩。在建筑用材方面，自 1995 年国家化学建材领导小组成立以来，我国相继出台了一系列推广使用化学建材的政策，塑料管和塑料型材门窗作为重点推广对象迎来了高速发展的时期，建筑用塑料产品产量在塑料产品总产量中的比例由“八五”期间的 7% 上升到 10%，塑料门窗异型材的加工能力达到 80 万 t。技术含量与附加值较低的日用塑料产品在塑料产品中所占的比例从 24% 下降到 20%，有较高技术含量和高附加值的塑料产品迅速发展。

（二）2001—2010 年：跨越式发展阶段

通过自主创新和技术进步，塑料加工业进入跨越式发展时期。到 2010 年年末，我国塑料产量已占全球产量的 24%，超过北美自由贸易区 21% 的比例，跃居全球第一位。

1. 经济运行质量继续提升

到 2010 年年末，塑料制品产量由 2000 年的 1 035.8 万 t 增加到 2010 年的 5 830.38 万 t，十年增长了 4.63 倍，年均增长 18.86%，是我国制造业中发展最快的行业之一。工业总产值由 1 899.7 亿元增加到 14 242.52 亿元，增长了 6.5 倍，年均增长 22.32%，居轻工行业第一位，占轻工业总产值的 10.27%；利润总额由 70.82 亿元增加到 620 亿元，增长了 7.75 倍，年均增长 24.23%；利税总额由 129.03 亿元增加到 925.20 亿元，增长了 6.17 倍，年均增长 21.78%；规模以上企业由 6 230 家增加到 20 775 家，年均增长 12.8%；从业人数达 268 万人，年均增长 9.18%，行业运行效率和经济效益大幅提高、同步增长。2000—2010 年我国塑料制品行业产量见表 4。2000—2010 年我国塑料制品行业主要经济指标见表 5。

**表 4　2000—2010 年我国塑料制品行业产量**

| 年份 | 产量（万 t） |
|---|---|
| 2000 | 1 035.80 |
| 2001 | 1 185.34 |
| 2002 | 1 400.53 |
| 2003 | 1 650.53 |
| 2004 | 1 846.60 |
| 2005 | 2 198.60 |
| 2006 | 2 801.90 |
| 2007 | 3 302.32 |
| 2008 | 3 713.79 |
| 2009 | 4 479.28 |
| 2010 | 5 830.38 |

**表 5　2000—2010 年我国塑料制品行业主要经济指标**

| 项目 | 单位 | 2000 年 | 2001 年 | 2002 年 | 2003 年 | 2004 年 | 2005 年 | 2006 年 | 2007 年 | 2008 年 | 2009 年 | 2010 年 |
|---|---|---|---|---|---|---|---|---|---|---|---|---|
| 工业总产值 | 亿元 | 1 899.70 | 2 043.90 | 2 408.48 | 2 936.20 | 3 794.27 | 4 998.00 | 6 358.15 | 8 018.16 | 9 638.40 | 10 992.80 | 14 242.52 |
| 利润总额 | 亿元 | 70.82 | 91.60 | 109.82 | 126.2 | 141.67 | 206.30 | 264.53 | 291.12 | 324.60 | 435.48 | 620.00 |
| 利税总额 | 亿元 | 129.03 | 154.70 | 181.15 | 207.50 | 231.02 | 325.10 | 414.14 | 471.14 | 549.60 | 685.17 | 925.20 |
| 规模以上企业数 | 家 | 6 230 | 6 724 | 7 480 | 8 237 | 9473 | 11 726 | 12 860 | 1 4952 | 16 277 | 19 278 | 20 775 |
| 规模以上企业从业人员年平均人数 | 万人 | 111.40 | 115.82 | 123.6 | 139.0 | 152.2 | 179.3 | 196 |  |  | 240 | 268 |

注：1. 该阶段规模以上企业指全部国有和销售收入 500 万元及以上非国有独立核算企业。

2. 2009 年的利润总额、利税总额统计时间为 1—11 月。

塑料制品出口世界多个国家和地区，在国际市场保持较高的市场份额。2004 年出口首次突破千万吨，达到 1 078.43 万 t，出口拉动效应明显。到 2010 年年末，塑料制品出口额已由 2000 年的 52.4 亿美元增加到 359.4 亿美元，增长了 5.86 倍，年均增长 21.23%。2010 年，塑料制品进出口总值

521.4 亿美元，其中，出口 1 462.2 万 t，出口额 359.4 亿美元；进口 183.8 万 t，进口额 162.0 亿美元，贸易顺差 197.4 亿美元。2000—2010 年我国塑料制品行业进出口情况见表 6。

**表 6　2000—2010 年我国塑料制品行业进出口情况**

| 项目 | 单位 | 2000 年 | 2001 年 | 2002 年 | 2003 年 | 2004 年 | 2005 年 | 2006 年 | 2007 年 | 2008 年 | 2009 年 | 2010 年 |
|---|---|---|---|---|---|---|---|---|---|---|---|---|
| 出口量 | 万 t | 510.6 | 535.8 | 720.8 | 879.3 | 1 078.43 | 1 228.5 | 896.47 | 1 035.48 | 1 192.10 | 1 011.2 | 1 462.2 |
| 出口额 | 亿美元 | 52.4 | 55.5 | 79.1 | 97.4 | 127.74 | 166.0 | 202.88 | 233.03 | 269.14 | 266.9 | 359.4 |
| 进口量 | 万 t | 163.9 | 150.9 | 162.1 | 164.1 | 178.13 | 173.9 | 143.13 | 172.38 | 158.60 | 149.14 | 183.8 |
| 进口额 | 亿美元 | 38.9 | 38.4 | 45.2 | 55.2 | 70.72 | 82.9 | 96.55 | 111.90 | 119.32 | 115.99 | 162.0 |

2. 消费总量跃居世界首位

2010 年我国合成树脂表观消费量 6 365 万 t，约占世界塑料消费量 2.4 亿 t 的 1/4，超过美国居世界首位；人均消费约 46kg，超过 40kg 的世界平均水平。我国合成树脂表观消费量从 2000 年的 2 196 万 t 到 2010 年的 6 365 万 t，年均增长率达 11.23%，塑料消费增长稳定。2000—2010 年合成树脂表观消费情况见表 7。

**表 7　2000—2010 年合成树脂表观消费情况**

| 项目 | 2000 年 | 2001 年 | 2002 年 | 2003 年 | 2004 年 | 2005 年 | 2006 年 | 2007 年 | 2008 年 | 2009 年 | 2010 年 |
|---|---|---|---|---|---|---|---|---|---|---|---|
| 表观消费（万 t） | 2 196.0 | 2 853.7 | 3 195.1 | 3 409.2 | 3 813.3 | 3 834.8 | 4 084.1 | 4 578.0 | 5 191.4 | 5 687.8 | 6 365.0 |

3. 产业竞争能力逐步增强

塑料制品应用领域进一步拓宽，成为我国制造业中发展最快的行业之一；注重科研投入、注重培养人才、注重品牌培育已成为行业企业共识，通过 ISO 9000 系列标准认证的企业数量大幅增加，名牌产品数量逐年上升，企业综合实力稳步提升，大中型企业比例逐年递增，塑料加工企业加速向规模化、集中化、信息化的方向发展，与发达国家的差距继续缩小，由大集团主导市场的格局正在形成。

（三）2011—2018 年：战略发展阶段

2011 年以来，随着我国经济由高速增长阶段向高质量发展阶段转移，塑料加工业开始从量的高速增长期进入到质的飞跃提升期，以及调整优化结构、转变发展方式、提升产业素质的战略调整阶段。主要特点是：塑料制品产量、主营业务收入和利润总额增速逐渐放缓，产品的品种、门类增加，品质提高，产业结构优化，行业整体水平提升。

1. 总体保持增长态势

到 2018 年年末，塑料制品产量由 2011 年的 5 474.31 万 t 增加到 2018 年的 6 042.15 万 t，年均增长 1.42%；规模以上企业由 2011 年的 12 963 家增加到 2018 年的 15 571 家，年均增长 3.61%；主营业务收入由 2011 年的 15 583.74 亿元增加到 2018 年的 18 061.75 亿元，年均增长 2.13%；实现利润由 2011 年的 882.29 亿元增加到 2018 年的 950.40 亿元，年均增长 1.01%。2018 年的主营业务收入占全国规模以上轻工企业主营业务收入的 9.23%，规模仅次于全口径食品行业；利润总额占全国规模以上轻工企业的 7.41%，占全国规模以上工业企业的 1.43%。塑料加工业经济运行总体保持了平稳发展、稳中有进的态势，已发展成为我国轻工行业和全国工业的重要行业之一。2011—2018 年塑料加工业主要经济运行指标见表 8。2011—2018 年塑料加工业主要经济运行指标见表 9。2000—2018 年我国塑料制品行业利润总额及占比见表 10。

**表 8　2011—2018 年塑料加工业主要经济运行指标**

| 项目 | 单位 | 2011 年 | 2012 年 | 2013 年 | 2014 年 | 2015 年 | 2016 年 | 2017 年 | 2018 年 |
|---|---|---|---|---|---|---|---|---|---|
| 产量 | 万 t | 5 474.31 | 5 781.86 | 6 188.66 | 7 387.78 | 7 560.82 | 7 717.19 | 7 515.54 | 6 042.15 |
| 同比增长 | % | 22.35 | 8.99 | 8.02 | 7.44 | 0.95 | 2.66 | 3.44 | 1.10 |

注：从 2011 年 1 月起，规模以上工业统计范围内的工业企业起点标准已从年主营业务收入 500 万元提高到 2 000 万元。

**表 9　2011—2018 年塑料加工业主要经济运行指标**

| 项目 | 单位 | 2011 年 | 2012 年 | 2013 年 | 2014 年 | 2015 年 | 2016 年 | 2017 年 | 2018 年 |
|---|---|---|---|---|---|---|---|---|---|
| 规模以上企业数 | 家 | 12 963 | 13 246 | 13 699 | 1 4062 | 14 763 | 15 054 | 15 350 | 15 571 |
| 主营业务收入 | 亿元 | 15 583.74 | 16 310.13 | 18 686.44 | 20 392.39 | 21 466.10 | 22 855.11 | 22 808.36 | 18 061.75 |
| 同比增长 | % | 27.52 | 11.79 | 14.26 | 8.92 | 4.60 | 6.20 | 6.74 | 5.04 |
| 利润总额 | 亿元 | 882.29 | 963.27 | 1 123.18 | 1 182.86 | 1 302.53 | 1 398.6 | 1 354.68 | 950.40 |
| 同比增长 | % | 32.50 | 15.94 | 16.45 | 4.24 | 8.8 | 7.32 | 4.81 | 3.28 |

**表 10　2000—2018 年我国塑料制品行业利润总额及占比情况**

| 年份 | 塑料制品业利润总额（亿元） | 全国规模以上工业企业利润总额（亿元） | 占比（%） |
|---|---|---|---|
| 2000 | 70.82 | 4 262 | 1.66 |
| 2001 | 91.60 | 4 657 | 1.97 |
| 2002 | 109.82 | 5 620 | 1.95 |
| 2003 | 126.20 | 8152 | 1.55 |
| 2004 | 141.67 | 11 342 | 1.25 |
| 2005 | 206.30 | 14 362 | 1.44 |
| 2006 | 264.53 | 18 734 | 1.41 |
| 2007 | 291.12 | 27 155 | 1.07 |
| 2008 | 324.60 | 30 562 | 1.06 |
| 2009 |  | 34 542 |  |
| 2010 | 620.00 | 53 050 | 1.17 |
| 2011 | 882.29 | 54 544 | 1.62 |
| 2012 | 963.27 | 55 578 | 1.73 |
| 2013 | 1 123.18 | 62 831 | 1.79 |
| 2014 | 1 182.86 | 64 715 | 1.83 |
| 2015 | 1 302.53 | 63 554 | 2.05 |
| 2016 | 1 398.60 | 68 803.2 | 2.03 |
| 2017 | 1 354.68 | 75 187.1 | 1.80 |
| 2018 | 950.40 | 66 351.4 | 1.43 |

2. 产品出口稳步增长

到 2018 年年末，我国塑料制品进出口总额 892.83 亿美元，出口额由 2011 年的 393.09 亿美元增加到 2018 年的 694.21 亿美元，年均增长 8.46%；贸易顺差由 2011 年的 212.43 亿美元增加到 2018 年的 495.59 亿美元，年均增长 12.86%，塑料制品贸易顺差约占我国外贸进出口贸易顺差总值 3517.6 亿美元的 14.09%。2011—2018 年我国塑料制品进出口统计见表 11。

表 11　2011—2018 年我国塑料制品进出口统计

| 项目 | 单位 | 2011 年 | 2012 年 | 2013 年 | 2014 年 | 2015 年 | 2016 年 | 2017 年 | 2018 年 |
|---|---|---|---|---|---|---|---|---|---|
| 出口额 | 亿美元 | 393.09 | 491.85 | 568.35 | 604.34 | 610.62 | 579.02 | 627.29 | 694.21 |
| 同比增长 | % | 25.04 | 24.55 | 11.13 | 6.09 | 1.04 | −5.17 | 8.62 | 10.67 |
| 进口额 | 亿美元 | 180.66 | 184.75 | 188.03 | 191.53 | 178.09 | 175.49 | 185.76 | 198.62 |
| 同比增长 | % | 11.5 | −0.46 | 1.72 | 1.78 | −7.02 | −1.46 | 7.22 | 6.92 |
| 进出口总值 | 亿美元 | 573.75 | 676.6 | 756.37 | 795.87 | 788.71 | 754.51 | 813.05 | 892.83 |
| 贸易顺差 | 亿美元 | 212.43 | 307.1 | 380.32 | 412.80 | 432.53 | 403.53 | 441.53 | 495.59 |

3. 产业结构不断优化

实施“三品”战略取得新成效。深入实施调结构、转方式，企业针对不同客户需求开发功能多、效用高的新产品，高新技术产品比例明显提高，逐渐由单一品种、单一功能、低端化向多品种、多工艺、多功能、多用途、高端化方向发展，品牌效应日益凸显，产品质量水平逐步提升，注重创造需求，引领消费；行业生产集中度大幅提高，大中型企业数量明显增多，企业竞争力进一步加强；通过加快实施“走出去、请进来”的发展战略，行业资源配置得到进一步优化；从注重数量增加转向质量提升，从劳动密集型向技术、资本密集型逐渐转变，出口产品由中低档向中高档产品逐渐转变；注重清洁生产，加快发展绿色、节能、高效新型加工成型工艺，推广“智能制造”，科技创新和技术进步对塑料加工业的支撑和保障作用越来越明显。以企业为主体，产学研相结合的技术创新体系已初步形成，创新发展迈出了新步伐。

## 二、中国塑料加工业三十年取得的成就

三十年来，我国塑料加工业从小到大，从弱到强，健康发展，取得了举世瞩目的成就。

（一）成为支撑发展全局的重要产业

通过不断创新及性能改进，塑料制品已能满足国民经济和社会生活各方面需要，应用遍布工业、农业、建筑、家电、信息、汽车、航空、航天、医疗卫生、食品、包装等多个领域，成为支撑发展全局的重要产业。如塑料农膜的广泛应用促进了农作物的生长，助力解决人们的吃饭问题。应用农膜进行农作物的覆盖栽培，农业增产、农民增收，为我国的“米袋子”和“菜篮子”工程的实施做出了贡献。

（二）成为国家经济增长的重要力量

根据数据统计，2000—2018 年我国塑料加工业规模以上企业累计实现利润 11 879.47 亿元。近几年，我国塑料制品规模以上企业利润总额 1 000 亿元左右，占全国轻工行业规模以上企业利润总额的 10% 左右，占全国规模以上工业企业利润总额的近 2%，是国民经济的重要行业之一。

从 1989 年到 2018 年，塑料制品出口额年均增长率达 17.86%。从 2004 年至 2018 年，塑料制品行业贸易顺差处于递增的趋势，年均增长率达 16.70%，是我国出口创汇的重要来源。2004—2018 我国塑料制品进出口总值、贸易顺差及占比情况见表 12。

表 12　2004—2018 我国塑料制品进出口总值、贸易顺差及占比情况

| 年份 | 出口额（亿美元） | 进口额（亿美元） | 进出口总值（亿美元） | 贸易顺差（亿美元） | 贸易总值占比（%） | 贸易顺差占比（%） |
|---|---|---|---|---|---|---|
| 2004 | 127.74 | 70.72 | 198.46 | 57.02 | 1.72 | 17.83 |
| 2005 | 166.00 | 82.90 | 248.90 | 83.10 | 1.75 | 8.16 |
| 2006 | 202.88 | 96.55 | 299.43 | 106.33 | 1.70 | 5.99 |
| 2007 | 233.03 | 111.90 | 344.93 | 121.13 | 1.59 | 4.62 |

（续）

| 年份 | 出口额（亿美元） | 进口额（亿美元） | 进出口总值（亿美元） | 贸易顺差（亿美元） | 贸易总值占比（%） | 贸易顺差占比（%） |
|---|---|---|---|---|---|---|
| 2008 | 269.14 | 119.32 | 388.46 | 149.82 | 1.52 | 5.07 |
| 2009 | 266.90 | 115.99 | 382.89 | 150.91 | 1.73 | 7.70 |
| 2010 | 359.40 | 162.00 | 521.40 | 197.40 | 1.75 | 10.78 |
| 2011 | 393.09 | 180.66 | 573.75 | 212.43 | 1.58 | 13.69 |
| 2012 | 491.85 | 184.75 | 676.60 | 307.10 | 1.75 | 13.29 |
| 2013 | 568.35 | 188.03 | 756.38 | 380.32 | 1.82 | 14.64 |
| 2014 | 604.34 | 191.53 | 795.87 | 412.81 | 1.85 | 10.79 |
| 2015 | 610.62 | 178.09 | 788.71 | 432.53 | 1.99 | 7.28 |
| 2016 | 579.02 | 175.49 | 754.51 | 403.53 | 2.04 | 7.91 |
| 2017 | 627.29 | 185.76 | 813.05 | 441.53 | 1.98 | 10.42 |
| 2018 | 694.21 | 198.62 | 892.83 | 495.59 | 1.93 | 14.09 |

（三）成为带动区域发展的重要增长点

在国家西部大开发、振兴东北老工业基地以及推进环渤海经济圈发展等大战略的鼓励下，中西部塑料制品行业发展迅猛，高科技产品引领行业向高端市场需求迈进，产业特色区域、贸易特色区域逐步向中西部区域梯度转移，带动中西部地区的经济和社会发展。到2018年年末，全国塑料制品产量排名前十位的省、市、自治区总产量为4 653.25万t，占比77.01%，比2000年84.67%的占比明显降低。在十大主要生产地区中，中部和西部省、市、自治区逐渐增多。塑料制品行业在部分中西部地区已经成为重要的支柱产业，带动当地经济、社会、就业等方面的发展。2018年十大主要生产地区产量与占比见表13。2018年全国各地区塑料制品产量及占比见表14。

**表13　2018年十大主要生产地区产量与占比**

| 地区 | 产量（t） | 占比（%） |
|---|---|---|
| 广东 | 10 021 286.7 | 16.59 |
| 浙江 | 8 034 742.17 | 13.30 |
| 江苏 | 4 693 387.45 | 7.77 |
| 福建 | 4 495 432.11 | 7.44 |
| 湖北 | 4 151 989.78 | 6.87 |
| 安徽 | 4 050 131.98 | 6.70 |
| 四川 | 3 988 018.25 | 6.60 |
| 河南 | 2 669 302.08 | 4.42 |
| 山东 | 2 662 949.14 | 4.41 |
| 河北 | 1 765 211.59 | 2.92 |
| 合计 | 46 532 451.25 | 77.01 |

**表14　2018年全国各地区塑料制品产量及占比**

| 地区 | 产量（万t） | 占比（%） |
|---|---|---|
| 全国 | 6042.15 | 100.00 |
| 东北地区 | 119.24 | 1.97 |
| 东部地区 | 3 438.24 | 56.90 |
| 中部地区 | 1 366.27 | 22.61 |
| 西部地区 | 1 118.41 | 18.51 |

注：东北地区：辽宁、吉林、黑龙江；东部地区：北京、天津、河北、上海、江苏、浙江、福建、山东、广东、海南；中部地区：山西、安徽、江西、河南、湖北、湖南；西部地区：内蒙古、广西、重庆、四川、贵州、云南、西藏、陕西、甘肃、青海、宁夏、新疆。

（四）成为吸纳城镇就业的重要渠道

改革开放后，在城镇化建设的带动下，大量农业转移人口和新增劳动力进入塑料加工业，就业人员连年增长。据统计，2017年年末塑料加工业规模以上企业15 350家，占全国规模以上工业企业385 369家的4%。到2018年年末，塑料加工业规模以上企业由2000年的6 230家增加到15 571家，年均增长5.22%。规模以上企业从业年平均人数从2000年的111.4万人增加到2010年的268万人，年均增长9.18%，成为社会的稳定器、就业的蓄水池。

**三、中国塑料加工业三十年的发展经验**

1978年，以中共十一届三中全会为标志，我国开启了社会主义改革开放的伟大历程，从不足世界经济总量2%的低收入国家，成长为对全球经济增长贡献率超过30%的世界第二大经济体。伴随40年的改革开放，借助自身的优越特性，塑料加工业得以快速发展，已经成为我国国民经济发展的重要支柱产业。

（一）归功于国家行业政策的支持

从1979年开始，国家全面实施“六优先”和“对内改革、对外开放”的轻工业发展方针，并陆续出台了系列鼓励和促进轻工业（消费品工业）发展的产业政策，为塑料制品工业创造了高速发展的机遇。2001年，随着我国加入WTO，中国塑料加工业逐步走上了跨越式增长的发展期。2009年国务院公布了《轻工业调整和振兴规划》，为确保塑料加工业等轻工行业稳定健康发展奠定了基础。

（二）有赖于旺盛的市场需求

在实现国民经济持续、快速、健康发展，人民生活总体达到小康水平的大目标下，随着工业、农业、交通、建筑、通信、军工等行业的迅速发展，以及人民群众生活水平的不断越高，受生产资料市场和消费资料市场的双重拉动，塑料制品的需求越来越大，促使塑料加工业加速应用新产品、新技术、新材料，以满足市场不断增长的新需要。

（三）源自行业自身的不懈努力

一是坚持履行使命。塑料加工企业以“满足国家重大战略需求、满足人们美好生活需要”为己任，在民用领域，陆续开发了农用薄膜、塑料型材门窗制品、食品级工业包装、卷材地板、发泡壁纸等建筑和医用塑料产品，以及家电、汽车、邮电、通信、交通和运输等领域的配套产品；在国防领域，打破国外封锁，立足自主创新，满足了常规武器、飞机、舰艇、火箭、导弹和人造卫星等领域的需求，获得中国载人航天工程突出贡献奖和“空间实验室任务贡献突出的外协单位”表彰，为中国载人航天工程做出了积极贡献。

二是坚持引进吸收再创新。改革开放以来，我国塑料加工业把自主发展与开放合作有机结合起来，重视从国外引进先进生产技术和设备，通过引进消化吸收，实现融合创新。行业着力掌握关键核心技术，完善产业链条，充分利用全球资源和市场，形成自主发展能力和新的比较优势，使产业结构明显优化，制品的质量档次明显提高，应用领域明显扩大。

三是坚持自主创新。塑料加工企业把创新摆在产业发展全局的核心位置，充分发挥企业创新主体及各类研发组织和产业创新中心在协同、开放、创新中的作用，推动产业链上下游融合创新、协同发展。据统计，仅“十二五”期间，塑料加工业累计获得科技进步奖十余项，部分技术达到国际先进水平；获得中国专利金奖2项，优秀奖累计十余项；截至2014年年底，塑料加工业国家级企业技术中心已达25个，占国家认定的技术中心总数的2.3%。截至2018年10月，中国塑料加工行业（包括树脂、助剂、工艺、机械和模具）专利申请量合计为434 994件，远高于日本的76 189件、美国的69 460件、韩国的33 184件以及欧洲的15 012件，显示出中国塑料加工业积极蓬勃的良好发展态势。科技创新和技术进步对塑料加工业的支撑和保障作用越来越明显。

四是坚持节能降耗。行业在改变高耗能、高排放、难循环的传统材料工业发展模式上狠下功夫。据统计资料，规模以上塑料加工企业万元工业总产值综合能耗、万元工业增加值综合能耗，到“十一五”中期持续降低 29.8%，提前完成了国家规定的“单位国内生产总值能源消耗降低 20%”的要求，为节水、节地、保护生态和环境、实现绿色低碳发展做出了贡献。为保护大气臭氧层，在国家的统一管理下，我国开展了 ODS 淘汰工作，取得了卓有成效的成绩。

五是坚持发展绿色产业。塑料加工企业大力发展绿色产业，提高资源利用效率，促进材料可再生循环利用，走生态文明的可持续发展道路。

（1）发展塑料再生利用行业，对废旧塑料进行回收、处理、改性造粒、再利用。

（2）发展塑木制品行业，对废旧塑料进行高值化利用。2003 年开始，我国的塑木复合材料行业开始进入稳步的成长期。目前，在 WPC-PE（聚烯烃基材的塑木复合材料）中废塑料比例为 50% ～ 60%；在 WPC-PVC（聚氯乙烯基材的塑木复合材料）中废塑料比例为 10% ～ 30%。WPC-PE 使用的塑料一般占 30% 左右，其中 90% 塑料为废旧塑料；WPC-PVC 使用塑料一般占 70% 左右，其中有 20% ～ 50% 为回收 PVC 粉。塑木制品实现了废塑料的高值化应用，减少了木材等生态材料的使用量。

（3）发展可降解塑料产业。20 世纪 80 年代，为解决农膜大量推广使用带来的“白色污染”问题，行业开始研发可降解塑料地膜。在一次性塑料包装袋、餐具等应用领域，用生物降解塑料替代不可降解塑料，以减少不当使用对环境造成的污染。

（四）得益于行业协会的服务

中国塑协及分支机构与全国塑料行业地方（商）协会、上下游相关协会一道贯彻执行党和国家的方针政策、法律法规，反映会员的愿望与诉求，维护会员合法权益，协助政府搞好行业管理，通过各种渠道为行业服务。

展望未来，塑料加工业将继续以“满足国家重大战略需求、满足人们美好生活需要”为己任，以创新驱动为引领，推进生态化发展。塑料加工企业要以现代化管理理念精心打造品牌企业，建设品牌文化，弘扬工匠精神。中国塑协将组织开展“十四五”规划的前期研究，把握“功能化、轻量化、生态化、微成型”+ 智能化的发展方向，加速使我国由塑料大国发展为塑料强国。

附图

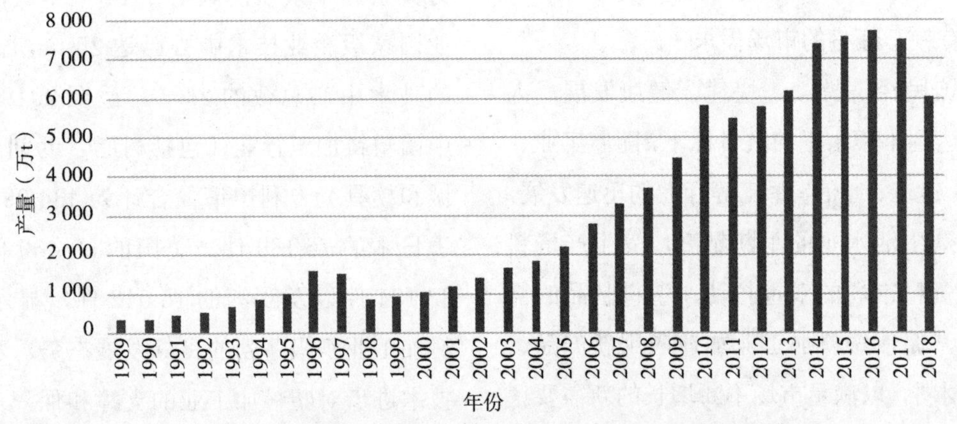


**附图 1　1989—2018 年我国塑料加工业产量情况**

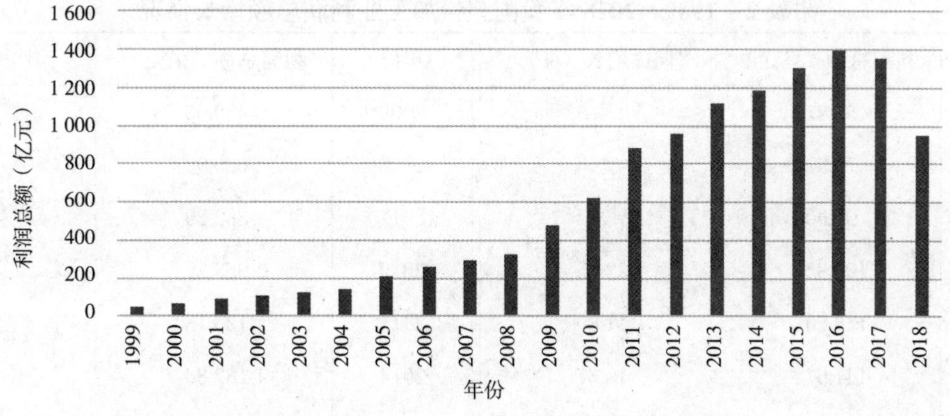


附图 2　1999—2018 年我国塑料加工业利润总额情况

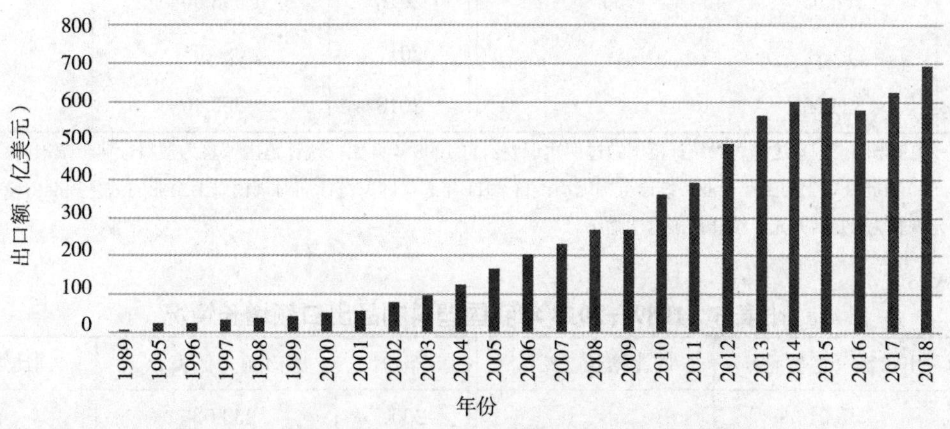


附图 3　1989—2018 年我国塑料制品出口额情况

附表

附表 1　1989—2018 年我国塑料加工业产量增长情况

| 年份 | 产量（万 t） | 同比增长（%） | 年份 | 产量（万 t） | 同比增长（%） |
|---|---|---|---|---|---|
| 1989 | 352.50 | | 2004 | 1 846.60 | 18.86 |
| 1990 | 366.80 | 4.06 | 2005 | 2 198.60 | 18.86 |
| 1991 | 443.50 | 20.91 | 2006 | 2 801.90 | 18.86 |
| 1992 | 536.80 | 21.04 | 2007 | 3 302.32 | 18.86 |
| 1993 | 669.00 | 24.63 | 2008 | 3 713.79 | 18.86 |
| 1994 | 842.70 | 26.01 | 2009 | 4 479.28 | 18.86 |
| 1995 | 994.40 | 18.00 | 2010 | 5 830.38 | 18.86 |
| 1996 | 1 574.20 | 58.31 | 2011 | 5 474.31 | 22.35 |
| 1997 | 1 534.00 | -2.55 | 2012 | 5 781.86 | 8.99 |
| 1998 | 846.84 | | 2013 | 6 188.66 | 8.02 |
| 1999 | 937.59 | 10.72 | 2014 | 7 387.78 | 7.44 |
| 2000 | 1 035.76 | 12.98 | 2015 | 7 560.82 | 0.95 |
| 2001 | 1 185.34 | 18.86 | 2016 | 7 717.19 | 2.66 |
| 2002 | 1 400.53 | 18.86 | 2017 | 7 515.54 | 3.44 |
| 2003 | 1 650.53 | 18.86 | 2018 | 6 042.15 | 1.10 |

**附表2　1989—2018年我国塑料加工业利润总额增长情况**

| 年份 | 利润总额（亿元） | 同比增长（%） | 年份 | 利润总额（亿元） | 同比增长（%） |
|---|---|---|---|---|---|
| 1999 | 51.87 | | 2009 | 480.00 | |
| 2000 | 70.82 | | 2010 | 620.00 | |
| 2001 | 91.60 | | 2011 | 882.29 | 32.50 |
| 2002 | 109.82 | 22.05 | 2012 | 963.27 | 15.94 |
| 2003 | 126.20 | 11.80 | 2013 | 1 123.18 | 16.45 |
| 2004 | 141.67 | 10.67 | 2014 | 1 182.86 | 4.24 |
| 2005 | 206.30 | 30.16 | 2015 | 1 302.53 | 8.80 |
| 2006 | 264.53 | 30.36 | 2016 | 1 398.60 | 7.32 |
| 2007 | 291.12 | | 2017 | 1 354.68 | 4.81 |
| 2008 | 324.60 | | 2018 | 950.40 | 3.28 |

注：1989—2019年间，国家统计局对统计范围做过两次调整：自1998年开始，统计范围调整为塑料行业全部国有企业和年产品销售收入500万元及以上的工业企业，统计范围缩小；自2011年起，国家统计局对规模以上企业的划分标准由原来的年销售收入500万元调整为2 000万元，统计范围再次缩小。

**附表3　1989—2018年我国塑料制品出口额增长情况**

| 年份 | 出口额（亿美元） | 同比增长（%） | 年份 | 出口额（亿美元） | 同比增长（%） |
|---|---|---|---|---|---|
| 1989 | 5.91 | | 2007 | 233.03 | 14.86 |
| 1995 | 24.75 | 29.20 | 2008 | 269.14 | 15.52 |
| 1996 | 26.87 | 8.50 | 2009 | 266.90 | -0.82 |
| 1997 | 34.90 | 29.80 | 2010 | 359.40 | 34.66 |
| 1998 | 38.23 | 9.50 | 2011 | 393.09 | 25.04 |
| 1999 | 43.90 | -1.90 | 2012 | 491.85 | 24.55 |
| 2000 | 52.37 | 19.30 | 2013 | 568.35 | 11.13 |
| 2001 | 55.50 | | 2014 | 604.34 | 6.09 |
| 2002 | 79.10 | | 2015 | 610.62 | 1.04 |
| 2003 | 97.40 | 23.20 | 2016 | 579.02 | -5.17 |
| 2004 | 127.74 | 31.21 | 2017 | 627.29 | 8.62 |
| 2005 | 166.04 | 30.00 | 2018 | 694.21 | 10.67 |
| 2006 | 202.88 | 22.19 | | | |

注：上述1989—2018年的出口额数据中，有些年份数据引用中国机械工业联合会提供的海关数据，有些年份数据由协会根据海关数据计算所得，略有差别，供参考。

〔供稿单位：中国塑料加工工业协会〕

# 多组分注射成型技术在我国的发展与应用之路

## ——富强鑫多组分成型技术35周年

### 引言

注塑机广泛应用于汽车、家居用品、电子及家电产品、建筑业、包装及医疗器材等行业，随着行业技术的发展，近年来多色（多组分）注射成型技术获得广泛采用。

多组分注射成型技术应用最早以双色注塑机为代表（亦即业界常用的双色机一词），于20世纪60年代由德国企业研发。当时研究双色注射成型技术的目的是要解决双色部件生产效率的问题，因此注塑工艺及模具制作技术比单色注塑相对复杂一些。受技术及成本因素的影响，2000年以前双色注射成型工艺在中国大陆都没有被广泛采用。而在90年代，出于全球电子产品代工厂角色的需要，许多台湾的注塑企业已经开始应用双色注射成型工艺。为了解决进口双色机价格昂贵的问题，台湾的注塑机厂家着手研制双色机，并联合模具厂商共同开发双色注射成型技术，开启了多组分成型技术在中国的发展之路。

双色机在技术发展过程中出现了两个主要的技术导向：一是以欧美企业为代表，偏向通用性，即在单色注塑机的基础上外加相关配置形成双色机，其特点是一机两用；二是以日本及中国台湾企业为代表，偏向专用性，双色机为专用机型，并融合许多定制化功能，更适合双色制品的专业量产。在众多的注塑机企业中，富强鑫以专用型双色机闻名，其双色机具有极高的知名度及指名度。富强鑫的精密双色机包括转盘式、转轴式、电动式、夹层机、混色机等，经过市场的考验及实机验证，已形成四大系列三十余种规格，锁模力范围1 350～19 000kN，广泛应用于汽车、手机、笔记本计算机、制笔、手动工具、高端日用品、化妆品、家电、其他电子产品等行业。根据内部统计，截至2018年年底，富强鑫累计销售的多组分注塑机已突破4 500台，累计销售金额突破22亿元，其中锁模力7 000kN以上的大型双色机达到200台以上。

富强鑫双色机的发展，正是多组分成型技术在中国发展与应用的写照。2019年恰逢富强鑫多组分注射成型技术诞生35周年，本文将带您一起回顾多组分注塑机在中国的发展历程，探究双色机的前世与今生。

1984年，富强鑫推出第一代双色机KT-300D，成为当时极少数能够生产双色机的厂家之一。当时双色注射成型技术还处于萌芽阶段，双色机应用的行业以日用品为主。到了90年代，台湾电子产业快速兴起，许多国外知名品牌的电子信息产品在台湾代工生产，双色技术开始应用在鼠标、按键、旋钮、遥控器、握把、游戏机外壳等3C产品上。另外，随着生活水平的提高，双色机也开始应用于化妆品业，以提高产品附加值。此时期富强鑫最具代表性的双色机为FB系列。FB系列成功的因素，除了产品设计外，最关键的是高性能定位。当市场上仍以普通注塑机为主流产品时，富强鑫双色机已经定位于高阶性能，对以后双色注射成型技术的发展起到了引领的作用。此项极具前瞻性的布局，也造就了富强鑫双色机的竞争优势与领导地位。进入2000年，双色机出现了四个重大的发展趋势：大型化、精密化及专业化、多射出与多功能、转动轴垂直化。

### 一、双色机的大型化发展

2001年1月，富强鑫推出锁模力10 000kN，转盘直径1.6m的大型双色机FB-1000R，主要应用于汽车行业。该产品的问世，终结了进口机的技术垄断，填补了国产大型双色机的空白，于2002年获得“台湾精品奖”。

在FB-1000R推出之前，塑料制品企业若生产大型双色产品，多半只能选择进口产品，但是进口机成本高昂、维修服务不便，并且无法满足特殊功能的要求。FB-1000R推出后，由于其定位高端、技术及质量已达国际水平，而且可配合客户量身定做特殊功能，许多客户基于成本及多方考虑采购该机。实际测试多副模具之后，客户对该机极为满意，认为其完全不输给德国进口双色机，甚至超越了德国机的性能。富强鑫双色机的研发技术及产品质量再度得到客户的肯定。

2006年以前，中国大陆市场上国产大型双色机极为罕见。随着汽车、家电、笔记本计算机、大型日用品等行业开始大量采用双色技术，市场对中大型双色机的需求日益增长。富强鑫于2006年将锁模力7 000kN以上的大型双色机引入宁波厂生产，开启了大型双色机在中国大陆市场的发展之路。2006—2010年，富强鑫实现锁模力7 000～14 200kN大型双色机在中国大陆的量产，至2015年更将锁模力扩大到19 000kN。其间，富强鑫台湾本厂也持续进行大型双色机的研究开发，在2012年推出锁模力19 000kN的超大型二板式水平转盘双色机HB-1900R。该机获得2013年荣格技术创新奖及2017年台湾精品奖。随后于2013年推出锁模力达32 000kN等级的超大型二板式双色机LM-3200LB，并于2013年年底出口巴西，这是目前国内最大型二板式双色机。该机可生产单色及双色产品，投资效益高。至2018年，在汽车、家电及笔记本计算机行业的带动下，富强鑫每年大型双色机出货已突破60台。

## 二、双色机的精密化及专业化发展

### 1.油电混合式双色机的精密化发展

2001年8月，富强鑫首次推出AE系列油电式高速注塑机。油电式注塑机结合了液压及电气两种结构，一方面具有全电式定位精准及节能的特性，一方面又保有了液压结构高推力的特性。换言之，油电式注塑机以低于全电机的成本有效地改善了传统液压式产品耗能及精度不佳的问题，而且大幅减少了污染及噪声。为了达成持续高速且精密注射的目的，该机锁模单元采用高刚性结构及德国高应答伺服阀的全闭回路控制，锁模力控制精度 ±0.5%。射出速度误差 ±0.1%，射出定位精度0.05mm，时间控制精度0.01s，成品质量误差0.1%以内，整体射出精度及稳定性接近全电式机型，可用于超薄件及微细复杂精密成品的生产。该机具备多段射出压缩功能，能独立控制各段位置及速度，并配合射出动作确立压缩起点与终点，可适应多种不同射压模具的需求。由于该机采用油电复合结构，因此可同步进行加料、蓄压、开关模及顶出等复合动作，大幅缩短成型周期时间。基本可以说，富强鑫AE系列注塑机的推出再次引领了行业高端注塑技术的发展。

随后富强鑫将该技术应用于双色机，于同年推出高速闭回路油电式双色机HB-250Y。该机以伺服电动机驱动螺杆进料，配有蓄压器高速射出装置，形成油电复合的多回路系统，加上采用全闭回路伺服控制，兼具精准进料、节省能源、高速射出及缩短成型时间的性能，是当时国内首创采用油电复合结构的双色注塑机，在技术上具有领先优势。实际用于生产一模四穴两组上下盖一次成型的薄型光盘盒(CDCASE)时，搭配伺服机械手及自动组合堆栈装置，成型周期仅7s。该套生产系统所展现的高速及高自动化生产能力，在当时不但突破了传统三片式光盘盒生产线需人工组装的瓶颈，还通过改良产品及模具，让一台注塑机完成两台机器的工作，提升了效率及质量，节省了投资成本。

该机具备的伺服电动加料结构、射出闭环控制、射出压缩功能（多段低压注射）及高达500mm/s的射出速度，均为当时极为先进的设计。锁模单元亦采用全新高刚性结构及德国高应答闭回路伺服阀，模板平行度误差0.05mm以下，开合模位置控制精度 ±0.1mm，两组射出单元均采用德国高应答闭回路伺服阀，射速分别达到

600mm/s 及 400mm/s，射出应答时间 25ms，射出位置精度 ±0.1mm，压力控制精度 ±0.5%，时间控制精度 0.01s，成品质量误差 0.1% 以内。该机在国产双色机中首先采用了全闭回路系统并配备高速射出性能，具备了单色、双色、同质、异质及多层射出的功能，不仅缩短了生产时间，提升了产能，降低了成本，更迈向高精度、高质量、多功能双色成型的领域。

该机获得 2001 年台北国际橡塑料工业展的塑橡胶机械研发创新产品竞赛优等奖及 2002 年的台湾精品奖。事实上，电动式螺杆进料结构在当时欧美各国的注塑机上已非常普遍，但是在国产注塑机上仍为一片空白，所以，该款高速精密型双色机的问世再次引领了国产双色机的技术发展。

除了注塑单元的精密化外，不断优化转动结构也是双色机的重要发展方向。不论是转盘或转轴，从最早的齿条结构，到液压马达驱动，再到伺服驱动，转动速度及精度均有大幅度的提升。2005 年，宁波富强鑫接获德国电子业者 CE 规格双色机订单，这是宁波富强鑫首次销往欧洲的双色机订单。目前富强鑫双色机已全系列通过 CE 认证，为拓展欧洲市场提供了有利条件。

2006 年起伺服节能机型大行其道，2007 年富强鑫推出伺服节能双色机，开启了多组分注塑机的高精节能之路。2014 年，为了满足双色模具新的技术要求以及客户对双色机的更高性能需求，富强鑫推出 FB 系列二代双色机，全面升级 4 000kN 以下小型双色机，优化结构刚性及转盘运动性能，增加更多的注塑单元选项。

2. 双色机在文具用品领域的应用

一般而言，双色机具有行业专用性，定制化程度较高，与通用型的单色注塑机有明显不同。2001 年 12 月富强鑫宁波厂成立之时，中国大陆地区的普通注塑机已经趋向饱和，因此，建厂之初即以特种注塑机为主要发展方向。2003 年 6 月，宁波富强鑫推出制笔专用双色机 FB-200R，其具有容模空间更大、转盘定位更快速精准、中心距可移动、成型周期更短、产品良率更高的特性，推出后大受好评。最初是温州的制笔龙头企业采用富强鑫双色机，随后宁波、上海等地的制笔企业也竞相采购，最终中国大陆制笔业前五大公司均采用富强鑫的双色机，从此打响富强鑫双色机在大陆市场的知名度。该机推动了制笔行业产品价值的提升，也掀起了大陆塑机企业积极投入双色机开发的大幕。

3. 双色机在手机行业的应用

2000 年起，全球手机行业蓬勃发展，手机的需求量每年呈倍数增长。在手机的生产过程中，除了各类电子组件外，其他构件如外壳、按键、连接器等也需要高精密机械来制造。富强鑫于 2004 年针对手机行业推出了 FB-140R 双色按键专用机。该机提升了注塑单元的效率及精度，在 2004 年创下单一地区单一机种销售近 50 台的佳绩，即使到了 2018 年，仍有韩国客户持续采购双色按键专用机。

4. 双色机在汽配行业的应用

2006 年以后，双色机的应用扩大至汽配行业（车灯及内外饰）。富强鑫在大型双色机的转盘承重、转盘定位精度、注射单元的塑化性能等方面进行了针对性的设计，其 10 000kN 以上机型基本以车灯企业为主要客户，在常州、苏州、台州、昆山、上海、芜湖、保定、沈阳、重庆、广西、青岛等地的车灯业均有富强鑫大型双色机在使用。随后，大型双色机又被应用于大型内外饰件。从 2015 年起，富强鑫锁模力 10 000kN 以上大型多任务位三色机的问世与应用，更进一步解决了我国汽配业复杂多色工艺技术的难题，使我国汽配业多组分注射成型技术达到了国际先进水平。

汽配行业对空调管道阀门系统密封性能的高要求对双色机提出了更高的要求。富强鑫于 2009 年推出具有斜背式射出结构的双色机 FB-350。由于射出单元采用上下紧凑型配置，特别适用于两组注塑质量差距较大的产品，尤其适合产品四周须带有一圈密封件的汽车部件。此外，该机也可以生产单色产品，扩大了机器的使用范围，能为客户创造更大的效益。而这种 W 型斜背射出结构在欧美注塑机较为常见，许多原本必须采用进口双色机才能生产的模具，便逐步改用富强鑫 W 型的双色机，自此开启了另一条富强鑫双色机替代进口机之路。

5. 双色机在化妆品业的应用

在富强鑫各个型号的双色机中，FB-260R 是最热销的机型，也是经典机型。该机定位于高性能应用，特别适合生产精度高、外观要求高的化妆品容器，2004 年在宁波富强鑫量产。多年市场应用证明，富强鑫双色机性能稳定、良品率高，其较高的注射速度使产品表面质量优异，生产厚件高透明产品亦可具有低速稳定性。由于口碑良好，日本、法国的大型化妆品企业以及我国台湾的化妆品企业均采用了富强鑫双色机用于生产。2014 年，富强鑫将该机型进行了二代升级。

6. 双色机在笔记本计算机领域的应用

2012 年起，薄型笔记本计算机及平板计算机在我国兴起并普及。这些产品具备的特性要求必须对固定件和密封件进行整合设计，以达到轻量化、薄型化和提升组装效率的目的，因此必须采用双色注塑工艺进行生产，同时电子产品部件精密、结构复杂、外观高质量的特性对双色机提出更高的要求。富强鑫于 2014 年推出薄型笔记本专用高精度双色机 FB-700R 及 FB-850R，在转盘速度、定位精度、合模精度、注射速度等方面均做了大幅度的提升，特别适用于薄型、高流长比、结构精细复杂的电子类产品的生产。该机填补了中型国产双色机的空白，开拓了双色机新的应用领域，一经推出立即获得相关客户的大批量采购。

7. 双色机在医疗产品领域的应用

富强鑫双色机的经典机型 FB-260R，除了在化妆品行业应用外，在医疗器材行业也有许多的应用案例，包括生产具备光阻隔特性的双层注射器、呼吸面罩、医用包装盖等。将双色成型工艺应用在医疗产品，必须考虑许多因素，包括洁净室空间及高度、生产区域洁净度要求、热源排放控制、废品率控制等。为了满足这些特殊需求，富强鑫在针对性改良后推出了医疗产品专用双色机，已陆续被国内外医疗器材公司采用。2019 年 5 月广州 ChinaPlas 期间，富强鑫展出了多模穴双色输液盖成型系统。

在医疗器材双色成型工艺中，软硬胶的结合是技术重点，对双色机注塑单元的定位精度及合模单元的刚性提出了较高的要求。而其中最能体现此项技术难度的，就是多模穴三色牙刷柄的生产。2012 年，富强鑫联合相关模具业者推出的牙刷专用三色机 FB-550R 被国际牙刷大厂采用。该机的推出再次开启了富强鑫多色机的进口替代之路。

2016 年，富强鑫再次推出升级版牙刷专用机 FB-600T（包含双色及三色）。1 台 FB-600T 双色机可取代客户原本的 9 台单色机（二次成型工艺），节省了一半的场地空间，减少了操作人力（三班由 24 人降为 3 人），更重要的是产品良率的提高（由 95% 提升至 99%）及效率的提升。FB-600T 三色机结合高精度模具及自动化周边，取代了客户原本使用的进口三色机，再次担负起进口替代的重任。2018 年 12 月，FB-600T 三色机（多模穴三色牙刷柄专用机）入选中国机械工业联合会“改革开放 40 周年—机械工业杰出产品”。

## 三、双色机的多射出及多功能发展

多组分注塑机的发展以双色机为开端，随着产品复杂度的提高，三色甚至四色的需求开始显现。一般而言，三色机有两工位三色机（俗称假三色）和三工位三色机（俗称真三色）两种类型。实际上，两者的区别不在于“真假”，而是根据产品结构设计（两副模具或三副模具）采用不同的转盘控制方式。“两工位”顾名思义转盘旋转定位在两个位置，等同于双色机的 180° 转盘控制方式。换言之，两工位三色机的三组注塑单元中，有两组是同时注射在同一副模具上，因此，产品中若有两组分的边界不相邻（可设计在同一副模具同时注塑），只需要两副模具来生产三组分产品，则适用两工位三色机。“三工位”则不同，转盘旋转能定位在三个位置（120° ）。换言之，三工位三色机的三组注塑单元中，三组分别注射在三副模具上，因此，产品中若三组分的边界均相邻，则适用三工位三色机。同样的，四色机也可区分为“两工位”及“多任务位”四色机。从技术的角度看，多任务位转盘控制精度明显高于两工位，机器的制作成本也相对较高，所以不必盲目追求多任务位多色机，而要根据产品结构需求选择最经济的方案。

早在2005年，富强鑫就已推出FB-450M三色机，是当时极少数能生产三色机的厂商之一。随着多色产品设计复杂度的提高，多任务位三色机的需求越来越大，富强鑫于2010—2017年陆续进行了中大型三色机的开发。2015年，富强鑫推出FB-1900R超大型三工位三色机，锁模力19 000kN，转盘直径2 250mm，是当时市场上最大的多任务位三色机，亦是富强鑫三色机发展中的重要里程碑。至2017年，富强鑫完成全系列锁模力1 600～19 000kN电动转盘多任务位三色机开发，并得到广泛应用。2015年起，富强鑫大型多任务位三色机在汽配业应用。

在四色机方面，富强鑫同样投入了大量研发资源，于2010—2016年陆续推出锁模力12 500～16 000kN两工位四色机。至2018年，在多任务位三色机的技术基础之上，进一步推出FB-1600R多任务位四色机，将大型多组分注塑机推向技术顶峰，目前已成为富强鑫大型多组分注塑机的拳头产品。

1. 多组分注塑机射出型式定义

随着多组分注塑机从双色机、三色机发展到四色机，再加上垂直转盘及水平转盘的变化，注塑单元的配置形成了非常多的组合方式。为了便于沟通及避免误解，富强鑫于2017年将各种配置方式加以归纳，首次提出“多组分注塑机射出型式定义”。以双色机为例，共有五个基本型式，包括：P型（平行双射 -Parallel）、L型（直角双射 -Horizontal）、V型（天侧双射 -Vertical）、W型（背式双射 -Piggyback）、H型（对向双射 -Opposite）。再以双色机的五个型式为基础，衍生出三色机及四色机的射出型式定义，总计有19种配置方式，都已经过市场实机验证。根据富强鑫的规划，多组分注塑机射出型式未来将达到25种。

由此可见，多组分注塑机的技术变化及定制化程度远远超过单色注塑机，如何快速满足多样的产品需求是多组分注塑机未来发展的关键所在。外在的硬件结构设计很容易做到，但内在的软实力则需要积累。富强鑫多色机累积的35年技术发展经验、4 500多台销售实绩、上千件行业产品应用案例及控制程序、遍布中国的多组分合作伙伴（专业模具商及试模厂）形成了庞大的数据库及合作网络，这些正是构成富强鑫多色机强大竞争力的基础。因此，富强鑫销售的不只是多色机，更是多组分注射成型技术解决方案。

2. 多组分注塑机的多功能发展

多组分注塑机注塑单元的增加及不同的配置方式满足了各种多组分产品的成型需求，而真正让多组分注塑机具备多样功能及弹性生产模式的是射出移动功能的实现。2014年起，富强鑫将射出移动功能配置在锁模力7 000kN以上的中大型多色机上，实现了单色、双色、三色、四色一机多用。例如，直角天侧四色机（LV型）配合射出移动功能将可实现单色、P型双色、L型双色、V型双色、L型三色、V型三色、LV型三色、LV型四色八种功能。对产品多样少量的企业而言多功能机是极佳的选择，以车灯业为例，通过精心配置射出单元，一台多色机可同时满足汽车前灯与尾灯的生产需求。

在五种双色机基本型式中，水平对射机（H型）是近年发展的新式结构。水平对射加上二板夹模单元再配置重叠模可实现单色产品双倍产能。2019年，富强鑫推出HB-2350D超大型二板对射机，配置全伺服系统、电动加料（ESD）及射出闭环控制。该机应用于大型物流产品生产，一台双射机可完成两台单色机的生产，不但节省能源，减少占地空间，产能也提升70%以上。

一般情况下，多组分产品都是不同塑料的结合体，而利用多色机将同一种塑料多次覆盖成型则是新近发展的技术。例如将多组分成型技术运用在厚壁透明光学产品（如透镜、导光块等），可以解决单次注塑周期长、收缩不均的问题。

多组分注射成型技术按产品的结合形态可分为三大类：多色分明、混色、内外夹层。2001 年富强鑫研发出气辅三明治共射出成型技术，由气体辅助射出装置与夹层共射出加工单元形成气辅共射出混合加工装置，通过将特殊气体装置产生的高压氮气瞬间注入三明治共射出成型模具的塑料中，完成气辅三明治共射出加工过程。该技术综合了各单项技术的优点，可以扩展产品的应用领域，具有增进成型性能、减少翘曲变形、提高良品率、降低成本及增加产品功能等优点。该技术结合气体辅助射出系统及夹层混色机可以产生两种效果的产品：一种是透明渐层加中空结构，可以形成特殊外观效果，提高产品附加价值；另一种是内外夹层加中空结构，可以达到减重、提高强度及降低成本的目的。此外，2017 年富强鑫推出 FB-250C 三色混色机，三组注塑单元由单一射嘴混合射出，可产生独特的花纹，应用于运动器材握把等产品的生产，是国内极少见的三色混色机。

## 四、双色机转动轴垂直化发展

每三年一届的德国 K 展是全球塑料成型技术的盛会。2004 年 K 展出现了许多水平转动的多色模具，包括小型水平旋转重叠模、水平旋转四面立方模、双组水平旋转四面立方模等。其中，米拉克龙展出的 2 500kN 对射双色机配置了两组水平旋转四面重叠模，“双色＋ IML( 模内贴标 ) ＋IMA( 模内组合 ) ＋旋转重叠模”四项技术吸引了众多眼光。同年 K 展，恩格尔展出了 15 000kN 二板式水平对射双色机配置水平旋转重叠模及射出压缩功能，以 PC 类玻璃技术生产汽车天窗，为汽车轻量化提供了重要的新方向。

2007 年 K 展，克劳斯玛菲展出 23 000kN 二板机配置水平旋转重叠模，用于生产汽车门饰板。该产品结合旋转重叠模及反应射出技术，以 PC/ABS 基材加三色 PUR 在线喷涂技术构成四色皮纹触感表层，再加上激光裁边处理单元，形成完整的汽车门饰板自动化生产模块，将复杂的后制程全部加以整合，同样引起较大关注。同年 K 展，恩格尔展出 9 000kN 二板式水平对射双色机，配置水平旋转重叠模，结合微发泡技术生产汽车中央扶手。米拉克龙展出了 4 500kN 对射双色机，配置水平旋转四面重叠模，用于生产卫浴连接器。而德马格也展出 3 000kN 油电式双色机，配置水平旋转四面重叠模加上模内组合技术生产双层瓶盖。由以上观察可知，2000 年以后，水平旋转模具在多色机的运用已经从小型 2 500kN 扩展到大型 23 000kN 的机器，而当时在中国相关技术的国产化应用几乎是一片空白。

富强鑫长期关注欧美企业多组分成型技术的发展动向，有鉴于水平转动多色模具的应用趋势，于 2009 年成立水平对射双色机项目组，联合相关模具业者共同开发二板式水平对射双色机，并于 2012 年推出 HB-1900R 超大型水平转盘双色机。该机锁模力达到 19 000kN，是当时国内极少数的超大型双色机。它具备两大特点：其一，转盘呈水平型式，模具均衡挂载于中央转盘模壁两侧，由于采用水平式的旋转运动，无明显的重力与机构限制问题，得以实现大型双色件的成型量产工作，且免除了垂直转盘因模具自重而产生倾斜磨耗，导致运转不顺等问题；其二，采用水平对射形式，配合水平转盘结构，相较于垂直转盘，在相同大柱内距下，模具可使用范围更大，亦能满足滑块行程较长的模具设计需求。该机结合了大型二板机、双色机、水平转盘、重叠模及伺服节能多重技术，基本填补了国内超大型双色机市场的空白。

当产品尺寸更大、需要更大锁模力、模具结构相对复杂的时候，采用水平旋转盘的方式进行双色生产可避免垂直转盘转动的惯性问题及重力的影响，应用优势明显。因此，该机特别适用于大型平面电视外框、汽车内外饰件、汽车天窗、角窗、车灯外壳等产品的生产。此外，由于采用了二板式锁模结构、两组水平对置的注塑单元以及重叠模技术，应用于单色产品生产可产生两倍的产量，效益大幅提升，运用于深腔类型产品也极具优势。

随后，富强鑫分别于2014年台北、2015年广州、2016年上海的国际塑料橡胶工业展览会上展出了生产类天窗产品的HB-350R水平转盘双色机，将水平转盘旋转重叠模技术实际呈现，引起客户的关注及咨询。该产品获得2014年台北展研发创新产品竞赛特优奖。富强鑫于2016年完成HB-R机种的系列化，锁模力范围3 500～19 000kN。2018年更将水平转盘双色机增加至三色及四色，进一步扩大了该系列机种的使用范围，并获得客户广泛采用。

**五、多组分注塑机未来发展趋势**

观察历届德国K展，2004年及2007年两届K展在多组分成型技术上展示了许多应用组合，如双色＋IML（模内贴标）、双色＋IMA（模内组装）、双色＋重叠模、双色＋旋转重叠模＋IMA、双色＋IML＋IMA＋重叠模、双色＋夹层、双色＋Mucell（微发泡）、三色＋IMA、三色＋嵌入成型、双色＋硅胶成型（SIM）、双色共射出＋水辅射出、双色＋反应射出等。而超大型水平转盘对射机、全电双色机、三工位三色转轴机、四色机等高技术产品亦在此时出现。换言之，多组分注射成型技术必须与其他技术结合应用，以创造更多的效益，这是下一阶段必须挑战的目标。回顾我国多组分注塑机十多年的发展，哪些应用实现了国产化，是很值得深思的问题。

这其中的关键问题在于多组分模具技术及自动化周边的发展，模内贴标、模内组合、水平旋转四面重叠模、微发泡、硅胶成型等都需要相关的模具及周边的配合。因此，注塑机、模具、自动化周边的技术整合与共同开发是多组分成型技术发展的关键，如此才能形成高度自动化生产单元。在未来，二板式水平转盘多色机将会持续深入发展，尤其是水平旋转四面重叠模的应用。而结合电动驱动单元，如转动单元、注塑单元等，也是实现多色机高精度、多功能的重要基础。随着智能注塑机技术的发展，多模穴流动平衡、注塑熔体变异控制、锁模力在线监测等技术的逐步应用将使多组分注塑机朝着高效能领域发展。

**结语**

在35年的发展历程中，富强鑫推出了双色机、三色机、四色机，从两工位到多任务位，从小吨位到大吨位，从垂直旋转到水平旋转，从液压驱动到伺服驱动，从专用机到多功能机，核心的发展理念就是引领我国多组分注射成型技术发展，持续推进多组分注射成型技术的应用，成为最佳进口替代品牌，为客户创造更高的效益。

2018年2月，宁波富强鑫加入中国塑料机械工业协会团体标准工作委员会，承担《多组分塑料注射成型机》团体标准的起草工作。2018年7月，为支持培养我国塑料机械行业专业人才，宁波富强鑫向北京化工大学无偿提供实验展示设备（FB-200R双色机），用于北京化工大学在其校内建设“中国塑料机械专业人才培养基地”。2018年10月富强鑫集团与国家塑料机械产品质量监督检验中心共建多组分注塑机联合科创技术中心，合作进行多组分注塑机技术创新、标准制定、检测方法研究、新产品研发等。该技术中心于2019年7月29日在宁波富强鑫厂区举行揭牌仪式。

古谚曾云：罗马不是一天建成的。寓意做事不能急于求成，只有付出努力并持之以恒，才能取得成功。做事尚且如此，更何况从事生产装备的制造。以富强鑫开发HB-R二板式水平双色机为例，从2009年成立项目组到2012正式推出市场，其间经过了非常严谨的市场技术调查及专利检索与解析，反复论证技术方案及可靠性，最终诞生了富强鑫独特的创新机种。一步一脚印，凡含泪播种，必欢笑收割，富强鑫多组分注塑机的发展历程正是最佳写照。回顾35年得来不易的成果及发展局面时，也期望业界摒弃随意仿冒竞争，加强技术自主创新，加大培育多组分技术人才，共同为我国多组分注射成型技术的发展做出更大的贡献。

〔供稿单位：富强鑫工程技术中心〕

# 中国塑机创新人才培养基地

2018 年 9 月 12 日，中国塑机创新人才培养基地在北京化工大学昌平校区正式成立。该基地由中国塑料机械工业协会与北京化工大学共同发起。

人才培养基地的想法源于北京化工大学与中国塑料机械工业协会在德国亚琛工业大学塑料加工研究院（IKV）的调研。欧洲顶尖设备厂商希望把设备放到 IKV，通过产学研合作研发行业前沿技术，这一方式深深触动了调研人员。中国塑料机械工业协会常务副会长粟东平感慨，经过几十年的发展，中国的注塑机在许多原始创新上与全世界并跑甚至开始领跑，尤其在汽车电动化、轻量化进程中和欧美日同步进入无人区，要想实现塑料机械领域的技术领先，唯有加大塑料机械企业与国内科研机构的深度合作这一条出路。

中国塑料机械工业协会随后向行业全体会员企业发出倡议：让今天校园里的莘莘塑机学子成长为明天企业的技术骨干，将现有的主流和创新设备放在北化“中国塑机创新人才培养基地”，以产学研相结合的模式，为所有参与企业提供一个永不落幕的展示和试验平台。在中国塑料机械工业协会的推动下，截至 9 月 12 日有 19 家会员企业提供了价值 800 余万元的高端装备。泰瑞机器股份有限公司更是与北京化工大学达成全方位多层次合作协议，捐赠 1 000 万元用于推动校企在人才培养、新校区建设、科技研发等方面的战略合作，全面构建校企协同创新长效机制。中国塑料机械行业企业向北京化工大学捐赠的设备名单见表 1。

**表 1　中国塑料机械行业企业向北京化工大学捐赠的设备名单**

| 企业名称 | 设备名称及型号 |
|---|---|
| 海天塑机集团有限公司 | 注塑机 160T-MA1600IIS/570 |
| 震雄机械（深圳）有限公司 | 注塑机 128T-JM128-MK6 |
| 博创智能装备股份有限公司 | 注塑机 200T-BH200 |
| 广东伊之密精密机械股份有限公司 | 注塑机 120T-UN120A5 |
| 富强鑫精密工业股份有限公司 | 多组分注塑机 200T-FB200R |
| 山东通佳重工有限公司 | 注塑机 140T-TH140/SP |
| 宁波海太塑料机械有限公司 | 注塑机 90T-HTL90JD |
| 宁波市海达塑料机械有限公司 | 注塑机 90T-HDT90 |
| 东华机械有限公司 | 电液复合注塑机 130T-TTI-GE130HB |
| 苏州立注机械有限公司 | 立式注塑机 60T-LZ-600-2R |
| 南京永腾化工装备有限公司 | 连续密炼机 |
| 信易电热机械有限公司 | STM-1220PW、SG-2417N、SGB-200-4、ST3-700-1600-S-EM67、传送带 SCI-300W-2000L |
| 宁波华热机械制造有限公司 | 机边中速粉碎机 HGM200 、欧化干燥机 HED-40U HL 、欧化填料机 HAL-600GND-U |
| 湖南匡为科技有限公司 | 超长径比挤出机 |
| 北京中拓模塑科技有限公司 | 微发泡注塑控制系统 |

（续）

| 企业名称 | 设备名称及型号 |
|---|---|
| 奇石乐仪器仪表科技（上海）有限公司 | 数据采集系统 Comoneo |
| 力劲科技集团有限公司 | 注塑机 |
| 无锡灵鸽机械科技股份有限公司 | 精密计量配料机 |
| 杭州科强信息技术有限公司 | 管工厂信息系统 |

在塑料机械行业人才培养的过程中，北京化工大学起到了举足轻重的作用。北京化工大学塑料机械专业历经60年的建设和特色研究，为塑料机械行业培养了一大批专业人才，在我国塑料机械的迅速发展中起到了重要的骨干支撑作用。其中的高分子材料先进制造（英蓝）科技创新团队，由杨卫民教授为学术带头人，围绕高端装备制造和新材料两大国家重大需求开展研究，系统深入地开展高分子材料精密成型原理及装备、高分子材料加工成型重大关键装备、高分子材料加工成型微纳制造装备以及节能装备等研究工作。迄今为止，在聚合物成型加工新原理、新工艺及新设备研发方面取得了五个方面的代表性研究成果：高分子材料单元转子扰流强化传热技术及装置、高分子材料PVT关系特性参数在线测试方法及装置、塑料精密注射成型装备并实现大规模产业化、高分子材料加工成型与先进制造的微积分加工方法与装备、巨型轮胎宽幅胶片挤出成型重大装备及其仿真系统。

英蓝团队在杨教授的带领下首次提出了“高分子材料微积分加工”的新思想——通过对聚合物熔体微尺度分割和微单元叠加制造精密塑料制品和微结构复合材料，在注射成型、静电纺丝、纳米复合材料制备、3D打印成型等多方面取得突破。发明了熔体微分注射和挤出成型方法与装备、熔体微分静电纺丝方法与装备、熔体模内微积分叠层纳米复合材料制备方法与装备以及熔体微滴堆积3D打印成型方法及设备等，原理样机均已研制成功并进入产业化开发阶段。

智能注塑机的研发是团队目前开展的一项重要工作。注射成型过程中，最重要的是保证产品的重复精度，现有注塑机不具备及时感知外部干扰条件的能力，不能及时采取措施应对外部扰动，因此无法保证产品的重复精度。目前，英蓝团队已在智能注塑机研发中取得突破，能够使注塑机形成自感知、自决策及自执行的智能闭环赋能体系。

此外，依托英蓝实验室开设的北京化工大学高分子材料先进制造英蓝创新团队学科交叉班，建立了新能源汽车塑化制造、软体机器人、熔体微分静电纺丝微纳米纤维、3D打印与3D复印、无人机、低碳制造六个主要研究方向，也是北京化工大学首批本科学科交叉班之一。在日常教学活动中尝试多学科系列课程讲座与研讨、参与项目研发、企业生产实习以及参加与研究领域相关的创新创业大赛等多种培养方式相结合的模式，并在与博士生、硕士研究生共同研究课题的过程中提高交叉班学生的科研能力及素养，为他们确定未来的研究方向打下基础。

学校通过与行业协会共建面向先进制造领域的创新人才培养基地，围绕产业链、创新链开展工程人才培养创新模式的“北化实践”，真正实现学校与行业企业的优势互补、资源共享、互惠互利、共同发展，对在“新工科”建设过程中重构人才培养体系具有重要的借鉴意义，为我国经济转型和社会发展提供强有力的智力支持和人才支撑奠定了基础。

〔供稿人：北京化工大学谢鹏程〕

# 社会公益

## ——塑机之光燃亮藏村校园

为响应国家号召，对贫困落后藏区进行援助，中国塑料机械工业协会自 2016 年起与四川省阿坝州九寨沟县草地乡中心小学建立直接联系，集行业、个人之力，两年内总计为草地乡中心小学捐款 30 698 元，用于置办两届学生校服以及直接救助贫困家庭。2017 年冬季，为做好学生保暖越冬工作，学校还使用善款购置了取暖器 11 台（用于高寒藏区教室和宿舍的取暖），赢得了草地乡小学师生的一致好评。

2018 年，协会继续携手全行业对草地乡中心小学进行援助，呼吁行业同仁继续献出自己的爱心，为藏区孩子们提供一个健康成长的环境。2018 年 6 月，协会再次组织了爱心捐款活动，收到塑料机械行业个人爱心捐款共计 37 987.37 元。6 月 29—30 日，中国塑料机械工业协会常务副会长粟东平和秘书长王静携带募捐款项来到草地乡中心小学探望师生，并向孩子们发放了协会为其购买的新书包。

在对话中，粟会长向草地乡中心小学校长及任职老师们介绍了中国塑料机械工业协会和塑料机械行业的发展情况，并表示要坚持开展此项慈善活动，尽绵薄之力为藏区的孩子们多做实事，不让孩子们因为贫穷而失去受教育的机会。草地乡中心小学校长杨贵成介绍了学校情况以及受到多方支持所取得的成果。学校地处九寨沟县东南角，驻地于草地乡下草地村，距九寨沟县城 82km（金草公路），东南北三面与甘肃省文县交界，西面与勿角乡、郭元乡接壤。学校始建于 1956 年，于 2008 年“5 • 12”汶川地震后异地重建，新校园于 2009 年 9 月投入使用。学校服务区域含 3 个行政村约 120 户人家，设 7 个教学班（含学前班），目前学生总数为 58 人，其中义务教育阶段学生为 43 人。学校占地面积 4 659m$^2$，其中教学及辅助用房 965 m$^2$，生活用房 1 427 m$^2$。学校现有教职工 25 人，其中在岗编 16 人（本科学历 7 人、大专学历 7 人、中专学历 2 人），临时人员 9 人（保安 2 人、炊事员 2 人、住校生管理员 2 人、保教人员 3 人），学校的老师现以“85 后”和“90 后”居多。经过各方爱心人士的支持，学校近些年的条件已有很大改善，校园干净整洁，由成都师范银都小学捐建的“银草书屋”为学生们提供了较舒适的读书、绘画、开展文娱活动的空间。

在交流中，得知学校近期需要援助的内容主要集中在书籍、书法用品和民族服装三个方面，协会人员在返京后也号召塑料机械行业人士将家里看过的书籍进行捐赠。

尽管学校的发展比较顺利，也认真响应国家精准扶贫的号召，积极帮助困难学生，但是学生们各自的家庭依然面临各种问题，其中最主要的便是因病致贫。在粟会长一行此次走访的学生家庭中，有一户因为给患脑瘫的孩子治病而倾其所有、负债累累，但却无法获得困难补助和全额报销治疗费用。即使如此，父亲几年来始终没有放弃对孩子的治疗，并含泪表示无论多难都要坚持。对此，协会希望能尽己所能帮助他们，并呼吁相关部门进行关注并开展援助！

中国塑料机械工业年鉴 2019

分析行业和主要产业集聚地的发展情况

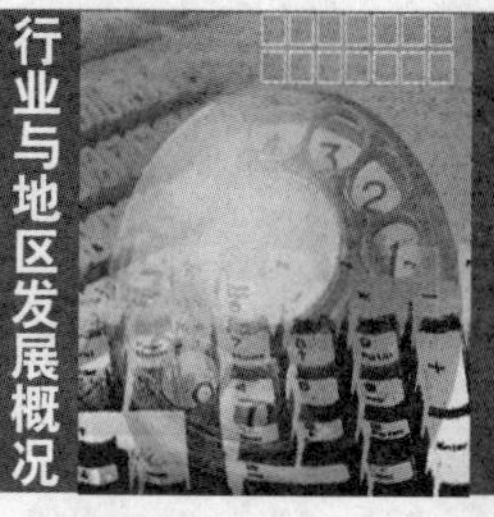

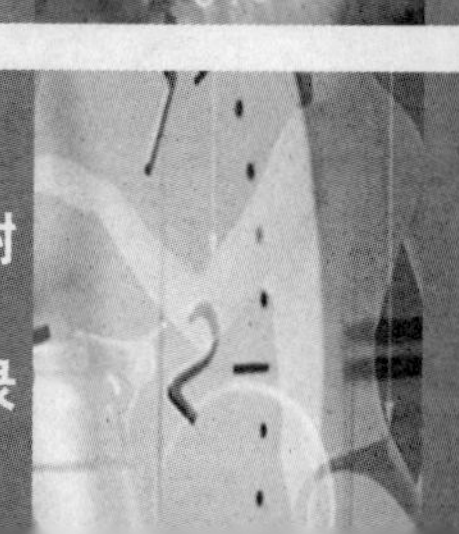

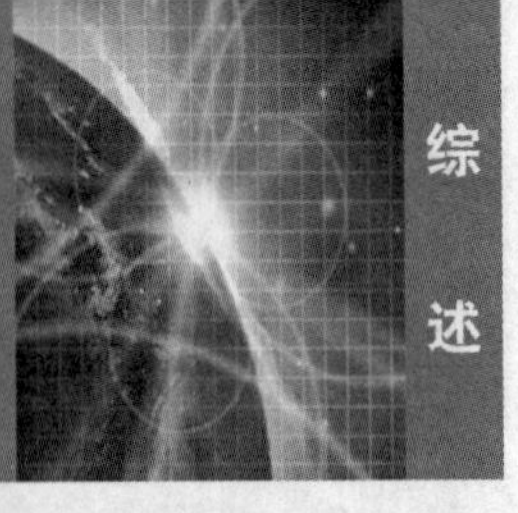

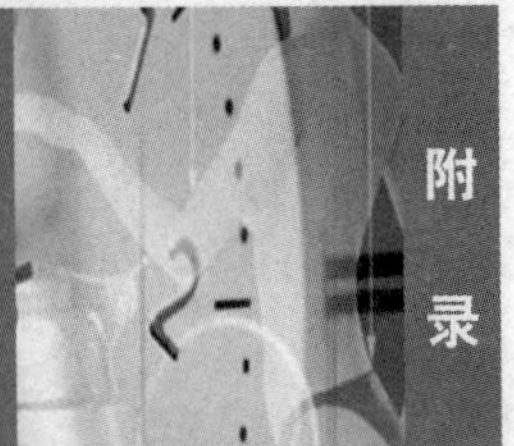




# 行业与地区发展概况

**行业概况**

塑料注射成型机概况

中空塑料吹塑成型机发展概况

2019 年我国再生塑料行业发展现状

塑料挤出发泡成型设备行业发展概况

**地区概况**

张家港地区塑料饮料机械行业 2018 年发展情况

宁波市塑料机械工业 2018 年经济运行概况

广东省塑料及塑料机械行业发展概述

# 行业概况

## 塑料注射成型机概况

全球塑料制品的产量一直保持稳定增长，2017年产量达到3.48亿t，其中欧洲达到6 400万t（约占全球总量的18.5%），而我国则是世界上塑料制品产量最大的国家，达到了1亿t（约占全球总量的29.4%）。作为塑料制品生产过程中必不可少的设备，塑料注射成型机（即注塑机）在塑料制品的生产中应用极其广泛，主要应用于汽车、家电、包装、物流等产业。注塑机是塑料机械行业中的一个重要分支，从世界范围看，注塑机产值占塑料机械总产值的40%以上。我国塑料机械行业与世界塑料机械行业的产品构成大致相同，注塑机也是我国产量最大、产值最高、出口最多的塑料机械设备。随着工业化进程的推进、快速的城市化、基础设施的增长和技术的发展，注塑机的需求将随之不断增长，汽车、消费品和电子行业的大规模生产也会推动全球注塑机市场的发展。

### 一、我国注塑机行业的产业发展情况

1. 发展概况

我国是世界上最大的注塑机市场，经过多年的稳定增长取得了长足的发展。全年产量实现了两位数的增长，主要原因是汽车轻量化的发展以及包装、家电、3C产业的升级。2018—2022年，我国注塑机产量预计年均增长5%以上。据统计，2017年我国注塑机行业市场规模218.75亿元，2018年我国注塑机行业市场规模226.86亿元，同比增长3.7%。2016年至2019年1月我国注塑机行业市场规模见表1。

**表1　2016年至2019年1月我国注塑机行业市场规模**

| 时间 | 市场规模（亿元） | 同比增长（%） | 时间 | 市场规模（亿元） | 同比增长（%） |
|---|---|---|---|---|---|
| 2016年 | 211.59 | 3.8 | 2018年 | 226.86 | 3.7 |
| 2017年 | 218.75 | 3.4 | 2019年1月 | 19.42 | 2.7 |

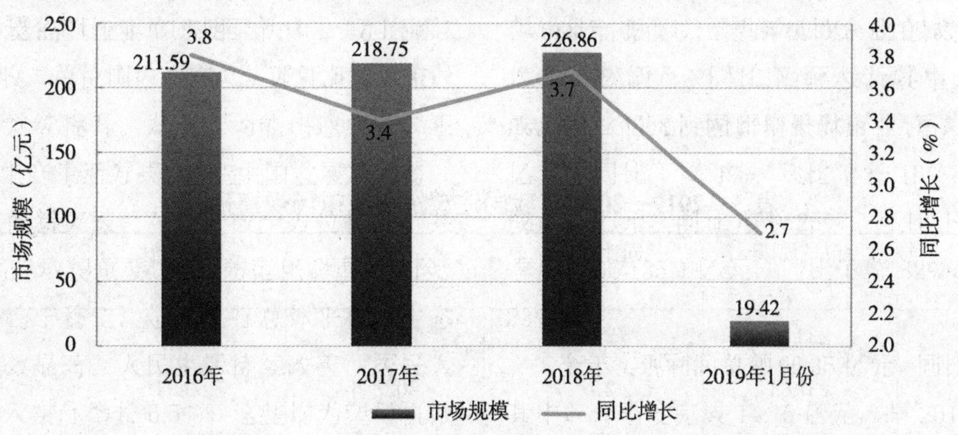


**图1　2016—2019年1月我国注塑机行业市场规模**

注：数据来源于中国机械工业联合会。

目前注塑机的高端市场主要由欧洲和日本企业占据，注重创新和长期发展的积累使得欧美及日本企业生产的注塑机在高端市场上具有优势。但我国正在缩小和日欧的差距，我国企业基本占据中端市场份额，在高端市场区域，龙头企业正拉近和进口企业的距离。欧洲塑料机械厂商在2001 年后入驻我国，受益于国际品牌制造向中国市场转移，以及因此带动的相关产业链发展，国产塑料机械技术也在不断提高。

我国既是塑料成型设备的生产大国也是消费大国和出口大国，因此塑料成型设备行业尤其是注塑机行业的竞争既有国内市场的竞争，也有国际市场的竞争。同时，由于下游应用行业范围较广，在大中小各类型注塑机和中高端各类注塑机上均存在不同程度的竞争。2018 年我国注塑机行业市场竞争格局见表 2 和图 2。

**表 2　2018 年我国注塑机行业市场竞争格局**

| 区域 | 市场份额（%） |
|---|---|
| 华北地区 | 14.7 |
| 华东地区 | 30.1 |
| 华南地区 | 23.9 |
| 华中地区 | 13.3 |
| 西南地区 | 6.2 |
| 西北地区 | 3.7 |
| 东北地区 | 8.1 |

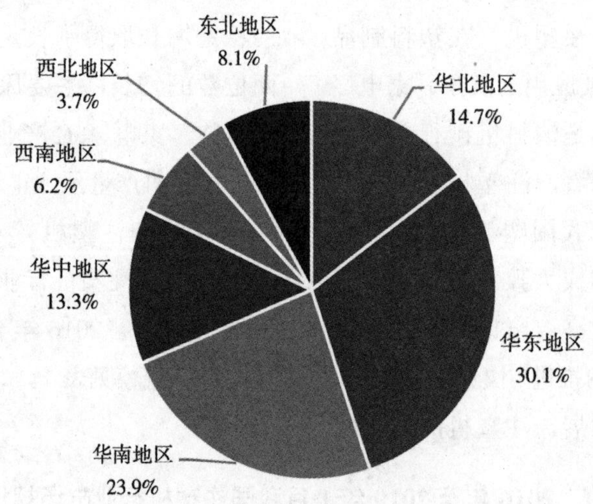


**图 2　2018 年我国注塑机行业市场份额**

注：数据来源于中国机械工业联合会。

未来几年，我国注塑机行业市场规模预计呈现增长趋势。2019—2024 年我国注塑机行业市场规模年增长率预计达到 2% ～ 3%，预测到 2024 年我国注塑机行业市场规模将达到 260.82 亿元。2019—2024 年我国注塑机行业市场规模预测见表 3 和图 3。2016 年至 2019 年 1 月注塑机行业国内外市场对比见表 4。

**表 3　2019—2024 年我国注塑机行业市场规模预测**

| 时间 | 市场规模（亿元） | 同比增长（%） | 时间 | 市场规模（亿元） | 同比增长（%） |
|---|---|---|---|---|---|
| 2019 年 | 233.02 | 2.7 | 2022 年 | 248.95 | 2.1 |
| 2020 年 | 237.83 | 2.1 | 2023 年 | 253.94 | 2.0 |
| 2021 年 | 243.81 | 2.5 | 2024 年 | 260.82 | 2.7 |

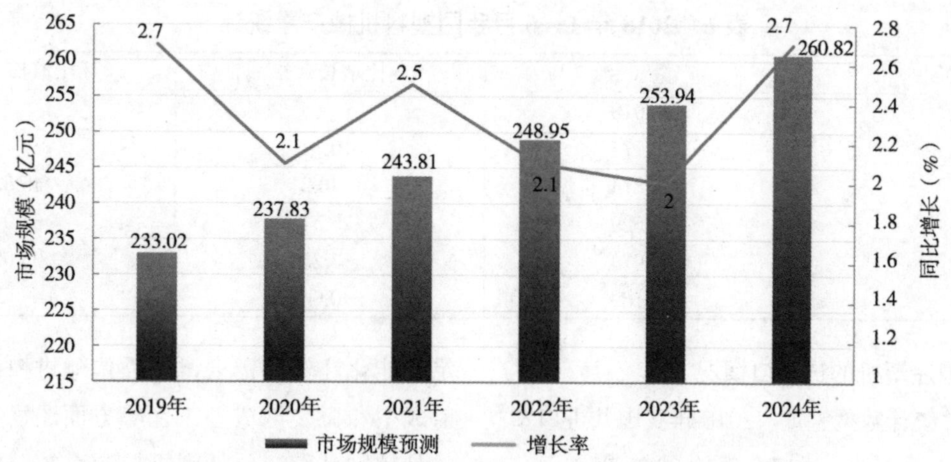


**图 3　2019—2024 年我国注塑机行业市场规模预测**

注：数据来源于中国机械工业联合会、鸿晟信合研究院整理分析。

**表 4　2016 年至 2019 年 1 月注塑机行业国内外市场对比**

| 时间 | 我国注塑机行业需求量（万台） | 全球注塑机行业需求量（万台） | 占比（%） |
|---|---|---|---|
| 2016 年 | 8.20 | 61.86 | 13.26 |
| 2017 年 | 8.51 | 64.09 | 13.28 |
| 2018 年 | 8.80 | 66.20 | 13.29 |
| 2019 年 1 月 | 0.75 | 5.64 | 13.30 |

2. 生产情况

根据国家统计局数据统计，2018 年上半年我国塑料机械制造业规模以上企业有 410 家，同比增长 2.76%；规模以上企业主营业务收入在 5 月和 6 月同比下滑均超过 10%；出口交货值自 3 月起持续下跌；利润总额则在 6 月明显回升；产量在 5 月出现大幅下降后于 6 月有所恢复。

第二季度各项主要经济指标绝对值优于第一季度，主营业务收入、利润总额和出口交货值分别较一季度环比增长 16%、51% 和 9%。

2018 年各季度我国塑料机械规模以上企业主要经济指标见表 5。2018 年 1—6 月我国塑料机械产量统计见表 6。

**表 5　2018 年各季度我国塑料机械规模以上企业主要经济指标**

| 时间 | 出口交货值 | | 主营业务收入 | | 利润总额 | |
|---|---|---|---|---|---|---|
| | 金额（亿元） | 同比增长（%） | 金额（亿元） | 同比增长（%） | 金额（亿元） | 同比增长（%） |
| 一季度 | 20.86 | −10 | 154.12 | 7 | 14.15 | 0 |
| 二季度 | 22.83 | −16 | 178.30 | −4 | 21.42 | 15 |
| 三季度 | 25.86 | −14 | 176.00 | 25 | 20.38 | 16 |
| 四季度 | 24.80 | −14 | 135.90 | −32 | 10.40 | −44 |
| 合计 | 94.35 | −14 | 644.32 | −4 | 66.35 | −4 |

**表 6　2018 年 1—6 月我国塑料机械产量统计**

| 时间 | 产量（台） | 同比增长（%） | 环比增长（%） |
|---|---|---|---|
| 1—2 月 | 50 018 | | |
| 3 月 | 28 774 | -10.14 | |
| 4 月 | 41 874 | 40.2 | 45.53 |
| 5 月 | 15 529 | -25.54 | -62.91 |
| 6 月 | 29 974 | -7.25 | 93.02 |
| 合计 | 166 169 | 0.66 | |

## 二、我国注塑机的进出口情况

根据海关统计数据整理，2018 年我国共进口塑料机械产品 21 261 台，进口金额约 20.08 亿美元，进口数量与上年持平，进口额同比增长 15%，进口平均单价由上年同期的 8.2 万美元 / 台上升至 9.4 万美元 / 台。在出口方面，我国塑料机械出口合计 126.66 万台，金额 24.47 亿美元，出口数量同比增长 48%，出口额同比增长 9%，平均单价 0.2 万美元 / 台。

2018 年一季度进口注塑机 1 686 台，进口额 1.97 亿美元，同比分别增长 26%、28%。2018 年一季度，我国塑料机械出口市场排在前 10 位的国家中，出口至美国、土耳其、泰国、印度尼西亚、墨西哥、马来西亚和巴基斯坦增长较快，出口额增幅均在 25% 以上。其中，出口至土耳其的金额同比增长 91.81%，出口至马来西亚的金额同比增长 110.06%。

## 三、我国注塑机行业发展新趋势

中国塑料加工工业协会通过的《塑料加工业“十三五”发展规划指导意见》指出：“十三五”是塑料加工业创新发展的新的历史时期，产业的主要发展任务是优化结构、转变发展方式、促进产业升级，突出由大变强、由快变好。注塑行业正面临由传统注塑向智能化注塑转型的挑战。

要实现这一转型，需要全行业努力，可从两个方面实现突破。一是集中精力攻克精密注射成型、微注塑、微成型难题。目前我国注塑行业在成型精度、几何公差、表面质量精度、成型速度等方面与智能化注塑的要求还存在较大差距；在装备上，伺服电动机、传动机构包括传动丝杠、滑块、齿条等在制造精度和整体精度上还不能满足智能化注塑的需要，仍需依赖进口；在低压注射成型和微发泡成型工艺等方面还需积极探索。二是控制系统，包括塑机控制系统精度和模具在线监测系统，以及单机智能控制包括产品检验识别系统等与智能化注射成型的要求还存在不小差距。注塑行业在“工业 4.0”和《中国制造 2025》的指引下，坚持技术创新和设计创新的融合，全面推动行业创新发展。

1. 注塑设备的要求

未来智能注塑机能利用生产系统设定生产需求，通过射频信息芯片和大数据平台自动识别并调整 / 安装符合的模具、自动接水接气、自动接中子等，完成生产需要的步骤，各种信息数据通过联网传输给注塑机云平台，注塑云根据大数据分析智能选择模具，自动安装模具，智能调整工艺，智能安排设定好的原料来完成个性化、批量化的生产，还能够和加工设备、组装设备、包装设备等进行配合，协作完成整体产品的制造、包装、仓储、运输。

2. 智能生产

智能制造是让客户需求决定生产流程。为完成个性化生产和小批量生产，采用让生产原料和零部件先运行并引导完成整个生产过程的模式。可以把客户定制需求直接输入到原料和零部件的识别芯片，智能拌料系统开始根据识别信息智能拌料并提前把信息传输给注塑云的中央控制器，由它智能判断如何配比原料、颜色、贴纸、嵌件，选择模具，指挥机械手臂和自动供料系统来完成生产、包装并输送到专属仓库出运。

3. 智能服务

（1）智能主动服务：未来智能工厂的注塑机和辅助设备会通过各地的注塑云来接收工厂注塑

机生产的状态、数据，再通过数据分析最终判断出机器是否需要保养、检修，某个部件是否需要更换并可提前准备配件，把被动服务变成智能主动服务，实现更安全、高效地服务客户。

（2）生产力与生产需求对接服务：完成智能化生产后，企业会转型成一个智能化的工厂，工厂所有的设备都将实现数据联通，都可以通过注塑云让工厂决策者时时知道生产状况，便于判断注塑机剩余的生产能力和是否需要多余的生产能力来一起完成生产制造。

注塑云使每台注塑机成为一个服务提供商，给投资者带来更大收益，能够让更多的创业者轻松进入塑料制造业实现梦想，共同打造塑料制造业的大众创业、万众创新。

注塑加工行业涉及的范围广，流程较复杂，涵盖了原料性能、产品结构、模具结构、机械原理等多重方面的知识。注塑加工管理是个系统工程，精管理是发展趋势，精细的品质，精细的管理，精才是管理的关键所在，细则是关键的控制点。树立企业的核心竞争力，培养员工的自身素质，才是企业的重要的发展之道。

〔撰稿人：海天塑机集团有限公司傅南红〕

# 中空塑料吹塑成型机发展概况

## 一、中空吹塑机行业与吹塑制品发展的基本情况

近几年，中空塑料吹塑成型机制造行业总体发展趋势比较平稳。部分吹塑机明星企业进一步加强了企业内部管理、产品研发、技术创新、市场开拓等方面的工作，努力克服各种困难，开发市场，产销保持行业领先水平，保持较为强劲的发展势头。通过加快技术创新工作，中空塑料吹塑成型机的设备制造水平与制造质量不断提高，产品研发和技术创新工作有了新进展，一些重要技术项目获得重大突破，研制出更加适合我国国情和现状的关键部件与设备，一些重要零部件的研发、制造已打破国外同行的长期垄断，达到更高的技术水平。

中空塑料吹塑成型机优势、明星企业研发、制造的吹塑机设备、吹塑机智能化生产线已进入部分国际高端市场，许多吹塑设备与吹塑机智能化生产线已经进入欧美国家，高性能、高效率、高质量、高性价比已经赢得这些国家吹塑制品行业厂家的肯定。一些高端的中空塑料吹塑成型机设备的研发技术水平与制造质量已经接近或达到世界先进水平。

总体来看，中空塑料吹塑成型机行业的技术与制造水平仍然有待进一步提高与发展，创新与研发仍然需要继续努力。

近年来，中空塑料吹塑成型机已经由过去的单一机组向中空吹塑机智能化生产线发展。生产线主要由中空塑料吹塑成型机、全自动上料机、全自动混料机、全自动后冷却去飞边设备（机器人去飞边系统）、全自动贴标机、飞边输送设备、飞边粉碎机、称重设备、气密测试设备、成品打包设备及制成品输送设备等组成。当前，常规中空吹塑成型机智能化生产线的研发与发展速度明显加快，设备的稳定性与节能性能进一步加强，全电动中空吹塑机生产线的节能效果明显，性能更加稳定。明星企业新设备、新产品、新技术的研究与应用速度加快。未来几年，吹塑机智能化生产线的核心技术的进步与创新将是决定吹塑机生产线制造厂家生死存亡的关键所在。

## 二、主要吹塑机企业生产、研发情况

### 1. 苏州同大机械有限公司

苏州同大机械有限公司主要研发、生产 10mL 至 5 000L 全系列中空塑料吹塑成型机组与高速、全自动智能化生产线，产品除在国内销售以外，46% 左右的吹塑机设备销售到海外 68 个国家与地区。2018 年该公司生产销售各种不同规格的中空塑料吹塑成型机组、生产线 500 多台（套），实现销售产值近 2.0 亿元。

2017 年至今，公司持续研发 200L 三层连续挤出双工位自动打飞边智能化生产线。该生产线设计采用三层型坯连续式机头的结构，可以采用内层和外层为新料、中间层为边料的原材料使用方法，从而降低原材料的成本。三层型坯机头中空成型机可对每层的原料百分比进行调整，以保证制品每层厚度，从而满足制品各项性能指标的要求。三层原料由 3 台单独的挤出装置进行供料，采用 $\phi$120mm 高效挤出装置 1 套，$\phi$90mm 高效挤出装置 2 套。合模系统采用了双工位合模机，以匹配连续式挤出机头的设计，大大提高了生产效率。合模机采用两板无拉杆结构形式，锁模机构采用苏州同大机械有限公司独创的具有自有知识产权的多槽闸块锁模形式。塑料型坯采用偏置式机械手进行移坯，节能效果较好。由机器人取出制品，一台机器人负责取出两套合模机的制品，并准确地将制品放入去飞边工位。由于制品在模具中冷却时间较短，还没有完全定型，所以设计了后冷却工位，在后冷却工位之前设计去飞边工位，全自动去除制品飞边，从而保证了制品的后冷却定型精度。该项目研制成功后将填补国内空白，打破国外垄断。

2017年，苏州同大机械有限公司成功开发了TDW-160E中空吹塑浮筒专用生产线。该生产线采用无拉杆合模机构，锁模力为1 200kN；螺杆直径120mm，长径比32∶1，为高效塑化混炼螺杆；机头储料量28L；采用电液混合伺服控制系统，确保各运行单元快速、平稳、节能、可靠；电气系统采用日本三菱PLC加人机界面控制，彩色触摸式操作屏操作，模块化温度控制。所有工艺参数设定均可以在触摸屏上实现，采用无点接触工作原理，电气元器件耐用可靠，确保了中空吹塑浮筒的高效快速生产。

特别值得介绍的是：苏州同大机械有限公司与北京化工大学合作研制成功的 TDB-30W 微层吹塑机智能化生产线，大胆突破了原有思路，采用 4 台挤出机挤出塑料原料，经过成型机头的折叠成型为 49 层微层，实现了多种塑料材料的吹塑成型，增强了中空吹塑容器的强度与刚度，为未来高强度中空吹塑容器的技术发展奠定了新的技术基础。该生产线经过多次试验与改进，已经能够实现工业化批量生产。

2. 陕西秦川机械发展股份有限公司

该公司在关键零部件领域紧盯国家重大需求，发挥主机技术“溢出”效应，拓展产业服务链条，做规模、出效益。公司正与国内某物流专用塑料制品供应商联手，以石油化工物流业为服务对象，引入互联网技术，打造新型物流用塑料制品产业生态系统。

2019 年 3 月，秦川塑料机械厂成功研发出 200L 三层双工位中空吹塑机，正式推向市场。该项目的推出为用户提供了性价比较高的设备，同时满足了包装容器洁净度及其他特殊要求。该中空机在 200L、10.5kg 条件下，生产效率达到每小时 60 个以上。设备采用伺服节能、连续共挤等技术，能耗大幅度降低，生产能耗约 300kW·h，平均每只桶约比原设备节电 40% 以上。

该设备机头为三层结构设计，中间层可加入回收料，其价格是新料的一半乃至更低，大大节省了用户的原料成本。另外，三层结构也提升了塑料桶的力学性能。该设备采用了 OMRON 最新的 PLC、CPU 等模块，具备无线及远程通信模式，并以此为基础开发出远程诊断及服务功能，使用多种传感器对生产过程进行实时监控。

与国外常用的成型机移动方式相比，该机使用四组自行设计的机械手使得能耗节约更加显著，同时大幅度降低了设备的故障率。

3. 苏州金纬中空技术有限公司

该公司是上海金纬机械制造有限公司在江苏苏州的又一重要战略发展中心，坐落于苏州市太仓城厢工业园，是一家致力于中空吹塑成型设备研发与生产的高新技术企业，机型覆盖 5mL 至 1 000L 的各种塑料瓶、壶、罐、桶、箱包、汽车座椅、桌面板、托盘和汽车零部件等中空制品。公司依托上海金纬机械制造有限公司强大的科技装备实力和关键零部件自制能力，实现了常规机器的高速、高效、低耗、自动化，并针对医药、化妆品、食品等领域研发全电动中空成型机，致力于高端产品的开发和国际市场的开拓。2018年苏州金纬中空技术有限公司销售产值近 8 500 万元。

该公司近几年的新设备有：

（1）BM1000 双层储料式托盘吹塑机。随着包装运输行业的发展，社会对物流类大型中空吹塑制品的需求量与日俱增。过去托盘基本通过注塑制造，加工生产周期长，产量低，且托盘制品脆弱、强度低、易老化损坏，传统的单层储料式机器已经难以满足市场发展的需要。针对于此，该公司特开发 BM1000 双层吹塑机。该设备采用 2 组直径 120mm 双金属螺杆及排气式机筒绞料提高了塑化能力，增加了产量，缩短了制品的成型时间。排气机筒减少了使用杂质水分含量较大物料时对制品表面的影响。新开发双层 120L 储料式模头，外层新料、内层回料，有助于降低客户的生产制造成本。独有的低压输出多倍增压锁模技术能降低电机功率，减少整机功耗，实现低能耗、低成本、高效率。

（2）BM30 高速全自动吹塑机。传统的 30L 单工位一步法冷却中空设备快速生产堆码桶时冷却不够充分，易发生桶扣侧翘曲变形，延长吹气冷却时间后又会削弱产能，使整机使用效率较低，因此普通 30L 单工位机型已经难以满足市场发展的需要。该公司特开发了 JWZ-BM30 双层储料式带二次冷却自动去飞边中空成型机。该设备采用双组高效 65/30 挤出机，配备 5L 双层储料式模头，应用无拉杆式开合模结构能提供比普通机型更大的锁模力，锁模力比普通机型提高 20% 以上。

高速全自动吹塑机将未经充分冷却定型的制品在输送带上强风冷却，并输送到专用的辅机通过翻转机构进行翻转并自动去除飞边，使制品快速定型避免发生翘曲变形，极大地降低了制品的生产周期，提高了产量。整机使用伺服电动机泵控系统驱动实现闭环控制，具有响应时间快、精度高、压力稳定的特点，真正实现了低功耗、低成本、高效率，从而帮助客户具备较大的优势和竞争力。

（3）EBM850 全电动中空成型机。该机移模行程为 850mm，采用单工位，一出四，170mm 中心距，原料塑化、挤出、移模合模、吹塑成型均采用高性能伺服电动机驱动。移模合模采用伺服电动机驱动，配合曲柄连杆机构，并通过专业技术优化运动曲线，移动速度快，运行平稳，定位精度高，有助于降低单位生产制造成本。伺服电动机驱动技术能有效地降低电机功耗，减小制冷功率，从而能在缩短制品成型周期、增加产量的同时，降低整线的功耗，实现低功耗、低成本、高效率。

## 三、行业与企业需要关注与重视的趋势

1. 自动化、智能化及其关键技术

中空吹塑机组、生产线的智能化将更加深入发展，无人化、少人化操作的智能化中空吹塑机生产线将发展更快，吹塑制品生产的全过程智能化生产将会更加普遍，吹塑设备的稳定性、耐用性、调整的简捷化也是未来的主要发展方向。

单机、多机以及生产线的自动化、智能化的发展将带来挤出吹塑制品行业的巨大变化，也将影响挤出吹塑机制造行业的变化，也将影响挤出吹塑机制造行业的变化。

2. 智能工厂规模要适度

中空吹塑制品的固有特点、物流运输成本以及制成品运输距离，决定了适度规模的中空制品吹塑工厂是未来的主要发展方向。

3. 国内企业受资金所困弃选高端设备

吹塑设备的先进性与可靠性是降低生产成本的可靠保障，但是国内许多吹塑制品企业因投资不足难以选择更加高端的吹塑机设备，多数吹塑制品企业仍然采用中端或低端吹塑机设备。2018年，这种状况有所改变，国内的明星吹塑制品生产企业开始主动与吹塑机制造企业合作研制新的高技术含量吹塑机生产线，以满足市场的变化与快速发展。

4. 集团企业内部加强配套生产的模式还在进一步发展

在大宗化工产品、日用化工产品的生产基地

附近建设塑料桶及容器的生产配套企业已经成为一种新的发展模式；一些化工集团公司内部规划或建立了相关的包装生产企业；不少化工集团开始建立主要用于满足集团企业自身需要的吹塑托盘生产工厂。这种发展趋势值得包装生产企业关注，及早进行战略调整。

5. 军民两用吹塑制品的研发

未来几年，军民两用吹塑制品的研发与生产必将带动新的吹塑技术的研发与深入。具有代表性的吹塑制品有海洋养殖用中空吹塑浮筒和水上光伏太阳能发电用中空吹塑浮筒。

海洋养殖业近几年得到国家的大力支持，海洋养殖用中空吹塑浮筒的需求量大大增加。水上漂浮式光伏电站也是近两年比较热门的话题。水上光伏电站利用水上基台将光伏组件漂浮在水面进行发电，中空吹塑浮筒可作为光伏电站的基台。随着光伏发电站的高速发展，水上光伏电站用中空吹塑浮筒的需求量也将大大增加。生产这些中空吹塑浮筒的中空吹塑设备近年来也得到了高速发展，生产工艺日益成熟。

这些需求将直接引领专业吹塑机以及相关吹塑技术的研发、材料的研究与研发，值得业内专家与企业家关注与重视。

〔撰稿人：苏州同大机械有限公司何建领〕

# 2019 年我国再生塑料行业发展现状

对我国再生塑料行业而言，2019 年可谓是冰冷刺骨的年度。受全球经济持续疲软、中美贸易摩擦谈而未果、原油价格一路走低、石化产业举步维艰等众多不利因素的影响，同时国内针对废塑料再生处理行业进行的环保查处依旧严格，“小散乱污”企业几乎无生存空间，且再生塑料颗粒进口也被海关重点关注，全行业企业数量继续锐减。

目前，传统的再生塑料行业生存艰难，而垃圾分类回收与废塑料的环保处置让一些正规企业看到了一丝光明。同时，随着新技术与新装备的应用，废塑料再生循环利用也将由单一的物理回收（造粒）向多元化环保处置方向发展，环保无害化处置成为行业转型发展的主旋律。

危与机并存。传统再生塑料企业如何破茧而出，行业的升级改造之路如何走，已经是全行业最关注的热点。

## 一、政策与趋势层面

1. 2019 年的最热关键词：分类回收

《上海市生活垃圾管理条例》自 2019 年 7 月 1 日开始实施，上海市生活垃圾必须分“可回收物、有害垃圾、湿垃圾、干垃圾”四类投放，实施定点定时投放。目前，全国 46 个城市中已有 26 个确定推出了奖惩措施。2020 年年底，我国先行先试的 46 个重点城市要基本建成垃圾分类处理系统；到 2022 年，各地级城市至少有 1 个区实现生活垃圾分类全覆盖，其他各区至少有 1 个街道基本建成生活垃圾分类示范片区；2025 年前，全国地级及以上城市要基本建成垃圾分类处理系统。

垃圾分类是在前端将可回收物分出来，再集中到后端处理。垃圾分类回收旨在通过“源头减量、全程分类、末端资源化利用”来推动废塑料的无害化处置能力大幅提升，这也将极大地推动我国再生塑料产业的重大变革。

2. 全球的塑料循环经济已经成为热点

随着人们生活水平的提高和消费能力的增强，我国正在成为全球最大的塑料生产国和消费国，2017 年塑料制品总产量达 7 500 万 t。目前，我国废弃塑料的回收与再生利用还远远没有跟上形势的发展，主要表现在：废弃塑料的收集基础设施有待完善，再生塑料行业的规模化、自动化程度不够，分选技术有待进一步提高，无法实现同级再生循环利用。其结果是：即使有一定的回收能力，但再生料的品质降低，在 1 ～ 2 次的回收再生后便会成为无法再利用的塑料垃圾。

2018 年 10 月底，总部位于英国的艾伦·麦克阿瑟基金会与联合国环境规划署联合发起“新塑料经济全球承诺书”行动倡议。截至2019年3月，已经有超过350家企业签署全球承诺书，并明确宣布至2025年使用500万t再生塑料的目标。

2019年1月，终止塑料废弃物联盟（The Alliance to End Plastic Waste，简称AEPW）成立。这是一个全球性的非营利组织，已有来自塑料价值链中涵盖生产、使用、销售、加工、回收和再生等各个环节的30家知名跨国企业，其中包括宝洁、百事可乐和汉高等全球消费品巨头，陶氏、埃克森美孚、LyondellBasell等技术领先的塑料生产商，全球最大的环境管理公司Suez和Veolia等，以及我国的中国石油化工集团有限公司。

终止塑料废弃物联盟的成员企业已做出承诺，将在未来五年内投入15亿美元（约合103亿元人民币）用于开发塑料污染治理的解决方案，最大限度地减少塑料垃圾，并促进废弃塑料的回收与再生循环利用。该联盟的重点关注领域包括与塑料循环经济相关的基础设施、技术创新、教育、社会推广以及塑料垃圾的清理与环保处置等。该联盟还通过与金融界、政府和非政府组织密切合作，从事环境和经济发展等方面的研究。

3.废塑料裂解油化项目正在成为下一个风口

废塑料裂解油化新技术的产油率可达到80%，固体废渣能进行无害化处理，整个过程不产生二噁英，无二次污染。该技术的突破将彻底改变长期以来我国废塑料回收再利用只能依赖物理回收循环利用的单一方法，可将低残值废塑料通过裂解技术转化成塑料油，然后再用作生产新塑料的原料，真正实现“石油—新塑料—废塑料—塑料油—新塑料”的塑料循环经济闭环式产业链。

当前我国正大力推行两网融合与垃圾分类，主要目的就是将垃圾循环利用起来。废塑料裂解油化技术为垃圾分类后数量庞大的塑料垃圾的无害化处置提供了一个很好的出口，以这种方式回收原料既可以节约日益减少的石化资源，又是循环经济运行的很好的样板，国内有多家企业正在大力研发该技术。废塑料裂解油化新技术项目在工业化过程中需要政府提供有力的政策及专项资金支撑，这不仅是对创新成果工业化的支持，也是引导市场资本积极参与的重要手段。

## 二、技术与装备层面

1.细分市场的技术研发与技术创新

近年来，我国再生塑料全行业正在全面洗牌和优化重组，产业升级和技术创新的步伐明显加快。在新一轮的变局中，大企业和技术创新型企业正在形成领跑优势。

在技术创新方面，主要表现为：针对再生塑料改性材料的细分市场的差异化发展。除了在家电专用料、管道专用料、注塑专用料、木塑材料等传统领域的技术创新之外，在汽车专用料、功能型新材料、纤塑新材料、环保型建材等新兴领域的技术研发与新产品开发也备受重视，一批新的科研成果也正在进行产业化布局。

2.AI智能分拣设备初现端倪

长期以来，再生塑料行业的前端分选处理是劳动密集型产业，主要依靠数量众多的产业工人对废塑料进行材质分选等生产作业。随着产业工人的人力资源匮乏，我国劳动力成本不断上升，越来越多的规模化企业对自动化装备有着迫切的需求。

2019年，国内外一些再生塑料项目将美国BHS集团的AI智能分选设备应用在废塑料前端材质分选工序中，极大地减少了人工数量，降低了生产成本。同时，我国的装备制造企业也在进行研发，具有自主知识产权的同类设备也已经投放市场，对我国再生塑料产业从装备技术落后的劳动密集型向高科技智能化转型起到了积极的推动作用。

3.废塑料裂解油化的大产能连续化生产装置成为技术攻坚的重点项目

长期以来，低残值废塑料的再生环保处理一直是全行业的一个痛点和缺失点。高品质的回收塑料可以通过技术相对比较成熟的物理回收方法进行再生循环利用，而对于数量巨大的废塑料垃圾却缺乏既环保又具有经济效益的循环利用方法。

近年来，废塑料裂解油化技术的持续研发和

技术突破为低残值废塑料找到了一条新的处理途径。2019年，包括中石化、沙特基础工业公司（SABIC）等在内的国内外石化巨头对该项技术的关注度空前提高，并已经着手对废塑料裂解油化技术及大产能连续化生产装置进行产业化研发；国内外一些环保科技企业也取得了实质性的技术突破，废塑料裂解油化的大型清洁生产装备即将实现工业化生产。

高品质回收废塑料的物理回收再生与低残值塑料垃圾的裂解油化的化学回收再生可将废塑料资源彻底“吃干榨尽”，为消灭“白色污染”、加强环境保护、加快发展循环经济做出新的贡献。

## 三、回收与市场层面

### 1. 逐步强化的分类回收将给再生塑料行业输送巨量前端资源

国家统计局和经合组织（OECD）数据显示，近几年我国生活垃圾产量保持5%左右的增长，2017年全国生活垃圾清运量达到2.15亿t，位居全球第二。全国生活垃圾清运量始终高于无害化处理量，大量城市生活垃圾未经处理直接堆放。

根据住房和城乡建设部等部委2019年6月发布的《关于在全国地级及以上城市全面开展生活垃圾分类工作的通知》要求，全国46个重点城市到2020年底将基本建成垃圾分类处理系统；全国地级及以上城市2019年起全面启动生活垃圾分类工作，2025年底前基本建成生活垃圾分类处理系统。这意味着随着我国政府全面重视垃圾分类工作，巨量垃圾的主要组成部分之一的废塑料，在分类回收后将为国内再生塑料行业提供数量庞大的加工来源。

### 2. 2019年再生塑料行业利润不断下滑

近两年，我国再生塑料行业利润率较高，主要原因是：在环保严打之下，再生塑料颗粒的主要供应商纷纷关门停业或倒闭，在全行业开工率大幅降低的局面之下，供应面收紧后导致再生塑料颗粒的价格不断上扬，行业存活企业的利润率上升。

进入2019年，随着环保督察常态化，现存企业的生存环境基本稳定。在前一段时期再生塑料颗粒价格上涨的刺激之下，国内部分企业开始放量生产，国内企业的供应量上升。而同时，前两年在海外投资新建的工厂已经形成规模产能，大量的进口再生塑料颗粒对国内市场形成价格冲击。

（1）2019年，我国再生塑料行业一改往日高盈利状态，利润率不断下滑。调研数据显示，2017—2018年行业利润高值为500～600元/t，综合水平为300～400元/t，而2019年生产环境稳定后，企业综合利润却在传统旺季下降至200～300元/t。

（2）2019年，我国再生塑料行业存活企业的生产环境尚可，综合开工率主要受到市场不景气的影响。2017年自生态环境部成立以来，多轮次的中央环保巡视组督察行动以及常态化的“蓝天保卫战”，促使以中小型企业为主的再生塑料行业进入变革期，数以万计的企业被淘汰出局，全行业的综合开工率一度降至20%～30%经过升级改造后，我国再生塑料行业企业的环保意识普遍提高，规范化生产已经成为常态，全行业开工率也一度回升至30%～40%。目前，部分企业库存增至高位，多数主动降低开工负荷以消化库存。

调研数据显示，2019年4月，我国再生塑料行业的下游塑编行业开工率较2018年同期偏低4～5个百分点。塑编行业开工率对比见表1。

**表1　塑编行业开工率对比**　　（%）

| 地区 | 2018年4月 | 2019年4月 |
|---|---|---|
| 山东 | 70 | 66 |
| 江浙 | 76 | 71 |

以再生PP为例，塑编制品属于主要下游之一。在经济增速放缓的大趋势之下，再生塑料行业下游塑料制品企业的订单数量明显下滑，导致再生塑料颗粒市场的成交量明显减少。

（3）2019年，塑料颗粒新料与再生塑料颗粒的差价进一步缩小，明显加剧了再生塑料颗粒产品的销售难度。在塑料颗粒新料价格不断下滑的影响下，再生塑料企业的产品销售难度进一步加大，在优质再生塑料颗粒方面表现尤为明显。在经济增长速度减缓以及中美贸易摩擦等多重因素的影响之下，国内外的市场需求明显下降，而石化企业的库存消化缓慢，塑料颗粒新料的价格形成长期下跌走势。

在我国“禁废令”的影响之下，国外进口废料和毛料被全面禁止进口，而我国再生塑料行业受制于国内回收体系不健全，在短时间内难以填补再生原料生产需求的巨大缺口，从而导致毛料价格持续在高位盘整。现阶段，我国再生塑料造粒和改性企业均面临“原材料采购价格不跌反升而再生塑料颗粒产品销售价格不升反降”的窘境，尽管业内企业不断压缩自身利润降价销售再生塑料颗粒，但其与新料价差已缩至 600 元 /t 附近，再生塑料颗粒产品的销售难度不断增加。

3. 再生塑料产业发展潜力十分巨大

我国“禁废令”的实施给国内再生塑料行业带来短期的阵痛，国内再生塑料行业正在进行重新布局，但长远而言，对于整个行业的规范和发展是有利的。更严格的环保政策会倒逼产业进行自我净化和规范，加快产业转型升级。

实施“禁废令”意味着我国再生塑料行业的原材料供应将会聚焦国内，促使再生塑料企业深耕国内市场，有助于促进国内废塑料回收与再生行业的规范发展。

我国的再生塑料行业是塑料加工业不可或缺的重要组成部分。未来塑料加工业要依据《塑料加工业“十三五”发展规划指导意见》《塑料加工业技术进步“十三五”发展指导意见》和《中国制造 2025》，着重发展高性能、多功能及助剂产品，在材料绿色及环境友好方面取得新突破，加快节能、绿色、高效加工成型工艺和技术应用开发，向高端化提升。提高中高端产品占比。

我国再生塑料行业在缓解资源短缺、降低企业制造成本以及减少环境污染方面做出了突出贡献，随着国家越来越重视循环经济和再生产业的发展，再生塑料行业也将在国家政策的引导下走上规范化、集约化、科技信息化的发展道路。而就全球而言，再生塑料行业是塑料循环经济最重要的组成部分，大幅增加再生材料的使用后，塑料循环经济将会带来 550 亿美元的新商机。

〔撰稿人：中国再生资源回收利用协会再生塑料分会盛敏〕

# 塑料挤出发泡成型设备行业发展概况

## 一、概况

泡沫塑料作为一种以气体为填料的新型复合材料，不仅质量轻、比强度高，而且具有隔热、隔音、缓冲等性能。随着泡沫塑料在工业、农业、交通运输以及航空航天等高技术领域的广泛应用，塑料发泡成型机械在塑料机械领域中的地位也日益提高。塑料发泡成型机械符合我国资源节约、循环利用的产业政策，是国家支持发展的新兴产业之一。

在塑料发泡产品多样化需求的推动下，国内规模以上塑料发泡成型机械生产企业达到 100 多家，具备年产 5 000 多台（套）多品种塑料发泡机械的生产能力，市场遍布 100 多个国家和地区。生产原料也从比较单一的 PS、PE 发展到 PP、PLA、PBAT、TPU、EVA、TPE、TPEE 等新型高分子材料，进一步拓宽了塑料发泡材料的应用领域。

据不完全统计，我国专业从事塑料挤出物理发泡机械生产的厂家有 50 余家，但规模以上企业不到 10 家，形成一定规模并在国内外市场具有一定影响力的企业有山东通佳机械有限公司、上海金纬机械制造有限公司、南京法宁格机械有限公司等。随着高倍率发泡材料在减振包装和建筑节能保温等领域的广泛应用，我国塑料挤出物理发泡机械产业规模迅速扩大，达到每年 10 亿元以上，已形成山东和长三角地区两大产业基地；产品种类齐全，市场竞争力强，可有效替代进口；生产能力达到 3 000 多台（套），每年为下游用户创造社会产值 500 多亿元，新增就业岗位 30 多万个。

生产化学发泡机械的厂家较多，主要以PVC化学发泡板材和PVC木塑发泡装饰型材与建筑模板为主，PS发泡镜框和PE/EVA低发泡密封片材生产设备市场需求量也呈逐年上升趋势。塑料挤出化学发泡产品种类繁多，生产设备也多种多样，机械装备与模具生产企业分布较广，主要集中在山东、长三角和珠三角地区，具有代表性的企业有山东通佳机械有限公司、上海金纬塑料机械有限公司、上海金湖挤出机械有限公司、上海一柯模具有限公司、青岛三益塑料机械有限公司等。

随着加工技术和制造技术的进一步完善和进步，我国已具备XPP、XPE、IXPE、EVA交联发泡材料生产装备的生产能力。山东通佳机械有限公司、上海金纬塑料机械有限公司已成功生产制造XPE、IXPE交联发泡片材生产线十多套，并成功交付客户使用，填补了国内空白，有效替代了进口，还实现了出口创汇。

## 二、塑料挤出发泡机械智能化发展情况

塑料挤出发泡生产线因受生产工艺复杂、工艺控制点较多、发泡剂种类和温度、压力等因素的影响，实现智能化控制的难度较大。随着控制技术、传感技术的不断提升，生产线的智能化、远程化、自诊断等智能化能力取得长足的进步。

### 1. 发泡剂精密计量与精密挤出系统的闭环控制

在现阶段国内外人力成本不断提高以及生产过程对技术经验依赖程度减小的环境下，超临界流体发泡剂的精密计量和精密挤出的闭环控制取得长足进步。

发泡剂的高压注入系统是塑料挤出物理发泡机械的核心，发泡剂注入量的微小变化会给挤出过程造成非常大的影响。根据经验数据，每增加1%的发泡剂，其复合流体的熔体黏度影响10%。现阶段通过精密的质量流量计实时监测动态流量变化，通过PLC对计量注入系统的速度和量程进行闭环动态控制，发泡剂流量控制精度达到±0.5%。流量控制系统和原料多组分精密计量系统的闭环联动，使发泡剂流量随着挤出流量的变化而自动调节，始终保持既定的发泡剂比例，实现稳定的挤出发泡生产过程控制。

### 2. 生产工艺数据的收集整理与分析

生产工艺大数据，特别是塑料挤出物理发泡机械的工艺数据，对生产过程能够起到有效的指导作用。除了正常的塑料加工工艺数据以外，工艺数据还包括发泡剂流量、发泡剂压力和温度、与挤出熔体的比例等关键数据。

利用这些数据，结合WiFi、以太网及4G/3G/2G等通信方式并与云服务器连接，可实现设备的远程监控及管理控制，完成远程控制系统程序级的在线诊断、上传下载和现场视频查看、数据采集等多种动作，借助工业4.0系统平台强大的数据分析能力，结合客户自己设定的预警值实现故障预警及诊断，提供分钟级别的维护和诊断响应，并能够依据客户的要求提供运行预警。

智能控制系统有效解决了现有塑料挤出发泡安装调试、后续维护的问题，真正实现数据和视频的安全和稳定传输，提供诊断、维护、预警、调试等多种服务。该系统实现了对挤出设备运行数据的实时管理，通过有效记录挤出的每一道工序，使故障、事故等可溯源化，为设备制造商节省了大量维护成本，极大地提高了响应效率和客户满意度。

现阶段，大部分成套塑料挤出发泡机械都具有远程网络数据读取功能，机械生产商大都有自己独立的云存储数据中心，但受限于发展水平的不均衡和生产工艺数据的保密性，无法形成基于行业服务的数据共享平台，也无法发挥生产工艺数据为下游用户提供远程数据、分析、报警等服务的最大化效应。

## 三、塑料挤出发泡机械行业的绿色制造技术及新技术发展情况

### 1. 环境友好发泡剂生产应用技术

近年来，随着HCFC替代应用政策的进一度落实，特别是我国政府与世界多边基金组织的合作，国内超临界$CO_2$发泡技术的应用技术和应用水平取得了突破性的进展。目前以山东通佳机械有限公司、南京越升挤出机械有限公司、河北格

瑞尔斯塑料机械有限公司、南京法宁格机械有限公司等企业为主生产的超临界 $CO_2$ 发泡聚苯乙烯保温板生产线年销售量已突破 300 台（套），可为挤出物理发泡产业每年减少 HCFC 排放近千万吨，既有效保护了环境，又以其低廉的成本推动了新型节能产品的推广和应用。

2. 环境友好生物基高分子材料物理发泡技术与装备

聚乳酸（PLA）是以工业淀粉为原料生产的新型生物基材料，具有良好的生物可降解性，使用后能被自然界中微生物完全降解。用它制成的各种制品埋在土壤或水中，6 至 12 个月即可完成自动降解，在微生物分解下生成 $CO_2$ 和水，通过光合作用又会生成起始原料淀粉。

生物基高分子材料 PLA、PHA 是被世界视为继金属材料、无机材料、高分子材料之后的第四类最具广泛应用价值和环保应用价值的新型高分子材料，是列入国家重点科研攻关的项目。针对 PLA、PHA 生物质高分子材料的流变特性，结合物理发泡材料的加工性能要求，中科院宁波材料所、北京化工大学、山东物理发泡塑料机械工程技术研究中心等单位开展相关加工技术的研究开发，已实现工业化生产，恒天、中粮、丰原等企业工业化生产线已经实现市场化推广。新型生物质高分子发泡材料加工技术和装备制造技术的成功开发，为我国发展循环经济和提高环境保护水平提供了良好的技术支撑。

随着外卖产业和包装产业的高速发展，采用生物基高分子材料生产的物理发泡轻量化包装托盘、餐具将逐步发展成为新型的环保包装产品。

3. PBAT 超临界发泡工艺与设备

PBAT 属于热塑性生物降解塑料，是己二酸丁二醇酯和对苯二甲酸丁二醇酯的共聚物。它兼具 PBA 和 PBT 的特性，既有较好的延展性和断裂伸长率，也有较好的耐热性和冲击性能，还具有优良的生物降解性，是目前生物降解高分子材料研究中非常活跃和市场应用最好的降解材料之一。

然而，PBAT 原料价格昂贵、树脂可发性差限制了 PBAT 发泡材料的发展与应用。2019 年山东通佳机械有限公司开发的 PBAT 双阶超临界 $CO_2$ 发泡试验机通过了中科院验收，具备了试验生产条件。

4.PET 发泡工艺与设备开发

发泡 PET 具有极好的耐热性能，经发泡后的 PET 板具有优异的性能成本比，且 PET 本身就具有耐油、耐化学腐蚀性、易回收等优异性能，满足食品卫生要求，因此在食品包装、微波容器、冰箱内板、汽车、航天工业等领域将有很大的市场。

我国 PET 发泡技术研究开展得较晚，在 PET 增黏改性和超临界发泡技术方面一直落后于国外同行。近年来通过我国专业院校和研究院所的不懈努力，PET 发泡材料生产工艺技术和装备技术取得了突破性的进展，北京化工大学、北京工商大学、华东理工大学等专业研究团队攻克了材料增黏和发泡加工的关键技术，基本具备了工业化生产水平。

塑料发泡挤出机械行业在 20 多年的发展时间内，受旺盛的市场需求推动，发展较快。但我国塑料机械行业，特别是塑料发泡机械行业起步比较晚，在很多方面还存在不足，尤其是在自主研发方面缺乏基于理论基础的原始创新成果，制约了行业的整体发展。

塑料发泡机械总的发展趋势是高效、节能环保、精密、高附加值，要保持行业快速健康茁壮的成长，势必要加大基础装备的投入，加强自主创新能力建设。另外，要加快行业标准的制定，以形成良性竞争、有序发展的局面，进一步促进行业的稳定、持续、健康发展。

〔撰稿人：山东通佳机械有限公司李勇〕

# 地区概况

## 张家港地区塑料饮料机械行业 2018 年发展情况

2018 年张家港市塑料机械和饮料机械行业在跌宕起伏的市场竞争中前行。生产量仍较上年有一定幅度增长，据张家港市塑料饮料机械协会初步统计，总产量超过 1.5 万台（套），较上年增长 7% 左右；塑饮机总产值达 100 亿元以上，利税总额 8 亿元左右，比上年增长 5% 左右。申请发明专利 21 项，已批准 18 项。苏州同大机械有限公司的产品进入中国机械工业联合会改革开放 40 周年机械工业杰出产品名单；公司董事长徐文良入选中国 2018 年万人计划科技创新领导人才名单，是张家港市入选的唯一科技创新领导人才，这既是张家港市塑料机械行业的荣誉，也是全市制造行业的荣誉。

### 一、塑料机械行业的发展情况

张家港市塑料机械制造行业在 2018 年经济运行困难的大环境下，依然取得较好的发展业绩。随着国家对环保工作的进一步重视，各级政府狠抓白色污染，全国各地对农用地膜及废旧塑料的回收进一步加强和重视，地方各级政府重点扶持废塑料回收企业，促使废塑料回收造粒机行业进一步兴旺。2018 年张家港市废塑料回收造粒机异军突起，生产形势一片大好，预计产值增幅达 30% 左右，加上我国 2018 年禁止废塑料进口以后，世界各国尤其是发达国家也开始自行处理废旧塑料，形成了废塑料回收造粒设备的强劲市场需求，促进了废塑料回收造粒机的出口。整个废塑料回收造粒设备生产企业一片红火。另外，由于环保严格要求，生产塑料制品的企业也对混料设备进行了改装，这也拉动了混料设备需求的增长。2018 年张家港市混料设备行业也有一定幅度增长，增幅超过 10%；中控成型机生产企业沿袭前几年的大好形势，仍旧是稳中有升，全年整个行业增幅超过 10%；挤出机行业由于市场需求不旺、市场过剩，产量较往年继续减少，估计降幅在 10% 左右，但挤出行业生产塑料瓦设备的企业一枝独秀，生产形势较好，市场供需两旺。

### 二、饮料机械行业的发展状况

张家港市饮料机械产值约占全国总产值的 35% 左右，是名副其实的中国饮料机械重要生产基地。目前张家港市饮料机械总产值大约在 25 亿元左右，2018 年饮料机械行业总体生产平稳，没有大的波动，初步统计整个行业产值增幅在 7% 以上，中档设备需求强劲，特别是每小时产能 8 000 ～ 20 000 瓶的设备需求量较大，出口形势也比较好。我国对产能 6 000 瓶 /h 以下的设备不再发生产许可证后，对一些小型的饮机生产企业影响较大。由于国外客户对小型灌装设备需求强劲，尤其是非洲及中东一些国家基本以小型设备为主，近两年小型灌装设备生产形势进一步好转，企业效益也进一步提升。目前张家港市小型灌装设备生产线所占比重较大，大约为 40%，预计这一比重还将进一步上升。

### 三、塑饮机企业逐渐显现两极分化

目前张家港市塑料饮料机械行业虽还有 400 ～ 500 家企业，但经过近几年的市场严峻考验，两极分化逐步显现。从调查中得知，管理好的企业、创新成果多的企业，路子越走越宽，企业的经济效益越来越好，产品的市场竞争力越来越强，企业发展的后劲越来越足。主要是这些企业在近几年激烈的市场竞争中，逐步掌握了市场主动权，产品科技含量越来越高，产品质量性能越来越稳定，市场定位越来越准确，售后服务工作越做越出色，因此被用户认可。而另一部分企业由于管理不到位，市场定位不准确，经不起市场竞争的洗礼，企业越来越难以维持，甚至处于破产的边缘。这就是市场经济优胜劣汰的必然结果。

**四、存在的问题**

2018 年，张家港市塑料饮料机械行业虽然取得了令人可喜的成绩，但也存在一定的问题，主要有三点。

（1）对环保的重视程度不够，喜欢打擦边球。为了创造绿水青山的洁净环境，近几年国家加大了环境保护力度，环保执法部门也加大了对企业的环保检查频率。有些企业为了应付环保部门的检查，往往存在侥幸心理，打擦边球过关，而不是按照国家的环保要求组织生产，没有从根本上改变职工的工作和生活环境。

（2）企业在安全生产上得过且过，没有按照安全生产的标准执行和组织生产，没有从根本上将安全生产放在心上，落实在行动上。

（3）部分企业缺乏创新意识。有些企业在激烈的市场竞争中败下阵来，根本原因是缺乏有效的生产管理与创新意识，不善于调动职工的生产积极性，几十年生产同一种老产品，企业越办困难越多。除少数几家大的塑饮机生产企业每年推出部分新产品外，行业内绝大多数企业缺乏新产品的开发和创新能力，有些企业本着不劳而获的观念，等待别人新产品开发成功，在自己不花成本的情况下，坐享别人的劳动成果。

**五、质量活动**

1.“百千万专项行动”活动

2018 年 3 月，张家港市塑料饮料机械协会与张家港市市场监督管理局召开了“百城千业万企对标达标提升专项行动”动员座谈会。市场监管局标准计量科科长吴宏、产品质量监督科科长张文芳参加座谈会，强调了“百千万专项行动”对质量提升、产业升级的引领作用；指出了“百千万专项行动”是企业找准质量差距、突破发展瓶颈、完成技术攻关的契机。2018 年，张家港市亿利机械有限公司、苏州同大机械有限公司、江苏维达机械有限公司、江苏新美星包装机械股份有限公司、张家港市神舟机械有限公司、张家港市普信机械有限公司、江苏贝尔机械有限公司、江苏飞鸽友联机械有限公司、张家港市同创机械有限公司、张家港羽成机械有限公司和张家港市联鑫塑料机械有限公司 11 家企业通过审核。

2. 全市质量提升月活动顺利启动，塑饮机行业作表率宣誓

2018 年 9 月，由张家港市市场监督管理局举办的全市“质量月”活动启动仪式举行，副市长王松石出席了会议。张家港市塑料饮料机械协会会长陈鹤忠做了塑饮机行业推进质量管理的重要发言。江苏新美星、苏州同大、亿利机械、维达机械、联冠机械、金荣机械和繁昌机械七家企业负责人上台就提升塑饮机行业企业质量做了质量承诺宣誓。会上还对 2017 年度江苏省名牌企业进行表彰，协会副会长单位江苏新美星包装机械股份有限公司受到了表彰并上台领奖。

**六、战略合作**

1. 与当地高校达成校企合作并成功签署战略合作协议

张家港市塑料饮料机械协会与张家港市沙洲职业工学院于 2018 年 3 月召开了校企合作会议，成功签订战略合作协议。沙洲职业工学院机电系教授鲁怀敏就校企合作具体事项进行了讲解，着重从技术技能培训、人才培养、科技服务和研发四个方面入手开展校企合作，为企业解决产品研发过程中遇到的瓶颈，实现优势互补、资源互用、利益共享等，促进张家港市塑料饮料机械协会与沙洲职业工学院的快速发展。

2. 组织赴日本考察

2018 年 9 月，张家港市塑料饮料机械协会会长陈鹤忠带队 33 人前往日本富士电机东京总公司参观考察。考察团观看了富士电机企业宣传片，参观了展示厅，日方人员详细讲解了电机相关技术，还参观了富士电机车间。车间的干净整洁、车间与仓库管理得井井有条让大家看到了差距，全行业还需奋力前行。

## 七、会议论坛

1. 举办“一带一路”市场拓展新模式分享论坛

为积极应对复杂的国际经济环境，加快实施“走出去”战略，帮助企业更好地开拓“一带一路”市场，全面考察、了解需求，张家港市塑料饮料机械协会于 2018 年 5 月举办了张家港塑饮机外贸企业“一带一路”市场拓展新模式分享论坛，共计有 38 家企业 49 人参加。在当今经济全球化的形势下，协会积极鼓励企业走出去多看、多听，想办法拓展国际市场。

会议上商务局科长张敏给大家上了一堂生动的外贸大课。他着重强调了关于重视企业信用的相关问题，以后企业信用等级将与市里各项补贴项目密切挂钩，企业如果发生严重失信行为，三年内将不允许申报市里各项补贴项目，不享受市里各项优惠政策。会上还传达了出口信用险的相关补贴政策，鼓励大家购买出口信用险。

2. 举办张家港市塑饮机行业高质量发展论坛，完成 QC 活动小组成果评比活动

2018 年 10 月，张家港市塑料饮料机械协会在市金水源酒店举办了张家港市塑饮机行业高质量发展论坛。张家港市市场监督管理局副局长田晓燕，中国塑料机械工业协会监事长、广东博创智能装备股份有限公司董事长朱康建，苏州大学商学院副教授、MBA 导师周华明，全国电池标准化技术委员会原秘书长马扣祥，张家港市塑料饮料机械协会会长陈鹤忠出席了会议。

朱康建就“紧抓时代脉搏，构建智能共享新平台”展开了演讲，结合自身企业介绍了装备制造业工业互联网如何转型的经验，重点强调质量大于交期、大于成本。周华明和马扣祥分别授课。江苏新美星包装机械股份有限公司质量总监武全峰和江苏维达机械有限公司副总经理刘靖分别介绍了本企业抓产品质量管理的经验。

苏州同大机械有限公司、江苏维达机械有限公司、江苏普华盛包装科技有限公司参加了 QC 活动小组现场评比活动，与会的专家教授肯定了 3 家 QC 活动小组的成功经验，指出了仍然存在的问题。

## 八、协会工作

1. 张家港市塑料饮料机械协会工会联合会（锦丰分会）成立

张家港是全国重要的塑料饮料机械生产基地，全市有塑料饮料机械企业 400 多家，而锦丰镇就有 200 家左右，占 50%，但是锦丰镇的总产值和税收只占全市塑料饮料机械总产值的 10%。鉴于这种情况，协会与锦丰镇工会达成共识，成立塑料饮料机械工会联合会（锦丰分会），将锦丰镇塑料饮料机械企业作为重点服务对象，这样可以更加全面、有针对性地制定方针政策，实现一对一服务企业，帮助企业进行产品技术升级转型，搞好工资集体协商，帮助企业和员工营造和谐共赢的企业氛围，减少劳资纠纷，让企业健康有序地发展。2018 年 4 月，张家港市塑料饮料机械协会工会联合会（锦丰分会）成立大会在张家港市锦丰镇冶金工业园区召开。

2. 组团举办户外专场招聘会

张家港市塑料饮料机械协会通过走访了解到企业招工难、用工难的问题，于 2018 年 5 月 5 日上午在张家港市客运站站内东广场召开了大型技工普工户外专场招聘会。共有 98 家企业参加，提供超 500 个岗位，共计招聘意向员工 65 名，解决了部分企业用工急需问题。

3. 深入了解民营经济发展情况，向市政府相关部门建言献策

2018 年 10 月，中共中央召开民营经济发展座谈会，为发展民营经济创造了一个良好的外部环境。为了进一步了解张家港市民营经济的发展现状及存在的问题，张家港市塑料饮料机械协会秘书处向全体会员企业发放了调查问卷表，就影响民营经济发展的外部环境问题征询意见。共计发放问卷调查表 72 份，回收 26 份，其中有意见反馈的 11 份，主要集中在政府相关执法部门的乱罚款、劳动社保征收标准不一致、收费负担过重、银行贷款难度大、厂房租金贵等方面。同时协会秘书处调查走访企业 13 家的结果与调查表反馈的意见基本一致。随后，协会秘书处汇编形成了张家港市民营经济发展中

存在的主要问题及建设的调查报告，报市经信委与市总商会领导。

**九、2019 年协会工作计划**

1. 加强协会自身建设，推动行业高质量发展

定期召开会长会议与理事会会议，加强理事之间的沟通与交流，定期汇报协会相关事宜，做到民主办会。加强协会管理制度建设，增强协会秘书处能力建设，提升规范化、制度化运作能力和服务水平，发挥好企业与政府的桥梁纽带作用。

2. 开展行业咨询培训，重视行业安全生产

2018 年，协会与沙洲职业工学院成功达成了战略合作，为了更好地帮助企业提高员工技能水平，协会将充分利用校企合作平台，举办多项技能培训班，帮助企业员工提升自身。同时联合政府相关部门举办安全生产培训，有效降低行业安全生产事故发生率。

3. 组织外出考察学习

争取一年两次外出考察知名企业，主要学习先进的管理理念，借鉴企业转型成功的经验，少走弯路。

4. 加强行业自律管理

在经济新常态下，企业生存压力越来越大，同行之间恶性竞争的现象也愈加显现，重温行规行约，倡导全体会员企业遵守践行，促进行业健康有序发展。

5. 推动行业标准化、智能化建设

努力推进“百城千业万企对标达标提升专项行动”，促进行业对标生产，提高行业标准。

鼓励企业推进智能化建设，努力创造出信息技术方面的新系统、新成果，推动企业加速转化相关信息研究成果应用。鼓励企业通过专项资金投入，加快企业内部信息技术研发和创新。

建立产业链信息互联、技术标准化机制。鼓励“供应商、制造企业、客户”之间建立信息互联、技术标准化机制，协同开发信息技术在企业生产管理中的运用产品。

6. 重点抓好企业环保工作

着重抓紧抓好环保工作，每年企业都要根据国家的环保要求，着重抓好企业内部的环保整改工作。凡是不利于环保要求、不符合国家环保规定事项，要坚决整改，不找借口，不打擦边球，不托人说情。只要是符合国家环保要求的，要下大力气，尽最大力量去完善落实，做好做实。

〔供稿单位：张家港市塑料饮料机械协会〕

# 宁波市塑料机械工业 2018 年经济运行概况

## 一、全市行业概况

2018 年，宁波市塑料机械行业完成工业销售产值 193.97 亿元，同比增长 1.97%；工业总产值 198.67 亿元，同比增长 6.92%；主营业务收入完成 207.37 亿元，同比增长 6.39%；利润总额 38.59 亿元，同比增长 0.54%；新产品产值 87.45 亿元，同比增长 6.71%。行业整体经济增速放缓，呈缓慢增长态势。2014—2018 年宁波市塑料机械行业产销增长情况见表 1。

**表 1　2014—2018 年宁波市塑料机械行业产销增长情况**　（%）

| 指标 | 2014 年 | 2015 年 | 2016 年 | 2017 年 | 2018 年 |
|---|---|---|---|---|---|
| 主营业务收入增长率 | 5.57 | -3.14 | 11.71 | 21.49 | 6.39 |
| 工业总产值增长率 | 7.84 | -21.25 | 12.97 | 31.34 | 6.92 |

行业新产品产值率为 44.02%，比上年有所减少，结构调整仍在积极推进当中，对塑料机械产品创新的投入仍需要不断加大力度。2014—2018 年宁波市塑料机械行业新产品产值率变化见图 1。

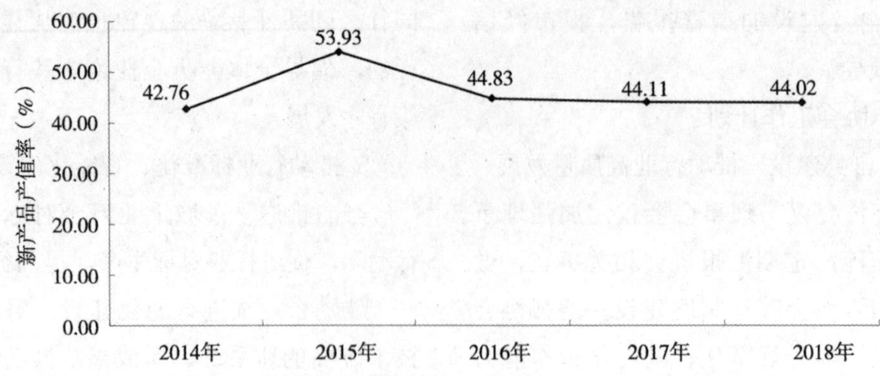


**图 1　2014—2018 年宁波市塑料机械行业新产品产值率变化**

塑料机械行业出口交货值完成 57.40 亿元，出口增幅 7.66%，比上年明显减少，出口交货值占销售产值比例为 29.59%，略高于上年同期。2014—2018 年宁波市塑料机械行业出口交货值增幅及比重见图 2。

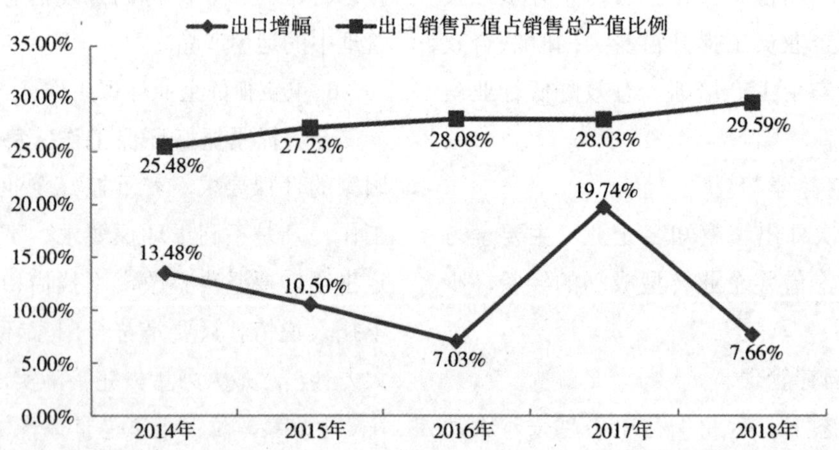


**图 2　2014—2018 年宁波市塑料机械行业出口交货值增幅及比重**

全市塑料机械行业资产总计为 396.79 亿元，同比下降 1.48%。企业资产略有减少，由于上半年存货过多，下半年去库存明显。

塑料机械行业实现利润总额 38.60 亿元，利润增长 0.54%，比上年同期明显大幅减少。主营业务利润率 18.61%，比上年同期略有减少。2014—2018 年宁波市塑料机械行业利润增幅及主营业务利润率见图 3。

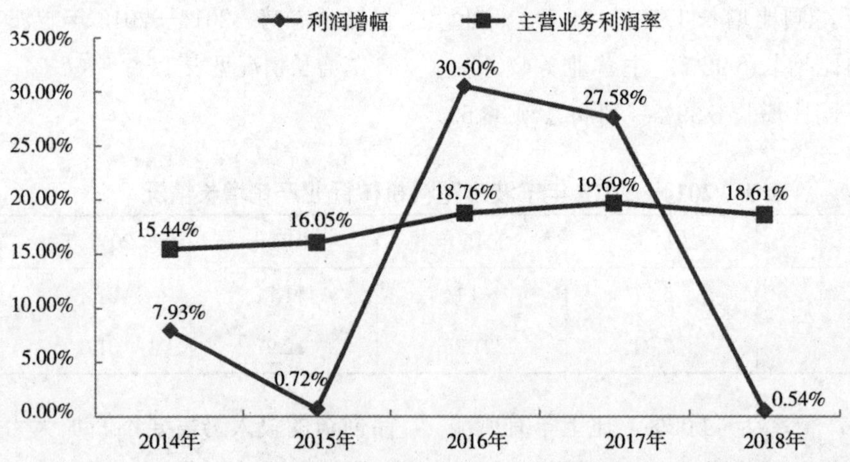


**图 3　2014—2018 年宁波市塑料机械行业利润增幅及主营业务利润率**

## 二、协会企业情况

协会秘书处自2019年1月向协会企业发送“宁波市塑料机械行业整机生产企业主要指标统计表”，于2月开始对上报的企业进行梳理分析，具体情况如下。

从全市比较来看，统计的企业2018年共实现工业总产值167.48亿元，比上年同期增长6.92%，占全市工业总产值的84.30%。新产品产值、工业销售产值、产品销售收入、利润总额五项指标均占全市70%以上，资产总计和负债总计两项指标占全市55%以上。利税占比份额最高，达96.56%；出口交货值占比份额最低，仅为23.01%。2018年协会企业主要经济指标占比情况见表2。

**表2　2018年协会企业主要经济指标占比情况**

| 序号 | 指标 | 金额（万元） | 占全市份额（%） | 序号 | 指标 | 金额（万元） | 占全市份额（%） |
|---|---|---|---|---|---|---|---|
| 1 | 新产品产值 | 658 858 | 75.34 | 5 | 负债总计 | 1 019 045 | 68.03 |
| 2 | 工业销售产值 | 1 516 294 | 78.17 | 6 | 产品销售收入 | 1 605 099 | 77.40 |
| 3 | 出口交货值 | 132 107 | 23.01 | 7 | 利税总额 | 336 071 | 93.56 |
| 4 | 资产总计 | 2 207 820 | 55.64 | 8 | 利润总额 | 285 570 | 73.99 |

协会统计的企业2018年工业总产值、新产品产值、工业销售产值、出口交货值、负债总计、产品销售收入、利润总额、从业人员八项指标小幅增长，其中资产总计和利税总额出现负增长，企业整体经济运行放缓。2018年协会企业主要经济指标增长情况见表3。

**表3　2018年协会企业主要经济指标增长情况**

| 序号 | 指标 | 同比增长（%） | 序号 | 指标 | 同比增长（%） |
|---|---|---|---|---|---|
| 1 | 工业总产值 | 6.92 | 6 | 负债总计 | 1.97 |
| 2 | 新产品产值 | 6.71 | 7 | 产品销售收入 | 6.39 |
| 3 | 工业销售产值 | 1.97 | 8 | 利税总额 | −1.62 |
| 4 | 出口交货值 | 7.66 | 9 | 利润总额 | 0.54 |
| 5 | 资产总计 | −1.48 | 10 | 从业人员平均数 | 5.21 |

## 三、下一步发展建议

党中央、国务院的战略部署推动供给侧结构性改革、扩大有效供给，实现行业经济运行稳中向好，有利于塑料机械行业良好发展。广大塑料机械企业树立信心、积极应对。一是更加注重战略转型，加强新产品开发，努力调整产品结构。二是更加注重国内、国际两个市场开拓，着力巩固和扩大传统市场。三是更加注重内部管理，注重人才培养和使用。通过努力使企业更加适合市场，其塑料机械产品更加具有市场竞争力，从而把企业做强做大。

1. 要加强企业的自主创新能力，转变经济增长发展方式

企业要继续增加科研经费投入，引进国外先进技术和中高端科技及管理人员，提高自主研发能力。目前，宁波市塑料机械龙头企业做得比较好，已具备较强的研发能力且成果斐然，多项高技术含量、高附加值产品研发成功并投产，如精密注塑机等。但中型企业产品研发能力仍然普遍比较薄弱，这是宁波市塑料机械企业做大做强的主要瓶颈之一，这一方面跟企业发展理念有关，同时资金制约也是重要因素。政府要制定配套政策鼓励企业自主创新，诸如加大企业设备折旧年限、加大对科技攻关的资金支持、设置重点行业升级扶持资金和先进制造企业奖励资金、引进高级科技管理人员补助资金等。

2. 积极争取国家政策支持，增强行业发展优势

广大塑料机械企业在继续加大产品研发和技

改投资力度的同时，要积极争取国家有关政策的扶持，协会及有关部门要积极支持和帮助，使有关政策能真正落到实处，确保企业得到宝贵的政策支持，推动塑料机械行业技术进步，促进技改项目及时建成投产，向市场提供优质、高效的新型塑料机械产品，提升宁波市塑料机械行业的市场竞争力。

3. 强化质量意识、注重市场开拓、推进管理创新

塑料机械企业在强化质量意识的同时，加强全员、全过程、全方位质量管理，健全责任体系、完善责任机制，不断提升产品质量和服务质量。加大市场开拓力度，着力扩大市场份额，着力巩固和扩大传统市场。塑料机械企业大力推进管理创新，加强管理精益化、基础化和正规化，从而增强企业的动力和活力，提高经营管理效益，及时消化原材料价格上涨、用工成本增加而导致的制造成本上升等因素。

4. 进一步加大反倾销预警的工作力度

要顶住某些国家的无理压力，建议对恶意降价、以不正当方式争夺订单、狙击我国高端塑料机械产品自主创新进程的企业，坚决运用反倾销措施予以反制。

〔供稿单位：宁波市塑料机械行业协会〕

# 广东省塑料及塑料机械行业发展概述

## 一、广东省塑料工业发展情况

1. 产业规模

广东省塑料加工业数据表明，广东是全国塑料加工产业规模最大的省份，行业运营质量综合指标平稳向好。2018 年制品产量居全国首位，占全国产量的 16.59%；产值总量 4 511 亿元，约占全国的 1/5 以上；主营业务收入占全国的比重超 1/5；利润总额占全国的比重超 1/5；产品出口交货值已连续多年占全国总量的 40% 以上；全行业规模以上企业资产总额占全国的比重超 1/5，企业实力增强，产业集中度有所提升。

2. 主要塑料制品产量

2018 年，广东省塑料制品总产量 1 002 万 t，同比下降 1.28%。广东省塑料制品产量增幅小于全国增幅，占比也降至 20% 以下，但产量和占比开始超过浙江省，成为我国塑料制品第一生产大省。2017—2018 年全国塑料制品产量前 8 名地区占比见表 1。

**表 1　2017—2018 年全国塑料制品产量前 8 名地区占比**　（%）

| 序号 | 地区 | 2018 年 | 地区 | 2017 年 |
|---|---|---|---|---|
| 1 | 广东 | 16.59 | 浙江 | 13.78 |
| 2 | 浙江 | 13.30 | 广东 | 13.51 |
| 3 | 江苏 | 7.77 | 河南 | 9.59 |
| 4 | 福建 | 7.44 | 江苏 | 8.01 |
| 5 | 湖北 | 6.87 | 四川 | 6.55 |
| 6 | 安徽 | 6.70 | 山东 | 5.95 |
| 7 | 四川 | 6.60 | 福建 | 5.73 |
| 8 | 山东 | 4.40 | 湖北 | 5.73 |

2018 年，广东省塑料制品工业总产值增幅远大于产量增幅，产值占全国的比重也高于产量。原因主要有两点：一是多年来全行业产品结构调整，塑料制品逐步向高端、高附加值、配套多个行业方向发展；二是与原料价格、劳动力成本等生产成本趋高有关。

3. 行业经济效益

2018年，广东省塑料制品企业累计实现主营业务收入4 391亿元，同比下降8.5%，占全国主营业务收入的24.32%；实现利润总额202亿元，同比下降26.9%，占全国利润总额的21.34%；规模以上企业3375家，占全国企业总数的21.67%；资产总计3 285.88亿元，占全国资产总额的22.46%；塑料制品产量达1 002万t，占全国总产量的16.59%。2018年广东省塑料加工业经济指标见表2。

**表2 2018年广东省塑料加工业经济指标**

| 行业类别 | 企业数（家） | 平均从业人员（万人） | 资产总计（亿元） | 资产平均（万元） |
|---|---|---|---|---|
| 塑料薄膜 | 410 | 5.49 | 513.86 | 12 533.2 |
| 塑料板、管、型材 | 252 | 6.65 | 399.79 | 15 864.7 |
| 塑料丝、绳及编织品 | 117 | 1.50 | 79.53 | 6 797.4 |
| 泡沫塑料 | 186 | 2.33 | 98.52 | 5 296.8 |
| 塑料人造革、合成革 | 50 | 1.00 | 75.67 | 15 134.0 |
| 塑料包装箱及容器 | 269 | 4.75 | 264.19 | 9 821.2 |
| 日用塑料制品 | 497 | 9.57 | 311.88 | 6 275.3 |
| 人造草坪 | 46 | 0.89 | 36.76 | 7 991.3 |
| 塑料零件及其他塑料制品 | 1 548 | 36.63 | 1 505.68 | 9 726.6 |

4. 企业资产

2018年，平均资产较大的是塑料板、管、型材企业，人造革、合成革企业，塑料薄膜企业，分别为15 864.7万元、15 134万元和12 533.2万元；平均资产偏小的是塑料丝、绳编制品企业，日用塑料制品企业，泡沫塑料企业，分别为6 797.4万元、6 275.3万元、5 296.8万元，均集中于塑料行业传统产品制造和偏劳动密集类企业。全行业企业仍以中、小微型企业为主。

5. 工业优势

全省形成多个塑料特色产品制造区域或集群，并且由龙头企业带动。如以佛山为主的珠三角地区塑料薄膜产业区域，顺德、广州地区的塑料建材产业集群，揭阳、汕头、广州地区的日用塑料、高档塑料家居用品、塑料玩具生产企业集群。另外，广州、深圳、东莞、佛山地区的改性塑料原料制造，佛山、江门地区的配套汽车、家电行业的塑料零件制造，汕头地区的塑料包装材料及机械设备制造，佛山高明地区的人造革合成革产业集群，揭阳地区、湛江吴川地区的塑料鞋产业集群都在行业中占有重要地位和影响。

当前广东塑料加工行业骨干企业主要装备先进，塑料制品加工工艺完善，塑料制品加工中的挤、压、注、吹、拉、涂、发泡、共挤、复合等工艺技术越来越成熟。主要产品涵盖塑料制品中的膜、板、管、丝、片、带、中空容器、零件等，其中多个产品系列领先于行业。塑料制品及材料可全面应用和配套于民生消费、轻工、建筑、电子、信息、家电、汽车、医疗、食品、文体、农业、国防军工、交通运输等多个行业和领域，按目前的加工技术和装备水平，广东塑料加工行业生产水平完全可满足民生消费及经济建设各领域的需求，并且产品结构中传统消费产品不断升级，附加值得以提升。塑料以其新兴材料属性在多个应用领域的开发速度越来越快，产业链越来越长。

近年来，随着国内外炼油、乙烯、合成树脂项目在广东立项建设和投产、扩产，广东塑料原料生产能力不足局面逐步改观，初级形态塑料产量占全国总量的8%～9%，全国排名第三。适合多个领域应用的塑料原料改性及工程塑料产业在广东优势明显，聚集有以金发科技为代表的数千家塑料原料改性及工程塑料生产企业。

广东珠三角地区是国内最大的塑料原料现货市场聚集地，几大塑料原料市场经营面积就在200万 $m^2$ 以上，集中经营塑料原料的客商数千家。广东还是国内塑料期货推广交易的主要区域之一，国内有多家期货公司在广东设有总部或营业机构开展塑料期货业务，为塑料实体企业和投资者服务。广东是塑料产业互联网发展最快的省份。

广东塑料专用设备产量占全国总量的27%左右，注塑、挤出、流延、吹膜及各类辅机制造企业齐全，研发力量强。珠三角地区也是重要的塑料加工设备制造基地。

广东塑料产品进出口比重大、渠道多，行业企业接触国际先进技术和先进管理理念、引进先进设备、与外界技术交流等便捷。此外，就与塑料应用密切相关的产业如汽车、家电、电子信息、家具、玩具、食品等行业而言，广东省均是国内最大的生产省份，有利于高端、高附加值塑料制品和材料、加工技术的开发，对塑料产业应用的拓展及产品结构转型提升十分有利。

## 二、广东省塑料机械行业发展情况

广东省是塑料加工设备制造大省。在2018中国塑料机械行业优势企业评选中，按“主营业务收入”排序，广东省有10家企业进入中国塑料机械制造业综合实力30强，分别是：广东伊之密精密机械股份有限公司、震雄集团有限公司、博创智能装备股份有限公司、力劲科技集团有限公司、富强鑫精密工业股份有限公司、东华机械有限公司、广东金明精机股份有限公司、佛山市宝捷精密机械有限公司、广东乐善智能装备股份有限公司、德科摩橡塑科技（东莞）有限公司。按“主营业务收入”排序，广东省有6家企业进入中国塑料注射成型机行业15强，分别是：广东伊之密精密机械股份有限公司（第2名）、震雄集团有限公司（第3名）、博创智能装备股份有限公司（第4名）、力劲科技集团有限公司（第5名）、富强鑫精密工业股份有限公司（第7名）、东华机械有限公司（第8名）。按“主营业务收入”排序，广东省有2家企业进入中国塑料挤出成型机行业10强企业，分别是：广东金明精机股份有限公司和德科摩橡塑科技（东莞）有限公司。按“主营业务收入”排序，广东省有2家企业进入中国塑料机械辅机及配套件行业5强企业，分别是：信易集团和广东拓斯达科技股份有限公司。

以上众多的广东省优秀塑料机械企业的产品销往众多知名企业，并深受顾客好评。过去，广东省的塑料制品行业对精度要求并不是特别高，对产品更多的要求是价位适中、有品牌保证；而如今，广东省工业的不断发展，特别是电子制造业的快速发展，对高精度以及大型塑料机械的要求不断提高，给更多的企业提供了良好的商机。广东省的汽车和电子信息业是目前各大塑料机械厂家追逐的主要市场。就市场反应程度来看，汽车产业整体塑胶行业生产链已经比较成熟，对大型机械的需求非常大；电子产业的整个塑胶产业链正在逐渐完善，预计在未来3～5年内会有一个大的飞跃，对塑料机械的需求也会迅速增长。

## 三、广东省知名塑料机械生产企业

1.广东伊之密精密机械股份有限公司

在“2018年中国塑料机械制造业综合实力30强企业”名单中，广东伊之密精密机械股份有限公司排名第三；在“2018年中国塑料注射成型机行业15强企业”名单中，广东伊之密精密机械股份有限公司排名第二。广东伊之密精密机械股份有限公司创始于2002年，专注模压成型装备制造领域，是一家集设计、研发、生产、销售及服务为一体的装备供应商。该公司现已成立注塑机、压铸机、橡胶注射成型机、高速包装系统、机器人自动化集成系统等多个事业部，在装备制造领域实现多元化发展。全球化经营下，该公司生产基地分布国内外，占地总面积近30万 $m^2$，现拥有职工2 700多名。2015年1月23日，在深交所A股市场上市（股票代码：300415），成为率先在深交所创业板上市的模压成型装备制造企业。广东伊之密精密机械股份有限公司引入IPD产品集成研发管理模式，不断加大创新投入，2018年研发费用支出近 9 000 万元，已取得逾 200 项技术专利。该公司是中国塑料机械工业协会副会长单位、国家级高新技术企业及国家级火炬计划项目实施单位，拥有省级企业技术中心、工程中心并先后设立了博士后科研工作站和院士工作站。广东伊之密精密机械股份有限公司生产能力见表 3。

**表 3　广东伊之密精密机械股份有限公司生产能力**

| 序号 | 主要产品 | 产能（台 / 月） | 先进性 |
|---|---|---|---|
| 1 | 注塑机 | 1 000 | 国内领先 |
| 2 | 压铸机 | 500 | 国内领先 |
| 3 | 橡胶注射成型机 | 600 | 国内领先 |
| 4 | 高速包装系统 | 200 | 国内领先 |
| 5 | 机器人自动化集成系统 | 100 | 国内领先 |

2. 震雄集团有限公司

震雄集团于 1958 年由蒋震博士在香港成立，迄今已有 60 年的历史，已成为全球注塑机产量最大的生产商，1998 年迁入深圳市龙岗区坑梓镇震雄工业园。该公司的产品已从单一的注塑机发展到机械臂、球墨铸铁、精密模具、液压配件、震雄 PET 瓶坯注塑配套系统等，客户遍及全球 60 多个国家和地区。震雄机械 ( 深圳 ) 有限公司生产能力见表 4。

**表 4　震雄机械 ( 深圳 ) 有限公司生产能力**

| 序号 | 主要产品 | 产能（台 / 月） | 先进性 |
|---|---|---|---|
| 1 | Ai-02 注塑机控制器 | 850 | 国内领先 |
| 2 | Ai-12 注塑机控制器 | 250 | 国内领先 |
| 3 | Ai 系列伺服注塑机 | 250 | 国内领先 |
| 4 | C2 系列伺服注塑机 | 150 | 国内领先 |
| 5 | 大型二板式伺服注塑机 | 70 | 国内领先 |
| 6 | PET 瓶坯机系统 | 15 | 国内领先 |
| 7 | PET 专用二轴重型机械手 | 15 | 国内领先 |
| 8 | ichen 网络监控管理系统 | 80 | 国内领先 |

3. 博创智能装备股份有限公司

博创智能装备股份有限公司成立于 2003 年，专注于研发、生产制造注射量 25 ～ 300 000g 的智能注塑机，产品广泛应用于航空航天、国防、交通、电子、建筑、生物医药等领域，研发出亚洲首台 68 000kN 二板智能注塑机。该公司是第五届中国塑料机械工业协会会长单位、首批全国 46 家智能制造试点示范项目企业、国家智能制造新模式应用示范项目单位。

4. 力劲科技集团有限公司

力劲科技集团有限公司成立于 1991 年。深圳领威科技有限公司是力劲集团在内地投资建设的首家工厂，位于深圳市龙华力劲高新技术工业园，占地面积 12 万 $m^2$，由主厂房、办公楼、清华力劲压铸高新技术研究中心、镁合金产业化示范基地构成，是一家集科技、研发、生产于一体的大型机械制造企业。拥有各种大型进口先进加工设备 90 余台（套），以制造、销售热室压铸机、冷室压铸机、精密注塑机、镁合金压铸机、高精密数控加工中心为主，产品广泛用于航空航天、汽车工业、电子、电器、玩具礼品等行业，远销东南亚、欧美等地区，为全球最大的压铸机制造商之一。深圳力劲是深圳高新技术企业、深圳机械行业副会长企业。力劲 PT80、PT130、PT160、PT200、PT250、PT320、PT400、PT480、PT560、PT650、PT850、PT1000、PT1300 注塑机列入《工业和信息化部节能机电设备(产品)推荐目录(第三批)》，并通过国家级节能认证。力劲科技集团深圳领威科技有限公司生产能力见表 5。

**表 5　力劲科技集团深圳领威科技有限公司生产能力**

| | 主要产品 | 产能（台 / 月） | 先进性 |
|---|---|---|---|
| 1 | 压铸机 | 700 | 国际先进 |
| 2 | 注塑机 | 470 | 国内领先 |
| 3 | 数控加工中心 | 500 | 国内领先 |

## 四、新的周期下广东塑料工业发展探讨

最近十年，广东省塑料工业经历了产量规模快速发展向产业调整、结构优化转变，发展质量优势初步显现。2016 年、2017 年广东省塑料工业运营数据优于全国，产品结构调整和行业发展模式转型取得实质效果，产能高、产量大、水平低、

质量低的状况正在改变，产业大而散的状况也在转变中，但总体仍处于创新发展初级阶段，产业仍处于粗放的发展模式调整期。创新型的、有国际竞争能力的、大而强的塑料产业是新的周期广东塑料工业发展的任务和目标。

我国塑料制造业“十三五”规划强调依靠科技进步、科技创新推动产业升级，构建现代塑料工业产业体系，这是关系到能否提高整个塑料加工业产业素质的关键。广东塑料制造产业规模相当大，但技术、创新能力等行业发展核心因素与塑料工业发达国家是有差距的，产量规模与行业运行经济指标不匹配，企业规模偏中小型，领军企业不突出，产业集中度不高，研发力量不足，离高科技、创新型的塑料工业体系尚有距离。因此，广东只能算是塑料加工制造大省和消费大市场。

新的周期应该成为推进广东塑料产业高质量发展的黄金期。过去一段时期，以快速增长、产能扩张的方式拉动产业发展为广东的塑料工业打下了基础，但今后塑料加工业不可能持续几年翻番或成倍增长。近几年广东塑料制品产量增幅已低于全国平均水平，占全国比重也逐步减小，在发展模式转型期需要全行业改变思维，调整发展方式，调整发展速度和质量关系，依靠创新、技术进步和结构优化促进发展。在这一阶段，塑料人均消费量不只是衡量发展水平的唯一标准，提高整体塑料加工业产业素质是广东塑料产业努力的方向和目标。

塑料产业定位要有新的思维，主要从塑料的属性、新功能、产业链等方面来探讨。塑料产业要加快把塑料的属性从日常生活消费品的传统认识向现代新型材料功能理念转变，充分认识和强化塑料的新型材料属性，改变塑料产业定位于传统产品制造业、终端产品功能大部分限于日用消费范畴、产业链不长、应用领域拓展慢的状态，解决塑料新兴材料地位不清晰的问题。塑料材料定位的提升有利于加快塑料产业从传统加工业向新兴制造业转型，更重要的是加快塑料成为支持现代高科技发展和经济建设重要新型材料的进程，更广泛地进入工业、农业、国防军工、交通运输、电子信息、轻工消费等各个领域，发挥重要作用，这也是塑料加工业成为“国民经济新的支柱产业”定位的依据。广东塑料行业首先要在认识上转型，产业转型才能有所作为，产业升级才能有目标和方向。

广东是家电、电子信息、汽车、轻工等产业大省，塑料产业结构和产品结构除继续保持传统消费品升级发展外，应该加大向这些产业配套倾斜的力度。高性能、复合化、环保化、轻量化是产品结构优化的努力方向，最终目的是以高新技术改造传统塑料材料和产品，适应多个产业发展，拓宽新型塑料材料和制品在各新兴产业的应用范围，在尽可能短的时间内进一步缩小与国际先进水平的差距。

广东塑料行业必须坚持绿色环保理念，坚决摒弃以牺牲环境、资源换取或达到发展的观念，从产业发展的源头如选址、选材、加工工艺选取等环节开始引入安全、环保、节能概念，确保塑料加工过程的安全和环境、资源受保护；产品制造及市场开发更加严格执行国际、国内相关安全、卫生、环境保护的法规，确保应用和消费环节的安全、卫生；废弃塑料的处理是环境保护的重要环节，这需要全社会重视，消费者要形成正确使用和处置的观念。产品开发和应用提倡尽可能减少不可再生资源材料含量、加大降解材质成分，尽可能加大废弃塑料的回收循环利用。同时，要建立和完善塑料加工业各类标准体系，研究和建立塑料工业安全生产、生态化、检测方法等基础标准体系，对涉及食品、卫生、安全或其他特殊行业使用安全的塑料加工过程和制品，研究建立行业生产与市场准入标准体系。全行业要把完善塑料制品安全体系作为创新塑料产业的重要环节，真正实现塑料工业的资源节约、安全性和绿色环保。

〔供稿单位：广东省塑料工业协会注塑专业委员会、华中科技大学〕

# 市场专题

记录2018年至2019年上半年塑料机械行业在市场各层面较为重要的事件，以及行业在汽车轻量化、智慧工厂、环保领域取得的进展

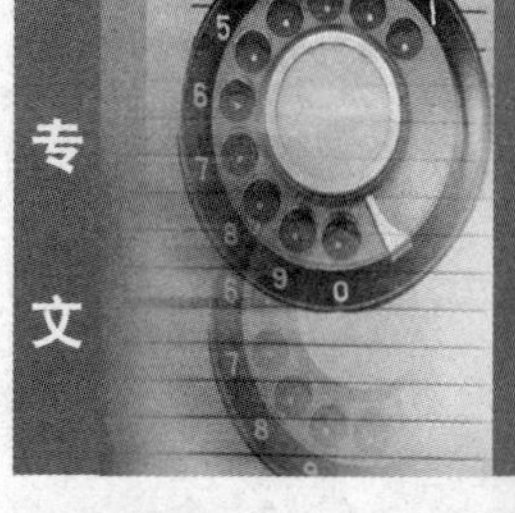

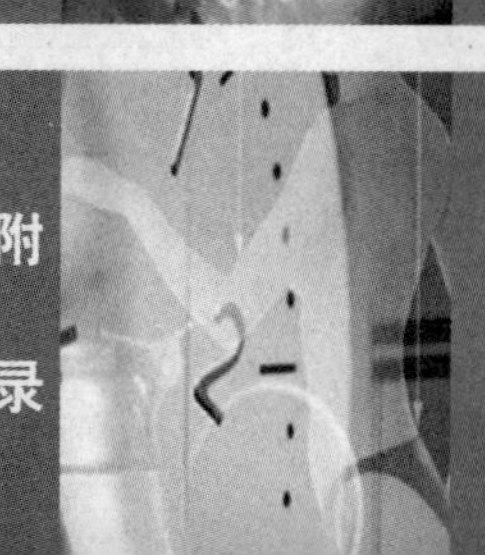

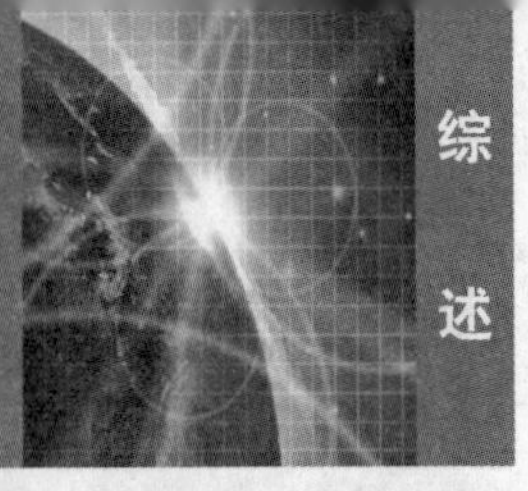

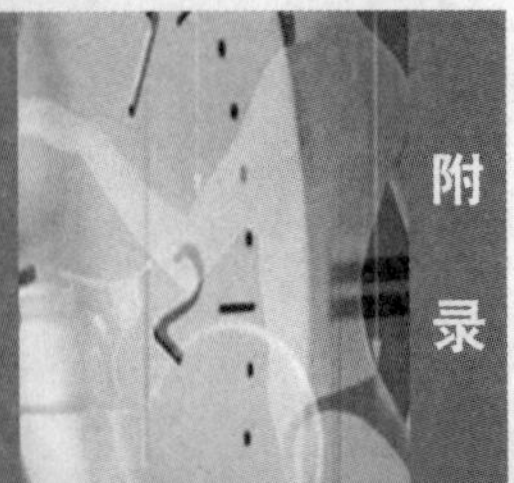




# 市场专题


2018—2019年我国塑料机械工业要事

新发展趋势

在线混炼注塑及在线注射热压成型工艺应用于汽车轻量化

管工厂云平台的应用

金纬机械助力绿色海洋牧场建设

年鉴
十年
2009-2019
中外塑料机械行业交流会
暨中国塑料机械工业年鉴十周年纪念活动
International Exchange of Plastics Machinery Industry
& The 10th Anniversary of China Plastics Machinery Industry Yearbook
讲述中国塑机故事

# LK MILESTONE 里程碑

SINCE 1979

## 80s

1979 • LK was founded by Mr. Liu Siong Song.
刘相尚先生创办力劲。

• LK machine brand name was established.
建立力劲品牌。

1980 • The first LK hot chamber die-casting machine was launched.
推出第一代力劲热室压铸机。

1989 • The first LK plastic injection molding machine was launched.
推出第一代力劲注塑机。

## 90s

1991 • L.K. Machinery (Shenzhen) Co. Ltd. was established as LK Group's first manufacturing plant in Chinese mainland.
力劲机械（深圳）有限公司成立，为力劲集团在内地的第一家制造厂。

1993 • LK donated a die-casting machine to The Hong Kong Polytechnic University to support local education.
力劲捐赠一台压铸机给香港理工大学作本地教学用途。

1994 • Zhongshan L.K. Machinery Co. Ltd. was set up for manufacturing plastic injection molding machine.
成立中山力劲机械有限公司，主要生产注塑机。

• LK won the "Governor's Award: Machinery and Equipment Design Certificate of Merit" presented by The Chinese Manufacturers' Associations of Hong Kong.
力劲荣获香港中华厂商联合会颁发"总督工业奖：机器及设备设计优异证书"。

## 00s

2001 • Shenzhen Leadwell Technology Co. Ltd. was established as headquarters of LK Group in China.
成立深圳领威科技有限公司，作为力劲集团的中国总部。

2002 • Ningbo L.K. Machinery Co. Ltd. was established to further facilitate the business in Eastern China.
宁波力劲机械有限公司成立，以促进中国东部业务发展。

2006 • L.K. Technology Holdings Limited (Stock code: 558) was successfully listed on the Main Board of the Hong Kong Stock Exchange on 16 October 2006.
力劲科技集团有限公司（股份代号：558）于2006年10月16日在香港联交所主板成功上市。

2008 • LK was awarded "Hong Kong Top Brand".
力劲荣获"香港名牌"称号。

• LK acquired one of the world's leading die-casting machine manufacturers, Idra S.r.l..
力劲收购全球领先压铸机生产商之一——意大利意德拉公司。

## 10s

2012 • LK CNC machine manufacturing plant in Taiwan commenced operations.
位于台湾的CNC加工中心厂房投产。

2013 • LK three color plastic injection molding machine "EFFECTA PT 1300V" won the "2013 Hong Kong Awards for Industries: Machinery and Machine Tools Design Award".
三色车灯专用注塑机EFFECTA PT 1300V荣获"二零一三香港工商业奖：机器及机械工具设计奖"。

2016 • Expansion of the plastic injection molding machine production plants in Ningbo and Zhongshan, China was completed.
位于中国宁波及中山两大注塑机生产基地扩建完成。

2017 • Mr. Liu Zhuo Ming was appointed as the Chief Executive Officer of LK Group.
刘卓铭先生获委任为力劲集团行政总裁。

2018 • Mr. Liu Siong Song won the "Artsmanship Spirit Award for the 40th Anniversary of Reform and Opening Up".
刘相尚先生荣获"改革开放40周年工匠精神奖"。

## 2019

LK celebrates its 40th anniversary
庆祝力劲成立40周年

SINCE 1979

# 春华秋实，初心不忘，砥砺奋进四十年

## ——致力劲集团成立四十周年

### 改革之春，迎来机遇

20世纪70年代末，中国内地开始实行改革开放，引进先进加工设备和生产线，提高金属和塑料制品的生产加工能力及质量。

1979年，刘相尚先生在香港创办了力劲集团，并带领团队在次年研制出力劲第一台热室压铸机。1989年，力劲第一台注塑机也研制成功，接受香港、内地企业订购。

短短十年，从零起步，力劲集团自主研制的第一代压铸机、第一代注塑机相继问世，为后30年发展大型智能装备制造事业奠定了基础。

### 励精图治，繁荣发展

20世纪90年代，信息化和知识经济高速增长，互联网开始普及，香港的大量劳动密集型企业北移。

1991年，力劲集团在内地建设了第一家工厂，并成立力劲机械（深圳）有限公司。1994年，力劲上海工厂开工建设。同年，中山力劲机械有限公司成立，成为力劲集团在内地的第一个注塑机生产基地，并通过了BS、EN、ISO 9002:1994质量管理体系认证。

1997年1月15日，香港青年工业家协会授予刘相尚先生“一九九六年度香港青年工业家奖”，表彰他的专业成就和投身制造业的精神，并鼓励其继续为香港经济发展做出贡献。

## 上市并购，拓展事业

进入21世纪，中国塑料工业的生产规模和出口规模持续扩大，力劲集团不断加快产业布局。2001年，力劲集团中国总部——深圳领威科技有限公司成立。2002年，宁波力劲机械有限公司成立，定位华东塑料工业市场。2004年，集团收购全国重点压铸机厂阜新北方压铸机有限责任公司，并相继成立加工中心事业部和台湾研发中心。2006年，重庆力劲机械有限公司、力劲精密机械(昆山)有限公司相继成立。同年，集团在香港证券交易所主板成功上市。2007年，阜新力达钢铁铸造有限公司成立。2008年，集团收购全球知名压铸机制造企业意大利意德拉集团。

在这期间，力劲POTENZA系列精密注塑机、EFFECTA系列高速精密注塑机、EFFORT系列直压式注塑机、微注塑机、全电动注塑机、双色/三色注塑机等相继问世，为汽车、家电、3C电子产品等众多领域提供生产解决方案。力劲微注塑机获得日内瓦发明金奖，力劲热室/冷室压铸机、注塑机、数控加工中心获得“香港名牌”。

## 工业4.0，创新起点

进入2010年，中国塑料工业开始从量的高速增长向质的飞跃过渡，进入结构调整优化、发展方式转变、产业素质提升的工业4.0转型升级阶段。2012年，位于台中市的CNC加工中心厂房正式建成使用。2016年，位于宁波、中山的两大注塑机生产基地扩建完成。2017年，刘卓铭先生担任力劲集团CEO。

力劲集团开始致力发展大型化、两板式、伺服节能型注塑机，并推出FORZA系列中大型两板式伺服节能机型，为汽车、物流、环卫、日用品等行业提供高效、节能、成本效益均衡的解决方案。

40年发展历程，40年砥砺奋进，40年魅力荣光。进入工业4.0的力劲集团，全心投入智能制造，灵活优化市场决策，秉承匠心，研制设计数字化、信息化、自动化、高度集成的智能装备，持续为全球客户提供可定制的、智能制造解决方案，提高生产效率和环保效益。

# 迈向十年战略合作
# 震雄携手宇部三菱塑造全球注塑科技新格局

震雄集团与日本三菱重工（现名宇部三菱）于2011年3月在大型液压式注塑机技术领域正式达成OEM业务合作，其目的是利用两家公司雄厚的技术力量和庞大的销售网积极开拓全球市场。同年8月，震雄集团作为OEM生产出第一台MMX大型二板注塑机。2011年11月，MMX大型二板注塑机在三菱重工于日本举办的展览会中首次展出，日本丰田汽车供应商成为了MMX系列全球的第一位用户。此后，MMX系列迅速成为热销产品，备受业界好评。

如今，震雄与三菱重工战略合作即将踏入第十个年头。震雄集团凭借自主研发的SM系列二板机在行业中拔得头筹，并以其强大的技术实力和规模化制造力量，不断为市场提供高效率、高品质的先进注塑机，成为塑料行业合作伙伴们的坚强后盾。这一切都与长期保持和三菱重工的战略性合作关系密不可分。

## 震雄集团融入全球化分工合作体系 巩固国际地位

震雄集团于1958年创立，距今已超过60年。经过半个多世纪的风雨兼程，震雄由一间小规模的机械加工厂发展成为当今全球最大的注塑机生产企业之一。

近观国内，震雄集团在多地建立生产厂房，携手构建经济发展新框架。在增强集团位于深圳和佛山等地工厂生产能力的同时，努力扩大高性能机型的市场占有率，以满足各行各业厂商的生产需求。

远观世界，在经济全球化背景下，由竞争走向合作是企业发展的客观要求，也是现代市场经济发展的必然结果，合作是增强企业品牌价值的有效途径。震雄集团在60多年的发展过程中，一路探索前行，在挑战自身实力的极限中不断奋进。全球化分工是震雄集团发展的契机，在自身核心技术成熟稳定的条件下，科技创新成为推动集团发展的强大驱动力。通过稳步推进全球战略性经营策略，震雄集团展示了自身强大的品牌价值，巩固了自己的国际地位。

## 震雄集团主席蒋丽婉赴日“三顾茅庐” 达成战略性合作关系

早在震雄集团与三菱重工达成战略性合作之前，国际大环境已受经济危机影响。面对全球逆境，震雄集团主席蒋丽婉积极应对，誓为震雄闯出一条新路。她从震雄注塑机的制造技术着手，专注研发创新，力争推出更能满足市场需求的新产品，为震雄带来新的业务增长点。为此，她计划邀请被喻为“二板机之父”的前三菱重工技术总工程师盐田先生出任震雄集团的技术顾问。但是，很多人认为，成功的可能性几乎为零，震雄集团的高层也认为此举是不可能完成的。

功夫不负有心人。蒋丽婉只身一人前往日本与盐田先生见面。盐田先生在多次的会面商谈后，被蒋丽婉专注发展工业注塑机械的执著精神所感动，最终欣然受邀担任震雄集团技术顾问。震雄集团也与三菱重工达成了长期战略发展的合作关系。三菱重工协助震雄进行产品的创新改革，推出一系列高稳定性、高科技含量的注塑机。震雄集团与三菱重工的合作，不只是两家企业的双赢，亦促进了国内大型注塑机向二板式注塑机的发展。

震雄集团主席兼CEO蒋丽婉和三菱重工技术总工程师盐田先生参观震雄工厂

## 坚守与突破
## 震雄开启产品创新之路

自从2011年与三菱重工达成战略合作关系以来，震雄集团开始了注塑机工艺技术水平的快速提升之路。几年间，不计其数的新技术成功研发，数不清的技术升级得以实现。震雄MK6系列伺服驱动注塑机经日本资深工程师团队三年时间精心设计，实现了油、电、机械的完美结合。独有的日本“精确液压技术™”保证了注塑机在极速运行时仍然安稳顺畅，真正地实现“精密、高速、稳定”三者兼得。

震雄MK6系列伺服驱动注塑机一次性解决了用户的注塑难题。通过采用世界知名品牌液压控制元件和电控元件，配合新一代智能控制系统，专业调试后设备运行状态更佳、制品精度更高、良品率更高，有效地为用户解决了精度的问题。

MK6采用的CPC6.0控制器是一款基于JIS标准的智能计算机控制系统，由日本专业研发团队倾力打造。它拥有7in进口TFT彩色显示屏，亮度高、寿命长；全面支持震雄自主研发的iChen联网系统，具备智能故障检出功能，更加人性化。由日本专家亲自设计的超刚性机架，安全保障充足，机器在长时间高速运行后仍能维持精确度。MK6凭借高稳定性、超低能耗、高精密度的特点获得业界的好评。

全电注塑机领域中的热门产品——SPARK星火系列，是在震雄与三菱重工合作的研发架构体系下，深入结合震雄集团的全电机应用经验和国内市场需求，全新开发的新一代高响应、高适配性产品。SPARK从敏捷性、全面性、高品质、安全性、省电性和稳定性等多方面重新定义全电注塑机，2018年一上市便成为备受市场瞩目的人气明星产品。SPARK专用定制的超灵敏动态响应伺服系统，匹配最高端、运算最快的智能计算机控制器，电机从静止到2000r/min的响应时间低于30ms，比传统全电机注塑机快10倍以上。ALL-Adapt™技术使得机器应用场景更广泛，一台机器便可生产绝大部分产品，并且兼顾超薄壁制品的超高速注射和超厚制品的高保压要求，可谓“厚薄制品皆可用”。SPARK系列产品因其优异的节能效果、宽广的适用维度在全电注塑领域中备受客户喜爱。

震雄集团主席兼CEO蒋丽婉出席
2018年震雄集团「超级新产品嘉年华」

CHEN HSONG

## 积极布局《中国制造2025》向着智造强国的目标坚实前进

注塑机的自动化控制技术已经发展到相当高的水平，设备单元的自动控制、参数的闭环控制、过程联运在线反馈控制等技术都在注塑机产品上得到广泛的应用。传感器的普遍应用，加快了具有智能控制功能注塑机产品的出现。

此外，网络技术以及物联网的发展也促进了注塑机工业网络化的发展。在新一轮的智能装备升级中，震雄集团始终引领行业潮流，早在15年前就已经布局了可供企业进行数字工厂升级的智慧云系统“iChen”。今天，在中国制造业进行深度调整、全面升级智能工厂的大时代背景下，震雄集团运用先进的网络技术不断帮助企业设备入网，打通注塑工厂的全数据管理链，让企业在精准的数字化服务中不断提升生产效益。2018年，震雄集团更进一步推出了OTS线上一键服务系统，延伸了企业服务价值链，极大地提升了设备售后服务效率和品质。在注塑设备加装IOT模组后，震雄售后技术专员能时刻关注用户设备的健康状态，在设备损耗前向客户提供保养建议，帮助客户延长设备使用寿命，减少用户因设备停机而带来的损失。

震雄还以开放的心态与因耐旺网络科技共同开发推出了业内领先的IOT智能物联网模组。这解决了震雄已售注塑机的物联网升级问题，只需15分钟，客户使用的EM、JM系列注塑机设备即可完成安装组网。多元化的设备联网方式使震雄成为智能注塑机网络升级的龙头企业。

用先进的互联网工具打破部门甚至公司间的沟通壁垒，去除中间环节，以最快的方式为客户提供服务，让震雄的售后服务成为注塑行业的标杆。震雄始终笃定“客户所要的，就是我们要做的!”的企业宗旨，帮助广大客户持续进行数字化智能升级，用坚实的产品和完美的服务帮助客户赢在“工业4.0”的起跑线上!

震雄集团主席兼CEO
蒋丽婉小姐

震雄集团作为当今中国乃至世界最大的注塑机制造商之一，始终秉持“以完美品质和先进科技为全球客户创造最高价值，不断创新，永远走在注塑业前方”的宏大愿景。六十年来，一直专注于注塑机技术的研发工作，坚持“工业富民、民富国强”的理念。注塑装备制造业，向来是高端技术密集型产业，是大国重器，需要投入大量的时间和资源，不断打磨技术，才能沉淀出高性能、高品质、高效率的优秀产品。

我们坚信水滴石穿的力量，六十年如一日地坚守在技术创新的最前线，用扎实的技术和刚性品质兑现我们对推动中国装备制造业发展的庄严承诺。自强不息、自主创新，震雄集团用先进的生产工艺践行了公司“完美品质”的坚实诺言，也以先进的技术和卓越的品质得到了广大客户群体的青睐。

自从与三菱重工达成战略合作伙伴关系后，震雄集团经过数年精心打磨，推出了震雄旗舰注塑机MK6、SPARK、二板机，这些产品一上市就引爆了行业，成为众多企业争相订购的注塑机爆款机型。客户的满意就是企业最高的荣誉。未来我们将继续坚持自主创新，积极参与《中国制造2025》，用先进的科技和优秀的品质领跑下一个六十年。在甲子更替的历史时刻，我们充满信心，充满期望。震雄集团始终肩负着民族工业复兴的光荣使命，不忘初心，砥砺前行。六十年的沉淀坚定了震雄实业报国的信仰，我们将以完美的品质和先进的科技努力开创未来。

原日本三菱重工技术总工程师
盐田先生

作为注塑机工程师，我在日本三菱重工工作了几十年，并有幸参与了世界上首台大型二板机的开发研制。从三菱退休后受震雄集团蒋小姐邀请，现担任震雄技术指导工作。目前震雄集团推出的一系列高稳定性、高科技含量的注塑机得到了市场上的广泛好评。将自己的绵薄之力和多年经验积累的成果，贡献于让广大客户信赖的无国界机器技术，我深感欣慰，也很自豪。

TECHMATION Innovation in Motion 弘訊科技

# Y 俞田龙

宁波弘讯科技股份有限公司 总经理

**2018年塑料机械下游发展速度总体放缓，作为国内最大的塑料机械自动化控制系统供货商，公司的经营状况如何？**

弘讯科技主营业务主要还是在注塑机细分行业，2018年两大主营产品塑机控制系统与驱动系统受下游影响出货量分别下降8.7%、4.8%。在其他领域的拓展取得不错的成绩，在吹瓶机、挤出机、橡胶机等领域出货量增长明显。产品精进与研发方面，完成了新一代控制系统、伺服节能系统的完全导入以及高端伺服系统总成SANDAL批量出货的规范与标准优化。公司将继续围绕塑料加工行业“工业4.0”目标，持续提升产品和服务的综合竞争力，从智能制造生产单元向智能制造完整解决方案延伸。

## 请谈一谈弘讯科技在塑机行业未来战略发展规划。

总体上，弘讯将持续以国家大力发展智能制造、全面推进制造业智能转型为契机，以技术产品储备为基础，以人才梯队力量为支撑，开发各产品与技术在多领域的应用，立足塑料机械行业，开拓其他行业市场。在“技术基础+前瞻视野”的双轮驱动下，在现有技术平台的支持下，打造具有弘讯特色的塑料加工工业物联网平台，持续以更具前瞻性与适应性的创新产品与服务满足日新月异的市场变化需求，引领产业发展，保持行业地位，实现塑料加工行业“工业4.0”，助力《中国制造2025》的逐步实现。

第一，持续发挥公司产品和研发的竞争优势，保持核心技术产品平台与国际先进自动化企业同步发展。在注塑机领域不断推陈出新，保持稳中有升的产品出货总量基础上，优化产品结构，提高产品价值。逐步实现从系统向全套解决方案的转变，对整条生产流水线的主要加工设备及各类辅机设备进行分散式控制，为塑料加工行业提供生产单元整合控制解决方案。加大力度开拓各类自动化产品在注塑机领域以外的其他行业的应用，保持业绩持续增长的后劲。积极推进工业机器人项目的建设，加快机器人核心部件的自制化进程，增大产品销售总量，开拓自动化集成方案在各个不同行业中的应用市场，实现增量业务的业绩贡献。

第二，加大在塑料加工智能制造方向的投入，围绕塑料加工工业互联网与工业4.0平台打造目标，在完成感知层数据采集中心的基础上，深化网络层与应用层的技术方案。整合完备的自主核心硬件产品并以注塑机联网管理系统为基础，通过与国内知名云服务厂商和电信运营商的合作，提供一站式智能工厂解决方案。实现塑料加工设备间的互联互通，借助移动互联网、云计算、大数据技术，将塑料加工的工业化与信息化深度融合，在塑料加工网络化、数字化、智能化发展趋势中抢占先机、改变传统塑料加工制造的生产模式，促进中国塑机、塑料加工行业的转型升级。

## 弘讯科技将从哪几个方面来实现战略目标？

**两方面**

主要通过两方面：一是向塑料机械厂提供智能控制解决方案，二是向塑胶制品加工商提供智能制造解决方案。

1.向塑料机械厂提供智能控制解决方案（含控制类与驱动系统类产品）

塑料制品的应用领域越来越广泛，随着产品结构及行业转型升级的进行，市场对塑料制品的需求也不断增长，带动了塑料机械投入稳中有升的增长。在此背景下，公司将持续扮演好在中国塑机产业发展中的核心关键角色，稳固在塑机控制、驱动领域的行业地位。

新一代控制系统、液冷驱动器、驱动系统的推出使系统配置更多样化，这不仅满足了各类普通油压机的需求，也满足了二板机、大型机、特殊机、快速机等中高端机械设备的需求。油电混合、全电式高端注塑机以其特有的清洁、低噪声、高控制精度和高可靠性的特点，在越来越多的领域受到市场的青睐，未来中国市场上全电动高端塑机使用量的占比将越来越高。随着市场空间的逐步打开，塑机厂将迎来巨大的进口替代机遇。公司针对油电混合、全电式等高端机开发的系统总成SANDAL经过这些年的持续推广，得到了国内塑机厂的高度认可，未来会是新的业务增长点。

随着2018年新一代伺服驱动器产品和液冷驱动器产品的投放使用，弘讯2019年加快了开拓其他行业应用市场的步伐，推出了高性价比的系统集成方案，通过实施分行业市场开拓策略，扩大其他领域市场份额。

2.向塑胶制品加工商提供智能制造（含云端管理）解决方案

在国家持续深入实施《中国制造2025》，鼓励提升制造业智能化水平的大潮下，制造业转型升级需求日益旺盛，塑料加工行业也不例外。全中国近年存量有50余万台注塑机装有弘讯控制系统，每年持续有六七万套增量。基于此，后续将着力向塑机的终端用户沿伸，为塑胶制品加工商提供智能制造全套解决方案，含机械手与周边辅机，以及塑料加工数据的云端管理MES系统。

智能制造全套解决方案将以子公司伊雪松直角坐标机械手及多轴机器人为依托整合周边辅机设备，在原注塑机联网管理系统基础上，升级云端管理功能，配合塑料加工物联网感知层智能制造生产线数据中心，并聚力国内知名云服务商及参股公司上海智引，为塑料制品生产商的升级转型提供全套解决方案。2019年Chinaplas展会上，我们“弘塑云”已正式亮相，这是为橡塑行业量身定做的信息化管理平台，它有助于企业对设备、人员、工艺、订单、能源等一系列要素进行智慧化管控，使生产过程可视化、生产数据可追踪、生产工艺可模拟、生产数据可运用。“弘塑云”能够提高产品质量、管理效率和客户满意度，是智慧工厂的首选解决方案，也是企业迈向“工业4.0”的基石。

TECHMATION Innovation in Motion 弘訊科技

# 橡塑行业智能制造的践行者

# Innovation in Motion

弘讯科技(TECHMATION)(股票代码:603015)是塑料机械自动化系统解决方案供应商,主营产品注塑机控制系统的市场占有率居首位。弘讯科技通过开发信息、通信技术,包括开发各种工业控制系统、驱动系统、运动控制模组、机械手、现场制造管理MES系统等智能制造核心产品,引领不同时期塑料机械产业变革与转型升级,是中国塑料机械行业发展的参与者与见证者。

## 上篇:“制造”的积淀

### 组织的不断发展

弘讯科技起源于台湾,立足于大陆,迈向全球化。弘讯科技于1984年成立,前身为弘讯科技股份有限公司,主要研发工业控制器。随着塑机制造业的发展与时代需求,捕捉到塑机控制系统的商机,开始进入塑机控制领域。1993年成立弘讯宁波办事处;2001年落户注塑机产业聚集区——宁波,注册成立宁波弘讯科技有限公司,主要组装出货成品;2005年完成了位于北仑大港工业城的2.33万$m^2$(35亩)自有土地上的工厂建设,配套了研发实验楼、办公楼、生产工厂、员工生活配套设施等。

2010年公司启动内部资产重组,由宁波弘讯科技有限公司作为上市主体完成股份制改造,2015年3月在上海证券交易所挂牌上市,至此完成了集团化发展的战略目标。2016年完成位于北仑小港装备园区的弘讯新厂建设。上市后通过进一步投资与并购开启国际化布局,成为塑机自动化系统全球化供应的重要成员。

弘讯科技自2006年以来一直是国家高新技术企业,并连年位列中国塑料机械行业辅机及配套件行业五强企业,是国家单项冠军培育企业。

### 研发与产品

弘讯科技自1984年开始指拨式注塑机控制器的开发,1999年开始开发网络管理系统软件,2007年推出首套全电式注塑机控制系统,2009年全面推广高效伺服节能系统,2012年开始整合工业通信技术,2015年规划塑料加工行业“工业4.0”产品与技术平台,2017年构建塑料加工智能制造生产线数据中心,2018年启动橡塑加工物联网平台的开发,进一步奠定未来塑料智能制造工业4.0的新基础。

近些年,公司围绕装备智能化、工业化与信息化相融合的方向布局,已经掌握感知层、现场制造层、应用层的关键核心软件、硬件技术与产品。

主营产品之一的塑机控制系统年销售量占中国同类产品的比重超过50%。控制系统面板显示多国语言,满足了世界各国不同机型注塑机控制单元的需求,同时

也广泛应用于其他塑料机械，如挤出机、吹瓶机、制杯机、橡胶机、制鞋机等。

伺服系统在不同生产条件下较传统液压系统节能40%～70%。受益于显著的节能效果与稳定的产品质量，该产品近年来销量增长势头强劲。

在长期从事塑料机械自动化领域的技术研发、产品生产、质量管理、市场营销和供应链管理的过程中，弘讯科技掌握了塑料机械行业的具体应用要求和终端用户的需求，深刻理解了塑料机械自动化控制产品的市场，拥有了把握产品和技术发展趋势的能力，借助高效的系统开发平台快速满足不同用户的产品需求，保证公司产品技术的前瞻性及公司的行业领先地位。

当前，弘讯科技在我国的台湾、上海、宁波、西安、华南地区以及意大利均设有相应的技术研发和产品运用部门，形成了完整的研发体系。兼顾技术导向和市场需求使公司可以充分利用差异化优势实现资源互补，确保研发能力。近些年来公司研发投入占营业收入的比重平均维持在10%左右。此外，与西门子、同济大学、兰州大学、中原大学等单位开展广泛的技术合作亦是技术持续发展的有力支撑。截至2018年年底，弘讯科技拥有授权专利166项，其中发明专利37项，是浙江省专利示范企业、国家知识产权优势企业。同时，拥有"TECHMATION""弘讯""弘讯科技"等商标20余个，跨6个类别，已建立起较为立体的品牌保护布局。

## 标准化的建立

弘讯科技深知标准化工作在产品结构调整、竞争力提升等方面起着至关重要的技术基础作用，积极参与并深化与行业发展有关的标准化工作对接轨国际市场、行业的科学发展与转型升级具有重要的意义。

自2007年开始，弘讯科技开始参与行业标准制修订工作，目前担任全国工业机械电气系统标准化技术委员会塑料机械电气系统标准工作组（SAC/TC231/ WG5）的组长单位，完成了3项国家标准和4项行业标准的起草。其中，GB/T24113.2—2019《机械电气设备 塑料机械计算机控制系统 第2部分：试验与评价方法》、GB/T 37662.2—2019《工业机械电气设备及系统 术语 第 2 部分：塑料机械》是最新发布的国家标准，于2019年6月4日发布，将于2020年1月1日起实施。当前正参与起草团体标准《塑料机械控制系统与周边设备的接口与通信协议》。该项标准拟定义塑机控制系统与周边配辅设备的"连接语言"，为塑料加工智能制造发展提供关键技术支持。

# 下篇："智造"的实践

当前弘讯科技的主营产品技术始终走在行业前沿，在"工业4.0"与"中国制造2025"的指引下与时俱进，与下游客户共进共赢，推动中国塑机工业的发展。

## 感知层智能化

塑机控制系统已不仅仅定义为单台机器的大脑，而是整个智能制造网络中具体的可执行单元和数据中心。弘讯科技的塑机控制系统使用标准、开放的通信协议并基于实时以太网等总线技术与具体被控单元连接，打通信息孤岛，实现了被控单元与互联网的无缝连接。公司基于多年的技术经验积累，在开发平台不断升级的情况下，呈现给用户有统一参数设定模式的控制系统，既保证了技术的升级又保持了用户的操作习惯。

高端伺服系统总成是伺服驱动器、伺服电动机、传感器、精密机械部件及通信技术与相关控制软件的集成。采用了智慧型交互界面设计并搭配EtherCAT、CANOpen通信技术，系统技术整合性高、技术优势明显，具有高响应、高精密、高重复性，能满足油电混合或者全电等高端塑机需求，可提高我国塑机产品的市场竞争力。

基于此，配备弘讯控制系统的塑料机械具备了数据采集端口，架起了设备层与应用层连接的桥梁，满足了塑料加工行业在智能制造发展中的网络化、信息化、数字化需求，使塑料加工物联网的实现成为可能。

## 管理层信息化

弘讯凭借对行业发展趋势的前瞻性把握，早期就推出了塑机联网制造管理系统软件。该产品同时还是一套SCADA系统，传统注塑工厂涉及的机器、物料、人员、生产过程等均实现信息化管理，颠覆了传统的注塑管理模式。静态资料的分类管理减少了人工作业，降低了出错率；实时动态的可视化，便于对现场问题及时做出响应；生产参数标准化、智能化，避免参数人工设置出错，减少调试时间，确保生产产品质的稳定；历史数据的存储，可实现产品工艺分析、产品追溯、人员排班管理、设备全生命周期管理，提高设备模具综合利用率，实现远程维修维护。塑机联网制造管理系统软件包括几大功能模块：

- 基础资料：客户信息、原料信息、色粉信息、产品部件等基础信息；
- 中央监控：设备运行实时状况监控；
- 机器管理：设备信息、设备状态统计，设备异常统计；
- 工艺管理：工艺实时监控、上传与下载及工艺卡导出；
- 数据分析：设备OEE、参数修改、生产报表、生产过程分析等；
- 生产管理：生产任务单、计划单，生产进度，生产班别计件；
- 系统配置：系统使用记录、参数配置等；
- 权限：组织、角色、用户、作业授权、组织授权等。

塑机联网制造管理系统软件完整监控了车间注塑单元的所有数据，并将应用进一步向整个车间、整厂的MES方案演进。该产品已广泛应用于家电、汽配、电子、建材、3C等行业，得到用户的高度认可与好评。

## 应用层云端化

公司在2019 Chinaplas展会上推出弘塑云（tmPlasCloud）。弘塑云主要提供SaaS服务类产品，在原塑机联网制造管理系统基础上，借助云计算、大数据分析等手段，与移动通信运营商以及云服务商联合实现优良的性价比。弘塑云不局限于设备层与软件平台本身的交互，还可以进行横向跨系统整合，包括ERP系统、MES系统及其他第三方应用平台，实现云端模式下的信息化管理，是塑机终端用户迈向"工业4.0"的基石。

弘塑云推出后，不再需要施工人员逐个项目现场安装布线，只需通过手机app在线选择开通联网服务，功能便可一目了然，实现了在线资源共享，为工厂减少了大笔前期硬件采购的投入。同时，平台上汇集各细分领域行业的应用软件，用户根据需求购买相应的功能模块与服务期限，真正享受到制造业信息化、网络化的便捷。

弘塑云是弘讯科技在注塑业物联网领域迈出的第一步，后续将深化工业物联网、智能制造、AI、大数据、互联网金融结算等，探索制造业与互联网深度融合的新模式。

## 结语

在三十多年的奋斗中，弘讯人始终牢记"弘济时艰，非我莫属；讯动机转，人定胜天"的使命。当前的塑料机械，除了应用在包装、电器、建筑材料、农业、轻工业等传统行业以外，也越来越广泛地应用于各个新兴领域，如新能源、航空航天、光电通信、生物医疗、汽车等行业，在国民经济发展中的重要性更加显现。不同领域的应用，也持续指引着弘讯技术发展的方向。

每个新时代都有新挑战也创造诸多机会。弘讯科技作为国内外知名的中高端塑料机械自动化系统解决方案供应商，积极响应国家的发展战略指引，顺应国内行业发展的战略方向，在新时代背景和发展环境下练好内功，更好地满足用户高标准、高精度及多纬度的应用需求。

# 信守五十载，易迈一百年

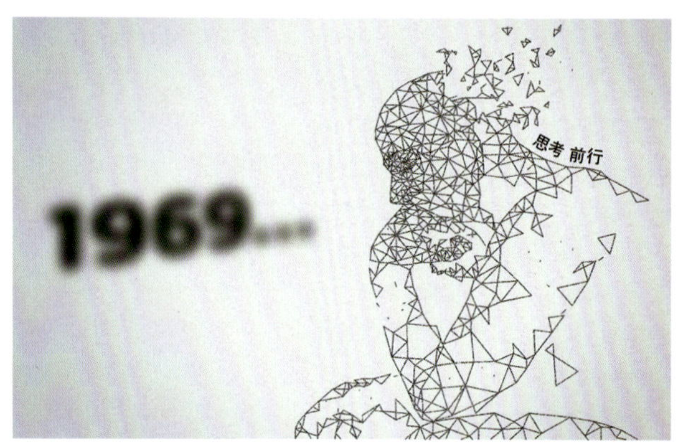


1969年，我们的董事长吴一夫先生，在美丽的台湾创办了信一电器行，深深埋下创业的种子；五十年后的今天，信易享誉全球。我们以刚强的意志，拼搏的汗水，凝成赫赫战绩；我们风雨兼程，披星戴月，铸就成功的喜悦。五十年耕耘不息，五十年智慧创新，我们璀璨绽放，翱翔未来！

五十年前，信易还是一个青涩的少年，踌躇满志，斗志昂扬；五十年后，饱经风霜，百折不挠，百炼成钢。再看未来的50年，在智能制造的大趋势下，以万物互联为轮廓的蓝图已逐步清晰。

50年来，信易历经风雨，砥砺前行，由一间小作坊发展壮大成为国际知名的塑料成型辅助设备制造商及亚洲塑料辅机行业的翘楚。

如今，信易集团形成了“一地研发、六地制造”的产业布局，更因其涵盖全系列的塑料辅机产品而实现了“一站购足、全球行销”的营销模式。

与此同时，信易集团大力开发智能注塑工厂解决方案，以满足智能制造的需求。

面对未来，信易人不骄不躁，已做好准备去迎接下一个更加辉煌的50年。

---

信易集团总经理
吴峻睿 Kenny C. J. Wu

1992年董事长吴一夫先生毅然决定亲赴广东大朗设厂，东莞信易的成立是信易集团成长大跃进的一个重要里程碑。

因中国市场巨大，我们有着量大成本低的优势，在世界舞台立足绽放光彩。我们先后举办过集团35周年、40周年庆典，及至今日迎来的50周年。本来期待华南新厂的启用能一并举行，但因建筑法规变更延误了办公室、宿舍开工。在延误过程中我们吸收加入了更多新功能、新元素，期待未来新厂区能成为一流的智能与绿能工厂。

50年的经营我们坚守本业不断改善创新，创造业界竞相模仿的一站式购足模式。全系列辅机领先实现通信功能，为塑料工业实现智能制造做出贡献。

未来我们将继续扩充产品线至智能仓储系统，希望信易继续在管理及产品上创新，再创下一个辉煌的50年。

总经理
吴崇鼎 Aki Wu

信易公司，这是一个伴随我成长、学习以及共同探索与开创未来的大家庭，这是一个充满感恩、有人情味、大家齐心协力完成梦想的团体，这也是一个有最优秀的人才、最好的质量、最有竞争力与成长性的公司。不管你是用什么面貌呈现，你都是最优秀的。

在信易的我们，共同走过1997亚洲金融风暴、2002非典(SARS)、2008金融危机等困难的时刻。我们也迎来1992东莞老厂区、2001宁波、2002台北现址、2004东莞现址、2009平湖、2010印度、2014重庆各个厂区的相继落成与开枝散叶。不管辛苦与欢笑，都是我们共同创造与拥有的。

信易五十周年，生日快乐。

总经理
吴建洲 Tom Wu

此时此刻，我怀着喜悦与祝福之心先说一声："信易，生日快乐！"

信易集团成立于1969年，至今已满五十周年，半个世纪的岁月洗礼和时间的见证，让我们变得更加团结。今天，信易集团已是世界级塑料成型辅助设备生产制造商，"信易"牌已成为世界上最值得信赖的优秀品牌，我们的企业充满了勃勃生机和创造力。

副董事长
吴文忠 John Wu

激动的心，无以言表，在公司五十周年之际，先真诚地道一句"信易！生日快乐！"

特别的荣幸，一路参与并见证了公司五十载的成长和发展。从台湾到大陆，从广东到浙江，从印度再到重庆。由衷地感谢跟随公司一路努力、打拼过来的同事们。因为有你们，信易才能成为现在的行业龙头；因为有你们，信易才会有如此不凡的成就。

五十年以来，信易从一个小作坊开始，手工生产少样小量，到后来多样多量，更是做到目前"一地研发、六地制造，一站购足，全球营销"的经营模式。

信易人经历各种困境，早已练就一身本事。最后的期许就是我们继续专注"信实本业，永续经营"，朝向百年企业奋进！

# sFactory 4.0智能注塑工厂

2019年信易整合并在厂区内搭建sFactory 4.0智能注塑工厂。整套系统集产品注射成型、取出、定位、组装、测试、包装、物流于一体，配备最新开发的sData注塑工厂数据采集监控系统，融合中央原料处理系统、中央冷水系统、供气系统、动力配电系统、自动化、能源监控、sLink等可靠的软硬件产品，实现了远胜于传统注射成型过程的更详尽的数据采集。

该系统包含自动优化的智能型机器功能。整个生产过程中用于无缝采集数据和联网的可靠工具，如能耗监控、注塑过程监控等，实时采集及传输数据，生产过程更加透明，从而可以更好地改善工厂管理工作流。原料、产品、能耗、生产等数据的采集、管理和分析、追溯，保证工艺参数可以被及时采集保存，易于实现对生产工艺的数据分析及成本控制。

## sData注塑工厂数据采集监控系统

企业在打造制造信息化车间的过程中，基本的数据采集系统是必不可少的。该系统是对注塑工厂的生产过程数据进行实时采集、存储,并对这些工厂详细的制造数据和过程进行报表化和图表化的软硬件解决方案。该系统基于Linux平台开发，容易部署，可以根据生产现场的实际情况自定义图表界面，通过多种灵活的方法获取生产现场的实时数据，并将其存储在Mongodb数据库，结合系统自带的专用计算、分析和统计方法，以报告和图表直观反映当前或过去某段时间的生产状况，帮助企业生产部门通过回馈信息做出合理有效的决策。

## sLink基于网络的集成控制技术

该技术采用标准通信接口，基于通用开放式协议，将辅机设备的监控功能全部集成到注塑机的操作面板中，实现了对注塑机和辅机的集中监控。该技术针对辅机控制器内所有参数的数据采集和操作设定，可以远程实现辅机本身的全部控制功能。与传统注塑机和辅机单独而零散的控制方式相比，集成了sLink技术的注塑控制系统使整个注塑作业流程更加高效及智能，实现了少人化生产，降低了生产成本。

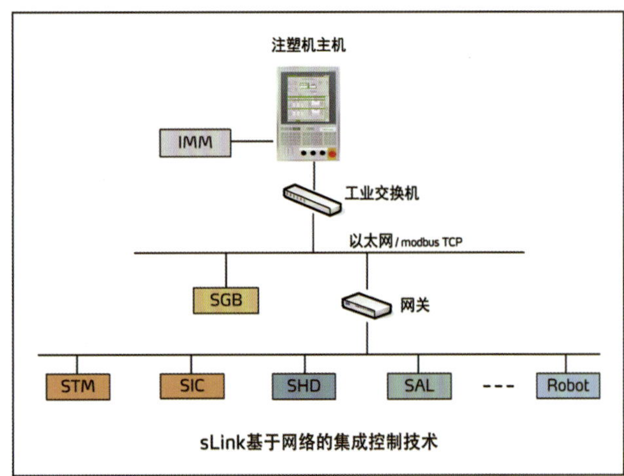

sLink基于网络的集成控制技术

## 中央原料处理系统

该系统共处理两种原料，分别为PC及ABS。整体系统主要由中央供料系统及中央原料干燥系统两部分组成。

中央供料系统配备高压风机及中央过滤器，送料管线主要以不锈钢管为主，对于玻纤等特殊材料的输送，则提供了玻璃管或特殊材质管材的选择。中央操控站SCCS采用西门子控制器，配合全自动原料分配站SEL及中央真空产生器SCVG实现原料的全自动输送。

中央原料干燥主要由一套智能模块化除湿干燥设备组合完成。智能模块化除湿干燥组合设备由一台转轮除湿机SD-H-SM及两台模块化干燥料桶MHD-U组合而成，可以同时实现对两种原料的集中

干燥。内藏式的干燥风配管系统保证模块化的脚架具有简洁的外观且易于安装。所有干燥桶共享主管路，干燥风通过主管道上的分管道进入各个不同的干燥料桶中，每个干燥料桶的分管道上均配备风量传感器及风量调节阀，实现风量的自动调节分配，从而达到干燥空气的合理使用，减少浪费，且可避免原料过干燥或干燥不足，各桶的干燥温度也可根据需要独立控制。

## 水电气系统

中央冷水系统主要由环保冷媒风冷式冷水机SIC-A-R2及水泵机组SPG配以钢塑管构成。SIC-A-R2主要用于带走现场设备所产生的热量，保持水温恒定，SPG内置变频电机，水泵的运行频率根据设定的压力值自动调节，保证出水压力恒定且节约水泵电力消耗，实现全自动无人值守运行。SIC-A-R2及SPG均兼容sLink技术，通过双D-SUB接口实现远程监控功能。

所有水系统管路均由标准管件构成，安装快捷方便，密封性优良；管道均采用钢塑管，外层为金属材质，内层为塑料材质，同时具备了金属管高强度及塑料管耐腐蚀的特性；管路末端被分配至每个用水点，且配备冷量消耗监控、冷水流量监控、冷水出入温度监控等装置，实时采集及传输数据，易于实现对生产工艺的数据分析。

动力配电系统由主电力柜及分电力柜构成。电力柜结构简洁，内置智能电表，可实时检测各智能制造单元的电力消耗及电源状态，兼容sLink技术，配备双D-SUB接口，安装快捷，数据易于传输；配套多组工业防水接头套装，方便用电设备快速接入电源。

压缩气系统的主要特色体现在管路的快速配置上，所有管路配件均采用标准化接头，由主管路分配至各个用气点，管线外观色彩突出，极易分辨，防止误用。

## 机器人

SR多关节机器人具有灵活的多自由度运动，可提供最优化的取出路径，广泛应用于码垛、搬运、加工制造、注射成型等场合，在立式注塑等埋入应用上优势明显。可利用空闲时间进行同步后段处理，剪切水口，去毛刺，飞边处理，产品组装及搬运等工作。

Scobot协作机器人广泛应用于抓取、喷涂、打磨、装配、视觉检测等各种领域，帮助企业实现生产自动化、无人化的工业4.0模式。

SPR多关节码垛机器人采用FEM优化运动原理，完全符合码垛作业需求，具有维护成本低、使用寿命长、可以同时码垛多条生产线等优点。机器人末端配非标夹爪，可以实现各种不同种类产品的抓取、搬运、码垛；搭配自动栈板机、滚筒输送线，实现栈板供给、机器人码垛、输送等一体自动化。

展望未来，智能物流及智能仓储必将融入信易sFactory 4.0中，展现覆盖整个注塑生产链的智能注塑工厂方案！

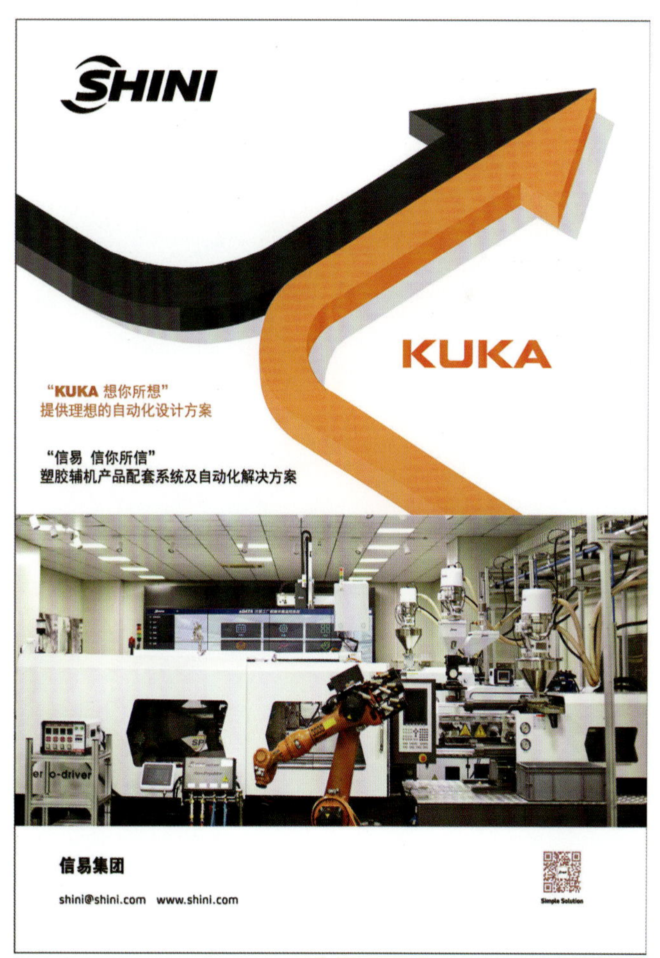

VEICHI DRIVE FOR EVER 伟创电气

# 驱动无止境 专业塑未来

## 企业研发创新与荣誉

苏州伟创电气设备技术有限公司（简称伟创电气，VEICHI）是一家从事工业自动化控制产品研发、生产和销售的国家级高新技术企业和双软企业，拥有深圳和苏州两个研发和生产基地，在国内有27个分支，产品销往37个国家和地区。

产品涵盖变频调速器、伺服与运动控制系统、集成专机及物联网等，并为印刷包装、机床与压缩机、液压伺服、起重、纺织等行业提供先进的行业集成产品开发设计、全面的产品研发测试以及自动化信息化的作业生产，为客户提供有价值的工业自动化系统解决方案。

伟创电气成立于2005年，同期生产出第一代变频器；2007年，获得深圳市高新技术企业和软件企业认证；2009年经过团队不断地努力与创新，列国内行业排名前十；2011年获得国家高新技术企业称号；2012年正式进军伺服驱动器领域，2013年第一代伺服系统研发成功，施工升降机、塔式起重机、空压机行业产品、SD6X0电液伺服等产品也相继问世，多项技术处于国内乃至国际领先水平；2016年，苏州产业园一期竣工并启动运营；2017年，伟创电气推出了一系列专业的系统解决方案；2019年，伟创电气拥有软件著作权与专利154项。在强大的自主研发实力和创新能力驱动下，伟创电气正源源不断地研发出性能卓越的产品。

在赢得市场的同时，伟创电气也组建了产品研发领域的核心人才梯队，以满足未来研发规划对人才的需求，并真正拥有了自主知识产权和核心技术。

伟创电气将持续秉承“成为电气传动和工业控制领域的一流企业”的愿景，以及“以客户为中心，以奋斗者为本”的核心价值观，为我国工控行业的发展添砖加瓦。

## 产品的专业性与更新迭代

### 1.产品的专业性

伟创电气在追求产品稳定性的同时，越来越追求产品的专业性和多元化。近年来，客户对于产品的专业化要求越来越明显，企业不仅要提供功能丰富、性能强大的产品，还必须为客户提供一站式服务。专业，成为行业企业的“必修课”。

至于专业度，从行业的细分应用上便可体现。比如针对注塑行业，伟创电气在塑料加工智能管理领域开发了多款应用。手机APP调试：实现远距离控制，操作简单，一键连接驱动器，实时监控各项指标参数。后台上位机软件：通过PC连接驱动器实现参数读取和写入、实时多通道曲线展示，配有便捷功能测试模块和故障快速处理模块。GPRS远程监控模块：实现远距离产品定位、参数云端读取和写入，配有便捷功能调试模块和故障快速处理模块。通过这些拓展应用，企业可以在手机上实时了解设备状况、生产进度，实现可视化生产和智能化控制。

在《中国制造2025》的指引下，国产塑机控制系统的技术日趋成熟，伺服驱动器还处于群雄逐鹿的时代。新常态下的伟创电气应具有破局意识，需要去同质化，转型专攻。

### 2.产品的更新迭代

2014年伟创电气第一代液压伺服系统SD610系列诞生，取代传统的注塑机液压系统，节电率高达30%～80%，具有节能、高效、精密等优点，深受市场认可。

2016年SD650风冷、液冷系列电液伺服驱动器问世，具备六大特色：

(1) 超强过载能力：150%额定电流70s，180%额定电流14s。

(2) 高性能伺服控制：矢量控制+弱磁控制+PID控制，智能自适应PID算法，适应不同工况。

(3) 采用隔离式端子接线方式，快捷安全，抗干扰能力强。

(4) 支持0～1000mA模拟信号输入(搭配伟创电气专用转换板)。

(5) 起动转矩：0Hz 180%；稳速精度：±0.2%；转矩控制精度：±2%。

(6) 支持多种信号给定方式(模拟量、CAN通信、RS485通信、内部指令、端子指令)。

2019年伟创电气经过深入的市场调研与分析推出全新一代电液伺服控制系统。该系统集驱动控制、动力输出、刹车制动于一体，具备安装方便、接线简单、免自整定调试、多种给定控制方式等优点，可实现塑机制造的控制集成化，降低制造成本，节电率高。

(1) 颠覆传统的分布式布局，智能简便。系统免调试，无须自学习，避免烦琐的调试步骤，上电即可运行；不改变原有电机安装尺寸与方式，去除控制器电柜，无须接UVW 线、风扇线、温度线、编码器线、制动线等，接线出错的概率降为0，削减纠错的成本。

(2) 减少辐射与分布电容，抑制干扰。系统内部走线远离电控柜独立安装，EMC断地设计、漏电流跳线选择设计有助于改善系统EMC电磁兼容性，降低线间分布电容，大幅减少干扰，提升系统适应能力。

(3) IPM永磁同步动力设计，2倍力矩过载。IPM内嵌式磁钢设计，温升低、响应快，采用行业领先的弱磁算法，支持间歇性2倍以上力矩运行。

(4) 双风道设计，多点监测，智能温控。双独立风道设计，选用70000h散热风机(IP56防护等级)，结合多点温度监测、智能控制，让系统处于最佳温度区域运行，提升稳定性，增加风机使用年限，尤其在系统低负载或待机的工况下作用明显。

(5) 集运算控制、动力输出、刹车制动于一体。全系统内置刹车功能，标配刹车电阻。避免选型及错用规格，让生产变得更简单。

(6) 支持多台联控、多种信号给定方式。可选择同步、跟随、叠加、智能追踪等多种联控模式，支持合流、分流来回切换控制。

(7) 拔插键盘，可延长，可独立安装。键盘采用RM5网线接口，支持远距离延长，采用键盘托架，可独立安装。

VEICHI DRIVE FOR EVER | 伟创电气

## 物联网管理系统

伟创电气物联网管理系统是基于GPS卫星定位和GSM移动网络+互联网实现远程控制的物联网监控平台。它将手机和计算机设定为主机，变频器+MCU及GPRS模块作为从机，实现主机对从机的远程查看、修改和监控，可以采用点对多点的辐射模式，从机与从机间相互独立，互不影响。

该系统具有实时监测，周期采样，远程查改设备参数、锁机、解锁设备运行、停机等功能，并且可查看数据分析报表，导出设备运行时间图形分析统计，还可及时上报并记录故障情况。该系统采用集中式远程监控管理，解决了工控设备维保困难的问题，实现跨地域远程维护管理，使用户时刻掌握现场机械运行状况，降低设备维保成本，提高管理效率。

本着“振兴民族品牌，科技创新无限”的精神，伟创电气正以创新和实干精神，不断完善自我，多方位地开拓市场，研发和生产出更多“让用户放心”的优质产品。

## 服务支持与质量控制

### 1.服务支持

伟创电气在国内大部分区域及省会城市设立了办事处，在印度设立了分公司，产品远销印度、泰国、阿富汗、巴西、孟加拉国、越南、约旦、智利等国家和地区。为了带给客户更好的操作体验以及实现更高的生产效率，伟创电气建立起一套完善的服务与支持体系。

售前服务：伟创电气安排资深技术服务人员与终端客户进行交流沟通，充分了解客户需求，了解现场应用的难点痛点，在完成现场勘察的基础上进行节能评估，给予解决方案。

售中服务：针对现场问题对已有方案进行优化调整，从软硬件两方面进行设计开发，量身定制满足客户个性化需求。出货之后，安排技术人员现场安装调试，同时进行技能培训，答疑解惑。

售后服务：伟创电气为客户提供完善及时的售后服务，按约定时间回访，定期维护，消除现场应用中的风险，保证生产顺畅运行。如果出现损坏，将依照保修准则及时维修维护。

技术培训：针对不同现场应用，伟创电气依据约定安排相关技术人员进行技术培训，包括产品的基本性能、基本维护方法、工艺参数调节等。

### 2.质量控制

在质量控制方面，伟创电气进行了全面的质量管理，测试设备实行全检全测，降低了品质缺陷风险；完善的体系认证保证了品质与安全，研发、生产管理体系符合ISO 9001：2015标准，全系列产品符合CE标准，主要产品通过UL认证，通过了环境管理体系ISO14001认证以及职业健康安全管理OHSMS18001认证。伟创电气拥有专业的实验室，生产过程实现智能化，拥有现代化自动流水作业生产线、生产设备设施近90台（套），变频器、控制系统年产量可达40万台以上。

伟创电气对产品实施全过程质量监控，每一道加工、装配工序都有严谨、科学的工艺规范，每一个过程都有严格的管理程序，所有产品在出厂前都100%经过检验，降低了质量风险，确保了人、机、物、法、环五大要素输入的适时有效性，从而形成有效的闭环控制系统，保证了产品的稳定性与可靠性。

## 不断创新，智变未来

如今，以硬件竞争为主的时代已经成为过去。在《中国制造2025》和“工业4.0”发展战略下，将现实的制造通过互联网虚拟呈现，实现虚实结合的智能化、数字化将成为未来发展方向。

在智能化的基础上，将变频器相关功能部件，如PLC控制器、PID调节器和通信单元等有效地集成在一起，组成多功能、高可靠性、小微型的一体化机器，将是未来变频器发展的又一趋势。在面对市场和外资企业的双重压力下，国内变频器厂商要想打赢这场翻身仗，必须抓住时代发展机遇，找准方向才能全力突围。

伟创电气作为国内知名的伺服驱动器与变频器生产厂家，积极响应国家的发展战略，顺应国内行业发展的方向，在新时代背景和发展环境下不断创新，注重企业内部发展，更好地满足用户对产品和行业应用的需求。

Y

杨茂荣

大禹机械有限公司 董事长

# 技术成就品质 创新引领产业变革 做立式注塑机先驱者

成立于2003年的大禹机械有限公司（简称大禹机械）专注于立式注塑机的设计、研发、生产与销售。引进欧洲、日本的先进技术，制造出一系列高品质、高精密的立式注塑机，广泛应用于汽车、家电、3C电子、医疗、日用品等众多领域。“成就客户、合作共赢”是大禹机械立足产业的行为准则，预见与把握市场新需求、持续创新智造也奠定了其在立式注塑机市场的领先地位。

当前，家电、3C电子和汽车用品三大产业出现结构性变化，对塑料部件的需求数量、品质、结构也发生了巨大变革，这为塑料机械行业提供了无限商机和巨大发展空间。基于客户对新技术应用及制造技术提升的期望，大禹机械面向家电及3C产业开发了具有高速及高精密特性的全电动立式注塑机、油电复合立式注塑机；面向汽车行业开发了系列大型专用机；配合机器人送料系统、机械手夹具设计以及视觉检测，开发出具有高度自动化及安全性的全自动注塑生产线。

2012年，大禹机械自主研发的专利产品——立式电动高精密注塑机正式推向市场，改变了高精注射成型设备长期依赖进口的局面，是对立式电动注塑机的一次革新；2018年，推出了第五代大型立式注塑机，设备运行效率及能耗指标优异，故障发生率减少50%以上，还启用了与奥地利西格玛泰克联合开发的最新一代控制器，目前已完成了软件开发及测试，将运用到大禹精密机型及电动射出机型，设备的稳定性和精度将进一步提升。

出众的产品性能及高性价比优势让大禹注塑机不仅赢得了国内众多客户的青睐和赞誉，也使“大禹”这个品牌走上了国际舞台。虽受中美贸易摩擦及不少海外新兴市场国家经济动荡的影响，2018年大禹机械出口仍实现了22%的业绩占比。

品牌的背后是品质，品质的背后是技术、管理和投入。大禹机械的技术核心竞争力体现在三点：

首先，产品线丰富，能提供交钥匙工程，从设备的定制到自动化的配套能够为客户节约成本、减少风险；

其次，在融汇德国设计理念的基础上，技术创新赋予产品高品质，产品的耐用性增强，且更符合国人的操作及使用习惯；

第三，走专业化技术创新之路，实行以客户需求为导向的定制化制造。

大禹机械已在立式注塑机的节能、精密、高效等领域拥有了研发经验，并在行业内引领技术前沿。未来，除继续在技术、品质、交付能力上持续改善外，对于新材料以及生产工艺替换、自动化整合方面将加大投入，以形成新的增长点。

ET-600.2R

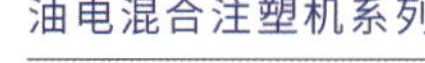

### 油电混合注塑机系列

该系列机型集中体现了液压式和电动式两种类型立式注塑机的优点，突出了高节能、快响应、高精度、高效率的特点。采用伺服控制器调控伺服电动机驱动齿轮泵和螺杆，对流量、压力实施闭环控制，实现锁模、射胶的多段速度、压力和储料塑化的精确控制。射胶响应时间≤20ms，射胶速度达1000mm/s，制品重量误差≤0.5%。与常规机相比节能40%～70%，适合超薄型和高精密产品的注射成型。

TYU-1600.2R.J
(抱匝机)

### TYU超低工作台系列

大禹注塑机TYU系列联动锁模立式注塑机为大禹机械的专利产品。该机型有效降低了工作台面及整机高度，从根本上解决了大型立式注塑机操作台面高、操作不便、更换模具烦琐、效率低下等应用难题，在方便工作人员操作的同时，给客户节省了宝贵的空间，已成为大型立式注塑机的主流趋势。结合德国先进技术，经历了9年的开发与应用，大禹机械推出了第五代立式二板式注塑机，节能15%以上，成型周期更短。

ETU-2500.3R.2C.SF

### 双色（多色）机系列

采用双色（多色）机并搭配模具，大幅缩短了加工制造过程，节省了2/3的生产时间，且双色（多色）一次成型减少了因冷却收缩引起的品质问题。对客户而言，这不但大幅降低了生产成本，同时也提高了产品品质并创造了更大的利润空间。大禹机械最新量产的油电复合双色机型，注射精度提高，成型周期更短，成品率更高。

## 创新产品技术，让发展更具活力

市场的更替发展促使每个企业学会创新改变。从一成不变的强化自主优势，到迎合市场的转型创新升级，再到先于市场规划的突破发展，是一个递进的过程，也是一个并行的过程。

泰瑞机器自创业以来，细耕市场，已在较多领域位居领先地位。尤其是适用于“西气东输”大型管件、“海绵城市”综合管廊、“五水共治”管件设施的J型大型挤注式大注射量成型机，在市场占有率中居榜首，可实现最大注射量500kg，口碑颇佳。同时，公司四大系列机型产品并行推广，皆已量产销售，成为具有竞争力的优势设备。如，适用于薄壁包装产品的DE-F系列高速注塑机，最高射速达500mm/s，具有高效率、高强度、高性价比优势；适用于精密电子、医疗产品的DE全电动精密注塑机，精度可达0.02mm，具有高精度、高稳定、高安全性优势；适用于大型物流、深腔包装的DH系列注塑机，最大锁模力70000kN，具有高适应性、高效率的优势特点。

当然，应对市场转变而拓展应用领域也势在必行。泰瑞基于原有设备的优势特点，创新优化形成了具有高匹配性的DH-MM二板多色汽配专用注塑机。泰瑞机器从2005年便着手研发该类设备，经不断优化解决痛点难点问题，至今已拥有完整的双色注塑机系列。19200kN纯二板转盘式平行+直角三色注塑机，实现了传统二板机至双色机乃至三色机的转变；14200kN单色+平行/直角双色+三色多功能机型，是间距可调的多模具适应机型；18000kN水平转盘对射成型机，解决了模具尺寸大、产品成型困难等问题；19200kN二板式四射机型，拥有阶梯式射台选择，可满足产品成型不同注射状况的高精度需求。泰瑞机器完备且优质的全系列机型，都已经在客户工厂稳定运行。

从于市场而不拘于市场。泰瑞机器不断创新发展，顺应国际形势、国家政策和市场导向，逐渐形成“美丽乡村”化粪池专用机、“垃圾分类”垃圾桶专用机、“5G智能”配件专用注塑机等适用于多领域的产品。公司将持续扩大和细化行业应用，全力聚焦全电动、二板机、多物料和超大注射量先进技术，开发更优、更完整的交钥匙解决方案，实现中小型全电动注塑机能完全替代日本同行产品、中大型二板机完全替代德国同行产品的目标，保持海外市场领先优势，使泰瑞机器成为世界级高端注塑机的品牌代名词。

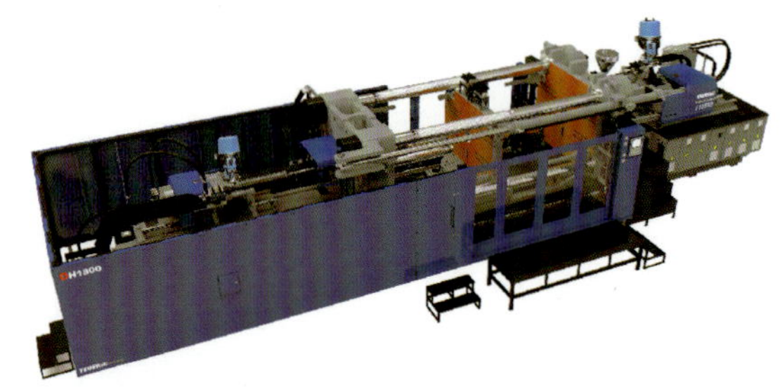

DH2-1800

# 创新是企业发展的源头 匠心是企业的生命力

泰瑞机器
Company Profile

泰瑞机器股份有限公司（简称泰瑞机器，SH.603289）是我国高端装备智能注射成型机的世界知名品牌，综合实力位列行业前茅，被评为国家级高新技术企业。公司2003年成立于杭州钱塘新区，并于2017年在上海证券交易所A股主板成功上市，成为注塑机行业主板第一股。历经16年的发展，泰瑞机器发展迅猛，旗下拥有杭州和德清共计12万$m^2$的研发和制造基地，员工总人数800余人，具有注塑机核心技术研发和主关零部件及整机设备的生产制造能力。完整的产业链优势为泰瑞机器的研发、品质、成本、交货期提供了保证，近半数的产品设备已出口到全球130多个国家和地区，并获得用户的信赖和好评。

泰瑞机器在成立之初就注重拥有自己的技术力量，目前已经拥有100多位技术研发人员，与15家科研单位和国内外高校开展产学研合作，累计拥有近百项专利技术和软件著作权，先后被评为省级企业研究院、省级技术中心、浙江省智能注塑研究院单位。曾多次承担国家火炬计划项目，起草和制定螺杆柱塞式塑料注射成型机行业标准，参与制定国际标准ISO20430及国家标准GB 22530。

创新是企业发展源头，匠心是企业的生命力。不断创新研究，提升设备的技术水平，同时注重制造，用精益求精的态度打磨产品的品质，让设备不断完善和升级，才能更好地适应并引领市场。

## 打造匠心品质，优势可持续发展

智能制造，势在必行。在传统制造转型升级、打造优势全新突破、塑造工业4.0的大环境中，泰瑞机器也在升级创新，打造属于自己的“泰瑞4.0”。

严格控制精密铸件、大型焊接、精密加工、电气装配、软件开发等核心环节，为泰瑞机器的研发、品质、成本、交货期提供了保证。在原有自主产业链优势的基础上，公司还进一步转型升级，构建设备全数控、信息接入MES、柔性生产线、数据在SAP的云上智能工厂。

从理化实验室对原材料工艺分析、成分检测的严格把关，到铸造车间采用顶级熔炼和铸造设备实现高品质铸件成型，再到专用退火炉进行的应力卸载和消除以稳定铸件特性，泰瑞机器凭借完全自主的铸件生产能力，结合采用集中式云端存储、分析和更新推送，规整化管理的铸造工艺和操作细则，从源头确保了注塑机铸件的品质，提高了整机稳定性，缩短了研发周期，确保了泰瑞机器承诺的黄金交货期。

在泰瑞杭州下沙及湖州德清两大生产基地上，运行着数十台具有国际先进水平的卧式加工中心、五面体多工位加工中心、落地数控加工中心等加工设备，其自动化程度高、可加工零件复杂，生产能力达到国际领先水平。另外，公司还引进2台大型斯柯达（SKODA）HCW1-4系列数控镗铣床，保障了70000kN注塑机模板加工。同时，还着力筹建了由6台高品质全数控新泻加工设备组成的柔性加工系统，建成中型机模板加工流水线，以及阀板和全电机铸件加工FMS生产线；实现多种类、多标准、多环节的弹性高效零件加工，提升了自主零件加工能力，建成了少批量多批次的智能制造模式。

除此之外，泰瑞机器不断改造和筹建的现代化恒温车间、标准化立体仓库、电气装配流水线、龙门焊接机器人、三坐标测量仪等设施，都将助力泰瑞工厂实现品质制造。匠心品质取决于专业、敬业的态度，也得益于高度现代化、高度智能化的生产设备。设备全数控、数据入MES是泰瑞智能生产加工的一大重要部分。泰瑞机器自主研发的智能工厂管理系统，可以通过设备数据采集平台实时获取每台设备当前的真实状态，完美地将车间设备与系统互联互通，集追溯、测试、控制、质量、数据采集、远程设置一体，实现对生产全过程的自动测试、自动调节和自动控制，提升了生产效率和产品质量，强化了生产过程实时监控，是实现每个环节人、机、料、法、环的信息化、智能化控制的智能工厂。

泰瑞机器是“中国制造2025”的践行者。本着为客户创造更大价值的理念，借助物联网技术，融合信息化和工业化，公司已在内部基本建成设备网络化、数据可视化、过程透明化的柔性生产系统，并通过SAP、MES、PLM、CRM等软件平台将柔性系统延伸到研发、营销、品控、管理端，最终成为高端注塑机装备企业。

柔性系统

# 运用优化的挤出组件实现可持续发展

## Using optimized extrusion components to achieve sustainable development

循环经济、资源保护、能源效率是当今世界的热门话题。作为一家机器制造企业，巴顿菲尔辛辛那提公司有义务为客户提供能够满足与这些话题相关的高要求的挤出方案。

### Company Profile 巴顿菲尔

巴顿菲尔辛辛那提公司拥有五大生产基地，分别位于德国肯彭和巴腾奥茵豪森、奥地利维也纳、中国顺德及美国麦弗森，同时在巴西、日本、俄罗斯还有销售基地，这样既保证了推出全球统一的生产管材、型材、片材、板材和造粒的挤出生产线，同时还考虑到了各国的特殊情况，以确保推出的机器方案在全球范围内均可使用。很少有挤出设备制造商能像巴顿菲尔辛辛那提集团一样拥有超过75年的丰富经验，并提供适合各种不同应用的各类产品。包括单双螺杆挤出机、模头、全套下游设备及控制系统在内，所有组件既可以单独提供，也可以作为改装设备或者相互组合的全套生产线提供。

在2019K展上，公司打出了“全球化可持续发展解决方案”的新口号。一方面，可持续发展解决方案是巴顿菲尔辛辛那提公司对客户做出的可持续生产的承诺。公司在所有研发和改进中非常重视缩短准备和清理时间、温和而精确地进行材料加工，并减少能源和介质消耗，从而确保实现可持续生产。另一方面，可持续发展解决方案表示挤出组件可以灵活地用于新原料和再生料及回收料的生产，从而实现完整的材料循环。

## 面向未来的挤出机

巴顿菲尔辛辛那提公司拥有品种丰富的挤出机，此次在K展上展出具有创新特点的多个型号。标准型挤出机是非常适合小型型材的一款独特产品，可现购自运，过去18年共售出1200台，此次展出的新型号叫做alphaplus。这是一款采用可靠技术的紧凑型即插即用型挤出机，配备的BCtouchUXcompact基于成熟的控制系统解决方案BCtouchUX，代替了简单的继电器控制系统，操作人员无须掌握预备知识即可便捷直观地操作。在紧凑型控制系统中集成了高性能的温度监控器，对温度敏感性原料来说，该监控器优点尤为明显。用户可以选择集成两套重量计量系统，将能源和材料成本降到最低。

除了alphaplus60-25B外，还展出一台solExNG75-40D。这款高性能单螺杆挤出机具有三大优势：熔体均质性高、熔体温度低、能耗低。这些特征使得这款挤出机成为可持续发展解决方案的理想范例。一方面，它是一台使用寿命极长的挤出机，磨损少，因而所需维护少；另一方面，因具有工艺技术方面的优势，可达成成品质量高、废品率低的目标，并最大限度地减少资源消耗。新一代(NG)型号的加工单元经优化可实现较宽的工艺窗口，即使在加工有较高比例回收料时，也能提高产量。由于拥有相同的基础结构和驱动单元，新的加工单元可以顺利地改装在旧款SolEX型号上，这同样是具有可持续发展特点的解决方案。巴顿菲尔辛辛那提公司还将把NG技术用于单螺杆挤出机系列uniEX，并且同样可以进行改装。

行星挤出机120使单螺杆挤出机展品更加完整。该产品是巴顿菲尔辛辛那提公司推出的专门用于PET加工的机器方案，其基础结构是一台单螺杆挤出机，拥有行星螺杆部件。在该部件中熔体流被碾压成极薄熔体层，形成便于排气净化的非常大的熔体表面积，因此可以加工未预先干燥的新原料以及任何形状的回收料，已获得美国食品和药物管理局批准函的确认。

原则上，该系统在循环经济领域的潜能还远远未得到充分发掘。大量实验表明，除了PET外，运用该机器方案还可以非常出色地加工和净化其他材料。

## 用于生产小公差的管材

巴顿菲尔辛辛那提公司的模头可用于半成品生产的成熟解决方案的提供。展出的三款机型分别是可在生产过程中自动调整管材尺寸的快速改变尺寸(FDC)管材模头，以及两个SpiderNG型号的新PVC管材模头。两个支架式管材模头分别是单支架管材模头和三层管材模头，都属于新一代型号。首批模头已交给客户使用，在整条生产线上都表现出较低材料消耗和较小公差的特性。在三层管材模头内，管材的中间层仍然由芯棒支架结构引导，而外层几何结构则被彻底修改。新几何结构还有排气特性佳的优点，当生产含发泡中间层的传统PVC管材以及高填充实壁管材和含回收料的中间层的管材时尤其具有优势。

这两种全新支架式管材模头将直接搭配合适的挤出机展出。单支架管材模头用法兰连接在锥形双螺杆挤出机conEXNG65上，而三层管材模头SpiderNG160-3则安装在平行双螺杆挤出机twinEX93-34R上的conEXNG54上，提供特别节约空间的驮背式解决方案。

管材生产方面独特的亮点在于直接式切割机(DTA)160。该装置使用全新的切割单元，能够将聚烯烃和PVC材质的管材极其精准、干净和快速地切断为所需长度，不会产生切屑。由于不使用任何液压系统进行工作，其优点在于重量轻，比传统系统轻60%左右，既方便了工作人员生产操作，也大大加快了切割小车的运动，因此可切割为较短长度。

## 为工业4.0作准备

根据需要，巴顿菲尔辛辛那提公司可以为任何一种机器解决方案配置方便直观操作的BCtouchUX控制系统。机器的所有具体设置都保存在控制系统内，再加上产品质量可复制，可确保设备效率高、废品率低。具体应用案例有：用于管材模头的调中辅助工具，挤出片材和板材时的定型辊间隙位置调整。

2019K展的另一个亮点是“Dash”键。当客户有疑问或遇到问题时，按下这个键即可直接与售后服务团队取得联系。其优势在于：可直接传输必要的机器基本信息，迅速找到解决方案，最大限度地减少停机。巴顿菲尔辛辛那提公司当前正在试点项目中测试将客户数据安全保存到云端的可行性，以便于进一步提高支持服务的速度和精度。

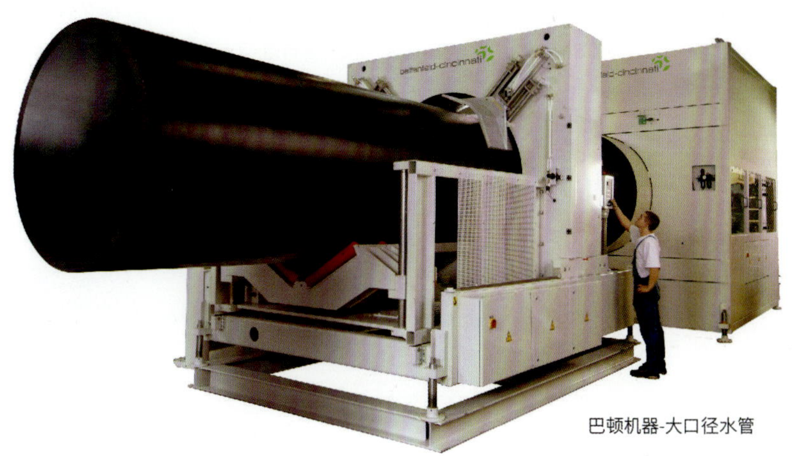


巴顿机器-大口径水管

BORCHE
二板智能注塑机专家

# 5G时代下注塑生态系统的构建

我国是全球塑料消费量最大的国家。注塑工业既是劳动密集型、技术密集型和资金密集型行业，也是比较传统的行业。如何提升企业管理水平、应对劳动力成本提高、提高质量、缩短交货时间，提升企业竞争力，解决一系列行业智能转型升级中出现的问题，让这个传统制造业跟随时代的发展节拍，焕发新生，不仅是注塑行业思考的问题，也纳入了塑机装备行业的思考范畴。

博创智能装备股份有限公司（简称博创）用实际行动给出了答案：投资构建离散型制造产业生态体系的智能工厂，开发注塑云平台，帮助注塑用户进行智能转型升级。"注塑云"平台用于注塑工厂的生产及设备管理，可以在订单、人才、管理、采购、金融支持等方面形成丰富、多样的生态系统，解决了不同年代、不同品牌注塑机数据的采集、边缘计算问题，可以实时监控订单进度、设备状态、模具信息、制品品质管控以及注塑工艺档案管理，搭建智能精益的转型平台，预计可提升工厂管理综合效率30%以上。利用工业互联网概念和技术，融合注塑行业与工业互联网、自动化的特性，并实现更广泛的互联互通特性的深度融合，是博创提出的整体解决方案的基础思想。智能制造是工业互联网应用最重要、最富挑战的领域，制造业急需以通信网络为基础的智能制造，进而全面提升设备效率。过去的网络数据传输速度慢、存储成本高、抗干扰性差，制约了工业互联网的发展，导致其还没有被真正应用到制造业上，至少大部分注塑机还没有关联到工业互联网。

5G网络的到来加快了工业互联网的发展。不同类型的工业企业虽对网络的性能要求不同，但总结起来集中在网络可靠性、抗干扰及专有性三个方面。5G网络低时延、高可靠等特性，可满足工业网络的多样化需求。高效的数据传输将创造出新的生产力，这对于中国制造从人口红利转型升级为科技红利，推动传统制造业的工厂、车间与生活的互联互通有着十分深远的意义。未来5G网络还将全面应用于机械手、AGV运输车和汽车等领域，为制造业创造更多的价值。

2019年7月12日上午，博创与中国电信股份有限公司广州分公司共同签署了共建5G示范应用的战略合作协议，将在博创及旗下公司共建5G实验室，充分发挥5G网络、物联网、大数据、人工智能、云计算等信息技术手段，共同推动智能工厂5G实验室试点，为注塑企业提供5G智能工厂解决方案，实现智能转型与效益提升。

"注塑云MES"系统与5G联合后，可更智能、更快捷、更高效地连接行业，整合行业信息，实现更高效的资源配置，形成真正的注塑工业物联网。这是一个合理优化匹配注塑机生产数据、对注塑生产实现信息化管理的高效信息化系统。注塑装备通过"注塑云MES"将数据上传到云平台，实行3D数字化孪生，注塑机维护和生产灵活编排可同步实时被掌握，提升生产效率。此外，注塑云MES系统实现了注塑机的无线协作，连接成本直接下降50%～70%。

博创致力于助推注塑企业上云上平台，已签约289家注塑企业，为超过上万台注塑设备的数字化、网络化、智能化升级转型提供连接、计算、创新、应用、人工智能等一站式工业互联网平台产品及服务。

5G时代的到来，为制造业的高效、高质量发展，为智能制造领域的深耕打开了一扇崭新的大门。这将极大地影响塑机装备以及塑料行业的发展，促使行业的转型升级大发展。

## 客户案例 1

企业：清远万兴玩具集团

规模：约900台注塑机，多家注塑机品牌

问题：如何减少异常停机、提升设备综合利用率？

改善前：停机时长反馈不及时、停机原因不清楚。

改善后：采用注塑云MES系统后，实现了停机随时监控反馈、停机原因随时录入反馈、停机数据随时统计分析，效率显著提升。

## 客户案例 2

企业：万星塑胶制品（上海）有限公司

规模：37台注塑机

问题：如何实现生产订单智能排产，如何利用即时品质管控实现持续品质改善？

改善前：品质不稳定，产品信息要事后手工录入，效率低；计划排产需经过多部门各个工作人员反复讨论，沟通成本高。

改善后：通过注塑云MES系统，可实时录入数据，一键导出报表，自动采集与分析数据，实现了品质实时管控和持续的品质改善；还可以通过系统智能派单，实时监控生产状态，实现智能化管理。

## 客户案例 3

企业：广州中新汽车零部件有限公司

规模：82台注塑机，10000套模具

特点：小批量、多品种、快交付

问题：实现无纸化对生产效率提升的意义。

改善前：现场数据收集难、统计难，计划与生产脱节，数据离散存储。

改善后：无纸化生产，透明品质，合格率统计真实可见；减少了异常停机时间，提升了设备综合利用率；实时监控物料，使用实时看板；监控机台的生产强度，引导计划保养。

# 2018—2019 年我国塑料机械工业要事

## 成立国外子公司

**博创俄罗斯独资子公司成立** 2018 年 1 月，BORCH RUSSIA 博创俄罗斯独资子公司成立。

博创英国公司成立 2018 年 6 月 27 日，博创海外全资子公司博创英国公司举行了盛大的开放日仪式，标志着英国博创正式揭幕，同时也预示博创的国际化开启了另一全新的阶段。博创成立独资子公司，建立更加专业的销售和培训、服务团队，并投资仓库，储存设备以及零配件。

**伯乐塑机美国分公司开业** 2019 年 4 月 24 日，伯乐塑机美国分公司开业仪式在美国俄亥俄州举行。该公司致力于打造汇集世界资源的国际化事业平台，依托美国市场的发展，下一步还将积极开拓市场，逐步覆盖美洲主要国家市场。伯乐塑机美国分公司将立足创新最前沿，将新的商业模式和巨大市场机会结合，为伯乐塑机培育和寻找新的发展机会和合作伙伴，建立可持续发展的新平台。

**越南伊之密开业** 2019 年 5 月 9 日，越南伊之密机械责任有限公司（简称越南伊之密）举办了开业典礼暨首届开放日。越南伊之密是由广东伊之密精密机械股份有限公司全资投资的子公司，主要业务包括注塑机和压铸机及其零配件销售、产品展示和技术服务。公司于 2018 年 4 月完成注册，同年 6 月开始试业运营。此次典礼标志着越南伊之密正式开业。目前，伊之密除了中国的三个生产基地以外，已在美国、印度建立生产基地，在欧洲建立零配件中心，在德国设立研发中心，并在全球 60 多个国家和地区设立了销售服务网点。

**海天墨西哥工厂奠基** 当地时间 2019 年 5 月 28 日，海天国际墨西哥有限公司在墨西哥第二大城市瓜达拉哈拉市举行了新工厂奠基仪式。墨西哥当地政府官员、海天国际总裁张剑鸣、海天塑机集团总裁张剑峰等海天国际管理层代表，以及 180 多名墨西哥当地客户、合作伙伴和海天墨西哥员工参加了本次奠基仪式。墨西哥新工厂项目总占地面积 9.2hm$^2$，一期工程包括一处面积为 2.7 万 m$^2$ 的厂房和一栋四层办公楼。该工厂将实现海天注塑机产品的本地化生产与装配，主要用于满足墨西哥国内市场的需求，将成为墨西哥地区首个注塑机制造基地，并将成为海天国际的出口平台之一。从 1999 年开始，海天国际便在墨西哥市场开始了注塑机的销售与服务，瓜达拉哈拉项目的启动正值海天进入墨西哥市场 20 周年。截至 2018 年，海天国际在墨西哥市场的年销售额占中国所有出口的塑料机械品牌总量的 40%。

**伯乐塑机欧洲分公司开业** 2019 年 6 月 18 日，伯乐塑机欧洲分公司开业庆典在波兰梅斯沃维采举行。伯乐塑机欧洲分公司正致力于打造汇集世界资源的国际化事业平台，依托欧洲市场的发展，逐步实现欧洲主要国家市场的全覆盖。

**德国震雄成立** 2019 年，震雄集团宣布于德国下莱茵河地区的肯彭市（Kempen）成立子公司德国震雄（CHEN HSONG Germany GmbH）。新成立的德国震雄是震雄欧洲的全资子公司，可向当地客户提供锁模力 200 ～ 65 000kN 的全系列先进注塑机产品及服务。德国震雄成为震雄集团在欧洲区域的第二个技术服务中心。

# 市场新模式

**首个注塑机大型 4S 店开启** 2018 年 11 月 25 日上午，业内首个最大注塑机 4S 店中心落户广东顺德，标志着伯乐塑机全国区域市场战略的进一步提升。伯乐 4S 店是集标准化整机销售（Sale）、全机型匹配零配件（Sparepart）、客户至上的优质售后服务（Service）、关键的客户信息反馈（Survey）四位一体的专业注塑机服务单位，不仅有接待客户、机器服务、产品及样机展示，还可以为客户提供长时间试模试机的优良环境，以便详细评估机器稳定性和真实效率。

**CIML 系列正式进入印度汽配企业** 2019 年 1 月报道，伯乐塑机的 CIML 系列碳纤产品智能成型线开创行业技术先河并走出国门，正式入驻印度塔塔集团的一级供应商，成功进入海外市场。伯乐塑机的 CIML 系列中 OIHM 在线注射热压成型技术使长纤维增强复合材料直接注射成型（在线混炼注射成型），相较于传统工艺节省了 10 道工序，降低了能耗，提升了效率，在材料用料减少、成本降低的情况下，产品性能却大幅度提升。减重 65% 以上，在相同配方下采用 CIML 工艺抗拉伸、弯曲和缺口冲击都增加 20% 以上，既简化工序、节省了材料又提高了产品性能，在汽车轻量化领域具有非常强的竞争力。

# 产 品 技 术

**HE 系列高效能全电式射出成型系统推出** 于 2018 年 4 月中国国际塑料橡胶工业展览会（Chinaplas）上推出。该系列产品是富强鑫首次在中国大陆亮相展出的产品。推出的锁模力 3000kN 全电式射出机，结合锁模力检测系统及模内压力感测系统，自动化快速生产 4+4 穴 100mL 冰淇淋盒。除通过堆叠模的技术达到产量倍增的效果外，也借助多模穴流动平衡模块进行自动补偿及不良品的筛选。

**“大橡塑”牌 30 万～ 35 万 t/a 大造粒机组通过辽宁省重大科技专项验收** 由大橡塑公司承担的辽宁省“30 万～ 35 万 t/a LLDPE 双支撑连续混炼挤压造粒机组国产化研制”科技创新重大专项项目，于 2018 年通过辽宁省科技厅组织的验收。

大橡塑承担了该项目整机的设计、制造、安装调试、运行管理等工作，攻克了大型复杂型面整体式转子、大型机筒、双输出轴超高转矩减速器、大排量熔体齿轮泵与水下切粒系统等关键零部件的设计和制造关键技术，实现了机组一键式开车智能化控制。同时，该机组作为 137 万 t 煤制烯烃项目重要组成部分，进行了全负荷性能试验。经应用验证，主要性能指标均达到国际先进水平，项目机组可替代进口，对打破国外长期技术和价格垄断，推动我国煤制烯烃、石化炼油乙烯产业快速发展具有重大意义。

**150kg 二板智能注塑机投产** 博创生产的 150kg UPVC 专用智能注塑机 2018 年在山东东信公司投产并生产出 110kg 制品，这也是当时全球最大型的 UPVC 注塑产品。

**通佳入选山东首台套名单** 2018 年 9 月 14 日，山东省经济和信息化委员会发布《2018 年度山东省首台（套）技术装备和关键核心零部件及生产企业名单》。山东通佳重工有限公司的“100 ～ 3000L 高分子材料多层复合智能吹塑成型机”入选。

**SPACE A 机器人柔性生产系统发布** 德国当地时间 2018 年 10 月 16 日在德国 Fakuma 展上推出。

伊之密 SPACE A 机器人柔性生产系统提出了一种新的方式，通过基于挤出实现增材制造（SEAM），并结合复合工艺将热塑性原材料制造几何结构复杂的大尺寸产品。该系统采用平台策略，既可实现增材和减材两种工艺的结合，又可根据应用要求提供更简单、单独基于螺杆挤出的解决方案。灵活的机器架构使得投资的成本相应下降。

**全新一代互联网注塑机 Bi 系列发布** 2018 年 11 月 29 日于广州市增城区博创举办的“变与不变”全球开放日活动上发布。全新一代互联网注塑机 Bi 系列锁模力 800 ～ 5000kN，整机采用模块化设计，具有互联互通的新特点，即将注塑机与生产辅机进行集成管控，同时能够与博创的大数据塑云平台进行互联互通。同期，还发布了新一代二板智能注塑机及 plascloud 塑云 APP，并正式启用博创智能工厂及康建共享中心。

**SM-SPARK 全电机系列注塑机推出** 于 2018 年 12 月震雄超级新产品嘉年华上推出。该产品具有高敏动态操控、全面适用技术等特性，并应用智能应力释放系统（ASRS）、智能联动保护技术。电机从静止到 2000r/min 的响应时间低于 30ms，使用高端控制算法，兼顾超薄壁制品的超高速注射和超厚制品的高压保持要求，通过高速智能运算，在射胶的过程中极速监测螺杆的运动状态（＜ 1ms），并配合高速压力传感器数据，释放内应力，保证产品超高的合格率。

**伊之密与 Frimo 集团签署合作协议** 2019 年 2 月 14 日，广东伊之密精密机械股份有限公司与世界技术领先制造商德国 Frimo 集团签署合作协议，就“注射成型 +PUR 工艺组合技术”项目开展长期合作，共同开发和销售注塑件与聚氨酯组合成型工艺解决方案，主要应用于汽车行业的汽车内饰件，如仪表板、门板、A/B/C/D 柱等，提升汽车内饰件的外观与质量，在为客户提供高效、创新、技术领先的成型解决方案上实现新突破。

**我国首台（套）年产 35 万 t 聚丙烯挤压造粒机组在大橡塑通过验收** 2019 年 3 月 8 日，我国首台（套）年产 35 万 t 聚丙烯挤压造粒机组在大连橡胶塑料机械有限公司下线并通过验收。中国石化集团专家组在验收报告中说，该机组具有完全自主知识产权，各项技术指标达到国际先进水平，部分技术指标优于国外同类机组。该机组的成功研制将打破我国石化重大技术装备长期依赖进口的被动局面。

**免干燥 PET 反应挤出发泡一体化成型技术** 2019 年 4 月，北京化工大学和南京创博机械设备有限公司联合开发的“免干燥 PET 反应挤出发泡一体化成型技术”通过了由中国轻工业联合会组织的鉴定。鉴定委员会由来自清华、复旦、浙大等全国重点高校的教授和行业专家组成，主任为中国工程院院士瞿金平。全体专家在听取了技术完成单位的工作总结报告、研究报告、性能检测及推广应用建议报告后，现场实地考查了国内首条 CBF-500 免干燥 PET 反应挤出发泡一体化成型工业化装置的运行情况，并就国内外相关技术情况和项目关键技术进行了全面的质询。

鉴定结论为：项目研发的双螺杆接单螺杆双阶连续挤出发泡一体化工艺技术具有创新性和先进性，项目整体技术达到国际先进水平，部分技术达到国际领先水平。

**“PUR+ 注塑 +3D 打印”一步成型方案推出** 伊之密于 2019 年 5 月在中国国际塑料橡胶工业展览会（Chinaplas）上推出。以 UN500DP 二板式注塑机集成 PUR 设备，再配以 InPUR“1+2”模具技术，一步成型（ReactPro 聚碳酸酯内喷涂成型方案）带局部高光表面的汽车发动机盖板。对比传统工艺，聚碳酸酯内喷涂成型方案减少了制品成型步骤，极大地节约了成本，并避免了喷涂对环境的污染。

**DirectPro 长纤直接注射成型方案推出** 伊之密于 2019 年推出。DirectPro 长纤直接注射成型可满足制品高强度、高冲击、轻量化等性能方面的要求，并进一步简化生产工艺，降低生产成本，实现更高的经济价值。除了汽车行业之外，在消费品和工业品市场也有良好的发展潜力。

DirectPro 具有四大优势：第一，纤维折损率极大降低，长纤维在注塑单元前端被送入已熔融塑料基体中，承受的机械应力小，从而减少了对纤维的损坏；第二，产品力学性能增强，可替代长纤粒料或模塑复合材料，降低了生产成本；第三，自主调节纤维长度（5 ～ 100mm）、含量（0 ～ 50%）和材料组合；第四，在标准注塑机基础上优化，仍可用于标准注塑工艺。

**我国首台（套）7 万 t/a LLDPE 国产化挤压造粒机组在大橡塑公司通过出厂验收** 2019 年，大庆石化 7 万 t/a LLDPE 国产化挤压造粒机组出厂验收会在大连橡胶塑料机械有限公司召开。该机组为中国石油首台（套）国产化挤压造粒机组，同时也是首台（套）国产化 7 万 t/a LLDPE 的挤压造粒机组，是具有自动化、可视化、智能化等高技术含量的全套工艺装置，各项技术指标均达到国际先进水平。该机组的研制成功有着较高的经济效益和社会效益。

**五层塑料共挤出吹塑复合膜机组关键装置机头与主机下线** 具有自主知识产权、结构独特、制品幅宽达 20m 的国内首套五层塑料共挤出吹塑复合膜机组关键装置机头与主机，2019 年在大连橡胶塑料机械有限公司成功下线。该机头是塑料共挤出吹塑复合膜机组的关键装置，研发难度极高，研发团队、调试团队历时大半年的时间，先后对该机头进行了 8 次负荷试车。

大连橡胶塑料机械有限公司此次在研发过程中采用了一系列的最新技术，机头采用新型分流器构型，实现无死角结构设计，熔体在机头内行走流畅，无存料，大大提升了自洁性，形成自有专利 3 项；机头特殊的层间结构很好地控制了熔体在机头内的流动速率，使最终制品具有高强度、高透明性的特点；新型内冷控制技术使其出膜精度可以达到 ±0.2cm 以内，膜片切换只需人工设置好规格，系统就能自动调整至目标规格，稳定且快速；通过实验模拟、计算、分析，形成了一套精准的加工工艺参数和工装、检测手段、装配方法，从而有效控制机组的加工精度和装配要求，使机组性能达到预期效果；运用 Polyflow 软件，针对不同物料对挤出机、机头进行辅助设计，分析其温度场、流场的状况，使挤出机、机头对原材料选择的余地更加宽泛；利用 VEL 软件仿真分析计算，将机头内熔体流动均匀性有效控制在 5% 以内。根据五层机组的优化、创新方法，同时将最新技术应用到公司同类产品，实现更新换代，并形成产品系列化，满足制品幅宽跨度范围 6 000 ～ 20 000mm、厚度 0.06 ～ 0.16mm 的不同规格需求。

该机组关键装置的成功研制，决定了塑料共挤出吹塑复合膜机组的整机产能、性能，是影响最终制品质量及性能的核心因素。该机组由多台挤出机同时供料，通过挤出、吹胀、拉伸、定型、收卷等生产工序，连续吹制出各种规格、系列的农用棚膜制品，主要应用在农业领域。

**TDB-250L 柔性多工位高效吹塑智能化生产线通过鉴定** 2019 年 8 月 20 日，苏州同大机械的“TDB-250L 柔性多工位高效吹塑智能化生产线”通过了由中国塑料机械工业协会组织的鉴定。鉴定委员会由北京化工大学的杨卫民教授任主任委员，由来自中国塑料机械工业协会、华南理工大学、东南大学、南京理工大学、陆军工程大学、江苏大学等单位的人员组成。鉴定结论为：总体技术水平处于国内领先、部分技术指标达到国际先进水平。

**STS 双螺杆挤出机 15 周年** 科倍隆 STS 双螺杆挤出机于 2019 年迎来面世 15 周年。面世 15 年以来，科倍隆 STS 系列挤出机以其可靠的高性能主要服务于塑料配混行业的各种应用。2004 年第一台螺杆直径为 75mm 的 STS 75 挤出机面世，其比转矩为 8.7N · m/cm$^3$，最大螺杆转速 600r/min，产量 1200 kg/h，是当时的最大机型。2008 年比转矩 10N · m/cm$^3$ 的 STS advanced 成功上市，最大螺杆转速也提升至 800r/min；2015 年推出的全新一代高性能、高品质 STS Mc$^{11}$ 双螺杆挤出机树立了新标准，最大比转矩达到 11.3N · m/cm$^3$ 且最大螺杆转速达到 900r/min，其最大机型 STS 96 Mc$^{11}$ 的产量最高可达 4 200 kg/h。筒体和螺杆元件根据不同应用和高产量的要求提供从标准材质到高防腐耐磨材质的定制化方案。

STS系列挤出机设计之初主要针对工程塑料改性配混、母料生产等。经过15年的工艺技术发展，STS系列挤出机成功应用于工程塑料、色母料、粉末涂料、电缆料、破碎料回收等广泛领域。自2004年面世以来到2018年，STS已全球销售700多套，2018年达到103台。

值此15周年之际，科倍隆为该产品线增加了一个机型——螺杆直径为25mm的全新STS 25 Mc[11]挤出机。该机型专为研发任务以及小批次产品生产设计，产量最高可达80kg/h，最小批次产量2kg。于2019年5月21日中国国际塑料橡胶工业展览会（Chinaplas）上展出STS挤出机实验用机型。

新的STS 25 Mc[11]挤出机的筒体采用加热棒式加热器，加热效率高且节能，每节筒体都可实现独立温控。STS统一的外内径比（$D_o/D_i$=1.55）和比转矩（$T$=11.3）等级设计，工艺可精准放大到STS系列的其他尺寸机型。它是配方研发和基础科研的理想配混设备。

# 5G/智能制造

**博创全球智能注塑大数据共享中心落成** 2018年博创全球智能注塑大数据共享中心落成，博创智能注塑机进入“云时代”；自主开发的注射成型智能装备行业大数据服务平台——塑云平台也已上线。

**伊之密与SAR集团签署合作协议** 2018年，广东伊之密精密机械股份有限公司与德国自动化科技公司SAR集团签署合作协议，双方将重点在橡塑领域和中国市场技术服务方面展开合作，注塑领域和橡胶领域的自动化解决方案是伊之密与德国SAR集团合作的核心业务。德国SAR集团成立于1985年，专注控制技术、自动化和机器人技术，业务涵盖汽车工业及其供应商的工厂工程设计和制造。

**拓斯达入选省工业互联网产业生态供给资源池** 2018年6月26日，广东省经济和信息化委员会发布公告，广东拓斯达科技股份有限公司入选广东省工业互联网产业生态供给资源池（第二批）工业互联网解决方案商名单。

入选省资源池的企业将为制造业数字化、网络化、智能化、服务化转型升级提供有力支撑。拓斯达致力于成为系统集成＋本体制造＋软件开发＋工业互联网四位一体的智能制造综合服务商，工业互联网领域主要产品和服务包括工业机器人、机械手等智能装备，T-MES智能制造执行系统、智能数据终端等智能硬件，车间可视化信息服务、云端工作协同等智能服务。

**博创签署共建5G示范应用的战略合作协议** 2019年7月12日上午，博创智能装备股份有限公司与中国电信股份有限公司广州分公司共同签署了共建5G示范应用的战略合作协议，共同助力注塑企业提升工业互联网水平，实现数字化转型。双方签署战略合作协议后将在博创及旗下公司共建5G实验室，充分发挥5G网络、物联网、大数据、人工智能、云计算等信息技术手段，共同拓展5G示范应用场景，打造智能化工厂试点。双方共同推动智能工厂5G实验室试点。

**华业“5G+”战略合作签约** 2019年8月14日，浙江华业塑料机械有限公司、中国电信舟山分公司、华为技术有限公司、舟山优云科技有限公司“5G+”战略合作签约仪式举行。

根据协议，围绕将浙江华业建设成“5G+”智能制造螺杆行业标杆的目标，四方将加强在螺杆等领域的合作交流，打造基于5G的螺杆产业链协同平台，实现部门间研发、设计、生产、办公协同，打造智能制造、智能装备、智能车间，以螺杆定制化解决方案实现工厂数字化、透明化。四方正式签署“5G+”战略合作协议，结为深度战略合作伙伴关系，共同推动 5G 技术在工业机械制造建设方面的落地应用，开启塑料机械螺杆行业探索 5G 时代的全新旅程。

**科亚业内率先通过工信部两化融合体系评定** 2019 年 2 月 27 日，南京科亚通过了工信部认证，获得两化融合体系评定证书。科亚于 2018 年 8 月成立信息化升级改造建设工作小组，9 月 28 日正式发布实施由管理手册、程序、作业文件组成的体系文件，12 月先后完成内部审核和管理评审。

# 奖　项

**伊之密获 2017 年度广东省政府质量奖** 2018 年 1 月 16 日，《广东省人民政府关于表彰 2017 年度广东省政府质量奖获奖企业的通报》发布，广东伊之密精密机械股份有限公司获“2017 年度广东省政府质量奖”。广东省政府质量奖自 2008 年设立，每两年评选一次，是广东省人民政府设立的最高质量奖项。

**贝尔获 2018 年江苏省科技小巨人企业称号** 2018 年 6 月 26 日，江苏省经济和信息化委员会发布《关于公布 2018 年度江苏省专精特新小巨人企业名单的通知》。江苏贝尔机械有限公司获“2018 年度江苏省科技小巨人企业”称号。

**伊之密进入 2018 亚洲最佳中小上市企业 200 强** 2018 年 11 月 19 日，广东伊之密精密机械股份有限公司入选 2018 亚洲最佳中小上市企业 200 强榜单。福布斯亚洲最佳中小上市企业榜重点关注亚太地区 200 家年营收低于 10 亿美元的主要上市企业。作为甄选条件，公司营收额必须介于 500 万美元至 10 亿美元之间且必须盈利，并至少公开交易一年。符合资格的候选公司共 2.4 万家，伊之密以销售额 2.94 亿美元、利润 4 100 万美元、市值 5.5 亿美元上榜。

**乐善获第九届省长杯工业设计大赛优秀奖** 2018 年 12 月 1 日，广东省第九届省长杯工业设计大赛颁奖。乐善智能团队荣获优秀奖。乐善参赛项目是与顺德潜龙工业设计有限公司共同合作的金刚吹瓶机，参与设计成员由白锋、邓日宝、童越组成，其中项目主创为白锋。金刚吹瓶机最大的特点是从功能化机械升级为精细化设备，采用下支撑控制屏、电控和气孔两部合一屏技术，并且为了让造型更加简洁精细，采用大透视窗以及滑动开门，大大提升了顾客的使用体验。

**拓斯达智能制造工厂入选省智能制造试点示范项目** 2018 年 5 月 18 日，广东省经信委公布了 2018 年广东省智能制造试点示范项目，拓斯达智能制造工厂示范项目入选。拓斯达智能制造工厂示范项目（简称 T-IMS）包含云端数据中心建设、制造执行系统（MES）等多个核心模块，形成网络基本应用和以连接云端数据中心数据库为基础的信息服务系统。

**华美达高速精密注塑机项目获“浙江制造”“一带一路”以及 CE、EAC 等 9 张国际证书** 2018 年 6 月 8 日，浙江制造“品字标”走向“一带一路”暨“品字标”区域公共品牌发布会在宁波举行，11 家企业获颁首批“品字标浙江制造”认证证书、“一带一路”以及 CE、SASO、GS 等不同类型的国际认证证书，通用范围覆盖东南亚、中东欧等 21 个国家和相关地区。华美达“高速精密塑料注射成型机”项目获得了浙江制造认证、一带一路以及 EAC、CE 等 9 张国际认证证书。

**华美达 PPR 超重管件专用机获“浙江制造精品”认定** 2019 年 2 月 2 日，浙江省经济和信息化厅、浙江省财政厅以〔2019〕22 号文件发布《关于公布 2018 年度“浙江制造精品”名单的通知》，华美达技术创新团队推出的 HMD400M8-SG 超大重量 PPR 管接头专用注塑机在机器人及智能装备重点领域项目被认定。HMD400M8-SG 产品是针对 PPR 管件接头生产行业推出的专用型注塑机，在产品的注射结构和制造工艺上做了较大的创新，通过双阶射台设计产生较大熔胶量，大大提升注射量的同时，采用自主研发的新型液压油路系统，通过对油路的创新设计和优化，进一步提升生产效率，降低了液压泵的损耗。与同类机型相比，设备的加热节能性、液压泵使用寿命以及生产节能性都得到有效提升，实现了对进口机型的替代。

**拓斯达获恰佩克 2018 年度技术创新奖** 2019 年 4 月 19 日，2019 中国机器人产业发展论坛暨第五届恰佩克奖在芜湖举行。广东拓斯达科技股份有限公司获得“2018 年度技术创新奖”。

# 人　物

**蒋震博士退任震雄集团董事局主席及执行董事** 2018 年 4 月 23 日，震雄集团创办人蒋震博士退任董事局主席及执行董事。蒋丽苑获委任为董事局主席，蒋志坚获委任为董事局副主席。

**第三届中国塑料机械行业专家委员会** 2018 年 9 月 20 日，第三届中国塑料机械行业专家委年会在重庆召开，会议审核通过了 81 位成员作为第三届专家委员会委员。

| 姓名 | 单位名称 | 职务 / 职称 |
|---|---|---|
| **主任委员** | | |
| 瞿金平 | 华南理工大学聚合物新型成型装备国家工程研究中心 | 主任、中国工程院院士、教授 |
| **特别顾问** | | |
| 李德群 | 华中科技大学材料学院 | 中国工程院院士、教授 |
| 王　琪 | 四川大学高分子材料工程国家重点实验室、高分子研究所 | 中国工程院院士、教授 |
| 武兵书 | 中国模具工业协会 | 会长 |
| 郑　垲 | 中国合成树脂协会 | 理事长 |
| 王占杰 | 中国塑料加工工业协会 | 副理事长兼秘书长 |
| **常务副主任委员** | | |
| 吴大鸣 | 北京化工大学塑料机械及塑料工程研究所 | 所长、教授 |
| **副主任委员** | | |
| 杨卫民 | 北京化工大学机电工程学院 | 院长、教授 |
| 傅南红 | 海天塑机集团有限公司 | 技术总监、高工 |
| 何和智 | 华南理工大学机械与汽车工程学院 | 教授 |
| **副主任委员兼秘书长** | | |
| 何亚东 | 北京化工大学机电工程学院、北京化工大学塑料机械及塑料工程研究所 | 教授 |
| **副秘书长** | | |
| 曹中强 | 北京化学工业集团有限责任公司 | 企业运行副部长、高工 |
| **委员** | | |
| 杜呈表 | 博创智能装备股份有限公司 | 执行总裁 |
| 江　波 | 北京化工大学 | 教授 |
| 张立群 | 北京化工大学 | 教授 |

（续）

| 姓名 | 单位名称 | 职务／职称 |
| --- | --- | --- |
| 李庆春 | 北京化工大学塑料机械及塑料工程研究所 | 教授 |
| 薛　平 | 北京化工大学机电工程学院、塑料机械及塑料工程研究所 | 副所长、教授 |
| 王克俭 | 北京化工大学成型制造研究中心 | 主任 |
| 张亚军 | 北京化工大学机电工程学院 | 教授 |
| 马建忠 | 江苏贝尔机械有限公司 | 副总经理、高工 |
| 俞　洋 | 大连三垒科技有限公司 | 总经理 |
| 杨　红 | 大连橡胶塑料机械有限公司 | 副总工、教授级高工 |
| 杨宥人 | 大连橡胶塑料机械有限公司 | 副总、教授级高工 |
| 袁清珂 | 广东工业大学机电工程学院 | 副院长、教授 |
| 李子平 | 广东金明精机股份有限公司 | 总经理、教授级高工 |
| 张　涛 | 广东伊之密精密机械股份有限公司 | 董事、高工 |
| 谢林生 | 华东理工大学橡塑机械工程研究中心 | 副主任、教授 |
| 黄汉雄 | 华南理工大学 | 教授 |
| 彭响方 | 华南理工大学 | 教授 |
| 刘旭华 | 机械工业价格研究中心 | 主任 |
| 张效林 | 机械汽车展览联合会 | 秘书长 |
| 胡　刚 | 江苏大道机电科技有限公司 | 副总经理 |
| 王树林 | 江苏大学机械工程学院精密加工技术研究所 | 所长、教授 |
| 曾庆军 | 江苏科技大学电子信息学院 | 教授 |
| 王　琪 | 江苏科技大学机电与汽车工程学院 | 院长、教授 |
| 李世通 | 无锡灵鸽机械科技股份有限公司 | 副总、教授级高工 |
| 高学飞 | 江苏维达机械有限公司 | 董事长、高工 |
| 冯志远 | 力劲科技集团 | 董事、高工 |
| 蔡恒志 | 力劲科技集团 | 项目经理、高工 |
| 吴洪涛 | 南京航空航天大学 | 教授 |
| 赵建华 | 南京橡塑机械厂有限公司 | 总工程师、高工 |
| 陈辉殿 | 南京艺工电工设备有限公司 | 总工程师、研究员级高工 |
| 陈　伟 | 南通三信塑胶装备科技股份有限公司 | 董事长 |
| 高世权 | 海天塑机集团有限公司 | 技术副总监、教授级高工 |
| 张卫东 | 宁波海雄塑料机械有限公司 | 技术副总、高工 |
| 徐　新 | 宁波康润机械科技有限公司 | 总经理、高工 |
| 刘　维 | 宁波市海达塑料机械有限公司 | 工程技术部部长、高工 |
| 白春杰 | 秦川机床工具集团股份公司 | 设计室主任、工程师 |
| 吕柏源 | 青岛科技大学高分子机械研究所 | 教授 |
| 于　建 | 清华大学 | 教授 |

（续）

| 姓名 | 单位名称 | 职务／职称 |
| --- | --- | --- |
| 张建群 | 山东通佳机械有限公司 | 董事长 |
| 何海潮 | 上海金纬机械制造有限公司 | 董事长 |
| 段庆生 | 深圳市塑讯科技有限公司 | 总经理、工程师 |
| 孙锋林 | 苏州金韦尔机械有限公司 | 总经理 |
| 汪发兵 | 苏州塑之源机械制造有限公司 | 总经理 |
| 徐文良 | 苏州同大机械有限公司 | 董事长、高工 |
| 郭一萍 | 国家塑料机械产品质量监督检验中心 | 常务副主任、教授级高工 |
| 高福荣 | 香港科技大学霍英东研究院高分子成型过程及系统中心、化学工程及生物分子工程学系先进制造与自动化研究所 | 所长、教授 |
| 蒋志坚 | 震雄集团有限公司 | 董事局副主席 |
| 陈静波 | 郑州大学 | 教授 |
| 贾润礼 | 中北大学塑料研究所 | 所长、教授 |
| 梅振新 | 中国机电工业价格协会 | 会长 |
| 邓建江 | 中蓝晨光化工研究设计院有限公司晨光装备公司 | 总经理、高工 |
| 蒋炳炎 | 中南大学机电工程学院高性能复杂制造国家重点实验室 | 常务副院长、教授 |
| 卢德雄 | 震雄集团有限公司 | 工业园副总经理 |
| 蒋小军 | 广东伊之密精密机械股份有限公司 | 技术总监 |
| 李东生 | 南京创博机械设备有限公司 | 总经理、高工 |
| 谢鹏程 | 北京化工大学机电工程学院 | 教授 |
| 罗宝树 | 余姚华泰橡塑机械有限公司 | 副总经理、高工 |
| 刘玉鹏 | 宁波双马机械工业有限公司 | 研发总监、高工 |
| 王多勇 | 四川中旺科技有限公司 | 总工程师、高工 |
| 冯彦洪 | 华南理工大学工业装备与控制工程学院 | 教授 |
| 袁卫明 | 浙江申达机器制造股份有限公司 | 技术总监、高工 |
| 李向东 | 佛山市宝捷精密机械有限公司 | 副总经理、高工 |
| 周宏伟 | 泰瑞机器股份有限公司 | 技术总监、高工 |
| 吴依贫 | 东华机械有限公司 | 工程部总监、工程师 |
| 李　勇 | 山东通佳机械有限公司 | 总经理、高工 |
| 殷小春 | 华南理工大学聚合物新型成型装备国家工程研究中心 | 副教授 |
| 杨智韬 | 广东星联科技有限公司 | 总经理 |
| 陶永亮 | 重庆川仪工程塑料有限公司 | 教授级高工 |
| 陈兴良 | 宁波海星机械制造有限公司 | 董事长 |

**2018 第二届“中国好塑才”** 中国塑料机械工业协会于 2018 年开展了第二届“中国好塑才”评选活动，共评选出“管理精英”10 名、“技术能手”15 名、“科技英才”20 名。

**管理精英入选名单**

杜呈表　博创智能装备股份有限公司执行总裁
曹　军　海天塑机集团有限公司事业部总经理
孙　坚　宁波海星机械制造有限公司总经理
刘　峰　江苏贝尔机械有限公司常务副总经理
倪玉标　张家港市繁昌机械有限公司总经理
徐　新　宁波康润机械科技有限公司总经理、总工
高盛山　富强鑫（宁波）机器制造有限公司副总经理
史南达　宁波长飞亚塑料机械制造有限公司副总兼制造部部长
方　来　广东佳明机器有限公司总监
沈海波　泰瑞机器股份有限公司产品经理

**技术能手入选名单**

郭　飞　博创智能装备股份有限公司客户服务中心
胡慧明　富强鑫（宁波）机器制造有限公司服务部经理
段贵川　海天塑机集团有限公司装配钳工
阮　凯　海天塑机集团有限公司工艺工程师
王益波　宁波海星机械制造有限公司电气车间主任
蒋伟贞　宁波弘讯科技股份有限公司课长
丁长远　大连三垒科技有限公司加工中心操作工
刘延军　山东通佳重工有限公司副总经理
邹文龙　浙江申达机器制造股份有限公司装配调度
陆晨风　泰瑞机器股份有限公司工程师
张　进　江苏贝尔机械有限公司生产一部部长
陈苏明　科倍隆（南京）机械有限公司生产主管
阳成俊　常州金纬片板膜科技有限公司工程师
蔡成教　深圳市坪山区震雄集团技术员
郭双伟　佛山市顺德区震德塑料机械有限公司试机组组长

**科技英才入选名单**

傅南红　海天塑机集团有限公司技术总监
高世权　海天塑机集团有限公司集团技术管理委员会主任
李　勇　山东通佳机械有限公司总经理
李　浩　广东金明精机股份有限公司副总兼产品运营部总监
孙晓波　博创智能装备股份有限公司研发经理
何桂红　大连橡胶塑料机械有限公司石化装备设计室主任
朱宝安　宁波弘讯科技股份有限公司课长
曹　峥　宁波弘讯科技股份有限公司副课长
林增荣　浙江申达机器制造股份有限公司研究院副院长
刘国林　浙江申达机器制造股份有限公司主任工程师
邓俊钧　宁波双马机械工业有限公司研发部经理
李斌斌　泰瑞机器股份有限公司研发部副经理
林　武　泰瑞机器股份有限公司项目经理
褚元洪　苏州同大机械有限公司技术部经理
李　斌　江苏维达机械有限公司技术部经理
王宏松　苏州金纬中空技术有限公司技术部部长
袁新星　上海金纬挤出机械制造有限公司技术部部长
陈创鑫　佛山市顺德区震德塑料机械有限公司副主任
袁　望　震雄机械深圳有限公司高级工程师
张其江　宁波康润机械科技有限公司副总经理、副总工

**徐文良、吴丰礼入选第四批国家“万人计划”** 2019 年，中共中央组织部办公厅下发《关于印发第四批国家“万人计划”入选人员名单的通知》。苏州同大机械有限公司董事长徐文良、广东拓斯达科技股份有限公司董事长吴丰礼入选科技创业领军人才名单。国家高层次人才特殊支持计划，亦称国家“万人计划”，是面向国内高层次人才

的支持计划，目标是用10年时间，遴选1万名左右自然科学、工程技术和哲学社会科学领域的杰出人才、领军人才和青年拔尖人才给予特殊支持。

**粟东平获聘北化顾问教授** 2019年3月6日上午，北京化工大学聘任中国塑料机械工业协会常务副会长粟东平为顾问教授仪式在逸夫图书馆中心会议室举行。北京化工大学副校长任钟旗出席，机电工程学院党委书记张冰、院长杨卫民，人事处副处长陈国华以及部分教师和学生代表参加聘任仪式。仪式由机电工程学院谢鹏程教授主持。

粟东平，1987年毕业于重庆大学，从事机械制造、工艺管理、信息与产业政策研究等30多年。2009年4月起至今先后担任中国塑料机械工业协会秘书长、常务副会长。其主要工作有：根据塑料机械行业特点，对产业情况进行深入调研；积极推动开展行业节能降耗工作；加强行业信息服务和政策指导；推进国际交流与合作，积极为行业企业“走出去”搭建平台；多次组织、参与行业科研院所和企业新产品、新技术、新工艺项目鉴定，并积极引导和帮助将科研成果向产业化转换。她是科技部、工信部、发改委“国家专家库”入库专家，是中国机械工业联合会评选的优秀协会工作者，为塑料机械行业工作卓有成效的开展及行业经济持续快速、和谐发展做出了显著贡献。

**刘卓铭任香港塑胶机械协会会长** 2019年8月，力劲集团CEO刘卓铭任香港塑胶机械协会新一任会长。

# 新发展趋势

## 在线混炼注塑及在线注射热压成型工艺应用于汽车轻量化

纤维增强热塑性复合材料作为结构性复合材料，具有质量轻、强度高、耐腐蚀、设计自由度大、易成型、可回收再利用等优点，被广泛应用于航空航天、船舶、汽车、建筑、化工和体育用品等领域。早期的纤维增强热塑性复合材料受技术水平限制，一般以短纤维增强为主，切断的纤维在塑料粒子中呈无规、随机排列，经螺杆剪切、高压注射成型后，制品中纤维保留长度变得更短，增强效果较差，纤维增强热塑性复合材料的性能无法得到充分发挥，限制了其在工业中的推广应用。为了弥补这一缺陷，在20世纪80年代，国外开发出了长纤维增强热塑性复合材料（LFT, Long Fiber Reinforced Thermoplastics），比传统短纤维增强热塑性复合材料具有更好的力学性能、耐热性能、耐蠕变性能和成型收缩率。LFT制品凭借一系列的优点在诸多行业，尤其在汽车工业展示出良好的发展和应用前景。试验证明，汽车质量降低一半，燃料消耗也会降低将近一半。由于环保和节能的需要，汽车的轻量化已经成为世界汽车发展的潮流。目前，LFT技术在美国、德国、法国、日本等发达国家的发展和应用走在世界前列，我国LFT的相关研发工作起步较晚，总体上还处于起步阶段。

为了填补国内LFT技术发展的空白，宁波双马机械工业有限公司率先开发研制了 LFT-D-IM（LFT-Direct-Injection Molding）在线混炼注射成型技术，为汽车轻量化量身打造技术解决方案。该技术是将双螺杆挤出机混炼改性的长纤维增强热塑性复合材料直接用于注射成型，特殊的螺杆结构及一次加热熔融塑化过程使该工艺较传统的先造粒后注射成型工艺的最大优势是：提高了生产效率，大大降低了生产成本，并更好地保留了纤维长度，提高了制品各项力学性能等。

## 一、LFT-D-IM 技术原理

LFT-D-IM 在线混炼注射成型设备由三部分组成：在线混炼注塑机、长纤维喂料系统和重力式喂料系统。依据配方不同，将基体树脂、矿物填料、各类颗粒助剂、不同粉末助剂等各自加入不同的重力式喂料系统内，热敏感类助剂也可选择从双螺杆挤出机侧喂料系统下料，连续的纤维束通过管道喂入双螺杆挤出机进纤口。在控制系统内，设置好基体树脂、纤维、各类助剂的配比与下料量。熔融的基体树脂、分散均匀的助剂与在双螺杆挤出机内切断的纤维（通过调整螺杆组合可控纤维长度）充分塑化，完成纤维在基体树脂内的分散与分布过程。混炼完成的熔融料团通过封闭连接管道输送至注射缸，计量至一定位置后完成注射成型，冷却后取出制品。LFT-D-IM 在线混炼注射成型原理见图 1。

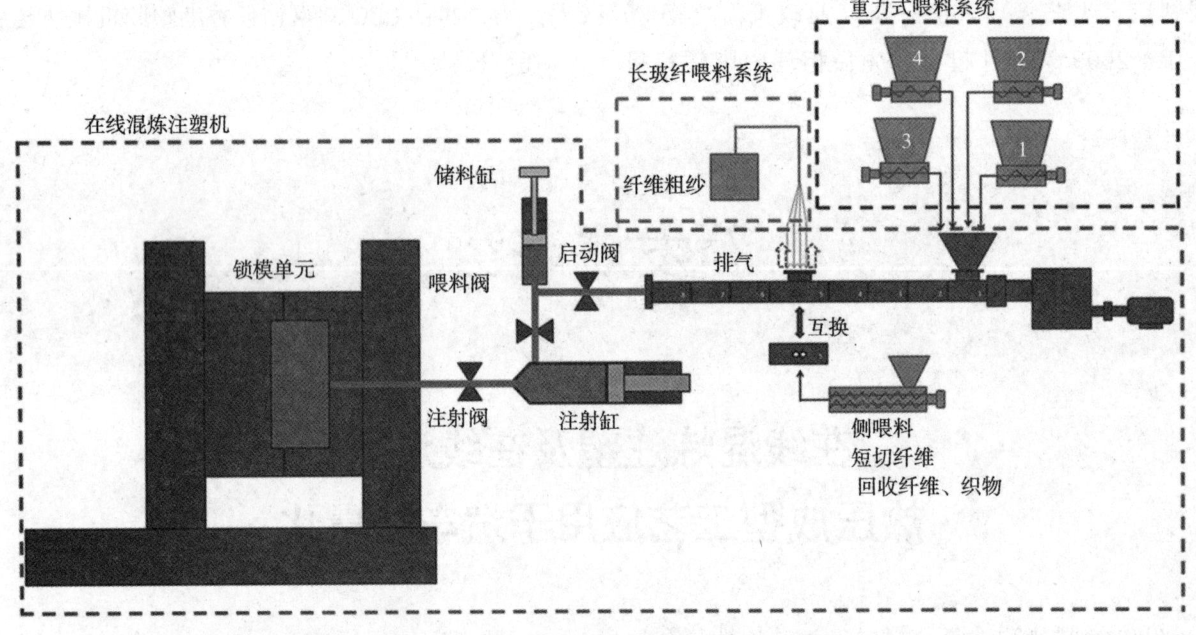


**图 1　LFT-D-IM 在线混炼注射成型原理**

1—喂料秤 1#PP/PA 颗粒 50～500kg/h　2—喂料秤 2# 添加助剂颗粒 10～100kg/h
3—喂料秤 3# 添加助剂颗粒 10～100kg/h　4—喂料秤 4# 矿物质粉末 10～100kg/h

LFT-D-IM 在线混炼注射成型工艺与传统 LFT-G 长粒料注射成型工艺的对比如图 2 所示。传统的 LFT-G 工艺需在双螺杆挤出机特殊浸渍模头内完成 LFT-G 长纤粒子的造粒，再在特殊螺杆设计的注塑机内完成长纤粒子的塑化成型过程。相较于 LFT-G 工艺，LFT-D-IM 工艺由于多组分原材料一次成型，没有中间半成品的存在，工艺流程大幅缩短，不再需要半成品长纤粒子额外的造粒、冷却、干燥、称量、包装、存储、运输等流程；减少了一次加热过程对基体树脂中高分子链段造成的损伤，提升了最终制品力学性能；且纤维长度可控，在制品内平均纤维长度可控制在 3～8 mm，远长于传统 LFT-G 工艺的 1～3 mm；最终在使用相同材料配方的情况下，可为生产厂家节省约 1/3 的成本。

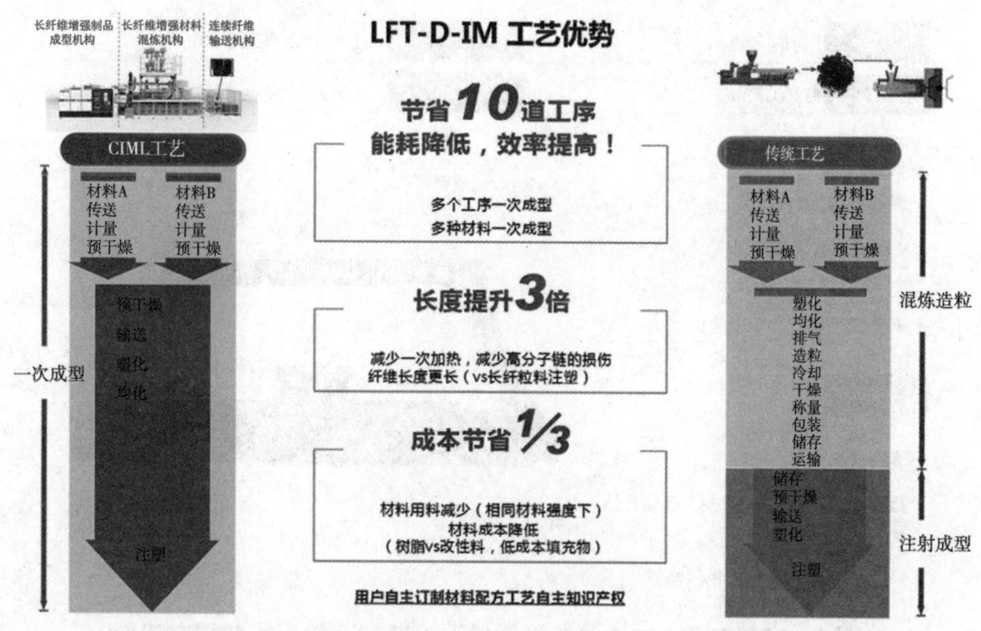


图 2　LFT-D-IM 在线混炼注射成型工艺与传统 LFT-G 长粒料注射成型工艺对比

## 二、LFT-D-IM 技术应用于汽车轻量化

1. 汽车前端支架

前端支架是前端模块集成供货的载体，主要起承载冷却模块（包括散热器、冷凝器等）及发动机舱盖锁的作用。汽车前端支架是一种框架类薄壁大型结构部件，对其成型材料而言，不仅要求具有优异的高低温冲击韧性、刚性、耐热老化性、耐热性、耐寒性，还要求具有耐汽油、润滑油、油漆等各种溶剂性能。随着汽车技术的发展，有越来越多的零件集成在前端模块上，比如前照灯、发动机舱盖缓冲块、前防撞梁、小腿保护梁、大腿保护梁、正碰传感器、喇叭等。早期通过金属冲压焊接工艺制造的前端支架已不能满足日益复杂的结构要求，也考虑到汽车轻量化设计要求，用长纤维增强热塑性复合材料制造前端支架的技术应运而生。LFT-D-IM 在线混炼注射成型工艺制造的汽车前端支架见图 3。

表 1 列举了 LFT-D-IM 与 LFT-G 工艺成型的汽车前端支架各项对比数据，相较于 LFT-G 工艺，采用 LFT-D-IM 工艺制造的前端支架，其拉伸强度、拉伸模量与弯曲强度、弯曲模量分别提高了 8.7%、6.7%、10.5%、7.5%，特别是冲击强度，由 25kJ/m$^2$ 提高到 33kJ/m$^2$，增长 32%。这是由该工艺的特性决定的：①一步法成型减少一次加热过程，最大程度保证高分子链段的完整性；②纤维长度长，制品内纤维重均保留长度 5.15mm，较 LFT-G 工艺提高 215.9%；③混炼后的熔融料团在封闭的输送管道内由于牵引力的作用，纤维与树脂基体间的界面结合力大幅提高，且纤维分散分布更为均匀。另一方面，热变形温度由 156℃提高到了 158℃，燃烧速度由 70mm/min 减缓到 60mm/min，也从侧面印证了更长的纤维保留长度更有利于纤维缠结骨架结构的形成，而更完整的骨架结构对纤维增强热塑性复合材料的力学性能、耐蠕变性能、高低温性能、减缓燃烧性能都有明显的促进作用。

由 LFT-D-IM 工艺替换原有 LFT-G 工艺所带来的各项力学性能提升及材料成本的降低，为生产厂家在新产品开发 CAE 分析阶段设计开发更轻质量、更高性价比的产品提供了可能。未来汽车前端支架的发展，必然朝着模块化、集成化、轻量化的方向发展。

| 产品 | 前端支架 | 机型 | BL2800EK-CIML14000 |
|---|---|---|---|
| 材料 | PP+GF30% | 质量 | 2.5kg |

技术创新

- 在线混炼注射成型
- 长纤维在线混炼注塑工艺取代长纤维粒料注塑工艺
- 纤维长度较长，一步法加工

客户获益

- 节约材料成本
- 减少半成品的运输成本，连续纤维作为原料直接加工
- 纤维长度更长，改善机械特性

图 3　LFT-D-IM 在线混炼注射成型工艺制造的汽车前端支架

表 1　LFT-D-IM 与 LFT-G 工艺成型的前端支架各项对比

| 项目 | 标准 | 单位 / 条件 | LFT-D-IM | LFT-G |
|---|---|---|---|---|
| 拉伸强度 | ISO 527-2 | MPa | 125 | 115 |
| 拉伸模量 | ISO 527-2 | MPa | 7 200 | 6 750 |
| 弯曲强度 | ISO 178 | MPa | 169 | 153 |
| 弯曲模量 | ISO 178 | MPa | 6 500 | 6 045 |
| 缺口冲击强度 | ISO 179/1eU | $kJ/m^2$ | 33 | 25 |
| 纤维含量 | ISO 3451 | % | 30 | 30 |
| 密度 | ISO 1183 | $g/cm^3$ | 1.13 | 1.13 |
| 热变形温度 | ISO 75A | ℃ | 158 | 156 |
| 高温性能 | DIN 53497 | 110℃ /24h | 完好 | 完好 |
| 低温性能 | DIN 5347 | -40℃ /24h | 完好 | 完好 |
| 耐溶剂性能 | TL 52625 | 表面无缺陷 | 完好 | 完好 |
| 燃烧性能 | GB 8410 | mm/min | 60 | 70 |
| 耐热老化性能 | TL 52625 | 150℃ /1 000h | 完好 | 完好 |
| 纤维长度 | 企业方法 | mm（重均） | 5.15 | 1.63 |

2. 汽车底部护板

汽车底部发动机护板是为汽车设计的发动机防护装置，其作用主要是：①保持发动机舱清洁，防止路面积水与灰尘进入；②防止汽车在行驶过程中轮胎碾压地面卷起的沙石、硬物敲击发动机；③防止凹凸不平的路面及硬物对发动机的刮碰。早期的发动机护板主要采用铁质的护板，其优点为抗冲击性能强，可以最大程度地保护发动机和底盘零件，但是重量较重，且在汽车发生碰撞的过程中会阻碍发动机保护性下沉。铝合金材质的发动机护板在减重上得到改善，但价格较高，出现碰撞后不易修复，且也会阻碍发动机保护性下

沉。随着汽车轻量化要求的日益严格，目前发动机底部护板的选取材料大多为玻璃纤维增强高抗冲聚丙烯（PP）材料，主要用 LFT-D 模压工艺制造。该材料的特点为性能优良、加工方便、用途广泛，具有良好的刚性、耐冲击韧性、耐蚀性、耐老化性能等，并且具有在车辆发生碰撞时不会阻碍发动机下沉的功能。

由 LFT-D-IM 在线混炼注射成型工艺制造的汽车发动机底部护板见图 4。

| 产品 | 底部护板 | 机型 | BL1000DK-CIML7200 |
|---|---|---|---|
| 材料 | PP+GF20% | 质量 | 0.82kg |

技术创新

- 混炼注射成型
- LFT-D-IM取代LFT-D模压工艺
- 注射成型制品可满足复杂结构
- 玻纤分布均匀，表面光滑无浮纤

客户获益

- 设备投资低，结构紧凑，占地面积小
- 无须后处理工序，节省人工
- 制品成型周期缩短1/2以上
- 玻纤分布均匀，力学性能稳定

**图 4 由 LFT-D-IM 在线混炼注射成型工艺制造的汽车发动机底部护板**

LFT-D-IM 取代了 LFT-D 在线混炼模压成型工艺，虽然两种工艺都是长纤维增强热塑性复合材料在线成型工艺，都省去了中间半成品的制造过程，但 LFT-D-IM 工艺更具有如下优势：① LFT-D-IM 工艺设备结构简单，且无须后处理及机械手臂转移等辅助设备；②设备投资较少，占地面积较小；③生产原料无特殊要求，材料流动性的可选择范围较宽，且在封闭管道内传输，不暴露于空气中，高温料团不易黄变及热氧老化；④注塑工艺可满足复杂结构件制造要求，且表面无冷料斑；⑤成型周期普遍在 1min 内，可满足生产厂商的产量要求；⑥玻纤在制品内的分布分散程度较好，且表现的力学性能也较为稳定和优异。

表 2 对比了采用 LFT-D-IM 和 LFT-D 两种不同工艺所制造的汽车底部护板的各项性能。其中，LFT-D-IM 工艺制造的底部护板的弯曲强度与弯曲模量分别较 LFT-D 工艺提高了 14.8%、13.6%；冲击强度的提升尤为明显，提高了近 40.6%；虽然制品内纤维保留长度较 LFT-D 工艺制品的 4.0mm 降低到了 3.8 mm，但纤维缠结结构的形成基本保持在同一水平，导致两者的燃烧速度也在同一水平。LFT-D-IM 工艺因设备投资小、生产周期短、制品的性能更优且产品质量稳定等优点，更适合汽车工业、汽车轻量化的发展，必然会引起行业内工艺路线的革新。

**表 2 采用 LFT-D-IM 与 LFT-D 工艺制造的底部护板各项性能对比**

| 项目 | 标准 | 单位 | LFT-D-IM | LFT-D 模压 |
|---|---|---|---|---|
| 弯曲强度 | ISO 178 | MPa | 62 | 54 |
| 弯曲模量 | ISO 178 | MPa | 2 840 | 2 500 |

（续）

| 项目 | 标准 | 单位 | LFT-D-IM | LFT-D 模压 |
|---|---|---|---|---|
| 缺口冲击强度 | ISO 179/1fU | $kJ/m^2$ | 45 | 32 |
| 纤维含量 | ISO 3451 | % | 20 | 20 |
| 密度 | ISO 1183 | $g/cm^3$ | 1.04 | 1.04 |
| 耐热老化性能 | TL 52660 | 150℃ /700h | 完好 | 完好 |
| 低温落球性能 | PV 3905 | 无破碎 | 完好 | 完好 |
| 燃烧性能 | TL1010 | mm/min | 13.0 | 12.5 |
| 纤维长度 | 企业方法 | mm( 重均 ) | 3.8 | 4.0 |

## 三、OIHM 技术原理及汽车轻量化应用

宁波双马机械工业有限公司研发的 LFT-D-IM 在线混炼注射成型技术将传统的“多步法”工艺集成为“一步法”，大幅缩短了工艺流程，降低了生产成本，并提高了制品的力学性能，达到节能高效生产的目的。与此同时，为了满足对应用于汽车工业制品更为严苛的要求，宁波双马机械工业有限公司又研发了 OIHM（On-line Injection Hot-press Moulding）在线注射热压成型技术，将连续纤维板材与非连续纤维增强注塑材料相结合，最终使制品整体的性能和生产效率得到提升，主要取代汽车现有的金属制品，轻量化效果更为显著。

1. 连续纤维板材

连续纤维增强热塑性复合材料早期应用于航天航空及军事领域，自 2003 年以来用量大幅度增长，应用于汽车、运动器材、运输及其他领域。其特点为：①轻量化和高强度，连续纤维板材以密度低的树脂作为基体材料，连续纤维作为增强材料，表现出很好的刚性和强度以及非常突出的比强度；②优异的耐冲击性能，板材的连续纤维结构提供了极高的破坏势能；③环保无毒，可完全回收利用，板材采用热塑性塑料作为基体树脂，可作为增强材料回收利用；④较好的耐疲劳性能，相较于热固性复合材料，连续纤维板材采用热塑性树脂作为基体，面对有交变应力的工程应用时，有更好的吸能和阻尼特性，从而有更好的耐疲劳表现。

连续纤维增强热塑性复合材料的主要成型形态包括单向纤维预浸料（Uni-directional Prepreg）、连续纤维毡增强（GMT）和织物增强（Fabric Prepreg）。三种方式适用不同的应用场景，各有其应用价值。国内外市场主要量产形式为单向带方式，但在加工成型过程中还存在一些量产技术障碍，尤其是复杂结构产品在成型过程中如果涉及树脂的流动容易造成纤维排列紊乱，从而导致设计失效。GMT 方式由于纤维有很多的弯曲，在力学表现上有很大的局限。而织物增强的方式仅次于单向带的强度表现，有相对较平均的各向同性表现，适用更多的加工方式，同时也有很好的可设计性。

2. OIHM 技术工艺过程

OIHM 在线注射热压成型工艺流程图见图 5。其中虚线框内步骤 1 至 5 为连续纤维板材的生产过程，分别为连续纤维预浸料的浸润过程、连续纤维板材的层合过程、连续纤维板材的裁切过程。按照制品需求，裁切成特定形状的板材由机械手转移至加热烘箱内加热至基体树脂熔点以上（步骤 6 和步骤 7）；加热完毕的板材，再由机械手转移至模具内，由定位孔固定位置（步骤 8）；模具合模，处于熔融状态下的板材被压弯成特定形状（步骤 9）；合模完成，立刻将塑化完全的非连续纤维增强注塑料注入模具型腔，冷却后，由机械手取出制品（步骤 10 和步骤 11）。

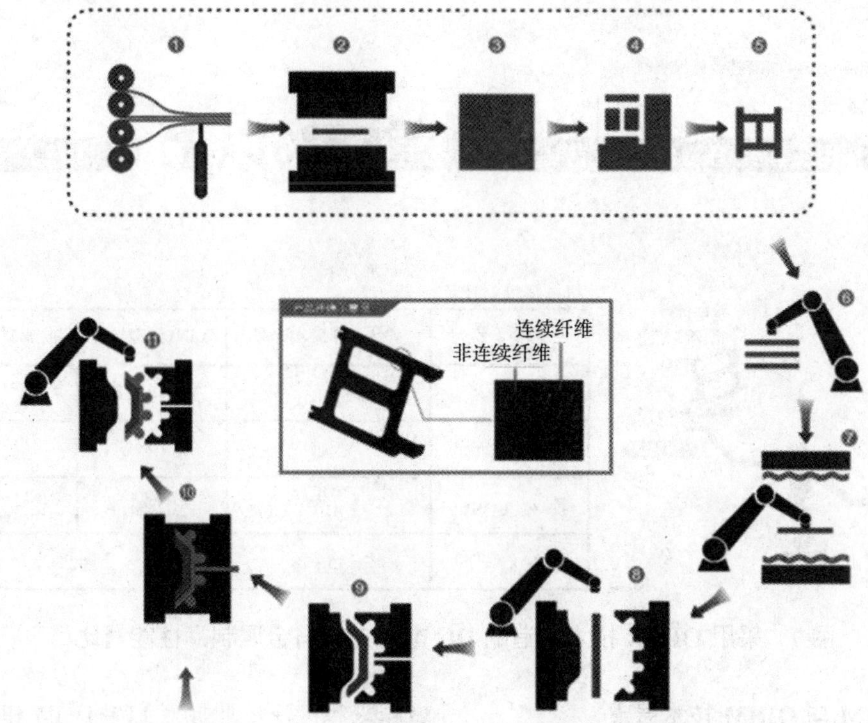


**图 5　OIHM 在线注射热压成型工艺流程图**

3. OIHM 技术应用于汽车轻量化

OIHM 在线注射热压成型技术制造 DC 电源支架的设计图见图 6。

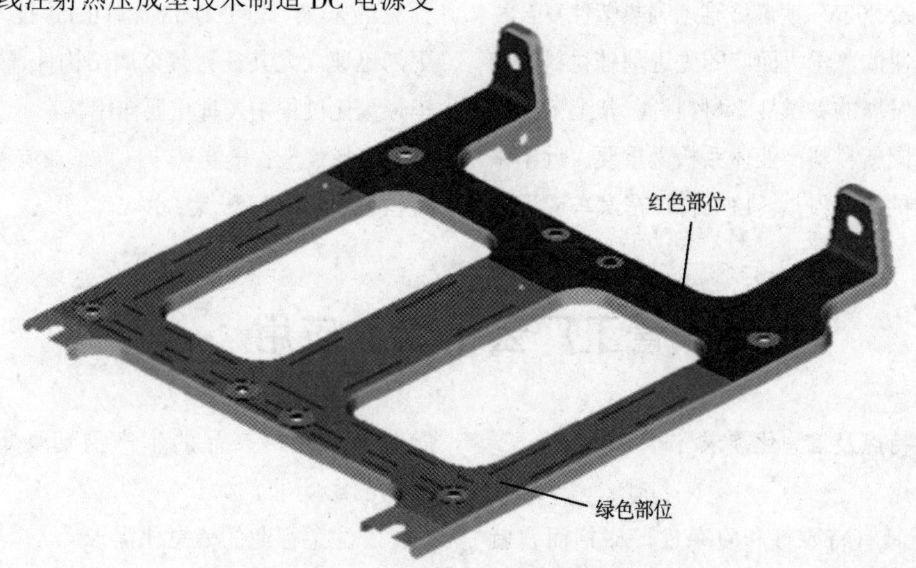


**图 6　OIHM 技术制造 DC 电源支架设计图**

经 CAE 分析，从各种工况下的应力分布、位移分布和模态分析结果来看，红色部位受载荷较大，出现应力集中的现象，一般的非连续纤维增强热塑性复合材料无法满足制品的刚性及 $Z$ 轴位移要求。故在图中红色区域，将一块连续纤维板材以 OIHM 技术嵌入制品，其余绿色部分为非连续纤维增强热塑性复合材料。图 7 为采用 OIHM 技术制造的 DC 电源支架与金属制品性能对比图，结果发现，采用 40% 长玻纤增强尼龙 6/47% 连续纤维织物增强尼龙 6 板材注射热压复合成型工艺制造的 DC 电源支架，相较于金属支架减重 65 % 以上，且在各种工况下应力分布、位移分布、模态性能全部达到金属制品的水平。

产品：DC电源支架
机型：BL520DK/CIML2500
材料：PA6+40%GF/PA6+47%GF连续纤维板材
成型周期：60s
重量：343g

重量更轻：采用注塑与热压复合成型工艺制品 减重65%以上

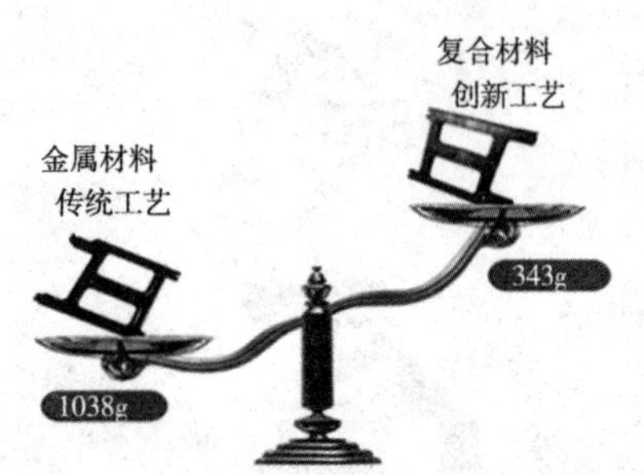


机械强度对比：

| 成型工艺 | 冲压、焊接、喷漆 | CIML注塑与热压复合成型工艺 | |
|---|---|---|---|
| 材料 | S20C | PA6+40%GF | PA6+47%GF<br>连续纤维板材 |
| 材料密度(g/cm³) | 7.85 | 1.45 | 1.8 |
| 拉伸强度(MPa) | 410 | 280 | 纵向：480<br>横向：465 |
| 成本（元/件） | 15～18 | 约25 | |

**图7 采用OIHM技术制造的DC电源支架与金属制品性能对比**

**四、LFT-D-IM与OIHM技术展望**

纤维增强热塑性复合材料作为国民经济和国防建设显示竞争优势的重要材料，其使用程度成为衡量一个国家或地区现代工业先进水平的重要标志之一。“中国制造2025”明确纤维增强热塑性复合材料是需着重解决的“量大面广的先进基础材料”和“制约制造业发展的关键战略材料”，其上下游产业链对重构我国新材料产业体系极为重要。近年来随着汽车工业的飞速发展，LFT材料在汽车应用领域越来越广泛，业界对LFT-D-IM和OIHM技术的认知度也在不断提高，加之对汽车行业节能减排要求的日益提升，将会为LFT-D-IM和OIHM的材料成型技术及相关制造设备带来更多的关注度。在可预见的未来，LFT-D-IM和OIHM技术发展会变得更为迅速，尤其在替代金属结构件、半结构件的汽车轻量化过程中发挥重要作用。

〔撰稿人：宁波双马机械工业有限公司许浩骏、么桂彬、雷飞、张洪、刘玉鹏〕

# 管工厂云平台的应用

**一、行业特点及信息化需求**

1.行业特点

注塑行业具有特殊性和复杂性，概括而言就是：产品型号多、工序较多，材料种类少并常常通用，多订单批次、小订单批量，机器产能是订单交期的主要决定因素。具体解释如下：多品种、小批量甚至单件的生产模式使新产品开发频繁，这是注塑行业生产的主要特点之一；制造工艺复杂，生产中各制造过程的关联性很强；生产计划变更的概率非常大，生产环境复杂多变，生产过程中临时插单、材料短缺等问题时有发生，产品的生产周期受重点设备生产周期的影响非常大。

2.注塑行业的信息化需求

（1）不下车间掌控生产现场状况。

（2）工艺参数监测、实录、受控。

（3）生产异常，及时报警提示。

（4）设备利用率统计，提升设备效率。

（5）自动数据采集，实时、准确、客观。

（6）数据报表自动及时生成，无纸化。

（7）行业动态实时感知，及时调整企业市场布局。

## 二、解决方案及部署方式

1. 解决方案

面对国内数以万计的中小型发展型塑料机械客户，浙江科强智能控制系统有限公司（以下简称科强）整合多年离散行业信息化经验，创造性地推出了管工厂云平台。该平台是面向海量离散设备进行标准化联网的产业云平台，特别适合注射成型设备的管理，可帮助中小型、发展型企业管理者通过手机实时管控工厂注射成型设备，实现将工厂放进口袋的目标。管工厂云通过管理者驾驶舱、设备主动监控、工艺云存储与备份、现场实时数据看板、社区与商城互动以及数据汇总分析等功能帮助企业实现管理标准化、实时化、数字化、规范化，提升企业竞争力。

2. 部署方式

管工厂云系统部署简单便捷，分硬件部署、网络部署和功能部署三项。

（1）硬件部署。车间每台设备加装数据采集硬件，数据采集方式分为IO、串口、协议等。

（2）网络部署。每台设备采集的数据通过无线的方式传输至车间靠中间位置的主站，主站对数据做简单处理后传输至云服务器。

（3）产品功能部署。产品的功能模块可按需选配，满足不同行业客户的不同需求。此外，产品部署周期短、上线快、操作简单，客户短时间内即可熟练使用。

## 三、平台功能

1. 设备监控

采用先进的数据采集、通信硬件，实现了设备实时智能联网。配合云服务器的数据处理，通过现场电子看板和手机APP实现对车间设备运行状态的监控。

2. 工艺管理

工艺对于产品的质量和生产稳定性起到至关重要的作用。工艺的管理主要有工艺变动记录、工艺追溯、标准工艺存储等。客户可以将已经确定的工艺、产品技术文档存储并传递给生产一线的工人，帮助他们更好地执行生产任务；也可以针对某产品的质量问题进行工艺追溯，查看该产品在注射成型阶段的实时工艺。

3. 管理者驾驶舱

企业的高层管理者对车间生产的关注重点与基层员工不同。管理者驾驶舱能够让企业管理者直观地监测企业运营情况，预警和挖掘分析异常关键指标。管理驾驶舱所具有的直观性、全面性、方便性、多维性和可配置性能极大地辅助企业管理者了解相关决策信息，抓住主要问题和问题的主要方面，提早预警潜在问题，从而帮助企业更好地实现经营和管理目标。

4. 数据汇总分析

随着数据报表在企业管理应用的日益广泛，很多制造企业越来越重视数据，特别是数据的实时性、真实性，管工厂云平台优秀的报表与数据展现能力以及丰富的数据分析手段可满足企业这一需求。例如，丰富的统计图能进行关键指标与核心数据展示，形成数据看板；报表与分析功能可以帮助企业各部门快速地自定义完成所需报表的即时制作与数据查看，为企业用户的数据分析提供便利。

5. 社区与商城

以阿里巴巴为首的各大电商平台日趋成熟稳定，市场开始向细分行业拓展。电子商务带来的优势显而易见，尤其是经过几年的发展，人们已经认可并借助电子商务开展业务，各专有领域也开始探索电商发展模式，但以稳定可靠为发展纲领的工业领域在电子商务发展方面较为缓慢。海天与科强公司强强联手，积极探索行业创新发展新模式，结合企业优势，凭借多年行业经验，总结并深化行业发展方向，试图通过自我改革创新并结合市场发展基调与行业发展动态，建设一个具有影响力的行业应用平台，社区及商城由此应运而生。海天以自有大量用户为基础，期望借助社区帮助用户了解行业动态，了解高效设备的正确使用方法，并通过商城为客户提供便捷高效、更透明的行业消费环境，从而带领行业在新时代背景下创新发展。

管工厂云功能示意图见图1。

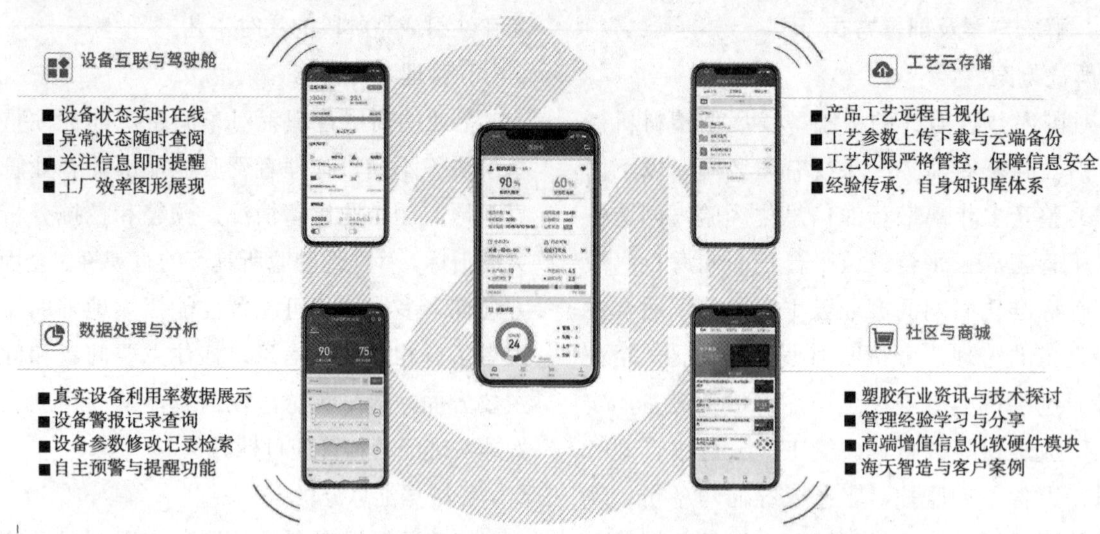


图 1　管工厂云功能示意图

## 四、平台方案及优势

1. 对比传统生产执行系统（Manufacturing Execution System，MES）系统

国内 MES 从起步阶段到现如今的突破性发展，展现了国内 MES 系统技术在研究、应用上的发展成果。在不断的探索和应用过程中，更多的制造企业清晰地认识到未来国内 MES 的发展方向为多模块深化应用。传统 MES 系统采用有线传输，实施周期长、费用高；采用自有服务器，架构复杂，需专人维护；前期投入资源和成本较高，受现有人力资源构架的影响大。传统 MES 系统需要企业做很多功课，投入很多的资源和成本，并需要有后期的维护团队，而往往只有大中型企业才可能具备这样的条件。

管工厂云平台的主要优势在于：将更多的关注点放在解决中小企业的信息化问题上。除了具备传统 MES 的功能属性外，在企业多工厂 / 多生产车间条件下无须部署多个系统，集成性比较高；平台化、模块化可支持快速响应开发，实现动态升级，不需要投入过多的开发、维护时间与成本；企业只要有互联网就可随时随地访问，大大减少了企业的使用和硬件成本；数据云端处理、备份，无须专人维护。它传递了行业经验，体现出规范化与标准化。

管工厂云平台与传统系统的对比见图 2。

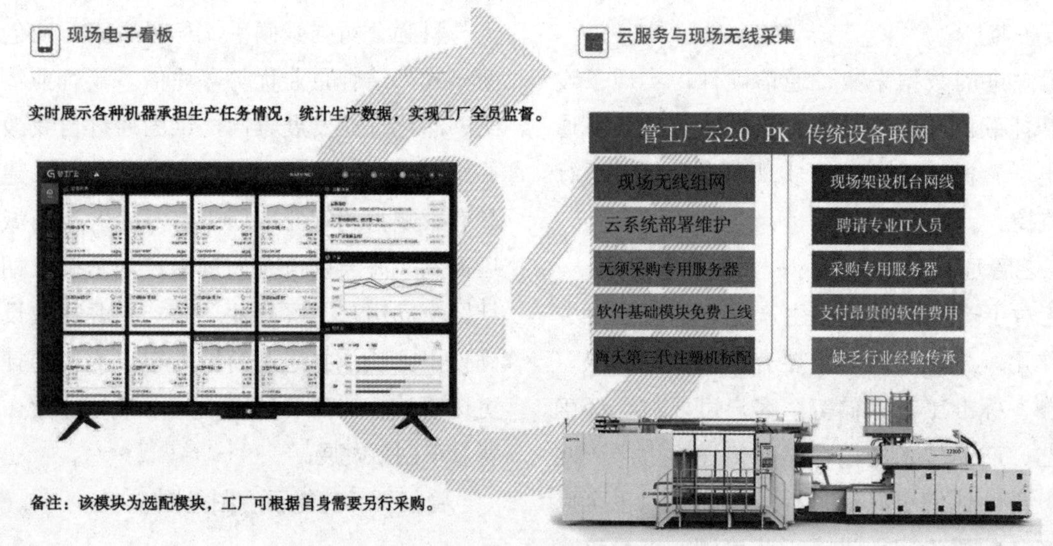


图 2　管工厂云平台与传统系统的对比

2. 对比其他设备云平台

目前市面上的一些小型云平台，部分面广但行业专注度不高，专业性不够；部分虽然扎根塑料机械产业，但对于设备本地化、客户信息化痛点的了解不深，没有长时间的产业积淀和客户积淀。

管工厂云台是赋能注塑行业客户的专业设备管理云平台，集聚了科强公司近十年来的客户信息化经验以及海天集团几十年的注塑行业资源、技术与行业经验，是专业的信息化经验与设备使用经验的相互融合，专业的信息化和塑料机械技术团队、专业的售后服务团队相互配合所打造的行业级平台，在行业深度、客户感知以及系统的普及能力上领先于同类设备云平台。

**五、应用现状及效果**

管工厂云平台帮助客户清晰掌握车间每台设备的生产状态、工艺参数等生产信息，此外，云平台搭配的现场电子看板不仅起到了生产目视化的作用，还可以让员工互相督促，提升生产异常情况处理的时效性，也大大提升了企业的整体管理形象。该平台自 2017 年 3 月推向市场，已服务企业 1 600 多家，接入设备接近 30 000 台，注册用户量达 50 000 人以上，得到了广大注塑行业企业的认可。该产品已成为海天塑机的出厂标配系统。

管工厂云平台可以实现生产制造执行过程的精细化管理、生产透明化、质量可追溯化管理，以及设备自动化与软件自动化的无缝衔接，达到拉动式生产和高效式生产相结合的目标；有力整合企业资源信息，促使企业信息由孤岛化向一体化跨越。

（1）通过管工厂云平台，解决制造现场设备数量多、难以全方位管控的痛点。系统在设备出现生产异常时可以及时感知，避免计划滞后，提升车间整体设备的利用率，同时准确记录和追溯设备的异常原因。

（2）解决工艺参数存储困难、频繁换模导致工艺难以记录的行业问题。管工厂云系统可以存储、备份相关工艺参数，解决了注塑产品在生产过程中由于不同种类、不同尺寸产品切换时需要依赖老师傅记忆不同的工艺参数的难题，在企业生产产品频繁切换的场景下，实现工艺参数的随时查阅和对比优化。告别了传统纸质工艺卡片保存、修改、调取费时不便的困境，也避免了员工因为经验问题随意修改产品工艺情况的发生，大幅度提升企业良品率。

（3）解决管理层车间数据汇总周期长、数据准确性差的通病。大部分企业存在数据汇总周期长、真实性差等问题，主要原因是数据的收集无法做到实时、准确，人工统计数据还会存在一定的误差、误报。管工厂云平台的实时数据传递与汇总，方便企业将数据作为决策依据，通过数据管理工厂，实现传统制造业的数字化转型。

（4）改变车间现场目视化管理差、生产问题无法直观暴露的现状。通过在车间现场设立的管工厂云实时生产看板，充分提升制造效率、维保效率和员工工作积极性，让全员明晰实时的工作流数据，不因为琐事相互扯皮。通过实时生产动态的展示，给予节拍控制与节拍调整，实现对生产停滞的提前预警和规避。

（5）告别行业最新资讯无法第一时间获知的信息短板。管工厂云平台的社区功能不仅仅是客户经验交流、优秀管理模式推广的平台，更是向客户提供行业资讯、设备资讯、管理资讯的信息化平台。客户可以在第一时间从平台获知业内新闻、技术、售后等各类行业资讯与知识，开展互动与交流。

管工厂云平台针对行业痛点优化管理改善，提升了制造效率，减少了损耗与浪费。

例如，浙江台州某汽配企业在使用管工厂云平台半年后，车间设备利用率整体提升 17%，生产异常处理效率综合提升 23%，待人停机时间综合缩短 17%。

再如，浙江余姚某管业企业在使用管工厂云平台 1 年后，异常停机待产减少 22%，无效管损减少 15%，品质提升 8%，综合生产效率提升 25%。

又如，浙江宁波某小家电企业在使用管工厂云平台 1 年后，工艺调试时间减少 42%，实时看板监督提升制造效率 18%，30 台设备累计效益提升 19%。

〔撰稿人：浙江科强智能控制系统有限公司 许文杰〕

# 金纬机械助力绿色海洋牧场建设

传统的近海网箱养殖以木质网箱、木质渔排和塑料泡沫为主要生产材料，在生产养殖前后都会对海域造成严重污染，而且抗风浪、抗风险能力弱，存在安全隐患。金纬机械提供的整套项目解决方案“塑胶渔排踏板挤出生产线 + 海洋浮桶中空吹塑成型机 + 海洋管材生产线”主要用于海洋养殖等领域，是未来海洋养殖的趋势。该产品经久耐用并可回收利用，具有抗大风浪冲击、耐老化性好、抗紫外线等一系列优点，可保护海洋生态环境免遭破坏，是绿色环保产品。该类产品主要用于海上，也可用于江、河、湖、泊、塘等，国外已经在推广，国内沿海养殖区正在慢慢普及。

## 一、海洋渔排 / 踏板生产线

海洋踏板是以高密度聚乙烯（HDPE，含量≥95%）为主要原料，通过挤出工艺加工而成，可根据实际需求或工程设计在其他金属或塑胶配件的辅助下连接、固定、组合、安装成各种形状，用于码头、浮桥、平台等场所进行水陆连接。

海洋踏板是一种新型的环保产品，其生产过程中添加了相应的抗静电剂、抗氧化剂和抗 UV 紫外线剂等辅料，整体一次成型、无缝、无渗水，符合美国材料与试验协会 ASTM、欧盟 CE 及国家食品安全标准。该产品具有抗氧化、耐腐蚀、不受海水侵蚀及无污染、不破坏生态环境等特性，适合在强阳光、淡（海）水浸渍等自然环境下正常使用。

该产品使用寿命长达 15 年，项目运营期间零维护，造价合理、经济。长远来看，可省下维护、保养、更替、检修的费用及时间。海洋踏板整体采用模块结构，还具有组装简易、快速、灵活、造型多样等特性，可配合各种景观的需要迅速更换平台造型。

HDPE 海洋渔排 / 踏板生产线采用两台高效单螺杆挤出机共挤，一台挤内层，一台挤外部防滑层。生产线中配套压花装置，产品幅宽和花辊都可根据客户要求进行定制。整条生产线配置先进，制作精良。HDPE 海洋渔排 / 踏板生产线主要技术参数见表 1。

**表 1　HDPE 海洋渔排 / 踏板生产线主要技术参数**

| 指标名称 | 单位 | 主机 JWS75/33 ～ JWS45/33 | 主机 JWS90/33 ～ JWS45/33 |
|---|---|---|---|
| 制品最大宽度 | mm | 400 | 500 |
| 主机电动机 | kW | 30 ～ 110 | 30 ～ 132 |
| 辅机型号 | | YF400 | YF500 |
| 最大挤出量 | kg/h | 380 ～ 450 | 490 ～ 550 |
| 冷却水用量 | $m^3/h$ | 6 | 8 |
| 压缩空气用量 | $m^3/min$ | 0.6 | 0.6 |

## 二、海洋浮桶中空吹塑成型机

海上塑胶水产品养殖有各种方法，选用浮筒搭建的浮动平台，水下部分用渔网圈养，形成一个天然的渔场是多数人的选择。

浮桶也称组合式浮动模块，是以高密度聚乙烯（HDPE，含量≥95%）为主要原料，通过吹塑工艺加工而成。塑胶渔排由一个个环保塑胶浮桶组成，最大特点是：拆解与拼装都非常灵活，可以直接在海区拆装，并根据养殖户的需求变动框的大小。塑胶浮桶之间使用坚固的塑料螺栓固定，形成一个整体，具有浮力大、抗风浪能力强、抗氧化、耐腐蚀、抗紫外线等特点。

养殖浮筒可分解成单个规格，在安装现场依据水域情况，进行灵活多变的安装组合。在水域跨度大、流水急的恶劣情况下实施分段拦截，可以更有效地消解水流产生的高强度冲击力。安装造价和后期维护低成本，安装以后无须时常维护和保养，节省了后期维护成本。耐腐蚀、防冻、抗氧化、抗紫外线的强化材质，使产品不受海水、化学品、药剂、油渍及水生物的侵蚀，无污染，不破坏环境。圆形、半圆形的构造能够搭载各类管道。

JWZ-BM30F/160F/230F 网箱浮筒中空吹塑成型机采用高产量挤出系统、储料式模头和伺服节能系统，适用于生产各种规格小型浮球与大型养殖浮筒。JWZ 网箱浮筒中空吹塑成型机主要技术参数见表 2。

**表 2　JWZ 网箱浮筒中空吹塑成型机主要技术参数**

| 名称 | 单位 | BM30F | BM160F | BM230F |
|---|---|---|---|---|
| 机头结构 | | 储料式 | 储料式 | 储料式 |
| 主螺杆直径 | mm | 80/25 | 120/30 | 120/32 |
| 最大塑化能力 | kW | 37 | 90 | 132 |
| 储料缸容量 | L | 5.2 | 28 | 32 |
| 液压泵电动机功率 | kW | 22 | 30 | 37 |
| 锁模力 | kN | 280 | 800 | 900 |
| 模板开距 | mm | 350 ～ 800 | 500 ～ 1 400 | 800 ～ 1 800 |
| 模板尺寸 | mm | 740×740 | 1 120×1 200 | 1 320×1 600 |
| 最大模具尺寸 | mm | 550×800 | 900×1 450 | 1 200×1 800 |
| 机头加热功率 | kW | 15 | 30 | 36 |
| 机器外形尺寸 | m | 4.3×2.2×3.5 | 7.6×4.4×5.5 | 8.6×4.6×6 |
| 机器总质量 | t | 12 | 20 | 36 |
| 装机总功率 | kW | 95 | 172 | 230 |

## 三、海洋管材生产线

高强度海水网箱的框架系统由 HDPE 管材构成，这种管材具有良好的强度和韧性。框架连接方式使其具有抗击台风巨浪的能力，同时框架材料采用了抗紫外线老化、耐海水腐蚀的高科技处理工艺，使用寿命在 10 年以上。

HDPE 海洋管材生产线是金纬机械采用欧洲先进技术新研制开发的节能高速生产线，适用于 HDPE 等聚烯烃类管材的高速挤出。与普通生产线相比，节能效果 35% 左右，生产效率增加 1 倍多，不但可以节省场地及人力成本，还提高了效率。该生产线外形美观，自动化程度高，生产稳定可靠。HDPE 海洋管材生产线主要技术参数见表 3。

**表 3　HDPE 海洋管材生产线主要技术参数**

| 生产线型号 | 生产管材直径（mm） | 挤出机 | 最大挤出量（kg/h） | 总装机功率（kW） |
| --- | --- | --- | --- | --- |
| JWGXPE-63 | 20 ～ 60 | JWSGX60/38 | 420 | 150 |
| JWGXPE-250 | 50 ～ 250 | JWSGX75/38 | 650 | 230 |
| JWGXPE-400 | 110 ～ 400 | JWSGX90/38 | 960 | 380 |
| JWGXPE-630 | 315 ～ 630 | JWSGX90/38 | 1 050 | 410 |

中国塑料机械工业年鉴2019

# 企业概况

行业内优势企业名单及运行分析，分析2018年塑料机械行业上市公司情况，访谈企业管理人士

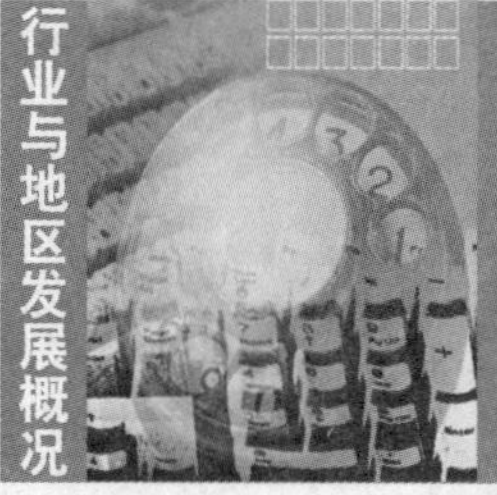

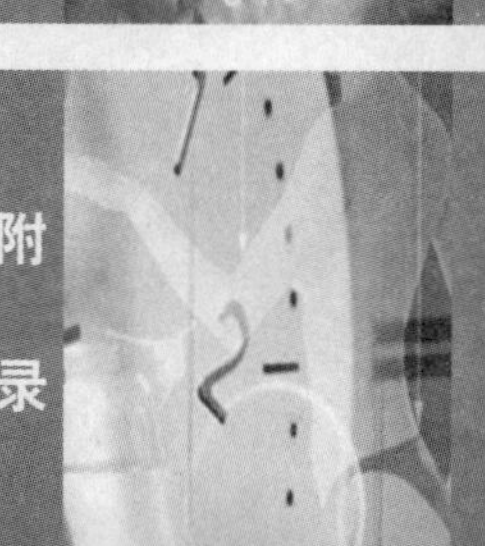

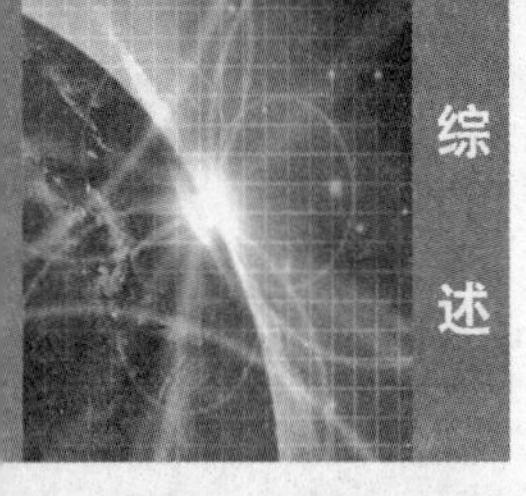

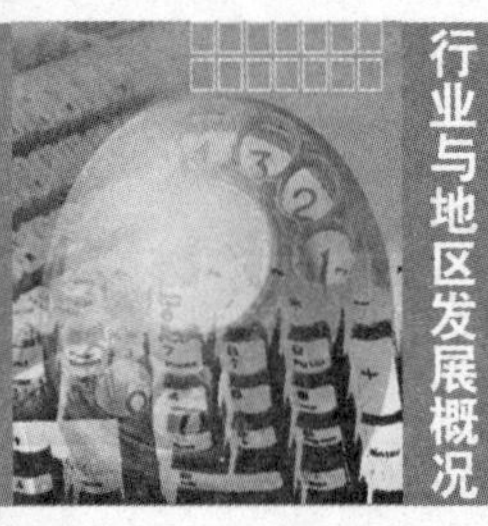

# 企业概况

2019 中国塑料机械制造业综合实力 30 强企业（按主营业务收入排序）

2019 中国塑料机械制造业综合实力 30 强企业（按净利润排序）

2019 中国塑料注射成型机行业 15 强企业（按主营业务收入排序）

2019 中国塑料注射成型机行业 15 强企业（按净利润排序）

2019 中国塑料挤出成型机行业 10 强企业（按主营业务收入排序）

2019 中国塑料挤出成型机行业 10 强企业（按净利润排序）

2019 中国塑料中空成型机行业 3 强企业

2019 中国塑料机械辅机及配套件行业 5 强企业

2019 中国塑料机械行业优势企业经济运行分析

我国塑料机械行业企业运营概况

企业访谈

2019 年，技术创新 + 效率升级——广东伊之密精密机械股份有限公司董事、副总经理，注塑机事业部总经理张涛

做有尊严的企业，造有尊严的设备——江苏贝尔机械有限公司董事长何德方

效率革新，诠释时间的价值——苏州格莱富机械科技有限公司总经理管高峰

与客户共同成长，做好创新，走差异化道路——宁波伊士通技术股份有限公司总经理夏擎华

# 2019 中国塑料机械制造业综合实力30强企业（按主营业务收入排序）

| 排序 Ranking | 企业名称 Company Name | 排序 Ranking | 企业名称 Company Name |
|---|---|---|---|
| 1 | 海天塑机集团有限公司<br>Haitian Plastics Machinery Group Co.,Ltd. | 16 | 宁波海雄塑料机械有限公司<br>Ningbo Haixiong Plastics Machinery Co., Ltd. |
| 2 | 上海金纬机械制造有限公司<br>Shanghai Jwell Machinery Co.,Ltd. | 17 | 宁波海星机械制造有限公司<br>Ningbo Haixing Machinery Manufacturing Co.,Ltd. |
| 3 | 广东伊之密精密机械股份有限公司<br>Guangdong Yizumi Precision Machinery Co.,Ltd. | 18 | 宁波创基机械有限公司<br>Ningbo Chuangji Machinery Co.,Ltd. |
| 4 | 震雄集团有限公司<br>Chen Hsong Holdings Limited | 19 | 广东金明精机股份有限公司<br>Guangdong Jinming Machinery Co., Ltd. |
| 5 | 山东通佳机械有限公司<br>Shandong Tongjia Machinery Co.,Ltd. | 20 | 浙江申达机器制造股份有限公司<br>Zhejiang Sound Machine Manufacturing Co., Ltd. |
| 6 | 大连橡胶塑料机械有限公司<br>Dalian Rubber & Plastics Machinery Co., Ltd. | 21 | 佛山市宝捷精密机械有限公司<br>Powerjet Plastic Machinery Co.,Ltd. |
| 7 | 博创智能装备股份有限公司<br>Borch Machinery Co.,Ltd. | 22 | 浙江金鹰塑料机械有限公司<br>Zhejiang Golden Eagle Plastic Machinery Co.,Ltd. |
| 8 | 力劲科技集团有限公司<br>L.K. Technology Holdings Limited | 23 | 江苏贝尔机械有限公司<br>Jiangsu Beier Machinery Co.,Ltd. |
| 9 | 泰瑞机器股份有限公司<br>Tederic Machinery Co.,Ltd. | 24 | 苏州同大机械有限公司<br>Suzhou Tongda Machinery Co.,Ltd. |
| 10 | 富强鑫集团<br>FCS Group | 25 | 大连三垒科技有限公司<br>Dalian Sunlight Technology Co.,Ltd. |
| 11 | 东华机械有限公司<br>Donghua Machinery Ltd. | 26 | 广东乐善智能装备股份有限公司<br>Guangdong Leshan Intelligent Equipment Corp., Ltd. |
| 12 | 宁波市海达塑料机械有限公司<br>Ningbo Haida Plastic Machinery Co.,Ltd. | 27 | 江苏诚盟装备股份有限公司<br>Jiangsu Cenmen Equipment Corp.,Ltd. |
| 13 | 宁波双马机械工业有限公司<br>Ningbo Shuangma Machinery Industry Co.,Ltd. | 28 | 新乐华宝塑料机械有限公司<br>Xinle Huabao Plastic Machinery Co.,Ltd. |
| 14 | 宁波华美达机械制造有限公司<br>Ningbo Hwamda Machinery Manufacturing Co.,Ltd. | 29 | 南京科亚化工成套装备有限公司<br>Nanjing Ky Chemical Machinery Co., Ltd. |
| 15 | 宁波甬华塑料机械制造有限公司<br>Ningbo Yonghua Plastic Machinery Manufacturing Co.,Ltd. | 30 | 德科摩橡塑科技（东莞）有限公司<br>Dekuma Rubber and Plastic Technology（Dongguan）Ltd. |

# 2019 中国塑料机械制造业综合实力 30 强企业（按净利润排序）

| 排序<br>Ranking | 企业名称<br>Company Name | 排序<br>Ranking | 企业名称<br>Company Name |
|---|---|---|---|
| 1 | 海天塑机集团有限公司<br>Haitian Plastics Machinery Group Co.,Ltd. | 16 | 江苏贝尔机械有限公司<br>Jiangsu Beier Machinery Co.,Ltd. |
| 2 | 上海金纬机械制造有限公司<br>Shanghai Jwell Machinery Co.,Ltd. | 17 | 宁波创基机械有限公司<br>Ningbo Chuangji Machinery Co.,Ltd. |
| 3 | 广东伊之密精密机械股份有限公司<br>Guangdong Yizumi Precision Machinery Co.,Ltd. | 18 | 佛山市宝捷精密机械有限公司<br>Powerjet Plastic Machinery Co.,Ltd. |
| 4 | 大连橡胶塑料机械有限公司<br>Dalian Rubber & Plastics Machinery Co.,Ltd. | 19 | 广东金明精机股份有限公司<br>Guangdong Jinming Machinery Co.,Ltd. |
| 5 | 泰瑞机器股份有限公司<br>Tederic Machinery Co.,Ltd. | 20 | 宁波华美达机械制造有限公司<br>Ningbo Hwamda Machinery Manufacturing Co.,Ltd. |
| 6 | 山东通佳机械有限公司<br>Shandong Tongjia Machinery Co.,Ltd. | 21 | 苏州同大机械有限公司<br>Suzhou Tongda Machinery Co.,Ltd. |
| 7 | 震雄集团有限公司<br>Chen Hsong Holdings Limited | 22 | 大连三垒科技有限公司<br>Dalian Sunlight Technology Co.,Ltd. |
| 8 | 富强鑫集团<br>FCS Group | 23 | 浙江金鹰塑料机械有限公司<br>Zhejiang Golden Eagle Plastic Machinery Co.,Ltd. |
| 9 | 博创智能装备股份有限公司<br>Borch Machinery Co.,Ltd. | 24 | 新乐华宝塑料机械有限公司<br>Xinle Huabao Plastic Machinery Co.,Ltd. |
| 10 | 宁波双马机械工业有限公司<br>Ningbo Shuangma Machinery Industry Co.,Ltd. | 25 | 浙江申达机器制造股份有限公司<br>Zhejiang Sound Machine Manufacturing Co.,Ltd. |
| 11 | 宁波市海达塑料机械有限公司<br>Ningbo Haida Plastic Machinery Co.,Ltd. | 26 | 南京科亚化工成套装备有限公司<br>Nanjing Ky Chemical Machinery Co.,Ltd. |
| 12 | 力劲科技集团有限公司<br>L.K. Technology Holdings Limited | 27 | 德科摩橡塑科技（东莞）有限公司<br>Dekuma Rubber and Plastic Technology（Dongguan）Ltd. |
| 13 | 宁波海雄塑料机械有限公司<br>Ningbo Haixiong Plastics Machinery Co.,Ltd. | 28 | 广东乐善智能装备股份有限公司<br>Guangdong Leshan Intelligent Equipment Corp.,Ltd. |
| 14 | 宁波甬华塑料机械制造有限公司<br>Ningbo Yonghua Plastic Machinery Manufacturing Co.,Ltd. | 29 | 秦川机床工具集团股份公司<br>Qinchuan Machine Tool & Tool Group Corp. |
| 15 | 宁波海星机械制造有限公司<br>Ningbo Haixing Machinery Manufacturing Co.,Ltd. | 30 | — |

# 2019 中国塑料注射成型机行业 15 强企业
## （按主营业务收入排序）

| 排序 Ranking | 企业名称 Company Name | 排序 Ranking | 企业名称 Company Name |
|---|---|---|---|
| 1 | 海天塑机集团有限公司<br>Haitian Plastics Machinery Group Co.,Ltd. | 9 | 宁波市海达塑料机械有限公司<br>Ningbo Haida Plastic Machinery Co.,Ltd. |
| 2 | 震雄集团有限公司<br>Chen Hsong Holdings Limited | 10 | 宁波双马机械工业有限公司<br>Ningbo Shuangma Machinery Industry Co.,Ltd. |
| 3 | 广东伊之密精密机械股份有限公司<br>Guangdong Yizumi Precision Machinery Co.,Ltd. | 11 | 宁波华美达机械制造有限公司<br>Ningbo Hwamda Machinery Manufacturing Co.,Ltd. |
| 4 | 博创智能装备股份有限公司<br>Borch Machinery Co.,Ltd. | 12 | 宁波甬华塑料机械制造有限公司<br>Ningbo Yonghua Plastic Machinery Manufacturing Co.,Ltd. |
| 5 | 力劲科技集团有限公司<br>L.K. Technology Holdings Limited | 13 | 宁波海雄塑料机械有限公司<br>Ningbo Haixiong Plastics Machinery Co.,Ltd. |
| 6 | 泰瑞机器股份有限公司<br>Tederic Machinery Co.,Ltd. | 14 | 宁波海星机械制造有限公司<br>Ningbo Haixing Machinery Manufacturing Co.,Ltd. |
| 7 | 富强鑫集团<br>FCS Group | 15 | 宁波创基机械有限公司<br>Ningbo Chuangji Machinery Co.,Ltd. |
| 8 | 东华机械有限公司<br>Donghua Machinery Ltd. | | |

# 2019 中国塑料注射成型机行业 15 强企业
## （按净利润排序）

| 排序 Ranking | 企业名称 Company Name | 排序 Ranking | 企业名称 Company Name |
|---|---|---|---|
| 1 | 海天塑机集团有限公司<br>Haitian Plastics Machinery Group Co.,Ltd. | 5 | 富强鑫集团<br>FCS Group |
| 2 | 广东伊之密精密机械股份有限公司<br>Guangdong Yizumi Precision Machinery Co.,Ltd. | 6 | 博创智能装备股份有限公司<br>Borch Machinery Co.,Ltd. |
| 3 | 泰瑞机器股份有限公司<br>Tederic Machinery Co.,Ltd. | 7 | 宁波双马机械工业有限公司<br>Ningbo Shuangma Machinery Industry Co.,Ltd. |
| 4 | 震雄集团有限公司<br>Chen Hsong Holdings Limited | 8 | 宁波市海达塑料机械有限公司<br>Ningbo Haida Plastic Machinery Co.,Ltd. |

（续）

| 排序<br>Ranking | 企业名称<br>Company Name | 排序<br>Ranking | 企业名称<br>Company Name |
|---|---|---|---|
| 9 | 力劲科技集团有限公司<br>L.K. Technology Holdings Limited | 13 | 宁波创基机械有限公司<br>Ningbo Chuangji Machinery Co.,Ltd. |
| 10 | 宁波海雄塑料机械有限公司<br>Ningbo Haixiong Plastics Machinery Co.,Ltd. | 14 | 佛山市宝捷精密机械有限公司<br>Powerjet Plastic Machinery Co.,Ltd. |
| 11 | 宁波甬华塑料机械制造有限公司<br>Ningbo Yonghua Plastic Machinery Manufacturing Co.,Ltd. | 15 | 宁波华美达机械制造有限公司<br>Ningbo Hwamda Machinery Manufacturing Co.,Ltd. |
| 12 | 宁波海星机械制造有限公司<br>Ningbo Haixing Machinery Manufacturing Co.,Ltd. | | |

# 2019 中国塑料挤出成型机行业 10 强企业
## （按主营业务收入排序）

| 排序<br>Ranking | 企业名称<br>Company Name | 排序<br>Ranking | 企业名称<br>Company Name |
|---|---|---|---|
| 1 | 上海金纬机械制造有限公司<br>Shanghai Jwell Machinery Co.,Ltd. | 6 | 大连三垒科技有限公司<br>Dalian Sunlight Technology Co.,Ltd. |
| 2 | 山东通佳机械有限公司<br>Shandong Tongjia Machinery Co.,Ltd. | 7 | 江苏诚盟装备股份有限公司<br>Jiangsu Cenmen Equipment Corp.,Ltd. |
| 3 | 大连橡胶塑料机械有限公司<br>Dalian Rubber & Plastics Machinery Co.,Ltd. | 8 | 新乐华宝塑料机械有限公司<br>Xinle Huabao Plastic Machinery Co.,Ltd. |
| 4 | 广东金明精机股份有限公司<br>Guangdong Jinming Machinery Co.,Ltd. | 9 | 南京科亚化工成套装备有限公司<br>Nanjing Ky Chemical Machinery Co.,Ltd. |
| 5 | 江苏贝尔机械有限公司<br>Jiangsu Beier Machinery Co.,Ltd. | 10 | 德科摩橡塑科技（东莞）有限公司<br>Dekuma Rubber and Plastic Technology （Dongguan）Ltd. |

# 2019 中国塑料挤出成型机行业 10 强企业
## （按净利润排序）

| 排序<br>Ranking | 企业名称<br>Company Name | 排序<br>Ranking | 企业名称<br>Company Name |
|---|---|---|---|
| 1 | 上海金纬机械制造有限公司<br>Shanghai Jwell Machinery Co.,Ltd. | 2 | 山东通佳机械有限公司<br>Shandong Tongjia Machinery Co.,Ltd. |

（续）

| 排序 Ranking | 企业名称 Company Name | 排序 Ranking | 企业名称 Company Name |
|---|---|---|---|
| 3 | 大连橡胶塑料机械有限公司<br>Dalian Rubber & Plastics Machinery Co.,Ltd. | 7 | 新乐华宝塑料机械有限公司<br>Xinle Huabao Plastic Machinery Co.,Ltd. |
| 4 | 江苏贝尔机械有限公司<br>Jiangsu Beier Machinery Co.,Ltd. | 8 | 南京科亚化工成套装备有限公司<br>Nanjing Ky Chemical Machinery Co.,Ltd. |
| 5 | 广东金明精机股份有限公司<br>Guangdong Jinming Machinery Co.,Ltd. | 9 | 德科摩橡塑科技（东莞）有限公司<br>Dekuma Rubber and Plastic Technology （Dongguan）Ltd. |
| 6 | 大连三垒科技有限公司<br>Dalian Sunlight Technology Co.,Ltd. | 10 | — |

# 2019 中国塑料中空成型机行业 3 强企业

| 排序 Ranking | 企业名称 Company Name（按主营业务收入排序 Sorted by Main Business Income） | 排序 Ranking | 企业名称 Company Name（按净利润排序 Sorted by Net Profit） |
|---|---|---|---|
| 1 | 苏州同大机械有限公司<br>Suzhou Tongda Machinery Co.,Ltd. | 1 | 苏州同大机械有限公司<br>Suzhou Tongda Machinery Co.,Ltd. |
| 2 | 广东乐善智能装备股份有限公司<br>Guangdong Leshan Intelligent Equipment Corp., Ltd. | 2 | 广东乐善智能装备股份有限公司<br>Guangdong Leshan Intelligent Equipment Corp., Ltd. |
| 3 | 秦川机床工具集团股份公司<br>Qinchuan Machine Tool & Tool Group Corp. | 3 | 秦川机床工具集团股份公司<br>Qinchuan Machine Tool & Tool Group Corp. |

# 2019 中国塑料机械辅机及配套件行业 5 强企业

| 排序 Ranking | 企业名称 Company Name（按主营业务收入排序 Sorted by Main Business Income） | 排序 Ranking | 企业名称 Company Name（按净利润排序 Sorted by Net Profit） |
|---|---|---|---|
| 1 | 宁波弘讯科技股份有限公司<br>Ningbo Techmation Co.,Ltd. | 1 | 宁波弘讯科技股份有限公司<br>Ningbo Techmation Co.,Ltd. |
| 2 | 信易集团<br>Shini Group | 2 | 艾尔发智能科技股份有限公司<br>Alfa Industrial Corporation |

（续）

| 排序 Ranking | 企业名称 Company Name（按主营业务收入排序 Sorted by Main Business Income） | 排序 Ranking | 企业名称 Company Name（按净利润排序 Sorted by Net Profit） |
|---|---|---|---|
| 3 | 浙江华业塑料机械有限公司 Zhejiang Huaye Plastics Machinery Co.,Ltd. | 3 | 浙江华业塑料机械有限公司 Zhejiang Huaye Plastics Machinery Co.,Ltd. |
| 4 | 艾尔发智能科技股份有限公司 Alfa Industrial Corporation | 4 | 宁波伊士通技术股份有限公司 Ningbo Est Technology Co.,Ltd. |
| 5 | 广东拓斯达科技股份有限公司 Guangdong Topstar Technology Co.,Ltd. | 5 | 信易集团 Shini Group |

# 2019 中国塑料机械行业优势企业经济运行分析

自 2011 年以来，中国塑料机械工业协会已连续九年面向社会各界推出了中国塑料机械行业优势企业榜单，分别有“中国塑料机械制造业综合实力 30 强企业”“中国塑料注射成型机行业 15 强企业”“中国塑料挤出成型机行业 10 强企业”“中国塑料中空成型机行业 3 强企业”和“中国塑料机械辅机及配套件行业 5 强企业”。入榜企业影响力越来越大，带动作用也越来越强，不仅得到了行业的广泛关注和肯定，也成为国内外塑料机械相关产业及用户了解中国塑料机械企业发展的风向标。

通过上榜企业的数据，可以了解中国塑料机械行业企业的最新发展情况。2019 中国塑料机械行业优势企业上榜的 37 家企业，2018 年度工业总产值和工业销售产值合计分别为 327.8 亿元和 315.8 亿元，较 2017 年同期分别增长 1.1%，下降 0.3%；主营业务收入和利润总额分别为 293.4 亿元和 43.4 亿元，同比分别下降 1.4% 和 0.7%；出口额为 76.9 亿元，同比增长 8.6%。这与 2018 年度行业整体发展情况基本一致，但优势企业的出口增速明显，与行业整体同比下降 14% 形成鲜明的对比，说明中国塑料机械优势企业的产品质量和品牌效应得到了提升，国际认可度更高，这也成为拉动企业发展的新亮点。

在企业经营方面，2019 中国塑料机械行业优势企业的主营业务利润率为 14.8%，高于行业 10.3% 的平均水平，与上年同期基本持平（上年同期分别为 14.7% 和 10.3%）。优势企业的资产负债率为 43.2%，低于行业 50.3% 的平均水平，较上年同期有所增长（上年同期分别为 42.3% 和 48.0%），同时优势企业的增幅低于行业整体水平，说明其资金运作能力好于行业整体水平，抵御风险的能力更强。37 家入榜企业的全员劳动生产率（工业总产值 / 从业人数）为 103 万元 / 人，其中塑料注射成型机企业的全员劳动生产率为 124 万元 / 人，挤出机企业的全员劳动生产率为 91 万元 / 人，塑料中空成型机企业的全员劳动生产率为 62 万元 / 人，辅机及配套件企业的全员劳动生产率为 61 万元 / 人。

从地域分布看，2019 中国塑料机械行业优势企业主要集中在华东和华南地区。华东地区 22 家，其中浙江 15 家、江苏 5 家、上海 1 家、山东 1 家；华南地区 11 家，集中分布在广东；另有辽宁 2 家，陕西 1 家，河北 1 家。塑料注射成型机企业集中分布在浙江和广东两省，其中浙江 12 家、广东 6 家；挤出机企业分布相对分散，其中江苏 3 家、上海 1 家、广东 2 家、辽宁 2 家、山东 1 家、河北 1 家；塑料中空成型机企业在江苏、广东、陕西各有 1 家；塑料机械辅机及配套件企业集中分布在苏浙和广东地区，其中浙江 3 家、江苏 1 家、广东 2 家。塑料注射成型机行业发展迅速，集中度高，与当地的投资环境、配套企业、创新氛围、环境优势、政府支持等综合因素有着密切的关系。

在排名位次变化上，3 家国有企业成绩喜人。大连橡胶塑料机械有限公司一改之前连续四年亏损的状态，近五年来首次实现盈利，且在综合实力 30 强企业（按净利润排序）中位居第 4 位；秦川机床工具集团股份公司首次进入综合实力 30 强企业（按净利润排序）榜单中，进步也很大；浙江申达机器制造股份有限公司在综合实力 30 强企业（按主营业务收入排序）中从上年的 22 位提高至 20 位，净利润排序更是从 29 位上升至 25 位。国企改革初见成效。

中国塑料机械优势企业是塑料机械行业发展进程中名副其实的主力。37 家入榜企业的主要经济指标占行业同期规模以上 423 家企业的比例分别为：主营业务收入占 45.5%，资产总额占 61.3%，出口额占 81.5%。2009—2018 年我国塑料机械行业优势企业主要经济指标及在行业的同期占比见表 1。2013—2018 年我国塑料机械行业及优势企业综合指标见表 2。2013—2018 年我国塑料机械行业优势企业主要经济指标走势见图 1。2013—2018 年我国塑料机械行业优势企业主要经济指标在行业的占比见图 2。2011—2018 年我国塑料机械行业优势企业主要经济指标见表 3。2011—2018 年我国塑料机械行业优势企业主要经济指标增长情况见表 4。

**表 1　2009—2018 年我国塑料机械行业优势企业主要经济指标及在行业的同期占比**

| 年份 | 主营业务收入（亿元） | 占比（%） | 资产总计（亿元） | 占比（%） | 利润总额（亿元） | 占比（%） | 出口额（亿元） | 占比（%） | 负债总计（亿元） | 占比（%） |
|---|---|---|---|---|---|---|---|---|---|---|
| 2009 | 109.2 | 42.1 | 151.0 | 47.9 | | | | | | |
| 2010 | 167.1 | 40.2 | 191.0 | 48.9 | | | | | | |
| 2011 | 195.0 | 44.2 | 230.9 | 52.3 | 23.7 | 56.1 | 44.9 | 67.0 | | |
| 2012 | 194.2 | 43.0 | 267.7 | 57.0 | 23.1 | 55.5 | 52.1 | 62.0 | | |
| 2013 | 217.3 | 43.5 | 314.2 | 60.0 | 29.0 | 64.7 | 51.4 | 69.8 | 126.8 | 50.6 |
| 2014 | 207.5 | 39.0 | 336.2 | 59.5 | 26.8 | 55.9 | 52.1 | 57.5 | 127.8 | 47.8 |
| 2015 | 205.8 | 39.4 | 375.3 | 63.2 | 24.8 | 50.2 | 55.6 | 66.0 | 151.1 | 56.6 |
| 2016 | 236.7 | 39.7 | 421.3 | 63.8 | 33.4 | 58.7 | 60.0 | 66.3 | 165.4 | 55.0 |
| 2017 | 297.7 | 44.4 | 486.3 | 67.6 | 43.7 | 63.2 | 70.8 | 64.7 | 205.7 | 59.5 |
| 2018 | 293.4 | 45.5 | 456.1 | 61.3 | 43.4 | 65.4 | 76.9 | 81.5 | 197.2 | 52.7 |

**表 2　2013—2018 年我国塑料机械行业及优势企业综合指标**　（%）

| 指标名称 | 全行业 | | | | | | 优势企业 | | | | | |
|---|---|---|---|---|---|---|---|---|---|---|---|---|
| | 2013 年 | 2014 年 | 2015 年 | 2016 年 | 2017 年 | 2018 年 | 2013 年 | 2014 年 | 2015 年 | 2016 年 | 2017 年 | 2018 年 |
| 资产负债率 | 47.9 | 47.3 | 45.0 | 45.6 | 48.0 | 50.3 | 40.4 | 38.0 | 40.3 | 39.3 | 42.3 | 43.2 |
| 主营业务利润率 | 9.0 | 9.0 | 9.5 | 9.5 | 10.3 | 10.3 | 13.2 | 12.9 | 12.1 | 14.1 | 14.7 | 14.8 |

注：全行业是指中国塑料机械制造业规模以上企业。

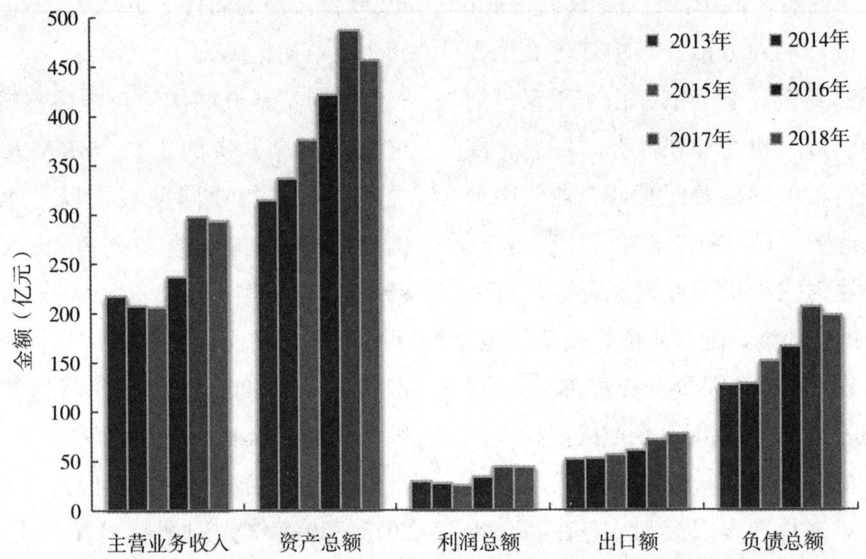


图 1　2013—2018 年我国塑料机械行业优势企业主要经济指标走势

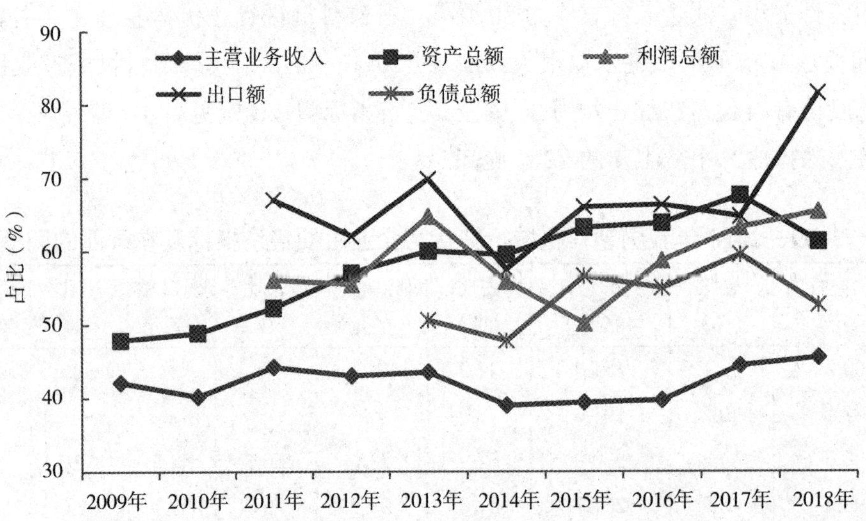


图 2　2013—2018 年我国塑料机械行业优势企业主要经济指标在行业的占比

表 3　2011—2018 年我国塑料机械行业优势企业主要经济指标　　（单位：亿元）

| 指标名称 | 2011 年 | 2012 年 | 2013 年 | 2014 年 | 2015 年 | 2016 年 | 2017 年 | 2018 年 |
|---|---|---|---|---|---|---|---|---|
| 工业总产值 | 196.3 | 208.8 | 235.1 | 241.6 | 219.0 | 249.2 | 324.1 | 327.8 |
| 工业销售产值 | 189.7 | 200.4 | 232.3 | 236.3 | 212.1 | 243.7 | 316.6 | 315.8 |
| 资产总额 | 230.9 | 267.7 | 314.2 | 336.2 | 375.3 | 421.3 | 486.3 | 456.1 |
| 主营业务收入 | 195.0 | 194.2 | 217.3 | 207.5 | 205.8 | 236.7 | 297.7 | 293.4 |
| 净利润 | 20.8 | 20.6 | 24.6 | 22.4 | 20.2 | 28.1 | 36.6 | 35.3 |
| 纳税总额 | 9.1 | 10.6 | 12.7 | 12.8 | 12.7 | 16.1 | 18.2 | 18.1 |
| 出口额 | 44.9 | 52.1 | 51.4 | 52.1 | 55.6 | 60.0 | 70.8 | 76.9 |
| 研发费用 | 7.0 | 7.6 | 8.9 | 9.2 | 8.8 | 11.8 | 12.5 | 12.6 |
| 利润总额 | 23.7 | 23.1 | 29.0 | 26.8 | 24.8 | 33.4 | 43.7 | 43.4 |
| 所有者权益 | 130.5 | 152.1 | 178.7 | 192.0 | 225.0 | 249.4 | 268.2 | 257.5 |
| 负债总额 | | | 126.8 | 127.8 | 151.1 | 165.4 | 205.7 | 197.2 |

表 4 2011—2018 年我国塑料机械行业优势企业主要经济指标增长情况 （%）

| 指标名称 | 2011 年 | 2012 年 | 2013 年 | 2014 年 | 2015 年 | 2016 年 | 2017 年 | 2018 年 |
|---|---|---|---|---|---|---|---|---|
| 工业总产值 | | 6.3 | 12.6 | 2.8 | -9.4 | 13.8 | 30.1 | 1.1 |
| 工业销售产值 | | 5.6 | 15.9 | 1.8 | -10.3 | 14.9 | 29.9 | -0.3 |
| 资产总额 | 20.9 | 16.0 | 17.4 | 7.0 | 11.6 | 12.2 | 15.4 | -6.2 |
| 主营业务收入 | 16.7 | -0.4 | 11.9 | -4.5 | -0.8 | 15.0 | 25.8 | -1.4 |
| 净利润 | 1.8 | -0.9 | 19.6 | -8.9 | -9.7 | 38.9 | 30.2 | -3.6 |
| 纳税总额 | -4.2 | 15.8 | 20.2 | 0.5 | -0.3 | 26.5 | 13.4 | -0.6 |
| 出口额 | | 16.1 | -1.4 | 1.3 | 6.8 | 7.9 | 18.0 | 8.6 |
| 研发费用 | 13.1 | 9.0 | 16.4 | 3.2 | -4.2 | 34.9 | 5.9 | 0.8 |
| 利润总额 | | -2.7 | 25.6 | -7.4 | -7.6 | 34.6 | 30.8 | -0.7 |
| 所有者权益 | 35.4 | 16.5 | 17.5 | 7.5 | 17.2 | 10.9 | 7.5 | -4.0 |
| 负债总额 | | | | 0.7 | 18.3 | 9.5 | 24.3 | -4.1 |

〔供稿单位：中国塑料机械工业协会〕

# 我国塑料机械行业企业运营概况

2018 年共收集了 17 家生产塑料机械或与塑料机械配套的公司年报，包括 16 家上市公司和 1 家新三板公司。他们分别是：秦川机床（000837）、金明精机（300281）、伊之密（300415）、新元科技（300472）、拓斯达（300607）、金鹰股份（600232）、天华院（600579）、弘讯科技(603015)、泰瑞机器（603289）、诚盟装备（831031）、双林环境（832111）、灵鸽科技（833284）、震雄集团（00057）、大同机械（00118）、力劲科技（00558）、海天国际（01882）、乐善智能（871695）。其中，秦川机床因年报中没有专门的塑料机械资料，因此未摘录。

## 广东金明精机股份有限公司

### 金明精机（300281）

**概况** 金明精机成立三十多年，是一家集研发、设计、生产、销售、服务于一体的专业膜生产装备制造商和方案解决商，是国内高端塑料机械薄膜装备行业的龙头企业，于 2011 年在深圳证券交易所创业板上市。

主要产品包括薄膜吹塑机组、薄膜流延机组、薄膜拉伸机组、涂布复合生产线、挤出覆膜生产线等，产品出口至日本、以色列、俄罗斯、中欧、中东和东南亚等 40 多个国家和地区。公司掌握了核心技术——多层共挤技术，于 2014 年实现 11 层共挤，技术水平处于世界先进、国内领先水平。近年来公司成功研制出在线涂覆宽幅农用膜设备、输液袋膜设备、糙面土工膜设备、高速宽幅流延设备、可降解农用薄膜生产装备等产品，成功打破了这些产品长期依赖进口的局面，未来发展空间广阔。金明的大棚膜设备存在独特性和创新点，特别是技术难度最高的超大宽幅五层棚膜技术获得市场验证，关键技术已经领先于国际同行。

公司积极搭建"互联网+先进制造业"新模式，已自主开发了专门的工业大数据平台，并不断深化互联网数字化核心技术，已经成功实现全球60多台智能装备的并网服务。在此基础上，公司深入推进工业大数据平台建设，将云端大数据智慧服务平台项目列入定增项目，作为打造智慧金明的重点工程。

**经营状况** 2018年上半年，行业发展情况良好，公司经营情况保持稳定；下半年，在经济下行、固定资产投资减少、下游行业需求减弱等内外部诸多不利因素的影响下，公司整体毛利率下滑，尤其是第四季度经营情况发生了较大变化。报告期内，公司实现营业收入37 344.91万元，同比下降9.90%；归属于上市公司股东的净利润1 986.39万元，同比下降45.43%。2018年金明精机主要指标见表1。2018年金明精机不同行业产品毛利率见表2。

**表1 2018年金明精机主要指标**

| 指标名称 | 单位 | 2018年 | 2017年 | 同比增长（%） |
|---|---|---|---|---|
| 营业收入 | 万元 | 37 344.91 | 41 448.05 | -9.90 |
| 归属于上市公司股东的净利润 | 万元 | 1 986.39 | 3 639.81 | -45.43 |
| 归属于上市公司股东的扣除非经常性损益的净利润 | 万元 | 186.31 | 3 191.31 | -94.16 |
| 经营活动产生的现金流量净额 | 万元 | 8 041.64 | 2 588.20 | 210.70 |
| 基本每股收益 | 元/股 | 0.0474 | 0.095 | -50.11 |
| 稀释每股收益 | 元/股 | 0.0474 | 0.095 | -50.11 |
| 加权平均净资产收益率 | % | 1.65 | 4.00 | -2.39个百分点 |
| 资产总额 | 万元 | 146 281.49 | 153 741.68 | -4.85 |
| 归属于上市公司股东的净资产 | 万元 | 121 060.09 | 119 660.20 | 1.17 |
| 销售费用 | 万元 | 2 144.88 | 2 266.62 | -5.37 |
| 管理费用 | 万元 | 2 820.68 | 3 302.20 | -14.58 |
| 财务费用 | 万元 | 229.06 | 918.24 | -75.05 |
| 研发费用 | 万元 | 2 809.96 | 2 146.88 | 30.89 |
| 负债合计 | 万元 | 25 221.40 | 34 081.48 | -26.00 |

**表2 2018年金明精机不同行业产品毛利率**

| 项目 | 毛利率（%） | 增加百分点 |
|---|---|---|
| **按行业** | | |
| 塑料机械行业 | 35.60 | -4.39 |
| 塑料制品 | 4.28 | -6.46 |
| **按产品** | | |
| 薄膜吹塑机 | 36.49 | -4.99 |
| 薄膜及袋制品 | 4.28 | -6.46 |

1. 着力打造"新材料-智能装备-智慧工厂-大数据云平台-特种薄膜"新产业链

在新材料领域，金明精机借助"体验式"智能实验中心在材料技术、工艺难题方面取得成果，产品获得好评。在智能制造领域，结合产品特性、设备技术、市场反馈等因素，在智能集成产品规划、装备互联网应用开发、自动控制等方面持续钻研，定增项目"云端大数据智慧服务平台建设项目"在软件技术、控制系统、理论攻坚等方面已对接优势力量并进行优化，通过运用更加精细化的工业大数据及云平台，进一步提高了多功能薄膜装备自动化水平和全球远程服务水平，提高了综合竞争力。在特种薄膜领域，耐热、防潮、抗穿刺、抗撕裂的高阻隔膜产品保持国内领先水平；此外，公司富集优势资源，提速募投项目“特种多功能智慧工厂建设项目”中BOPET光学级聚酯薄膜生产线的建设，为更好地抓住光学膜产业快速发展的市场契机、加快转型升级做好了充分准备。

2. 提速光学基材薄膜智慧工厂项目建设

公司将建设高度自动化、数字化、信息化的特种多功能智慧工厂作为定增项目之一，并于2018年2月将该项目建设内容由功能型软包装高端膜智能车间变更为光学基材薄膜生产线及智慧工厂，并增大项目总投资金额，在承继原募投项目建设内容、技术研究及建设基础上，加快打造高端光学膜产品智慧工厂。

2019年2月，公司根据实际情况，进一步将原募集资金投资项目“农用生态膜智能装备建设项目”募集资金及利息收入变更用于“特种多功能膜智慧工厂建设项目”，在对募集资金进行合理化调配的同时，积极配合“智慧金明”发展战略，紧抓光学膜产业快速发展的市场契机，夯实持续经营基础，强化核心竞争力，推动公司更好更快地实现经济效益。目前，该募投项目正在积极提速建设中。

公司将会以定增中“特种多功能膜智慧工厂建设项目”为新的培育点，多点打造智能化、多功能化薄膜智慧工厂项目，在打开高端薄膜市场、提升公司盈利能力的同时，以高端智能化智慧工厂样板工程为基点加快推进智慧工厂销售及服务。

**市场销售**　2018年，金明精机共参展国内外展会14场，其中国内展会7场、国际展会7场。这其中包括：参展三年一届、行业三大展会之一的国际塑料工业展（NPE展会），一年一度的国际橡塑展（Chinaplas）并举办了为期两天的OpenHouse设备演示会。

“一带一路”沿线上的东南亚、中西亚、中东欧各国均为我国塑料机械的重要出口地，具有鲜明的产业优势互补特征。2018年金明精机完成境外收入5 926.04万元，同比增长105.71%，占营业收入的15.87%。2017—2018年金明精机按行业与产品分类的营业收入情况见表3。

**表3　2017—2018年金明精机按行业与产品分类的营业收入情况**

| 项目 | 2018年营业收入（万元） | 占比（%） | 同比增长（%） | 2017年营业收入（万元） | 占比（%） |
|---|---|---|---|---|---|
| **分行业** | | | | | |
| 塑料机械行业 | 22 698.73 | 60.78 | -21.13 | 28 780.08 | 69.44 |
| 塑料制品 | 12 602.63 | 33.75 | 4.59 | 12 050.12 | 29.07 |
| 其他业务 | 2 038.67 | 5.46 | 229.96 | 617.86 | 1.49 |
| 软件 | 4.87 | 0.01 | | | |
| **分产品** | | | | | |
| 薄膜吹塑机 | 19 083.61 | 51.10 | -10.87 | 21 411.24 | 51.66 |
| 薄膜／纸加工成套设备 | | | | 2 863.42 | 6.91 |
| 其他设备 | 3 615.12 | 9.68 | -19.76 | 4 505.41 | 10.87 |
| 薄膜及袋制品 | 12 602.63 | 33.75 | 4.59 | 12 050.12 | 29.07 |
| 其他业务 | 2 038.67 | 5.46 | 229.96 | 617.86 | 1.49 |
| 软件 | 4.87 | 0.01 | | | |

**科技研发** 2018年金明精机研发支出2 809.96万元，占营业收入的7.52%，研发投入占营业收入的比例保持稳定。报告期内，新取得18项国家专利证书，已拥有发明专利24项、实用新型专利199项，外观专利11项，德国专利4项，软件著作权（含子公司）18项，获第十四届、十五届、十六届、十九届国家专利优秀奖，获省市级科技奖34项。

2018年3月，公司Superex系列5层共挤非阻隔吹膜机组荣获荣格技术创新奖。2018年5月，公司凭借“互联网+先进制造业”的领先成就正式成为工信部工业互联网产业联盟的成员。2018年12月，公司自主研发的风电、航空专用宽幅多层膜吹塑成套装备入选中国机械工业联合会“改革开放40周年——机械工业杰出产品”，成为薄膜机械相关领域的唯一入选企业。

2018年6月22日，金明精机与西门子（中国）有限公司签订技术协助协议。双方基于对薄膜装备行业数字化制造发展方向的共识以及战略合作关系，就合作进行多功能薄膜智慧工厂第一期规划相关技术领域的咨询服务事宜达成一致意见。

公司已搭建专业的薄膜产业团队，统筹规划金佳新材料、远东轻化的高端功能性薄膜产业的发展，旨在打造集多功能薄膜新材料研发、应用、推广于一体的薄膜智慧工厂产业链。自主建设的BOPP/BOPET双向拉伸生产试验线进展顺利，在性能指标上已接近国外同类产品水平，产品性价比高，一定程度上具备替代进口、满足国内市场需求的能力。

**经营计划** 坚定智能制造转型升级的决心，以智能制造为切入点，以科技创新为基础，以市场需求为导向，以打造全系列薄膜智慧工厂方案解决商为目标，紧紧围绕市场和客户需求构建具有竞争力的产品线，积极研发和生产精密化、专用化、复合化、智能化的高附加值高新技术产品；着力打通从资源端到客户端的产业链，提升公司全系列膜产品方案解决服务能力的优势，大力发展包装膜生产专用设备、特种膜生产专用设备、农膜与土工膜生产专用设备三大核心产品系列；继续夯实在薄膜装备核心部件上的工艺和技术，保持国际领先水平。

继续坚持实施绿色发展战略，坚持将节能减排和环境友好作为推进企业高质量发展的重点工作。提升节能环保技术，不断研发升级高效节能型塑料机械产品，以满足国民经济节能减排和环境治理对塑料机械装备的更高要求，注重清洁生产，更加关注产品的绿色化，加快产品转型升级步伐。

公司将继续深化与西门子、陶氏化学、埃克森美孚等国内外知名原料厂商、大型工业企业、知名院校和著名科研单位的技术合作，实现在智能软件技术、控制系统、基础理论等方面的突破，做好技术领域对接。

2019年，将稳步推进“智慧金明”发展战略，在保持公司传统装备制造业务稳健发展、提升核心创新能力的基础上，积极进行上下游产业延伸。一方面，在新材料、新科技领域深入研究，加大节能、环保和低碳配方及技术的研发，深化与知名供应商、高校的技术合作，寻求尖端核心技术，以此带动新型高端多功能膜装备及其终端膜产品的生态指数；另一方面，积极布局下游光学膜领域，以定增“特种多功能膜智慧工厂建设项目”为契机，通过建立“以光学膜产品为名片，打开光学膜智能装备市场”的智慧发展模式，在把握下游光学膜产业快速发展时机的同时，完成在光学膜领域的全面布局，培育新的利润增长点，持续加码智能制造，推动实现“打造智慧工厂方案解决商”的最终目标，助力企业转型升级。

# 广东伊之密精密机械股份有限公司

伊之密（300415）

**概况** 伊之密专注于模压成型装备制造领域，是一家集设计、研发、生产、销售及服务于一体的装备供应商。自2002年创立发展至今，围绕模压成型专用机械设备领域多元化地延伸产品，发展多元化业务，相继成立了注塑机事业部、压铸机事业部、橡胶机事业部、高速包装系统事业部、机器人自动化系统事业部和伊之密模具事业部，已成为我国较具竞争力和发展潜力的大型装备综合服务商、较具规模的装备制造企业之一。

2018年，公司继续以发展主营业务为主，围绕模压成型专用机械设备领域创新产品研发和企业运营方式，积极布局全球市场，让全球的客户和同行进一步认可伊之密的产品和品牌。

**经营情况** 面对市场需求不振的情况，伊之密积极开拓市场，依托产品、运营和全球化三大战略变革，业务开拓、技术创新、生产管理、品质改善、售后服务、运行管理等多方面实现显著提升，总体经营业绩保持稳定，总体发展势头良好。2018年，伊之密实现营业收入201 496.98万元，同比增长0.33%，再创历史新高；实现归属母公司所有者的净利润17 560.30万元，比上年下降36.26%，但仍处于历史第二水平。

主要因素有四点：一是外部经济环境变化剧烈，复杂严峻，国际环境具有不稳定性与不确定性；二是信贷紧缩，银行贷款利率上涨导致利息支出增加，固定资产投入增加引起贷款存量增加；三是销售费用有所提升，主要是公司增加营销资源投入导致广告宣传费及咨询费投入增加、公司扩张引起运输费及销售人员薪酬增加所致；四是管理费用增加，主要是公司本期管理人员薪酬及厂区整修费用增加所致。2018年伊之密主要指标完成情况见表1。

**表1 2018年伊之密主要指标完成情况**

| 项 目 | 单位 | 2018年 | 2017年 | 同比增长（%） |
|---|---|---|---|---|
| 营业收入 | 万元 | 201 496.98 | 200 831.46 | 0.33 |
| 归属于上市公司股东的净利润 | 万元 | 17 534.38 | 27 548.83 | -36.35 |
| 归属于上市公司股东的扣除非经常性损益的净利润 | 万元 | 14 813.47 | 24 641.52 | -39.88 |
| 经营活动产生的现金流量净额 | 万元 | 15 375.30 | 14 670.77 | 4.80 |
| 基本每股收益 | 元/股 | 0.41 | 0.64 | -35.94 |
| 稀释每股收益 | 元/股 | 0.41 | 0.64 | -35.94 |
| 加权平均净资产收益率 | % | 15.87 | 28.95 | -13.08个百分点 |
| 资产总额 | 万元 | 263 704.39 | 236 678.93 | 11.42 |
| 归属于上市公司股东的净资产 | 万元 | 113 539.67 | 107 042.16 | 6.07 |
| 负债合计 | 万元 | 147 457.66 | | |

**市场销售** 国内市场方面，在现有华南、华东、华中、东北、西南、西北六个大区，50余个营销服务网点的基础上，继续加强在各细分市场的开拓力度，努力开拓新的销售网点，全面扩大企业在全国各个区域的市场占有率。深度推进跨事业部的YFO项目，进一步提升伊之密的整体售后服务水平与质量，与客户建立长期的战略性合作关系。

国际市场方面，积极布局全球市场，加大海

外销售点布局并在海外市场投资设厂。首先，通过现有的海外销售网络，进一步拓展市场份额；同时，将对战略性市场进行策略调整，重点是制订知名大客户开发计划，实现战略性市场的新突破。其次，在印度等重要市场实施本土化投资及经营，加大产品的直销力度及售后服务能力，提升国际市场竞争力。2018 年 6 月 30 日，伊之密印度公司投产一年之际，第 100 台注塑机也顺利出机，出机金额突破 4 000 万元人民币，印度市场于 2018 年成为伊之密最大的单一海外市场。最后，公司将利用"HPM"品牌开拓北美及欧洲市场，发挥"YIZUMI"和"HPM"的双品牌优势，巩固现有国际市场，开拓有潜力的新市场，全面打造伊之密品牌的国际化形象。截至 2018 年，公司已有 40 多个海外经销商，业务覆盖 30 多个国家和地区。在新产品的大力推广下，印度、土耳其、以色列、美国、伊朗等市场表现出色，成为增长的主要动力。D1 系列二板式注塑机，A5 高端伺服注塑机，压铸机 H 系列、SM 系列、ARC 系列等均获得市场认可。2018 年海外市场持续稳步增长，年度销售额 47 614.14 万元，同比增长 21.62%。

2018 年伊之密在各行业的销售量见表 2。2017—2018 年伊之密主要产品收入情况见表 3。

**表 2　2018 年伊之密在各行业的销售量**

| 行业分类 | 2018 年（台） | 2017 年（台） | 同比增长（%） |
|---|---|---|---|
| 3C 产品 | 1 511 | 1 517 | -0.40 |
| 汽车 | 1 019 | 1 161 | -12.23 |
| 家用电器 | 1 118 | 1 105 | 1.18 |
| 包装 | 915 | 971 | -5.77 |
| 日用品 | 723 | 584 | 23.80 |
| 建材 | 448 | 466 | -3.86 |
| 轻工业 | 352 | 398 | -11.56 |
| 玩具 | 352 | 335 | 5.07 |
| 医疗 | 142 | 120 | 18.33 |
| 电力 | 73 | 80 | -8.75 |
| 农业 | 23 | 19 | 21.05 |
| 其他 | 205 | 186 | 10.22 |

**表 3　2017—2018 年伊之密主要产品收入情况**

| 产品类别 | 2018 年收入（万元） | 占营业收入比例（%） | 同比增长（%） | 2017 年收入（万元） | 占营业收入比例（%） |
|---|---|---|---|---|---|
| 注塑机 | 133 259.34 | 66.14 | 18.02 | 112 916.70 | 56.22 |
| 压铸机 | 43 147.87 | 21.41 | -31.91 | 63 372.46 | 31.56 |
| 橡胶机 | 10 265.56 | 5.09 | 6.26 | 9 660.85 | 4.81 |

1. 注塑机

公司注塑机主要有通用机型（A5 标准型高端伺服中小型注塑机、A5 标准型高端伺服大型注塑机、SK 系列变量泵注塑机、SM 领航系列等）、二板机机型（DP 系列、D1 系列等）和专用机型（SJ 系列专用注塑机、UPVC 管件专用注塑机、PET 瓶坯专用注塑机、储料缸 M 系列专用注塑机等）、精密全电动注塑机。注塑机主要应用在汽车行业、家电行业、3C 行业、包装行业等。2018 年，注塑机销售收入 133 259.34 万元（含高速包装系统及全电动注塑机），占公司全年销售额的 66.14%，同比增长 18.02%。其中二板机机型增长较快，同比增长 80%。现有 3 个注塑机生产基地，分别是顺德五沙工厂、苏州吴江工厂及海外印度工厂；针对注塑机成立德国研发中心并配套欧洲零配件中心，2018 年成立越南技术服务中心。截至 2018 年年底，注塑机共有 40 个国内办事处，38 个海外销售网点。

2. 高速包装系统和模具

高速包装机器属于注塑机的细分市场，主要满足客户对食品包装、医疗包装和水包装等的个性化需求。2017 年年底，高速包装系统事业部完成对伊之密模具事业部的吸收合并，2018 年起合并经营。2018 年，高速包装系统和模具销售收入

8 800.73 万元，占伊之密全年销售额的 4.37%，同比增长 9.71%。

3. 机器人自动化系统

机器人自动化系统主要实现伊之密压铸产品的周边自动化，主要功能有加料、产品取出、喷涂脱模剂、切除毛边、产品检测、产品贴标等。客户可根据需要选取适合的周边配套。机器人自动化系统主要销售形式分为两种：一种是压铸机及机器人打包销售，另一种是给已有压铸机系统的其他企业进行自动化改造。2018 年，机器人自动化系统受压铸机的影响，销售收入 5 056.77 万元，占公司全年销售额的 2.51%，同比下降 28.39%。

4. 全电动注塑机

全电动注塑机改变了液压机的控制方式，广泛适用于电子电器、光电数码、车辆、航空、医疗仪器、食品及化妆品包装、体育休闲器材等行业。其操作更加方便，界面更加人性化，机器性能监控更加完善。2018 年，全电动注塑机销售高速增长，销售收入 3 524.25 万元，占公司全年销售额的 1.75%，同比增长 210.06%。

**科技研发** 伊之密长期关注国内外先进的注塑机技术、压铸机技术、橡胶机技术等通用技术，以及高速包装行业技术、半固态镁合金成型技术、全电动注塑机技术、大型二板机技术等专用技术的发展状况，并结合自身的技术优势，设立了机械、电气、自动控制、节能等不同方向的专业研发团队。2018 年，公司研发总投入 8 777.94 万元，仍保持较大的投入力度。新增专利申请 60 项，其中发明专利 19 项；获得专利授权 39 项，其中发明专利 3 项、外观设计专利 2 项。

2018 年，持续加快新产品的研发及市场推广，并取得良好的销售业绩。

（1）2018 年 4 月雅式展上，面向全球发布并展示了多款新工艺：FoamPro 微发泡 +DecoPro 表面装饰、MultiPro 多物料成型、OpticPro 光学产品成型、PacPro 薄壁包装产品成型。该技术已成功实现商品化，得到国内汽车供应商青睐。

（2）2018 年，德国伊之密和 IKV 合作推出首款创新产品 ——SPACE A 机器人柔性增材制造系统。它可以使用增材制造工艺（俗称 3D 打印），也可以与其他工艺如镶件、减材制造等相互组合。已于 2018 年获首张订单。

（3）德国伊之密与中国伊之密共同研发的 1250T 半固态镁合金注射成型机研制成功。这是全球仅有的大注射量半固态镁合金成型设备，即将交付德国客户。

（4）H 卓越系列高性能铝镁合金压铸机全系大机（包括 35 000 ～ 45 000kN）已全面优化整改上市，受到客户好评。

（5）首台 DM4500 压铸机交机。该机采用三大板整体锻钢，80% 采用 HPM 工艺，配置性能全面升级。

（6）全电动注塑机 2018 年销量持续上升，销售收入 3 524.25 万元，同比增长 210.06%，成为增速最快、增长最大的产品。

2018 年 7 月，精益制造项目正式启动。小机锁模、电箱流水线上线，小机总装试验线批量生产。2018 年 8 月，公司成立智能互联部，旨在探索模压成型装备领域的智能互联之路，为客户提供最佳性价比方案。2018 年 12 月，伊之密与德国自动化科技公司 SAR 集团签署合作协议，双方将重点在橡塑领域和中国市场技术服务方面展开合作。

**发展战略** 未来三年，公司将持续通过产品、运营和全球化三大战略的实施，不断优化产品结构，提升技术水平，建立达到欧洲中位水平的整体解决方案能力，建立世界级的高效运营系统，保障技术方案落地最佳性价比成本，成为所在领域技术领先的最佳性价比方案提供商，以实现销售倍增的目标。

具体措施如下：

（1）继续做大做强注塑机和压铸机产品，持续满足模压成型设备市场精密、智能、专业、节能、高速、高效的发展需求，巩固和提高公司在模压成型设备领域的技术开发、技术服务、工艺水平和经济效益等方面的优势地位。

（2）继续大力发展橡胶注射机，达到国际先进水平，实现模压成型装备行业两大主导产品高分子材料模压注射成型设备和轻合金模压成型设备协同发展。

（3）大力发展高速包装成套生产设备及机器人集成项目，拓宽产品领域，形成新的业务收入增长点。

（4）大力发展半固态镁合金技术及大型汽车结构件的应用研究与推广，推动该技术的市场应用并形成产业化，进一步加强公司的综合实力和竞争力，形成新的业务收入增长点。

（5）大力发展新材料、新工艺技术的研究应用与推广，推动向客户提供整套生产应用解决方案并形成产业化，逐步实施整体方案销售转型策略。

（6）持续投入发展增材制造技术应用及研究，以满足客户对个性化、单一产品生产的需求，适应市场发展新趋势，进一步加强公司未来竞争力。

（7）对工业互联网领域进行深入研究，通过积累设备运行数据和客户资源，逐渐探索基于数据驱动的新型商业模式，实现盈利和可持续发展。

（8）大力实施全球化发展策略，通过在海外合资、并购、设立技术中心等多种合作方式，积极开拓海外市场，拓展新的市场，增加业务收入。

（9）通过合作、参股、控股等方式，有步骤地与各科研院所、国内外先进企业开展合作，快速提升公司管理、工艺、技术和质量水平，实现低成本扩张。

（10）通过运营升级项目，构建产品定制能力、柔性计划和生产能力、供应链协调能力和产品盈利能力。建立世界级水平的高效运营系统，保障技术方案落地的最佳性价比成本。

（11）持续升级计划排产模式变革，提升整体运营效率。

# 北京万向新元科技股份有限公司

## 新元科技（300472）

**概况**　新元科技是国内工业智能化输送配料行业内较早发展起来的公司之一，以提供工业智能化输送、配料成套解决方案为主业，集方案设计、技术研发、设备制造、系统集成、销售服务于一体，为工业企业提供物料智能化称量、输送、配料的专业化服务。主要产品包括上辅机系统、小料配料称量系统、气力输送系统、环保系统、电镀系统等。

公司的主营业务为工业智能化输送配料系统及配套设施的研发、生产和销售。工业智能化输送配料系统属于技术密集型行业，是工业智能化应用的重要组成部分，领先的技术水平和持续创新能力是该类设备生产企业的核心竞争优势。

公司近年来加大了对环保、化工、建材、新材料等其他行业客户的市场开拓力度，在保持业绩稳步增长的情况下，保持竞争优势，提高创新能力，努力使公司的业务更加多元化。

2017 年公司并购清投智能，将主营业务拓展到大屏幕显示控制系统、智能枪弹柜、智能机器人和智能滑雪机。

目前国内市场上具有规模化的工业自动配料系统生产企业较少，国内企业主要有软控股份及新元科技，基本主导了国内橡胶轮胎行业的智能化输送配料系统市场。在轮胎橡胶配料系统细分行业，公司是相关产品的主要供应商，市场占有率约为 40%，市场地位和竞争力较高，龙头优势突出。

**经营情况**　2018 年，新元科技坚持在工业智能化输送配料系统行业的深入发展，立足于自有优势产品领域，持续不断地推进产品研发和技术创新，紧跟市场需求进行深度挖掘和创新，优化营销网络，在继续做好主营业务的同时以自主研发、外延式发展等方式持续拓宽产品线和开拓新的业务领域，同时继续推进管理规范化工作和科学管理体系的建设，提升公司整体运营效率、盈利能力。

报告期内，新元科技“制造”+“环保”双轮驱动加上清投智能的业绩增长很快，共实现营业总收入 53 572.40 万元，同比增长 76.89%；营业利润 2 443.06 万元，同比下降 4%；利润总额 8 737.08 万元，较上年同期增长 258%；归属于上市公司股东的净利润 7 003.46 万元，较上年同期增长 235.25%。

报告期内，公司积极开展资本运作，规模不断扩大。拟投资产业并购基金，有利于整合智能制造产业链上下游资源，实现公司的战略目标，提升综合竞争力。

2018 年新元科技主要指标完成情况见表 1。

**表 1　2018 年新元科技主要指标完成情况**

| 指标名称 | 单位 | 2018 年 | 2017 年 | 同比增长（%） |
|---|---|---|---|---|
| 营业收入 | 万元 | 53 572.40 | 30 285.60 | 76.89 |
| 归属于上市公司股东的净利润 | 万元 | 7 003.46 | 2 089.00 | 235.25 |
| 归属于上市公司股东的扣除非经常性损益的净利润 | 万元 | 1 271.73 | 2 017.99 | -36.98 |
| 经营活动产生的现金流量净额 | 万元 | 6 105.23 | 1 600.52 | 281.45 |
| 基本每股收益 | 元 / 股 | 0.55 | 0.21 | 161.90 |
| 稀释每股收益 | 元 / 股 | 0.55 | 0.21 | 161.90 |
| 加权平均净资产收益率 | % | 6.47 | 5.30 | 1.17 个百分点 |
| 资产总额 | 万元 | 155 979.82 | 158 667.63 | -1.69 |
| 归属于上市公司股东的净资产 | 万元 | 113 481.29 | 82 646.12 | 37.31 |
| 负债合计 | 万元 | 41 758.19 | 73 480.76 | -43.17 |

**市场销售**　2018 年新元科技国内外销售比较见表 2。2018 年新元科技不同产品销售情况见表 3。

**表 2　2018 年新元科技国内外销售比较**

| 项目 | 2018 年（万元） | 占营业收入比例（%） | 同比增长（%） | 2017 年（万元） | 占营业收入比例（%） |
|---|---|---|---|---|---|
| 国内销售 | 46 769.50 | 87.30 | 87.79 | 24 905.22 | 82.23 |
| 国外销售 | 6 802.90 | 12.70 | 26.44 | 5 380.37 | 17.77 |

**表 3　2018 年新元科技不同产品销售情况**

| 类别 | 2018 年（万元） | 占营业收入比例（%） | 同比增长（%） | 2017 年（万元） | 占营业收入比例（%） |
|---|---|---|---|---|---|
| 上辅机系统 | 7 880.68 | 14.71 | 44.53 | 5 452.79 | 18.00 |
| 小料配料称量系统 | 5 708.13 | 10.65 | 142.60 | 2 352.92 | 7.77 |
| 气力输送系统 | 2 685.05 | 5.01 | -27.44 | 3 700.38 | 12.22 |
| 环保系统 | 8 654.10 | 16.15 | -17.99 | 10 552.06 | 34.84 |
| 电镀系统 | 121.81 | 0.23 | -94.02 | 2 037.18 | 6.73 |
| 液晶项目 | 12 341.95 | 23.04 | 838.83 | 1 314.61 | 4.34 |
| DLP 项目 | 2 610.03 | 4.87 | 406.26 | 515.56 | 1.70 |

（续）

| 类别 | 2018 年（万元） | 占营业收入比例（%） | 同比增长（%） | 2017 年（万元） | 占营业收入比例（%） |
|---|---|---|---|---|---|
| 智能枪弹柜 | 5 175.13 | 9.66 | 450.50 | 940.09 | 3.10 |
| 智能保密柜 | 311.67 | 0.58 | 261.86 | 86.13 | 0.28 |
| 智能滑雪机 | 3 431.25 | 6.40 | 970.55 | 320.51 | 1.06 |
| T-show 项目 | 177.54 | 0.33 | 188.51 | 61.54 | 0.20 |
| 机器人项目 | 200.11 | 0.37 | | | |
| 其他 | 4 274.94 | 7.98 | 44.82 | 2 951.83 | 9.75 |

**科技研发** 新元科技持续进行研发投入，并取得了一定的研发成果。2018 年研发投入金额 3 921.53 万元，比上年增长 83.7%，占当年营业收入的 7.32%。公司（含控股子公司）累计获得各种专利及著作权 235 项，其中 130 项软件著作权、34 项发明专利、4 项外观专利、67 项实用新型专利（含控股子公司）。研发手段不断完善，PLM 软件项目逐步从二维向三维转换。新元科技提供的数字化炼胶方案和智能装置已经在国内部分轮胎橡胶行业企业应用。参与了国家标准《橡胶塑料机械 术语》和化工行业标准《废旧轮胎裂解炭黑》的起草、制定工作。

**发展战略** 结合工业智能化、信息化发展趋势和国家产业政策导向，公司在不断完善工业智能化配料控制技术，保持细分行业优势地位的同时，将围绕智能装备制造这一战略重点，不断拓展发展视野，积极开拓并培育新的业务领域，从而完善公司的产品结构，提升抗风险能力。

# 广东拓斯达科技股份有限公司

## 拓斯达（300607）

**概况** 拓斯达是一家专业为下游制造业客户提供工业自动化整体解决方案的企业，主要产品及服务包括工业机器人及自动化应用系统、注塑机配套设备及自动供料系统、智能能源及环境管理系统。其中，生产的注塑机配套设备主要包括三机一体、模温机等多个系列产品，涵盖了原料除湿干燥、原料输送、模温控制等注塑生产的主要环节。

以注塑机配套设备业务作为开端，拓斯达于 2009 年适时推出了自动供料及水电气系统，于 2011 年起先后向市场成功投放直角坐标机器人、多关节机器人以及各类基于工业机器人应用的自动化整体解决方案，基本完成了由单一领域设备制造商向工业自动化解决方案服务商的成功转变。

2018 年，受宏观经济影响，国内汽车、电子等机器人下游行业发展受限，机器人需求增速放缓。国内工业机器人产量达 14.8 万台，同比增长 4.6%。同时，竞争加剧、厂商扩产等因素导致产品价格持续下探。

**经营情况** 拓斯达凭借对相关行业生产工艺的深入了解、拥有的具有自主知识产权的控制软件、丰富的现场调试及安装经验、贴心的定制化方案设计以及相关智能装备的规模化生产能力，近三年的业绩实现了高速增长，营业收入的年复合增长率高达 66.33%，显现出良好的成长性。

报告期内，公司实现营业收入 119 809.81 万元，同比增长 56.73%；归属于上市公司股东的净利润 17 182.64 万元，同比增长 24.49%；经营活动产生的现金流量净额 11 521.47 万元，比上年增长 1 482.94%。驱动业绩增长的主要因素有宏观经济因素以及公司自身的竞争优势。

截至 2018 年 12 月 31 日，公司总资产 170 799.88 万元，比上年增长 46.65%；归属于母公司股东权益合计 91 101.87 万元，比上年增长 19.08%。

在人口红利逐渐消失、劳动力成本大幅上涨的背景下，随着下游领域制造业企业对生产自动化需求的持续增长，市场将更倾向于选择具备性价比优势、定制化程度高的产品，公司的市场占有率将进一步提高。2018 年拓斯达主要指标完成情况见表 1。

**表 1　2018 年拓斯达主要指标完成情况**

| 指标名称 | 单位 | 2018 年 | 2017 年 | 同比增长（%） |
|---|---|---|---|---|
| 营业收入 | 万元 | 119 809.81 | 76 442.30 | 56.73 |
| 归属于上市公司股东的净利润 | 万元 | 17 182.64 | 13 802.19 | 24.49 |
| 归属于上市公司股东的扣除非经常性损益的净利润 | 万元 | 15 582.05 | 12 635.33 | 23.32 |
| 经营活动产生的现金流量净额 | 万元 | 11 521.47 | 727.85 | 1 482.94 |
| 基本每股收益 | 元 / 股 | 1.32 | 1.34 | -1.49 |
| 稀释每股收益 | 元 / 股 | 1.32 | 1.34 | -1.49 |
| 加权平均净资产收益率 | % | 20.56 | 21.21 | -0.65 个百分点 |
| 资产总额 | 万元 | 170 799.88 | 116 466.35 | 46.65 |
| 归属于上市公司股东的净资产 | 万元 | 91 101.87 | 76 503.13 | 19.08 |
| 负债合计 | 万元 | 79 529.89 | 39 734.01 | 100.16 |

**市场销售**　拓斯达销售收入主要来源于工业机器人及自动化应用系统、注塑机配套设备及自动供料系统、智能能源及环境管理系统销售。2018 年市场拓展成效显著，各主营业务模块都保持健康发展势头。其中工业机器人及自动化应用系统业务实现收入 70 540.27 万元，占总营收的 58.88%，同比增长 62.06%，机器人相关业务营收占比持续上升；注塑机配套设备及自动供料系统、智能能源及环境管理系统两大主营业务模块也都呈持续增长态势，其中注塑机配套设备及自动供料系统业务实现收入 22 923.27 万元，占总营收的 19.13%，同比增长 9.44%；智能能源及环境管理系统业务实现收入 23 556.19 万元，占总营收的 19.66%，同比增长 134.13%。2018 年拓斯达分类产品产销存情况见表 2。

**表 2　2018 年拓斯达分类产品产销存情况**

| 项目 | 单位 | 2018 年 | 2017 年 | 同比增长（%） |
|---|---|---|---|---|
| 工业机器人及自动化应用系统 | | | | |
| 销售量 | 台 / 套 | 8 592 | 9 138 | -5.98 |
| 生产量 | 台 / 套 | 8 863 | 8 662 | 2.32 |
| 库存量 | 台 / 套 | 1 942 | 1 973 | -1.57 |
| 注塑机配套设备及自动供料系统 | | | | |
| 销售量 | 台 / 套 | 17 379 | 18 968 | -8.38 |
| 生产量 | 台 / 套 | 18 045 | 21 265 | -15.14 |
| 库存量 | 台 / 套 | 3 458 | 4 533 | -23.71 |
| 智能能源及环境管理系统 | | | | |
| 销售量 | 套 | 261 | 160 | 63.13 |
| 生产量 | 套 | 238 | 149 | 59.73 |
| 库存量 | 套 | 45 | 19 | 136.84 |

注：因 2018 年公司上线 SAP 系统，对项目类产品销售采用项目管理，致产销量对比有差异。

**科技研发** 拓斯达持续加大研发投入，2016年、2017年及2018年研发投入分别为2 019.08万元、4 345.90万元、6 795.81万元，占当期营业收入的比例分别为4.66%、5.69%、5.67%，研发投入金额逐年增长。公司的主要产品工业机器人及自动化应用系统、注塑机配套设备及自动供料系统相继取得重要技术突破，已形成多项核心技术成果；自主研发并掌握了工业机器人核心控制技术及视觉算法，有能力针对不同行业的加工工艺和使用环境，设计并实现工业机器人的差异化控制功能，进行个性化定制。

2018年，拓斯达搭建了服务于全业务模块的研发中心大平台。研发中心采用IPD研发管理体系进行管理，围绕机器人核心技术领域开展各项研发活动，在产品和技术上均取得一定突破。截至2018年12月31日，公司已获得授权专利133项，其中发明专利12项，另有处于实审阶段的发明专利28项；拥有各类软件著作权31项。2018年公司进一步加强了专利和软件著作权的申请力度，累计申请各类知识产权83项。

拓斯达2018年的研发项目主要为机器人控制系统技术领域的研究及产业化，以及机器人本体和相关智能装备产品的研发，同时对已投产品进行了提升并拓展系列化产品。

**经营计划** 2019年将推进江苏拓斯达机器人有限公司机器人及自动化智能装备等项目建设。2018年11月，公司已通过公开拍卖程序竞得项目建设用地，2019年将加快推进建设用地相关审批事项，推动项目建设的实质性进展。

坚持“研发为王”，加大对基础技术研究和新产品研发的投入，增强公司的研发实力，推动实施工业机器人领域的智能制造发展战略，储备公司人工智能的创新技术。

一是重点抓机器人软件控制技术（包括运动规划、PID控制算法、动力学、智能控制）、伺服驱动以及工艺包的研究；

二是持续提升机器人视觉系统研发能力，完善机器人视觉系统开发，提升机器人自我感知能力；

三是组织研发力量加大工业物联网（IoT）相关领域的研究，旨在将工业机器人单机、标准工艺工作站及自动化解决方案等智能制造生态圈各组成部分进行串联，打造更智能、更高效、更符合客户需求的工业物联网智能解决方案；

四是进一步完善IPD研发管理体系在研发中心的应用。

# 浙江金鹰股份有限公司

## 金鹰股份（600232）

**概况** 浙江金鹰股份有限公司由浙江省定海纺织机械厂(现已更名为浙江华鹰共创有限公司)、舟山制衣公司、舟山市定海绢纺炼绸厂和舟山市定海区小沙乡经济开发实业总公司共同发起设立，于1994年9月23日在浙江省工商行政管理局登记注册，总部位于浙江省舟山市。注册资本36 471.85万元，2000年6月2日在上海证券交易所挂牌交易。

公司所从事的主要业务是麻、毛、丝、绢纺织机械成套设备制造销售，亚麻纺、绢纺、织造、染整、制衣，注塑机械系列设备，锂电池正极材料研发、制造和销售。

金鹰股份注重节能、高效、稳定和环保的新型注塑机的研发，其中内循环直压式精密高速机已获得国家科技创新基金项目支持，已拥有3项国家专利。塑料机械近年来不断改进，产品结构与性能都发生了变化，从开发机械手起步成功走上了有效的创新之路。在不断发展技术的过程中，金鹰注塑机以核心技术为支点，利用先进的产品设计理念逐步形成各种针对细分行业的专业解决方案，如薄壁包装容器的高速注射成型解决方案、精密电子塑料元器件及通信接插件等的全电动精密注射成型解决方案、汽配注塑行业的二板机精密成型解决方案及多组分解决方案、超大注射量挤注成型解决方案，为客户提供了从售前到售后的一系列专业的整套解决方案。

**经营情况** 报告期内，金鹰股份共实现营业收入 119 908.81 万元，归属于母公司所有者的净利润 2 539.39 万元，传统专用机械装备受中美贸易摩擦影响营业收入与利润额有所下滑。2018 年金鹰股份主要指标完成情况见表 1。

**表 1 2018 年金鹰股份主要指标完成情况**

| 项目 | 单位 | 2018 年 | 2017 年 | 同比增长 (%) |
|---|---|---|---|---|
| 营业收入 | 万元 | 119 908.81 | 123 271.58 | -2.73 |
| 归属于上市公司股东的净利润 | 万元 | 2 539.39 | 2 525.14 | 0.56 |
| 归属于上市公司股东的扣除非经常性损益的净利润 | 万元 | 2 140.05 | 1 531.58 | 39.73 |
| 经营活动产生的现金流量净额 | 万元 | 9 522.61 | 4 082.95 | 133.23 |
| 归属于上市公司股东的净资产 | 万元 | 113 629.24 | 116 486.12 | -2.45 |
| 总资产 | 万元 | 175 998.64 | 177 316.92 | -0.75 |
| 基本每股收益 | 元 / 股 | 0.07 | 0.07 | 0 |
| 稀释每股收益 | 元 / 股 | 0.07 | 0.07 | 0 |
| 扣除非经常性损益后的基本每股收益 | 元 / 股 | 0.06 | 0.04 | 50.00 |
| 加权平均净资产收益率 | % | 2.18 | 2.15 | 增加 0.03 个百分点 |
| 扣除非经常性损益后的加权平均净资产收益率 | % | 1.84 | 1.31 | 增加 0.53 个百分点 |
| 营业收入 | 万元 | 119 908.81 | 123 271.58 | -2.73 |
| 营业成本 | 万元 | 99 853.34 | 106 587.45 | -6.32 |
| 销售费用 | 万元 | 4 108.79 | 4 016.87 | 2.29 |
| 管理费用 | 万元 | 6 884.45 | 4 980.81 | 38.22 |
| 研发费用 | 万元 | 508.66 | 221.67 | 129.47 |
| 财务费用 | 万元 | 50.22 | 1 731.17 | -97.10 |
| 经营活动产生的现金流量净额 | 万元 | 9 522.61 | 4 082.95 | 133.23 |
| 投资活动产生的现金流量净额 | 万元 | -4 119.09 | -6 199.26 | |
| 筹资活动产生的现金流量净额 | 万元 | -2 244.17 | -658.61 | |
| 资产总计 | 万元 | 175 998.64 | 177 316.92 | -0.74 |
| 负债合计 | 万元 | 57 818.24 | 57 606.77 | 0.37 |

**市场销售** 2018 年金鹰股份国内外收入成本情况见表 2。2018 年金鹰股份不同产品收入成本情况见表 3。2018 年金鹰股份不同产品产销存情况见表 4。

**表 2 2018 年金鹰股份国内外收入成本情况**

| 项目 | 营业收入（万元） | 同比增长（%） | 营业成本（万元） | 同比增长（%） | 毛利率（%） | 比上年增加 |
|---|---|---|---|---|---|---|
| 国内 | 87 978.87 | 11.28 | 72 643.30 | 5.85 | 17.43 | 4.23 个百分点 |
| 国外 | 30 362.57 | -29.41 | 25 693.10 | -30.22 | 15.38 | 0.98 个百分点 |

表 3　2018 年金鹰股份不同产品收入成本情况

| 项目 | 单位 | 纺织品 | 纺机及配件 | 注塑机及配件 |
|---|---|---|---|---|
| 营业收入 | 万元 | 56 931.28 | 19 436.52 | 31 760.14 |
| 同比增长 | % | 5.02 | -19.97 | -8.94 |
| 占总营收的比例 | % | 48.11 | 16.42 | 26.84 |
| 营业成本 | 万元 | 48 323.18 | 14 070.94 | 26 253.10 |
| 同比增长 | % | -9.00 | -16.36 | -3.82 |
| 占总营业成本的比例 | % | 49.14 | 14.31 | 26.70 |
| 毛利率 | % | 15.12 | 27.61 | 17.34 |
| 比上年增加 | | 13.08 个百分点 | -3.12 个百分点 | -4.40 个百分点 |

表 4　2018 年金鹰股份不同产品产销存情况

| 主要产品 | 数量单位 | 生产量 | 同比增长（%） | 销售量 | 同比增长（%） | 库存量 | 同比增长（%） |
|---|---|---|---|---|---|---|---|
| 亚麻纱 | t | 4 739 | 1.48 | 5 085 | 3.97 | 302 | -53.4 |
| 纺机 | 台 | 1 184 | 18.16 | 1 098 | 10.02 | 342 | 33.59 |
| 塑料机械 | 台 | 1 599 | -2.5 | 1 302 | -23.73 | 664 | 80.93 |

**经营计划**　2019 年金鹰股份在不断注重产品质量的基础上，继续加大研发投入与资源配置。纺织机械方面，将推进智能化新型纺织机械专用装备研发，降低纺机装备能耗，提升纺机自动化水平；塑料机械方面，提高注塑机节能性能，降低噪声，提高精度、稳定可靠性及自动化程度。

2019 年公司继续在节能减排上加强管理，继续加大对环保的投入：一方面，继续发展循环经济，推广清洁生产，进一步优化产品链，提高厂区资源循环利用水平；另一方面，开发环保型、低能耗、高品位、高附加值产品，同时加大环保技术改造和环保管理力度，推动构建环境友好型企业。

# 青岛天华院化学工程股份有限公司

## 天华院（600579）

**概况**　天华院作为石油化工专用装备研究开发制造企业，近年来致力于高端装备的研发、设计、制造，多项产品填补国内空白，在诸多关键设备的研发和国产化方面发挥重要的作用。其所从事的技术和生产的产品多属于节能环保、技术先进的化工装备。

在天华院不断向石油石化设备中高端市场迈进的同时，橡塑生产和设备加工机械领域的发展机遇也应运而生。2018 年 12 月 28 日，公司完成了重大资产重组，将中国化工集团旗下德国克劳斯玛菲（KM）集团通过资产重组的方式纳入上市公司。KM 集团是全球最大的橡塑机械和解决方案供应商之一，拥有 180 年的历史，在全球高端橡塑机械设备领域享有良好的口碑，品牌优势明显。其中注塑设备板块（尤其在高端和大型设备领域）长年位于全球品牌前列，挤出设备板块（尤其在泡沫挤出和轮胎生产线领域）和反应成型设备板块均居全球领先位置。

**经营情况** 2018年公司实现营业收入1 130 409.40万元，同比增长3.59%；实现利润总额27 601.05万元，同比下降31.39%；归属于上市公司股东的净利润19 071.36万元，同比下降13.05%；扣除非经常性损益后归属于上市公司股东的净利润-6 025.89万元。公司2018年加权平均净资产收益率为3.62%，减少2.65个百分点；扣除非经常性损益后加权平均净资产收益率为-1.14%。2018年末资产负债率为64.5%，比年初减少2个百分点。

其中天华院有限公司实现营业收入85 413万元，同比增长91.4%；实现净利润2 178万元，利润由负转正；全年新增订单152 847万元，同比增长143%，销售回款91 533万元；资产负债率61.25%。

KM集团实现营业收入104亿元，实现利润24 027万元。受2018年11月网络攻击的影响及挤出和反应成型事业部在汽车行业的订单没有达到预期，与2017年相比，订单下降6%，低于预期4%的增长。这导致销售收入下降2%，调整后的EBITDA下降约10%。

与2017年度相比，天华院2018年整体经营较为稳定，营业收入、营业成本及相关费用变动较小。2018年公司主营业务收入较上年同期增长3.6%，毛利率增长0.41%。主要原因是：2018年化工装备制造行业回暖，订单量较上年同期增幅较大；钢材等原材料价格继续上升，而人工成本、制造费增长幅度不大，公司毛利水平较上年度有所下降。

2018年，公司财务费用较上年增长48.17%，主要原因是下属子公司装备卢森堡受美元汇率波动影响发生较大的汇兑损失，2018年天华院主要指标完成情况见表1。

**表1 2018年天华院主要指标完成情况**

| 项目 | 单位 | 2018年 | 2017年 | 同比增长(%) |
|---|---|---|---|---|
| 营业收入 | 万元 | 1 130 409.40 | 1 091 222.63 | 3.59 |
| 归属于上市公司股东的净利润 | 万元 | 19 071.36 | 21 933.75 | -13.05 |
| 归属于上市公司股东的扣除非经常性损益的净利润 | 万元 | -6 025.89 | -6 003.18 | |
| 经营活动产生的现金流量净额 | 万元 | 56 639.83 | 67 342.57 | -15.89 |
| 归属于上市公司股东的净资产 | 万元 | 56 7473.39 | 517 518.01 | 9.65 |
| 总资产 | 万元 | 159 8431.97 | 1 545 596.46 | 3.42 |
| 基本每股收益 | 元/股 | 0.22 | 0.25 | -12.00 |
| 稀释每股收益 | 元/股 | -0.07 | -0.07 | 0 |
| 扣除非经常性损益后的基本每股收益 | 元/股 | -0.07 | -0.07 | 0 |
| 加权平均净资产收益率 | % | 3.62 | 6.27 | 减少2.65个百分点 |
| 扣除非经常性损益后的加权平均净资产收益率 | % | -1.14 | -1.72 | |

**市场销售** 通过比较2017年和2018年分产品的收入成本和毛利情况，可以看出2018年收入增加主要源于注塑机和干燥设备。其中，注塑机增加2.822亿元，同比增长4.3%；干燥设备销售收入较2017年增加3.26亿元，同比增长208.58%，毛利率同比上升5.7个百分点；废热锅炉销售收入同比增长38.55%。2018年天华院不同产品收入成本情况见表2。2018年天华院国内外收入成本情况见表3。

**表 2　2018 年天华院不同产品收入成本情况**

| 产品类别 | 营业收入（万元） | 同比增长（%） | 营业成本（万元） | 同比增长（%） | 毛利率（%） | 比上年增加 |
|---|---|---|---|---|---|---|
| 注射成型 | 685 587.39 | 4.29 | 496 417.15 | 4.51 | 27.59 | -0.15 个百分点 |
| 挤出成型 | 234 988.42 | −3.17 | 183 273.54 | −1.44 | 22.01 | -1.37 个百分点 |
| 反应处理技术 | 116 176.92 | −15.54 | 82 191.18 | −16.18 | 29.25 | 0.54 个百分点 |
| 其他 | 27 748.49 | 20.61 | 30 576.59 | 16.18 | −10.19 | 4.20 个百分点 |
| 干燥设备 | 48 222.64 | 208.58 | 39 813.90 | 188.65 | 17.44 | 5.70 个百分点 |
| 电化学设备 | 5 199.74 | 32.69 | 4 301.44 | 17.5 | 17.28 | 10.69 个百分点 |
| 废热锅炉 | 1 292.03 | 38.55 | 1 106.63 | 43.49 | 14.35 | -2.95 个百分点 |
| 工程、监理及技术服务 | 10 785.58 | 11.15 | 5 813.26 | −6.41 | 46.1 | 10.11 个百分点 |

**表 3　2018 年天华院国内外收入成本情况**

| 分地区 | 营业收入（万元） | 同比增长（%） | 营业成本（万元） | 同比增长（%） | 毛利率（%） | 比上年增加 |
|---|---|---|---|---|---|---|
| 国内 | 178 973.77 | 29.99 | 137 083.45 | 28.04 | 23.41 | 1.17 个百分点 |
| 国外 | 951 027.44 | −0.22 | 706 410.23 | 0.53 | 25.72 | -0.55 个百分点 |

**科技研发**　报告期内，天华院新增授权专利 54 项，其中发明专利 25 项，境外专利 10 项；获部省级科技进步奖 11 项；发布实施国家、行业标准 15 项。截至 2018 年年末，公司共取得重大科技成果 476 项，获国家级奖励 35 项、部省级奖励 210 项；拥有国内外专利 421 项，其中发明专利 104 项、国外专利 19 项。

报告期内，公司完成了克劳斯玛菲的资产重组工作。在橡塑机械领域，克劳斯玛菲集团拥有约 1 400 项专利，在慕尼黑和汉诺威(德国)、日利纳(斯洛伐克)和奈菲尔斯(瑞士)的主要生产基地都设立自己的中央研发部门，有超过 600 名专职的科技研究和工程开发人员。KM 集团的核心技术主要集中于控制模块设计、机械设计和产品应用技术等领域。KM 集团在机械性能与精度领域与 13 家大学和 7 家研究机构展开了技术研发合作，在材料科学与成型技术领域与 16 家大学和 15 家研究机构展开了广泛的研发合作，与包括宝马在内的部分核心客户和供应商在某些核心应用上也开展了研发合作，例如正在与宝马合作研发的应用于 i3 车体的碳纤维技术等。

2018 年，天华院投入研发费用 19 842.39 万元，比上年下降 4.26%。

# 宁波弘讯科技股份有限公司

## 弘讯科技（603015）

**概况**　弘讯科技业务分工业自动化、智能化板块和新能源两个板块。其中，工业控制类产品包括塑机控制系统、其他控制系统、智慧型控制器、管理系统等。塑机控制系统主要应用于各类塑料机械领域，包括注塑机、吹瓶机、注吹机、挤出机等。该系统由人机界面与主控制器两部分组成，目前公司注塑机控制系统在国内同类产品中市场份额居首。

驱动系统类产品包括伺服节能系统、泛用型

伺服驱动器及变频器等。伺服节能系统主要包括伺服驱动器、伺服电动机、液压泵等核心部件，可应用于注塑机、吹瓶机、注吹机、挤出机、橡胶机、压力试验机、压铸机等各类机械的动力单元。此类收入来源主要来自塑料机械。

在业务模式上，除主要向塑料机械企业销售控制类与驱动系统类两大产品外，也针对终端用户即塑料制品生产商提供智能制造解决方案。该方案整合伊雪松机械手、机器人及周边设备，并配合云端管理软件，实现工厂人、机、物、料、制造全过程管理，可根据客户实际需求定制，为塑料加工企业打造智能工厂。同时，也研发专用服务机器人，比如酒店服务机器人、智慧新警务相关的服务机器人等。

**经营状况** 2018 年受下游需求减少影响，工业自动化类产品业务有所下滑；机器人子公司、意大利 EEI 公司等尚处于整合期未实现盈利；研发投入、限制性股票激励计划股份支付等，给 2018 年并表利润带来多重影响。报告期内，公司实现营业收入 68 562.25 万元，同比下降 6.44%；归属于母公司股东的净利润 5 881.29 万元，同比下降 26.97%；扣除非经常性损益后归属于母公司股东的净利润 5 056.91 万元，同比下降 25.63%。2018 年弘讯科技主要指标完成情况见表 1。

**表 1 2018 年弘讯科技主要指标完成情况**

| 项目 | 单位 | 2018 年 | 2017 年 | 同比增长 (%) |
|---|---|---|---|---|
| 营业收入 | 万元 | 68 562.25 | 73 285.41 | -6.44 |
| 归属于上市公司股东的净利润 | 万元 | 5 881.29 | 8 053.02 | -26.97 |
| 归属于上市公司股东的扣除非经常性损益的净利润 | 万元 | 5 056.91 | 6 799.27 | -25.63 |
| 经营活动产生的现金流量净额 | 万元 | 6 152.24 | -186.75 | |
| 归属于上市公司股东的净资产 | 万元 | 120 872.75 | 118 823.78 | 1.72 |
| 总资产 | 万元 | 159 453.62 | 156 794.75 | 1.70 |
| 基本每股收益 | 元 / 股 | 0.14 | 0.2 | -30.00 |
| 稀释每股收益 | 元 / 股 | 0.14 | 0.2 | -30.00 |
| 扣除非经常性损益后的基本每股收益 | 元 / 股 | 0.12 | 0.17 | -29.41 |
| 加权平均净资产收益率 | % | 4.91 | 6.98 | -2.07 个百分点 |
| 扣除非经常性损益后的加权平均净资产收益率 | % | 4.22 | 5.90 | -1.68 个百分点 |
| 营业收入 | 万元 | 68 562.25 | 73 285.41 | -6.44 |
| 营业成本 | 万元 | 43 673.94 | 45 420.86 | -3.85 |
| 销售费用 | 万元 | 3 931.79 | 3 927.18 | 0.12 |
| 管理费用 | 万元 | 9 516.18 | 8 989.18 | 5.86 |
| 研发费用 | 万元 | 7 280.01 | 6 082.41 | 19.69 |
| 财务费用 | 万元 | -357.12 | 946.93 | |
| 经营活动产生的现金流量净额 | 万元 | 6 152.24 | -186.75 | |
| 投资活动产生的现金流量净额 | 万元 | -5 459.56 | 26.55 | |
| 筹资活动产生的现金流量净额 | 万元 | 3 336.78 | 3 247.97 | 2.73 |

**市场销售** 报告期内，工业控制类（主要指塑机控制系统）与驱动系统类（主要指伺服节能系统）两大产品受下游影响出货量分别下降 8.65%、4.76%，但在其他领域的拓展取得不错的成绩，在吹瓶机、挤出机、橡胶机领域出货量增长明显。

完成了新一代控制系统、伺服节能系统的完全导入，高端伺服系统总成 SANDAL 批量出货的规范与标准优化。继续围绕塑料加工行业“工业

4.0”目标，从智能制造生产单元向智能制造完整解决方案延伸。

依据市场需求变化，弘讯科技减少了对多关节工业机器人的投入，加大了对塑料加工专用直角坐标机械手项目的推进力度。报告期内推出了多款直角坐标机械手结合塑料加工自动化解决方案并在客户端进行验证，以提高方案稳定性。2018 年弘讯科技不同产品收入成本情况见表 2。2018 年弘讯科技不同产品产销存情况见表 3。

**表 2　2018 年弘讯科技不同产品收入成本情况**

| 产品类别 | 营业收入（万元） | 同比增长（%） | 营业成本（万元） | 同比增长（%） | 毛利率（%） | 比上年增加 |
|---|---|---|---|---|---|---|
| 工业控制类 | 32 626.60 | -8.58 | 18 242.80 | -5.87 | 44.09 | -1.61 个百分点 |
| 驱动系统类 | 28 501.07 | -3.88 | 19 502.76 | -2.38 | 31.57 | -1.05 个百分点 |
| 机器人 | 922.52 | -19.04 | 861.11 | -13.91 | 6.66 | -5.56 个百分点 |
| 新能源相关类 | 5 337.79 | -10.55 | 4 201.99 | -4.10 | 21.28 | -5.29 个百分点 |

**表 3　2018 年弘讯科技不同产品产销存情况**

| 产品类别 | 生产量（套） | 同比增长（%） | 销售量（套） | 同比增长（%） | 库存量（套） | 同比增长（%） |
|---|---|---|---|---|---|---|
| 工业控制类 | 62 449 | -15.04 | 64 744 | -8.65 | 1 049 | -68.63 |
| 驱动系统类 | 10 622 | -14.48 | 11 163 | -4.76 | 337 | -61.62 |

注：仅分别指塑机控制系统、伺服节能系统成套。

**科技研发**　2018 年，弘讯科技研发投入（含费用投入和资本投入）合计 7 331.13 万元，占营业收入的 10.69%。2018 年弘讯科技主要研发项目见表 4。

**表 4　2018 年弘讯科技主要研发项目**

| 项目名称 | 研发目的与目标 | 进展情况 | 对公司未来发展的影响 |
|---|---|---|---|
| 新一代控制系统、驱动器与系统集成 | 满足注塑机以外的应用需求 | 部分完成，应用测试中 | 结合网络化、信息化的需求，拓宽产品应用领域 |
| 高端伺服系统 | 不同配套方案的验证与性能优化 | 研发持续进行中 | 满足油电与全电等高端塑料机械需求，便于市场开拓，替代进口 |
| 智能工厂整体解决方案 | 完成硬件、软件、通信方案与云端平台的打造 | 研发持续进行中 | 实现塑料加工“工业 4.0”未来智能应用 |
| 小功率驱动器 | 应用在六轴多关节与三轴机械手 | 部分完成，应用验证中 | 提高工业机器人自制率，优化成本结构，提高性能 |
| 公共安全服务机器人 | 满足公安局应用与采购需求 | 已完成验证，小批量出货中 | 有利于未来向特定专用服务机器人行业延伸 |
| 新能源产品的标准化 | 设计模组化、工艺标准化 | 持续进行中 | 有利于标准出货，满足批量订单交货需求 |

**经营计划**

1. 向塑料机械厂提供智能控制解决方案（含控制类与驱动系统类产品）

持续发挥公司产品和研发的竞争优势，保持核心技术产品平台与国际先进自动化企业同步发展。在注塑机领域不断推陈出新，保持稳中有升的产品出货总量基础上，优化产品结构，提高产品附加值。逐步实现从系统到全套解决方案的转变，将整条生产流水线的主要加工设备及各类辅机设备进行分散式控制，为塑料加工提供生产单元整合控制解决方案。加大力度开拓各类自动化产品在注塑机领域以外的其他行业的应用，保持业绩持续增长后劲。积极推进工业机器人项目的建设，加快机器人核心部件的自制化进程，扩大产品销售总量，开拓自动化集成方案的行业应用市场，实现增量业务的业绩贡献。

油电混合、全电动高端注塑机以其特有的清洁、低噪声、控制精度和可靠性高的特点，受到越来越多领域的欢迎，未来我国全电动高端塑料机械的使用量占比将越来越高。公司针对油电混合、全电式等高端机开发的系统总成SANDAL经过持续推广，得到了国内塑料机械厂的高度认可，未来会是新的业务增长点。

随着2018年新一代伺服驱动器产品和液冷驱动器产品的投放使用，2019年会加快其他行业应用市场的开拓步伐，推出高性价比系统集成方案，实施分行业市场开拓策略，加大其他领域市场份额。

2.向塑胶制品加工商提供智能制造（含云端管理）解决方案

加大在塑料加工智能制造方向的投入，围绕塑料加工工业互联网与工业4.0平台打造目标，在感知层数据采集中心完成的基础上，深化网络层与应用层的技术方案。整合完备的自主核心硬件产品并以网络管理系统iNet为基础，通过与国内知名云服务厂商和电信运营商的合作，提供一站式智能工厂解决方案。

实现塑料加工设备间的互联互通，借助移动互联网、云计算、大数据技术，将塑料加工的工业化与信息化深度融合，在塑料加工网络化、数字化、智能化发展趋势中抢占先机，改变传统塑料加工制造的生产模式，促进我国塑料机械、塑料加工行业的转型升级。

我国有50余万台注塑机装有弘讯控制系统，每年持续有六七万套增量。基于此，2019年将着力向塑料机械的终端用户延伸，为塑胶制品加工商提供智能制造全套解决方案（含机械手与周边辅机，以及塑料加工数据的云端管理MES系统）。

智能制造全套解决方案将以子公司伊雪松直角坐标机械手及多轴机器人为依托整合周边辅机设备，在原网络管理系统软件iNet基础上升级云端管理功能，配合塑料加工物联网感知层智能制造生产线数据中心，并聚力国内知名云服务商及参股公司上海智引，为塑料制品生产商的升级转型提供全套解决方案。

# 泰瑞机器股份有限公司

## 泰瑞机器（603289）

**概况** 泰瑞机器是塑料注射成型设备的制造商和解决方案服务商，专业从事注塑机的研发、设计、生产、销售和服务，并为下游应用领域提供注射成型解决方案，主要产品为梦想Dream系列注塑机。

经过十余年的积累与发展，泰瑞机器逐步形成以中大型注塑机技术、中小型高速精密注塑机技术、挤注成型技术以及二板式液压锁模和直驱式全电动技术为核心的技术体系，逐步完成了基于梦想平台的D（T）全系列产品的研发、生产和销售，并进一步推出了DH二板系列和DE全电系列产品。

**经营情况** 通过坚持全球化战略和稳健的经营方针，加快新产品开发进度，加强市场开拓，完善人才激励机制，强化管理运营等策略措施，泰瑞机器整体实现了良好的业绩增长。2018年，完成营业收入79 234.23万元，同比增长12.68%；实现归属于母公司净利润10 057.25万元，同比增长20.43%；归属于母公司股东的扣除非经常性损益的净利润9 575.49万元，同比增长19.56%。2018年泰瑞机器主要指标完成情况见表1。

**表 1　2018 年泰瑞机器主要指标完成情况**

| 项目 | 单位 | 2018 年 | 2017 年 | 同比增长 (%) |
|---|---|---|---|---|
| 营业收入 | 万元 | 79 234.23 | 70 317.46 | 12.68 |
| 归属于上市公司股东的净利润 | 万元 | 10 057.25 | 8 351.42 | 20.43 |
| 归属于上市公司股东的扣除非经常性损益的净利润 | 万元 | 9 575.49 | 8 009.02 | 19.56 |
| 经营活动产生的现金流量净额 | 万元 | 8 312.46 | 6 937.82 | 19.81 |
| 归属于上市公司股东的净资产 | 万元 | 96 202.67 | 88 680.29 | 8.48 |
| 总资产 | 万元 | 131 174.26 | 127 672.56 | 2.74 |
| 基本每股收益 | 元 / 股 | 0.38 | 0.4 | -5.00 |
| 稀释每股收益 | 元 / 股 | 0.38 | 0.4 | -5.00 |
| 扣除非经常性损益后的基本每股收益 | 元 / 股 | 0.36 | 0.38 | -5.26 |
| 加权平均净资产收益率 | % | 10.93 | 15.11 | -4.18 个百分点 |
| 扣除非经常性损益后的加权平均净资产收益率 | % | 10.41 | 14.49 | -4.08 个百分点 |
| 负债合计 | 万元 | 34 971.60 | 38 992.27 | -10.31 |

**市场销售**　报告期内，泰瑞机器的注塑机整机销售量较 2017 年下降 8.72%，主要原因是销售的机型以中大型机器为主。报告期末，注塑机库存量较 2017 年年末增长 262.63%，主要是期末在手订单以及正在洽谈的潜在新订单中中大型机器订单较多，公司积极进行采购、备货及产品生产，导致库存量增加。

2018 年受益于国家乡村振兴战略、改善农村人居环境等相关政策，泰瑞机器大型和超大型注塑机产品在环保行业应用增长明显。完成内销营业收入 54 147.28 万元，同比增长 26.25%，占比 68.34%。

2018 年下半年，中美贸易摩擦升级；美联储持续加息，强势美元使较多发展中国家（如土耳其、巴西等）本国货币汇率贬值至多年新低，较大程度影响了其进口购买力。2018 年，公司外销收入 25 086.95 万元，同比下降 8.53%，占比 31.66%。泰瑞机器发挥外销出口地分散、经销商合作紧密的传统优势，采用不同区域市场力推特色优势产品的策略，巩固了市场份额。同时，投资启动了以葡萄牙为支点的区域营销网络中心，未来有序推进土耳其、墨西哥的区域营销网络中心建设。

2018 年泰瑞机器国内外收入成本情况见表 2。2018 年泰瑞机器不同产品收入成本情况见表 3。2018 年泰瑞机器注塑机产销存情况见表 4。

**表 2　2018 年泰瑞机器国内外收入成本情况**

| 区域 | 营业收入（万元） | 同比增长（%） | 营业成本（万元） | 同比增长（%） | 毛利率（%） | 比上年增加 |
|---|---|---|---|---|---|---|
| 国内 | 54 147.28 | 26.25 | 41 435.52 | 26.38 | 23.48 | -0.08 个百分点 |
| 国外 | 25 086.95 | -8.53 | 14 890.44 | -7.54 | 40.64 | -0.64 个百分点 |

**表 3　2018 年泰瑞机器不同产品收入成本情况**

| 产品 | 营业收入（万元） | 同比增长（%） | 营业成本（万元） | 同比增长（%） | 毛利率（%） | 比上年增加 |
|---|---|---|---|---|---|---|
| 注塑机 | 77 189.09 | 12.85 | 54 847.59 | 15.87 | 28.94 | -1.85 个百分点 |
| 配件及劳务 | 2 045.14 | 6.62 | 1 478.36 | -4.76 | 27.71 | 8.64 个百分点 |

表4　2018年泰瑞机器注塑机产销存情况

| 项目 | 单位 | 2018年 |
|---|---|---|
| 生产量 | 台 | 2 133 |
| 同比增长 | % | 9.78 |
| 销售量 | 台 | 1 873 |
| 同比增长 | % | -8.72 |
| 库存量 | 台 | 359 |
| 同比增长 | % | 262.63 |

**科技研发**　2018年，泰瑞机器研发费用总额3 587.41万元，较2017年同期增长23.07%。随着募投项目逐步实施，DE全电动注塑机全系列、DH二板双色系列注塑机、DH二板水平转盘对射注塑机相关开发工作以及DH二板注塑机进一步改进优化工作已完成。

全电动注塑机、大型二板注塑机已进入量产阶段。进一步完善DT标准系列、J系列、单缸注射系列、多物料系列转盘结构，启动DT系列等新款产品开发项目，并着重优化软件。

2018年，泰瑞机器也加大了软件开发投入，完成注塑机产品通信连接和通信测试，进一步改进优化注塑机联网系统。

**发展战略**　面对客户的不同需求和行业内的发展变化，公司仍将不断研发并生产大型、智能、快速、精密、节能注塑机，丰富并优化产品结构，加快产品升级换代，开发及生产适用于更多领域的新产品，并与公司现有产品线协同发展，积极为不同行业客户提供解决方案及应用服务。

就中期发展目标而言，公司将巩固并保持现有注塑机产品的传统优势，积极发展二板式注塑机和全电动注塑机，重点研发大型、智能、快速、精密、节能注塑机，将公司打造成为注塑机国际主流供应商和提供以公司注塑机为中心的自动化、智能化生产整体解决方案的国际主流服务商。

改造和优化现有的注塑机生产线布局，使之更适合重点发展的二板式注塑机、全电动注塑机和现有各类产品的柔性化生产要求，进一步提升各类注塑机产品的生产能力。

研发工作重点将围绕8 000kN以上大型液压直锁二板式注塑机系列化研发及应用、6 000kN以下直驱式全电动注射成型机、可编程的智能化控制技术、高分子材料先进成型技术、先进液压传动及控制技术等方面开展，打造以公司注塑机为核心，在模具、供料、取件、检测、包装、清理等全部塑料产品制造中全流程智能化、无人化、信息化的整体解决方案。

# 江苏诚盟装备股份有限公司

## 诚盟装备（831031）

**概况**　诚盟装备致力于各类高分子材料（塑料、橡胶、化纤等）及高黏物料体系为主体对象的成套装备的研发、生产、销售，提供以混炼改性造粒设备为代表的常规通用产品、以一步法成套装备为代表的升级改造成品、各类创新开发产品三大主要类型产品。装备集成化程度高且多为非标设备，需量身定制。

**经营状况**　2018年，公司实际完成营业收入12 566.32万元，较上年同期增长3.29%；营业成本9 321.77万元，较上年同期增长1.20%；归属于挂牌公司股东的净利润-670.05万元；经营活动产生现金流量净额为1 225.4万元，毛利率为25.82%，较上年同期增加1.53个百分点。主要收入来源如下：

第一，为量大面广、具有较大通用性的典型塑料专用料市场（如各类电缆料领域）提供较为标准定型的成套生产线，并设计有多种不同流程的标准套餐配置，满足细分市场的差异化需要。

第二，针对各类具有较高要求的，尤其是众多具有新材料新工艺背景的客户群，提供具有更高附加值的专业化定制产品和一揽子服务。在深入的售前交流和专项实验测试分析的基础上，提供系统集成的、个性化的、完整解决问题的方案，实现高分子材料工艺技术和装备技术的深度融合。

第三，通过增加理化试验室及实验设备等相关研发投入，拓展新材料、新工艺、新技术，建立以创新型产品引领市场导向的营销模式。

由于公司主营产品为非标准件，报告期内产品销售单价较高且产品采购成本逐步得到控制并降低，因此报告期内整体毛利率较上年小幅提高，毛利率为25.82%，较上年同期增长1.53个百分点。2018年诚盟装备主要指标完成情况见表1。2018年诚盟装备不同产品收入情况见表2。

**表1　2018年诚盟装备主要指标完成情况**

| 项目 | 单位 | 2018年 | 2017年 | 同比增长（%） |
|---|---|---|---|---|
| 营业收入 | 万元 | 12 566.32 | 12 166.55 | 3.29 |
| 主营业务收入 | 万元 | 1 785.70 | 1 365.37 | 3.70 |
| 毛利率 | % | 25.82 | 24.29 | 1.53个百分点 |
| 归属于挂牌公司股东的净利润 | 万元 | -670.05 | 178.48 | |
| 归属于挂牌公司股东的扣除非经常性损益后的净利润 | 万元 | -696.68 | -47.95 | |
| 加权平均净资产收益率（依据归属于挂牌公司股东的净利润计算） | % | -3.41 | 0.81 | |
| 加权平均净资产收益率（归属于挂牌公司股东的扣除非经常性损益后的净利润计算） | % | -3.55 | -0.22 | |
| 基本每股收益 | 元 | -0.06 | 0.02 | |
| 资产总计 | 万元 | 32 123.73 | 26 876.43 | 19.52 |
| 负债总计 | 万元 | 12 714.46 | 6 806.36 | 86.80 |
| 归属于挂牌公司股东的净资产 | 万元 | 19 286.87 | 19 956.92 | -3.36 |
| 归属于挂牌公司股东的每股净资产 | 元 | 1.81 | 1.88 | -3.72 |
| 资产负债率（母公司） | % | 36.48 | 24.69 | 11.79个百分点 |
| 资产负债率（合并） | % | 39.58 | 25.32 | 14.26个百分点 |
| 流动比率 | | 1.87 | 2.66 | |
| 利息保障倍数 | | -11.25 | 12.53 | |
| 经营活动产生的现金流量净额 | 万元 | 1 225.40 | -438.25 | |
| 应收账款周转率 | % | 3.37 | 2.29 | 1.08个百分点 |
| 存货周转率 | % | 1.16 | 1.77 | -0.61个百分点 |
| 总资产增长率 | % | 19.52 | 0.17 | 19.35个百分点 |
| 营业收入增长率 | % | 3.29 | 7.43 | -4.14个百分点 |
| 净利润增长率 | % | -456.47 | 6.83 | |

**表2　2018年诚盟装备不同产品收入情况**

| 产品类别 | 2018年收入（万元） | 占营业收入比例（%） | 2017年收入（万元） | 占营业收入比例（%） |
|---|---|---|---|---|
| TSB/H双螺杆系列 | 4 839.77 | 38.51 | 4 938.54 | 40.59 |
| SDJ双阶系列 | 4 517.36 | 35.95 | 4 362.49 | 35.86 |
| GWSH往复机 | 1 911.68 | 15.21 | 1 856.00 | 15.25 |
| DJ单螺杆系列 | 516.89 | 4.11 | 208.34 | 1.71 |
| 配件 | 780.62 | 6.21 | 801.18 | 6.59 |

**经营计划** 面对市场风险，诚盟装备进行了战略调整，向高端智能化、大型化、节能环保的方向发展，向以一步法成套装备为代表的升级改造产品和各类创新开发产品的新兴市场方向发展。

公司将加大对产品升级创新的投入，逐步替代传统产品，同时也继续深耕传统产品，稳定市场份额，形成新的商业模式，向更高水平、更高效率的方向加速迈进。

2019 年，诚盟装备继续加大传统通用型产品升级改造的力度，强化向上下游配套的扩展延伸和成套装置的集成化。继续加强高聚物装备技术与高分子新材料、新工艺的融合，注重实现专项技术的创新提升。在混炼装备领域，推动改变国内同向双螺杆挤出机一枝独秀的格局，加大往复式单螺杆混炼机和双转子连续混炼机的推广力度，向混炼装备多元化方向发展。继续深化加工制造技术的升级完善，增加先进加工设备的投入，提升新产品的制造加工能力。继续加大新产品开发和市场化转化力度，重点创新研发或推广的项目有：SCP 新装备在新型高分子材料聚合反应及大容量脱挥后处理领域的技术开发与市场化拓展应用；LFT-D 玻纤增强混炼成型一步法成套装备技术深化开发与市场开拓；超临界二氧化碳发泡挤出成套装备技术，力争实现工业化的开发应用；石塑包装材料混炼挤出成套设备。

# 浙江双林环境股份有限公司

## 双林环境（832111）

**概况** 双林环境立足于塑料管道成套装备行业，主要产品和服务为塑料管道成套装备、智慧地下管网系统服务，主要经营建筑给排水管材设备、市政给排水管道设备两大系列。目前拥有聚乙烯结构壁管缠绕生产技术、超大直径聚乙烯实壁管挤出生产技术、PEX-b 一步法硅烷交联聚乙烯管挤出生产技术、PE-RT/PP-R 管高速生产技术等十余项自主研发核心技术，拥有大口径钢板网铆塑复合压力管及制作方法、五层共挤塑管成型模等 33 项发明专利和 136 项实用新型专利。浙江省双林聚合物管道成型装备与智慧管网系统研究院被认定为省级企业研究院。

**经营状况** 报告期内，实现营业收入 21 899.88 万元，较上年增长 80.74%，营收能力有大幅增长；报告期末，归属于挂牌公司股东的净利润 -651.57 万元，较上年减亏 2 677.37 万元，报告期营业收入增长主要受以下产品线拉动：生产线营业收入增长 81.06%，配件营业收入增长 264.81%，塑料粒子营业收入增长 42.22%，管材营业收入增长 5.07%，公司新产品水系统实现营业收入 1 568 万元，产品质量得到提升。

2018 年借助国家宏观政策利好及企业自身的产品延伸优势，双林环境着手进入环保领域，开发出旋流式雨水收集装置、小型生活污水处理系统等环保产品。一体化小型生活污水处理装置在余杭经济技术开发区的农村生活污水项目已进入装置安装阶段，该装置的企业标准也已推出。2018 年 7 月 11 日，双林环境牵头的两个行业标准《活性污泥法一体化污水处理装置》《塑料雨水调蓄罐》获得国家工信部立项。该板块产品已经成为公司新的业务增长点。2018 年双林环境主要指标完成情况见表 1。

**表 1　2018 年双林环境主要指标完成情况**

| 项目 | 单位 | 2018 年 | 2017 年 | 同比增长（%） |
|---|---|---|---|---|
| 营业收入 | 万元 | 21 899.88 | 12 116.89 | 80.74 |
| 主营业务收入 | 万元 | 20 607.08 | 11 838.21 | 74.07 |
| 毛利率 | % | 29.86 | 29.36 | 0.50 个百分点 |
| 归属于挂牌公司股东的净利润 | 万元 | -651.57 | -3 328.92 | |
| 归属于挂牌公司股东的扣除非经常性损益后的净利润 | 万元 | -869.23 | -3 489.85 | |
| 加权平均净资产收益率（依据归属于挂牌公司股东的净利润计算） | % | -5.05 | -22.36 | |
| 加权平均净资产收益率（归属于挂牌公司股东的扣除非经常性损益后的净利润计算） | % | -6.74 | -23.44 | |
| 基本每股收益 | 元 | -0.11 | -0.57 | |
| 资产总计 | 万元 | 31 178.31 | 30 805.01 | 1.21 |
| 负债总计 | 万元 | 18 605.22 | 17 580.37 | 5.83 |
| 归属于挂牌公司股东的净资产 | 万元 | 12 573.09 | 13 224.66 | -4.93 |
| 归属于挂牌公司股东的每股净资产 | 元 | 2.17 | 2.28 | -4.83 |
| 资产负债率（母公司） | % | 53.74 | 52.46 | 1.28 个百分点 |
| 资产负债率（合并） | % | 59.67 | 57.07 | 2.60 个百分点 |
| 流动比率 | | 1.25 | 1.31 | |
| 利息保障倍数 | | -1.48 | -6.96 | |
| 总资产增长率 | % | 1.21 | -1.02 | 2.23 个百分点 |
| 营业收入增长率 | % | 80.74 | -22.18 | |
| 净利润增长率 | % | 80.43 | -378.68 | |

**市场销售**　报告期内，双林环境通过技术研发增加新生产线和管材销售，打破销售人员分区域销售模式进一步拓展客户，提高了市场占有率。研发的高速双壁波纹管生产线，采用 PLC 控制系统、人机对话界面，操作简便，可单机调整、全线联动，自动故障报警，生产稳定、节能、高效，是管道设备市场接受程度较高的直接挤出成型设备。2018 年双林环境国内外营业收入情况见表 2。2018 年双林环境不同产品收入情况见表 3。

**表 2　2018 年双林环境国内外营业收入情况**

| 区域 | 2018 年营业收入（万元） | 占比（%） | 2017 年营业收入（万元） | 占比（%） |
|---|---|---|---|---|
| 国内 | 19 335.58 | 88.29 | 10 911.63 | 92.17 |
| 国外 | 2 564.30 | 11.71 | 926.58 | 7.83 |

**表 3　2018 年双林环境不同产品收入情况**

| 产品类别 | 2018 年收入（万元） | 占主营业务收入比例（%） | 2017 年收入（万元） | 占主营业务收入比例（%） |
|---|---|---|---|---|
| 生产线 | 8 595.84 | 41.71 | 4 747.39 | 40.10 |
| 单机 | 980.68 | 4.76 | 1 245.73 | 10.52 |
| 配件 | 3 569.35 | 17.32 | 978.40 | 8.26 |
| 管材 | 2 907.82 | 14.11 | 2 767.59 | 23.38 |
| 塑料粒子 | 2 985.40 | 14.49 | 2 099.10 | 17.73 |
| 水系统 | 1 568.00 | 7.61 | | |

# 无锡灵鸽机械科技股份有限公司

## 灵鸽科技（833284）

**概况** 灵鸽科技基于物料处理经验及动态称重技术，专业生产制造自动化装备及系统，同时为客户提供工程咨询、物料测试、操作培训、售后服务和技术支持等服务。主要产品有失重式喂料机、自动配料系统、物料输送系统和塑料辅机。2018 年 11 月，被评为江苏省服务型制造示范企业。

**经营情况** 2018 年，灵鸽科技实现营业收入 7 806 万元，较上年下降 11.94%。报告期内，公司继续在改性塑料及锂电新能源自动化配料、输送系统行业拓展市场。加大了对锂电智能化连续匀浆系统的研发投入，首条生产型锂电智能化连续匀浆上料系统成功安装，实现了锂电新能源行业应用的新突破。与此同时，最新推出智能微量小料配料系统，应用于各种小料的自动化称量配料，大幅度降低了多种料配料的人工成本，避免配料错误，提高了配方精准度。2018 年灵鸽科技主要指标完成情况见表 1。

**表 1 2018 年灵鸽科技主要指标完成情况**

| 项目 | 单位 | 2018 年 | 2017 年 | 同比增长（%） |
|---|---|---|---|---|
| 营业收入 | 万元 | 7 806.00 | 8 864.73 | -11.94 |
| 主营业务收入 | 万元 | 7 778.20 | 8 848.33 | -12.09 |
| 毛利率 | % | 24.96 | 39.85 | -14.89 个百分点 |
| 归属于挂牌公司股东的净利润 | 万元 | -1 153.05 | 1 455.47 | |
| 归属于挂牌公司股东的扣除非经常性损益后的净利润 | 万元 | -1 239.27 | 1 412.45 | |
| 加权平均净资产收益率（依据归属于挂牌公司股东的净利润计算） | % | -11.56 | 17.65 | -29.21 个百分点 |
| 加权平均净资产收益率（归属于挂牌公司股东的扣除非经常性损益后的净利润计算） | % | -12.42 | 17.13 | -29.55 个百分点 |
| 基本每股收益 | 元 | -0.18 | 0.23 | |
| 资产总计 | 万元 | 13 527.68 | 13 827.38 | -2.17 |
| 负债总计 | 万元 | 4 190.40 | 3 140.87 | 33.42 |
| 归属于挂牌公司股东的净资产 | 万元 | 9 337.28 | 10 683.48 | -12.60 |
| 归属于挂牌公司股东的每股净资产 | 元 | 1.47 | 1.68 | -12.50 |
| 资产负债率（母公司） | % | 30.39 | 22.54 | 7.85 个百分点 |
| 资产负债率（合并） | % | 30.98 | 22.71 | 8.27 个百分点 |
| 流动比率 | | 2.78 | 4.23 | |
| 总资产增长率 | % | -2.17 | 71.14 | |
| 营业收入增长率 | % | -11.94 | 9.11 | -21.05 个百分点 |
| 净利润增长率 | % | -179.55 | -33.38 | |

**市场销售**　2018 年 2 月，灵鸽科技成功通过世界第二大食品企业亿滋公司供应商审核，亿滋公司向市场提供奥利奥、卡夫、怡口莲等近两百个顶级品牌食品，拥有 170 多家分工厂。未来公司智能化设备将有机会全面进入这些食品的生产线。2018 年灵鸽科技不同产品收入情况见表 2。

**表 2　2018 年灵鸽科技不同产品收入情况**

| 产品类别 | 2018 年收入（万元） | 占营业收入比例（%） | 2017 年收入（万元） | 占营业收入比例（%） |
|---|---|---|---|---|
| 失重称 | 2 722.26 | 34.87 | 3 571.59 | 40.29 |
| 配混输送系统 | 2 275.33 | 29.15 | 2 548.60 | 28.75 |
| 切粒机 | 297.51 | 3.81 | 395.17 | 4.46 |
| 液体称 | 291.38 | 3.73 | 354.10 | 3.99 |
| 锂电材料集成系统 | 2 143.68 | 27.46 | 1 894.65 | 21.37 |
| 配件类 | 75.83 | 0.98 | 100.61 | 1.14 |

**科技研发**　报告期内，投入研发费用 675.5 万元，占营业收入的 8.65%，同比增长 39.04%。主要原因为：报告期末研发人员较上期增加 13 人，薪酬支出增加；增加对锂电项目的研发投入，新增高镍三元生产试验线、锂电池正负极材料连续匀浆成套装备研发项目，相应增加人工支出 32.41 万元，增加直接原材料、辅料等支出 183.8 万元。

报告期内新增实用新型专利 5 项，申请发明专利 3 项。实现了对锂电自动化配料及输送系统的技术难点攻克及改造升级，并改进部分产品技术性能。

报告期内公司投入研发的项目主要有真空粒料接收器 VR150、高镍三元生产试验线、锂电池正负极材料连续匀浆成套装备、真空上料机 VP100、粉料投料站 FSP500，在提高称重计量产品精准度、稳定性、智能化的基础上加强对锂电行业尤其是锂电匀浆产线的试验和改良。目前真空粒料接收器 VR150、真空上料机 VP100、粉料投料站 FSP500 三个项目已全部完成并实现量产，用户反馈各项性能指标均达到要求且工作可靠、稳定，使用效果良好。

**经营计划**　拟在 2019 年以原有的改性塑料、环保等行业为基础，继续深入自动化配料及输送系统在锂电新能源领域的应用，并探索在食品行业的应用，同时加大智能微量小料配料系统的推广和应用。主要投资资金来源于自有资金及前期募集资金。

# 震雄集团有限公司

## 震雄集团（00057）

**经营情况**　2018 年，全球经济复苏乏力、美国与多个国家发起多轮贸易争端、地缘政治冲突不断，给经济造成极大的困扰。在这种动荡的大环境下，震雄集团在第一季度虽然势头良好，但上半年营业额受到实时影响，只略微增长；而在下半年，全球经济形势急剧恶化，集团凭借新产品在市场中的良好口碑，在最大程度上减少下半年情况急剧恶化带来的冲击，全年营业额仅轻微下跌。截至 2019 年 3 月 31 日财政年度，震雄集团实现营业额 16.36 亿港元，较上年轻微下跌 1.92%。

竞争激烈、市场观望气氛浓厚、原材料价格上升等是集团盈利下降的直接原因。权益持有人应占溢利为 9 000 万港元。每股基本盈利为 14.3

港仙。权益持有人应占溢利已包含了本财政年度比上年多扣除的额外汇兑净亏损 1 200 万港元，以及额外投资物业增值 4 200 万港元。震雄集团报告期内财务指标情况见表 1。

**表 1　震雄集团报告期内财务指标情况**

| 项目 | 单位 | 2019 财年 | 2018 财年 | 同比增长（%） |
|---|---|---|---|---|
| 收益 | 万港元 | 163 593.80 | 166 787.90 | -1.92 |
| 除税前溢利 | 万港元 | 12 400.70 | 12 914.30 | -3.98 |
| 权益持有人应占溢利 | 万港元 | 9 027.90 | 10 187.70 | -11.38 |
| 资产总值 | 万港元 | 345 174.50 | 369 570.00 | -6.60 |
| 股东权益 | 万港元 | 275 193.20 | 286 782.70 | -4.04 |
| 已发行股本 | 万港元 | 6 305.30 | 6 305.30 | 0.00 |
| 流动资产净值 | 万港元 | 161 255.60 | 167 554.20 | -3.76 |
| 每股基本盈利 | 港仙 | 14.30 | 16.20 | -11.73 |
| 每股现金股息 | 港仙 | 7.00 | 8.00 | -12.50 |
| 每股资产净值 | 港元 | 4.40 | 4.60 | -4.35 |
| 平均股东权益回报率 | % | 3.20 | 3.70 | -0.5 个百分点 |
| 平均资产总值回报率 | % | 2.50 | 2.90 | -0.7 个百分点 |

**市场销售**　财政年度内，世界经济继续温和增长，但动力有所放缓。欧元区经济保持稳步增长，一些主要的发展中国家经济实现了不同程度的复苏。震雄集团本年度在美国、南美（尤其是巴西）及欧洲等国家和地区都获得良好的业绩增长；亚洲及印度市场的表现未及预期，只维持平稳增长；中东则是地缘政治动荡的重灾区。集团的整体海外营业额较上年同期增长约 7% 至 4.49 亿港元。内地的营业额只比上年同期下跌 5% 至 10.62 亿港元。

虽然市场氛围极其恶劣，集团的“第六代”MK6 系列高速机型以及二板式大型注塑机仍然获得不错的销售。

**科研开发**　2018 年是震雄集团成立 60 周年。集团于 2018 年 12 月 12 日在顺德厂区举办了第一届震雄超级新产品嘉年华，邀请近 700 名客户及合作伙伴参加，推出了四款全新产品，分别是：高端全电式注塑机 SPARK“星火”系列、MK6e 演化版高性价比注塑机系列、MK6 第六代延伸至 16 000kN 大型机、MK6 XL 版超大射胶量注塑机。其中，SPARK“星火”系列全电式注塑机在性能、稳定性、可靠性或售价上极具市场优势；MK6e 适用性广且性价比极高，能有效地细分市场应用场景，是 MK6 的自然延伸、自然演化。未来，震雄将继续加强二板式大型注塑机的设计及优化。

集团在所有主要生产基地继续重点实施“7S”及全员生产性保全（TPM）项目工作，改善生产现场环境及设备状态，提升人员及设备的效益。在顺德的震德厂房投入新的全自动化智能液压缸盖生产线作为试点，获得了圆满成功。集团在未来将更广泛地使用自动化解决方案。

# 大同机械企业有限公司

## 大同机械（00118）

**经营状况**　2018 年，受机械制造业务、注塑制品及加工业务和贸易业务拉动，集团的销售收入增长 9.6% 达到 268 245.2 万港元。毛利约 43 715.8 万港元；毛利率为 16.3%。集团致力提升产能，并加强对生产成本（包括劳动成本）的控制，从而改善毛利率。

本年度，集团聚焦不同业务的高利润产品以及相关客户行业。经营溢利增至 7 698.7 万港元，同比增长 21.5%；年度溢利约为 8 875.2 万港元，是上年的 2 倍，这其中包括出售一家间接全资附属公司的隶属非经常性收益约 4 458.8 万港元。2018 年大同机械财务指标情况见表 1。

**表 1　2018 年大同机械财务指标情况**

| 项目 | 单位 | 2018 年 | 2017 年 |
|---|---|---|---|
| 收入 | 万港元 | 268 245.2 | 244 684.8 |
| 除税前溢利 | 万港元 | 10 821.9 | 4 992.6 |
| 本公司权益持有人应占溢利 | 万港元 | 7 405.2 | 2 728.4 |
| 资产总值 | 万港元 | 273 169.3 | 277 065.9 |
| 负债总值 | 万港元 | 133 140.8 | 147 852 |
| 净流动资产 | 万港元 | 63 028.4 | 53 454 |
| 股本 | 万港元 | 60 902.7 | 53 290.3 |
| 每股基本盈利 | 港仙 | 9.36 | 3.80 |

**机械制造业务**　2018 年，机械制造业务在内地市场销售增长，增长主要源于 2017 年下半年汽车零部件、日用品及基建行业的销售订单。2018 年下半年，内地市场及投资氛围出现不明朗迹象并预期将来持续，自第三季度开始，注塑机的销售订单有所回落。集团继续实施严格的成本控制及措施，尤其是通过信贷监控、存货及现金流管理，降低整体营运风险。

此外，集团于 2016 年年底开展的机械制造业务重组计划（主要为精简组织架构及提升现有产能）仍在持续进行中。该业务已重新分配现有资源、调整业务方针（特别是重整出口销售团队）及调整两个主要注塑机生产厂房的产品。2018 年的产能及效率已得到提升。

已推出的最新第三代伺服驱动注塑机及优化设计、提升功能后的二板机系列注塑机受客户欢迎。“iSee 4.0”系统经过多年的开发及实施，连接平台的客户在 2018 年大幅增加。该系统及平台是未来机器制造业务的重要领域。

就挤出机和橡塑机械制造业务而言，集团持续发展及改善其功能及设计，投入大量精力用于供应链管理、质量改善、内部程序及管理优化。此外，为了满足内地较高的汽车排放标准及新能源汽车的要求，该业务未来数年的重点将是开发该类汽车所用的多层尼龙复合油管。大同机械所得款项净额部分使用情况见表 2。

**表 2　大同机械所得款项净额部分使用情况**

| 项目 | 计划（万港元） | 实际（万港元） |
|---|---|---|
| 用作机械制造业务、注塑制品及加工业务以及工业消耗品贸易业务的资本及流动资金 | 2 280 | 550 |
| 机械制造业务的研发 | 1 520 | 195 |
| 投资于机械制造业务、注塑制品及加工业务以及工业消耗品贸易业务的厂房及机械 | 1 900 | 225 |
| 机械制造业务的重组 | 760 | 130 |

注：根据完成日期为 2018 年 6 月 27 日至 12 月 31 日所得款项净额进行的用途分析。

# 力劲科技集团有限公司

## 力劲科技（00558）

**概况** 力劲科技集团有限公司从事压铸机、注塑机及计算机数控(CNC)加工中心三大系列产品的设计、制造及销售，在台中、深圳、中山、宁波、上海、阜新、昆山以及海外的意大利设有生产基地及研发中心，在美国及印度设有销售及服务公司，在阜新经营一家铸件厂用于生产钢铁铸件。2019年是力劲集团成立40周年。

**经营状况** 2018年面临复杂多变的外部环境，面对国内汽车市场整体下滑的不利局面，集团营业额和盈利均为负增长。截至2019年3月31日的12个月内，集团实现营业额360 444.9万港元，较上年的372 853.3万港元下降3.3%；受国内市场销售收入下滑的影响，集团股本持有人应占溢利为19 067.6万港元，较上年下降20.9%；受市场竞争异常激烈、原材料价格上涨等因素影响，集团整体业务毛利率为24.7%，较上年减少2.3个百分点。

受宏观经济增速回落、中美贸易摩擦以及消费信心等因素的影响，汽车行业增速持续放缓，短期内工业设备行业面临较大的压力。报告期内，集团在国内市场收入为271 513.4万港元，较上年下降8.4%；国外市场方面，美国市场出现较大调整，在过去两年的大幅增长后，企业投资需求走缓，集团于报告期内实现海外营业额88 931.5万港元，同比增长16.3%。报告期内力劲科技指标情况见表1。

**表1 报告期内力劲科技指标情况**

| 项目 | 2019财年（万港元） | 2018财年（万港元） | 同比增长（%） |
|---|---|---|---|
| 收入 | 360 444.9 | 372 853.3 | -3.3 |
| 除所得税前溢利 | 25 377.2 | 32 733.7 | -22.5 |
| 所得税开支 | −6 309.6 | −8 634.9 | |
| 年内溢利 | 19 067.6 | 24 098.8 | -20.9 |
| 应占溢利 | 19 067.6 | 24 098.8 | -20.9 |
| 本公司拥有人 | 19 067.6 | 24 166.9 | -21.1 |
| 非控股权益 | 0.0 | −68.1 | |
| 资产总值 | 522 078.4 | 564 779.7 | -7.6 |
| 负债总额 | −307 222.4 | −340 750.3 | |
| 本公司拥有人应占权益 | 214 856.0 | 224 029.4 | -4.1 |

报告期内，集团注塑机业务营业额为94 850.9万港元，比上年的107 891.5万港元下滑12.1%。受美国2018年7月开始实施的针对中国货品的进口关税政策影响，注塑机下游行业如家用电器、3C等行业下行压力较大，导致注塑机企业竞争异常激烈。

# 海天国际控股有限公司

## 海天国际（01882）

**经营状况**　在复杂的内外经济和政治环境下，海天国际取得了不错的全年业绩。截至 2018 年 12 月 31 日，年度销售收入达到 108.51 亿元，较 2017 年增长 6.5%。自 2017 年年底起，原材料价格回升，使得公司毛利率较上年减少 3.7 个百分点至 31.6%。

**市场销售**　国内市场，销售额相比 2017 年增长 4.6% 至 73.11 亿元，占总销售收入的 67.4%。国外市场，美国市场销售额有所下降，但由于公司之前加大了对德国、土耳其等国家的投资力度，这些地区销售明显增加，再加上巴西、俄罗斯和东南亚等新兴市场对注塑机需求的回升，出口销售额创历史新高，较 2017 年增长 9.4% 至 32.32 亿元，占总销售收入的 29.8%。2018 年海天国际指标完成情况见表 1。

**表 1　2018 年海天国际指标完成情况**

| 项目 | 单位 | 2018 年 | 2017 年 | 同比增长（%） |
|---|---|---|---|---|
| 收入 | 亿元 | 108.51 | 101.86 | 6.5 |
| 毛利 | 亿元 | 34.26 | 35.97 | -4.7 |
| 经营利润 | 亿元 | 22.37 | 23.73 | -5.7 |
| 本公司股东应占利润，撇除因债券价格变动所致的可换股债券公允价值变动 | 亿元 | 18.13 | 21.01 | -13.7 |
| 本公司股东应占利润 | 亿元 | 19.17 | 20.05 | -4.4 |
| 资产总值 | 亿元 | 187.93 | 182.93 | 2.7 |
| 负债总额 | 亿元 | 68.65 | 77.32 | -11.2 |
| 每股基本盈利 | 元 | 1.20 | 1.26 | -4.4 |
| 第二期中期股息 | 港元 | 0.19 | 0.27 | -29.6 |
| 全年股息（包括中期股息） | 港元 | 0.44 | 0.52 | -15.4 |

公司主要产品 Mars 系列对经济环境的变化较为敏感，由于国内整体经济增速有所减缓，该系列产品销售由 2017 年的 70.73 亿元减少至 2018 年的 68.73 亿元，同比下降 2.8%。但公司一直贯彻的小型注塑机电动化及大型注塑机二板化的业务发展战略与市场产业升级、更新换代的需求相吻合，长飞亚电动系列注塑机和二板注塑机的占比不断提高，2018 年销售额分别达 15.14 亿元及 15 亿元，同比分别增长 49.8% 和 13.4%。Mars 系列产品 2018 年销量轻微下滑，原因之一是更多的客户选择了海天的小型电动注塑机，而电动注塑机 2018 年销量的显著增长也抵消了 Mars 系列产品销量的轻微下滑。2018 年度，电动注塑机占小型注塑机的销售比例为 22.9%，较 2017 年增加 7.1 个百分点；二板注塑机占中大型注塑机的销售比例为 38.2%，较 2017 年增加 0.9 个百分点。2018 年海天国际不同产品收入见表 2。

**表 2　2018 年海天国际不同产品收入**

| 产品类别 | 2018 年（亿元） | 占比（%） | 2017 年（亿元） | 占比（%） |
|---|---|---|---|---|
| Mars 系列（节能注塑机） | 68.73 | 63.3 | 70.73 | 69.4 |
| 长飞亚电动系列注塑机 | 15.14 | 14.0 | 10.11 | 9.9 |
| Jupiter 系列（二板注塑机） | 15.00 | 13.8 | 13.23 | 13.0 |
| 其他系列 | 6.56 | 6.1 | 5.37 | 5.3 |
| 部件 | 3.08 | 2.8 | 2.42 | 2.4 |
| 总计 | 108.51 | 100.0 | 101.86 | 100.0 |

**经营计划**　海天国际大力进行内部改革并把 2019 年定为管理创新年，积极倡导员工增值的概念，引入 CRM、企业微信等信息化手段，实现对员工个人的量化管理，从而提高整个公司的整体价值和竞争能力，以此应对未来经济的不确定性。同时在管理创新中大力引入集成产品开发（IPD）新理念，基于 IPD 模式的销售、技术和应用服务工作让公司能够更加贴近市场需求、提高响应速度。随着公司业务不断向海外拓展，海天国际继续加大全球投资力度，进一步加强海外制造中心、装配中心、应用中心、销售中心和服务中心的分层建设，达到加速布局全球业务的目标。

公司坚持研发创新，于 2019 年年初全面推出第三代注塑机和高速注塑机。其中，第三代注塑机在技术方面全面提升，性价比更高；高速注塑机则聚焦中高端市场的不同应用。海天国际正逐步向行业最高点前进，在获得行业单项冠军的同时，继续努力开发新产品，努力成为各个领域的单项冠军。

# 广东乐善智能装备股份有限公司

## 乐善智能（871695）

**经营状况**　报告期内，公司整体经营情况稳定，市场范围逐渐扩展，品牌和市场地位不断强化。

在 2018 年全球经济不景气的情况下，公司实现营业收入 14 994.32 万元，同比下降 5.47%。上半年主力开发用于洗洁精、奶瓶、机油罐等的全电动高节能系列新产品，下半年公司内部对新产品的性能和稳定性进行测试，2019 年将陆续投放市场。营收下降、原材料价格和人工成本上涨、政府补贴减少等因素导致毛利率比上年下降 3.82%。实现净利润 154.23 万元，同比下降 81.04%。2018 年乐善智能主要指标完成情况见表 1。

**表 1　2018 年乐善智能主要指标完成情况**

| 项目 | 单位 | 2018 年 | 2017 年 | 同比增长（%） |
|---|---|---|---|---|
| 营业收入 | 万元 | 14 994.32 | 15 862.35 | -5.47 |
| 毛利率 | % | 25.84 | 29.66 | -3.82 个百分点 |
| 归属于挂牌公司股东的净利润 | 万元 | 154.23 | 813.57 | -81.04 |
| 归属于挂牌公司股东的扣除非经常性损益后的净利润 | 万元 | 161.01 | 401.47 | -59.89 |
| 加权平均净资产收益率（依据归属于挂牌公司股东的净利润计算） | % | 3.26 | 19.17 | -15.91 个百分点 |

（续）

| 项目 | 单位 | 2018 年 | 2017 年 | 同比增长（%） |
| --- | --- | --- | --- | --- |
| 加权平均净资产收益率（归属于挂牌公司股东的扣除非经常性损益后的净利润计算） | % | 3.41 | 9.46 | -6.05 个百分点 |
| 基本每股收益 | 元 | 0.05 | 0.27 | -81.48 |
| 资产总计 | 万元 | 13 293.30 | 16 323.06 | -18.56 |
| 负债总计 | 万元 | 8 488.58 | 11 672.58 | -27.28 |
| 归属于挂牌公司股东的净资产 | 万元 | 4 804.72 | 4 650.48 | 3.32 |
| 归属于挂牌公司股东的每股净资产 | 元 | 1.58 | 1.53 | 3.27 |
| 资产负债率（母公司） | % | 63.86 | 71.51 | -7.65 个百分点 |
| 流动比率 | | 70.52 | 73.60 | |
| 利息保障倍数 | | 1.35 | 4.99 | |
| 总资产增长率 | % | -18.56 | 13.52 | |
| 营业收入增长率 | % | -5.47 | 17.24 | |
| 净利润增长率 | % | -81.04 | 431.41 | |

**市场销售**　乐善智能产品出口至马来西亚、印度尼西亚、加拿大、泰国、俄罗斯等国家，2017 年、2018 年出口金额分别为 1 313.61 万元和 1 633.78 万元，出口业务收入占当期营业收入的比例分别为 8.55%、10.90%。

2018 年，全球经济下行影响导致订单量下降，公司主营业务收入下降 7.24% 至 14 253.25 万元。其他业务收入上升 49.09%，其原因是：受经济下行影响，投资者增加固定资产的能力下降，从而使旧设备返修率增大，机器配件及维护费用增加。2018 年乐善智能主要产品收入情况见表 2。

**表 2　2018 年乐善智能主要产品收入情况**

| 类别 | 2018 年收入（万元） | 占营业收入比例（%） | 2017 年收入（万元） | 占营业收入比例（%） |
| --- | --- | --- | --- | --- |
| 中空成型机 | 12 700.59 | 84.70 | 13 574.23 | 85.58 |
| 其他 | 1 552.66 | 10.35 | 1 791.07 | 11.29 |

**科技研发**　乐善智能始终重视技术创新，每年约投入销售总额的 5% 用于技术研发。报告期内，在拓展原有产品的基础上，积极研发适应市场需求的新产品。2018 年，技术研发中心在智能化、自动化方面持续加大研发力度，新增专利 25 项，2019 年 1 月新增专利 2 项，共有专利 55 项；同时，在途申请专利 40 项，新技术开发及重大技术改造 20 多项。在推进“互联网 +”方面，公司注重吹瓶设备的人机友好对话，还开发出远程在线维护系统，可远程在线修改吹瓶机运行程序并监测故障。

节能降耗是吹瓶机行业未来发展的重要趋势，乐善智能的伺服电动机驱动吹瓶机节能降耗最高可达 50% ～ 60%，远远超过同行业水平。在节能降耗的基础上，又研发出齿轮锁模技术，该技术仅用 7kW 伺服电动机驱动就能提供 200kN 锁模力，在吹瓶机行业内为首创，市场前景可观。2019 年成功研制出全电动高节能吹瓶机，为公司营收奠定了基础。

# 企业访谈

## 2019年，技术创新+效率升级

### ——广东伊之密精密机械股份有限公司董事、副总经理，注塑机事业部总经理张涛

2018年11月，广东伊之密精密机械股份有限公司（简称伊之密）入选2018亚洲最佳中小上市企业200强榜单。近年来，伊之密取得了许多成就，连续多年入围中国塑料机械行业优势企业名单，并名列前茅。

**请介绍2018年伊之密的运营情况。**

张涛总经理（以下称张总）：2018年是伊之密成立的第16个年头。通过16年的发展，伊之密成长为全球经营的企业，为全球客户提供完整的产品解决方案。在新的技术和应用领域，我们也不断研发，推动行业应用。未来我们希望为更多客户提供高性价比的产品和解决方案。

目前伊之密的产品阵营包括三板伺服油压机、二板机、全电动注塑机、多物料注塑机，并基本构建了覆盖600～34 000kN全系列产品的解决方案体系，应用在下游20个以上的行业。从2018年业绩来看，伊之密主要供应的行业为3C、汽车、家电、包装、医疗、建材等。

2018年，我们确实经历了比较起伏的宏观态势，不管海外还是国内都出现了异常情况，中美贸易摩擦、美国重启对伊朗制裁、国内房地产降温、股市下跌等。种种因素都给2018年带来很多挑战和困难，也让2019年充满不确定性。但我们一直相信，宏观经济有自己的变化周期，困难的时候会有，但整体经济始终是向前发展的。

**诸多不确定因素下，伊之密如何确定长期发展目标和规划？**

张总：战略上，伊之密会做好三年以上的规划，不会因为宏观环境短时的波动做大幅度更改，而且会每年滚动调整。尽管2019年整个市场环境还是存在不确定性，但我们依然有信心做增长的规划，这是基于对国际、国内、行业多种环境因素和条件的综合评估，也是基于自身情况做出的结论。伊之密在产品技术开发、制造领域仍然会不断加大资源投入，为市场开拓提供越来越好的条件。

**将如何做好全球市场的开拓规划？**

张总：首先我们会继续加大对印度市场的投入。过去一年，伊之密正式启动了印度本土机器装配，从运营结果来看发展速度很快，在一些覆盖面较广的区域市场也构建了销售和服务体系，产品也被越来越多的印度客户认可。我们对印度市场的发展非常有信心，会继续加大在印度的资源投入，进一步扩充制造能力，支撑印度工厂未来几年的持续快速成长。

与此同时，我们也会加快欧洲市场的布局。此前我们营销网络已基本覆盖德国以外的欧洲国家，把德国留在最后攻关。因为德国的塑料机械技术在全球是最领先的，客户对机器的性能、品质、服务要求也是最高，所以我们一直希望在合适的时机启动对德国市场的销售。

随着2017年德国伊之密的成立，伊之密也开

始针对欧洲市场开发产品并实现批量销售，这让伊之密具备了进入德国市场的条件。2018 年第四季度我们正式启动了对德国市场的销售，相信德国伊之密公司的发展和德国市场业绩的提升将会带动整个欧洲市场的发展。

对于国内市场，我们会一如既往地加强资源投入。中国市场的占比最重，也是本土市场，在仔细盘点国内营销服务网络的基础上，2019 年我们会在重点区域、局部市场加大资源投入和市场开发的力度，力争在中国市场持续增长。

**工业 4.0、智能制造已经成为业内新发展趋势，伊之密如何应对？**

张总：从伊之密自身来看，我们在规划一些新的生产线时，也会引入智能制造元素，例如导入 SAP 的 ERP 系统管控生产，在物流、生产关键的工序和岗位也引入智能的工具和方法。

未来在智能制造领域，我们将把更多的投入放在推动下游客户和行业引入智能制造体系上。目前我们正在搭建模压成型装备的工业互联网平台。通过这个平台，现阶段企业可以在计算机、手机端监控设备状况、生产进度，实现可视化生产。未来，在很多工厂聚集在这个平台上形成生态后，通过平台就可以实现行业内的产能共享、信息共享、协同制造。工厂根据自己的生产能力和生产档期协同配置上下游材料、零部件、生产设备，组织生产制造，通过应用物联网、云计算、大数据等技术拉动整个行业的资源配置效率，提升行业的智能化水平。

**近年来，伊之密提出“连接中欧”技术，在智能化方面是否也有新的“连接”发生？**

张总：是的，最新的“连接”是与德国自动化科技公司 SAR 集团签署合作协议， 双方将重点在橡塑领域和中国市场技术服务方面展开合作。SAR 成立于 1985 年，在控制技术、自动化和机器人技术领域有相当丰富的经验，著名客户包括宝马、大众、奥迪、保时捷和菲亚特克莱斯勒等。这次双方达成合作协议也是基于未来市场对智能化的需求。在欧洲和美国市场，伊之密将与 SAR 集团联手合作，为共同的终端客户提供复杂项目的自动化解决方案。在亚洲市场，伊之密将为 SAR 的核心业务领域提供技术服务，加强该集团在中国市场服务网络的建设。

另外，2018 年德国伊之密和 IKV 合作推出首款创新产品 ——SPACE A 机器人柔性增材制造系统。它是集成不同制造工艺的机器设备，既可以使用增材制造工艺（俗称 3D 打印），也可以与其他工艺，如镶件、减材制造等相互组合。

SPACE A 不只是一台孤零零的机械设备，还可以被赋予很多智能的功能。例如，定制个性化产品，提高企业生产的灵活度；建立开发者的共享平台，让客户通过 APP 自主设计产品，快速编程，快速打印。

**最后请您说说对企业的寄语。**

张总：不管宏观环境如何变化，制造型企业最重要的基本功仍是技术创新和制造能力。2019 年伊之密会持续加大投入，深入对接德国先进技术，共同推进产品、技术的创新。生产制造上也会进一步推进精益生产，通过 3 ～ 5 年的时间再造整个生产工艺流程，形成高效、精干的生产组织模式，实现快速交付，以比较少的库存满足比较大的产能需求。同时，把制造机器的主要工艺环境标准化、规范化，大幅度减少产品制造过程的质量波动因素，提高人均生产效率。

## 做有尊严的企业，造有“尊严”的设备

——江苏贝尔机械有限公司董事长何德方

江苏贝尔机械有限公司（简称贝尔）成立于 1998 年，旗下拥有江苏贝尔机械有限公司、星贝尔中空成型设备有限公司、麦考瑞进出口有限公司，致力于高效、节能 PE/PP/PPR/PVC 管材挤

出生产线，塑料固废清洗回收生产线，PVC配混、精准计量送料系统，中空成型吹瓶及特种饮料机械四大塑料机械领域。公司为国家级高新技术企业，位列中国塑料挤出成型机10强，张家港塑料机械行业连续10年外贸销售第一，获得“2018年度江苏省科技小巨人企业”称号。

**与国际挤出巨头相比，我国挤出机制造企业还有哪些提升空间？**

何德方董事长（以下称何董）：技术，技术，还是技术，只有技术提升才能让企业保持竞争力。这既是我们纵观国际挤出巨头发展得出的结论，也是我们在自身发展中追求的信念。贝尔一直在环保、自动化、智能化方面研发投入巨大，带来的效果也反映在销售数字上。特别是在2019年上半年，公司收到了以往相对较少的传统欧美工业强国的客户订单，如德国、美国、英国、荷兰、意大利等，说明这些国家对中国制造的印象逐步发生着变化，贝尔高质量、先进智能的产品已经得到了客户的关注。贝尔将不断在制造智能化、生产智能化、产品智能化上下功夫。2017年，贝尔被认定为苏州市“专精特新”示范中小企业。

**贝尔产品的出口比例有多少？如何进一步开拓国际市场？**

何董：贝尔一直致力于成为世界型的塑料机械设备制造商，在国际市场这片广阔天地里捕捉技术进步动态、市场需求，培养队伍。贝尔具有英语、俄语、西班牙语、法语、日语等多语种接单能力的外贸团队，每年参加各类国际展会数十个，足迹遍布五大洲，因此出口业务占贝尔总营收的60%。贝尔设备服务于102个国家和地区，为近1 000家塑料加工客户创造价值。

公司从欧洲引进高端专业技术人才团队，对新产品及公司现有老产品进行技术升级与改造，进一步缩小了国产设备与进口设备在技术水平和满足客户使用习惯方面的差距，为更多的客户提供了高性价比的解决方案。为了更好地开拓国际市场，贝尔还将逐步设立更多的海外代理，建立当地配件仓库，培训当地的售后服务工程师，让国际客户减少对国际贸易的担忧，更好地为客户服务。

**请分享行业在过去一年的重大变化或技术进展。**

何董：近几年是中国塑胶工业高速发展的时期。我们目睹了先进材料的诞生，如石墨烯、超高分子材料等，也见证了智能技术逐渐从概念到普遍应用，如全电系统、机器人等。塑料机械工业的发展依赖于塑料原料、塑料制品加工工业的发展，总的发展趋势是组合结构、专用化、系列化、标准化、复合化、智能化，同时要满足环保、节能、节材、高效的要求，以满足塑料制品加工企业节约成本的需要。特别是2017年国家环保政策的实施，更是明确了未来的发展道路是向绿色节能、再生环保而行的，这是国家可持续发展的战略需要，也是塑料机械行业的必由之路。

## 效率革新，诠释时间的价值

### ——苏州格莱富机械科技有限公司总经理管高峰

即时换模（SMED）也称快速换模，这一概念最早由日本丰田公司提出，旨在减少换模时间。随着社会发展和人民生活水平的提高，市场对产品需求越来越趋向多品种、小批量，客户订单则多倾向于多样化、个性化，这意味着生产企业应在提高生产能力、快速响应客户需求方面下足功夫，这是企业的一大难题和挑战。快速换模尤其是用在大型注塑机上能够显著提升换模效率，降低企业生产成本，减轻员工劳动强度，提升交货能力，提高企业竞争力。苏州格莱富机械科技有限公司（简称格莱富）就是一家专业研发设计、生产销售快速换模系统设备的企业。

**格莱富是快速换模行业的"一匹黑马"，请介绍一下公司市场情况和业绩增长点。**

管高峰总经理（以下称管总）：格莱富产品分为液压快速换模系统、磁力模板快速换模系统、换模台车系统、模具智能仓储系统。公司获国家高新技术企业、江苏省科技型中小技术企业等多项称号，获得 60 多项国家专利。我们拥有强大的研发团队，严格的质量管理体系和完善的售后服务体系，坚持"人无信不立，业无信不恒"的企业价值观。我们将以液压、磁力、换模台车为"三驾马车"，全方位、多层次地服务客户。2019 年格莱富的业绩同比增长 65%，主要原因是：老客户的持续回购，换模台车、磁力新项目全面推向市场，与众多知名企业达成合作关系。

**这两年很多大型汽车配件厂配备了格莱富的换模台车，请简单介绍换模台车的研发使用情况。**

管总：目前国内能制造换模台车的企业少之又少。以前我们的快速换模系统只是做简单的替代锁螺钉的操作，而现在投入了大量的核心技术人员和专家团队，从用户的角度进行需求分析与方案设计，对换模台车、立体仓储系统等进行了深入研发，真正实现了无人化"一键换模"。目前取得的成绩有以下几点：

第一，轨道式换模台车技术相当成熟，换模台车系统已获得国际知名企业大金空调、麦格纳、丰田等的认可。如大金空调三台机器一条产线以前换模需要 2.5 ～ 3h，使用我们"一键换模"系统后，三台机器完成换模仅需 6min，大大节省了换模时间和人力资源，提高了生产效率。

第二，考虑到客户受现有生产场地限制，铺设轨道难度大，空间、时间不允许，我们开发了电动台车，使用电池作为驱动动力进行运模换模。我们彻底解决了电动台车精确对位的难点，台车在运行到一定范围内自动旋转、左右平移，完成全自动精准对位、更换模具。这种换模方式下，10t 的模具一般能够在 10min 内完成换模。

第三，我们与德国企业合作开发了无接触伺服供电的 RGV 换模台车。它是国际首创，是彻底实现不用轨道、不用电池、精准对位、自动导航的全自动化运模换模一体的台车系统。目前这套系统已通过客户验收，安全运转。

**格莱富超薄全钢型磁板还获得了 2019 荣格技术创新奖，请介绍研发情况。**

管总：说到获奖，不得不说格莱富成立虽然仅短短四年，但研发磁板技术已经三年多了。我们聘请了技术专家，与两所高校保持合作关系，目前投产的不仅有传统第二代树脂型磁力模板，还有最新开发的第三代全钢型磁力模板，都是经过厂内无数次的试验、修正，在确保十足安全的情况下才推向市场。力争超越客户需求，为客户提供全方位的服务，与时俱进，不断创新、求变，才能保持企业竞争力。当初开发超薄的磁力模板是因为磁板厚度会影响容模量，即使国外磁板厂商生产的最薄的 37mm 磁板依然不能够满足客户需求。格莱富研发人员开发了厚度仅 28mm、表面为一体化全钢面板的超薄型磁力模板，专门用于小型注塑机，不仅获得了客户的认可，也荣获 2019 荣格技术创新奖。

目前格莱富磁力模板采用了双磁极技术，磁力更强，动定模标配双微距传感器、电流饱和传感器、磁通量饱和传感器，独有的磁力显示系统可以显示数据，让客户放心使用。

**市场上如此多知名企业选用格莱富产品，你们是如何做到的？**

管总：首先感谢客户给我们机会，同时也认同他们精益化管理的理念。与知名公司合作，让我们学到很多先进的企业管理经验。随着小批量定制化的趋势愈发明显，换模愈加频繁，国内家电和汽车产业的许多大型集团公司都是整厂规划使用格莱富的设备，也有一些注塑机主机生产商会配套选购我们的产品。

得到知名企业高度认可的原因归结为以下几点：

第一，产品质量过硬，有严格的质量管理体系，产品系列齐全，液压夹模、电控永磁、换模台车、智能模库等都有很好的研发成果；

第二，价格体系合理，主动让利客户，使其1～2年可以回收投入成本；

第三，完善的服务体系。在全国建立服务网点，售前设计团队根据客户要求提供“量身定做”的技术方案，售后服务团队提供及时、专业、高效的技术服务，力争超越客户需求，为客户提供全方位的服务。

**请介绍格莱富公司的管理模式和未来规划。**

管总：预计在最近两三年内快速换模系统行业会进行洗牌，届时我们将借助强大的技术研发力量，以全方位的客户服务体系为基础，支持注塑、钣金、压铸行业的自动化改造。

每个明智的企业都在专注“练内功”——培训员工、改造设备、自动化升级，格莱富也是如此。苏州研发运营中心已投入使用，南通一期12 000$m^2$的现代智能化工厂即将投入生产。格莱富以苏州为技术资源中心，南通为生产基地，各大重要城市为服务网点，运用新商业模式，把代理商的利益与公司捆绑在一起，锁定销售额增长目标。秉承“匠心智造，至诚分享”的企业理念，格莱富力争成为快速换模行业的领创者。

# 与客户共同成长，做好创新，走差异化道路

## ——宁波伊士通技术股份有限公司总经理夏擎华

**请简要介绍一下伊士通。**

夏擎华总经理（以下称夏总）：伊士通成立于2003年，一直专注于塑料机械自动化控制产品的研发、生产和销售，掌握了塑料机械在设计、控制、工艺、模具等方面的核心技术，产品包括注塑机控制系统、全电动注塑机控制系统、精密液压伺服系统、注塑机物联网系统等。截至2019年4月，公司拥有发明专利6件、实用新型专利16件、外观专利2件。伊士通是全国工业机械电气系统标准化技术委员会塑料机械电气系统标准工作组副组长单位。工作组中，共有3位行业专家来自伊士通。

2013年起，伊士通与工控龙头企业汇川技术开展合作，以实现注塑机伺服技术智能化、方案化为主线，协助行业向工业4.0的目标进军。伊士通始终以协助客户成长、为客户创造价值为首要目标，以培养专业化人才为途径，不断提升竞争力，践行以专业技术推进产业变革的企业使命。

**目前，塑机控制系统领域有不少参与者，伊士通如何看待同行竞争，以及如何做好创新的？**

夏总：伊士通见证了塑料机械行业十多年来的变革与发展。塑料机械行业优势企业相对比较固定，互相之间既是竞争对手又是老朋友。伊士通始终认为，与友商形成良性竞争既是促进企业自身发展的一大因素，又是共同推动行业变革的契机。实现自身的创新和发展，一方面要与客户共同成长，另一方面要与员工共同成长。

伊士通拥有客户70余家，其中既有业内排名靠前的龙头企业，也有成长中的中小型企业，还有不少远在海外的客户。伊士通一直抱着“为客户实现价值，与客户共同成长”的心态，服务客户，成就客户。对一家优秀的供应商来说，客户的成功才是自己的成功。2019年的中国国际塑料橡胶工业展览会（Chinaplas）上，伊士通把展示的主题定在客户服务上，通过把自己定性为一个为客户创造价值的供应商，来展示全电整套系统、注塑机物联网等方案。

目前伊士通共有员工200人，“80后”员工占80%，其中“90后”员工超过50%。在公司管理团队中也有不少是“80后”，甚至“90后”。公司研发团队有73人，销售与服务团队62人。2018年，伊士通研发投入1 400万元，其中500

万元作为人力培养成本。在伊士通，我们的“80后”“90后”年轻人，有的在做技术研究，推动产品的革新；有的在服务一线，不分昼夜地提供服务；也有的远在国外，为争取更多的合作而奔波。我们不断有新鲜血液进入，也有一个适合年轻人发展的环境，相信他们能为公司不断地带来新的变化。

**伊士通与汇川技术合作了多年，合作情况如何？**

夏总：伊士通与汇川，各自有所专长。伊士通在行业内有多年的经验，了解客户核心需求，掌握着核心控制技术；汇川有一个非常大的平台，资源相当雄厚。在我们的合作中，汇川为伊士通提供了很多平台。比如说，我们的产品生产环节都在汇川苏州工厂完成，我们看到的伊士通产品都是由国内领先的生产平台所生产的。再比如，在人才的管理和培养上面，伊士通借鉴了很多汇川的优秀经验，管理水平不断提升。通过合作，伊士通兼具了中型企业的灵活、高效与大型企业的平台与文化。

中国塑料机械工业年鉴2019

# 产品项目与技术

展示获得国家及机械工业奖项的产品项目、2018年塑料机械行业进入国家各类目录的产品，以及新产品

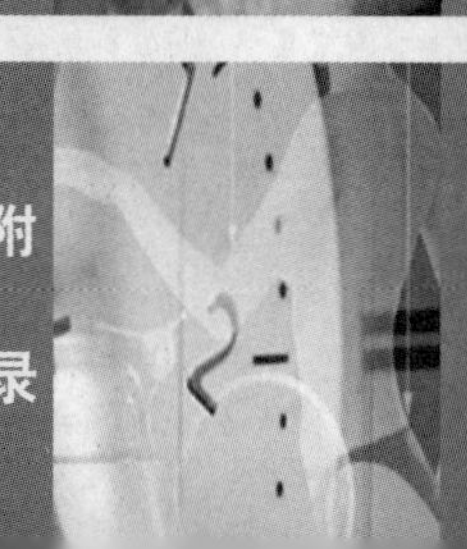

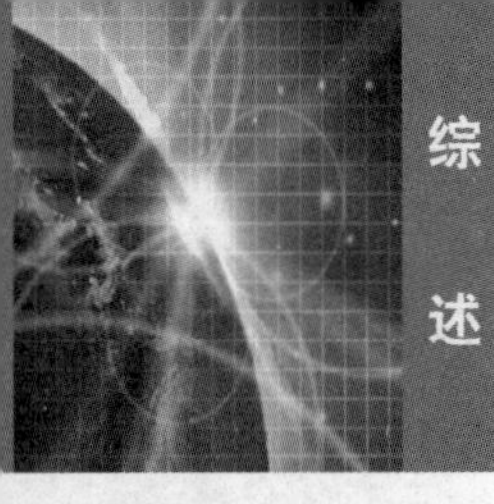
综述

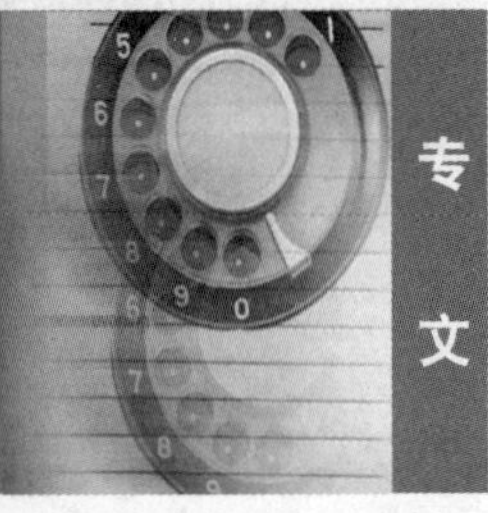
专文

行业与地区发展概况

市场专题

企业概况

产品项目与技术

标准与专利

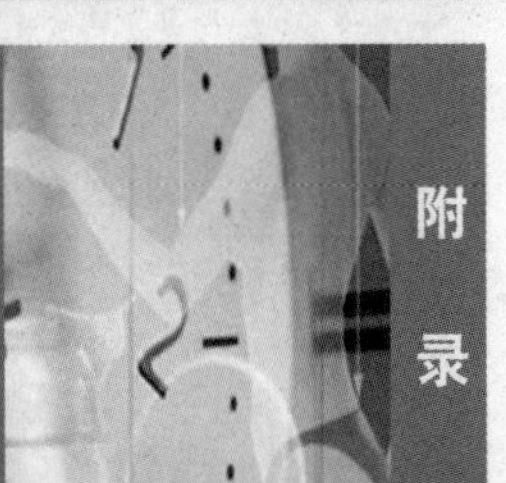
附录

中国塑料机械工业年鉴2019

# 产品项目与技术


2018 年度获国家技术发明奖的塑料机械相关项目

2018 年度中国机械工业科学技术奖奖励项目

产业发展与转移指导目录（2018 年本）（摘录）

“能效之星”产品目录（2018）（摘录）

国家工业节能技术装备推荐目录（2018）（摘录）

Chinaplas 2019 企业展品

2019 德国 K 展企业展品

# 2018年度获国家技术发明奖的塑料机械相关项目

**【项目编号】** F-305-2-03

**【项目名称】** 新型三嗪阻燃剂清洁制备及阻燃塑料加工关键技术

**【主要完成人】** 王琪(四川大学)、刘渊(四川大学)、叶锐(成都玉龙化工有限公司)、陈英红(四川大学)、杨中强(广东生益科技股份有限公司)、何岳山(广东生益科技股份有限公司)

**【获奖等级】** 国家技术发明奖二等奖

**【简介】** 发展绿色安全阻燃塑料制备技术是塑料工业进步的重要标志。我国阻燃技术与世界先进水平差距较大，目前80%的阻燃塑料仍使用有毒有害的传统卤系阻燃剂，存在极大的安全性问题。该项目攻克了环保型三嗪阻燃剂清洁制备及阻燃塑料加工关键技术难题，发明了三嗪阻燃剂分子复合制备方法及规模化清洁生产技术，实现了三嗪阻燃剂MCA超低黏度合成。其反应黏度比传统技术降低2个数量级，比传统合成方法减少溶剂用量80%，实现了三嗪阻燃剂旋转闪蒸连续化生产。发明了原位反应性加工制备阻燃塑料技术，以双螺杆挤出机为反应器，在塑料加工过程中一次性实现三嗪阻燃剂合成和阻燃塑料制备；发明了三嗪协效复合、三嗪界面阻燃、三嗪基微胶囊等系列化技术，实现了阻燃剂在塑料中微纳米分散和协效阻燃。

该项目解决了传统加工方法制备阻燃塑料存在的阻燃剂与塑料相容性差的问题，克服了环氧树脂、泡沫塑料、玻纤增强塑料等难以无卤阻燃的世界性技术难题。项目技术在十余家企业推广应用，建成万吨级三嗪阻燃剂生产线，生产工艺节能环保，形成了十余种高性能三嗪系阻燃塑料产品。相关阻燃塑料制品及材料已应用于我国轨道交通、输变电工程、电子通信产品、国防军工等，并实现出口创汇，产生了显著的经济效益和社会效益，推动了我国环保型阻燃塑料加工领域的技术进步。

# 2018年度中国机械工业科学技术奖奖励项目（塑料机械）

| 成果号 | 项目名称 | 完成人 | 完成单位 | 评审组（专业组） | 奖种 | 获奖等级 |
|---|---|---|---|---|---|---|
| 1806054 | 高精密高性能塑料注射成型技术及装备 | 周华民、张云、赵朋、李德群、饶启琛、黄志高、丁宏参、王云明、朱秉科、徐尚祥、杜呈表、陆志强、胡迪、徐斌、沈亚强 | 华中科技大学、浙江大学、博创智能装备股份有限公司、宁波方正汽车模具股份有限公司、瑞声光电科技(常州)有限公司、深圳市兆威机电股份有限公司 | 通用机械制造技术 | 技术发明奖 | 一等奖 |
| 1806081 | TJT-（F）1320/JJT-（F）1275碳纤维涂浸胶机组 | 黄树林、张兆清、王永、李红静、金鹤、陈玉海、李国胜、李元凯、李晓宇、王方义 | 大连橡胶塑料机械有限公司 | 通用机械制造技术 | 科技进步奖 | 二等奖 |

（续）

| 成果号 | 项目名称 | 完成人 | 完成单位 | 评审组（专业组） | 奖种 | 获奖等级 |
|---|---|---|---|---|---|---|
| 1806082 | 塑料微结构零件注射成型系统及配套设备的研发 | 王珏、许忠斌、罗晓晔、周巨栋、林波 | 浙江申达机器制造股份有限公司、浙江大学、杭州科技职业技术学院 | 通用机械制造技术 | 科技进步奖 | 三等奖 |
| 1806085 | 智能数控伺服省电注塑机产业化升级换代 | 梁健民、苏嘉朗、李坚勇、陈光杰、陈桂烽 | 佛山市顺德区震德塑料机械有限公司 | 通用机械制造技术 | 科技进步奖 | 三等奖 |
| 1806087 | 数字化控制九层共挤薄膜吹塑机组 | 李子平、李浩、马佳圳、黄虹、王全 | 广东金明精机股份有限公司 | 通用机械制造技术 | 科技进步奖 | 三等奖 |

## 高精密高性能塑料注射成型技术及装备

塑料的特有性能使其在部分关键零部件制造中具有得天独厚的优势。如光学零件方面，塑料比玻璃密度低50%，冲击强度高200倍，因此能以塑代玻制造透镜、战机舱罩等；传动零件方面，塑料比金属噪声低40%，可无油自润滑，因此能以塑代钢制造齿轮、轴承等。上述关键零部件的塑料化对其成型中的形性控制提出了苛刻要求。

高精密、高性能的要求对塑料注射成型提出了前所未有的挑战：①高分子链间自由体积大，对压力和温度敏感，非均匀热力场作用下收缩大且不均，产品精度难以精确控制；②成型过程强剪切引起的分子链与增强纤维取向演化过程复杂，显著影响产品性能，难以定量调控；③注射速度 / 压力大、切换快，成型装备响应速度与控制精度难以有效保障。

针对上述挑战，在国家杰出青年基金、支撑计划等项目支持下，项目组经过十余年产学研用联合攻关，研发了塑料注射成型过程形性一体化调控关键技术，实现了模具、工艺、装备的深度融合，研制出智能注射成型装备并产业化。创新成果如下：①发明成型精度的静动态复合补偿技术，显著提高产品精度；②发明取向结构的在线感知与调控技术，大幅增强产品性能；③发明高精度导向 / 分型 / 锁模机构、压力 / 速度学习控制技术，保障成型装备精度与响应速度。获得授权国家发明专利71项、国际发明专利2项，获软件著作权65项，发表SCI/EI论文108篇，出版专著8部（英文2部）。

专家鉴定认为“整体上处于国际领先水平”。

研制出精密注射成型系列装备、全自动无人化智能产线，出口美国、英国、意大利、韩国等30多个国家和地区。生产的汽车塑件用于奔驰、宝马、奥迪、大众、丰田等（覆盖全球前5大汽车品牌），IC光学 / 声学组件应用于苹果、三星、华为等，精密塑料齿轮精度领先于国外先进水平，成果还应用于国防重点型号与国家重大工程，经济社会效益显著。

## TJT-（F）1320/JJT-（F）1275 碳纤维涂浸胶机组

TJT-（F）1320/JJT-（F）1275碳纤维涂浸胶机组是大连橡胶塑料机械有限公司为满足国内市场不断增长的需求而研制的一种高精度碳纤维预浸料生产线。该项目的成功研制实现了我国碳纤维工业的国产化和规模化，打破了国外设备的垄断局面，缩小了与国外装备技术的差距，并形成自主知识产权，替代进口。

该项目采用自主研发方式，对整机进行自行设计、生产、质量控制、安装调试。项目所研制的TJT-（F）1320/JJT-（F）1275碳纤维涂浸胶机组由涂胶生产线和浸胶生产线两部分组成。在项目研制过程中，研发团队科学有效地解决了产品研制中关键性的技术难题，在机组的流程方案确定、关键件加工工艺、关键部件结构设计等各个阶段均做出了创新。大量采用新技术、新工艺、新材料以及国内外先进的控制原理和精密的控制元件，突破了该领域众多生产装备技术关键及研制难点，并已形成多项自主知识产权。共有碳纤维振动展平技术、双工位翻转卷取技术、高精度调距技术等7项成果获得国家发明专利，1项成果获得国家实用新型专利。

机组研制完成后，几年来用户的实际使用检验表明其设计合理、结构先进、性能可靠、配置完善、生产效率高，完全能够满足碳纤维预浸料一次双面浸胶的生产工艺要求，满足国内对碳纤维生产的迫切需求，促进了国内碳纤维行业的发展，从根本上改善了国内碳纤维预浸料生产装备落后的局面，具有广泛的社会效益。

## 塑料微结构零件注射成型系统及配套设备的研发

该项目是针对生物医疗、量子通信及光电等高科技产业的微结构注塑零件而研发的。该项目以产品作为载体，集高分子材料、信息、电子、液压、机械等技术及加工工艺于一体，将注塑机与模具及辅助成型系统相结合，通过双阶注塑技术拓展的大容量注塑系统和混色注塑系统，为大型带微结构的塑料零件和微结构混色零件的注射成型提供了配套，有效开拓了市场。项目已获授权专利15项，其中发明专利7项，获得中国专利优秀奖1项，发表相关论文11篇。

与国内外同类产品相比，产品性价比高，有机动作组合，大幅度缩短单件制品的平均成型周期；采用全电动驱动方式，绿色整洁、节约能耗；高效稳定成型，并具有远程监视功能，符合当今主流发展方向。该项目曾列入浙江省重大科技创新项目，并于2016年通过了浙江省科技厅组织的专家验收。浙江省模具行业协会组织的专家鉴定。认为项目技术水平国际领先。该项目打破了微结构注塑技术及装备长期依赖进口的局面，能够促进塑料加工产业的可持续化、节能化、绿色化发展，对于加快国产化精密、超精密制品微成型机械，微结构大容量注塑及混色制品配套技术研制及生产，都具有十分重要的意义。

## 智能数控伺服省电注塑机产业化升级换代

该项目基于通用工控机和由工业以太网串起来的I/O的硬件基础研制开发出了智能数控伺服省电注塑机。项目产品采用自主研究的注塑机控制系统，配备具有自主专利技术的全闭环交流伺服电动机驱动高效液压泵系统，有显著的节能效果；应用的智能控制器提高了机器稳定性及生产效率，达到高精密成型的要求；配合使用高效伺服系统比传统液压系统节能省电30%以上。项目主要研发内容如下：

（1）智能控制器的研究。项目研发出的控制系统适用于各种吨位机型，其采用软件模块化，对同一机构做到了伺服电动机和伺服阀比例阀的算法实现。同时，控制器可利用不同负载工况液压轴的智能闭环控制函数库（包括对标准伺服阀直接控制的函数库），实现设备的高效、精密、节能控制。

（2）数字化伺服电动机与驱动技术的研究。项目产品应用自主专利技术，创新性地设计出一种单伺服泵压力闭环液压控制回路，并形成全闭环多泵组合伺服电动机驱动系统，解决了主伺服泵泄压容量小的问题。同时，应用研发的单伺服泵压力闭环控制系统可以与任意多台辅伺服泵共同组成液电复合的大功率液压动力系统，可采用极小的主伺服泵配置（或采用双排量柱塞泵的小辅泵）完成大流量系统的压力控制任务，从而达到更加节能的目的。

该项目已申请并获授权发明专利 1 项、实用新型专利3项，开发并登记计算机软件著作权2项，制定企业技术标准 1 项，实现了注塑机系列产品的产业化升级换代。

# 数字化控制九层共挤薄膜吹塑机组

为缩短与国外同行的差距，解决工艺配方复杂、操作难度增加、工人劳动强度大等问题，广东金明精机股份有限公司自行研制开发了数字化控制九层共挤薄膜吹塑机组。该项目通过数字化技术实现系统整合、集成控制、自动化管理与决策，有效缩短了薄膜生产和转换制品规格时间，提升了装备生产效率。原料配送系统简化了配方原料使用的复杂程度，原料切换系统具备自动化与信息化控制功能，提高了生产流程自动化水平和准确度。

该产品主要由自动称重喂料系统、单螺杆挤出机（9 台）、九层共挤短流程平面叠加机头、自动加热筒式口模、双风口风环、多风口出风式内冷风环、电动式稳泡器、毛刷式人字夹板及护膜板、水平旋转牵引装置、多功能组合式收卷机、装备运行管理系统、数字化控制系统等构成，采用了高效挤出模块、宽幅度吹塑直径自动可调口模、柔性高效快捷原料配送与控制模块、智能诊断与维护模块、全流程集成智能控制系统等关键技术。该机组的薄膜最大折径 750mm，口模直径 275mm，薄膜厚度 0.05 ～ 0.2mm，薄膜结构为 A/B/C/D/E/F/G/H/I（共 9 层，A 为内层），最大机械线速度≥ 120m/min，最大收卷直径 1 000mm。

该机组年产销 8 台，每台售价 950 万元，年新增产值 7 600 万元，利税 1 950 万元，出口创汇 100 万美元。按每台 145 万美元（不含关税）计，可为国家节约外汇 1 160 万美元。

该项目主要用于高端包装领域，以节约原料和降低能耗的方式减少资源的消耗，具有较高的社会效益。以多层共挤吹塑成型工艺代替复合或涂布工艺，避免了复合残留溶剂对环境和包装产品的污染，提高了食品的卫生安全性。可生产出最大薄膜折径 750mm 的超高阻隔薄膜，产量 200kg/h，每年每台能生产约 1 800t，以 30 000 元 /t 计算，年新增产值 5 400 万元、利税 1 000 万元。

该项目突出数字化与集成控制，取得了重大的关键技术突破，攻克了行业部分共性技术，适用于生产性能优异的超高阻隔和特种功能的塑料包装薄膜，对我国塑料机械工业和塑料加工行业的技术进步具有重大的推动和示范作用。

# 产业发展与转移指导目录（2018年本）（摘录）

## 西部地区优先承接发展的产业

西部地区包括内蒙古、广西、重庆、四川、贵州、云南、西藏、陕西、甘肃、青海、宁夏、新疆6省5区1市及新疆生产建设兵团。西部地区是产业转移的重要承载区，也是重点生态保护地区，要大力实施优势资源转化战略，加快沿边开发开放，建设国家重要的能源化工、资源精深加工、新材料和绿色食品基地，以及区域性的高技术产业和先进制造业基地。

**【内蒙古自治区】**

四、新材料

2. 石墨烯、锂离子负极材料、核级石墨、高导热石墨、柔性石墨等石墨新材料（呼和浩特市、包头市、乌兰察布市、阿拉善盟）

3. 特种工程塑料、氟硅材料、高性能纤维及复合材料等化工新材料（呼和浩特市、乌海市、鄂尔多斯市、乌兰察布市）

4. 医用材料、功能性膜材料、高性能树脂（通辽市、巴彦淖尔市、乌海市）

七、汽车

7. 轻量化、环保型车身材料（呼和浩特市、包头市、通辽市）

十六、智能制造装备

1. 增材制造装备（包头市）

**【广西壮族自治区】**

十一、汽车

6. 轻量化、环保型车身材料（南宁市、桂林市、柳州市、贵港市）

十六、智能制造装备

2. 增材制造装备（南宁市、北海市、桂林市）

**【重庆市】**

四、智能制造装备

3. 增材制造装备（两江新区）

六、新材料

2. 碳纤维及制品（两江新区、九龙坡区）

3. 高性能复合材料（两江新区、长寿区、涪陵区）

4. 石墨烯材料（两江新区、九龙坡区）

6. 增材制造基础材料（沙坪坝区、两江新区、綦江区）

十、化工

7. 初级形态塑料及合成树脂（长寿区、涪陵区、万盛经开区）

8. 生物基、淀粉基新材料（长寿区、涪陵区、南川区）

十三、轻工

11. 塑料制品（梁平区、涪陵区）

十五、生产性服务业

1. 工程技术研究和试验发展（两江新区、巴南区）

**【四川省】**

二、轻工

2. 医用塑料、农用塑料（成都市、乐山市、德阳市、绵阳市）

七、化工

5. 初级形态塑料及合成树脂（成都市、自贡市、南充市、乐山市）

9. 橡胶板、管、带（宜宾市、资阳市、达州市、南充市、自贡市）

10. 高性能阻燃材料（乐山市）

十五、新材料

5. 高性能纤维及复合材料（成都市、自贡市、乐山市、宜宾市、南充市）

7. 新一代生物医用材料（成都市、泸州市、南充市）

8. 增材制造材料（成都市、遂宁市、南充市）

9. 先进碳材料及石墨烯材料（成都市、德阳市、巴中市）

12. 特种合成橡胶（成都市、自贡市、南充市）

13. 高性能特种树脂（成都市、绵阳市、乐山市、南充市、宜宾市）

十六、智能制造装备

2. 增材制造装备（成都市、绵阳市、资阳市）

**【贵州省】**

四、汽车

9. 轻量化、环保型车身材料（贵阳市、黔西南州、六盘水市）

六、智能制造装备

3. 增材制造装备（贵阳市、贵安新区、黔南州、六盘水市）

九、化工

6. 绿色橡胶制品（贵阳市、铜仁市）

十、新材料

6. 功能性膜材料（贵阳市、六盘水市、铜仁市）

7. 高性能纤维及复合材料（贵阳市、六盘水市）

**【云南省】**

三、轻工

4. 农用塑料节水器材、耐用功能性农用薄膜（昆明市、玉溪市、曲靖市、大理州）

5. 超高分子量聚乙烯管材等新型塑料建材、塑木复合材料、可降解塑料（昆明市、玉溪市、曲靖市、西双版纳州）

十三、新材料

2. 增材制造材料（昆明市、红河州）

4. 石墨烯（昆明市、曲靖市）

**【陕西省】**

一、化工

4. 橡胶制品（咸阳市）

四、智能制造装备

3. 增材制造装备（西安市、渭南市）

八、新材料

2. 高性能碳纤维及复合材料（西安市）

3. 高性能树脂复合材料（咸阳市、榆林市）

4. 石墨烯及高纯石墨材料（西安市、宝鸡市、安康市、汉中市）

5. 功能性膜材料（西安市、咸阳市、渭南市）

9. 增材制造基础及金属、高分子材料（西安市、西咸新区、宝鸡市、渭南市）

十四、轻工

6. 塑料板、管、型材（安康市、渭南市）

7. 日用塑料制品（咸阳市、铜川市）

**【甘肃省】**

二、新材料

2. 高性能纤维及复合材料（白银市、平凉市、兰州市、酒泉市、武威市）

3. 功能性膜材料（兰州市、武威市、陇南市）

4. 特种工程塑料（兰州市、酒泉市、陇南市）

九、轻工

4. 可生物降解的塑料包装薄膜、农用薄膜（酒泉市、兰州市、天水市、临夏州、张掖市）

5. 塑料板 / 管 / 型材、塑料丝 / 绳 / 编织品（酒泉市、白银市、兰州市、定西市、平凉市）

6. 塑料复合材料（兰州市、白银市、酒泉市、嘉峪关市、庆阳市）

十一、建材

6. 碳化硅纤维及制品的开发与生产（酒泉市）

十七、节能环保产业

2. 纤维增强塑料制品边角废料及废旧产品的回收再利用（酒泉市）

**【青海省】**

五、轻工

4. 新型塑料包装材料（西宁市、海东市、海西州）

八、汽车

8. 轻量化、环保型车身材料（西宁市、海东市）

十三、新材料

3. 高效晶硅、N型材料、超级碳材料、蓝宝石晶体等人工晶体材料（西宁市、海西州）

4. 高性能纤维及复合材料（西宁市、海西州）

6. 高端聚烯烃塑料、高性能热塑性弹性体（西宁市、海西州）

7. 特种工程塑料和功能性膜材料（西宁市、海东市、海西州）

8. 增材制造基础材料（西宁市、海东市、海西州）

**【宁夏回族自治区】**

二、新材料

4. 功能性膜材料（吴忠市、石嘴山市）

8. 特种工程塑料（银川市、吴忠市、固原市）

9. 高性能纤维及复合材料（银川市、吴忠市、中卫市）

九、化工

4. 初级形态塑料及合成树脂（银川市、吴忠市、固原市）

5. 合成橡胶（银川市、石嘴山市、吴忠市）

6. 合成纤维单（聚合）体（银川市、石嘴山市、中卫市）

8. 绿色轮胎（石嘴山市、银川市、吴忠市）

**【新疆维吾尔自治区】**

四、轻工

3. 塑料板/管/型材、日用/医用/工程用塑料制品（昌吉回族自治州、巴音郭楞蒙古自治州）

4. 农用塑料薄膜（昌吉回族自治州、巴音郭楞蒙古自治州）

**【新疆生产建设兵团】**

8. 膜材料、无机纳米及功能材料（阿拉尔市、五家渠市、石河子市）

二、机械

6. 大型精密模具（阿拉尔市、五家渠市、石河子市）

五、轻工

2. 生物可降解塑料等新型环保包装材料及制品（阿拉尔市、可克达拉市、石河子市、昆玉市）

3. 塑料板、管及型材（阿拉尔市、图木舒克市、可克达拉市、昆玉市）

# 东北地区优先承接发展的产业

东北地区包括辽宁、吉林、黑龙江3省。东北地区要加快传统优势产业升级，完善现代产业体系，建成向北开放的重要窗口和东北亚地区合作的中心枢纽，打造具有国际竞争力的装备制造业基地、国家新型原材料基地、重要的技术研发与创新基地。

**【辽宁省】**

二、轻工

2. 塑料异型材及门窗制品（沈阳市、大连市）

9. 农用塑料、塑料节水器材（沈阳市）

10. 塑料新型供水管材和管件（沈阳市）

11. 生物可降解塑料制品（沈阳市、盘锦市）

十五、新材料

3. 功能性膜材料（沈阳市、抚顺市、鞍山市、阜新市、辽阳市）

4. 新型塑料包装材料、特种工程塑料、塑木复合材料、塑料合金、塑料土工材料及制品（沈阳市、大连市、朝阳市）

5. 高性能合成树脂（沈阳市、大连市、抚顺市、营口市、阜新市）

6. 特种合成橡胶及高性能热塑性弹性体（沈阳市、大连市、抚顺市、盘锦市）

7. 碳纤维、芳纶等高性能纤维（沈阳市、大连市、鞍山市）

8. 聚对苯二甲酸丙二醇酯（PTT）、聚萘二甲酸乙二醇酯（PEN）等新型聚酯及纤维（大连市）

十八、节能环保产业

4.废钢、废轮胎、废旧动力电池、废旧蓄电池、废塑料等典型城市废弃物资源化利用（大连市、丹东市）

**【吉林省】**

一、汽车

6.汽车轻量化零部件（长春市、吉林市、公主岭市、通化市、白山市）

三、化工

3.乙丙橡胶、异戊橡胶、丁基橡胶等特种橡胶（吉林市）

4.汽车轻量化用高分子材料（吉林市、长春市、四平市、公主岭市）

十一、新材料

3.石墨烯产业化生产及应用（长春市、通化市）

4.微纳米复合材料、微孔晶体、钛硅酸盐、磷酸铝化合物、高压相材料、超硬材料（长春市、四平市）

5.汽车及轨道客车用纤维增强复合材料制品（长春市、吉林市、通化市）

6.碳纤维、聚酰亚胺纤维等高性能纤维（吉林市、长春市、白城市）

7.特种工程塑料及其复合材料（吉林市、四平市、长春市、松原市）

十二、轻工

1.塑料复合材料制品（吉林市、四平市、长春市、松原市）

2.汽车用塑料制品（吉林市、长春市、四平市、公主岭市、延边州）

6.生物可降解塑料、农用塑料制品（吉林市、四平市、白山市、长春市）

7.新型塑料建材、防渗土工膜、超高分子量聚乙烯管材及板材（吉林市、白山市）

**【黑龙江省】**

十五、新材料

1.石墨烯材料及制品（哈尔滨市、鹤岗市、鸡西市、七台河市）

2.碳化硅（哈尔滨市、牡丹江市）

3.高性能树脂、高端聚烯烃塑料、高性能纤维和功能性膜材料等先进高分子材料（大庆市、哈尔滨市）

# 中部地区优先承接发展的产业

中部地区包括山西、安徽、江西、河南、湖北、湖南6省。中部地区要加快承接国际和东部发达地区的产业转移，建设全国重要能源原材料基地、现代装备制造和高技术产业基地，打造全国重要的先进制造业中心。

**【山西省】**

十、轻工

5.汽车用、矿用、农用塑料制品及塑料复合材料（临汾市）

6.新型塑料管材管件、节能异型材及门窗（晋中市）

十三、新材料

1.碳纤维、碳化硅（太原市）

2.石墨烯（太原市）

**【安徽省】**

二、轻工

2.汽车、电子电器用塑料（合肥市、芜湖市、宣城市、安庆市）

七、化工

3.安全节能环保的胶管、电缆料及汽车用新型特种橡胶制品（宣城市、淮北市、安庆市）

十一、汽车

8.轻量化、环保型车身材料（芜湖市、合肥市、淮北市、蚌埠市）

十五、智能制造装备

2.增材制造装备及专用材料（芜湖市、合肥市、蚌埠市）

**【江西省】**

五、汽车

11. 轻量化、环保型车身材料（南昌市、赣州市、上饶市）

十四、新材料

4. 石墨烯（九江市、上饶市、赣州市）

**【河南省】**

十四、智能制造装备

4. 增材制造装备（郑州市、新乡市）

**【湖北省】**

二、智能制造装备

3. 增材制造装备（武汉市）

三、汽车

11. 轻量化、环保型车身材料（襄阳市、十堰市）

五、新材料

1. 功能性膜材料（武汉市、宜昌市、襄阳市、荆州市、鄂州市）

2. 特种工程塑料（襄阳市、鄂州市、仙桃市）

5. 高性能纤维深加工及复合材料（襄阳市、十堰市、随州市）

9. 增材制造材料（十堰市）

十五、化工

7. 淀粉基新材料（十堰市、荆门市）

8. 橡胶制品（十堰市、咸宁市）

十九、节能环保产业

5. 非金属废料和碎屑加工处理（荆门市、黄石市、孝感市）

**【湖南省】**

五、化工

6. 初级形态塑料及合成树脂（岳阳市）

7. 特种橡胶（岳阳市）

8. 合成纤维单体（岳阳市）

11. 日用及医用橡胶制品（长沙市、衡阳市、岳阳市）

十二、轻工

12. 塑料制品（长沙市、怀化市、衡阳市）

十四、新材料

1. 碳纤维、碳/碳复合材料、高纯石墨等碳基材料（衡阳市、益阳市、长沙市、郴州市）

5. 金属及高分子增材制造材料、自修复材料、智能仿生与超材料（长沙市、湘潭市、株洲市）

十五、智能制造装备

2. 增材制造装备（长沙市、岳阳市）

## 中部地区引导逐步调整退出的产业

**【河南省】**

四、化工

4. 橡胶制品（郑州市）

## 东部地区优先承接发展的产业

东部地区包括北京、天津、河北、上海、江苏、浙江、福建、山东、广东、海南7省3市。东部地区要率先实现产业转型升级，积极承接国际高端产业转移，推动传统产业向中西部地区转移。要依托雄厚的产业基础和相对完善的市场机制，建设有全球影响力的先进制造业基地和全国科技创新与技术研发基地，成为我国先进制造业的先行区、参与经济全球化的主体区。

**【北京市】**

九、智能制造装备

2. 增材制造装备及关键核心器件（大兴区、昌平区、海淀区、顺义区）

十、节能环保产业

3. 资源循环利用装备（大兴区、海淀区）

十一、新材料

3. 石墨烯（房山区、顺义区、海淀区）

4. 高性能纤维及复合材料（顺义区、延庆区）

**【天津市】**

二、汽车

9. 轻量化、环保型车身材料（滨海新区、西青区、武清区）

三、智能制造装备

3. 增材制造装备（北辰区、津南区）

九、新材料

1. 高性能纤维及复合材料（滨海新区、武清区、北辰区）

**【河北省】**

十、新材料

3. 增材制造基础材料（沧州市、石家庄市、保定市）

5. 特种工程塑料、热塑性聚氨酯弹性体（TPU）材料（石家庄市、保定市、衡水市、邯郸市）

7. 石墨烯、石墨烯复合材料及其下游产品（唐山市、石家庄市、保定市）

十四、轻工

3. 塑料模具等塑料制品（沧州市、邢台市）

十六、节能环保产业

1. 纤维增强塑料制品边角废料及废旧产品的回收再利用（衡水市）

**【上海市】**

九、化工

2. 新型聚氨酯系列材料及配套原料（化工区、金山区）

3. 新型膜材料及制品、聚乳酸等生物降解高分子材料、功能性高分子材料（金山区、青浦区）

十一、轻工

4. 高强度轻量化塑料、生物可降解塑料、阻燃塑料、汽车 / 电子电器用塑料制品（青浦区、松江区）

十四、智能制造装备

4. 增材制造装备及关键材料（松江区、浦东新区）

十六、新材料

2. 高性能纤维（青浦区、金山区）

3. 特种工程塑料（青浦区、金山区）

4. 新型聚氨酯系列材料及配套原料（化工区、金山区）

5. 石墨烯、超导材料（宝山区）

**【江苏省】**

四、智能制造装备

3. 增材制造装备（南京市、苏州市、无锡市、南通市）

五、新材料

2. 高性能碳纤维及其复合材料、碳 / 碳复合材料、无机非金属高性能纤维、新型纤维（连云港市、南通市）

十、汽车

10. 轻量化、环保型车身材料（苏州市、常州市、南京市、南通市）

十五、化工

2. 高性能树脂（南京市、无锡市、常州市、南通市）

十六、建材

1. 海绵城市和市政综合管廊专业化材料和构件、装配式建筑结构和构件（常州市、徐州市、镇江市）

**【浙江省】**

七、新材料

4. 先进高分子材料（宁波市、舟山市、嘉兴市、绍兴市）

5. 石墨烯（宁波市）

九、机械

10. 塑料加工专用设备（宁波市）

十六、智能制造装备

2. 增材制造装备（杭州市、宁波市）

**【福建省】**

八、轻工

1. 汽车用塑料制品（福州市、宁德市）

【山东省】

十五、新材料

2. 功能性膜材料（济南市、淄博市、莱芜市）

4. 增材制造基础材料（青岛市、烟台市、莱芜市）

【广东省】

四、机械

2. 大型精密模具（广州市、珠海市、佛山市）

3. 数控注塑机（广州市、中山市、佛山市）

七、化工

3. 弹性体新材料（广州市、惠州市、茂名市、揭阳市、湛江市）

十、轻工

8. 塑料复合材料、生物可降解塑料及制品，汽车和家电用塑料配件（佛山市、中山市、东莞市、汕头市）

十六、智能制造装备

5. 增材制造装备（广州市、深圳市、佛山市、东莞市）

## 东部地区引导不再承接的产业

【河北省】

一、轻工

10. 塑料制品（航空航天、军工等配套的塑料制品制造除外）（廊坊市、保定市京冀交界地区）

## 东部地区引导逐步调整退出的产业

【浙江省】

二、轻工

2. 普通塑料制品（宁波市、台州市）

# “能效之星”产品目录（2018）（摘录）

工业和信息化部于2018年10月24日发布《“能效之星”产品目录（2018）》。该目录工业装备类产品的第7项“塑料机械：注塑机”中，共有3家企业的3项产品列入。

| 序号 | 制造商 | 产品型号 | 能效指标（实测值）（kW・h/kg） | 能效指标（评价值）（kW・h/kg） |
| --- | --- | --- | --- | --- |
| 1 | 宁波长飞亚塑料机械制造有限公司 | ZE5500-5200 | 0.29 | 优于能效一级（≤ 0.4kW・h/kg） |
| 2 | 佛山市顺德区震德精密机械有限公司 | JM408-SVP/3+ | 0.295 | |
| 3 | 广东佳明机器有限公司 | PD268-KX | 0.32 | |

# 国家工业节能技术装备推荐目录（2018）（摘录）

工业和信息化部于2018年10月24日发布《国家工业节能技术装备推荐目录（2018）》。该目录工业节能装备部分的（七）塑料机械项中，共有7家企业的10项产品列入。

这些产品均执行GB/T 30200—2013《橡胶塑料注射成型机能耗检测方法》，其遵循的标准指标（节能评价值）为：

| 额定锁模力 (kN) | 节能评价（kW·h/kg） |
|---|---|
| ≤1 000 | ≤0.7 |
| 1 000～10 000 | ≤0.55 |
| ＞1 0000 | ≤0.4 |

| 序号 | 设备名称 | 型号 | 主要技术参数 | 申报单位 |
|---|---|---|---|---|
| 1 | 伺服塑料注射成型机 | SSF-S系列（320-S，380-S等，锁模力≤10 000kN） | 锁模力：320～4 100kN；<br>理论注射容积：490cm³；<br>等注射压力：75MPa；<br>实测能效值：0.39～0.40kW·h/kg | 宁波双盛塑料机械有限公司 |
| 2 | 电动式塑料注射成型机 | ZE400-50～ZE5500-5200 | 锁模力：400～5 500kN；<br>理论注射容积：12～2 863cm³；<br>注射压力：180～220MPa；<br>实测能效：0.29～0.44kW·h/kg | 宁波长飞亚塑料机械制造有限公司 |
| 3 | 塑料注射成型机 | PD25-KX～PD2088-KX系列产品 | 锁模力：250～20 880kN；<br>理论注射容积：100～7 713cm³；<br>注射压力：75MPa；<br>实测能效：0.32～0.38kW·h/kg | 广东佳明机器有限公司 |
| 4 | 塑料注射成型机 | M8-S系列（880～20 000 kN） | 锁模力：880～20 000kN；<br>理论注射容积：129～14 066cm³；<br>注射压力：128～214MPa；<br>实测能效：0.33～0.40kW·h/kg | 宁波华美达机械制造有限公司 |
| 5 | 伺服驱动注塑机 | EM80-560-SVP/2 | 锁模力：800～5 600kN；<br>理论注射容积：221～2 164cm³；<br>注射压力：75MPa；<br>实测能效值：0.30～0.40kW·h/kg | 佛山市顺德区震德塑料机械有限公司 |
| 6 | 伺服驱动注塑机 | EM80-560-SVP/3+ | 锁模力：800～5 600kN；<br>理论注射容积：221～2 164cm³；<br>注射压力：75MPa；<br>实测能效值：0.34～0.40kW·h/kg | 佛山市顺德区震德塑料机械有限公司 |
| 7 | 伺服驱动注塑机 | JM650-3000-C3-SVP/2 | 锁模力：6500～30000kN；<br>理论注射容积：2704～22 902cm³；<br>注射压力：75MPa；<br>实测能效值：0.31～0.388kW·h/kg | 佛山市顺德区震德精密机械有限公司 |

（续）

| 序号 | 设备名称 | 型号 | 主要技术参数 | 申报单位 |
|---|---|---|---|---|
| 8 | 伺服驱动注塑机 | JM268-568-SVP/3+ | 锁模力：2 680 ～ 5 680kN；<br>理论注射容积：777 ～ 2 164cm$^3$；<br>注射压力：75MPa；<br>实测能效值：0.295 ～ 0.349kW・h/kg | 佛山市顺德区震德精密机械有限公司 |
| 9 | 伺服驱动注塑机 | JM-MK6 系列 | 锁模力：880 ～ 4 680kN；<br>理论注射容积：183 ～ 2 245cm$^3$；<br>注射压力：75MPa；<br>实测能效：0.27 ～ 0.36kW・h/kg | 震雄机械（深圳）有限公司 |
| 10 | 塑料注射成型机 | EM-V 系列 | 锁模力：800 ～ 5 600kN；<br>理论注射容积：163 ～ 2 164cm$^3$；<br>注射压力：75MPa；<br>实测能效：0.351 ～ 0.556kW・h/kg | 佛山市顺德区震德塑料机械有限公司 |

# Chinaplas 2019 企业展品

## 海天国际控股有限公司

海天天虹 JUIII 系列二板式注塑机：锁模力 4 500 ～ 66 000kN，是海天二板式注塑机的升级换代产品。搭载第三代技术，组合形式灵活、丰富，外部尺寸紧凑，可大幅度提高厂房利用率。

海天天隆 MA/F 高速包装行业注塑机：具备 500mm/s 的最大注射速度，可生产更轻薄、性能更稳定的产品，广泛适用于包装产品的各个领域，如食品包装、药品包装、民品包装、物流包装等。

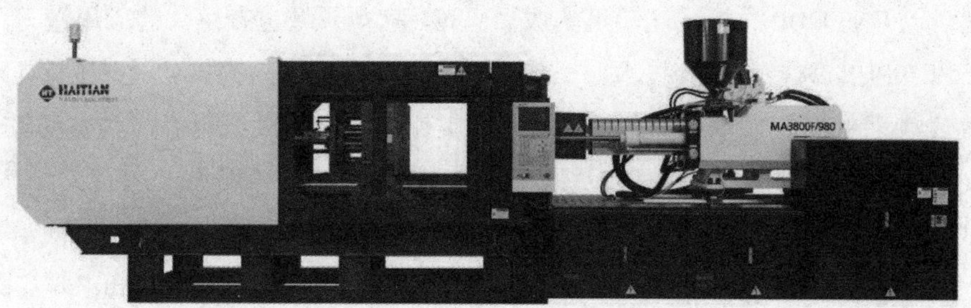

长飞亚 ZE 多组分电动注塑机：螺杆定位精准，可满足精密多色注塑的要求；利用模块化设计，锁模单元可灵活搭配不同的注射单元；运用转盘自平行装置，全面提升了转盘承重能力及空载平行度；转盘提供了油、水、电接口分布，预留了模具定位孔，通用性广；采用闭环控制，运行快速准确。

长飞亚液态硅胶电动注塑机：长飞亚所提供的基于电动注塑技术的专业液态硅胶成型系统，不仅可以成型高精密单组分硅胶制品，而且可以确保嵌入件或多组分自粘胶制品的高合格率精密成型。其特殊设计的射出功能确保了制品重量的高安定性，同时可以大幅提高自粘胶工艺的合格率，并有效防止液态硅胶成型过程中容易出现的产品表面烧伤、制品内部气泡及制品披锋等缺陷。电动注塑过程的清洁、高效，能充分满足医疗卫生、通信安防、婴儿用品等领域对洁净生产环境的严苛要求。

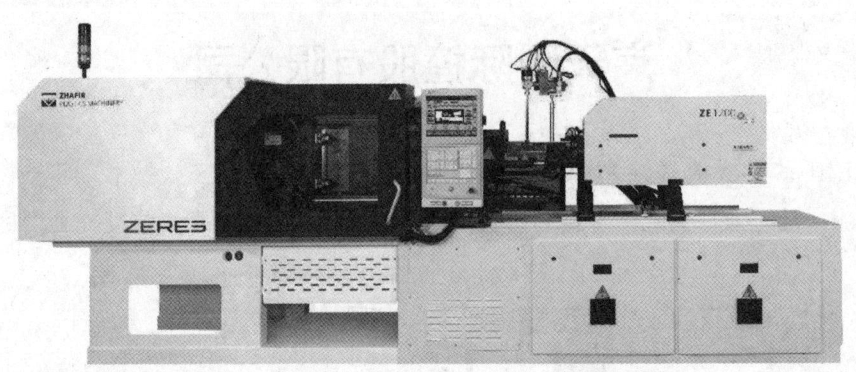


## 广东伊之密精密机械股份有限公司

ReactPro 聚氨酯模内喷涂方案：ReactPro 聚氨酯模内喷涂方案，以 UN500DP 二板式注塑机集成 PUR 设备，再配以 InPUR“1+2”模具技术，一步法成型带局部高光表面的汽车发动机盖板。对比传统喷涂工艺，ReactPro 减少了制品成型步骤，极大地削减了成本投入，并避免了喷涂对环境的污染。ReactPro 主要适用于汽车内饰件（仪表板、门板、中控台、A/B/C/D 柱等）升级换代，在 3C、家电领域也有巨大的应用潜力。更重要的是，首次亮相中国的德国伊之密创新产品——SpaceA 柔性增材制造系统也参与到发动机盖板的成型中，在盖板背部“打印”一层密封结构。两者的结合将为企业生产开辟新的应用空间。

Pro 家族创新方案：MultiPro 多物料成型方案，

以UN550C-BTP宽板高端多物料注塑机搭载成型缺陷智能补偿技术、伺服转盘精准定位技术和低速控制技术，在现场成型双色汽车灯罩，为汽车灯罩的稳定成型和个性化定制提供性价比更优的解决方案。

PacPro薄壁包装产品成型方案继续聚焦IML模内贴标，搭配全新的PAC200机型、伊之密一出四模具以及模内贴标系统，高速成型一出四贴标容器，再次刷新薄壁成型效率纪录。

中小型精密医疗器件成型方案中，FF电动注塑机携带伺服直控系统现场演绎一出八血路管过滤网，制品尺寸偏差控制在±0.03mm以内，确保了产品对精密性的需求。

## 金纬机械制造有限公司

同向平行双螺杆主机挤出HDPE/PP双壁波纹管生产线：采用两台同向平行双螺杆主机，混炼效果极佳。可以同时用粉状和颗粒原料，无须造粒，原料成本低；主机配有侧喂料系统，能在线随时调节钙粉填充料添加比例，配方调换方便。每台主机都有两道排气孔，并有抽真空装置，使制品管材内外壁密实光滑无气泡；螺杆和机筒均为模块式组合，可根据原料配方优化调整。后期设备维护更换配件成本低。

JWZ-BM30SN-A储料式中空成型机：适用于生产10～30L中空制品。采用贝加莱自动化控制系统，支持多任务分时操作，自动化程度高；采用电液伺服驱动系统；移模架采用无拉杆结构。

SPC石塑环保地板生产线：SPC石塑环保地板生产线由挤出机挤出PVC基材，用五辊压延机组分别把PVC彩膜+PVC耐磨层+PVC底膜一次性压贴复合而成，工艺简单，贴合靠热量完成，不含胶水。

此外，还有 PLA/PET 环保包装片材挤出生产线、TPU 精密薄膜挤出生产线、PP 宽幅中空建筑模板生产线。

## 震雄集团

双展会超时空连接：利用先进的互联网科技将广州展馆和佛山震德工厂“无缝对接”，通过 LED 大屏显示。震雄首创式地抛出产品展览新概念，不再局限于对产品本身的瞬时体验。双展会超时空连接同时展示了 MK6e 的自动化配套和智能生产系统。作为 MK6 衍生产品，MK6e 系列因优秀的整体设计、恰如其分的性能配置甚得新老客户的期待。广州展区还同时展出全电动注塑机 SM100- SPARK 和第二代二板注塑机 SM700-TP II。

## 山东通佳机械有限公司

TJ-HB160L-230L 吹塑成型机：通佳自主研发的双层双环化工桶设备拥有高效、高速、精密、低耗等特点，具备自动上料、自动称重、自动去飞边、自动测漏以及自动码垛、自动包装等多重功能。该产品不仅能够在线自动检测产品质量、分析和记录生产过程的综合工艺数据，还可以通过汇集了通佳几十年工艺经验的云平台数据，帮助客户自动分析其最优的工艺流程，真正实现双环桶的全自动无人化智能制造。此外，在线智能检测系统不仅能够实现设备及工艺流程的远程自诊断并自动提供解决方案，还可对设备养护自动提供警示。

新型高速塑料双向拉伸土工格栅生产线：生产制品线速度达到16m/min，比传统机型生产速度提升了2倍多。生产的塑料土工格栅适用于各种堤坝和路基补强、边坡防护、洞壁补强，大型机场、停车场、码头货场等永久性承载的地基补强，与传统的钢筋混凝土材料相比，具有耐腐蚀、寿命长、成本低等优势。

JG-XPS 85P/250 智能全自动超临界 $CO_2$ 发泡 XPS 挤塑保温板生产线：山东通佳机械有限公司为客户量身打造研制开发的 $CO_2$ 挤塑板设备，由 $CO_2$ 完全替代氟氯氢发泡剂，真正实现了无氟发泡工艺，开创了 $CO_2$ 发泡的先河。根据客户的需求，也可多种发泡剂共用，一机多用，全程中央计算机自动控制，生产过程智能化。

# 泰瑞机器股份有限公司

8 000kN 全电动精密高速注塑机：泰瑞将针对薄壁高速包装的专用机型拓展到了 8 000kN，能够很好地满足多穴大型餐盒的高速生产需求。现场对1出8叠模美式餐盒进行了6s的高速成型演示。不同于市场常见的液压式包装高速机，该机型采用全电动配置，所有动力由伺服电动机提供，通过同步轮直接驱动执行机构，省去了液压油作为中间载体造成的能量转化损耗，更减少了可能产生的漏油污染包装制品的可能性。除了具备全电动注塑机节能、精密、快速的优点外，泰瑞全电动注塑机在模板、连杆、拉杆等多个结构部位做了加强和特殊设计，重要部位采用日本 NSK 等名牌零件。控制系统简单高效，具有模具保护、同步升温、开储联动等多种功能，极大地契合包装制品的高强度生产需求。

“智塑云”智能塑机云服务：展机及工厂联网机器的整个生产环节的运行状态和设备参数都可以实现远程监控、故障预警和数据储存分析等，全面突破并趋近“无人化”生产模式。

## 富强鑫集团

FB-R 系列精密节能双色成型设备：最多可配置四组注射单元，并可形成高达 18 种多组分配置形式，垂直转盘形式最大锁模力可达 19 000kN；配备闭回路伺服阀、新式单缸注塑结构以及专利转盘定位夹具，达到动作稳定、定位精准的要求，提高了注塑速度，更适合生产精细薄件双色制品。展出的 FB-280R 精密双色机，生产 24 穴输液盖生产周期为 30s。

FB-T 系列高精度三色注射成型设备：FB-T 系列的转轴由伺服电动机驱动，提升转速 30% ～ 50%，能有效缩短成型周期，活动车壁上有往复 180° 旋转的转轴机构，可生产多色分明的产品。注塑及夹模均采用线性电位计，准度达 0.1mm；其专利转轴结构提供模芯所需的转动惯量，使之运行平稳可靠并定位精准。

HN-h/p 系列高性能快速成型系统：HN-h/p 系列具备精准、高速、节能、稳定、高效的特点，配置闭回路伺服阀，注射速度提高 50% ～ 150%，能大幅提升生产效率及注塑精准度与稳定性。展出的 HN-280p 高速机，搭载伺服电动熔胶单缸注塑结构，配合模内贴标自动化设备，进行 8 穴优格杯的生产加工，生产周期 5 ～ 6s，适用于高端家居用品、薄壁包装容器产品、多模穴产品的高速成型。

同时，还展出了 FA 系列新一代高效节能注塑机。

## 东华机械有限公司

650GeJHB 油电复合两板机：具备以下性能优点：

① 先进的两板式锁模结构，结构紧凑，占地空间更小；

② 拉杆与动模板零摩擦，使用寿命更长，对角式布局的两个快速液压缸大大提升了开合模速度；

③ 安装于定模板的四个锁模液压缸，保证模板在锁模动作时受力均匀；

④ 独家专利电射台机构设计（专利号：2018210061005）；

⑤ 注射成型工艺实现三轴驱动，传动效率更高；

⑥ 液压开合模时可实现同步熔胶功能，缩短成型周期 20%；

⑦ 多级注射功能，满足注塑工艺复杂制品的生产需求；

⑧ 注射动作的压力及流量响应小于 40ms；

⑨ 整机采用全数字控制，CPU 响应速度快，通过优化系统动力源的组合及切换方式，并对精度和压力进行预期曲线控制，实现动作平稳、定位精准，提高制品重量和尺寸精度；

⑩高性能伺服系统，集成式油路设计，输出效率高，动作响应迅速有效，节能、平稳、降噪。

1200JSe 两板式发泡专用机：针对汽车轻量化领域展出的解决方案。该机采用独家专利设计，合模动作及高压锁模由两组机械结构完成，稳定性更高；采用连杆式抱闸螺母结构，同步性强，冲击小，动作周期短，运行噪声低，可有效避免传统两板机容易出现的抱闸故障问题，通过优化设计，全系列机型大大缩短了成型周期，其中锁模干周期仅为 6s。该发泡专用机多项技术已获国家专利。

# 宁波市海达塑料机械有限公司

HD230JE全电动注塑机：动力系统采用欧系驱动器和伺服电动机组合方式，通过同步带传动和滚珠丝杠机械传动，实现精密控制，适用于精密注射成型，广泛应用于食品包装、医疗器械、汽车配件、通信、电子电器、仪器仪表等领域。注射采用高刚性整体式结构，高速重载注射专用丝杠、射出线性滑轨导向可实现注射高精度定位，还可实现高加速射出；注射部件的模块化设计使注射压力、速度等产生了多种组合。锁模采用经典五支点高刚性结构，高速锁模专用丝杠、移动模板重载线性滑轨导向可以高精度定位移动模板位置；机架加强整体结构设计，焊接后回火时效处理，大幅度减小机架变形；钣金外观全新设计制造，外形更加美观。

HD250DP清双色注塑机：具有两台独立单缸注射单元，分别能完成两种不同性质或颜色原材料的射出，快速精准；模块化设计提供了多种注射单元以选配；低阻力高精度线性导轨，惯量低、响应快；宽板式合模机构坚固稳定，配备高性能模具转盘及多种模具定位装置，适合多种不同结构的模具安装；转盘设计坚固、轻便、灵活，转动时几乎无摩擦，并配有独特设计的位置保持装置，安全可靠、寿命长；高性能比例阀或伺服电动机控制转盘运动，平稳、快速、精确；两套独立工作的伺服液压系统采用世界著名品牌元件，高效节能；封闭的电气控制箱采用高性能控制器和元器件，安全稳定。

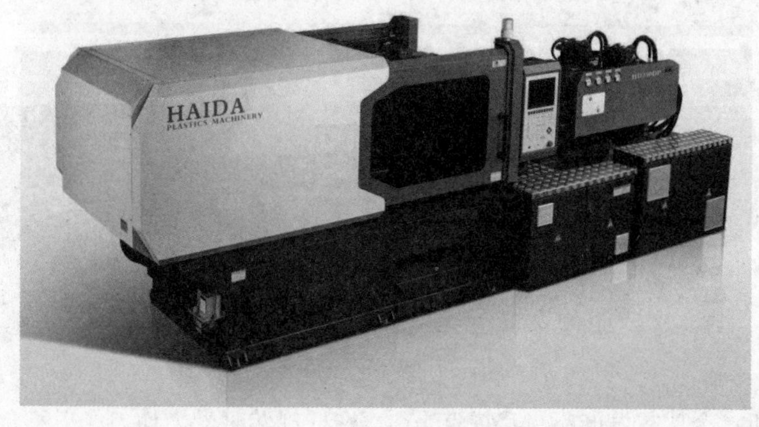

# 广东金明精机股份有限公司

Superex 系列五层共挤上吹风冷式薄膜吹塑机组：适用原料有 LDPE、LLDPE/LDPE、MLLDPE、EVA、HDPE。导辊宽度 2 300mm；最大薄膜宽度 2 100mm；薄膜厚度 0.02 ～ 0.15mm；螺杆直径 60/80/105/80/60mm；设计层间比 1/2/4/2/1；整机最大挤出量 1 390kg/h；最高产量 850kg/h；机械速度 120m/min。

# 宁波海雄塑料机械有限公司

HXYD 全系列油电复合注塑机：其特点是注射全电 + 高速合模（低能耗 + 低原料成本）。这是在全电动的基础上，结合高速机的合模部件和全电动的注射部件，兼顾节能环保的需求，推出的针对高端包装行业、高端日用品行业和医疗用品行业的解决方案。

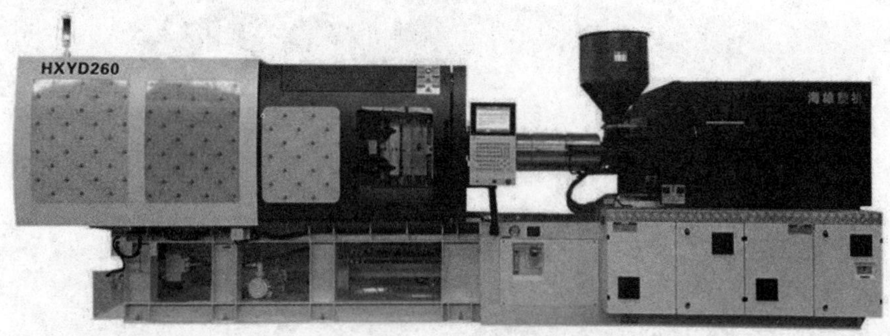


SP 全系列注塑机：全球首发产品，其特点是标准化、模块化、智能化、人性化。

（1）优化设计的塑化部件使机器的塑化能力、注射精度显著提升；螺杆传动采用花键连接，螺杆旋转时受力均匀；射移部分采用直线导轨导向，减小运动时的摩擦力。

（2）优化设计的五支点内卷式锁模部件，具有压中心的模板结构，避免了外翻式结构在遇到长偏心模具时模板会产生倾斜的弊端，提高了制品的成型精度；具有更大的移模行程和较低的销轴接触应力。

（3）侧置式新型机械保险结构，斜碶式动模板滑脚结构。

（4）采用精密控制系统，机器运行稳定可靠，重复精度高，抗干扰性强，安全保护级别高，具有能耗监测功能。

（5）液压动力系统使用高响应、大转矩、低惯量、低噪声的电机，配合改良后的螺杆泵，给客户带来无与伦比的高性能和低噪声感受；并在低压模具保护和振动脱模上有更突出的表现。

（6）全新设计的五支点曲肘机构的运动曲线显示，动模板的运动具有速度更快、更平稳、可控性更好的优点，使机器具有更短的干循环周期。

## 浙江金鹰塑料机械有限公司

GEKW/GS 高速薄壁塑料包装机：装载了高性能的伺服电动机驱动系统及优化的液压系统，大幅度提高了注射速度和注射精度，同时也大大缩短了成型周期，提高了生产效率。该款注塑机配备了高塑化的专用螺杆及双出轴的注射液压缸结构，保证了高速成型时塑化均匀以及高速注射时液压缸的平稳性。同时配备了高刚性的锁模系统，模板变形量极小，非常适合薄壁制品甚至有严格尺寸要求的产品成型。

GEKW/S 系列注塑机：采用组合式设计理念，打破了一种锁模单元只配一种注射部件的常规设计。一种锁模单元可选配两种注射单元，一种注射单元至少可配 A、B、C 三种螺杆，有超大注射量需求时还可选配 D 螺杆，选择余地很大。用户根据塑料特性和各种不同的塑料工艺，定制不同长径比的机筒螺杆。

GES/S 系列双色注塑机：转盘由伺服电动机（或液压马达）驱动，双工位双向 180° 转动，机械、液压、电气三重转盘定位控制，确保定位精确与模具安全。冷却水从动模板转盘中心接入，连接方便，结构紧凑。注射部件采用两套单缸一线式注射塑化系统，独立平行布置，并可根据用户制品要求量身定制。两套独立的液压系统采用伺服电动机驱动，可分别独立控制两套注射装置。采用高精度双色注塑机专用控制计算机、LCD 大屏幕，用户操作更方便。

## 宁波海星机械制造有限公司

HXF-J5 系列伺服节能注塑机：适用于较高精度塑料制品的成型加工，具有精密、节能、高效、安全、稳定的特点。采用新一代的伺服节能技术，提高效率的同时降低能耗；高度优化后的机械结构配合全新高性能的控制系统，有效提升力学性能、寿命和机器总体的精度；优化合模部分，高速运行更加平稳，缩短了循环周期，有效提高了工作效率；注射部分使用双整移结构，有效提高了机器在注射过程中的速度和精度。

E 系列全电注塑机：配备适合高速和高精度运行的机械结构，可针对客户特定产品的工艺性能和参数需求提供注射配置方案，具有高效、精密、节能、环保的特点。塑料机械在运行过程中，多种动作同步，缩短了产品的成型周期；高刚性的机械结构配合全电塑料机械的控制系统，实现 0.01mm 的行程准确度，确保制品质量和模具的安全性；高性能的机械传动机构，减少了机器动作的能耗，电热部分采用特制纳米红外节能电热圈，节能效果提高 30% ～ 80%，节水效果提高 80% ～ 90%。

## 浙江申达机器制造股份有限公司

HE-650 二板注塑机：整机采用 6 项专利技术，非常适合生产特深筒形制品和大型制品。采用直压式液压锁模机构，锁模精确、平稳，锁模精度高；具有超大注射量和超长移模行程；采用多路比例控制液压系统，实现多个动作同步进行。

FE-160 绿色节能全电精密注塑机：整机采用 12 项专利技术，注射速度 300 ～ 1 000mm/s，与液压注塑机相比省电 60% 以上，适合生产薄壁、精密产品（镜片、手机外壳、电器外壳等）。具有可同步动作的快捷周期成型功能，提高了生产效率；直接检测螺杆反作用力，提高控制性能，实现高精度注射；提高 $v$-$p$ 切换控制的应答性能、再现性能，满足高速成型需要；通过追踪产品成型时的压力波动，提高产品质量的稳定性；检测合模时的电动机电流，有效防止模具损伤；监视伺服电动机的动作信息及负荷情况，以预防各种故障的发生。以上措施的采用，最终显现为机器的高效、精密、高速、节能、稳定、环保和有效防护。

UN-140新一代精密节能液压机：应用范围广，能与不同周边设备无缝集成；充模和注塑重复控制精度高；高可靠性，能长期高效工作；模板平行度偏差更小，受力更均匀，减少模具磨损；高刚性机架，确保机器在高速下平稳运行。

# 江苏贝尔机械有限公司

三层复合高速管材生产线：

（1）三层高效挤出。BRD75PLUS5挤出机配置40∶1的高效机筒螺杆，塑化效率提高，塑化质量提升，熔体均匀性更好。通过特殊的设计大幅提高螺杆的挤出量，电动机功率200kW，每小时产量800～900kg，与BRD90/38相当，性价比更高。

（2）精确加热及冷却系统。加热器采用陶瓷带保温棉式，加热效率更高，热量损失更小，高效节能。该设计和国内通用的方式不同，兼顾了加热和冷却，温度控制更精确。

（3）静音传动系统。采用国内目前同一外形尺寸中转矩最高的减速机，更静音、高效。

（4）智能电气控制。整机采用PLC控制，整线同步调速运行，同时可实现远程安全监控智能控制。

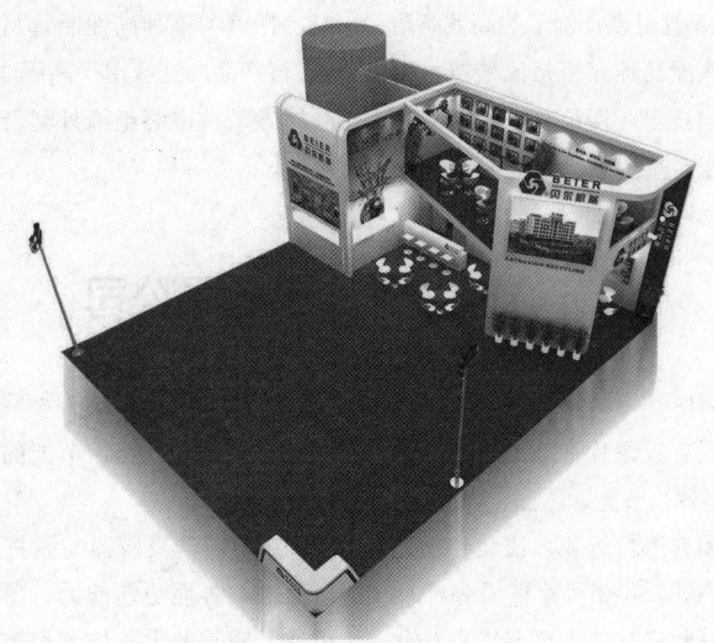


SJ100/36单阶团粒造粒机：主要用于薄膜物料回收，改变物料的堆积密度，有利于下一步造粒。可将厚度不大于0.2mm、面积不大于0.6m$^2$的薄膜均匀直接投入机器内，破碎和团粒同步进行，造粒线产量每小时300～400kg。设备上盖用气缸推顶，清理、维修更轻松。

智能自动分拣机械手系统：是依托中欧共同建立的机器人研发团队的柔性机器人分拣设备。专注于废塑料的在线分拣回收，对PET瓶、PP瓶、易拉罐、废纸、泡沫板、塑料薄膜等实现颜色与品种的自动化、智能化、柔性化自动识别分拣，24 小时不间断高效工作，解决了恶劣环境下的企业用工难等问题，大大降低了劳动力成本。

## 苏州同大机械有限公司

油电复合 HS-30L/1-p-L 中空成型装备：用于堆码桶产品成型，可实现高效精密稳定生产，尺寸一致性达标；非接触电子尺位置控制，精度高、寿命长；抱肘式开合模机构，容模量大，产品适用面广。

## 宁波康润挤出机械科技有限公司

PA-Tie_EVOH/PVDF-Tie-PA 五层共挤复合管生产线：该生产线采用多层挤出的方法生产五层复合耐腐蚀尼龙管，可以选用 PA11-Tie-EVOH-Tie-PA11、PA12-Tie-EVOH-Tie-PA12、PA11-Tie-PVDF-Tie-PA11、PA12-Tie-PVDF-Tie-PA12、ETFE-PA6-PA9T-PA12-PA11 原材料。生产线选用康润公司为 PA 管材设计制造的高效率耐腐蚀专用挤出机，机头配高速精密挤出装置，可实现高精密闭环控制与挤出，保证复合管材各层尺寸完全达到设计要求。采用该公司独有的高速平带牵引机、高速飞刀式切割机，彻底解决了普通牵引切割机的抖动打滑现象，实现了小口径管材无屑切割。生产线采用了世界一流的控制系统、计量系统、传感系统、动力系统等，所生产的每一层材料复合均匀、粘结可靠、外观光亮，填补了 PA 多层耐腐蚀挤出管材设备领域国产化的空白，打破了该种高性能管材多年来依赖进口的局面。该产品广泛应用于高压油管、汽车发动机油管、医用导管、电源绝缘外套及航空设备部件等众多领域。

## 江苏诚盟装备股份有限公司

高效节能环保 GWHS 往复式（四螺片）混炼挤出生产线：该机在原有三螺片基础上进行技术改革和升级，具有“高效、节能、环保、高产能”特点。例如在电线电缆料造粒行业，该装备相比通用设备能耗节约 20% ～ 40%，并将原先一些间歇式生产模式的材料制造转变为可持续自动化生产模式，品质和生产环境的改善效果明显。往复机生产 PVC 电缆料，塑化更充分，配合自动上料系统，大幅降低员工劳动强度；生产低烟无卤电缆料，彻底改善了车间现场环境，符合环保要求并实现连续化生产；生产半导电屏蔽料，炭黑分散效果好，产品体积电阻率稳定，大幅改善车间现场环境，满足环保要求；生产 XLPE 化学交联料和硅烷交联料，节能的同时产品性能有明显提升。

新型自洁反应器与脱挥机：集双螺杆挤出机自洁性与界面更新能力、薄膜蒸发器的大换热面积及反应釜的大工作容积等众多优势于一体，是实现各类高聚物（或其他高黏物料体系）反应聚合、大容量脱挥、传热传质、分布混合、蒸发浓缩、相变结晶、溶解溶胀等复杂苛刻工艺过程的理想过程装备。典型案例有：反式丁戊橡胶、氢化丁腈橡胶、生物基降解聚酯聚合脱挥造粒、废旧回收涤纶醇解聚合造粒、超高分子量聚乙烯溶解溶胀。

一步法混炼挤出成型生产线：在混炼设备高端化、智能化、大型化及环保节能的基础上，还可配套实现原料供给自动化和成品包装自动化。运用混炼挤出机的特点，匹配各类成型机形成一步法成套装备。一步法成型挤出工艺避免了对聚合物的二次热熔，减少了热历程，有效提高了成品的物理性能，还减少了能耗、运输、存储、人员排班等方面的成本。该生产线尤其适用于需要混炼又无法造粒的功能材料产品。例如，超高分子聚乙烯 UHMWPE 熔胀熔解混炼挤出成型的电池 PE 隔板和纺丝等；0 ～ 10HA TPE/TPV 弹性体材料成型；LFT 长玻纤 / 碳纤（纤长 25 ～ 30mm）增强材料成型等。

此外，还展出了 LFT-D 在线配混挤出模压成型成套装备。

## 广东拓斯达科技股份有限公司

智能演示方案：此次展示的为仿真整厂方案，包含注塑工艺、塑焊工艺等方面的设备、水电气环境、自动化工站，通过 AGV 连接不同产线，实现整厂自动化。同时通过 IOT 连接各设备进行监控，实现抓取、统计、分析的实景仿真演示。

视觉算法智能识别系统：运用拓斯达自主生产机器人实现灵活抓取，不仅增加人工与设备的距离，提高安全系数，使设备更加智能化，还可为企业降低成本，提升效能。可应用在码垛、搬运、视觉智能定位、组装、包装等领域内。

## 青岛华仕达机器有限公司

PE 真空定径保温生产线：核心技术如下：

（1）螺杆。采用新一代固液相分离式螺杆技术，为国内率先使用。螺杆分为强制进料段、融化固液相分离段、合流塑化段、均化段、强制混炼段，采用大长径比 [（33 ～ 38）∶1] 设计。设计了加长强制喂料系统，机筒内壁开有不同结构的喂料槽，保证物料快速压缩推进。加长的强制冷却系统与高温机筒采用法兰连接，并且留有 1 ～ 3mm 的空隙，防止热量向加料段传导，保证物料快速地高压低温推进。减速机速比采用（8 ～ 16）∶1 的设计，保证螺杆的高转速，配以大功率的动能系统，实现高速高效。SJ75/33 挤出量 300 ～ 350kg/h，SJ90/33 挤出量 500 ～ 550kg/h，SJ120/33 挤出量 800 ～ 900kg/h，SJ150/33 挤出量 1 200 ～ 1 400kg/h。比普通螺杆生产效率提高 30%，加热能耗降低 20%。

（2）机头。材质采用 40Cr，磨具硬度高、刚性强，在高温压力下不易变形，螺旋流道采用多层螺旋分流，抛光镀铬研磨处理，流道光滑而顺畅，阻力较小。顺时针旋向与螺杆转动方向正好相反，可释放物料在挤出过程中形成的应力，提高管材的强度，极大地减少爆管现象。扩张模和模口收缩采用 45° 角挤出设计，保证物料在成型过程中具有良好的流动性和轴向拉伸。加长的平直段能保证物料在挤出后拥有较高的径向和轴向强度，冷却后的管材光滑而富有韧性，降低了原料使用成本和塑料对机器的要求。满足客户对低压聚乙烯、高压聚乙烯、高低压混合聚乙烯及 PP 原料通用的要求。

（3）控制系统。控制系统采用西门子 PLC 集中控制，独有的 DCL 软件设计，实现了系统、窗口、人机界面的互通，赋予机器 AI 智能，一键控制设备的转速、管材的壁厚以及产能。

（4）采用哈夫块的行星切割机。哈夫块是一个整圆分成的上下两部分，能保证在夹持管材的时候不会使管材变形，夹紧管材后使管材处于相对静止的状态。哈夫块结构辅助于行星切割机，可以保证切口断面垂直整齐，无须二次加工。设计的锯末收集系统，确保生产现场干净整齐。

# 2019 德国 K 展企业展品

## 海天国际有限公司

### 第三代技术——拓展“技术恰到好处”新维度

海天国际的第三代技术秉承“技术恰到好处”的战略，结合了软硬件领域的多种创新理念，呈现出三代技术带来的多种优化和提升——从更高的生产效率、生产力，到全新的“恰到好处”的解决方案。电动机型的通用性得到了极大的扩展，伺服液压二板机的性能也获得显著提升。针对机器人及周边自动化的驱动优化和开放式集成，扩大了生产的投资范围，增强了灵活性。针对标准部件，例如伺服电动机，开展的不断改进和持续开发，有效提升了机器的整体性能，节约了更多的资源。

针对标准化应用打造高效率的注塑机，并在组件的标准化领域不断优化是海天国际的战略，“恰到好处”的技术节省了资源以及原材料，并为可回收塑料制品的生产提供了支持。同时，海天一直致力于电动技术的推广，使其价格为更多人接受。

2019 年德国杜塞尔多夫国际塑料及橡胶展（简称 2019K 展）上海天国际展示四款机型：长飞亚 VEIII 系列、长飞亚 ZE-F 系列、海天 JUIII 系列、海天 MAIII 系列。

其中，长飞亚的电动注射座是此次展示的一大亮点。该注射座拥有四个设计版本，分别为 1、2、4 轴（拥有核心自主知识产权，并极具价格优势），注射压力显著提升。2019 年 K 展上展出 12800 大型注射座。

长飞亚 VEIII 系列：针对医疗行业提供的洁净、电动化解决方案。高精密度的全电动系统可实现节能效率 70%。一台 VE1200III-300 搭载 Max Petek 层流净化罩在现场生产以 PP 为原料的医疗部件。

长飞亚 ZE-F 系列：针对包装行业提供的高动态解决方案。集成伺服液压驱动的全能电动机型 ZE2300F-830h 在 Sepro Robotique 的生产单元中生产模内贴标的 4 腔水盖，原料为 PP。

海天 JUIII 系列：针对大型汽车零部件提供的紧凑型解决方案。紧凑型二板式解决方案实现更大空间，承载开放式集成理念，实现对工艺过程的智能化、数字化控制。设计创新使得模板运动更稳定，干循环周期更短。一台 JU5500III/2230 在现场生产 PC 为原料的 LED 灯带，并集成 ABB 六轴机器人构成一整套生产单元。

海天 MAIII 系列：针对消费品行业提供的经济型解决方案。迄今为止，海天 MA 系列一直是全球最畅销的注塑机。该款机型采用了全新的伺服电动机和外观设计，并进行了其他多种优化和提升。在展会现场，一台 MA1700III/plus 结合嵌入技术生产以 PP 可回收材料制成的开瓶器，并集成海天驱动的 Hilecto 机械手构成一整套生产单元。

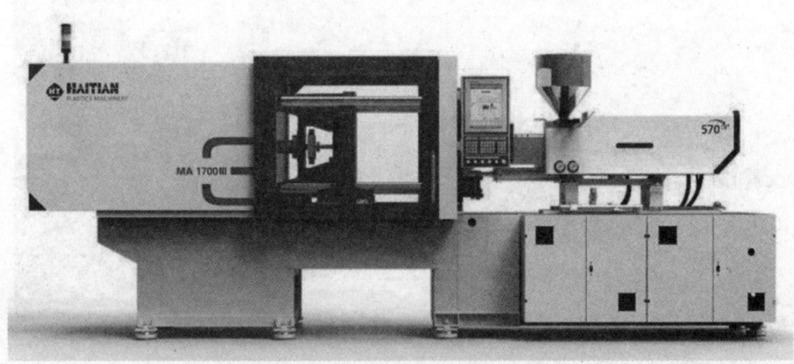


# 博创智能装备股份有限公司

## 全新的汽车行业智能注塑解决方案

博创在 2019K 展上展示的是以二板智能注塑机、注塑云 MES 和注塑机数字孪生系统为核心的汽车前格栅智能生产系统。

该系统以工业互联网注塑云平台为基础技术平台，以博创新一代大型二板智能注塑机 BU900-II 为主体。注塑机采用国内首创的电动熔胶等全新技术，配合横走式机械手、水口切除、视觉检测系统、自动称重系统、自动输送等。周边配置了具有 RS485 通信功能的冷水机和除湿干燥送料组合（ALL-in-oneCompact Dryer）等辅助设备。注塑机、机械手、辅机等设备通过无线传感技术将数据传输到注塑云平台进行边缘计算与数据交换，按照设定的指令自动执行预设的操作，整合为汽车前格栅智能生产系统。

整套设备在运行时，开合动作快、噪声低、

节能效果更佳。通过注塑云平台，管理者可以随时了解设备运行状态，掌握订单生产进度。注塑云平台的工艺分析功能可以实时监控产品质量，并结合大数据分析功能实现工艺参数的最优化，闭环控制现场注塑机、辅机等设备，实现产品品质的大幅提升。

# 大连三垒科技有限公司

## 新一代高速节能双壁波纹管生产线

大连三垒在 2019K 展上展出具有远程控制功能的新一代高速节能型 SBZ630H 塑料双壁波纹管生产线。该生产线主要用于生产 DN200 ～ 500mm HDPE/PP 双壁波纹管，相比传统的生产线，速度可以提高 1 倍，能耗可以降低 30%，具有远程监控、自动切割、自动称重、超重报警等功能。

挤出机：该生产线通常配备 SJ-120X33A/SJ-90X33A 单螺杆挤出机组，经过优化设计的 A 系列挤出机，采用交流变频电动机、高强度齿轮箱、带有螺旋槽的衬套和特殊结构的螺杆，具有产量高、能耗低的特点。最新推出的 SJ-90X38/SJ-75X38 单螺杆挤出机组具有螺杆转速高、塑化能力强、可同时适应原料 HDPE 和 PP-H 生产的特点。最新配置的 SJSP-72X40/SJSP-65X40 同向平行双螺杆挤出机，采用了特殊的螺杆组合，加强了混炼密炼过程，可直接使用粒料或粉料生产双壁波纹管，省去了造粒过程。同时由于螺杆转速高（最大转速 700r/min），长径比大（40 ∶ 1），塑化质量得到了大幅度提高，管材制造成本也相应降低。

挤出模具：具有塑化质量好、成型快的特点。采用了短模口专利技术，使双层扩口变得简单；机筒长度的缩短降低了熔体压力，适合主机高速旋转，提高了产量；较大的螺旋机头体弥补了机筒长度缩短的不足。特殊设计的水套，保证了高速生产时管材的内壁冷却效果。

SBZ630H 成型机：

（1）相比于传统的卧式开放式水冷成型模块和立式风冷成型模块，该设备的成型模块采用密闭、高压水冷结构，能够快速定型管材外壁。

（2）相比于同类型的成型机，该设备成型模块的真空结构安装在模块下面，便于维修和调整，又可以实现成型模块的单真空缝、单波及上下抽真空。

（3）固定中心高、前后左右移动采用直线导轨、整体加工氮化的导轨板、齿轮传动的模块载体结构，极大地提高了成型机精度。

切割锯：双刀无屑切割；带有牵引功能，高

速生产时牵引管材扩口段至水箱，保证扩口不变形；创新性发令装置，保证高速生产时准确切割；变频电动机带动切割小车与生产线同步行走。

接管架：可实现自动称重、超重报警和自动卸料等功能。

# 信易集团

## 多款辅机及机器人

SDD除湿干燥机：集除湿、干燥于一体，主要对易吸湿的原料，如PET、PA、PC等进行高效干燥处理。机器可放置于成型机边搭配填料机及吸料盒完成自动除湿干燥作业，亦可放置于中央原料区，搭配中央系统实现原料集中干燥作业。

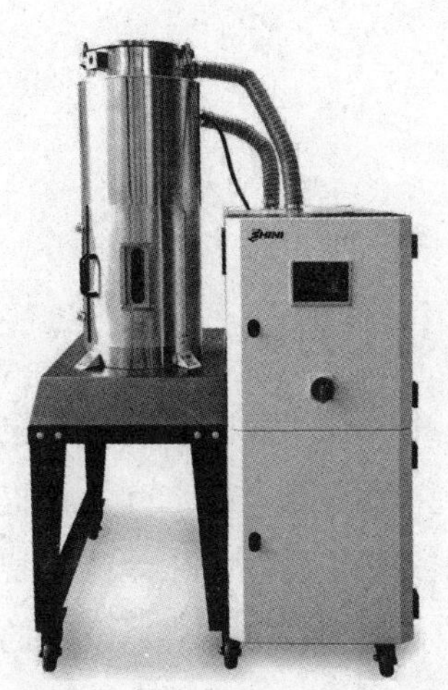

SAL-U自动填料机：采用电刷式电动机，转速高、风量大、体积小，整机移动方便，且易于安装；线控式控制器，使用便捷，具有自动清洗及电动机软起动功能，料斗和底座可以任意方向调节；配备压差开关，具备滤网堵塞警报功能。安装于成型机入料口时，需搭配集料斗SCH-U或SICH-U使用。

SCM计量式色母混合机：适用于新料、次料、色母或添加剂等的自动比例混合。该产品的电动机减速比为38∶1，螺杆直径分为12mm、16mm、20mm、30mm四种，有输出量为0.1～110kg/h的四种机型。另有双色色母机，可搭配任意两台色母机合并使用。

SCM支持挤出机模式，当搭配挤出机使用时，只需简单的线路调整即可实现色母计量与挤出机螺杆转速的联动，保证色母的添加比例始终稳定。由于色母料的添加比例比较小，消耗量也较小，可搭配正压空气填料机VL实现色母料的自动补充。

SGD 秤重式色母混合机：适用于色母或添加剂等的自动计量。该产品电动机减速比为 38∶1，螺杆直径分为 12mm、16mm、20mm、30mm 四种，可演变出四种机型提供 0.04～60kg/h 输出量。SGD 支持挤出机模式，亦可搭配正压空气填料机 VL 实现色母料的自动补充。

STM-W 系列水式模具控温机：主要应用于模具的加热与恒温保持，也适用于其他有类似需求的领域。该系列模温机以水为热媒介，使用成本低廉，不会破坏生产环境，有利于保证生产车间的工作环境。该系列机型配备了丰富的选装件及配件可满足不同的生产需求。

# 富强鑫

## 智慧鑫机

富强鑫（FCS）携手欧洲总代理——德国 Windsor 在 2019K 展上展出体现“智慧制造”与“高效节能”的全新机型与应用。

FA 系列精密注塑机：FA 系列为 FCS 全新发布的新一代高效节能注塑机，首次在 K 展亮相。该产品规格全面升级，夹模单元得到优化，车壁结构强度提升 30%，伺服节能液压泵达国家一级节能水平，注塑精度与稳定度大幅提升，延长了设备寿命。该产品集性能、效能、智能于一体，更整合了高阶电控系统优势。展示的产品锁模力 1 600kN，实际演示连盖便当盒生产现况。

CT 系列全电式注塑机：模内贴标生产系统。整合奥地利高阶控制器与意大利 PHASE 伺服电动机，打造高射速、长保压的全伺服动力驱动技术，计量精准，可开模、顶出、加料多轴同动，利于生产成型周期较短如薄壁容器、3C 产品，可满足长保压的光学、厚件产品的成型需求。同时采用日本 NSK 高负荷滚珠螺杆与注塑线性滑轨设计，兼具耐荷重、低阻抗、低耗能与低噪声等优势。

展出的3 000kN全电式注塑机CT-300，配有模内品质信号监视系统，自动化快速生产4+4穴100mL模内贴标冰淇淋盒。除通过堆叠模与贴标技术达到产量倍增效果，亦可借由多模穴流动平衡控制模组的监控，进行环境干扰变异的自动补偿及不良品的筛选，实现无人化监控生产，展现智慧工厂概念。

上述机型皆可搭载FCS智慧制造工厂系统（iMF4.0），周边设备与传感器使用统一的通信方式，使注塑机能依照参数进行调控及决策，适应成型条件的轻微变异，更运用制程感知技术提升良率与品质。也可进行智慧监控与远程维护，提升现场生产异常的应变处理能力，并实现制造可视化管理，满足各产业定制化与高效能的需求。

# 泰瑞机器股份有限公司

## 两大经典产品

DH680系列二板独立转盘多色机：配载独立转盘及独立电动射台，实现垂直直角注射的多组分注射成型。展会现场演示1出2穴成型、PP+TPE相结合的双物料汽车后保护壳的稳定成型。

（1）二板式锁模机身：开模行程长、容模间距大，满足深腔包装、精密汽配等模具的安装及开合要求。

（2）独立转盘驱动：独立控制的转盘使机器适用范围更广。

（3）转盘直径1 500mm，内设360°油路及水路；高性能转盘定位控制系统，让转盘旋转更稳定、更便捷；带液压模夹装置，保证转盘无下垂。

（4）独立精密电动射台，具有全电动精密注塑优点，采用独立闭环控制，对原有的单色、多色注塑机实现升级改造。

DE168C系列经典电动注塑机：配备独立液压伺服泵站，成本更低，性能更高，适用性更强。展会中演示PLA可降解果盘的高速生产，实现大型果盘 1 出 1、15s 快速成型。

（1）继承全电机型高刚性机械结构及高性能伺服系统，开合模、注射等动作快速、平稳，并配有高压锁模自锁功能。

（2）增加集成式伺服液压泵站，为座台、调模、顶针、中子提供动力，还适用于带抽芯或铰牙的模具类型，保证整机系统的高效运作。

（3）配载无转矩注射导向结构，线性导轨支撑导向结构，摩擦阻力小，系统响应快，运行更平稳。

（4）专业的电机控制系统，动作运行独立，可实现开模、储料、顶针动作同步，缩减成型周期。

（5）伺服电动机带连接丝杠结构，结构灵活，维护简单，动作位置精度 0.01mm。

# 科 倍 隆

## 展示高效的塑料加工技术

科倍隆在 2019K 展上将展示重点放在回收和升级再造以及可生物降解塑料的加工上。主要包括：进一步简化操作，提高加工效率，减少成本，提供更环保的整套交钥匙系统和配混、切粒、喂料、输送等单个业务单元。

此外，科倍隆将展出一台操作更加方便的高性能 SP 拉条切粒机以及十分可靠的智能皮带秤 SWB。科倍隆楷创全新 V200 振动式喂料机将作为开机运行展示系统的一部分献出它的欧洲首秀。此外，科倍隆也将展出节能高效的 FLUIDLIFT ecoblue® 气力输送系统并就如何将产品同客户现场 4.0 环境整合的技术解决方案进行主题探讨。

ZSK Mc$^{18}$ 挤出机：螺杆直径分别是 45mm 和 70mm，比转矩为 18N·m/cm$^3$，配有 ZS-B easy 侧喂料机和 ZS-EG easy 侧脱挥装置。ZS-B 和 ZS-EG 能够显著减少维护时间，清洁和替换螺杆只需几个动作就可完成。挤出机只有一个整体罩，无须移动加热棒即可装卸。

注：图片来源于科倍隆德国，斯图加特。

展出的 ZSK 70 Mc[18] 上装有一台 K3-ML-D5-V200 振动式喂料机，配套的 ZS-B easy 上也有一台 K-ML-SFS-BSP-100 固体容积泵（BSP）喂料机。ZSK 45 Mc[18] 装有一台 K2-ML-D5-T35 重力式双螺杆喂料机，配套的 ZS-B easy 上装有一台 K-ML-SFS-KT20 双螺杆喂料机，用于低喂料量时的高精度喂料。

SP240 拉条切粒机：为双轴承支撑的龙门式拉条切粒机。采用全新的切粒间隙调整技术，微调更加简单、快速和精确，可以手动调整，无须工具。此外，停机维护的时间也大大减少。

注：图片来源于科倍隆德国，斯图加特。

K3 振动式喂料机：该产品为重新设计并首次亮相欧洲市场。K3-ML-D5-V200 振动式喂料机连同一台自动填充的 P 系列真空接收机和一台紧凑型真空泵作为再循环系统的一部分运行展出。振动式喂料机是再生材料或片状料以及在配混加工过程中增加玻纤的理想喂料设备，由于机械部分无磨损，实际操作中无须维护。P 系列真空接收机可用于传送各种散装物料（输送应用如料斗加载以及失重补偿给料秤），采用不锈钢结构，陡锥角确保卸料性能优越，抱箍便于快速拆卸。

SWB-300 皮带秤：这种集成式的重力式喂料机可以处理不同特性的大流量散料，提供高精度喂料，实现有效的工艺监控，十分适合回收料加工。

物料处理解决方案的核心是 FLUIDLIFT ecoblue®（一种针对塑料粒子的气力输送工艺），可提高效率，减少降解。与传统的设计相比，它减少了磨损，从而尽可能避免了粉尘或条状物的产生，保证了产品质量，减少了残次品。此外，由于能耗低，FLUIDLIFT ecoblue® 能够使塑料制造商降低成本，增加产出。

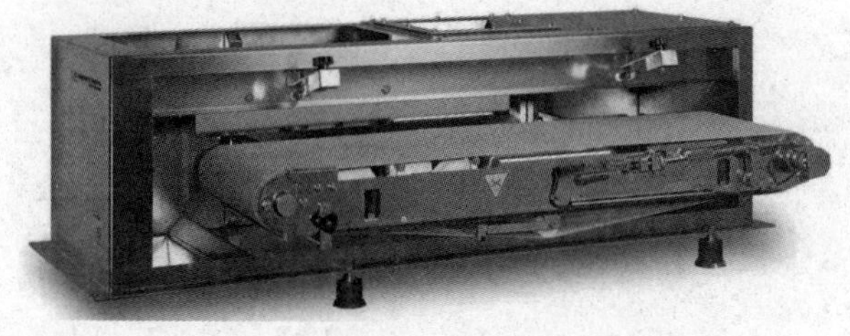

中国塑料机械工业年鉴2019

# 标准与专利

总结2018—2019年塑料机械行业标准化工作，列举塑料机械行业现行标准，展示塑料机械行业相关专利名单及获奖情况

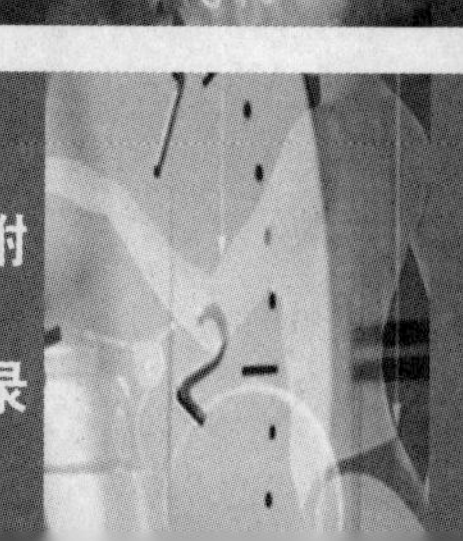

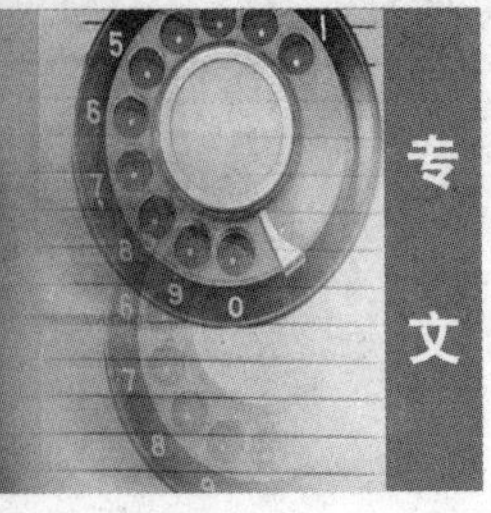

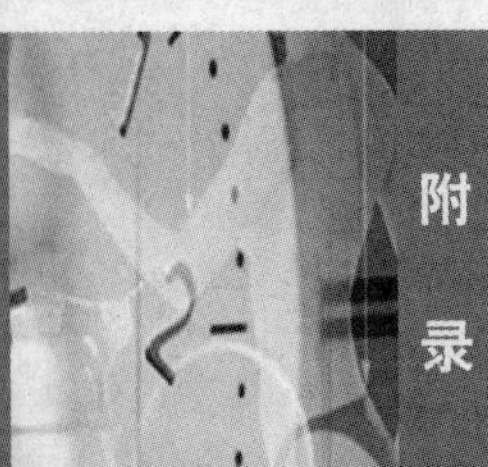





# 标准与专利

2018—2019 年塑料机械行业标准化工作情况
塑料机械行业标准目录
2018—2019 年中国塑料机械行业团体标准工作概述
2018 年塑料机械相关的授权发明专利名单
第二十届中国专利优秀奖（塑料机械）

# 2018—2019 年塑料机械行业标准化工作情况

在国家标准化管理委员会、工业和信息化部、中国机械工业联合会和全国橡胶塑料机械标准化技术委员会的领导下，通过塑料机械分技术委员会全体委员的共同努力，塑料机械行业标准化工作在组织架构、专业领域的划分、标准的覆盖与配套以及标准水平和结构等各方面都进一步健全、合理和完善，在标准体系建设、重要标准制修订、标准化技术机构和专家队伍建设、关键技术标准研究、国际标准化工作等方面成效显著，为行业的科学发展、稳步发展、转型发展提供了基础保障和技术支撑。

## 一、标准计划项目完成情况

塑料机械分技术委员会（简称分委会）按照工业和信息化部及中国机械工业联合会下达的计划，组织标准起草工作组起草了 1 项机械行业标准《塑料挤出机械用换网器》，已完成报批待审批发布。配合全国橡胶塑料机械标准化技术委员会完成了《橡胶塑料注射成型机通用技术要求及检测方法》《橡胶塑料注射成型机　模具固定和联接尺寸》《橡胶塑料机械　外围设备通信协议》3 项橡胶塑料机械通用国家标准，已完成报批待审批发布。配合全国橡胶塑料机械标准化技术委员会组织修订 GB 22530—2008《橡胶塑料注射成型机安全要求》及组织制定《橡胶塑料注射成型机 接口　第 1 部分：机械和电气接口》《橡胶塑料注射成型机　第 2 部分：数据交换接口》3 项橡胶塑料机械通用国家标准，已完成标准征求意见稿。

国家标准 GB/T 36587—2018《橡胶塑料机械术语》已由国家市场监督管理总局、国家标准化管理委员会批准发布，并于 2019 年 4 月 1 日开始实施。该标准由北京橡胶工业研究设计院有限公司、大连塑料机械研究所、海天塑机集团有限公司、天华化工机械及自动化研究设计院有限公司、大连橡胶塑料机械有限公司、益阳橡胶塑料机械集团有限公司、天津赛象科技股份有限公司、桂林橡胶机械有限公司、江苏维达机械有限公司、软控股份有限公司、广东金明精机股份有限公司、福建华橡自控技术股份有限公司、巨轮智能装备股份有限公司、广东伊之密精密注压科技有限公司、福建建阳龙翔科技开发有限公司、泰瑞机器股份有限公司、博创智能装备股份有限公司、德马格塑料机械（宁波）有限公司、广东佳明机器有限公司、宁波博纳机械有限公司、苏州同大机械有限公司、青岛科技大学、余姚华泰橡塑机械有限公司、深圳领威科技有限公司、佛山市顺德区震德塑料机械有限公司、北京万向新元科技股份有限公司、浙江申达机器制造股份有限公司、中国塑料机械工业协会共 28 家国内橡塑机械行业知名企业共同起草。

1. 标准制定的背景

近年来我国橡胶塑料机械行业迅速发展，销售总额稳居世界第二位，且机型种类繁多，生产出的橡塑制品应用于民用、农用、航空航天、国防、石化、汽车、家电、建筑、包装、通信、计算机等行业。但是由于历史原因以及子行业之间存在交叉，在我国橡胶塑料机械国家标准体系中并没有关于橡塑机械术语的国家标准，仅有 HG/T 3223—2000《橡胶机械术语》和 JB/T 5438—2008《塑料机械　术语》两项行业标准。该标准的制定为橡胶塑料机械行业用语提供了统一规范的平台，同时也是对橡胶塑料机械国家标准体系的完善与补充，对橡胶塑料机械行业的持续发展有着积极的促进作用。

2. 标准制定的原则

该标准在制定过程中，认真贯彻执行国家标准化管理委员会、工业和信息化部、中国石油和化学工业联合会有关国家标准制定的管理办法，本着先进性、科学性、合理性和可操作性的原则以及标准的目标、统一性、协调性、适用性、一致性和规范性原则开展制定工作。

3. 标准的适用范围及术语和定义的确定

该标准界定了橡胶塑料通用机械、橡胶专用机械、塑料专用机械及橡胶塑料机械安全的术语和定义，适用于橡胶塑料机械行业的教学、科研、设计、制造、编写相关技术文件和书刊及技术交流。

标准中的部分术语和定义的中英文名称及定义进行了新的确定；部分术语和定义按照机型、工艺、工作参数等进行了整合与归纳；新增加了部分术语和定义。

在标准的制定过程中充分纳入和反映了当今橡胶塑料机械行业新产品、新技术、新工艺等先进技术成果，打破了橡胶塑料机械行业没有关于术语的国家标准的现状，统一和规范了我国橡胶塑料通用机械、橡胶专用机械、塑料专用机械等方面的名词术语，减少甚至消除了以前一词多义、含义不清、行业之间存在交叉和相互矛盾等现象。

4. 标准实施的意义

标准的实施，结束了我国橡胶塑料机械行业没有统一的关于术语的国家标准的现状，有利于促进我国橡胶塑料机械行业进一步发展，对规范橡塑机械行业市场、指导生产、提高企业整体实力和相关从业人员素养以及我国橡胶塑料机械行业发展都具有十分重要的作用，同时也为相关企业进行橡塑机械进出口交易以及与国际接轨提供了统一的规范。

## 二、及时完成行业标准复审及标准体系建设工作

为了适应社会主义市场经济发展和对外贸易的需要，分委会进一步贯彻《中华人民共和国标准化法》，不断加强与企业的联系，跟踪现行标准的执行情况，及时收集标准贯彻中的反馈信息。按照工业和信息化部的要求，2018 年分委会征求所有现行行业标准的主要起草单位、主要生产单位、分委会委员的意见，做出的复审结论已由工业和信息化部批准发布。2019 年的行业标准复审工作也在 2018 年年底的分委会五届三次工作会议上完成，复审结论为 2 项需要及时修订。

## 三、标准计划项目的申报工作

为积极响应《中国制造 2025》国家产业政策，促进制造业创新发展，加快新一代信息技术与制造业深度融合，提高生产活动的安全性，提高产品的智能化、节能环保、减排降耗等性能，规范行业技术行为的统一性，推进与提升产品质量的稳定性，促进产业转型升级，申请立项《塑料挤出型材无屑切割机》行业标准的制定，已公示完毕。

塑料挤出型材无屑切割机是塑料挤出领域内与塑料挤出机、定型装置、牵引装置配套使用的设备。原有的切割机均是以电动机带动锯片高速旋转对塑料型材进行切断分离的，在生产过程中会产生刺耳的噪声和大量的切割粉尘，工作环境恶劣，严重影响操作者的健康；在生产过程中会产生大量的切割废料，降低了材料利用率，锯片的高速旋转也存在较大的安全隐患。塑料挤出型材无屑切割机是以热刀微熔切割的方式替代原有的锯片切割，不但无切割粉尘，无废塑料产生，切割噪声极低，还极大地提高了操作者的安全性、舒适性，在塑料挤出行业已被广泛应用。

该计划项目可实现以刀切代替锯切，智能化程度高，具有定长切割、切割精度高、无粉尘、低噪声、无废料产生等技术优势，与国际上同类产品技术和功能相当，能完全替代并淘汰原有的锯片切割机，具有较强的创新性和国际性。

## 四、积极参与“百城千业万企对标达标提升专项行动”

为深入实施质量强市战略，充分发挥标准化助力质量提升的作用，按照国家标准化管理委员会“百城千业万企对标达标专项行动”工作推进会部署和《辽宁省市场监督管理局转发国家标准化管理委员会关于下达第二批参与“百城千业万

企对标达标专项行动”城市名单的通知》要求，大连市市场监督管理局在全市范围内组织开展对标达标提升专项行动，鼓励和引导企业自主制定、实施先进标准，以先进标准引领质量提升，改善消费环境，支持传统产业优化升级，提高装备制造业重点领域国际标准转化率、重点领域主要消费品标准与国际标准一致性程度，加快发展现代服务业，瞄准国际标准提高水平，推动大连市优势产业迈向中高端，支撑现代化经济体系建设。

按照大连市市场监督管理局组织开展的对标达标提升专项行动要求和部署，分委会组织并配合大连橡胶塑料机械有限公司积极参与对标达标行动，目前已对标达标 48 项，在大连市名列前茅，并着力通过对标达标专项行动提高产品质量，提升标准水平，做大做强行业品牌。

分会秘书处在第三期《塑料机械》杂志上发表了一篇题为《大连市积极参与“百城千业万企对标达标提升专项行动”》的通讯，希望第一批和第二批“百城千业万企对标达标专项行动”试点城市的塑料机械企业积极参与，以完善企业技术标准体系，提升企业产品和服务质量水平。

**五、分委会考核评估工作**

根据国家标准化管理委员会《全国专业标准化技术委员会考核评估管理办法》以及中国石油和化学工业联合会、中国机械工业联合会的要求，2018 年分委会随同全国橡胶塑料机械标准化技术委员会继续参加考核评估，再次被考核评估为 AAAA 级标委会。

**六、积极参与国际标准转化与活动**

ISO/TC 270 国际标准化组织塑料和橡胶机械技术委员会于 2012 年 7 月成立，秘书处设在意大利，共有美国、英国、中国、法国、德国、意大利等 11 个 P 成员，还有韩国等 4 个 O 成员。由全国橡胶塑料机械标委会（SAC/TC71）秘书处负责 ISO/TC 270 国内技术对口单位的工作。

当前，国际标准《橡胶塑料注射成型机安全要求》已投票结束，待发布。《橡胶塑料注射成型机安全要求》的起草，标志着橡胶塑料机械行业终于实现了国际标准零的突破。该国际标准的起草单位里有我国企业的身影，海天塑机股份有限公司等几家企业参加了该项标准的起草，这将对我国积极应对技术性贸易壁垒、进一步打开国际市场具有重要战略意义。

配合全国橡胶塑料机械标准化技术委员会组织龙头企业参与国际标准化工作，组织 ISO/TC 270/WG3 注册专家参加橡胶塑料机械合模系统安全要求国际标准的制定工作，充分结合本国实际提出了我国的意见和建议，争取了我国的话语权，为橡胶塑料机械专业国际标准化工作做出了贡献。

**七、其他各项工作**

配合全国橡胶塑料机械标准化技术委员会按时按质完成了化工装备标准化体系战略研究，积极开展智能制造标准前期研究，开拓性地组织业内企业开展机械安全评估试点，完成军民标准化通用工程本专业国家标准适用性分析。

**八、2019—2020 年塑料机械行业标准化工作目标与重点任务**

1. 进一步加强标准化工作，做好技术支撑，引领行业发展

针对下一步塑料机械行业标准化工作贯彻党的十九大和中央经济工作会议精神，围绕落实《中国制造 2025》，抓住机遇，加快智能转型，推进塑料机械行业转型升级，实现高质量发展，分委会要加强标准制修订工作管理，兼顾标准制定的科学性、前瞻性和适用性，继续稳步推进标准体系建设，不断调整优化标准结构，做好标准体系的统筹规划，不断完善标准体系，加大产品标准的覆盖面，加强上下游标准之间的协调配合，确保国家标准与行业标准之间的衔接统一。

2. 加快重点领域标准研制，满足行业转型发展需要

组织开展行业调研和标准需求分析，明确标准支撑产业结构战略性调整的着力点，突出加强战略性新兴产业、节能降耗、安全环保、资源节约与综合利用等重点领域标准制定工作。应重点做好行业标准中的安全标准，涉及环保要求的标准，

基础标准，国家有关重大工程项目并与主攻课题相配套的标准，市场急需制定的、技术先进并有发展潜力的产品标准的制定；组织开展《塑料共挤出流延膜机组》《塑料挤出同步拉伸拉幅膜辅机》及《塑料挤出异步拉伸拉幅膜辅机》等标准的研究制定。还要加快标准对节能、环保新产品、新技术科研成果的转化，及时制定出实用性强的技术标准。目前，虽已完成了量大面广产品的标准制定工作，但很多塑料制品类加工设备标准还有待加速制定，因此还要及时开展标准计划项目的申报。

3. 深化国际标准化工作

进一步加强国际标准化战略研究，健全参与国际标准化活动的工作机制，组织开展重点领域国内外标准分析比对，积极推动我国标准上升为国际标准，或者争取让我国技术融入国际标准，推动我国自主创新技术“走出去”，提升产业国际竞争力。加强对同行业国际标准及国外先进标准的研究，加强对外交流，通过对国外先进标准的转化和技术接轨，促进我国产品整体水平的提高。继续积极参与 ISO/TC 270 塑料橡胶机械技术委员会的工作，选派塑料机械行业龙头企业参加国际标准的起草工作。

4. 着力夯实标准化工作基础

不断优化分委会的委员构成，充实标准化工作专家队伍。确保标准制修订过程信息公开、工作透明，标准利益相关方能够广泛参与。完善标准化与科技紧密结合和相互支撑机制，充分吸收和利用各方科研资源，通过标准加快研究成果产业化、规模化。加大标准化工作宣传，重要标准要及时组织宣传培训，提升全社会的标准化意识。对于已实施 5 年或 5 年以上的标准全面复审，提出继续有效、修订和废止的结论；对不适应市场发展需要、标准内容或标准级别需做较大调整的现行标准，应及时进行修订；对于已淘汰产品或技术落后的产品一定要进行废止；保证现行标准技术内容的先进性和适应性。继续拓宽业务范围，为企业做好标准化咨询服务工作，为行业营造一个大家庭的友好氛围，使塑料机械行业标准化工作更加具有活力。标准化工作的重要主体之一是产品生产企业，要加强企业对标准实施的重视，为切实提高标准实施的准确性、有效性提供保障。

5. 跟踪国外先进技术和标准发展动态

密切关注国际标准化组织、欧洲标准化技术委员会等国际标准化组织、先进国家和地区的标准化技术组织的标准动态。加强采标力度，着重在安全标准、能耗标准等方面与国际和国外先进标准接轨。

6. 评选表彰优秀委员

评选并表彰优秀委员，以激励委员更好地发挥作用，为塑料机械行业做出更大的贡献。

〔供稿单位：全国橡胶塑料机械标准化技术委员会塑料机械分技术委员会〕

# 塑料机械行业标准目录

| 序号 | 标准编号 | 标准名称 | 标准类别 | 备注 |
|---|---|---|---|---|
| 国家标准 | | | | |
| 1 | GB/T 9707—2010 | 密闭式炼胶机炼塑机 | 产品 | 代替 GB/T 9707—2000 |
| 2 | GB/T 12783—2000 | 橡胶塑料机械产品型号编制方法 | 基础 | 代替 GB/T 12783—1991 |
| 3 | GB/T 12784—2017 | 橡胶塑料加压式捏炼机 | 产品 | 代替 GB/T 12784—1991 |

（续）

| 序号 | 标准编号 | 标准名称 | 标准类别 | 备注 |
|---|---|---|---|---|
| 4 | GB/T 13577—2006 | 开放式炼胶机炼塑机 | 产品 | 代替 GB/T 13577—1992 |
| 5 | GB/T 13578—2010 | 橡胶塑料压延机 | 产品 | 代替 GB/T 13578—1992 |
| 6 | GB 20055—2006 | 开放式炼胶机炼塑机安全要求 | 安全 | 首次起草，非等效 EN 1417：1997 |
| 7 | GB 22530—2008 | 橡胶塑料注射成型机安全要求 | 安全 | 首次起草，非等效 EN201：1997+ A1：2000+A2：2005 |
| 8 | GB/T 25156—2010 | 橡胶塑料注射成型机通用技术条件 | 产品 | 首次起草，行标 JB/T 7267—2004 已废止 |
| 9 | GB/T 25157—2010 | 橡胶塑料注射成型机检测方法 | 方法 | 首次起草 |
| 10 | GB 25431.1—2010 | 橡胶塑料挤出机和挤出生产线　第 1 部分：挤出机的安全要求 | 安全 | 首次起草，等同 EN 1114-1：1996 |
| 11 | GB 25431.2—2010 | 橡胶塑料挤出机和挤出生产线　第 2 部分：模面切粒机的安全要求 | 安全 | 首次起草，等同 EN 1114-2：1998 |
| 12 | GB 25431.3—2010 | 橡胶塑料挤出机和挤出生产线　第 3 部分：牵引装置的安全要求 | 安全 | 首次起草，等同 EN 1114-3：2001 |
| 13 | GB 25433—2010 | 密闭式炼胶机炼塑机安全要求 | 安全 | 首次起草，修改 EN 12013:2000 |
| 14 | GB 25434—2010 | 橡胶塑料压延机安全要求 | 安全 | 首次起草，修改 EN 12301：2000 |
| 15 | GB 25936.1—2012 | 橡胶塑料粉碎机械　第 1 部分：刀片式破碎机安全要求 | 安全 | 首次起草，等同 EN 12012-1：2000 |
| 16 | GB 25936.2—2012 | 橡胶塑料粉碎机械　第 2 部分：拉条式切粒机安全要求 | 安全 | 首次起草，等同 EN 12012-2：2001+A2：2008 |
| 17 | GB 25936.3—2012 | 橡胶塑料粉碎机械　第 3 部分：切碎机安全要求 | 安全 | 首次起草，等同 EN 12012-3：2001 |
| 18 | GB 25936.4—2010 | 橡胶塑料粉碎机械　第 4 部分：团粒机安全要求 | 安全 | 首次起草，等同 EN 12012-4：2006 |
| 19 | GB/T 25941—2010 | 塑料真空成型机 | 产品 | 首次起草，行标 JB/T 5292—1991 已废止 |
| 20 | GB/T 30200—2013 | 橡胶塑料注射成型机能耗检测方法 | 方法 | 首次起草 |
| 21 | GB/T 32456—2015 | 橡胶塑料机械用电磁加热节能系统通用技术条件 | 产品 | 首次起草 |
| 22 | GB/T 32662—2016 | 废橡胶废塑料裂解油化成套生产装备 | 产品 | 首次起草 |
| 23 | GB/T 33580—2017 | 橡胶塑料挤出机能耗检测方法 | 方法 | 首次起草 |
| 24 | GB/T 36587—2018 | 橡胶塑料机械 术语 | 基础 | 首次起草，行标 HG/T 3223—2000 及行标 JB/T 5438—2008 申请废止 |
| **化工行业标准** | | | | |
| 1 | HG/T 2148—2009 | 密闭式炼胶机炼塑机检测方法 | 方法 | 代替 HG/T 2148—1991 |
| 2 | HG/T 2149—2004 | 开放式炼胶机炼塑机检测方法 | 方法 | 代替 HG/T 2149—1991 |
| 3 | HG/T 2150—2009 | 橡胶塑料压延机检测方法 | 方法 | 代替 HG/T 2150—1991 |
| 4 | HG/T 3108—2012 | 冷硬铸铁辊筒 | 产品 | 代替 HG/T 2400—1992、HG/T 3108—1998、HG/T 3118—1998 |

（续）

| 序号 | 标准编号 | 标准名称 | 标准类别 | 备注 |
|---|---|---|---|---|
| 5 | HG/T 3120—1998 | 橡胶塑料机械外观通用技术条件 | 通用 | 代替 HG 5-1541—1983 |
| 6 | HG/T 3228—2001 | 橡胶塑料机械涂漆通用技术条件 | 通用 | 代替 HG/T 3228—1988、HG/T 3225—1986 |
| 机械行业标准 | | | | |
| 1 | JB/T 2627—2008 | 塑料挤出硬管辅机 | 产品 | 代替 JB/T 2627—1991 |
| 2 | JB/T 5289—2004 | 鞋用转盘注射成型机 | 产品 | 代替 JB/T 5289—1991 |
| 3 | JB/T 5290—2008 | 塑料圆织机 | 产品 | 代替 JB/T 5290—2000 |
| 4 | JB/T 5291—2007 | 塑料破碎机 | 产品 | 代替 JB/T 5291—1991 |
| 5 | JB/T 5293—2013 | 可发性聚苯乙烯泡沫塑料自动成型机 | 产品 | 代替 JB/T 5293—1991 |
| 6 | JB/T 5416—2005 | 塑料挤出干法热切造粒辅机 | 产品 | 代替 JB/T 5416—1991 |
| 7 | JB/T 5417—2007 | 塑料排气挤出机 | 产品 | 代替 JB/T 5417—1991 |
| 8 | JB/T 5418—2015 | 聚丙烯不织布机 | 产品 | 代替 JB/T 5418—1991 |
| 9 | JB/T 5419—2008 | 塑料挤出平膜扁丝辅机 | 产品 | 代替 JB/T 5419—2000 |
| 10 | JB/T 5420—2014 | 同向双螺杆塑料挤出机 | 产品 | 代替 JB/T 5420—2001 |
| 11 | JB/T 5421—2013 | 塑料薄膜回收挤出造粒机组 | 产品 | 代替 JB/T 5421—1991 |
| 12 | JB/T 5438—2008 | 塑料机械 术语 | 基础 | 代替 JB/T 5438—1991 |
| 13 | JB/T 6489—2014 | 塑料捏合机 | 产品 | 代替 JB/T 6489—1999 |
| 14 | JB/T 6490—2015 | 塑料压力成型机 | 产品 | 代替 JB/T 6490—1992 |
| 15 | JB/T 6491—2015 | 异向双螺杆塑料挤出机 | 产品 | 代替 JB/T 6491—2001 |
| 16 | JB/T 6492—2014 | 锥形异向双螺杆塑料挤出机 | 产品 | 代替 JB/T 6492—2001 |
| 17 | JB/T 6493—2015 | 塑料薄膜制袋机 | 产品 | 代替 JB/T 6493—1992 |
| 18 | JB/T 6494—2014 | 料斗式塑料干燥机 | 产品 | 代替 JB/T 6494—2002 |
| 19 | JB/T 6928—2014 | 塑料挤出带辅机 | 产品 | 代替 JB/T 6928—1993 |
| 20 | JB/T 6929—2015 | 塑料挤出转盘制鞋机 | 产品 | 代替 JB/T 6929—1993 |
| 21 | JB/T 7251—2014 | 塑料挤出拉丝辅机 | 产品 | 代替 JB/T 7251—1994 |
| 22 | JB/T 7669—2004 | 塑料混合机 | 产品 | 代替 JB/T 7669—1995 |
| 23 | JB/T 8061—2011 | 单螺杆塑料挤出机 | 产品 | 代替 JB/T 8061—1996 |
| 24 | JB/T 8538—2011 | 塑料机械用螺杆、机筒 | 产品 | 代替 JB/T 8538—1997 |
| 25 | JB/T 8539—2013 | 塑料挤出吹塑中空成型机 | 产品 | 代替 JB/T 8539—1997 |
| 26 | JB/T 8698—2015 | 热固性塑料注射成型机 | 产品 | 代替 JB/T 8698—1998 |
| 27 | JB/T 8703—2011 | 塑料挤出吹塑薄膜辅机 | 产品 | 代替 JB/T 8703—1998 |
| 28 | JB/T 8943—2015 | 全塑鞋用注射机 | 产品 | 代替 JB/T 8943—1999 |
| 29 | JB/T 10342—2014 | 塑料挤出异型材辅机 | 产品 | 代替 JB/T 10342—2002 |
| 30 | JB/T 10464—2004 | 拉条式塑料切粒机 | 产品 | 首次起草 |
| 31 | JB/T 10898—2008 | 塑料挤出复合膜辅机 | 产品 | 首次起草 |
| 32 | JB/T 10899—2008 | 塑料挤出双壁波纹管辅机 | 产品 | 首次起草 |
| 33 | JB/T 11343—2013 | 锥形同向双螺杆塑料挤出机 | 产品 | 首次起草 |
| 34 | JB/T 11344—2013 | PVC 塑料配混系统 | 产品 | 首次起草 |

（续）

| 序号 | 标准编号 | 标准名称 | 标准类别 | 备注 |
|---|---|---|---|---|
| 35 | JB/T 11345—2013 | 可发性聚苯乙烯泡沫塑料板材成型机 | 产品 | 首次起草 |
| 36 | JB/T 11346—2013 | 可发性聚苯乙烯泡沫塑料板材切割机 | 产品 | 首次起草 |
| 37 | JB/T 11347—2013 | 可发性聚苯乙烯泡沫塑料预发机 | 产品 | 首次起草 |
| 38 | JB/T 11348—2013 | 塑料挤出流延薄膜辅机 | 产品 | 首次起草 |
| 39 | JB/T 11509—2013 | 聚氨酯发泡设备　通用技术条件 | 产品 | 首次起草 |
| 40 | JB/T 12787—2016 | 塑料成型模具温度控制机 | 产品 | 首次起草 |
| 41 | JB/T 12788—2016 | 塑料成型模具用冷水机 | 产品 | 首次起草 |
| 42 | JB/T 12789—2016 | 转轮式塑料干燥机 | 产品 | 首次起草 |
| 43 | JB/T 13022—2017 | 塑料挤出吹塑土工膜辅机 | 产品 | 首次起草 |
| 44 | JB/T 13448—2018 | 螺杆柱塞式塑料注射成型机 | 产品 | 首次起草 |
| 45 | JB/T 13449—2018 | 塑料注射成型机用自动取件机 | 产品 | 首次起草 |

〔供稿单位：全国橡胶塑料机械标准化技术委员会塑料机械分技术委员会〕

# 2018—2019 年中国塑料机械行业团体标准工作概述

2017 年 11 月第十二届全国人大常委会第三十次会议表决通过的《中华人民共和国标准化法（修订草案）》正式确立了团体标准的法律地位，新标准化法的颁布给我国团体标准工作带来了新的机遇、新的动力，营造了更好的发展环境。

发达国家的团体标准发展相对成熟，它们的模式和成功经验有很多可借鉴之处。在美国、法国、德国和日本等国家，专业团体、协会和学会在标准化工作中发挥着主导作用。这些国家的标准基本上划分为国家标准、团体标准和企业标准三个类别，团体标准是这些国家标准体系的重要组成部分，也是十分活跃、贴近市场需求的一类标准。如美国技术标准体系分为联邦政府标准体系和非联邦政府标准体系，非联邦政府标准体系即各种行业协会和学会的标准。再如，德国有近 200 个专业团体、协会、民间组织和政府机构制定标准。德国技术标准有正式标准、暂行标准、双号标准之分，技术内容尚待实践检验和充实的，以暂行标准发布；不加修改地采用国际标准、欧洲标准以及专业协会等团体标准为德国标准的以双号形式发布。日本也有数百个专业团体、行业协会从事标准化工作，它们一方面接受日本工业标准调查会和日本农林标准调查会的委托，一方面自行制定供本行业使用的团体标准。

标准化是各大行业发展壮大的必经历程，也是参与全球市场竞争的硬性条件。我国塑料机械行业是以民营企业为主的行业，市场竞争充分，充满活力，技术和产品发展快，更需要紧跟企业和市场发展需要的团体标准。为此，中国塑料机械工业协会团体标准工作委员会（简称中塑机团标委）一边学习先进经验，一边结合塑料机械产业发展需要，积极开展中国塑料机械行业团体标准工作，以提高产品质量、规范市场经营，不断推进塑料机械行业标准体系建设，引领塑料机械行业持续健康发展。

## 一、中国塑料机械行业团体标准组织制定情况

2019 年 1 月，国家标准化管理委员会和民政部一起出台了《团体标准管理规定》，对团体标准的制定、实施和监督做出了明确的规定。中塑机团标委根据新的管理规定和《中国塑料机械工业协会团体标准管理办法（试行）》组织开展了行业团标标准制定工作。

1. 2018 年度立项标准

2017 年 10 月，协会组织成立了中塑机团标委。在团标委成立会上，讨论通过了制定《全电动塑料注射成型机》和《多组分塑料注射成型机》两项团体标准的表决。2017 年 12 月，中塑机团标委组织成立了由设计、研究、检验和标准化人员等组成的《全电动塑料注射成型机》和《多组分塑料注射成型机》标准起草工作组，开始了两项标准的起草工作。

《全电动塑料注射成型机》标准起草单位有：海天塑机集团有限公司、广东伊之密精密机械股份有限公司、国家塑料机械产品质量监督检验中心、震雄集团有限公司、泰瑞机器股份有限公司、东华机械有限公司、宁波双马机械工业有限公司、广州一道注塑机械有限公司、宁波海雄塑料机械有限公司、佛山市宝捷精密机械有限公司、宁波海星机械制造有限公司、宁波市海达塑料机械有限公司、山东通佳机械有限公司、宁波弘讯科技股份有限公司、宁波伊士通技术股份有限公司、宁波力劲机械有限公司、浙江申达机器制造股份有限公司。

《多组分塑料注射成型机》标准起草单位有：富强鑫（宁波）机器制造有限公司、海天塑机集团有限公司、博创智能装备股份有限公司、震雄集团有限公司、广东伊之密精密机械股份有限公司、东华机械有限公司、宁波海雄塑料机械有限公司、泰瑞机器股份有限公司、宁波海星机械制造有限公司、宁波市海达塑料机械有限公司、浙江申达机器制造股份有限公司、国家塑料机械产品质量监督检验中心、宁波双马机械工业有限公司、宁波力劲机械有限公司。

《全电动塑料注射成型机》和《多组分塑料注射成型机》两项团体标准的主要起草过程见表 1。

**表 1　《全电动塑料注射成型机》和《多组分塑料注射成型机》两项团体标准的主要起草过程**

| 时间 | 完成内容 |
|---|---|
| 2018 年 1 月 | 《全电动塑料注射成型机》和《多组分塑料注射成型机》两项标准的第一起草单位进行了标准相关资料的收集，在深入调查了解有关国内外企业的技术参数及特征的基础上，确定了标准起草原则和标准的主要技术内容，完成了标准草稿及编制说明 |
| 2018 年 3 月 | 两项标准的第一起草单位将修改完善后的标准草案及编制说明提交至中塑机团标委 |
| 2018 年 4 月 | 中塑机团标委初审后，将标准草案及编制说明的电子版发给各参加起草单位征求意见，各参加起草单位将意见返回中塑机团标委 |
| 2018 年 5 月 | 两项标准的第一起草单位对意见进行处理，修改标准草案，形成标准草案（修改稿）及编制说明 |
| 2018 年 6 月 | 中塑机团标委在武汉组织召开了两项标准起草工作会，会议主要针对两项标准草案（修改稿）的内容进行讨论，对征求意见汇总处理表中的建议进行逐一讨论，并形成处理意见，对有分歧的地方商讨出解决办法。会后，《全电动塑料注射成型机》标准形成征求意见稿（初稿）及编制说明。标准起草会上，对《多组分塑料注射成型机》标准的范围和内容进行了大幅调整，会后形成标准草案（修改稿第二稿）及编制说明 |
| 2018 年 7 月 | 中塑机团标委将《全电动塑料注射成型机》征求意见稿（初稿）及编制说明反馈至各起草单位，并收集各起草单位的检测数据和修改意见。第一起草单位——海天塑机集团有限公司根据检测数据和修改意见形成标准征求意见稿及编制说明。<br>根据第一次标准起草工作会议修改《多组分塑料注射成型机》标准草案（修改稿第二稿）并发给各起草单位再次征求意见 |
| 2018 年 8 月 | 中塑机团标委统一组织针对《全电动塑料注射成型机》标准征求意见稿广泛征求用户和生产企业的意见 |

（续）

| 时间 | 完成内容 |
|---|---|
| 2018 年 9 月 | 第一起草单位——海天塑机集团有限公司汇总征求意见并进行意见处理，修改标准征求意见稿，形成《全电动塑料注射成型机》标准送审材料（初稿）。<br>第一起草单位——富强鑫（宁波）机器制造有限公司对反馈意见进行处理，形成《多组分塑料注射成型机》征求意见稿（初稿）及编制说明 |
| 2018 年 10 月 | 根据反馈意见及意见的处理情况，中塑机团标委组织召开标准起草工作会议，对《全电动塑料注射成型机》标准送审稿（初稿）进行审核，并讨论修改《多组分塑料注射成型机》征求意见稿（初稿），形成标准征求意见稿（修改稿） |
| 2018 年 11 月 | 标准负责起草单位——海天塑机集团有限公司提交《全电动塑料注射成型机》送审稿（修改稿）及编制说明；中塑机团标委秘书处组织对标准送审稿（修改稿）采用公示形式征求意见，公示期 1 个月 |
| 2019 年 1 月 | 标准负责起草单位——海天塑机集团有限公司提交《全电动塑料注射成型机》送审稿（终稿）及编制说明。<br>中塑机团标委、国家塑料机械产品质量监督检验中心、富强鑫（宁波）机器制造有限公司、海天塑机集团有限公司等单位针对有争议的技术内容展开研讨并修改形成《多组分塑料注射成型机》标准征求意见稿 |
| 2019 年 3 月 | 中塑机团标委秘书处组织《全电动塑料注射成型机》标准审查会议，对标准送审最终材料进行会议审查。<br>中塑机团标委统一组织对《多组分塑料注射成型机》标准征求意见稿广泛征求用户和生产企业的意见 |
| 2019 年 4 月 | 《全电动塑料注射成型机》标准经中塑机团标委审核后报中国塑料机械工业协会批复。<br>第一起草单位——富强鑫（宁波）机器制造有限公司汇总征求意见并进行意见处理，形成《多组分塑料注射成型机》标准送审材料（初稿） |
| 2019 年 5 月 | 《全电动塑料注射成型机》正式出版发行，编号为 T/CPMIA Z01-2019。<br>根据反馈意见及处理情况，中塑机团标委组织召开第三次标准起草工作会议，讨论修改了《多组分塑料注射成型机》标准送审稿（初稿），形成标准送审稿 |

2. 2019 年度立项项目

经征求意见和 2018 首届中塑机团标委年会讨论表决，确定 2019 年将开展《高速精密塑料注射成型机》和《立式塑料注射成型机》两项团体标准的制定工作。2019 年 1 月，中塑机团标委开始组织并分别成立了两项标准起草工作组。

《高速精密塑料注射成型机》标准起草单位有：海天塑机集团有限公司、宁波华美达机械制造有限公司、泰瑞机器股份有限公司、震雄集团有限公司、广东伊之密精密注压科技有限公司、东华机械有限公司、国家塑料机械产品质量监督检验中心、浙江金鹰塑料机械有限公司、宁波海雄塑料机械有限公司、宁波海星机械制造有限公司、博创智能装备股份有限公司、宁波市海达塑料机械有限公司、宁波力劲机械有限公司、广州一道注塑机械有限公司、山东通佳智能装备有限公司、西诺控股集团有限公司（德库玛）、富强鑫（宁波）机器制造有限公司、宁波创基机械有限公司、浙江申达机器制造股份有限公司、宁波伊士通技术股份有限公司、宁波弘讯科技股份有限公司和北京化工大学。

《立式塑料注射成型机》标准起草单位有：国家塑料机械产品质量监督检验中心、杭州大禹机械有限公司、丰铁机械（苏州）有限公司、苏州立注机械有限公司、余姚华泰橡塑机械有限公司、广东伊之密精密注压科技有限公司、富强鑫（宁波）机器制造有限公司、宁波弘讯科技股份有限公司、东莞市百赞精密机械有限公司、北京化工大学。

标准起草工作组成立后，两项标准的第一起草单位进行了标准相关资料的收集，在深入调查了解有关国内外企业的技术参数、技术特征的基础上，确定了标准起草原则和标准的主要技术内容，并完成了标准草稿及编制说明。中塑机团标委初审后，将标准草案及编制说明发给各参加起草单位征求意见；第一起草单位对意见进行处理后，修改标准草案，形成标准草案修改稿及编制说明。

2019 年 5 月，中塑机团标委在杭州组织召开了两项标准起草工作会，会议主要针对两项标准草案修改稿的内容进行讨论，对“征求意见汇总处理表”中的建议进行逐一讨论，并形成处理意见，对有分歧的地方商讨出解决办法。会后形成了《高速精密塑料注射成型机》和《立式塑料注射成型机》标准征求意见稿（初稿）及编制说明。目前两项标准进展顺利，正在收集各起草单位的检测数据。

## 二、补充完善中塑机团标委制度

1. 进一步完善组织机构

2016 年协会制定了《中国塑料机械工业协会团体标准管理办法（试行）》，让团标委开展制修订工作有据可依。2017 年中国塑料机械工业协会组织成立了中塑机团标委，下设秘书处，秘书处设有注塑机组、挤出机组和中空辅机组 3 个标准制定常务工作小组。2018 年因个别企业的人事变动，为不影响中塑机团标委工作顺利开展，秘书处提出了变更挤出机组组长和注塑机组副组长的建议。经 2018 首届中塑机团标委年会表决，一致同意山东通佳机械有限公司李勇总经理担任挤出机组组长，广东伊之密精密机械股份有限公司蒋小军技术总监担任注塑机组副组长。会上还审议通过了宁波海星机械制造有限公司陈凯定主任为标准制定常务工作小组注塑机组成员，同时中塑机团标委还为团标委标准制定常务小组成员统一颁发了团标委证书。

2. 补充完善组织经费使用范围

中塑机团标委组织经费使用范围：

（1）团体标准的前期论证及预研。

（2）团体标准的起草、征求意见、试验验证、审核等。

（3）团体标准的复审。

（4）标准编写审查和水平认证等。

（5）与国内国际组织的交流合作。

（6）国际标准和国外先进标准的资料查找、购置、翻译和跟踪采用。

（7）标准的宣贯、推广及印刷等。

（8）提供技术咨询人员报酬。

（9）参加标准技术研讨、会议、培训等。

（10）团标委的其他各项开支。

## 三、加强行业标准的宣贯

1. 积极宣贯行业团体标准，保证塑料机械产品质量

2019 年 5 月，中国塑料机械行业首个团体标准——《全电动塑料注射成型机》正式出版发行，填补了行业内该类标准的空白。中国塑料机械工业协会和中塑机团标委通过出版印刷正式标准文本、在 Chinaplas 展会期间投放广告、协会官方微信公众平台、网站及《中国塑机》期刊等多种形式积极宣传贯彻，推荐行业企业广泛采用，严格把控产品质量。

《全电动塑料注射成型机》在 GB/T 25156—2010《橡胶塑料注射成型机通用技术条件》基础上对全电动塑料注射成型机的性能指标提出了更多要求，增加了开模重复定位精度、注射定位精度、顶出定位精度、机筒温度稳态波动值及检测方法，增加了注射压力检测方法和空循环时间检测方法，并对模板平行度、拉杆受力偏载率等提出更高要求。该标准适用于锁模力不大于

5 000kN 的螺杆、单工位、卧式全电动塑料注射成型机。

主要的技术要求有：

（1）动模板与定模板的模具安装面间允许的平行度应符合表 2 的规定。

（2）喷嘴孔轴线与定模板模具定位孔轴线的同轴度应符合表 3 的规定。

（3）锁模力重复精度应不大于 1%。

（4）拉杆受力偏载率应不大于 3%。

（5）开模重复定位精度应不大于 0.05 mm。

（6）注射定位精度应不大于 0.05 mm。

（7）顶出定位精度应不大于 0.10 mm。

（8）机筒温度稳态波动值应不超过 2℃。

（9）能耗等级要求应符合表 4 的规定。

（10）噪声应符合表 5 的要求。

此外，该标准也对全电动注塑机外观做出相应要求，整机外观应符合 HG/T 3120—1998《橡胶塑料机械外观通用技术条件》的规定，涂漆表面应符合 HG/T 3228—2001《橡胶塑料机械涂漆通用技术条件》中的 3.4.5 的规定。

**表 2　平行度**　　（单位：mm）

| 拉杆有效间距 | 锁模力为零时 | 锁模力为最大时 |
|---|---|---|
| ≤ 250 | ≤ 0.08 | ≤ 0.04 |
| 250 ～ 400 | ≤ 0.10 | ≤ 0.05 |
| 400 ～ 630 | ≤ 0.20 | ≤ 0.10 |
| 630 ～ 1 000 | ≤ 0.30 | ≤ 0.16 |
| 1 000 ～ 1 600 | ≤ 0.40 | ≤ 0.26 |

注：当水平和垂直两个方向上的拉杆有效间距不一致时，取较大值对应的平行度。

**表 3　同轴度**　　（单位：mm）

| 模具定位孔直径 | 同轴度 |
|---|---|
| ≤ 125 | ≤ $\phi$0.20 |
| ＞ 125 | ≤ $\phi$0.25 |

**表 4　整机能耗等级**

| 锁模力（kN） | 能耗等级 |
|---|---|
| ≤ 1 000 | 2 级 |
| ＞ 1 000 | 1 级 |

**表 5　噪声要求**

| 锁模力（kN） | ≤ 2 500 | ＞ 2 500 ～ 5 000 |
|---|---|---|
| 噪声声压值（dB） | ≤ 79 | ≤ 80 |

2. 广泛宣贯行业安全标准，呼吁企业合规操作

中国塑料机械工业协会在会员会、国际论坛和橡塑展等不同的场合一再呼吁塑料机械行业的企业一定要严格执行安全标准，合规操作，一再强调“严格执行安全标准，合规操作”的重要性。协会积极呼吁企业要强化合规经营，让“合规”精神深入每一位员工的内心，工作恪守职业规范，产品符合标准要求，从人和物全面加强中国塑料机械装备的品质保障，提升中国塑料机械企业的整体形象。

**四、促进标准的信息交流**

1. 借助会议，广泛交流标准信息

在 2018 年 4 月举办的中国塑料机械工业协会六届四次理事（扩大）会上，邀请海天塑机集团有限公司外籍控制系统专家岳巍对塑料机械行业工业 4.0 欧规 EUROMAP 进行解读，邀请博创智能装备股份有限公司智能系统事业部陈明治总监介绍了“面向智能制造的注塑装备互联互通标准化重大专项项目”情况。在 2018 首届中塑机团标委年会上，邀请中国标准化研究院基础标准化研究所丁文兴副所长，就标准化战略与国际标准化、国际标准化组织及工作简介、国际标准研制过程和国际标准化工作体会等内容作了介绍。

2. 借助多种平台，实时发布标准信息

中塑机团标委借助全国团体标准信息平台、中国塑料机械工业协会微信公众号和官方网站、《中国塑机》及《中国塑料机械工业年鉴》等多种平台丰富开展标准信息交流工作，让更多企业了解行业标准情况，及时与团标委互动，促进我国塑料机械标准化工作的开展。

中塑机团标委将不断推进中国塑料机械行业团体标准的制定，优先组织制定行业内标准空白领域的产品标准，优先在市场需求旺盛的领域制定高于国家标准的团体标准，用先进标准倒逼“中国塑机”升级，并逐步参与塑料机械国际标准化工作。

〔供稿单位：中国塑料机械工业协会团体标准工作委员会〕

# 2018 年塑料机械相关的授权发明专利名单

## 内压力成型，如溶胀、发泡等

| 申请号 | 申请（专利权）人 | 发明（设计）名称 |
|---|---|---|
| 2015108599631 | 无锡锦和科技有限公司 | 一种节能型加热冷却二次发泡机 |
| 2016102675585 | 合肥启恒工艺装备有限公司 | 一种聚氨酯发泡机的高压混合头 |
| 2016102526453 | 东莞市捷圣智能科技有限公司 | 一种全自动二次成型机 |
| 2014800277826 | 格诺伊斯有限责任公司 | 用于通过挤出生产泡沫体的方法以及用于生产泡沫体的挤出装置 |
| 2017100992354 | 滁州市中诺设备模具制造有限公司、安徽迪思自动化设备有限公司 | 一种抱夹式发泡夹具传动装置 |
| 2012105510872 | 海尔集团公司、青岛经济技术开发区海尔热水器有限公司 | 太阳能水箱卧式发泡生产线及生产工艺 |
| 2015100943965 | 陈美玉 | 一种聚氨酯密封条的生产发泡设备 |
| 2015107739860 | 青岛海诺中天科技有限公司 | 塑料泡沫板材成型机 |
| 2016102707478 | 山东大学 | 一种高表面光泽高气泡致密度的微孔发泡注塑工艺与模具 |
| 2016111082220 | 无锡同心塑料制品有限公司 | 一种泡沫塑料生产用定量出料设备 |
| 2016108934244 | 宁波格林美孚新材料科技有限公司 | 一种发泡定型装置及其发泡定型方法 |
| 2016110815258 | 无锡同心塑料制品有限公司 | 一种硬质聚氨酯泡沫塑料生产用发泡设备 |
| 2015109934069 | 嘉兴市大塑机械有限公司 | 一种箱包用 PC 发泡板材的生产装置 |
| 201610852632X | 山东通佳机械有限公司 | XPS 板材生产在线自动控制方法 |
| 201610263385X | 神盾防火科技有限公司 | 一种三聚氰胺闭孔发泡生产线 |
| 2016102734865 | 山东大学 | 一种用于微孔发泡注塑的叠层模具及工艺方法 |
| 2015102277047 | 大连华工创新科技股份有限公司 | 穿条法内型腔聚氨酯发泡铝型材及成型设备 |
| 2016102706009 | 山东大学 | 一种发泡倍率高、表面无泡痕的微孔发泡注塑工艺 |
| 2016110842630 | 无锡同心塑料制品有限公司 | 一种能够防止物料外溢的间歇式预发机出料口开闭机构 |
| 2016107719325 | 至和（福建）科技有限公司 | 塑料二次发泡成型机 |
| 2017108256787 | 绍兴市华创聚氨酯有限公司 | 一种用于二氧化碳聚氨酯发泡机的输送机构 |
| 2016102852382 | 翡柯机械（福建）有限公司 | 一种高效节能泡沫塑料的生产设备 |
| 2016110542227 | 无锡同心塑料制品有限公司 | 一种泡沫塑料生产用机械发泡机 |
| 2015107313088 | 山东合力冷冻设备有限公司 | 硬质聚氨酯负压模压发泡装置 |
| 2016104901951 | 德清舒华泡沫座椅有限公司 | 一种聚氨酯弹性体成型设备的成型部件 |
| 2016100576956 | 赵祖良 | XPS 挤塑发泡板的生产流水线及生产工艺 |
| 2016101938259 | 晋江市火炬油压机械有限公司 | 多缸式 EVA 发泡机 |

## 注射成型设备

| 申请号 | 申请（专利权）人 | 发明（设计）名称 |
|---|---|---|
| 2015107647426 | 范焱林 | 聚氨酯鞋材的注塑送料机构 |
| 2015101786073 | 莆田市多容光学电子有限公司 | 一种降低塑料平板翘曲的注塑生产工艺 |
| 201610323761X | 广东赛普电器制造有限公司 | 一种BMC材料注射成型工艺 |
| 2016104834641 | 长春华涛汽车塑料饰件有限公司 | 一种仿布纹汽车内饰件加工方法 |
| 201410439780X | 住友重机械工业株式会社 | 注射成型机 |
| 2014800430525 | 艾姆弗勒克斯有限公司 | 考虑注塑运行期间材料特性的变化的注塑机和方法 |
| 2016102232731 | 天津大学 | 一种基于型腔气压动态控制的微注塑成型装置及方法 |
| 2014103181437 | 法国圣戈班玻璃公司 | 玻璃的包边结构和注塑成型装置 |
| 2014800572297 | 奥托门纳创新有限责任公司 | 注射成型和组装设备以及将多个两种不同模制部件成型和组装的方法 |
| 2016103112243 | 李爱冰 | 一种玻璃导光板的注塑成型工艺 |
| 2016108678873 | DIA成型株式会社 | 前面板的制造方法 |
| 2015107761667 | 吕冬冬 | 基于模内热切的电子产品外壳自动化成型装置及成型方法 |
| 2014800711393 | 圣万提注塑工业（苏州）有限公司 | 基于感测的系统状态的减速控制 |
| 2014104738185 | 日精树脂工业株式会社 | 热流道喷嘴、金属模、利用该金属模的成形方法及成形品 |
| 2016106646647 | 永高股份有限公司 | 塑料管材的立式高精度后加工机 |
| 2013800631479 | 赛多利斯史泰迪生物技术有限责任公司 | 热冲压方法 |
| 2016105456005 | 王刚 | 一种镜片注塑半成品自动剪切整理装架机 |
| 2016106136786 | 苏州高通机械科技有限公司 | 效果稳定的模内贴膜模具 |
| 2012800636139 | 米拉克龙有限责任公司 | 不对称多层注射成型产品和方法 |
| 2014800717830 | 全耐塑料高级创新研究公司 | 包括定位在局部的增强片的容器壁的注射方法 |
| 2016112469300 | 重庆理工大学 | 一种车身覆盖件的注塑成型工艺及电动车翼子板 |
| 201410768451X | 天津京荣模具有限公司 | 内螺纹端盖四模驱动同步成型组合注塑模具及加工方法 |
| 2017100073877 | 埃科产品创意开发（深圳）有限公司 | 注塑自动合件装置 |
| 2016102948351 | 三菱电机株式会社 | 注射喷嘴、注射装置、注射成型装置、注射方法及注射成型方法 |
| 2016104708615 | 上海奥塞尔材料科技有限公司 | 一种适于冷热温差冲击条件下抗应力开裂的PC注塑工艺 |
| 2015102157488 | 东芝机械株式会社 | 成形品的制造装置、成形品的制造方法以及成形品 |
| 2014800760510 | 数字内镜检查股份有限公司 | 用于制造长形空心型材元件的装置和方法、长形空心型材元件以及用于内窥镜的弯曲单元 |

## 挤出成型设备

| 申请号 | 申请（专利权）人 | 发明（设计）名称 |
|---|---|---|
| 2014800345950 | 温德默勒&霍乐沙两合公司 | 带有排出区域的加热装置的挤出模具、用于生产塑料软管膜的方法 |
| 2016103638210 | 江苏金由新材料有限公司 | 一种大口径薄壁聚四氟乙烯挤出管烧结装置 |
| 2015109091922 | 青岛大学、山东寿光健元春有限公司 | 一种废旧聚酯瓶生产塑编袋、集装袋用扁丝的方法 |
| 2016100427025 | 广州晶品智能压塑科技股份有限公司 | 智能精密控制全自动化模压制盖机 |

（续）

| 申请号 | 申请（专利权）人 | 发明（设计）名称 |
|---|---|---|
| 2016101206674 | 湖北环亚塑胶科技有限公司 | 全自动 PE 给水管生产线 |
| 2016101728231 | 青岛科技大学 | 纤维增强再制造轮胎胎面径向取向挤出成型方法及装置 |
| 2014100328571 | 中原大学 | 一种智能化射出成型系统及其方法 |
| 2013103549336 | 莱州结力工贸有限公司 | 增强合成树脂瓦及其生产设备 |
| 2016109693828 | 宁波鸿环土工材料有限公司 | 编织土工管袋的生产线及其生产工艺 |
| 2013106561109 | 上海杰事杰新材料（集团）股份有限公司 | 一种热塑性缠绕增强塑料复合管的生产装置及制备方法 |
| 2015107079926 | 大连理工大学 | 一种热塑性颗粒材料的熔融挤出装置及其 3D 打印方法 |
| 201410351469X | 上海日晶工程塑料科技有限公司 | 一种生产玻璃纤维增强尼龙材料的设备 |
| 2015100742519 | 浙江华诺化工有限公司 | 挤出机用防变形装置 |
| 2015102764688 | 上海长园电子材料有限公司、长园电子（东莞）有限公司 | 高分子管材尺寸调节装置及制造装置 |
| 2016100472463 | 顺德职业技术学院 | 提高塑料快速成型件强度的方法及生产专用线材的设备 |
| 2015100681708 | 厦门威亮光学涂层技术有限公司 | 用无溶剂 UV 涂料生产高光亮面板材的在线双面辊涂工艺及其装置 |
| 201380070969X | 温德默勒 & 霍乐沙两合公司 | 用于挤塑装置中材料更换的方法 |
| 2014800648760 | 巴顿菲尔－辛辛那提德国有限公司 | 用于挤出的塑料型材的定长剪切装置 |

## 吹塑法所用设备

| 申请号 | 申请（专利权）人 | 发明（设计）名称 |
|---|---|---|
| 2015109947302 | 林明茳 | 注拉吹成型机的保温输送机构 |
| 2016100652517 | 姜维雁 | 密封保温管的制造系统及制造方法 |
| 2015109258121 | 安庆市鑫顺塑业有限公司 | 吹膜热合机构 |
| 201480047530X | KHS 科波普拉斯特有限责任公司 | 用于处理容器的装置的转移站用的同步运行保险装置以及用于容器吹塑成型的装置和方法 |
| 2014800564623 | 西德尔合作公司 | 包括补偿夹具的用于制造容器的模塑单元 |
| 201510791849X | 克隆尼斯股份有限公司 | 压力调节器设备 |
| 2014800076386 | 西德尔合作公司 | 用于吹塑具有增加拉伸比的热灌注容器的模具 |
| 2016100994088 | 张家港市德曼机械科技有限公司 | 开合模装置中的拉杆组件 |
| 2016103413560 | 南华大学 | 具有快速调模功能的无拉杆两板式吹塑机械电动开合模装置及其实现的开合模方法 |
| 2016107662774 | 江苏维达机械有限公司 | 注吹机转塔 |
| 2013800195713 | 株式会社吉野工业所 | 模内成型用标签以及带标签容器 |
| 2015101655664 | 浙江利帆家具有限公司 | 一种桌面板吹塑装置的封口装置 |
| 2016100903657 | 日精ＡＳＢ机械株式会社 | 吹塑成形机、金属模部件的安装方法以及金属模单元 |
| 2015110018222 | 广东金明精机股份有限公司 | 塑料中空容器坯体挤吹模具模口间隙的调整结构及调整方法 |
| 201410650155X | 克朗斯股份有限公司 | 具有换件机器人的吹塑机及其操作方法 |
| 2015109651750 | 罗曼芹 | 一种吹瓶机 |
| 2015109708994 | 罗曼芹 | 一种吹瓶机 |

（续）

| 申请号 | 申请（专利权）人 | 发明（设计）名称 |
| --- | --- | --- |
| 2016105321934 | 苏州同大机械有限公司 | 塑料中空制品吹胀成型用的旋转吹针装置 |
| 2015106852809 | 克朗斯股份公司 | 用于通过双节距延迟来输送塑料型坯的装置及方法 |
| 2015800074915 | DT发明公司 | 用于具有一体式把手的容器的制造方法和设备 |
| 201480046167X | 日精ASB机械株式会社 | 制造带把手容器的方法、制造带把手容器的装置及带把手容器 |
| 2014800648559 | 巴顿菲尔-辛辛那提德国有限公司 | 用于固定挤出的塑料型材的设备 |
| 2016101427304 | 江苏新美星包装机械股份有限公司 | 一种吹瓶机锁模装置 |
| 2014800478350 | S.I.P.A.工业设计自动化合伙股份有限公司 | 用于由热塑性材料制成的预制件的模制后的冷却装置 |
| 2016105675407 | 安徽宁国中鼎模具制造有限公司 | 一种注拉吹模具用弹性脱模结构 |
| 2016102644623 | 中山榄菊日化实业有限公司 | 耐摔塑料瓶及其吹塑模具和生产方法 |
| 2014800649867 | 帝斯克玛股份有限公司 | 吹塑成型用模具 |
| 2015110323121 | 株式会社吉野工业所 | 预成型体注射成型装置、注射成型方法及合成树脂制瓶体 |
| 2016106894488 | 日精ASB机械株式会社 | 带手柄容器的吹塑成形方法以及吹塑成形装置 |
| 2015109501363 | 山东华宝隆轻工机械有限公司 | 一种旋转式吹瓶机用开合模机构 |
| 2015800099433 | 帝斯克玛股份有限公司 | 包括至少一个柔性隔膜的注射装置 |
| 2013800697531 | DDM系统有限责任公司 | 用于制造三维物体的系统和方法 |
| 2016103617178 | 陈真华 | 用于成型医用超薄型吹管的高精度成型机 |
| 2015105144564 | 芜湖友信激光模具有限公司 | 一种用于生产塑料制品的系统及其控制方法 |
| 2015100620742 | 赫斯基注塑系统有限公司 | 模具装置 |
| 2016105729958 | 苏州同大机械有限公司 | 吹塑机的口模结构 |
| 2016105325140 | 苏州同大机械有限公司 | 吹塑机的塑料中空容器下吹装置 |
| 2015102958344 | 铜陵方正塑业科技有限公司 | 制袋装置 |
| 2014800397461 | KHS科波普拉斯特有限责任公司 | 用于吹塑成型容器的设备 |
| 2014800545622 | 株式会社可乐丽 | 吹塑成型容器、燃料容器、吹塑成型瓶容器和吹塑成型容器的制造方法 |
| 2013101847078 | 莫勒科尔科技有限公司 | 用于生产分子双定向塑料管的设备和方法 |
| 2016107366889 | 苏州同大机械有限公司 | 吹塑机的双片材出料模头 |
| 2016105556126 | 马革 | 一种高效节能的塑料中空成型机 |
| 2015101972804 | 克朗斯股份公司 | 具有自动驱动的基底联轴器的吹塑机 |
| 2016109764024 | 中山伟兆塑胶制品有限公司 | 一种自动吹瓶机的自动定位机构 |
| 2016112178837 | 石家庄元鼎医疗器械有限公司 | 一种自动切废料的吹塑模具 |
| 2016107866729 | 岱纳包装（天津）有限公司 | 一种挤出吹塑二次定型系统 |
| 2013104482456 | 曼·胡默尔有限公司 | 用于流体的管道系统，用于连接管道系统的至少一个管部分的方法和设备 |
| 2016104861297 | 北京佑众全椒制药有限公司 | 一种塑料瓶成型设备 |
| 2016105542335 | 德玛克（长兴）包装机械有限公司 | 吹瓶机伺服电机驱动开合锁模机构 |
| 2016110536673 | 台州市黄岩百星塑料机械厂 | 塑料吹瓶机滚轮式瓶胚分距机构 |
| 2016101256550 | 江苏新美星包装机械股份有限公司 | 旋转式吹瓶机中模架上的锁模组件 |

（续）

| 申请号 | 申请（专利权）人 | 发明（设计）名称 |
|---|---|---|
| 2014800764333 | 帝斯克玛股份有限公司 | 吹塑成形装置 |
| 2014104039091 | 克朗斯股份有限公司 | 利用排气将塑料型坯变形为塑料容器的吹塑模具、吹塑机及方法 |
| 2015105471392 | 广州丽盈塑料有限公司 | 半透明柔软挤吹瓶及其制备方法与应用 |
| 2015101607603 | 克罗内斯股份公司 | 用于制造塑料瓶和用填充产品对其填充的设备和方法 |
| 2016107664587 | 江苏维达机械有限公司 | 一种注吹用芯棒 |
| 2016107630453 | 江苏维达机械有限公司 | 一种注吹机模芯推板保持机构 |
| 2016107661574 | 江苏维达机械有限公司 | 注吹机锁模机构 |
| 2016107965207 | 安徽环球药业股份有限公司 | 一种预热双向拉伸吹塑成型机的底模导杆 |
| 2014100663724 | 威玛精密化学科技股份有限公司 | 具珠光效果的塑胶容器的制造方法 |
| 2016102518758 | KHS 科波普拉斯特有限责任公司 | 预制型坯调温处理的方法和加热设备以及吹塑成型机 |
| 2017101394199 | 全冠（福建）机械工业有限公司 | 一种新型的吹瓶机变节距装置 |
| 2015105084385 | 克朗斯股份公司 | 成形灌装机中的防洒出装置 |
| 2012800241191 | 阿尔温莱纳股份有限两合公司阿尔普拉工厂 | 用于对以挤出吹塑法制造的塑料容器的倾倒开口进行校准的方法 |
| 2016105544970 | 德玛克（长兴）包装机械有限公司 | 吹瓶机同步带传动出瓶机构 |
| 2015800053514 | S.I.P.A. 工业设计自动化合伙股份有限公司 | 用于吹塑热塑性材料容器的吹塑模具 |
| 2016105074142 | 广州达意隆包装机械股份有限公司 | 一种吹瓶机模具快速更换机构 |
| 2016105563100 | 江苏新美星包装机械股份有限公司 | 一种吹瓶机的底模导轨升降机构 |
| 2015106432056 | 湖南科伦制药有限公司 | 一种吹瓶机及吹瓶方法 |
| 2016105729939 | 苏州同大机械有限公司 | 吹塑机的双层导流储料式模头装置 |
| 2014104275357 | 丹东全德高科技包装有限公司 | 全候性 PVDC 多层共挤吹塑薄膜机组 |
| 2016105516966 | 德玛克（长兴）包装机械有限公司 | 一种塑料吹瓶机模具安装平台 |
| 2016102506286 | 苏州市东雄精密模具塑业有限公司 | 一种吹瓶模具用均温装置 |
| 2014800682526 | 帝斯克玛股份有限公司 | 用于制造容器的方法和装置 |
| 2014104785561 | 克罗内斯股份公司 | 用于预处理预成型件的方法和用于预处理且用于将预成型件拉伸吹塑成容器的拉伸吹塑机 |
| 201510477668X | 克朗斯股份公司 | 用于将塑料材料预制件成型为塑料材料容器的设备 |
| 2016109216049 | 北京化工大学 | 一种智能气囊引导的中空异型制品制造装置及方法 |
| 2016101941641 | 克朗斯公司 | 生产塑料容器的装置和方法以及用所述方法生产的塑料容器 |
| 2014800528415 | 费森尤斯卡比德国有限公司 | 用于制造被灌注的拉伸吹塑瓶的方法和设备 |

## 热成型设备

| 申请号 | 申请（专利权）人 | 发明（设计）名称 |
|---|---|---|
| 2015103707733 | 苏州华日金菱机械有限公司 | 一种加大吸塑模具上局部吸气量和加热量的吸附装置 |
| 2014800167953 | 三菱化学株式会社 | 微细凹凸结构体、装饰板材和装饰树脂成形体，以及微细凹凸结构体和装饰树脂成形体的制造方法 |
| 2016100899327 | 虞雅仙 | 一种水钻排布及水钻吸塑的成型设备 |
| 2016105634411 | 东莞市三泽塑料制品有限公司 | 一种塑料碗成型装置 |

（续）

| 申请号 | 申请（专利权）人 | 发明（设计）名称 |
| --- | --- | --- |
| 2016104639367 | 深圳市宝德自动化精密设备有限公司 | 一种转盘式曲面成型机 |
| 2016107287355 | 汕头市达诚环保精机科技有限公司 | 热成型模具拉伸头快速安装拆卸装置 |

## 弯曲、折叠、扭转、矫直或展平成型所用设备

| 申请号 | 申请（专利权）人 | 发明（设计）名称 |
| --- | --- | --- |
| 2015104743277 | 巴拉斯塑胶（苏州）有限公司 | 一种表层共挤缠绕管生产设备 |
| 2016105623328 | 王庆昭 | 一种玻纤增强带聚乙烯复合管连续化生产装置和方法 |
| 2016106218042 | 北京航空航天大学 | 碳纤维缠绕张力模块化控制系统及控制方法 |
| 2016111871185 | 浙江道明光电科技有限公司 | 板材边缘的压平装置及其压平方法 |
| 2016103751961 | 许仙福 | 一种塑料板加热折弯取料一体机 |
| 2016105007631 | 福州森百德机电科技有限公司 | 蛇滚式压延方法及设备 |
| 2016107793963 | 安徽省中阳管业有限公司 | 一种可调整波纹加工范围的波纹机 |
| 201611054876X | 无锡同心塑料制品有限公司 | 一种塑料加工用高可靠型折弯装置 |
| 2016100637521 | 宁波市鄞州邱隘洁力塑料厂 | 一种缠绕管的生产设备 |
| 2016103752254 | 浙江树源文具有限公司 | 一种塑料板加热折弯机构 |
| 2016101751488 | 浙江双林机械股份有限公司 | 一种连续聚乙烯缠绕结构壁管的管壁成型模 |
| 2015109972041 | 重庆安特管业有限公司 | 大口径螺旋管缠绕机 |
| 201310390743X | 磐安县科力软管有限公司 | 一种塑料软管的连续化加工方法及设备 |
| 2016102325628 | 航天材料及工艺研究所、中国运载火箭技术研究院 | 一种复合材料网格锥壳铺丝与缠绕一体化成型装置 |
| 2016110313270 | 上海电机学院 | 一种钙塑板铆压成型机 |

## 拉伸成型所用设备

| 申请号 | 申请（专利权）人 | 发明（设计）名称 |
| --- | --- | --- |
| 2015107524731 | 嘉兴高正新材料科技股份有限公司 | 一种三层共挤吹膜机组的机头体 |
| 2015800053497 | 德国布鲁克纳机械有限公司 | 用于拉伸膜或片材的机器 |
| 2015109088205 | 华南理工大学、广州华新科实业有限公司、东莞市正新包装制品有限公司 | 一种基于风源动态分配的吹塑薄膜冷却的方法及装置 |
| 2016105184015 | 浙江汇锋薄膜科技有限公司 | 具有改良的牵引机构的吹膜机 |
| 2015106198947 | 广东金明精机股份有限公司 | 吹膜生产工艺 |
| 2016104425315 | 安庆市鑫顺塑业有限公司 | 一种具有稳定张力、紧致收卷功能的吹膜机 |
| 2014800566900 | 莱芬豪舍机械制造两合公司 | 用于制造吹塑薄膜带的方法以及吹塑薄膜设备 |
| 2017103843421 | 广东金明精机股份有限公司 | 上吹式多层共挤吹膜机内冷结构 |
| 201511003783X | 山东华信塑胶股份有限公司 | 一种双轴取向聚氯乙烯管材的连续成型装置及工作方法 |
| 2013800672784 | 布鲁克纳机械有限责任两合公司 | 用于拉伸设备的输送系统 |
| 2016104425090 | 安庆市鑫顺塑业有限公司 | 一种吹膜印花一体机 |
| 2013104816940 | 宁波泰弗诺氟塑制品有限公司 | 一种聚四氟乙烯未烧结带的双向拉伸装置 |
| 2015103129682 | 日丰企业（佛山）有限公司、日丰企业集团有限公司、日丰科技有限公司 | 一种塑料管材在线双向拉伸装置 |

（续）

| 申请号 | 申请（专利权）人 | 发明（设计）名称 |
|---|---|---|
| 2014800402455 | 布鲁克纳机械有限责任两合公司 | 直线电机驱动的输送设备、特别是拉伸设备 |
| 2014800406386 | 布鲁克纳机械有限责任两合公司 | 用于运输系统、尤其是拉伸设备的侧面导轨 |
| 2016104425245 | 安庆市鑫顺塑业有限公司 | 一种具有防静电和张力稳定功能的吹膜机 |
| 2016104432925 | 安庆市鑫顺塑业有限公司 | 一种具有紧致收卷功能的吹膜机 |
| 2015102018803 | 长春工业大学 | 轨迹方向可控的同步双向拉伸链夹机构 |
| 2016104358363 | 台州市路桥宏亚塑料包装厂 | 吹膜机及塑料袋的加工方法 |
| 2017100658289 | 广东金明精机股份有限公司 | 三层共挤吹膜模头 |
| 201610482150X | 浙江汇锋薄膜科技有限公司 | 一种改进的 PVC 吹膜机 |
| 2016108099090 | 福耀集团（福建）机械制造有限公司 | PVB 膜片的热拉伸成型设备 |
| 2015104410283 | LG 化学株式会社 | 辊筒以及包含该辊筒的薄膜生产装置 |
| 201611004232X | 北京化工大学 | 一种薄膜双向拉伸方法及装置 |
| 2016104432361 | 安庆市鑫顺塑业有限公司 | 一种具有稳定张力功能的吹膜机 |
| 2016107686266 | 福耀集团（福建）机械制造有限公司 | 一种拉膜机的冷却装置 |
| 2016107546862 | 艾能赛克机械设备（江苏）有限公司 | 一种用于亚克力片材的夹持装置 |
| 2016107560215 | 艾能赛克机械设备（江苏）有限公司 | 一种用于亚克力片材的拉伸成型系统 |
| 2016102360509 | 佛山市顺德区捷勒塑料设备有限公司 | 管状薄膜生产设备的内冷却装置 |
| 2016105574590 | 瑞安市奥翔包装机械有限公司 | ABA 双螺杆双机头吹膜机 |
| 2016104872056 | 浙江汇锋薄膜科技有限公司 | 一种 PVC 吹膜机 |
| 2016100246689 | 丹东天皓净化材料有限公司 | 一种超高分子微孔滤材及加工设备和加工方法 |
| 2016109572518 | 苏州西脉新诚生物科技有限公司 | 一种聚乳酸胚材导向挤出强化设备 |
| 2016107978508 | 苏州西脉新诚生物科技有限公司 | 一种聚乳酸胚材挤出强化设备 |
| 2016108211438 | 立胜(厦门)塑胶管材有限公司 | 一种塑料管材双向拉伸系统 |
| 2016107473414 | 艾能赛克机械设备（江苏）有限公司 | 一种用于亚克力片材的传送系统 |
| 2016111014882 | 北京化工大学 | 一种材料双向拉伸装置 |

## 增材制造

| 申请号 | 申请（专利权）人 | 发明（设计）名称 |
|---|---|---|
| 2014106351726 | 三纬国际立体列印科技股份有限公司、金宝电子工业股份有限公司、泰金宝电通股份有限公司 | 立体打印装置 |
| 201380070687X | 通用电气公司 | 金属结构 |
| 2014104335292 | 芜湖林一电子科技有限公司 | 一种多喷头立体打印机 |
| 2015107532846 | 辽宁格林普建筑打印科技有限公司 | 建筑 3D 打印机用循环往复提升装置 |
| 2016102149842 | 宁夏共享模具有限公司 | 一种能够实现自动清扫的 3D 打印设备铺料装置 |
| 2016105775759 | 中北大学 | 粉末材料激光烧结成形装置 |
| 2014800662749 | 斯内克马公司 | 用于通过粉末的选择性熔化来生产零件的方法 |
| 2016104027568 | 大连思攀科技有限公司 | 3D 打印头、3D 打印机及其 3D 打印方法 |
| 2015104596206 | 范春潮 | 一种快速彩色 3D 打印装置 |
| 201610781506X | 贾笑书 | 一种能显示保质期的智能瓶盖的 3D 打印制造方法 |

（续）

| 申请号 | 申请（专利权）人 | 发明（设计）名称 |
|---|---|---|
| 2015101169327 | 施乐公司 | 使用具有光透射表面层的旋转构件检测喷射透明材料的打印头中的不工作喷墨口的系统 |
| 2015102299690 | 杭州捷诺飞生物科技有限公司 | 3D 打印设备的喷头位置校准装置、系统及 3D 打印设备 |
| 2015106012774 | 深圳市华星光电技术有限公司、武汉华星光电技术有限公司 | 3D 打印机及 3D 打印方法 |
| 2016102001135 | 三维泰柯（厦门）电子科技有限公司 | 一种 3D 打印机稳定控制方法及控制系统 |
| 2016104691879 | 赖杜彭 | 3D 打印笔喷头更换装置及可更换喷头 |
| 2014102384415 | 深圳创锐思科技有限公司 | 雕刻模型生成系统及方法、雕刻模型 3D 打印系统及方法 |
| 201510766076X | 珠海天威飞马打印耗材有限公司 | 三维打印方法和三维打印机 |
| 201410759716X | 上海大学 | 一种用于生物 3D 打印的液压挤出供料系统和方法 |
| 2016103929409 | 陕西科技大学 | 3D 打印机产品结构呈色粒径尺度控制装置 |
| 2014800718284 | 3M 创新有限公司 | 通过增材制造得到的基于体积的梯度折射率透镜 |
| 2016102074969 | 北京恒创增材制造技术研究院有限公司、西安交通大学 | 一种新型彩色打印喷头 |
| 2017105340022 | 华中科技大学 | 一种异质多材料增材制造系统 |
| 2014106739318 | 三纬国际立体列印科技股份有限公司、金宝电子工业股份有限公司、泰金宝电通股份有限公司 | 立体打印装置 |
| 2015106952417 | 青岛尤尼科技有限公司 | 一种 3D 打印机的 $XY$ 轴联动装置及联动方法 |
| 2016106157299 | 华南理工大学 | 一种可旋转切换 3D 打印喷头 |
| 2015106197713 | 东莞市松湖塑料机械股份有限公司 | 桌面耗材试验机 |
| 2016101215989 | 西安铂力特增材技术股份有限公司 | 一种用于逐层制造三维物体的扫描方法 |
| 2014108506257 | EOS 有限公司电镀光纤系统 | 结构改性聚合物的选择性烧结 |
| 2016104841560 | 中北大学 | 一种选择性激光烧结 SLS 铺粉滚筒 |
| 2014800362994 | 微软技术许可有限责任公司 | 使用任意打印机和任意软件应用的 3D 打印方法和计算设备 |
| 2016101411838 | 佛山市北极熊科技有限公司 | 一种基于物联网的用于工业生产的 3D 打印设备 |
| 2016103396052 | 浙江工贸职业技术学院 | 对流双循环 3D 打印机 |
| 2015102270870 | 耐克创新有限合伙公司 | 向织物的直接打印 |
| 2016103931979 | 广州南沙 3D 打印创新研究院 | 3D 打印设备及方法 |
| 2015102653914 | 杭州汉卓机电科技有限公司 | 内外双旋盖结构的气动双作用生物 3D 打印喷头的控制方法 |
| 2016102120577 | 李昌海 | 多元材料的混合立体成型方法 |
| 2015102720016 | 施乐公司 | 使用光学传感器调节三维物体打印期间的打印机的操作的系统 |
| 2015107512452 | 北京汇天威科技有限公司 | 一种 3D 打印机辅助进料装置及其实现方法 |
| 2015101132888 | 研能科技股份有限公司 | 立体成型装置及其粉末过滤系统 |
| 2016100274477 | 吉林大学 | 一种熔融沉积成型 3D 打印方法 |
| 2016103446102 | 吉林大学 | 一种具有曲面加工特性的 3D 打印机 |
| 2016105177308 | 吉林省夏唯自动化工程有限公司、吉林大学 | 一种可旋转切换的 3D 打印机喷头 |

（续）

| 申请号 | 申请（专利权）人 | 发明（设计）名称 |
| --- | --- | --- |
| 2015100978841 | 威海湛翌三维科技有限公司 | 一种三维打印机 |
| 2016108104510 | 华南理工大学 | 一种可调整扭矩的 3D 打印机耗材挤出机构 |
| 2016104637770 | 珠海天威飞马打印耗材有限公司 | 3D 打印笔及其打印方法 |
| 2016109785139 | 南京信息职业技术学院 | 一种 3D 打印防翘边的温度补偿与报警方法及加热系统 |
| 2017106258171 | 苏艳敏、高双凤 | 一种双口径 3D 打印机喷头 |
| 2014105349517 | 宁波高新区乐轩锐蓝智能科技有限公司 | 至少两个打印头的 3D 打印机的控制方法、打印方法 |
| 2017104740136 | 泉州市比邻三维科技有限公司 | 一种成品牢固的三维打印机 |
| 201610898968X | 山东大学 | 一种变口径的 3D 打印机挤出头及其打印方法 |
| 2016100400785 | 杭州一牙数字口腔有限公司 | 无托槽隐形矫治器的脱模钩钳和脱模系统 |
| 2016101658652 | 广州安腾达化工科技有限公司 | 3D 打印环保设备 |
| 2016110845056 | 宁夏共享模具有限公司 | 基于 FDM 工艺的模具芯盒及其制作方法 |
| 2015101144921 | 研能科技股份有限公司 | 自动化 3D 成型的操作系统 |
| 2016103766331 | 衢州学院 | 一种一体化全彩 3D 打印设备及方法 |
| 2016112361885 | 华中科技大学 | 一种 SLS 用尼龙粉末的蒸馏冷却装置及降温方法 |
| 2015107381935 | 深圳长朗智能科技有限公司 | 3D 打印系统及 3D 打印控制方法 |
| 2014100402442 | 三纬国际立体列印科技股份有限公司、金宝电子工业股份有限公司、泰金宝电通股份有限公司 | 立体印刷装置 |
| 2014103274925 | 研能科技股份有限公司 | 二维或三维物件喷印方法、快速喷印装置 |
| 201510328979X | 三纬国际立体列印科技股份有限公司、金宝电子工业股份有限公司、泰金宝电通股份有限公司 | 3D 打印机的低熔点材料打印方法 |
| 2016102507310 | 宁波速美科技有限公司 | 一种 3D 打印恒温成型腔体 |
| 2016101350868 | 西门子产品生命周期管理软件公司 | 用于增材制造的装置和方法 |
| 2014104544014 | 通用电气公司 | 三维打印工艺、旋动装置和热管理工艺 |
| 2015107887491 | 中研智能装备有限公司 | 一种等离子熔覆制造快速成型设备及成型方法 |
| 2015108094406 | 新都有限公司 | 3D 打印机丝材供排装置 |
| 201410393126X | 罗兰 DG 有限公司 | 三维造型装置 |
| 2016112303216 | 河北工业大学、泰华宏业（天津）机器人技术研究院有限责任公司 | 一种可调节双层联动式数控平台 |
| 2016101176486 | 珠海赛纳打印科技股份有限公司 | 一种彩色 3D 物体的变频打印方法及系统 |
| 201610286639X | 广州捷和电子科技有限公司 | 一种用于 3D 打印机的挤出装置 |
| 2016112496331 | 北京工业大学 | 一种利用幻灯片播放功能的光固化快速成型的方法 |
| 2017107470637 | 黄哲敏、杨怀宝 | 串色式彩色 3D 打印机的被动差速式入料系统 |
| 2014800427984 | 西门子股份公司 | 使用增材制造工艺的机械接合 |
| 201710688520X | 黄哲敏、程军 | 多头式 3D 打印机的跨距调节方法 |
| 2014103275010 | 研能科技股份有限公司 | 快速成型装置 |
| 2016102957191 | 广东汉邦激光科技有限公司 | 供粉装置 |
| 2015107894118 | 中研智能装备有限公司 | 一种等离子熔覆制造 3D 打印设备及方法 |

（续）

| 申请号 | 申请（专利权）人 | 发明（设计）名称 |
| --- | --- | --- |
| 201610001768X | 江苏敦超电子科技有限公司 | 多材料建筑三维打印成型方法 |
| 2016102570278 | 郑强 | 用于3D打印机的成型端线型扫描成型控制方法及装置 |
| 2014800662842 | 米其林集团总公司 | 用于粉末基增材制造的设备和方法 |
| 2015104864587 | 东友科技股份有限公司 | 打印平台支撑模块及其适用的三维打印机 |
| 2017107677859 | 嘉兴诺丁汉工业设计有限公司 | 高精度3D打印机挤出机构 |
| 2014104456155 | 宁波高新区乐轩锐蓝智能科技有限公司 | 双打印头的3D打印机的打印区域控制方法、打印方法 |
| 2016100183694 | 施乐公司 | 用于生成测试图案以便测量打印机中的打印头到衬底的分离的系统和方法 |
| 2013107550953 | 王盘龙 | 3D打印机进料仓与清理装置 |
| 2017100041838 | 扬州智创企业运营管理服务有限公司 | 一种健康环保的高精度家用3D打印系统 |
| 2015108501116 | 精工爱普生株式会社 | 立体物造型装置及其控制方法、立体物造型系统以及立体物造型装置的控制系统 |
| 2015100578887 | 三纬国际立体列印科技股份有限公司、金宝电子工业股份有限公司、泰金宝电通股份有限公司 | 立体打印装置 |
| 2015109540866 | 常州大学 | 一种五轴联动3D打印机机构 |
| 2016106831243 | 南京航空航天大学 | 连续纤维增强热塑性树脂基复合材料3D打印方法及打印头 |
| 2015109822148 | 珠海天威飞马打印耗材有限公司 | 打印头及三维打印机 |
| 2014800560891 | FIT股份公司 | 用于制造三维物体的设备 |
| 2016101010635 | 浙江大学 | 一种多孔骨支架制造装置及制造方法 |
| 201611000284X | 珠海赛纳打印科技股份有限公司 | 3D打印方法及系统 |
| 2018104229291 | 华明进 | 一种连续纤维增强复合材料3D打印喷头及打印机 |
| 2014800264741 | 斯特拉塔西斯公司 | 陶瓷支撑结构 |
| 2015105200047 | 苏州中瑞智创三维科技股份有限公司 | 一种密封式选择性激光熔融设备 |
| 2017103325102 | 上海交通大学 | 3T三自由度回转式3D打印机 |
| 2015800115506 | 松下知识产权经营株式会社 | 三维形状造型物的制造方法 |
| 2016102425791 | 山东大学 | 一种基于费马尔螺旋线的3D打印路径规划方法 |
| 2016102647674 | 广东汉邦激光科技有限公司、刘建业 | 激光输出装置及3D打印机 |
| 2016102955410 | 广州市文搏智能科技有限公司 | 3D打印机用喷头 |
| 201510659277X | 湖北地创三维科技有限公司、东莞理工学院 | 一种3D打印测控设备配置架 |
| 2015106947739 | 郑正元 | 光固化立体造型装置及方法 |
| 2014104210367 | 上海联泰科技股份有限公司 | 用于光固化快速成型的自动调节涂覆装置 |
| 2015109925977 | 大连理工大学 | 一种激光复合轮廓扫描的3D打印方法 |
| 2016102483161 | 清华大学深圳研究生院 | 双光子聚合3D打印机及打印方法 |
| 2014104335288 | 芜湖林一电子科技有限公司 | 一种快速型彩色三维打印机 |
| 2015107462769 | 太原市奥蓝电子科技有限公司 | 高精度3D打印机 |
| 2014108370416 | 上海联泰科技股份有限公司 | 可同时打印多种材料的光固化快速成型装置 |
| 2015109682778 | 广西科技大学 | 一种3D打印机图像圆柱形采集箱体 |

（续）

| 申请号 | 申请（专利权）人 | 发明（设计）名称 |
|---|---|---|
| 2016101309613 | 东莞理工学院 | 一种3D打印机 |
| 2013104180136 | 研能科技股份有限公司 | 页宽喷印的快速成型装置 |
| 2015109116135 | 中车戚墅堰机车车辆工艺研究所有限公司 | 自动筛分上料设备及其上料方法 |
| 2016101744978 | 浙江大学宁波理工学院 | 一种3D打印平台 |
| 2016103390427 | 浙江工贸职业技术学院 | 高效冷却打印头 |
| 2015109234767 | 合肥西锐三维打印科技有限公司 | 一种带有密封装置的成型平台 |
| 2014104814136 | 瑞安市尚璇三维打印技术股份有限公司 | 3D打印机托盘及制备方法和3D打印机 |
| 2014107627273 | 机械科学研究总院先进制造技术研究中心 | 一种复合材料零部件3D打印成形方法 |
| 2015104161524 | 东莞中国科学院云计算产业技术创新与育成中心 | 太空环境下的3D打印实现方法、打印系统及喷丝流量控制方法 |
| 2016101994102 | 吉林大学 | 一种用于粉末层叠制造的3D装置及3D打印方法 |
| 2015104465089 | 厦门达天电子科技有限公司 | 一种3D打印平台工作面的高度位置检测装置及其检测方法 |
| 2016101913209 | 上海万物智能打印科技有限公司 | 一种用于3d打印机的网络数据传输设备及方法 |
| 2016102398879 | 单家正 | 一种基于平面并联机构的3D打印机 |
| 2017104151625 | 六安永贞匠道机电科技有限公司 | 3D打印机的水平无支撑打印的多喷头系统 |
| 2017105289257 | 六安永贞匠道机电科技有限公司 | 打印截面可调整的3D打印机喷头 |
| 2016101483889 | 新疆大学 | 同轴3D打印机喷头及其工作方法 |
| 2016102075073 | 北京恒创增材制造技术研究院有限公司、西安交通大学 | 一种基于三维模型外着色装置 |
| 2016102315043 | 湖北嘉一三维高科股份有限公司 | 一种新型打印平台 |
| 201511029530X | 浙江大学 | 基于声发射的熔融沉积成型3D打印监控系统 |
| 2014800268526 | 谷歌技术控股有限责任公司 | 用于增材制造的方法和组件 |
| 2015107382656 | 深圳长朗三维科技有限公司 | 3D打印系统及3D打印方法 |
| 201710473911X | 泉州市比邻三维科技有限公司 | 一种输料顺畅的三维打印头 |
| 2014108377167 | 上海数造机电科技股份有限公司 | 一种用于光固化快速成型的刮刀调节方法 |
| 2015109418154 | 广西科技大学 | 一种3D打印机的双层打印喷头 |
| 2016102687385 | 东莞理工学院 | 一种基于物联网的桌面3D打印机 |
| 2016101744944 | 浙江大学宁波理工学院 | 一种用于3D打印数控设备的五坐标打印平台 |
| 2016102173432 | 丰田自动车株式会社 | 增材制造设备 |
| 2016103352872 | 浙江工贸职业技术学院 | 双向冷却3D打印机 |
| 2015105188878 | 深圳马顿科技有限公司 | 3D打印设备及3D打印设备的挤出机 |
| 2015107888808 | 中研智能装备有限公司 | 一种等离子3D打印设备及方法 |
| 2016102925843 | 赖柱彭 | 3D打印笔 |
| 2015101648961 | 南京师范大学 | 一款3DP彩色三维打印机的粉末回收装置 |
| 2016106148711 | 华南理工大学 | 一种可上下切换的3D打印喷头 |
| 2014107786299 | 广州光宝移动电子部件有限公司、光宝科技股份有限公司 | 三维对象及其制造方法 |
| 2014800739045 | 维也纳科技大学、伊沃克拉维瓦登特股份公司 | 用于将可光聚合材料加工为成型体的以层的方式的构造的设备 |

（续）

| 申请号 | 申请（专利权）人 | 发明（设计）名称 |
| --- | --- | --- |
| 2015101144298 | 研能科技股份有限公司 | 立体成型装置 |
| 2015107705775 | 精工爱普生株式会社 | 立体物造型装置、立体物造型装置的控制方法、立体物造型装置的控制程序 |
| 2015102387742 | 南京工程学院 | 扫描打印一体的桌面级3D打印机 |
| 2015107995316 | 耿得力 | 一种立体模型成型设备及其成型方法 |
| 2016103623766 | 上海联泰科技股份有限公司 | 3D打印采用的多振镜标定方法、打印方法及光学系统 |
| 2015102650348 | 斯恩蒂斯有限公司 | 集成的多材料植入件以及制造方法 |
| 2014800760421 | 英派尔科技开发有限公司 | 增加的三维打印物品的层间粘附性 |
| 2015101094443 | 施乐公司 | 用于使用光透射衬底检测喷射透明材料的打印头中的不工作喷墨口的系统 |
| 2016101993218 | 重庆秋平模型有限公司 | 一种轮转式3D打印机喷头切换装置 |
| 2013107550949 | 王盘龙 | 一种3D打印机喷头装置 |
| 2016102255625 | 波音公司 | 快速制造方法和设备 |
| 2016107467466 | 杭州先临易加三维科技有限公司 | 基于SLA增材制造技术的静态液面控制装置及其操作方法 |
| 2014800651091 | 斯特拉塔西斯公司 | 用于利用结晶动力学控制打印三维部件的方法 |
| 2015102588402 | 深圳市同创三维科技有限公司 | 一种3D打印机托盘全自动调平装置及全自动调平方法 |
| 2015110314480 | 四川大学 | 一种适合熔融沉积3D打印的送丝机构 |
| 2015107892625 | 中研智能装备有限公司 | 一种等离子3D打印设备及3D打印方法 |
| 2015107886713 | 中研智能装备有限公司 | 一种等离子熔覆直接制造3D打印设备及方法 |
| 2014800762732 | 株式会社东芝 | 喷嘴及层叠造型装置 |
| 2015104969146 | 迈济智能科技（上海）有限公司 | 并联式三维打印机的行程判断机构以及三维打印机 |
| 201610820178X | 深圳市虹远通信有限责任公司 | 3D打印方法 |
| 2016106487636 | 江南大学 | 多向3D打印机装置 |
| 2016102224699 | 长沙万工机器人科技有限公司 | 一种适用于多种类流体材料的自动化供料装置 |
| 2015102956279 | 北京大业三维科技有限公司 | 一种3D打印系统的脱模控制方法及装置 |
| 2015104814855 | 宁夏共享模具有限公司 | 基于FDM的3D打印设备 |
| 2016106275435 | 深圳市丰锐科技有限公司 | 一种应用于激光3D打印机的变力矩离型装置及方法 |
| 2016107545516 | 大连理工大学 | 一种增材制造中的复杂切片区域自动分割方法 |
| 2017105907729 | 广州恒尚科技有限公司 | 自动调节3D打印机铺粉量装置及其方法 |
| 2015109418084 | 柳州快速制造工程技术有限公司 | 一种3D打印机喷头复位装置 |
| 201710394656X | 杨茂燕 | 一种稳定的3D打印机 |
| 2014108519242 | 三星SDS株式会社 | 三维打印控制装置和方法 |
| 2015105636925 | 繁昌县倍思生产力促进中心有限公司 | 一种可在线监测产品质量的3D彩色打印机 |
| 2016101350834 | 西门子产品生命周期管理软件公司 | 用于增材制造的装置和方法 |
| 2016102317852 | 武义斯汀纳睿三维科技有限公司 | 3D打印喷嘴装置及3D打印方法 |

（续）

| 申请号 | 申请（专利权）人 | 发明（设计）名称 |
|---|---|---|
| 2016109146385 | 西北工业大学 | 一种直流电脉冲控制的熔滴沉积 3D 打印装置及打印方法 |
| 2015800414457 | DWS 有限公司 | 用于控制属于立体光刻机的至少两个光辐射源的活性的改进方法 |
| 2014107189194 | 三纬国际立体列印科技股份有限公司、金宝电子工业股份有限公司、泰金宝电通股份有限公司 | 立体打印装置 |
| 2014800070680 | 麻省理工学院 | 三维打印机部件的自动移除 |
| 2016111952962 | 吉林大学 | 全息超声场面自成型增材制造方法及装置 |
| 2015105142681 | 磐纹科技（上海）有限公司 | 一种熔积成型三维打印的支撑模块及其生成方法 |
| 2016104616793 | 北京金达雷科技有限公司 | 一种用于光固化 3D 打印机的树脂池以及 3D 打印机 |
| 2016109441314 | 吕梁学院 | 一种 3D 打印机 |
| 2015800170683 | 三菱重工业株式会社 | 三维层叠装置及三维层叠方法 |
| 2016102309216 | 中国科学院福建物质结构研究所 | 一种用于 3D 打印的组合物、含有其的 3D 打印材料及其制备方法、应用及 3D 打印设备 |
| 201610840653X | 乌鲁木齐鹏程远华三维科技有限责任公司 | 并联臂机构 3D 打印机外壳及打印机 |
| 2014107294059 | 三纬国际立体列印科技股份有限公司、金宝电子工业股份有限公司、泰金宝电通股份有限公司 | 导杆组件与立体打印装置 |
| 2016102705468 | 深圳市七号科技有限公司 | 一种带断电续打功能的 3D 打印机及打印方法 |
| 201611004458X | 哈尔滨工业大学 | 一种适用于连续纤维增强复合材料增材制造的喷头 |
| 2013800777875 | 惠普发展公司，有限责任合伙企业 | 修改对象的基层 |
| 2016102944990 | 珠海赛纳打印科技股份有限公司 | 一种混材 3D 物体的制作方法及系统 |
| 2016110521235 | 无锡金谷三维科技有限公司 | 一种实现喷墨 3D 打印连续不间断的生产装置及工作方法 |
| 2017107470497 | 泉州市天云创技术服务有限公司 | 彩色 3D 打印机的串色打印方法 |
| 2017100212282 | 南京航空航天大学 | 基于熔融沉积成形技术的结构电路一体化部件的制作方法 |
| 2016108181447 | 同济大学 | 熔融沉积式 3D 打印机用三通喷头 |
| 2016111965430 | 湖北工程学院 | 一种光纤传感构件的制备装置及方法 |
| 2017106885214 | 安徽硕创电气科技发展有限公司阜南分公司 | 一种高精度多轴式 3D 打印机 |
| 2016101024464 | 浙江大学 | 一种高强度的生物活性多孔支架制造方法 |
| 2016104454784 | 张津瑜 | 一种 3D 打印机的升降机构 |
| 2016109246792 | 吉林大学 | 一种工业双横梁分区域型 3D 打印机 |
| 2016108346435 | 顺德职业技术学院 | 温敏培养表面材料的光固化 3D 打印方法 |
| 2016109487958 | 浙江工贸职业技术学院 | 多功能高精准 3D 打印机 |
| 2016100632180 | 浙江智源办公设备制造有限公司 | 一种 3d 打印底板 |
| 2016101208472 | 西安铂力特增材技术股份有限公司 | 用于逐层制造三维物体的扫描路径规划方法及扫描方法 |
| 2017100897383 | 无锡太尔时代科技有限公司 | 一种 3D 打印机的丝盘盒及其使用方法 |
| 2018104229323 | 华明进 | 一种连续纤维增强复合材料 3D 打印机喷头及打印机 |

（续）

| 申请号 | 申请（专利权）人 | 发明（设计）名称 |
|---|---|---|
| 2017103998579 | 淮阴工学院 | 3D 打印产品的 UV 固化装置 |
| 2016108676469 | 南京师范大学、南京宝岩自动化有限公司 | 一种基于 UV 胶数字微喷头保护系统 |
| 2017100460441 | 江苏三维智能制造研究院有限公司、南京铖联激光科技有限公司 | 一种具有无氧打印环境的 3D 打印机 |
| 2014800494048 | 株式会社东芝 | 叠层形成装置以及叠层形成物的制造方法 |
| 2016111250832 | 湖南华曙高科技有限责任公司 | 激光烧结设备及其防尘机构 |
| 2014800695121 | 斯凯孚公司 | 用于机械结构的构造块和制造方法 |
| 2016109037848 | 北京恒创增材制造技术研究院有限公司 | 一种大幅面三维打印机打印平台调平方法及其调平系统 |
| 2017100081553 | 杭州铭展网络科技有限公司 | 一种 3D 打印机及 3D 打印方法 |
| 2015104643387 | 耿得力 | 一种光固化立体模型的成型设备及其成型方法 |
| 2016100882650 | 李全贵 | 激光成型机 |
| 2015102219319 | 安徽三维天下教育科技有限公司 | 一种 3D 打印机的喷头运动机构 |
| 2015107210096 | 北方民族大学 | 一种 3D 打印机热床平衡调节装置及调节方法 |
| 2016101160346 | 西安交通大学 | 一种流体循环控温熔融沉积成形打印头 |
| 2015107735198 | 宁夏共享模具有限公司 | 一种 3DP 金字塔打印的集成运动控制方法 |
| 2015108340542 | 陕西恒通智能机器有限公司 | 一种极坐标 3D 打印机 |
| 2014102167201 | 杭州电子科技大学 | 一种基于 STM8 的生物 3D 打印机平稳颗粒送料机构 |
| 2013104370094 | 郑州乐彩科技股份有限公司 | 光固化 3D 打印机 |
| 2015109398432 | 浙江大学 | 一种用于熔融沉积成型 3D 打印机的防滴漏喷头 |
| 2016100101425 | 浙江理工大学 | 一种三自由度三维打印机的控制方法 |
| 2014103824319 | 三纬国际立体列印科技股份有限公司、金宝电子工业股份有限公司、泰金宝电通股份有限公司 | 立体打印装置 |
| 2016102644801 | 广东汉邦激光科技有限公司、刘建业 | 成型缸及具有该成型缸的打印机 |
| 2016106004151 | 湖南华曙高科技有限责任公司 | 用于制造三维物体的扫描系统、方法及三维物体制造设备 |
| 2015101063407 | 深圳市七号科技有限公司 | 一种 FDM3D 打印方法、打印机及其支撑装置 |
| 2014102795126 | 三纬国际立体列印科技股份有限公司、金宝电子工业股份有限公司、泰金宝电通股份有限公司 | 3D 成型模块与 3D 成型装置 |
| 2015800061614 | 崇实大学校产学协力团 | 双级 3D 打印机 |
| 2016106032429 | 北京工业大学 | 一种多源大尺度面曝光 3D 打印方法 |
| 201510459616X | 范春潮 | 一种快速彩色 3D 打印装置上的喷头组件 |
| 2015106153749 | 贵州翰凯斯智能技术有限公司 | 一种 3D 打印装备和机械臂组成的智能制造系统 |
| 2015107568532 | 西安交通大学 | 一种同轴喷头的增强型空心凝胶管的 3D 打印系统和方法 |
| 2015107662055 | 精工爱普生株式会社 | 立体物造型装置 |
| 2016104161374 | 西安交通大学 | 一种利用超声辅助触夹持的超材料光固化打印设备 |
| 2014800209301 | 瑞尼斯豪公司 | 选择性激光固化设备及方法 |
| 2017102920952 | 六安永贞匠道机电科技有限公司 | 多喷头自动切换系统 |

（续）

| 申请号 | 申请（专利权）人 | 发明（设计）名称 |
|---|---|---|
| 2015100088089 | 研能科技股份有限公司 | 三维打印机 |
| 201510460190X | 珠海天威飞马打印耗材有限公司 | 三维打印喷头、三维打印机和打印方法 |
| 2016102595665 | 马申宇 | 一种基于 FDM 技术的数控成型设备 |
| 201510166720X | 京东方科技集团股份有限公司 | 用于三维打印机的曝光装置、三维打印机和三维打印方法 |
| 2016100891310 | 苏州光宝科技股份有限公司 | 基于 SLA 技术的高精度 3D 打印装置 |
| 2016103004963 | 东莞理工学院 | 一种基于物联网的桌面 3D 打印设备 |
| 2014106407469 | 三纬国际立体列印科技股份有限公司、金宝电子工业股份有限公司、泰金宝电通股份有限公司 | 立体打印装置 |
| 2015102512418 | 京东方科技集团股份有限公司 | 光控制装置及其制作方法、3D 打印系统 |
| 2014106992566 | 上海普利生机电科技有限公司、上海普利生信息科技有限公司 | 光固化型 3D 打印设备及其成像系统 |
| 2015101156793 | 施乐公司 | 使用加热热衬底检测喷射透明墨的打印头中的不工作喷墨口的系统 |
| 2014108349542 | 三纬国际立体列印科技股份有限公司、金宝电子工业股份有限公司、泰金宝电通股份有限公司 | 打印头组件 |
| 2016103853700 | 湖南华曙高科技有限责任公司 | 提高三维物体制造精度的方法、系统及三维物体制造设备 |
| 2016110074180 | 佛山市豪野技术开发有限公司 | 一种便于取下工件的 3D 打印机工作台 |
| 2016105302100 | 浙江大学 | 一种三维打印单驱辅助支撑装置 |
| 2015102199137 | 北京敏速自动控制设备有限公司 | 3D 打印支撑方法及系统 |
| 2017109951345 | 吉林大学 | 挤出式螺旋编织结构 3D 打印方法、打印制品及打印装置 |
| 2015102704225 | 厦门达天电子科技有限公司 | 一种立体模型的成型设备及其成型方法 |
| 201510788693X | 中研智能装备有限公司 | 一种选区等离子熔铸快速成型设备及方法 |
| 2016103394108 | 浙江工贸职业技术学院 | 3D 打印机 |
| 2016104633727 | 无锡金谷三维科技有限公司 | 一种基于光敏树脂的 3D 打印装置 |
| 2016105104400 | 杭州铭展网络科技有限公司 | 双针头挤出控制装置 |
| 2016107005397 | 无锡太尔时代科技有限公司 | 一种 3D 打印平台及喷头与平台对高方法 |
| 2016103910120 | 广州佳帆计算机有限公司 | 一种打印流畅的 3D 打印机 |
| 201610620429X | 苏州秉创科技有限公司 | 一种反向打印的 3D 打印设备 |
| 2016108553454 | 吴江中瑞机电科技有限公司 | 用于 3D 打印机的快速定位缸体的装置 |
| 2015104084068 | 中南大学 | 一种改善聚合物－陶瓷骨支架烧结性能的方法 |
| 2016103775472 | 北京闻亭泰科技术发展有限公司 | 一种基于 3D 打印机的调整装置及方法 |
| 2016100941095 | 祝晓东 | 3D 打印喷头行轨装置及铣刀刀头行轨装置 |
| 2016110267060 | 哈尔滨工业大学 | 一种适用于连续纤维增强复合材料 3D 打印的喷头 |
| 2016108850978 | 南京航空航天大学 | 一种 kossel 结构的 FDM 三维打印机的散热装置 |
| 2015102928669 | 三纬国际立体列印科技股份有限公司、金宝电子工业股份有限公司、泰金宝电通股份有限公司 | 3D 列印机的可拆卸式扫描承载模块 |
| 2016101091609 | 广东劲胜智能集团股份有限公司 | 一种多孔三维部件的 3D 打印制作方法及设备 |
| 2016102521816 | 宁波速美科技有限公司 | 一种可升降耐高温 3D 打印喷头装置 |

（续）

| 申请号 | 申请（专利权）人 | 发明（设计）名称 |
|---|---|---|
| 2016108901541 | 北京隆源自动成型系统有限公司 | 具有多个供料落料系统的选区激光烧结成型机 |
| 2016104513797 | 东阳市阳涛电子科技有限公司 | 一种3D打印机的打印平台 |
| 2014800463463 | 瑞尼斯豪公司 | 选择性激光固化设备和方法 |
| 2015102659696 | 三纬国际立体列印科技股份有限公司、金宝电子工业股份有限公司、泰金宝电通股份有限公司 | 打印温度的控制方法及其装置 |
| 2016108543823 | 浙江理工大学 | 一种结合纺织制造原理改进的3D打印生产装置及织造方法 |
| 2014103017945 | 三纬国际立体列印科技股份有限公司、金宝电子工业股份有限公司、泰金宝电通股份有限公司 | 立体打印装置 |
| 201410631452X | 三纬国际立体列印科技股份有限公司、金宝电子工业股份有限公司、泰金宝电通股份有限公司 | 立体打印装置与立体打印方法 |
| 2017106265283 | 嘉兴华滨通讯设备有限公司 | 金属粉末增材堆积的变流量式立体成型打印机 |
| 2015104572860 | 河南速维电子科技有限公司 | 一种3D打印机伸缩式喷头 |
| 2016104514145 | 南京旭羽睿材料科技有限公司 | 一种3D打印机 |
| 2016109868682 | 南京理工大学 | 一种固体推进剂的增材制造方法 |
| 2016111136644 | 山东科技大学 | 一种带有多喷头自动转换系统的3D打印机 |
| 2016110507331 | 无锡金谷三维科技有限公司 | 一种实现3D打印连续不间断的树脂固化生产装置及方法 |
| 2016107859782 | 广州黑格智能科技有限公司 | 一种3D打印机 |
| 2017107677609 | 泉州市天云创技术服务有限公司 | 可万向输料的多轴3D打印机挤出机构 |
| 2016107492082 | 佛山职业技术学院 | 一种光固化机的调试处理方法及装置 |
| 2015107888390 | 中研智能装备有限公司 | 一种等离子熔铸快速成型设备及成型方法 |
| 2014800680802 | 阿卡姆股份公司 | 使用两种控制模式控制用于形成三维制品的添加制造方法 |
| 2016102082096 | 南京增材制造研究院发展有限公司、西安交通大学 | 一种防粘减阻纳米结构槽底连续快速曝光光固化打印机 |
| 2016105366475 | 中北大学 | 激光快速成形保护气体进气装置 |
| 2014800678253 | 索尼公司 | 成型装置和成型方法 |
| 2016108921687 | 北京紫晶立方科技有限公司 | 连续提升光固化透氧成型装置 |
| 2017101370461 | 南安市威速电子科技有限公司 | 一种易于分离打印成品的3D打印机 |
| 2016109745447 | SLM方案集团股份公司 | 在用于生产三维工件的设备中使用的取出系统 |
| 2016109558737 | 绍兴柯桥能元纺织有限公司 | 一种3D打印机用工件拿取装置 |
| 2016109558741 | 绍兴柯桥实在纺织有限公司 | 一种3D打印机用辅助散热装置 |
| 201710609114X | 安徽薄荷三维科技有限公司 | 应用于混色或彩色打印的疏通式3D打印机喷头 |
| 2016104462121 | 东阳市东狮卫浴有限公司 | 一种3D打印机的打印喷头 |
| 2015103150791 | 三纬国际立体列印科技股份有限公司、金宝电子工业股份有限公司、泰金宝电通股份有限公司 | 立体打印装置及其打印数据存储方法 |
| 2016107255693 | 佛山市南海中南机械有限公司 | 一种3D打印机的落粉分配器及其落粉分配方法 |
| 2017101370620 | 福建省速卖通电子商务有限公司 | 一种防止漏料的3D打印喷头 |
| 2016108255898 | 西安交通大学 | 一种大型FDM装备的自驱式空间加热装置 |
| 2016108792417 | 广东多田印务有限公司 | 一种高精度智能3D打印设备 |

（续）

| 申请号 | 申请（专利权）人 | 发明（设计）名称 |
|---|---|---|
| 2017100911107 | 大族激光科技产业集团股份有限公司 | 3D 打印成像校准方法和系统 |
| 2017103324858 | 上海交通大学 | 3T1R 四自由度回转式 3D 打印机 |
| 2015800016962 | 武藤工业株式会社 | 三维造形装置、及其控制方法、与其造形物 |
| 2015108897804 | 南京邮电大学 | 一种基于贝塞尔曲线的双芯片 3D 打印机系统 |
| 2015107735018 | 宁夏共享模具有限公司 | 一种运用于大型工业级 FDM3D 打印机的打印头装置 |
| 2014800046075 | 泽菲罗斯公司 | 在基板上挤制材料带的方法和设备 |
| 2015105907895 | 株式会社理光 | 三维造形装置，三维造形物体的制造方法，三维造形物体 |
| 2015107079926 | 大连理工大学 | 一种热塑性颗粒材料的熔融挤出装置及其 3D 打印方法 |
| 201610263145X | 广东汉邦激光科技有限公司、刘建业 | 风道系统及具有该风道系统的打印机 |
| 2014106983069 | 上海普利生机电科技有限公司、上海普利生信息科技有限公司 | 光固化型 3D 打印设备及其图像曝光系统 |
| 2015108526950 | 株式会社理光 | 信息处理设备、信息处理方法、以及三维立体对象 |
| 2015101155803 | 施乐公司 | 用于使用测试图案和电连续探头在三维物体打印中检测不工作喷墨口的系统 |
| 2014105434721 | 三纬国际立体列印科技股份有限公司、金宝电子工业股份有限公司、泰金宝电通股份有限公司 | 立体列印装置的校正装置以及校正方法 |
| 2015105463771 | 绍兴迅实电子科技有限公司、东莞智维立体成型股份有限公司 | 滑动式 3D 打印装置及其打印方法 |
| 2014100501560 | 三纬国际立体列印科技股份有限公司、金宝电子工业股份有限公司、泰金宝电通股份有限公司 | 立体打印装置 |
| 2016103052670 | 深圳市七号科技有限公司 | 一种 FDM3D 打印机及其自动调平打印方法和系统 |
| 2014104322095 | 北京智谷技术服务有限公司 | 3D 打印辅助方法、装置及 3D 打印机 |
| 2016100367715 | 四川大学 | 一种适用于 FDM 打印机的锥形螺杆挤出设备 |
| 2015100312756 | 施乐公司 | 用于控制三维物体打印中的材料滴体积的系统和方法 |
| 2016102699202 | 深圳市七号科技有限公司 | 一种带定层续打功能的 3D 打印机及打印方法 |
| 2016100171818 | 无锡职业技术学院 | 一种阵列式成型的 3D 打印系统 |
| 2014105633848 | 东莞市瑞迪三维电子科技有限公司 | 一种制作 3D 产品的方法及其装置 |
| 2016102328537 | 常州华森三维打印研究院股份有限公司 | 一种 3D 打印机的升降式双喷头装置 |
| 2016104691883 | 赖柱彭 | 3D 打印笔可更换喷头组件结构 |
| 2016100171907 | 无锡职业技术学院 | 一种精密 3D 打印机 |
| 2016102013556 | 广西科技大学 | 一种 3D 打印料丝送料夹紧导向装置 |
| 2015110312625 | 博纳云智（天津）科技有限公司 | 全彩 3D 打印机 |
| 2016103046415 | 王梓任 | 一种机器人 3D 凸点盲文打印系统及使用方法 |
| 2016101207198 | 西安铂力特增材技术股份有限公司 | 一种条带式激光扫描路径规划方法 |
| 2017104740117 | 泉州市比邻三维科技有限公司 | 一种实用性强的三维打印机 |
| 2015102961116 | 北京大业三维科技有限公司 | 一种 3D 打印机的特性测试方法及装置 |

（续）

| 申请号 | 申请（专利权）人 | 发明（设计）名称 |
|---|---|---|
| 2015107472690 | 佛山市翔德工业设计有限公司 | 3D 打印机防卷曲打印方法 |
| 2014105989072 | 三纬国际立体列印科技股份有限公司、金宝电子工业股份有限公司、泰金宝电通股份有限公司 | 立体打印装置 |
| 2014800684521 | EOS 有限公司电镀光纤系统 | 激光打印系统 |
| 2015105462020 | 绍兴迅实电子科技有限公司、东莞智维立体成型股份有限公司 | 一种用于 3D 打印装置的滑动式盛液机构及其打印方法 |
| 2015108843626 | 哈尔滨工程大学 | 一种彩色 3D 打印机挤出喷头 |
| 2015108724805 | 吉林大学 | 多材料铺粉及成型的 3D 打印方法和打印装置 |
| 2016102252345 | 天津市志捷科技股份有限公司 | 一种基于物联网的智能桌面 3D 打印机 |
| 2016102630508 | 中北大学 | 一种桌面型 3D 打印机多功能底板 |
| 2013800649650 | 阿卡姆股份公司 | 添加材料制造方法和设备 |
| 2015105936510 | 中南大学 | 一种 3D 打印制备碳 / 碳复合材料方法 |
| 201610589390X | 哈尔滨工业大学 | 多种材料快速原型成型装置及方法 |
| 2016106501065 | 广东丽格科技股份有限公司 | 一种基于光固化技术的 3D 打印光源系统 |
| 2015107887650 | 中研智能装备有限公司 | 一种选区等离子熔化快速成型设备及快速成型方法 |
| 2016100145550 | 郑州科技学院 | 彩色 3D 打印机 |
| 201480010180X | 阿博格有限公司 | 用于通过生成构造生产三维物体的方法 |
| 2016105161047 | 湖南科技大学 | 一种基于熔融沉积造型的 3D 打印机 |
| 2017104739143 | 泉州市比邻三维科技有限公司 | 一种三维打印机 |
| 2015100585113 | 上海弓禾传媒股份有限公司 | 一种 3D 打印造像的方法、设备及制品 |
| 2014103664377 | 上海建工集团股份有限公司 | 一种基于极坐标定位的建筑用 3D 打印装置及方法 |
| 2016103128557 | 西安交通大学 | 光热复合固化 3D 打印设备及其曲面原位打印方法 |
| 2016110749491 | 江苏科技大学 | 一种单向大尺寸制件的 3D 打印方法及其打印装置 |
| 2016101249862 | 安徽科技学院 | 自动给料多头熔融挤出成形 3D 打印设备 |
| 2016101291535 | 江苏江昕轮胎有限公司 | 一种制造空心橡胶轮胎的 3D 打印机 |
| 2014800442363 | 瑞尼斯豪公司 | 增材制造设备及方法 |
| 2016112351347 | 青岛达芬奇科技有限公司 | 3D 打印树脂材料快速清洁回收装置 |
| 2016104896012 | 桂林电子科技大学 | 一种机械臂式 3D 打印机 |
| 2016106735496 | 郑州迈客美客电子科技有限公司 | 精确度高的双动力 3D 打印机、打印方法及该机器的安装方法 |
| 2017106885267 | 清华大学天津高端装备研究院洛阳先进制造产业研发基地 | 一种跨度可调的多轴式 3D 打印机 |
| 201610187733X | 湖南萌境智能三维技术有限公司 | 一种维持工作缸整体温度均衡的装置及其控制方法 |
| 2016101856719 | 郑州大工高新科技有限公司、大连理工大学重大装备设计与制造郑州研究院 | 一种具有精确调节功能的 3D 打印机 |
| 2016104027549 | 深圳市斯塔睿科技有限公司 | 一种自动切换料的 3D 打印机 |
| 2014800621236 | EOS 有限公司电镀光纤系统 | 用于分层制造三维物体的设备 |
| 2015102502651 | 京东方科技集团股份有限公司 | 3D 打印机及其投影装置 |

（续）

| 申请号 | 申请（专利权）人 | 发明（设计）名称 |
|---|---|---|
| 2014104579511 | 三纬国际立体列印科技股份有限公司、金宝电子工业股份有限公司、泰金宝电通股份有限公司 | 具有多容置筒的旋转打印头模块 |
| 2014800268422 | 3D 系统公司 | 用于激光烧结系统的改进的粉末分配 |
| 2016109235406 | 吉林大学 | 一种大型双横梁工业 3D 打印机 |
| 2014800758900 | 瑞尼斯豪公司 | 增材制造设备和方法 |
| 2015110339702 | 珠海天威飞马打印耗材有限公司 | 三维打印笔的打印方法及其控制装置 |
| 2015103043465 | 三纬国际立体列印科技股份有限公司、金宝电子工业股份有限公司、泰金宝电通股份有限公司 | 立体印刷装置与其印刷误差校正方法 |
| 2016108702548 | 顺德职业技术学院 | 喷射头能振动的三 D 打印装置 |
| 2016110783295 | 南华大学 | 3D 打印机丝料自动更换装置及 3D 打印机 |
| 2017106258222 | 嘉兴华滨通讯设备有限公司 | 用于陶瓷堆积成型的变流量式立体成型方法 |
| 2016107763309 | 徐工集团工程机械有限公司 | 用于 3D 打印机的丝材盒、供给系统及 3D 打印机 |
| 2017107231674 | 北京梦之墨科技有限公司 | 一种金属与非金属复合增材的制造设备及制造方法 |
| 201610291330X | 北京金达雷科技有限公司 | 用于 3D 打印的层切片数据的压缩传输方法 |
| 2015107887468 | 中研智能装备有限公司 | 一种等离子熔铸快速成型设备及快速成型方法 |
| 201610783694X | 无锡太尔时代科技有限公司 | 一种 3D 打印机喷头校准方法 |
| 201710429679X | 宁波冲之数控科技有限公司 | 一种一体式气动升降点胶阀 |
| 2014800414772 | 波音公司 | 增材制造系统、设备和方法 |
| 2015800190051 | 阿卡姆股份公司 | 用于三维物件的增材制造的方法、设备和计算机可读介质 |
| 2014103579853 | 瑞安市麦田网络科技有限公司 | 3D 打印机 |
| 2016108916049 | 南京航空航天大学 | 三维快速打印成型设备及其工作方法 |
| 2016103766030 | 王翔 | 一种 3D 打印平台 |
| 2017106885182 | 泰兴市智谷科技孵化器中心 | 一种分流可控式 3D 打印机 |
| 2015800473737 | 株式会社东芝 | 积层制造装置和积层制造方法 |
| 2017104156116 | 泰州市龙泽环境科技有限公司 | 免支撑式 3D 打印机 |
| 2015109376378 | 广州市文搏智能科技有限公司 | 立式 3D 打印机多机组组件 |
| 2015102391786 | 先临三维科技股份有限公司 | 一种 3D 打印机检测装置及其运行方法 |
| 2016100932170 | 杭州棣凡科技有限公司 | 可更换打印精准度的三维打印机 |
| 2016102522429 | 北京清大致汇科技有限公司 | 一种直线机械臂 3D 打印机 |
| 2017102680925 | 广东工业大学 | 一种支架充液辅助成型系统 |
| 2016100472463 | 顺德职业技术学院 | 提高塑料快速成型件强度的方法及生产专用线材的设备 |
| 2015105941716 | 珠海天威飞马打印耗材有限公司 | 三维打印平台、三维成型座、三维打印机和三维打印方法 |
| 2014106997663 | 上海普利生机电科技有限公司、上海普利生信息科技有限公司 | 光固化型 3D 打印设备及其成像系统 |
| 2015107329616 | 兰红波 | 一种单喷头多材料多尺度 3D 打印装置及其工作方法 |
| 2016103931273 | 黑龙江大学 | 一种易操作型智能桌面 3D 打印机 |

（续）

| 申请号 | 申请（专利权）人 | 发明（设计）名称 |
|---|---|---|
| 2015103044947 | 湖南华曙高科技有限责任公司 | 用于制造三维物体的设备 |
| 2013800460530 | 阿普雷奇亚制药公司 | 三维打印系统和设备组件 |
| 2015109338732 | 南京工程学院、南京亚弘电气科技有限公司 | 一种远端送料插拔卡扣环绕式加热喷头装置 |
| 2015106643945 | 上海威研精密科技有限公司 | 3D打印与铣削复合装置 |
| 2014800443489 | ABB技术有限公司 | 用于三维对象的打印系统 |
| 2014107177498 | 三纬国际立体列印科技股份有限公司、金宝电子工业股份有限公司、泰金宝电通股份有限公司 | 三维系统的材料检测装置 |
| 2015101131442 | 深圳市七号科技有限公司 | 一种3D打印机及其续料换料换色装置 |
| 2016105239770 | 浙江科盈新材料科技有限公司 | 一种桌面级聚醚醚酮高温3D打印装置 |
| 2014800207823 | 瑞尼斯豪公司 | 选择性激光固化设备和方法 |
| 2015101166831 | 施乐公司 | 用于使用光学传感器和可逆热衬底来检测三维物体打印中的不工作喷墨口的系统 |
| 2016103707013 | 西安交通大学 | 一种角度可调的双光源喷墨式打印喷头 |
| 2015105686290 | 南京信息工程大学 | 3D打印机送料加强装置及具有该加强装置的送料装置 |
| 2016104601637 | 湖北工业大学 | 一种带光栅尺Delta结构3D打印机 |
| 2014800564619 | FIT股份公司 | 用于制造三维物体的设备 |
| 2016103979408 | 西安交通大学 | 一种3D打印连续纤维增强复合材料回收再制造方法 |
| 2015108477117 | 范春潮 | 高速循环式彩色3D打印机 |
| 2014800437844 | 麻省理工学院 | 增材制造设备的自动化过程控制 |
| 2016100219272 | 华中科技大学 | 一种可升降式注射挤出3D打印机构 |
| 2016105751716 | 西北工业大学 | 一种气压式增材制造喷头 |
| 2016100574842 | 徐开明、吴桐、李叶辉、陈铭 | 一种3D打印机 |
| 2015107078548 | 三星SDS株式会社 | 三维印刷控制装置及其控制方法 |
| 2016103015775 | 浙江大学 | 一种自吸式生物3D打印喷头装置及其方法 |
| 2016101311670 | 深圳市众进思创科技开发有限公司 | 利用摄像头定位的3D打印二次打印定位方法 |
| 201410799101X | 三纬国际立体列印科技股份有限公司、金宝电子工业股份有限公司、泰金宝电通股份有限公司 | 立体打印装置及其打印补偿方法 |
| 2015101838203 | 珠海天威飞马打印耗材有限公司 | 三维打印机的打印方法 |
| 2016102473422 | 蒋青、朱莉娅、李澜、李宗安、李客楼、杨建飞 | 一种生物3D打印设备 |
| 2015108476129 | 范春潮 | 高速往复式彩色3D打印机 |
| 2016103395331 | 浙江工贸职业技术学院 | 摆动支架打印头 |
| 2016106274822 | 三峡大学 | 磁控烧结成型装置及方法 |
| 2016108288162 | 四川大学 | 一种智能机器人辅助快速建模与3D打印装置 |
| 2015102928353 | 三纬国际立体列印科技股份有限公司、金宝电子工业股份有限公司、泰金宝电通股份有限公司 | 3D打印机扫描装置的对位机构 |
| 2017103974199 | 江苏锡沂高新区科技发展有限公司 | 一种3D打印机 |
| 201610430017X | 詹剑晖 | 用于3D打印机的着色装置和3D打印机 |

（续）

| 申请号 | 申请（专利权）人 | 发明（设计）名称 |
| --- | --- | --- |
| 2015102247713 | 三纬国际立体列印科技股份有限公司、金宝电子工业股份有限公司、泰金宝电通股份有限公司 | 3D 打印机的打印方法 |
| 2014800182332 | 自由成形实业有限公司 | 用于注入增材制造的物体及类似物的方法和装置 |
| 201610334994X | 江苏锐辰光电技术有限公司 | 新型激光 3D 打印机 |
| 2015107888193 | 中研智能装备有限公司 | 一种等离子 3D 快速成型设备及成型方法 |
| 2014800344093 | MTU 飞机发动机有限公司、EOS 有限公司电镀光纤系统 | 用于附加形成部件的至少一个部件区的装置和方法 |
| 2016108025491 | 深圳市鹏安视科技有限公司、华南理工大学 | 一种实现大尺寸光固化 3D 打印的光学投影系统 |
| 2016110070122 | 扬州大学 | 基于低温胶状生物材料 3D 打印的快换式多工位喷头 |
| 201611139749X | 西安交通大学、陕西恒通智能机器有限公司 | 一种大尺寸激光选区烧结粉床升降机构 |
| 2017103915190 | 上海天使印记信息科技有限公司 | 一种 3D 打印机 |
| 201611077439X | 金华市易立创三维科技有限公司 | 一种送料装置及 3D 打印机 |
| 2015100408903 | 常州市东科电子科技有限公司 | 一种半导体深度制冷制热的 3D 打印装置 |
| 2016104974454 | 西安交通大学 | 一种多材料底面曝光连续成型系统及方法 |
| 201610832975X | 三峡大学 | 一种基于网格模型简化的 3D 打印方法 |
| 2016108930101 | 广州黑格智能科技有限公司 | 一种基于力反馈系统的 3D 打印方法 |
| 2017106265175 | 清华大学天津高端装备研究院洛阳先进制造产业研发基地 | 一种口径自调的 3D 打印机喷头 |
| 201580010373X | 株式会社东芝 | 喷嘴、层叠造型装置及层叠造型物的制造方法 |
| 2016101466794 | 湘潭大学 | 易于剥离增材制造打印台上成型件的装置 |
| 2016104057811 | 杭州百桥医疗技术有限公司 | 一种骨生物材料 3D 生物打印装置及方法 |
| 2016105231162 | 广州科泓金属制品有限公司 | 一种具有精确打印功能的智能型 3D 打印机 |
| 2015800651289 | 沙特基础工业全球技术有限公司 | 用于材料挤出增材制造的喷嘴工具改变 |
| 201580005590X | 西门子能源公司 | 用于用能量束处理零件的方法 |
| 2015800649467 | 沙特基础工业全球技术有限公司 | 用于增材制造的快速喷嘴冷却 |
| 2016105228244 | 宣城市裕诚模具有限公司 | 一种旋转式 3D 打印机 |
| 2017100335390 | 中国计量大学 | 超精密 3D 打印设备机罩 |
| 201510765386X | 三星 SDS 株式会社 | 三维印刷控制装置及方法 |
| 2016101249010 | 湖北嘉一三维高科股份有限公司 | 一种 3D 打印机的自动卸料平台 |
| 201410250728X | 三纬国际立体列印科技股份有限公司、金宝电子工业股份有限公司、泰金宝电通股份有限公司 | 立体打印装置及其打印异常检测方法 |
| 2014108350060 | 青岛智能产业技术研究院 | 一种物体自动上色装置及方法 |
| 2014106210681 | 三纬国际立体列印科技股份有限公司、金宝电子工业股份有限公司、泰金宝电通股份有限公司 | 立体打印装置及其喷头的坐标偏差补偿方法 |
| 2016110046640 | 哈尔滨工业大学 | 基于超声增强的连续纤维增强复合材料 3D 打印的喷头 |
| 2015103654454 | 青岛合创快速智造技术有限公司 | 一种新型 3D 打印成型装置 |

| 申请号 | 申请（专利权）人 | 发明（设计）名称 |
|---|---|---|
| 2015105526323 | 繁昌县倍思生产力促进中心有限公司 | 一种 3D 打印设备 |
| 2016103825984 | 深圳万为智能制造科技有限公司 | 3D 打印用多重回旋挤出机及控制系统 |
| 2015105525994 | 繁昌县倍思生产力促进中心有限公司 | 一种实用 3D 打印设备 |
| 2017103691202 | 珠海赛纳打印科技股份有限公司 | 用于打印技术的图像数据处理方法以及打印系统 |
| 201480043631X | 赛多利斯史泰迪生物技术有限责任公司 | 一次性生物三维打印机 |
| 2015105232758 | 珠海天威飞马打印耗材有限公司 | 三维打印平台调整方法和三维打印机 |
| 2013800238827 | 沃克斯艾捷特股份有限公司 | 用于生产三维模型的方法和装置 |
| 2015101474902 | 光引研创股份有限公司 | 三维物体形成装置与方法 |
| 2017100275370 | 吉林大学 | 封闭多材料特种工程塑料增材制造方法及装置 |
| 2014105988811 | 三纬国际立体列印科技股份有限公司、金宝电子工业股份有限公司、泰金宝电通股份有限公司 | 立体印刷装置及其印刷方法 |
| 2016102481062 | 广东劲胜智能集团股份有限公司 | 一种塑料 3D 打印设备 |
| 2016109710664 | 郝明仲 | 一种 3D 折叠打印机 |
| 2017107470302 | 安徽硕创电气科技发展有限公司阜南分公司 | 串色、混色一体式彩色 3D 打印机 |
| 2016107666313 | 都书鹏 | 一种多轴打印头 |
| 2014800699207 | D·佩茨 | 增材制造装置和用于运行增材制造装置的方法 |
| 2016112483986 | 湖南华曙高科技有限责任公司 | 激光制造聚酰胺三维物体的方法和装置 |
| 2016102957187 | 广东汉邦激光科技有限公司 | 粉末回收系统及方法 |
| 2016109597036 | 绍兴柯桥香山纺织有限公司 | 一种 3D 打印加湿除尘装置 |
| 2014101947808 | 芜湖市智行天下工业设计有限公司 | 液粉同轴喷射增材制造 |
| 2016104642177 | 中国航空动力机械研究所 | 高精度光敏树脂模型的制作方法 |
| 2016109817106 | 西安交通大学青岛研究院 | 一种自动换料和断料连续打印的新型送丝机 |
| 2016110046778 | 哈尔滨工业大学 | 基于超声增强的纤维增强复合材料增材制造的喷头 |
| 2014108374402 | 青岛智能产业技术研究院 | 一种彩色三维打印装置及方法 |
| 2016109930077 | 苏州慧通汇创科技有限公司 | 可多喷嘴同时打印的 3D 打印机 |
| 2016107444394 | 北京易加三维科技有限公司 | 一种用于增材制造的优化轮廓扫描路径的方法 |
| 2016102744405 | 华南理工大学 | 一种 3D 打印建筑装饰的设备与方法 |
| 2017107470586 | 绍兴上虞威拓机械电子有限公司 | 3D 打印机的串色入料、混色入料控制系统 |
| 2017111152707 | 山东大学 | 面向熔融成型与切削复合加工的数控代码生成方法和装置 |
| 2016103221202 | 磐纹科技（上海）有限公司 | 3D 打印机以及 3D 打印方法 |
| 2016106296145 | 上海峻宸三维打印科技有限公司 | 3D 轻质材料打印机 |
| 2016111638265 | 浙江大学 | 一种可快速更换打印喷头的熔融沉积型 3D 打印机 |

# 第二十届中国专利优秀奖（塑料机械）

| 专利号 | 专利名称 | 专利权人 | 发明人 |
|---|---|---|---|
| ZL200910192111.6 | 基于伺服电机控制的多泵组合控制液压动力系统 | 佛山市顺德区震德塑料机械有限公司 | 谭树发、胡军 |
| ZL201210576118.X | 塑料膜拉伸生产线的厚膜链铗 | 桂林电器科学研究院有限公司 | 陈甘霖、徐兰、冯勇刚 |

国家知识产权局于 2018 年 12 月 20 日发布国知发运字〔2018〕36 号《关于第二十届中国专利奖授奖的决定》，共评出 30 项发明、实用新型专利中国专利金奖，10 项外观设计专利中国外观设计金奖；59 项发明、实用新型专利中国专利银奖，15 项外观设计专利中国外观设计银奖；695 项发明、实用新型专利中国专利优秀奖，61 项外观设计专利中国外观设计优秀奖。其中，中国塑料机械工业共有 2 项专利获得中国专利优秀奖。

## 基于伺服电机控制的多泵组合控制液压动力系统

**【技术领域】** 该发明涉及一种液压动力系统，特别是一种用于注塑机的基于伺服电动机控制的多泵组合控制液压动力系统。

**【背景技术】** 注塑机的工作过程一般分为锁模、注射、保压、冷却、塑化、开模和顶出等阶段，不同的阶段需要液压系统提供不同压力和流量的液压油。液压油一般都要经历加压、保压和泄压的循环过程。

节能环保对传统注塑机的能耗和控制精度提出了越来越高的要求。伺服电动机驱动液压泵控制技术的出现是液电结合控制技术的一次革命性的进步。它不仅可以大幅度节能 30% ～ 70%，而且具有控制精度高、稳定性好、噪声低等优点，一经推出即在注塑机等行业获得了广泛应用，成为注塑机节能改造的主要方向。

目前的伺服电动机驱动液压泵控制系统由伺服电动机、伺服电动机驱动器、液压泵、检测元件（压力传感器、编码器）等组成。通过控制伺服电动机的转速和转矩实现对液压系统流量和压力的控制；通过控制伺服电动机反向运转使液压系统降压或泄荷，具有流量压力控制精度高、响应快、节能效果好等优点。

然而受伺服电动机和驱动器功率以及液压泵排量的限制，大吨位的注塑机往往需要多台伺服泵联合控制才能达到大流量的要求，为此，也有公司研究出了一种采用专用的联立控制驱动器的多台伺服电动机液压泵组合控制系统。该控制系统通过专用的联立控制驱动器使多台伺服电动机液压泵在所有动作中具有相同的流量压力指令，实现同步流量（速度）控制和压力控制。

但是该系统压力控制由多泵共同完成，保压时存在大量不必要的能量消耗。这是因为虽然单泵保压足以满足加压需要，但是对于大吨位的注塑机液压系统，液压缸和管路中受压缩液压油体积大、压缩能量高，单独靠一个伺服泵的泄荷能力不足以满足极短时间内降压或泄荷压缩能量释放的要求，因此不得不采用多台伺服泵同步动作实现保压、泄荷等压力控制。但这带来的问题是保压能耗大，泄压速度慢，且降压或泄荷时回流的油对液压泵和伺服驱动系统的冲击大，会缩短液压泵和控制器的使用寿命；多台伺服泵长时间负载运行也会对其过载能力产生很大影响。伺服电动机工作在低速大转矩状态下，机械效率也很低。

**【发明内容】** 该发明的目的就是克服现有技术的不足，提供一种保压能耗低、泄压速度快、降压或泄荷对液压泵和伺服驱动系统冲击小、基于伺服电动机控制的多泵组合控制液压动力系统。该发明是通过以下技术方案实现的：

一种基于伺服电动机控制的多泵组合控制液压动力系统，包括主机控制器、伺服泵（至少2个）、油管、油箱，所有伺服泵的各支油管道汇接于一起构成系统的主油管道。其中，伺服泵中有1个是主伺服泵，主伺服泵所在的油管道构成系统的主控支油管道，所有伺服泵所在的支油管道在进入系统主油管道之前串接一个单向阀，在该主伺服泵的单向阀两端并联有主压力控制器。主压力控制器包括插装阀和压差节流孔，插装阀的进油腔和控制腔、压差节流孔的两端分别并联在该主伺服泵的单向阀的出油口和进油口两端，插装阀的回油腔通向油箱。

在对上述基于伺服电动机控制的多泵组合控制液压动力系统的改进方案中，在该系统的主油管道上设有安全阀，该安全阀的出油口通向油箱。

在对上述基于伺服电动机控制的多泵组合控制液压动力系统的改进方案中，所述插装阀的控制腔连接有先导安全阀，所述先导安全阀的进油端与插装阀控制腔端汇交并连通主控支油管道，所述先导安全阀的出油端通向油箱；在所述先导安全阀的进油端与插装阀控制腔汇交后与单向阀的进油端之间设置有先导节流孔。

在对上述基于伺服电动机控制的多泵组合控制液压动力系统的改进方案中，所述的压差节流孔开在该插装阀的主阀芯中，所述的伺服泵包括伺服电动机驱动器、伺服电动机、液压泵、检测元件和制动电阻，所述的检测元件包括压力传感器和编码器，所述的液压泵为齿轮泵。

与现有技术相比，该发明具有如下优点：

（1）由于只需要单台小排量伺服泵（主泵）就可以完成保压和泄荷动作，其他伺服泵（辅泵）可以空载运行，因此可以大大降低保压能量消耗，这对于需要长时间保压的大吨位注塑机成型的大质量注塑件具有重要意义。

（2）采用大通径的插装阀作为主压力控制器的主压力阀来完成降压和泄荷，泄压快，噪声低，对伺服泵系统的冲击小，可以延长伺服泵的使用寿命。

（3）可以避免辅助伺服泵工作在低速大转矩（保压）运行状态，降低辅泵的伺服电动机和驱动器的配置要求，从而降低成本，提高产品竞争力。

（4）不需要专门的伺服电动机联立控制器，可以降低采购成本。

（5）伺服电动机反向制动的负载大大降低，可以减少制动电阻的配置功率。

（6）除适用于任意多组伺服泵的控制要求外，还可以用在伺服电动机驱动大、小双排量柱塞泵的泄荷回路。

该系统不仅用于注塑机，也可用于需要实现相同控制原理和功能的其他领域。

## 塑料膜拉伸生产线的厚膜链铗

**【技术领域】** 该发明涉及薄膜拉伸生产线夹持薄膜的链铗，具体为一种塑料膜拉伸生产线的厚膜链铗。

**【背景技术】** 聚酯膜是常用的阻透性复合薄膜基材之一，广泛应用于包装、电子电器、医疗卫生、建筑、汽车等领域。市场需求的

250～350μm聚酯厚膜需要生产线中的链铗夹口能够夹持1mm以上的厚膜，但是，现有塑料膜生产线链铗只能夹厚度小于1mm较薄的膜，难以生产250～350μm的厚膜。

**【发明内容】** 该发明的目的是提供一种塑料膜拉伸生产线的厚膜链铗，改变开夹角和闭夹角，使链铗夹口所夹的膜厚度达到1.5～2mm。

该发明提供的塑料膜拉伸生产线的厚膜链铗包括铗柄、铗体和安装在弹簧套中的弹簧。铗柄通过长销轴可转动安装在铗体上，弹簧套两端分别装有销轴，弹簧套的一端经上销轴与铗体连接，另一端经下销轴与铗柄连接。设连接铗体和铗柄的长销轴中心点为$B$，连接弹簧套和铗体的上销轴中心点为$M$，开夹状态连接弹簧套和铗柄的下销轴中心点为$N$，夹厚膜时闭夹状态连接弹簧套和铗柄的下销轴中心点为$n$，直线$BM$和直线$NM$的交角为开夹角$\alpha$，直线$BM$和直线$nM$的交角为闭夹角$\beta$，闭夹角$\beta$为开夹角$\alpha$的2～4倍。

为了保证夹厚膜准确可靠、不易松动且被夹持的膜不易撕裂，铗柄的夹膜部位为圆弧面，该夹膜圆弧半径为25～35mm。为了保证链铗夹持厚膜可靠，链铗为双铗柄结构，每个铗体配有2组相同的铗柄和安装在弹簧套中的弹簧。

与现有技术相比，该塑料膜拉伸生产线的厚膜链铗优点是：

（1）链铗夹口可以夹持厚度达到1.5～2mm的膜，满足生产出250～350μm聚酯厚膜的条件。

（2）夹厚膜准确可靠，不易松动且被夹持的膜不易撕裂，铗柄能承受开闭夹时受到的大冲击力。

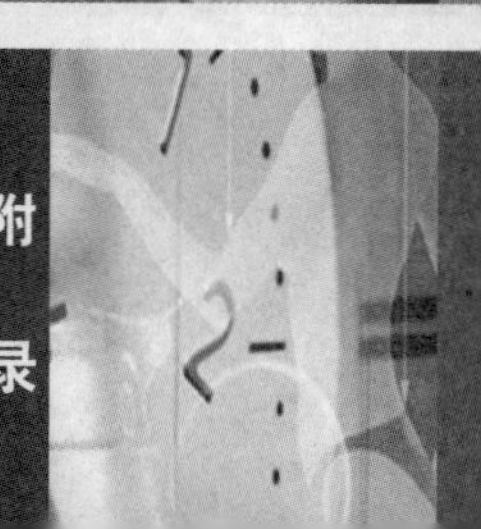

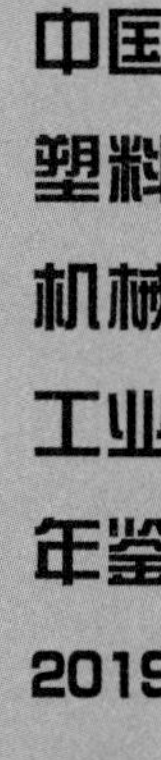


# 附录

介绍中国塑料机械工业协会的基本情况、业务范围等

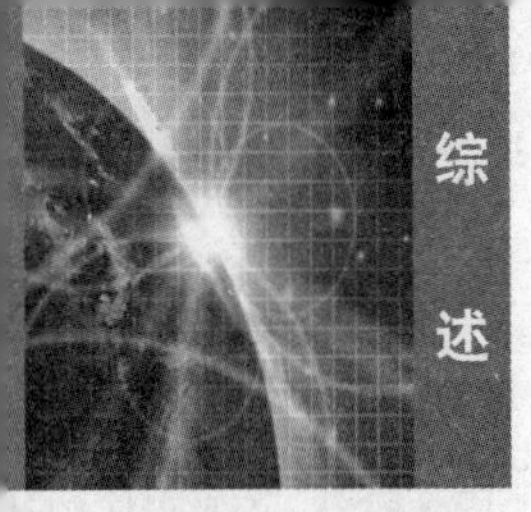
综述

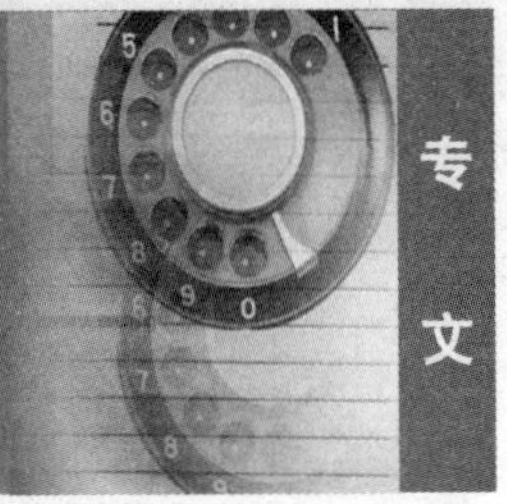
专文

行业与地区发展概况

市场专题

企业概况

产品项目与技术

标准与专利

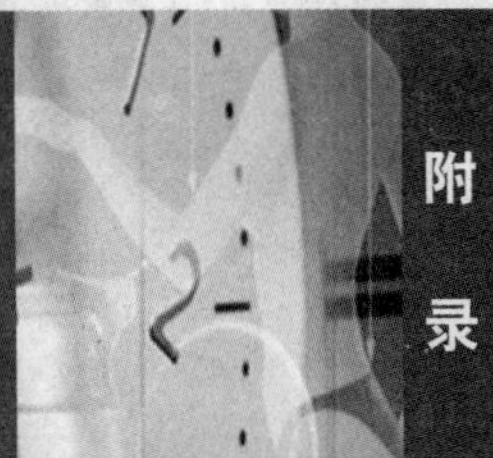
附录

中国塑料机械工业协会



# 附录

# 中国塑料机械工业协会

## 简介

中国塑料机械工业协会成立于1993年5月，是经中华人民共和国民政部批准、具有法人资格的全国性行业组织。

中国塑料机械工业是为塑料原材料工业、塑料制品加工工业提供重要技术装备的产业，是中国机械工业的重要组成部分之一，也是近几年以来全国机械工业中增长最快的产业之一。中国塑料机械工业协会目前拥有近380家会员单位，覆盖了全国从事塑 料机械及配套件制造的主要企业、事业单位，以及科研、设计院和高等院校，会员单位的工业总产值、销售收入、利税总额、产品品种以及产品数量等经济指标均占全行业90%以上。

**Brief Introduction**

Founded in May, 1993, China Plastics Machinery Industry Association is a national organization with the status of a legal person.

The plastics machinery industry，which is a major part of the China machinery industry and one of the fastest growing industries in national machinery industry, provides important technical equipment for the plastics raw material industry and the plastics product processing industry. China Plastics Machinery Industry Association is consisting of 380 members.The members of CPMIA are those that engaged in the production of plastics machinery equipment and accessories, such as enterprises, institutions, designing and scientific research institutes, universities and colleges, whose gross industrial output value, sales value, total contributed taxes, product variety and quantity account for 90% of the whole plastics machinery industry.

## 协会宗旨

服务会员、服务行业、服务社会、服务政府

**Mission**

Provide the best service to the members, to the industry, to the society and to the government.

## 协会理念

以科学发展、共创和谐为目标，以引领中国塑料机械工业发展为己任

**Concept**

China Plastics Machinery Industry Association dedicates to revitalize the national plastics machinery industry,inspiring for well-founded scientific development, creating ground of common harmony.

组织结构

**Organizational Structure**

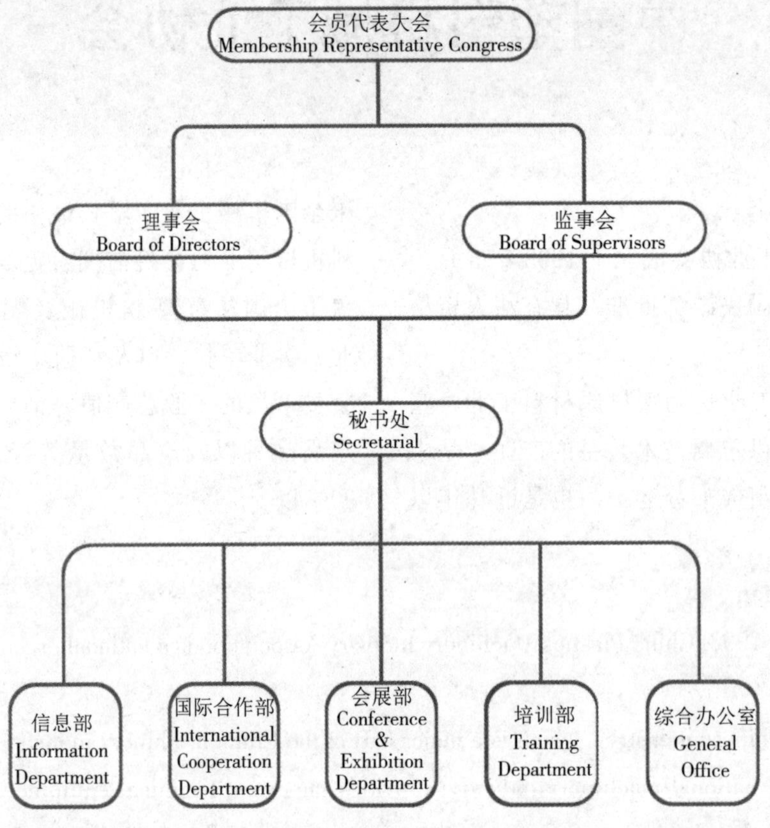


职能

行业共同利益的代表者，会员合法权益的维护者，联系政府与企业的桥梁和纽带， 协助政府开展行业工作的参谋和助手。

**The Function of China Plastics Machinery Industry Association**

Represent the industry's common interest; protect the members' legal rights; connect with government and companies, and assist the government to develop the industry by providing professional suggestions.

业务范围

（1）深入开展行业调查研究，积极向政府及其部门反映行业和会员诉求，提出行业发展和立法等方面的意见和建议，积极参与相关法律法规、宏观调控和产业政策的研究、制定。

（2）经政府有关部门批准，参与制定修订行业标准和行业发展规划、行业准入条件，完善行业管理，促进行业发展。

（3）进行行业统计，掌握国内外行业发展动态，收集、发布行业信息；参与行业资质认证、新技术和新产品鉴定及推广、事故认定等相关工作。

（4）制订并组织实施行业职业道德准则，大力推动行业诚信建设，建立完善行业自律性管理约束机制，规范会员行为，协调会员 关系，维护公平竞争的市场环境。

（5）切实履行服务会员、服务企业的宗旨，维护会员、企业和行业的合法权益。

（6）开展法律、政策、技术、管理和市场等咨询服务，组织人才、技术、管理和法规等培训。

（7）推进行业自主创新和产学研结合，积极开展节能减排、节能降耗工作，促进行业科技进步、做大做强。

（8）依照有关规定创办报刊和网站。

（9）受政府委托承办，或根据市场和行业发展需要举办交易会、展览会等，为企业开拓市场创造条件。

（10）维护国内产业利益，支持企业参与国际竞争，积极组织国内企业尤其是中小企业联合行动，开拓国外市场。

（11）建设行业公共服务平台，开展国内外经济技术交流与合作，联系相关国际组织，指导、规范会员企业的对外交往活动。

（12）主动参与协调对外贸易争议，积极组织会员企业做好反倾销、反补贴和保障措施的应诉、申诉等相关工作，维护正常的进出口经营秩序。

（13）协调与沟通本行业与相关行业的横向联系，指导和帮助本行业各地区、各会员之间互助合作、和谐发展。

（14）努力适应新形势的要求，改进工作方式，建立和完善内部管理制度，提高协会素质，增强服务能力。

（15）组织开展本行业及社会的各项公益活动，承担法律法规授权及政府部门委托的其他职能。

**Business Scope**

• To prepare in-depth research on the industry; to reflect the industry and enterprise's suggestions and requests to the government; to provide proposals for industry development and legislation; to participate in evaluating and defining related laws, macroeconomic control and industrial policies.

• With the approval of related governmental bodies the association is to participate in the composition and revise of industry standardization, industry development strategy programs, and conditions to access the industry and so as to optimize the industry management and promote the industry development.

• To collect industry data and statistics; to follow the development tendency of the industry both in China and abroad; to compile and publish industry information; to be involved in the industrial qualification certification approval; to evaluate and disseminate innovative technologies and new products; to assess the accident and other related work.

• To define and conduct industrial ethics guidelines; to promote industrial mutual trust construction; to establish and improve industrial self-discipline management mechanism; to standardize the members' behaviors; to coordinate the members' relationships and to protect the impartial competitive environment.

• To fulfill the mission of serving the members and enterprises; to protect legal rights of the members, enterprises and industry.

• To provide consultation on laws, policies, technologies, management and markets; to organize the training activities accordingly.

• To combine industrial innovation with manufacturing, learning and researching; to develop principles of energy saving; to accelerate the industry's scientific and technological improvement.

• To establish and run the industry journals and websites according to related regulations.

• To hold trade fairs and exhibitions authorized by the government and in accordance with the demand; to provide more opportunities for enterprises to develop markets.

• To protect domestic industry benefits; to assist enterprises to take part in international competition; to organize the union of domestic enterprises, especially the small and medium enterprises, so as to enhance the power of developing international markets.

• To develop the public service platform; to promote the economic and technological communication and cooperation; to contact with the related international organizations; to guide and harmonize the members' external activities.

• To participate in settling of disputes in foreign trade; to assist and guide the members to respond to and appeal for anti-dumping, anti-subsidy and protective measures; to preserve normal circumstance of the import and export businesses.

• To coordinate and communicate with related industries; to instruct and assist cooperation and harmonious development of the Association members.

• To modify the operating mode in order to adapt to new situation and challenges; to establish and improve the internal management system; to improve the association capabilities and enhance the service performance.

• To organize industrial and social welfare activities; to execute other functions authorized by law, statutes and other work assigned by the government.

## 中国塑料机械行业专家委员会

中国塑料机械行业专家委员会成立于 2008 年 4 月，现由百余名企业工程技术专家和科研院所知名教授组成，旨在提高中国塑料机械行业自主创新能力，加快科技进步和产业结构调整步伐，为塑料机械行业提供技术咨询、人员培训、宣传交流和技术推广等服务。

职能和作用：坚持服务行业、服务企业、推进创新、促进发展的思路，充分发挥行业专家的自身优势，引领中国塑料行业逐步走上自主化创新、可持续发展之路。

## Brief Introduction of China Plastics Machinery Industry Expert Committee

China Plastics Machinery Industry Expert Committee was founded in April 2008, composed of more than 100 technical experts and well-known professors.

The committee is an important organization of providing industry services such as technical consultation, training, communication, technology promotion and so on, aiming to improve China plastics machinery industry's independent innovation ability, to accelerate technological progress and industrial structure adjustment.

Functions:

Provide service for the industry and enterprises. Take full advantages of experts to promote independent innovation and sustainable development of China plastics industry.

## 信息服务

1. 协会会刊

《中国塑机》双月刊是由中国塑料机械工业协会主办的，以贯穿行业上、中、下游用户为主要服务对象的专业性刊物。该刊以国内外塑料机械、制品、原材料的发展动态、方向为主要内容，并结合本行业的国家政策导向，将最前沿的行业新闻展现给读者。

2. 行业年鉴

《中国塑料机械工业年鉴》（以下简称《年鉴》）是由中国机械工业年鉴编辑委员会和中国塑料机械工业协会共同编撰的大型资料性、工具性年度出版物，集中反映塑料机械行业的发展情况及发展趋势，全面系统地提供塑料机械行业的主要经济指标。

《年鉴》主要发行对象为政府决策机构、机械工业相关企业决策者和中高层管理人员，以及国内外投资机构和科研单位等。自 2009 年首次出版至今已经成为我国塑料机械工业对外交流的窗口，也是中国塑料机械行业权威的国家级出版物。

3. 门户网站

中国塑料机械工业网（http://www.cpmia.org.cn) 由中国塑料机械工业协会主办，是中国塑料机械行业门户网站。该网站以行业信息资源优势和专家资源优势为基础，汇集塑料机械行业及上下游产业最新行业动态，发布行业权威经济运行分析报告。企业可从中国塑料机械工业网获得高质量、全方位和系统的信息及决策支持和帮助。

**China Plastics Machinery Industry Association Information Service**

• Association's Journal

The bimonthly journal *China Plastics Machinery* is hosted by China Plastics Machinery Industry Association to connect all users within the industry. It mainly displays the most advanced industry news of machines, products and raw materials nationally and internationally as well as the government's policies orientation to the readers.

• Industry Yearbook

*China Plastics Machinery Industry Yearbook* is a large-scale informative and instrumental yearbook that is co-edited by China Machinery Industry Yearbook Editorial Committee and China Plastics Machinery Industry Association. It mainly reflects the development situation and tendency of China plastics machinery industry, and comprehensively provides major economic indicators of the industry.

It is mainly distributed to government decision-making institutions, medium and high-level managerial personnel in machinery industry as well as investment and research institutions at home and abroad. As the most authoritative national publication in China plastics machinery industry, it plays a positive role in external communication since it was published in 2009.

• Web Portal

China plastics machinery industry website (http://www.cpmia.org.cn) is sponsored by China Plastics Machinery Industry Association, and it's the portal website of China Plastics Machinery Industry. With the professional advantages of information resources and experts' resources, the website collects the quality, comprehensive and systemic information, which are helpful for making development decisions.

**国际交流与合作**

本着“优势互补、合作共赢”的基本原则推动塑料机械行业国际交流与合作，是中国塑料机械工业协会“提升增值服务、引领行业发展”功能的一个重要体现。协会现与欧洲塑料橡胶机械协会、德国塑料与橡胶机械协会、意大利塑料橡胶机械设备和模具制造厂商协会、美国塑料工业协会、加拿大塑料工业协会、俄罗斯塑料加工工业协会、日本工业机械制造商协会、 日本塑料机械协会、英国塑料联合会、英国橡胶和塑料研究协会、土耳其塑料行业基金会、土耳其塑料制造厂商研究发展与教育基金会、全印度塑料制造厂商协会、印度塑料基金会、泰国塑料工业协会、马来西亚塑料制造厂商协会、瑞士机电工业联合会、西班牙跨行业企业联合会、西班牙塑料橡胶机械制造厂商协会等国际组织以及台湾区机器工业同业公会塑橡胶机械专委会、香港塑胶机械协会等行业组织建立了稳定的联系与合作机制。服务范围包括国际经济技术交流、国际 专业展会合作、国际贸易摩擦协调、国际市场供需信息对接等。

**International Communication and Cooperation**

Promoting the international communication and cooperation of plastics industry under the basic principles of complementary strengths and win-win cooperation, is one of the most important manifestations of CPMIA's improving value-added service and leading the industry's development.

CPMIA has been communicating and cooperating with more than twenty international organizations. The services include communication of international economy and technology, cooperation of international exhibitions, coordination of international trade conflicts and connection of international markets' supplies and demands' information.

**联系方式**

地址：北京市西城区宣武门外大街 6 号庄胜广场办公楼第一座西翼 1411 室

Add:Rm1411, Junefield Plaza Tower 1-West, No.6 Xuanwumenwai Street, Xicheng District, Beijing, 100052, China

**国际合作部、会展部、信息部：**

王静秘书长 Tel：+86 10 83162531 E-mail: jingcrane@163.com;

吴建伦主任 Tel：+86 10 83156491 E-mail: herbjianlun@126.com

**综合办公室、会员联络部、培训部：**

李春燕副秘书长 Tel：+86 10 83162531 E-mail: chunyanlcy@126.com;

白陆宇副主任 Tel：+86 10 83156491 E-mail:15810818651@163.com

广告

YASKAWA

# GA708

400V级0.75～355kW

## YASKAWA为您提供挤出机的解决方案

### Answer 1 超群的转矩特性・稳定性

**➢无传感器的高转矩起动**

无PG矢量控制实现200%/0.3Hz，最适合橡胶等坚硬材料的挤出

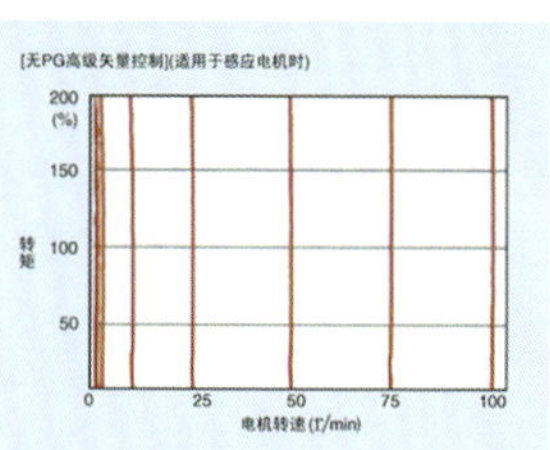

**➢电流稳定**

由于负载波动，会造成变频器输出电流不稳定，安川独特高性能矢量控制，即使负载波动较大，也可保证输出电流及输出转矩保持稳定。

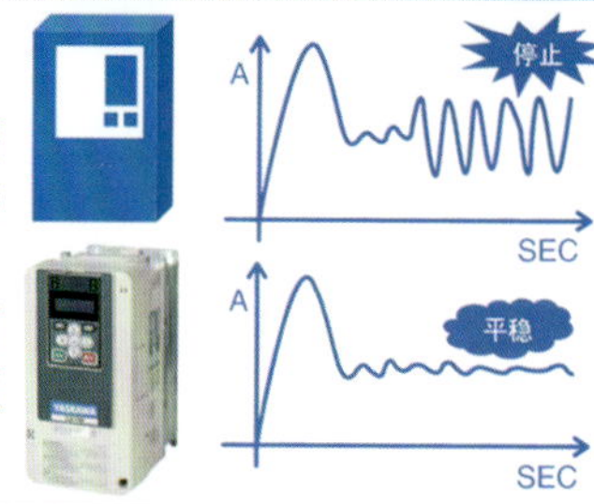


### Answer 2 实现了控制柜的小型化

**➢削减安装面积**

比过去产品最大减少45%(132kW(ND)产品)，实现控制柜的紧凑型设计。

**➢内置直流电抗器**

30kW(ND)以上内置DC电抗器、有助于省空间设计。

**➢可横向安装**

变频器纵向、横向安装均可。

可选择安装方向，有助于节能设计。〔最大对应90 kW(ND)〕

(注)需要确保气流及降低额定值。

*：准备中

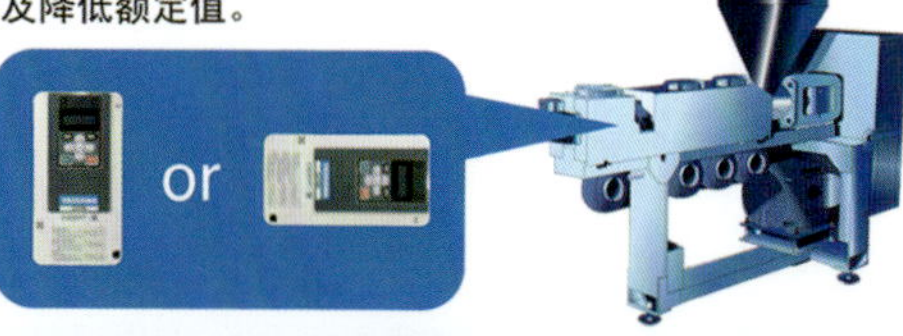


### Answer 3 大幅提高耐环境性，实现高可靠性

**➢耐湿，耐尘对应**

采用清漆涂层的标准电路板。

防尘、防湿性提高。即使处于环境恶劣的场所，也不易损坏。

### Answer 4 大幅缩短机械的电控安装时间

**➢简单安装**

在主回路端子上采用欧式端子。无需压接端子和压接作业，即可大幅缩减作业工时。

适用机型

GA78A4002～4168

400 V级 0.75～90 kW(ND)

(注) 上述机型以外采用螺丝端子。

**➢简单设定**

通过标准LED操作器可以简单复制参数。多台变频器设定时，可以缩短成套作业工时。

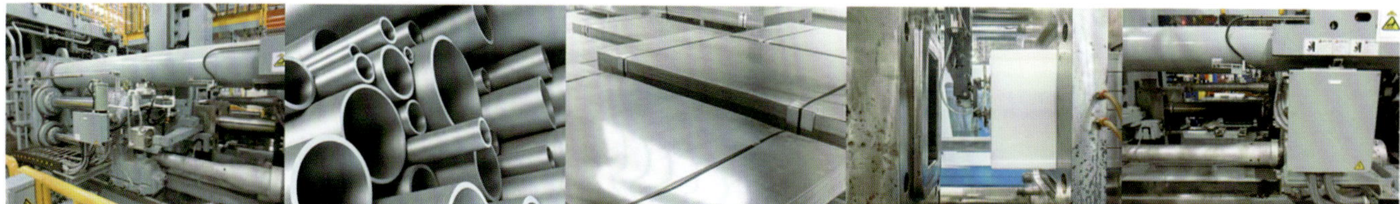

YASKAWA 制造·销售

安川电机(中国)有限公司

●总公司

地址：上海市黄浦区湖滨路222号领展企业广场一座22楼

电话：021-53852200　传真：021-53852770

●中国区变频器事业部负责人：刘先生　电话 13901711660

邮箱jamesliu@yaskawa.com.cn

# 安川变频器新品——多才、易用、安心

More talent, easily use, be relieved

“

成立于1915年的日本安川电机率先进入中国市场是在1999年。自安川电机（中国）有限公司在上海成立起，已在北京、广州、成都等地开设了分公司，并在全国各个地区招募了代理店和经销商，组成了一个强大而全面的服务网络，使客户能快捷地获得专业的咨询服务。

自1974年推出晶体变频器以来，40多年间，安川电机通用变频器已累计销售2500万台。在中国变频器市场，安川的市场占比一直排名前列。